Professionalisierung in Lernberatungsgesprächen

Beiträge der Schweizer Bildungsforschung

herausgegeben von
Erwin Beck
Hermann J. Forneck

Band 3

Daniel Wrana
Christiane Maier Reinhard (Hrsg.)

Professionalisierung in Lernberatungsgesprächen

Theoretische Grundlegungen
und empirische Untersuchungen

Verlag Barbara Budrich
Opladen, Berlin & Toronto 2012

Bibliografische Informationen der Deutschen Nationalbibliothek
Die Deutsche Nationalbibliothek verzeichnet diese Publikation in der Deutschen
Nationalbibliografie; detaillierte bibliografische Daten sind im Internet über
http://dnb.d-nb.de abrufbar.

Gedruckt auf säurefreiem und alterungsbeständigem Papier.

Alle Rechte vorbehalten.
© 2012 Verlag Barbara Budrich, Opladen, Berlin & Toronto
www.budrich-verlag.de

    ISBN   **978-3-86649-486-2**
    eISBN 978-3-86649-504-3 (eBook)

Das Werk einschließlich aller seiner Teile ist urheberrechtlich geschützt. Jede Verwertung außerhalb der engen Grenzen des Urheberrechtsgesetzes ist ohne Zustimmung des Verlages unzulässig und strafbar. Das gilt insbesondere für Vervielfältigungen, Übersetzungen, Mikroverfilmungen und die Einspeicherung und Verarbeitung in elektronischen Systemen.

Umschlaggestaltung: Walburga Fichtner, Köln
Lektorat und Satz: Ulrike Weingärtner, Gründau
Druck: paper&tinta, Warschau
Printed in Europe

Inhalt

**Einleitung: Professionalisierung in Lernberatungs-
gesprächen – die Beiträge in diesem Band**
Daniel Wrana, Christiane Maier Reinhard — 7

**Lernberatung als pädagogische Handlungsform
und empirischer Gegenstand**
Daniel Wrana — 17

Lesarten im Professionalisierungsprozess
*Eine empirische Analyse der Verstehensprozesse
in Lernberatungsgesprächen*
Christiane Maier Reinhard, Barbara Ryter Krebs, Daniel Wrana — 69

Spielzüge des Lernberatungshandelns
*Eine empirische Analyse von Lernberatungs-
interaktionen*
Christiane Maier Reinhard, Barbara Ryter Krebs, Daniel Wrana — 161

**Theoretische und methodologische Grundlagen
der Analyse diskursiver Praktiken**
Daniel Wrana — 195

**Lernberatung als Chance für die Thematisierung
von Emotionen beim Lernen von Musik**
Jürg Zurmühle — 215

Gesprächsinterventionen in der Lernberatung
Eine Untersuchung des kommunikativen Handelns in der Lernberatung
Thomas Huber   249

Vom Anfangen: Thematisierung zeitlicher Herausforderungen in Selbstlernarchitekturen
Katrin Berdelmann   275

Pädagogische Professionalität als Entwicklungsaufgabe
Eine empirische Analyse von Transformationsprozessen in einer Selbstlernarchitektur
Alexandra Schmidt-Wenzel   287

Lernberatung in der Selbstlernarchitektur
Eine Analyse aus subjektwissenschaftlicher Sicht
Joachim Ludwig   301

Rhizomatische Lernentwicklungskommunikation in Selbstlernarchitekturen
Peter Kossack   321

Kontexte – die Selbstlernarchitektur @rs
Christiane Maier Reinhard, Daniel Wrana   345

Autorinnen und Autoren   353

Einleitung: Professionalisierung in Lernberatungsgesprächen – die Beiträge in diesem Band

Daniel Wrana, Christiane Maier Reinhard

Zahlreiche Studien der letzten Jahre nehmen Professionalisierungsprozesse von Lehrer/innen in den Blick und fragen – oft in quantitativen large-scale studies – nach der Entwicklung von Kompetenz im Laufe des Studiums (z.B. Oser/Oelkers 2001; Baumert/Kunter 2006; Blömeke u.a. 2008). Es gibt hingegen nur wenige jüngere Studien im deutschen Sprachraum, die qualitativ untersuchen, wie sich Wissen und Überzeugungen bei zukünftigen Lehrer/innen verbinden, herstellen und dynamisch entwickeln (Blömeke 2007: 21). Kaum angeknüpft wurde an die englischsprachige Forschung zu beliefs (vgl. Calderhead 1996; Richardson 2001; Kane/Sandretto/Heath 2002), die in qualitativen Studien der Frage nachgeht, "how teachers make sense of their professional world [...] and how teachers understanding of teaching, learning, children, and the subject matter informs their everyday practice" (Calderhead 1996: 709). Die Beiträge in diesem Band setzen an dieser Stelle an. Während in den quantitativen Studien professionelles Handeln als Aufbau individuellen Wissens und Könnens modelliert wird, fokussiert die hier vorgestellte Kompetenzforschung nicht auf die Individuen und die Vermessung ihrer professionellen Eigenschaften, sondern auf die Denk- und Handlungsformen, die von Studierenden aufgegriffen und entwickelt werden, wenn sie in ein Feld professionellen Handelns eintreten. Die Forschung zu beliefs hat gezeigt, dass Studierende des Lehrberufs mit spezifischen in ihrer eigenen Schulzeit geprägten Überzeugungen vom Lehren und Lernen das Studium beginnen. Diese Vorstellungen beeinflussen wesentlich den Aufbau von Wissen und Können während des Studiums. Zugleich begegnen die Studierenden zahlreichen Vermittler/innen professionellen Wissens, sowohl Lehrer/innen an den Praxisschulen als auch Dozierenden der Hochschule. Sie treten in das Wissensfeld professionellen Handelns ein, das ihnen in gewisser Hinsicht sehr vertraut ist, und begegnen zugleich Problematisierungsweisen, die auffordern, das Lehren und Lernen neu zu bedenken. Die Studien in diesem Band untersuchen anhand eines Lernarrangements an der Pädagogischen Hochschule der Nordwestschweiz die Entwicklung von Wissen und Überzeugungen im zweiten Semester des Studiums zum/zur Primarlehrer/in[1]. Die Beiträge nehmen in den Blick, wie Wissen und Überzeugungen sich mit dem Eintreten in das professionelle Wissensfeld artikulieren.

Der Ort, an dem diese Transformationen und Begegnungen von Wissenshorizonten dem empirischen Blick sichtbar werden, sind Lernberatungsgespräche im Rahmen einer Selbstlernarchitektur.[2] In der Selbstlernarchitektur @rs wurden die Präsenzveranstaltungen der Studienfächer im zweiten Semester des Studiums aufgelöst und das zu vermittelnde fachdidaktische und erziehungswissenschaftliche Wissen in einer Online-Lernumgebung als problem- und handlungsorientierte Lernaktivitäten strukturiert bereitgestellt. Die Studierenden und Dozierenden trafen in individuellen Lernberatungsgesprächen (je ca. 30 min) aufeinander, in denen Verständnisse vom Lehren, Lernen und professionellen Handeln diskutiert und reflektiert wurden. Diese Verständnisse und Wissenskonstruktionen werden in der poststrukturalistisch-diskursanalytischen Lerntheorie, die den Selbstlernarchitekturen ebenso wie einigen der empirischen Untersuchungen zugrunde liegt, analytisch als „Lesarten" gefasst (Forneck 2006a: 34; Wrana 2011: 230; Kossack in diesem Band).

Weil die Lernberatung in den Selbstlernarchitekturen eine spezifische Rolle im Lernprozess einnimmt, ist sie nicht nur ein Setting, das „natürliche Daten" (vgl. Bergmann 1985) für die empirische Untersuchung von Lesarten produziert, sondern zugleich eine pädagogische Handlungsform, die individuelle Lesarten des Lehrens und Lernens zur Geltung kommen lassen soll, um sie für Studierende und Dozierende diskutier- und verhandelbar zu machen. In den Studienmaterialien der Selbstlernarchitektur ist Wissen in komplexen Problem- und Aufgabenstellungen so präsentiert, dass die Lernenden eigene Bearbeitungs- und Verstehensweisen entwickeln müssen und damit eigene Lesarten der Lerngegenstände bilden (Maier Reinhard 2010: 134ff.). Die Selbstlernarchitektur forciert also die individuelle Lesartenbildung; die Lernberatung hat dann das Ziel, verschiedene Lesarten, die aus verschiedenen Wissenshorizonten heraus gebildet sind, zu relationieren und in ihrer Konstruktionsweise reflexiv zu machen. Die Praktiken der Beratung des Lernens (Kossack 2006)

---

1   Da die Schweizer Lehrerinnen- und Lehrerbildung einphasig konzipiert ist, sodass sich Studiensemester und Blockpraktika von Beginn des Studiums an abwechseln, gehen Studierende nach der Begegnung mit dem disziplinären Wissen der fachdidaktischen und erziehungswissenschaftlichen Fächer im ersten Semester sogleich im Zwischensemester in ein erstes Blockpraktikum. Im hier untersuchten zweiten Semester treten sie dann nach diesen beiden differenten Erfahrungsräumen erneut in den Horizont tertiären disziplinären Wissens ein.
2   Die meisten Beiträge in diesem Band beziehen sich auf die Selbstlernarchitektur @rs, die von 2004 bis 2008 für das Studium Primarstufe entwickelt und eingesetzt worden ist (Forneck/ Gyger/Maier Reinhard 2006). Auch im aktuellen Studiengang werden Selbstlernarchitekturen eingesetzt, die allerdings anders strukturiert sind, der Beitrag von Berdelmann bezieht sich auf eines dieser Settings. Zu Selbstlernarchitekturen in verschiedenen Bildungsbereichen sind eine Reihe konzeptioneller, theoretischer und empirischer Arbeiten erschienen (Forneck 2001; Forneck/Kossack/Klingovsky 2005; Forneck 2006 a/b; Kossack 2006; Maier Reinhard/ Wrana 2008; Maier Reinhard 2010; Wrana 2008a, 2009, 2010, 2011).

werden damit neben dem Professionalisierungsprozess zum zweiten eigenständigen Untersuchungsgegenstand dieses Bandes. Die Lernberatung, die als pädagogische Handlungsform alternativ neben die Praktiken des Unterrichtens tritt, wird in den Studien dieses Bandes empirisch und theoretisch in den Blick genommen. Es war zu vermuten – und zeigt sich nun in den vorliegenden Beiträgen –, dass in einem Beratungssetting, das Selbstlernprozesse anstößt und zu Reflexionen und Diskussionen anregt, wesentliche Auseinandersetzungen und Verortungen der Studierenden zu professionellem Wissen und ihrer zukünftigen professionellen Rolle artikuliert werden. Professionalisierung stellt sich dann nicht als linearer Erwerb von Fähigkeiten dar, die ihrerseits als „Standards" unbefragt vorausgesetzt werden, sondern als Positionierung in einem Feld möglicher Verständnisse professionellen Handelns.

Im empirischen Zugang beziehen sich alle Beiträge des Bandes auf die Beratungspraxis im Setting der Selbstlernarchitektur. Das Material der Untersuchungen von Christiane Maier Reinhard, Daniel Wrana und Barbara Ryter sowie von Thomas Huber, Jürg Zurmühle und Kathrin Berdelmann sind Audioaufzeichnungen von Lernberatungsgesprächen aus der Selbstlernarchitektur.[3] Alexandra Schmidt-Wenzel arbeitet mit Einzelinterviews der Studierenden. Hinsichtlich ihres empirisch-methodischen Zugangs und der theoretisch vorgängigen Gegenstandskonstruktion werden in den Beiträgen jedoch differente Positionen vertreten. Die empirischen Untersuchungen sind von einer kontroversen Debatte um das Beraten in Lernsettings mit Beiträgen von Joachim Ludwig, Peter Kossack und Daniel Wrana gerahmt. Gerade diese Differenz der Perspektiven auf einen gemeinsamen empirischen Gegenstand macht die Einblicke in die Praxis einer Beratung und deren beratungs- und professionalisierungstheoretischen Interpretationen aufschlussreich.

Das Forschungsvorhaben, Beratung in Professionalisierungsprozessen zu untersuchen, wird von Daniel Wrana in einem einführenden Beitrag konturiert. Anhand der Differenz von Unterrichten und Beraten, die die Diskussion um Lernberatung in den Erziehungswissenschaften leitet, werden verschiedene Praktiken der Wissensstrukturierung und -vermittlung aufgearbeitet und in den Kontext einer postfordistischen Wissensgesellschaft gestellt. Wrana zeigt dabei, inwiefern das differenztheoretische Verständnis von Lernberatung den Professionalisierungsprozess als ein Eintreten in Wissensfelder begreift und dieses reflexiv begleitet; dass Lernberatung in Selbstlernarchitekturen also im Unterschied zu vielen anderen Ansätzen konzeptionell nicht an die von den Therapeutiken bereitgestellten Beratungstechnologien und an die Zentrierung auf das beratene Subjekt anknüpft. Mit diesem Beitrag wird der problemgene-

---

3 Außer dem Beitrag von Berdelmann, der Material aus einer aktuelleren Selbstlernarchitektur bearbeitet, stammen die Audioaufzeichnungen aus den Jahren 2007–2009. Die gegenüber @rs veränderte zeitliche Organisationsform der Selbstlernprozesse in der von Berdelmann untersuchten Selbstlernarchitektur führt in dieser Lernberatung zu stärkeren Herausforderungen für die Lernenden in der Selbstorganisation von Zeit.

rierende analytische Blick der empirischen Untersuchungen auf Professionalisierungs- und Beratungsprozesse begründet.

Christiane Maier Reinhard, Barbara Ryter und Daniel Wrana untersuchen in ihrem Beitrag „Lesarten im Professionalisierungsprozess" Lernberatungsprozesse anhand der Fragen: Wie werden in Lesarten die Gegenstände professionellen Handelns konstruiert? Welche Wissenshorizonte gehen in diese Konstruktionen ein? Welche Subjektpositionierungen vollziehen sich darin? Wie verändern sich die Lesarten im Verlauf einer Lernberatung? In zwei Lernberatungsgesprächen, die mit einem Studierenden in den Fächern Mathematikdidaktik und Kunstpädagogik geführt wurden, werden die Artikulationen des Verständnisses von Lehren und Lernen sowie der professionellen Rolle untersucht. Die Lesarten werden mit einer diskursanalytischen Methodologie als diskursive Figurationen operationalisiert und so rekonstruierbar. Es zeigt sich, wie in den Lesarten zentrale Problemlagen und Aporien professionellen Handelns an Fällen schulischer Praxis durchgespielt werden. Eine Veränderung von Lesarten lässt sich dabei nicht als einfache Transformation, sondern als mäanderndes Abwägen und als Vertiefung des Problematisierungsniveaus im Durcharbeiten von Fällen beobachten. Als zentrales Moment zeigt sich darin eine Dynamik der Lesartenbildung, die diese formt, stabilisiert, blockiert, aber auch wieder ins Laufen und in Transformation bringt, die als Begehren nach Lesarten beschrieben wird.

Ein weiterer Beitrag von Maier Reinhard, Ryter Krebs und Wrana, „Spielzüge des Lernberatungshandelns", gilt Spielzügen in der Beratungsinteraktion, mit denen die Dozierenden auf die Lesarten der Studierenden reagieren. In Bezug auf das Rahmen und Herausfordern von Lesarten, auf Anrufungen einer ethischen Community professionellen Handelns und auf Provokationen vermeintlich stabiler Lesarten werden Praktiken des Lernberatungshandelns als spezifische Konfiguration von Machtverhältnissen herausgearbeitet. Professionalisierungstheoretisch zugespitzt wird die Subjektivation als Lehrer/in als eine Positionierungsbewegung interpretiert, in der die Gültigkeit pädagogischer Werte und Unterrichtspraktiken begleitend zu fachlicher Wissenskonstruktion im Sprechen über Praxis und Theorie vorläufig entschieden wird. Das Reflexiv-Machen der Positionierungsbewegungen wird als eine besondere Anforderung an das Beratungshandeln und als ein Anspruch an die Beratungsinteraktion sichtbar.

Im Beitrag „Theoretische und methodologische Grundlagen in der Analyse diskursiver Praktiken" arbeitet Daniel Wrana die diskursanalytischen Grundlagen einer poststrukturalistischen Analytik von Lernprozessen und die methodischen Verfahren der empirischen Analysen aus.

Thomas Huber und Jürg Zurmühle arbeiten ebenfalls mit natürlichen Daten aus Lernberatungsgesprächen. Sie folgen einem humanistisch-anthropologischen Verständnis von Lernen und Beraten. Thomas Huber kategorisiert in seinem Beitrag „Gesprächspraktiken in der Lernberatung" diese Praktiken aus den Technologien klassischer Beratungsansätze und stellt ihr Vorkommen im

Zeitablauf der Gesprächsinteraktion dar. Was sich so in der Rekonstruktion von Interaktionsmustern zeigt, wird einerseits im Kontext systemisch-humanistischer Beratungsansätze diskutiert, vor allem aber auch mit Beobachtungen der Gesprächsinhalte und ihrer didaktischen Bedeutung in Beziehung gesetzt. Dieses Vorgehen macht es möglich, Lernberatungshandeln als ein eigenes Genre zwischen feldspezifischer Fachlichkeit und feldunspezifischer Beratungskompetenz zu diskutieren. Jürg Zurmühle fokussiert in seiner Untersuchung über „Lernberatung als Chance für die Thematisierung von Emotionen beim Lernen von Musik" an ausgewählten Lernberatungsereignissen die Fortschreibung und Veränderung von Lernbiografien in der Herausbildung eines musikdidaktischen Selbstverständnisses künftiger Lehrer/innen. Er führt anhand von Lernberatungsgesprächen, Lernjournalen und anderen prozessdokumentierenden Materialien aus dem musikpädagogischen Teil der Selbstlernarchitektur eine didaktische Reflexion über Erfahrungen in der Aneignung von Kompetenzen im Instrumentalspiel. Der Fokus liegt auf der Funktion reflexiver didaktischer Elemente – wie sie zum Beispiel Lernberatungen möglich machen – für die Artikulation und Reflexion von Empfindungen beim Spielen des Instruments. Sein Beitrag folgt der Vermutung, dass die musikpädagogische Kompetenz von Primarlehrer/innen gefördert wird, wenn Emotionen, die während der eigenen Instrumentalpraxis der Studierenden auftreten, reflektiert werden. Lernberatung gerät als eine Studiensituation in den Blick, die besonders geeignet ist, die impliziten gefühlten ästhetischen Urteile zu thematisieren.

Kathrin Berdelmanns Beitrag „Vom Anfangen: Thematisierung zeitlicher Herausforderungen in Selbstlernarchitekturen" untersucht von einem phänomenologisch-praxeologischen Standpunkt einen Lernberatungsprozess auf die Zeitstrukturen hin. Ihre These lautet, dass die „Zeitigung" der Inhalte in vielen Lehrarrangements vom didaktischen Material bereits vorgeleistet ist, während Selbstlernarrangements das Potenzial bieten und zugleich die Anforderung stellen, dass das Zeitigen von den Lernenden selbst geleistet werden muss und wird. Da Lernende oft an die Vorleistung der zeitlichen Strukturiertheit des Lernprozesses gewöhnt sind, geraten sie beim Entzug dieser Strukturierung in eine Krise. Diese Krise, in der die Studierenden nicht mit dem Lernen beginnen, sondern den Mangel der nicht „mitgelieferten" Zeitigung thematisieren, wird im Beitrag rekonstruiert. Insofern diese Krise in der Lernberatung thematisch wird, entwickelt sich die Beratung zum Ort, an dem die Unsicherheiten und impliziten Unterstellungen über den „richtigen" Lerngegenstand und den „richtigen" Lernweg reflexiv bearbeitbar sind.

Alexandra Schmidt-Wenzel und Joachim Ludwig verstehen Lernen und Beraten ausgehend von einem subjektwissenschaftlichen Ansatz, der Lernen von den Lerninteressen des Subjekts her konzipiert und dieses in der Expansion seiner Handlungsmöglichkeiten zu unterstützen sucht (Ludwig/Faulstich 2004). Ludwig und Schmidt-Wenzel haben in einem wissenschaftlichen Begleitprojekt die Professionalisierungseffekte der @rs-Selbstlernarchitekturen untersucht. Ihre Beiträge in diesem Band geben einen Einblick in die Ergebnisse, die im parallel beim Budrich-Verlag erscheinenden Band „Wie Lehrer lernen. Pädagogische Kompetenzentwicklung in Selbstlernarchitekturen" (Ludwig/Schmidt-Wenzel 2012) ausführlich dargestellt und diskutiert werden.

Alexandra Schmidt-Wenzel geht in ihrer Untersuchung „Pädagogische Professionalität als Entwicklungsaufgabe" der Frage nach Professionalisierungseffekten in Selbstlernarchitekturen empirisch nach. Ausgehend von Selbstbeschreibungen des Lernens in Einzelinterviews, die vor und nach dem Studiensemester in der Selbstlernarchitektur geführt wurden, betrachtet sie in ihrem Beitrag die Professionalisierungsprozesse der Student/innen und zeigt über eine Typenrekonstruktion mögliche Entwicklungsmuster auf. Verglichen werden professionelle Selbstverständnisse von Studierenden aus dem didaktischen Setting der Selbstlernarchitektur mit Studierenden aus kursorisch organisierten Seminaren. Forschungsmethodisch werden den Prinzipien der Grounded Theory folgend Merkmalsräume konstruiert, zu Idealtypen professioneller Entwicklung verdichtet und Entwicklungsverlaufsmuster fallrekonstruktiv sichtbar gemacht. Diese werden als professionalisierungsrelevante Effekte des didaktischen Settings von Selbstlernarchitekturen herausgearbeitet. Es zeigt sich dabei, dass das Setting der Selbstlernarchitektur mit dem hohen Selbststeuerungsanteil offenbar das Potenzial hat, Studierende mit einem eher technologischen Lehr-Lern-Verständnis in ihren professionellen Überzeugungen nachhaltig zu irritieren.

Joachim Ludwig rekapituliert in seinem Beitrag „Lernberatung in der Selbstlernarchitektur" das Lernberatungskonzept der Selbstlernarchitekturen sowie evaluierende Aussagen Studierender und kritisiert vom Standpunkt des Beratungsverständnisses des Konzepts expansiven Lernens sowohl die Konzeption der Lernberatung innerhalb der Selbstlernarchitekturen als auch ihre Realisierung im Projekt durch die Dozierenden. Im Anspruch der Lernberatungen, die Lesarten der Studierenden mit den disziplinären Wissenshorizonten reflexiv in Beziehung zu setzen, scheint ihm eine fremdverstehende Praxis aufgehoben, der er das Ideal einer symmetrischen Transparenz der Beratungsbeziehung entgegensetzt.

Komplementär dazu argumentiert Peter Kossack auf der Basis einer poststrukturalistischen Lerntheorie und verdeutlicht von diesem Standpunkt das didaktische Konzept von Selbstlernarchitekturen und der Lernberatung innerhalb dieser. Kossack zeigt in seinem Beitrag „Rhizomatische Lernentwicklungskommunikation in Selbstlernarchitekturen", wie Praktiken der Lernentwicklungskommunikation Lernberatungsinteraktionen auf der Basis rhizomatischer Verkettungen strukturieren. Das prozessstrukturierende Handeln der Beratung heißt dann nicht, ein Ablaufschema von Beratungsphasen „nichtschematisch" anzuwenden, wie dies in vielen Ansätzen vorgeschlagen wird, sondern Lernprozesse im Beratungsverlauf reflexiv auszudifferenzieren und den Beratungsprozess ergebnisoffen zu gliedern.

In einem abschließenden Beitrag „Kontexte" skizzieren Christiane Maier Reinhard und Daniel Wrana das didaktische Setting der Selbstlernarchitektur im Projekt @rs.

Indem die konkrete Praxis von Lernberatung und deren didaktisch-konzeptioneller Hintergrund aus unterschiedlichen theoretischen Positionen und in unterschiedlichen empirischen Zugängen in den Blick genommen werden, wird das Phänomen Lernberatung aufgefaltet, der Lernberatungsbegriff differenziert und vielschichtig aufgezeigt. Die Darstellung des empirischen Materials lässt zudem an vielen Stellen den Analyse- und Interpretationsprozess genau nachvollziehen und macht ihn als Konstruktion von Wirklichkeit sichtbar und auch kritisierbar. In der Zusammenstellung der empirischen und theoretischen Beiträge war die Idee leitend, ein Netz von Bezügen so aufzuspannen, dass die Sichtweisen auf die didaktische Beratung sowie den Professionalisierungsprozess von Lehrpersonen zu einem hohen Problematisierungsniveau führen.

Die Fallstudien von Maier Reinhard, Ryter und Wrana in diesem Band sowie die diskursanalytische Methodologie sind zugleich die Vorstudien zu einem vom Schweizer Nationalfond geförderten Projekt zu Mikrostrukturen von Selbstlern- und Professionalisierungsprozessen, in dem die Lesartenbildung über ein Korpus von über 90 Lernberatungsgesprächen mit zwölf Studierenden in mehreren Fächern vergleichend rekonstruiert wird.

Mit den Autorinnen und Autoren dieses Bandes haben wir in den letzten Jahren gemeinsam didaktisch konstruiert, Lernprozesse beraten, empirisch geforscht, intensiv gedacht und kontrovers diskutiert. Für die gemeinsame Arbeit und die produktiven Auseinandersetzungen möchten wir uns sehr herzlich bedanken.

Basel/Liestal im Mai 2012   *Daniel Wrana*
                                               Christiane Maier Reinhard

Literatur

Baumert, Jürgen; Kunter, Mareike (2006): Stichwort: Professionelle Kompetenz von Lehrkräften. In: Zeitschrift für Erziehungswissenschaft, 9. 4, S. 469–520.

Bergmann, Jörg (1985): Flüchtigkeit und methodische Fixierung sozialer Wirklichkeit: Aufzeichnungen als Daten der interpretativen Soziologie. In: Bonß, Wolfgang; Hartmann, Heinz (Hg.): Entzauberte Wissenschaft: Zur Relativität und Geltung soziologischer Forschung. Sonderband 3 der Zeitschrift „Soziale Welt". Göttingen: Schwarz, S. 299–320.

Blömeke, Sigrid; Kaiser, Gabriele; Lehmann, Rainer (Hg.) (2008): Professionelle Kompetenz angehender Lehrerinnen und Lehrer. Wissen, Überzeugungen und Lerngelegenheiten deutscher Mathematikstudierender und -referendare: erste Ergebnisse zur Wirksamkeit der Lehrerausbildung. Münster: Waxmann.

Calderhead, James (1996): Teachers: Beliefs and Knowledge. In: Berliner, David C.; Calfee, Robert C. (Hg.): Handbook of Educational Psychology. New York: Macmillian, S. 709–725.

Forneck, Hermann J. (2001): Professionelle Strukturierung und Steuerung selbstgesteuerten Lernens. Umrisse einer Didaktik. In: Dietrich, Stephan (Hg.): Selbstgesteuertes Lernen in der Weiterbildungspraxis. Bielefeld: wbv, S. 239–247.

Forneck, Hermann J. (2006a): Die Sorge um das eigene Lernen. Umrisse eines integrativen Konzepts selbstgesteuerten Lernens. In: Forneck Hermann J.; Gyger, Mathilde; Maier Reinhard, Christiane (Hg.): Selbstlernarchitekturen und Lehrerbildung. Bern: h.e.p., S. 37–88.

Forneck, Hermann J. (2006b): Selbstlernarchitekturen. Lernen und Selbstsorge. Baltmannsweiler: Schneider.

Forneck Hermann J.; Gyger, Mathilde; Maier Reinhard, Christiane (Hg.) (2006): Selbstlernarchitekturen und Lehrerbildung. Zur inneren Modernisierung von Lehrerbildung. Bern: h.e.p.

Forneck, Hermann J.; Klingovsky, Ulla; Kossack, Peter (Hg.) (2005): Selbstlernumgebungen. Ein Band zur Didaktik des selbstsorgenden Lernens und ihrer Praxis. Baltmannsweiler: Schneider.

Kane, Ruth G.; Sandretto, Susan; Heath, Chris (2002): Telling half the story. A Critical Review of Research on the Teaching Beliefs and Practices of University Academics. In: Review of Educational Research, 72. 2, S. 177–228.

Kossack, Peter (2006): Lernen Beraten. Eine dekonstruktive Analyse des Diskurses zur Weiterbildung. Bielefeld: transcript.

Kossack, Peter (2010): Beraten in der Erwachsenenbildung. In: Zeuner, Christine (Hg.): Enzyklopädie Erziehungswissenschaft Online. Fachgebiet: Erwachsenenbildung, Erwachsenenbildung als Profession: Theoretische Perspektiven auf die Praxis. Weinheim und München: Juventa.

Ludwig, Joachim; Faulstich, Peter (Hg.) (2004): Expansives Lernen. Baltmannsweiler: Schneider.

Ludwig, Joachim; Schmidt-Wenzel, Alexandra (Hg.) (2012): Wie Lehrer lernen. Pädagogische Kompetenzentwicklung in Selbstlernarchitekturen. Opladen: Budrich.

Maier Reinhard, Christiane (2010): Vom Sichtbar-Werden der Lerngegenstände. In: Klingovsky, Ulla; Kossack, Peter; Wrana, Daniel (Hg.): Die Sorge um das Lernen. Festschrift für Hermann Forneck. Bern: h.e.p., S. 134–145.

Maier Reinhard, Christiane; Wrana, Daniel (Hg.) (2008): Autonomie und Struktur in Selbstlernarchitekturen. Empirische Untersuchungen zur Dynamik von Selbstlernprozessen. Opladen: Budrich.

Oser, Fritz; Oelkers, Jürgen (Hg.) (2001): Die Wirksamkeit der Lehrerbildungssysteme. Von der Allrounderbildung zur Ausbildung professioneller Standards. Chur/Zürich: Rüegger.

Richardson, Virginia (1996): The role of attitudes and beliefs in learning to teach. In: Sikula, John P. (Hg.): Handbook of Research on Teacher Education. New York: Simon , S. 102–119.

Wrana, Daniel (2006): Das Subjekt schreiben. Reflexive Praktiken und Subjektivierung in der Weiterbildung – eine Diskursanalyse. Baltmannsweiler: Schneider.

Wrana, Daniel (2008a): Autonomie und Struktur in Selbstlernprozessen. Gesellschaftliche, lerntheoretische und empirische Relationierungen. In: Maier Reinhard, Christiane; Wrana, Daniel (Hg.): Autonomie und Struktur in Selbstlernarchitekturen. Empirische Untersuchungen zur Dynamik von Selbstlernprozessen. Opladen: Budrich, S. 31–102.

Wrana, Daniel (2008b): Bildung und Biographie in Selbstlernprozessen. In: Report – Zeitschrift für Weiterbildungsforschung, 31. 4, S. 23–32.

Wrana, Daniel (2009): Zur Organisationsform selbstgesteuerter Lernprozesse. In: Beiträge zur Lehrerbildung 27. 2, S. 163–174.

Wrana, Daniel (2010): Subjektivierung in Lesarten. In: Klingovsky, Ulla; Kossack, Peter; Wrana, Daniel (Hg.): Die Sorge um das Lernen. Festschrift für Hermann Forneck. Bern: h.e.p., S. 98–109.

Wrana, Daniel (2011): Den Diskurs lernen – Lesarten bilden. Die Differenz von Produktion und Konsumption in diskursiven Praktiken. In: Keller, Reiner; Schneider, Werner; Viehöver, Willy (Hg.): Diskurs Macht Subjekt. Theorie und Empirie von Subjektivierung in der Diskursforschung. Wiesbaden: VS, S. 229–245.

Lernberatung als pädagogische Handlungsform und empirischer Gegenstand

Daniel Wrana

Dem Beraten als pädagogische Handlungsform kommt seit einigen Jahren eine verstärkte Aufmerksamkeit zu. Das gilt zunächst für Beratungssettings, die angemessene Bildungsentscheidungen ermöglichen und unterstützen sollen, also für die Schul-, Erziehungs- oder Bildungsberatung. Das beratende Handeln ergänzt dabei unterrichtendes oder erziehendes Handeln in pädagogischen Organisationen und erweitert somit das pädagogische Handlungsrepertoire. Eine weitergehende Funktion bekommt Beraten jedoch im Kontext von Lehr-Lern-Formen, in denen die Lernenden ihr Lernen in höherem Maß selbst steuern sollen. Die Beratung wird damit im Vermittlungsprozess verortet und rückt als Alternative zum „unterrichtenden" oder „lehrenden" Vermittlungshandeln in den Blick. In Ansätzen selbstgesteuerten Lernens wird der Handlungsform der Lernberatung oft zugeschrieben, den Lernenden mehr Autonomie und Verantwortung für das eigene Lernen zu ermöglichen, dem Unterrichten hingegen wird attestiert, ein Wissensdefizit der Lernenden zu postulieren, um es ihnen dann fremdbestimmt zu vermitteln. Während allerdings das lehrende Unterrichten als Handlungsform und der „Unterricht" als soziales Setting seit Jahrzehnten intensiv empirisch untersucht wird und als relativ gut bekannte Terrains gelten können, überwiegen zum Beraten noch die didaktischen Entwürfe und Proklamationen. Ob die Handlungsform des Beratens ihre Versprechungen einlöst und was sich dem kritischen empirischen Blick an Handlungen und Interaktionen im Beraten zeigt, ist erst in einigen wenigen Studien zum Gegenstand der Lehr-Lern-Forschung geworden.

Während die übrigen Beiträge dieses Bandes das Beraten in theoretischen und empirischen Studien in den Blick nehmen, soll an dieser Stelle ein Problemhorizont eröffnet werden und die Rolle des Beratens als Handlungsform in der Genese des pädagogischen Feldes und in der didaktischen Diskussion nachgezeichnet werden. Damit soll das Beraten zugleich als empirischer Gegenstand konturiert werden, um den analytischen Einsatz dieses Bandes in Bezug auf Beratungsprozesse zu bestimmen.

Eine ausführlichere argumentative Darlegung dieser Zusammenhänge ist angemessen, weil der in diesem Band verfolgte konzeptionelle und empirische Blick auf ein anderes Verhältnis von Unterrichten und Beraten zielt, als es in der Literatur oft unterstellt wird. Wird dort die Erwartung artikuliert, mit dem Beraten den Aporien des Pädagogischen zu entkommen, weil die Beratenen ganz ihren eigenen Entscheidungen folgen können, so postuliert dieser Band, dass die Aporien pädagogischen Handelns in der Handlungsform des Beratens auf neue und vielleicht noch komplexere Weise wiederkehren. Auch die Beratungsbeziehung ist eine Machtbeziehung und gerade das Beraten ist eine Praxis pädagogischer Subjektivierung. Dieses Wiedereinschreiben der Aporien in das als Befreiungsschlag stilisierte neue pädagogische Handeln gilt es kritisch zu bedenken, um aus dem didaktischen Zirkel reformpädagogischer Argumentationen auszusteigen. Diese identifizieren das Lehren als Unterwerfendes und Enteignendes, um ihm erneut emphatisch die Möglichkeit eines die Subjekte befreienden pädagogischen Handelns entgegenzuhalten. Wesentlich für den anderen Blick auf die pädagogische Ordnung des Beratens ist, die Rolle des Wissens und ihre gesellschaftliche Dimension im Beratungsprozess nicht auszuklammern und das Wissen im guten Wissensmanagement des Subjekts aufgehen zu lassen, sondern es theoretisch und empirisch auf andere Weise fassbar zu machen.

Um die Transformation der Beratungsbeziehung und der Wissensdimension in der Beratungsbeziehung herauszuarbeiten, soll zunächst die Genese der Beratung als sozialer Praxis in einigen Schlaglichtern verfolgt werden. Ausgangspunkt ist dabei, dass das „Ratgeben" eine soziale Praxis ist, die eine Beziehung zwischen Beratenden und Beratenen herstellt (vgl. Göhlich u.a. 2007: 7). Diese soziale Relation entfaltet eine mehr oder weniger produktive Funktion im Rahmen der alltäglichen Lebenspraxis oder in einem institutionellen Kontext. Die Form, die Produktivität und die Ethik von „Beratung" werden dabei zum Gegenstand von Problematisierungen und schließlich auch von Technologien und bildungspolitischen Programmen. (a) Zunächst werden anhand der Entstehung der Praktiken des Beratens in der Antike einige analytische Kategorien erarbeitet. (b) Einen zweiten Fokus wird die Ausdifferenzierung von Unterrichtshandeln auf der einen und Beratungshandeln auf der anderen Seite in der Moderne bilden. (c) Dann wird gezeigt, wie in der neueren didaktischen Diskussion das Beraten an die Stelle des Unterrichtens tritt, und zwar unter Rückgriff auf die Therapeutiken als Handlungsmodell. (d) Sodann wird herausgestellt, wie das Beraten und die mit ihm verbundene radikalisierte Subjektivität ein spezifisches Verständnis der Dynamisierung des Wissens in der „Wissensgesellschaft" impliziert. (e) In einem letzten Schritt wird gezeigt, inwiefern ein anderes Verständnis von Beratung jenseits der Therapeutiken das Beraten, als ein pädagogisches Handeln fasst, das das reflexive Eintreten in gesellschaftlich strukturierte Wissensfelder begleitet. Mit diesem anderen Beratungsverständnis ist auch eine andere Lesart der mit der „Wissensgesellschaft" verbundenen Strukturierung von Wissen verbunden. (f) Abschließend werden aus dieser Perspektive die Forschungsfragen aufgenommen, die die Beiträge in diesem Band leiten und die gerade nicht nach der Formierung einer nur selbstbezüglichen Subjektivität und nach der Entwicklung von Selbstlernkompetenzen fragen, sondern nach der Formierung des Verständnisses von Wissensfeldern, die sich im Beratungsprozess vollzieht.

1 Beratung als riskante Beziehung der Differenz

Die historische Genealogie der Praktiken des Beratens, die von ihnen geschaffene soziale Relation und ihre Problematisierung lässt sich in der Antike ansetzen. Geht man von dort aus, dann zeigt sich die erstaunliche Kontinuität eines auf den ersten Blick modernen Problems und es wird möglich, die historisch etablierte Grundstruktur von Beratungsbeziehungen zunächst in einem Kontext zu entfalten, der ihre Konturen verfremdet in einem anderen Licht erscheinen lässt.

Das Beraten als quasi-professionelle Praktik erscheint zum ersten Mal im Kontext der Problematisierungen von Führungsbeziehungen im 5. Jahrhundert v. Chr. Im Rahmen der frühen Praktiken demokratischer Politik entsteht die Frage, über welche Eigenschaften jemand verfügen muss, um geeignet zu sein, in der griechischen Polis zu regieren. Die klassische Antwort lautet, dass wer andere führen soll, zunächst in der Lage sein muss, sich selbst zu führen und für sich selbst Sorge zu tragen (Foucault 2001: 168). Es etablierten sich Praktiken der Selbstbeziehung und Selbstregierung, die funktional auf die Ausübung von guten und gerechten Führungsbeziehungen hin konzipiert waren. Sie haben sich in den folgenden Jahrhunderten zu einer „Kultur seiner selber" mit reflexiven Praxen des Beobachtens und Gestaltens seiner selbst entwickelt (Foucault 1989: 53ff.; vgl. Wrana 2006: 29). Diese „Sorge um sich" (epimeleia heautou) ging mit der Auffassung einher, dass man sein Leben lang andere Personen braucht, die einen bei den Selbstpraktiken leiten. Diese Beziehung zum Anderen, der die Selbstführung begleitet, kann als historisch erster Entwurf einer Beratungsbeziehung gelten (Foucault 1996: 94ff.; Foucault 2001: 89; Foucault 2010: 18).

Eine Analyse[1] der Strukturen dieses Typus sozialer Relationen zeigt, dass die Griechen dem „Beratungshandeln" eine bestimmte Weise und Haltung des Sprechens zuweisen: die Parrhesia.[2] Wer Parrhesia praktiziert, spricht frei und

---

[1] Die Vorlesungsreihe „Der Mut zur Wahrheit" ist die letzte, die Foucault 1984 kurz vor seinem Tod gehalten hat, sie wurde erst 2008 veröffentlicht. Zwar hat er das Thema der Parrhesia bereits in Vorträgen an der Universität Berkeley entwickelt, die schon in den 90er Jahren bei Merve erschienen sind (Foucault 1996). Die Vorlesung am Collège de France ist jedoch eine Ausarbeitung der Thematik, erst hier gewinnt die Beratungsbeziehung eine zentrale Rolle in der Analyse der Praktiken des Wahrsprechens.

[2] Um Missverständnisse zu vermeiden, ist darauf hinzuweisen, dass die parrhesiastische Rede in den antiken Diskursen zwar die Beratungsbeziehung auszeichnet, aber nicht auf diese beschränkt ist.

mutig die eigene Auffassung der Dinge aus. Wer parrhesiastisch berät, handelt ohne doppelten Boden und ohne feste operative Machtbasis; spricht „die Wahrheit" über die Gegenstände der Beratung aus, wobei das Kriterium der parrhesiastischen Wahrheit ist, dass das Gesagte den eigenen Überzeugungen entspricht. Die Parrhesia begreift Foucault als Veridiktionsmodus, d.h. als eine Beziehung, die ein Subjekt zu sich selbst, den anderen und dem Gesagten mit dem Ziel einnimmt, „die Wahrheit" zu sprechen. Die griechischen Autoren unterscheiden die Parrhesia von der Rhetorik und dem Unterrichten. Die Rhetorik gilt als eine Technik, die die Zuhörenden von einer bestimmten Position überzeugen soll. Dabei ist das Gesagte nicht an die Überzeugung der Sprecherposition gebunden: wer rhetorisch spricht, muss nicht glauben, was er/sie sagt, so lange es gelingt, dass die Zuhörenden das Gesagte glauben (Foucault 2010: 29). Ganz anders in der Parrhesia, in der die Sprechenden von dem Gesagten überzeugt sein müssen, während das soziale Band mit den Zuhörenden nicht gesichert ist: Ob die Beratenen dem Rat folgen bzw. das Gesagte auch nur anerkennen, bleibt für die Beratenden immer riskant. Dieses Risiko der Parrhesia wird beim Vergleich mit dem Unterrichten noch deutlicher, denn die Unterrichtenden und Lehrenden (technites) sprechen ausgehend von einem gesicherten Wissen oder Können und bringen dieses zur Geltung. Aus Sicht der griechischen Autoren haben sie die Pflicht, das Wissen, die techné, sprechend weiterzugeben: Es ist notwendig, dass „er sein Wissen weitergibt, damit es nicht mit ihm stirbt" (ebd.: 43). Die soziale Praxis des Unterrichtens schafft ein Band zwischen den Sprechenden und den Hörenden, das durch das weiterzugebende Wissen abgesichert ist. Dieses soziale Band wird als zur Reproduktion der Kultur unerlässlich betrachtet. Die parrhesiastische Beratungsbeziehung hingegen wird weder wie das Unterrichten durch ein vorgängiges und legitimiertes Wissen abgesichert noch wie die Rhetorik durch die Techniken der Überzeugung des Anderen, sie ist vielmehr konstitutiv riskant. Die Beratenen müssen sich auf die Beratenden einlassen und sie sind es, die entscheiden, ob sie den Rat als nützlich, realisierungswürdig oder auch nur bedenkenswert anerkennen. Es war nicht unüblich, dass die parrhesiastischen Berater der antiken Monarchen ihre Existenz oder gar ihr Leben aufs Spiel setzten, wenn der Monarch den Rat nicht goutierte (Foucault 1996: 88, 2010: 84). Für den demokratischen Politiker war die Parrhesia ebenso riskant, weil derjenige, der die Stimme erhebt und zum Demos parrhesiastisch spricht, was dieser womöglich nicht hören mag, Gefahr läuft, wie Demosthenes im Scherbengericht aus der Gemeinschaft ausgeschlossen zu werden (Foucault 2010: 77).

Mit dem analytischen Fokus auf Parrhesia, Rhetorik und Unterrichten als Veridikationsmodi, als Praktiken des Wahrsprechens, verschiebt Foucault die philosophische Frage nach der Wahrheit. Nicht der Objektivität und Realitätsangemessenheit einer Aussage gilt die Aufmerksamkeit, sondern den Beziehungen, die ein Subjekt zu sich selbst, den anderen und den Dingen einnehmen kann und muss, damit dessen Sprechen von anderen als wahr anerkannt wird.

Die Frage lautet dann: „Auf welche Weise konstituiert sich das Individuum selbst in einem Akt des Wahrsprechens, und wie wird es von den anderen als Subjekt konstituiert, das einen wahren Diskurs hält?" (Foucault 2010: 15).[3] Dieser analytische Fokus erlaubt es, einige aktuelle Probleme einer Theorie der Beratung in pädagogischen Kontexten zu diskutieren. Die Frage lautet dann: Welche Praktiken der Veridiktion werden von den Beratenden geführt, welche Praktiken der Veridiktion werden den Beratenen erlaubt, zugeschrieben, abverlangt, und in welchen sozialen Praxen wird dies figuriert? Griffig formuliert: „Wer hat das Recht, die Pflicht und den Mut, die Wahrheit zu sagen?" (Foucault 1996). Die Praktiken der Veridiktion verweisen daher auf jene der Autorisierung (vgl. Thompson/Schumann/Jergus 2012: 207): Wie werden Autorität und Autorschaft zugeschrieben und hergestellt? Welche Beziehungen der Beratenen/Beratenden zu sich selbst und zu den Gegenständen der Beratung werden im Beratungsprozess gestiftet, sodass diese als „Autor/innen" ihrer Handlungen und Aussagen gelten können?

Die Praktik der parrhesiastischen Beratung besteht also nicht darin, wie die Rhetorik über Techniken zu verfügen, die andere überzeugen, aber auch nicht darin, wie das Unterrichten ein gesichertes Wissen zu vermitteln, sondern darin, mit dem in der Beratung Gesagten eine Differenz herzustellen. Beratende provozieren, konfrontieren, kritisieren, indem sie sagen, was die Beratenen nicht hören wollen. Die Veridiktionspraxis des parrhesiastischen Beraters stellt dem anerkannten Wissen, der Auffassung, die alle teilen, ein anderes Wissen, eine andere Überzeugung gegenüber und erzeugt somit eine Wissensdifferenz. Aus dieser Differenz zu den anderen und aus dem Umstand, dass es keine andere Legitimationsbasis für diese Differenz gibt, als die feste Überzeugung, die Wahrheit zu sprechen, resultiert das konstitutive Risiko der parrhesiastischen Veridiktion. Die Beratung in diesem Sinn ist eng mit der Kritik verbunden, denn auf diese Weise das Wort an jemanden zu richten, stellt das Wissen und die Überzeugungen der Adressaten infrage.

In den platonischen Dialogen wird mit den Beziehungen, in die Sokrates andere verstrickt, eine weitere Verschiebung der Beratungsbeziehung und der Praxis der Parrhesia problematisiert. Im Dialog Laches[4] etwa diskutieren die Beteiligten über Stesilaos, einen Lehrer der Kunst, die schweren Waffen zu führen, einer techné, und sie sind sich uneinig in der Frage, ob dieser ein guter

---

3 Es gilt dann, die Verknüpfung der Praktiken der Veridiktion mit den Techniken der Gouvernementalität, also der Weisen, sich selbst und andere zu regieren und jenen der Selbstsorge zu untersuchen und damit jene Praxen in den Blick zu nehmen, in denen Machtverhältnisse und Subjektivität historisch und empirisch verschränkt sind (Foucault 2004a: 60; Foucault 2010: 15, 23).

4 Es ist für die Theoriebildung in der Erziehungswissenschaft durchaus nicht unüblich, sich in den platonischen Dialogen zu vergewissern. Gruschka etwa argumentiert bezüglich der Skepsis des Sokrates in Sachen Unterricht ähnlich (Gruschka 2001: 137ff.), allerdings eröffnet der Blick in den „Laches" und Foucaults Kontextualisierung durch die parrhesiastischen Veridikationspraxis einen etwas anderen Blick auf den Beziehungstypus, den Sokrates entwirft.

Lehrer und Erzieher sein könne. Sie kommen schließlich zu dem Schluss, dass nicht Stesilaos, sondern Sokrates ein guter Erzieher sei, nämlich einer, der andere dazu bringt, sich selbst zu führen. Diese Eigenschaft schreiben sie dem parrhesiastischen Spiel zu, zu dem Sokrates die Bürger Athens verführt, in dem er sie auf der Straße anspricht und in Dialoge verstrickt. Nikias, ein bedeutender Politiker und Feldherr, argumentiert, warum er sich von Sokrates führen lässt, obwohl er gesellschaftlich höher gestellt ist, denn „wer der Rede des Sokrates nahe genug kommt und sich mit ihm einlässt im Gespräch" (Platon 1957: 187e), wird dahin geführt, „dass er Rede stehen muss über sich selbst, auf welche Weise er jetzt lebt" (ebd.). Sich dem parrhesiastischen Beratungsspiel des Sokrates zu unterwerfen bedeutet nicht, überzeugt zu werden von dem, was Sokrates für wahr hält, sondern sich auf eine Weise des Sprechens einzulassen, in der man über sich selbst und sein Handeln reflektiert. Es geht dabei nicht um ein autobiografisches Bekenntnis wie in der späteren christlichen Tradition, sondern darum, logos und bios zu relationieren, die Rationalität des eigenen Denkens und Handelns zu artikulieren. Es bedeutet „zu demonstrieren, ob man imstande ist, zu zeigen, dass es eine Beziehung gibt zwischen dem vernünftigen Diskurs, dem logos, den man zu gebrauchen weiß und der Weise, wie man lebt" (Foucault 1996: 98). Der Clou der sokratischen Transformation der Beratungsbeziehung ist daher, dass nicht der Berater die Parrhesia praktiziert, sondern die Beratenen dazu bringt, parrhesiastisch zu sprechen. Beraten besteht dann nicht darin, einen Rat zu geben im Sinne eines konkreten Handlungsvorschlags, vielmehr wird das Beratungshandeln zum Prüfstein für die Reflexion der Denk- und Handlungsgründe der Beratenen. Die Provokation und Konfrontation im Beratungsprozess ist die der Beratenen mit sich selbst. Das parrhesiastische Spiels als neue Form der Beratungsbeziehung ist demnach ein zentrales Moment der Praktiken der epimeleia heautou, der Selbstsorge (vgl. Wrana 2006: 28).

Dieses sokratische Erbe in der Bestimmung der Beratungsbeziehung bleibt im abendländischen Diskurs das Leitmotiv eines bildungstheoretisch bestimmten Beratungsverständnisses. So grenzt etwa Harald Geißler die von ihm optierte Form des Coaching als Prozessberatung von Varianten der Beratung ab, in denen Expert/innen über die Kompetenz verfügen, den Problembedarf und die Problemlösung stellvertretend für die Beratenen zu definieren (Geißler 2008: 196). Im prozessorientierten Coaching hingegen sind die Berater/innen nicht für die Problemdefinition und die Lösung zuständig, sondern für den Prozess, in dem diese Bestimmungen durch die Beratenen selbst möglich werden. Coaching-Klienten tragen die Ergebnisverantwortung, aber sie müssen bereit sein, die Prozessverantwortung an den Coach zu übergeben. Entscheidend ist dabei nach Geißler, dass der Erkenntnisprozess, der sich zunächst auf die Dinge richtet, reflexiv werden muss, der Prozess muss in den Blick bringen, wie die Dinge gedacht werden (ebd.: 201).

Die Beratungsbeziehung war in der Antike als diffiziles und beidseitig prekäres Machtverhältnis konzipiert. Insofern die Beratenden kritisieren, aber die

Autorisierung dieser Kritik erst durch die Beratenen erfolgt, erfordert es einigen legitimatorischen Aufwand, um das Machtverhältnis einer solchen Beziehung zu stabilisieren. Die Expertise der Beratenden besteht darin, die Beratenen zum Handeln sich selbst und anderen gegenüber zu befähigen, aber dies muss von Letzteren subjektiv als sinnvoll erfahren werden, sonst bricht die Beratungsbeziehung ab. Es handelt sich um ein Machtverhältnis, ein Kräftediagramm, das zwar keinen souveränen Punkt kennt, von dem her die Beratung beherrschbar wäre, aber es strukturiert ein Feld, das Taktiken erfordert, die die Beratungsbeziehung ebenso wie die Gegenstände der Beratung immer wieder austarieren, um das Beratungsverhältnis aufrechtzuerhalten. Das Beratungsverhältnis setzt die Anerkennung des Rates voraus, aber diese Anerkennung bedeutet für den Beratenen, sich der Führung eines anderen anzuvertrauen und so partiell Selbstbestimmung zu relativieren. Das Machtverhältnis in der Beratung bleibt in beide Richtungen prekär, Beratung ist für alle Beteiligten ein Risiko.

Die Grenzziehung zwischen den Praktiken des Beratens und des Unterrichtens ist schon in den antiken Problematisierungen konstitutiv, und doch gelten beide als Spielarten pädagogischen Handelns. Sokrates ist kein Einzelfall, so berichtet etwa Philodemos von epikureischen Schulen, in denen es sowohl „Klassenzimmer-Unterricht" als auch persönliche Unterredung und „Seelenführung" – also Beratung – gab (Foucault 1996: 118). Der Unterschied dieser beiden Lehrformen, von denen die zweite als höher bewertet wurde, war nicht, dass sich der Unterricht auf Gegenstände und die Beratung auf das Selbst richten würde, vielmehr gab es in der Beratung ein sokratisches Verfahren, „das den Gesprächspartner in die Lage versetzte, die Wahrheit über sich selbst zu entdecken, die Beziehung seines bios zum logos; und dieses selbe Verfahren ermöglichte es ihm gleichzeitig, Zugang zu weiteren Wahrheiten zu gewinnen (über die Welt, Ideen, die Natur der Seele usw.)" (ebd.).

2 Unterrichten und Beraten in einer sich ausdifferenzierenden Moderne

2.1 Unterrichten als Technologie der Wissensvermittlung

In der Moderne haben sich die Praktiken des Beratens und des Unterrichtens in verschiedenen Bereichen ausdifferenziert. Das Unterrichten hat sich in der Institution der Schule entwickelt, die in historisch parallelen Prozessen mit den Institutionen des Krankenhauses, des Militärs, der Fabrik und dem Gefängnis entstanden ist (Foucault 1994: 173ff.). Diese Institutionen hatten die Funktion, gelehrte und gelehrige Individuen zu produzieren, die über Fähigkeiten und Flexibilitäten verfügen, um sie in institutionellen Prozessen effektiv einzusetzen (ebd.). Der Formierung der Individuen in der Institution Schule kommen dabei Performanzen in drei Bereichen zu: (1) Das gesellschaftlich verfügbare Wissen wird an die folgenden Generationen in explizierten und aus dem Verwendungszusammenhang herausgenommenen Vermittlungssettings weitergegeben. Die Schule ist also auf der Seite der techné und des mit den Kulturtechniken verknüpften Wissens angesiedelt. (2) Zugleich vermitteln die Praktiken der Schule eine ganze Reihe von Mentalitäten, Normativitäten und Fähigkeiten, die sich nicht einer der Kulturtechniken oder einem in einem Fach explizierten Wissen zuordnen lassen. Dazu gehören etwa die Fähigkeiten, über längere Zeit still zu sitzen und sich einer Sache zu widmen. Aber auch die Einsicht, dass Lehrer/innen als die jeweils anderen im Lehr-Lern-Verhältnis über die Gültigkeit und Autorität aller Äußerungsakte im Kontext der Schule entscheiden, dass es also einen Punkt der Validierung gibt, dem man sich in einem gesellschaftlichen Zusammenhang zu unterwerfen hat. Es handelt sich um ein implizites Wissen, das mit dem zuerst genannten Wissenstypus notwendig verknüpft ist. (3) Schließlich formiert die Schule die Individuen auf die in einer vertikal und horizontal differenzierten Gesellschaft verfügbaren Plätze hin.[5]

Um das Unterrichten als Praktik weiter zu konturieren, gilt es herauszuarbeiten, wie darin Wissen formiert und prozediert wird. Wesentliche Praktiken der Wissensformierung sind (1) die didaktische Rekonstruktion als Definition und Formierung des Wissens als Ensemble von Lerngegenständen; (2) das Unterrichten im engeren Sinn als Technologie mehr oder weniger standardisierter Settings, in denen das in Lerngegenständen formierte Wissen vermittelt wird, sowie (3) die Prüfungen als Prozeduren, die feststellen, ob die Lernenden über die Lerngegenstände in einer in der didaktischen Rekonstruktion definierten Weise verfügen.[6] Die in der didaktischen Rekonstruktion definierten Lesarten der Lerngegenstände sind verbindlich. Sie sind von den Lernenden im Lernprozess anzueignen und werden zur Grundlage der Prüfprozeduren. Letztere haben sicherzustellen, dass die Lesarten der Lernenden mit den vordefinierten Lesarten hinreichend übereinstimmen (Wrana 2011). Das Unterrichten als Bezug einer curricular definierten Sachstruktur auf die Verstehensstruktur eines Individuums ist ein Erbe des Rationalismus des 18. Jahrhunderts einerseits sowie der Psychologisierung des Schülers zwischen 1750 und 1850 andererseits (Petrat 1979). Ein systematisches pädagogisches und didaktisches Steuern und damit das Unterrichten anstelle des „Schule-Haltens" wird erst durch diese Koppelung eines universellen Systems von Wissen über die individuellen Strukturen von Schüler/innen (ausführlich Höhne 2011: 102; Wrana 2008a: 51, 2009a; Caruso 2010; Wrana 2011) sowie über ihre „Wünsche, Kapazitäten

---

5   Die Praktiken des Unterrichtens haben in der Moderne eine Form angenommen, die den gesellschaftlichen Funktionen von Schule, wie sie in der strukturfunktionalistischen Schultheorie beschrieben werden, entsprechen (Fend 2009: 49).

6   Die Praktiken des Unterrichtens konstruieren zudem als „Schulfächer" eine Wissensformation, die eine relative Autonomie zu den gesellschaftlichen Verwendungssituationen aufweist (vgl. Gruschka 2001: 191).

und Belastungsgrenzen" (Höhne 2011: 106) möglich. Dabei entwickelte sich das psychologische Wissen über „den Schüler" interessanterweise nicht als individualisierendes, sondern als subsumierendes Wissen. In den Praktiken des Unterrichtens als kursorischem Lernen wurde ein Modell-Lerner konstruiert, an dessen idealer Leistungsfähigkeit ein Klassenverband von Schülern und Schülerinnen sich auszurichten hatte (Höhne/Kunz/Radtke 2005: 56; Wrana 2011: 236).

In dieser Funktion der Schule der ökonomischen Reproduktion der kulturellen Grundlagen der Gesellschaft blieb der Anspruch auf die Erziehung von Bürgern/innen, die mündig über die gesellschaftliche Struktur verfügen, aufbewahrt (vgl. Wrana 2008a). Die Schulkritik ebenso wie reformpädagogischen Gegenentwürfe haben sich in den letzten 200 Jahren an den Widersprüchen dieser Konstruktion der unterrichtenden Schule abgearbeitet (vgl. Göhlich 1997; Pongratz 2004; Oelkers 1996; vgl. Forneck/Wrana 2003: 42ff.). Die hegemonialen Wissenspraktiken der Schule blieben allerdings wenig irritierbar, solange die damit verbundenen Wissensformen und Transmissionsweisen funktional für die Reproduktion der kulturellen Grundlagen der Gesellschaft geblieben sind (Wrana 2008a). Eine „andere Pädagogik" hat sich von Anfang an als minoritäre Praxis neben dem System „der Schule" etabliert und erhält über die Jahrhunderte die Zuschreibung aufrecht, die Praxis einer „neuen Lernkultur" zu sein. Autor/innen wie Tenorth (1992) oder Baumert und Kunter (2006) verweisen in ihren Argumentationen gegen Kritik an der Formierungsmacht der Schule darauf, dass diese eine historisch stabile und produktive Institution sei und dass ihre nachhaltige Existenz auf ihre Rationalität verweise. Das mag sein, allerdings setzt diese spezifische Rationalität und Stabilität eine bestimmte Vorstellung vom Wissen und seiner Vermittlung voraus.

Wissen wird in den klassischen Praktiken des Unterrichtens als klar strukturierbare, propositional formierbare Ensembles expliziten Wissens konzipiert. Vermitteln ist dann die optimale Übertragung dieses Wissens aus der disziplinären in die individuelle Strukturierung. Diese Konzeption des Wissens und seiner Transformationen bleibt auch in komplexen instruktionalistischen Positionen leitend, die weit über die Vorstellung von Wissensvermittlung als bloßer Repetition definierter Wissenselemente hinaus gehen. Ausubel etwa bezeichnet als „sinnvolles Lernen" solches, in dem Informationen nicht repetierend gelernt werden, sondern so, dass diese sich in die kognitive Struktur des Individuums einfügen können, und als sinnvoll erfahren werden (vgl. Ausubel 1974: 41). In diesem Prozess gehe logische Bedeutung, die eine Eigenschaft jeder Wissensrepräsentation sei, in individuell psychologische idiosynkratische Bedeutung über (vgl. ebd.). Die individuelle Bedeutung wird nun aber nach dem Vorbild der logischen Strukturen gedacht, d.h. vor allem in Form propositionalen Wissens und in Form von binär verzweigenden logischen Strukturen. Rationale Lernprozesse schreiten fort, indem einfache Propositionen zu komplexeren Propositionen so rekombiniert werden, dass diese im Denken vollzogen und somit verstanden werden. Damit ist eine Vorstellung eines subsumtiven Lernprozesses impliziert, indem sich die psychologische Bedeutung nach und nach aufbaut und das logische Wissen einer Domäne erfasst (Ausubel 1974: 57). Die Unterrichtspraktiken bilden für Ausubel eine Technologie der Anordnung von Wissenselementen in einer Weise, die einen geordneten Aufbau von kognitiven Strukturen bei Lernenden steuert (vgl. Analysen weiterer Wissenskonzepte bei Wrana 2008a: 50; Wrana 2011: 232). Die Lernenden werden durchaus als aktive Individuen verstanden, aber das Ziel des Instruktionsprozesses ist, das Wissen einer Domäne so zu vermitteln, dass die Lernenden es schließlich strukturanalog in sich zu repräsentieren vermögen.

Dieses Grundprinzip der Wissensformierung bestimmte auch die Debatten der Bildungsreform und Curriculumsentwicklung der 1960er und 1970er Jahre und die ersten Ansätze von „Lebenslangem Lernen" und einer „Wissensgesellschaft". Die Bildungsökonomie problematisierte den Bedeutungszuwachs von Wissen und Können innerhalb moderner Ökonomien und postulierte, dass Wissen weit umfassender vermittelt werden müsse, als dies gesellschaftlich bis anhin geleistet werde. Wissen schien einerseits quantitativ zu expandieren und zugleich qualitativ zu „veralten", was in den Metaphern von „Wissensexplosion" und „Halbwertszeit des Wissens" popularisiert wurde. Insofern das gesellschaftlich verfügbare Wissen als individuelles Wissen und Können der Berufstätigen und Arbeitenden materialisiert sein muss, um im Produktionsprozess relevant zu werden, folgt aus der Dynamisierung der Wissensgesellschaft, dass biographisch einmal erworbenes Wissen permanent von Entwertung bedroht ist. Die Individuen sollen sich daher als Lernende begreifen, die sich ein Leben lang an immer neue Wissenshorizonte anpassen. Spiegelbildlich galt es ein Bildungssystem zu etablieren, das über immer bessere Praktiken des Unterrichtens diese Anpassungsleistungen der Individuen ermöglicht. Es wurde mit Steuerungspraktiken und Lerntechnologien gearbeitet, mit denen die Subjekte das zunehmende und komplexer werdende Wissen effektiver aufnehmen sollten. Das Prozess-Produkt-Paradigma der Unterrichtsforschung (Helmke 2008) zielte auf die Verbesserung des Lehrens oder mit anderen Worten auf die Optimierung der Produktionsmittel. Eine kompetentere Profession sollte in formal organisierten Settings das als notwendig erkannte und deklarierte Wissen an immer größere Teile der Bevölkerung vermitteln.

Die Praktiken des Unterrichtens folgten bis zu den großen Bildungsreformen einer fordistischen Produktionslogik, in der die gesellschaftlichen Wissensbedarfe durch ein Bildungssystem produziert werden sollten. Dies entspricht den fordistischen Konzepten der Massenproduktion und Konsumption, insofern diese auf die Möglichkeit unbegrenzten Wachstums und auf die Bearbeitbarkeit aller Problemlagen durch Technologisierung und Optimierung der Produktionsmittel setzten (Baethge/Baethge-Kinsky 2004: 14). Das Unterrichten als Praxis wird damit zum Werkzeug einer Gouvernementalität des gesellschaftlichen Wissens und Könnens, einer bestimmten Weise, die lernenden Individuen zu regieren (vgl. Forneck/Wrana 2005).

Nochmals sei an die Feststellung im antiken Diskurs erinnert, dass die Aufgabe „des Lehrers" sei, sich an einem festen Wissen zu orientieren, das ihm von der techné gegeben ist und das er zu vermitteln habe, weil es sonst mit ihm „sterbe" (s.o.). Dieser Zusammenhang wurde in der Logik fordistischer Lernproduktion zunächst perfektioniert, aber in der zweiten Hälfte des 20. Jahrhunderts wurde er problematisch, als man zu erkennen begann, dass „das Wissen" schneller „stirbt" als die Wissenden. Die Ökonomie des Lernens folgt einer fordistischen gouvernementalen Rationalität (mit Instrumenten wie dem „Unterrichten") insofern es möglich erscheint, dass sich der Prozess des sich immer schneller transformierenden Wissens durch diese Instrumente ausgleichen und bewältigen lässt. Die gouvernementale Rationalität der Ökonomie gerät in die Krise, wenn diese Möglichkeit fraglich wird. Die Debatten um die Entwicklung der „Wissensgesellschaft" in den folgenden Jahrzehnten sind von dem Zweifel an der Fähigkeit des fordistisch begriffenen Unterrichtens gekennzeichnet, die Wissensbedarfe herzustellen. In die Krise des „Unterrichtens" treten Konzepte wie das „selbstgesteuerte" bzw. „selbstorganisierte" Lernen und damit verbunden die Handlungsform des Beratens als alternative auf den Plan. Doch zunächst soll die Genese der Praktiken des Beratens und ihrer gouvernementalen Rationalität rekonstruiert werden, die sich in einem vom Unterrichten ganz verschiedenen gesellschaftlichen Handlungsbereich vollzogen hat.

2.2 Beraten als Subjektivierungstechnik

Die Handlungsform des Beratens hat sich ebenfalls vom Übergang zum 19. Jahrhundert bis in die Mitte des 20. Jahrhunderts entwickelt, allerdings nicht in der Schule, sondern im Bereich therapeutischer Praxen. Die humanistischen und systemischen Therapeutiken wurden, wie Kossack zeigt, in den letzten Jahren zu den wesentlichen Ansatzpunkten von Konzepten pädagogischer Beratung, wobei die Grenze zwischen der pädagogischen und der therapeutischen Beratung zwar immer wieder gezogen wird und umkämpft bleibt, sich aber zugleich immer wieder verwischt (Kossack 2006, 2010). Die Genese der therapeutischen Praktiken und der Subjektivierungen, die sich in ihnen vollziehen, ist in den letzten Jahren zunehmend untersucht worden (vgl. Traue 2010: 117ff.; Maasen u.a. 2011).[7] Traue zeigt, inwiefern die Reartikulation der Therapeutiken in den späten 1970er Jahren auf historische Entwicklungen zurückgreifen, die die Beratung im 18. Jahrhundert geprägt haben (ebd.: 118). Die frühen therapeutischen Praktiken basierten auf dem Vitalismus, in ihnen

---

[7] Traue schließt in der Genealogie der Subjektivierung an die soziologischen Studien von Nikolas Rose (1998), Stefanie Duttweiler (2007) und Ulrich Bröckling (2007) an. Diese Studien arbeiten die sozialen Techniken heraus, in denen in psychologisch-therapeutischen Settings Subjekte problematisiert und damit konstruiert werden.

wurde eine Krise des Klienten bzw. der Klientin inszeniert, die dann unter Anleitung eines Experten zu bewältigen war. Das Machtverhältnis in der hypnotherapeutischen Beratungsbeziehung war durch Herstellung dieser Krise mit den daraus resultierenden Energien durch den Berater bestimmt. Traue postuliert, dass wesentliche Beratungspraktiken der Neurolinguistischen Programmierung (NLP) und der systemischen Beratung, die die Funktion haben, Kräfte zu forcieren und zu lenken, die „Flüsse" wieder in Gang bringen, auf die hypnotherapeutischen Praktiken zurückgehen (ebd.: 125). Mit der Freudschen Psychoanalyse ist ein gegenteiliges Machtverhältnis etabliert worden. Die Psychoanalyse forciert die Krise nicht und untersagt sogar, die in ihr freigesetzten Energien umzusetzen. Sie installiert vielmehr einen Raum, in dem sich etwas als Krise artikulieren kann, um dann im Medium der Erinnerungsarbeit rational durchgearbeitet zu werden (ebd.: 137). Dieser Fokus auf das Rationalitätsprinzip der Durcharbeitung ist in den späteren systemischen Ansätzen und auch in der systemisch beeinflussten Psychoanalyse wieder zurückgenommen worden.

Seit den 1940er Jahren wurden in den USA die Beratungsformen im psychosozialen Bereich stark ausgebaut. Im Kontext dieser Beratungsangebote für Soldaten, Gefängnisinsassen, Arbeiter, Angestellte usw., die anfangs medizinisch dominiert waren, entstanden neue Praktiken und Verständnisse von Beratung und Gruppenarbeit, die in der Bewegung der sogenannten humanistischen Psychologie gebündelt waren. Für Beratungspraktiken von entscheidendem Einfluss war dabei der von Carl Rogers entwickelte Beratungsansatz (Kossack 2006: 25ff.). Rogers setzt zwar ebenso wie Freud darauf, den Klient/innen Raum zur ausführlichen Artikulation der Krise zu geben, allerdings ist die Beratungsbeziehung anders konstruiert. Rogers postuliert, dass sie nicht in dem psychoanalytischen Band von Übertragung und Gegenübertragung bestehen solle, vielmehr soll „der Berater" eine vertrauensvolle Atmosphäre der Wärme schaffen, in der „der Klient" dann seine eigenen Lösungen finden und erkennen kann: „Das erste ist eine Wärme und Empfänglichkeit aufseiten des Beraters, die eine Verbindung möglich macht und die sich nach und nach in eine tiefere emotionelle Beziehung verwandelt." (Rogers 1972: 84) Das wichtigste Medium der Beratung ist die Anerkennung „des Klienten und seiner Emotionen", was die professionelle Involviertheit in diese Emotionen einschließt. Während in der Psychoanalyse die Beratenden den Spiegel bilden, in dessen rationalen Analysen die Klient/innen sich selbst erkennen können, setzt die humanistische Beratung auf die Möglichkeit einer unmittelbaren Selbsttransparenz. Diese kann aber nur erreicht werden, wenn die Klient/innen sich authentisch öffnen und „alles sagen". Damit zeichnen sich Veridiktionsmodi ab – um den Begriff aus der Analyse antiker Beratungspraktiken aufzugreifen – mit denen in der Beratung das Subjekt „wahrgesprochen" wird. In der nichtdirektiven Beratung werden die Äußerungen der Beratenen über sich selbst insofern „wahr", als sie durch die Möglichkeit einer unmittelbaren Selbsttransparenz legitimiert und durch Verfahrensregeln sichergestellt werden. In der

Psychoanalyse hingegen spielen die Äußerungen der Berater/innen eine zentrale Rolle in der Veridiktionspraxis, weil sie als rationale Spiegel operieren, in denen sich Selbsterkenntnis vollzieht.

Unter dem Einfluss von Kybernetik, Systemtheorie, Konstruktivismus und Neurolinguistische Programmierung entwickelte sich in den folgenden Jahren eine Gruppe von Ansätzen der Beratung, die als systemische Ansätze bezeichnet werden. In diesen unterscheiden sich die Beratungsbeziehung und die Veridiktionsmodi wesentlich vom humanistischen Ansatz. Während dort die Klient/innen durch die transparente und emotionale Entfaltung ihres Selbst zu Einsicht geraten, setzt die Beratungsbeziehung in den systemischen Ansätzen auf eine distanzierende Metakommunikation, in der sich das Subjekt anhand von Rastern objektiviert, die aus verschiedenen Wissenschaften abgeleitet sind. Eine dieser objektivierenden Unterscheidungen ist etwa die Differenz von Beziehungs- und Inhaltsaspekt (Watzlawick u.a. 1969: 53) oder das Kind- und das Erwachsenen-Ich aus der Transaktionsanalyse etc. Das Subjekt lernt in der Beratung, sich anhand solcher Raster zu problematisieren und sie zur Sortierung und Rationalisierung seines Selbst einzusetzen. Die Beratenen werden „angerufen", so die Gründer der Neurolinguistischen Programmierung (vgl. Traue 2010: 164), ihre sprachlichen Tiefenstrukturen zu artikulieren, um diese zu verändern. Sie haben sich und ihre Probleme als Teil eines Ensembles von Beziehungen wahrzunehmen, in dem es komplexe Muster und ihre Eigendynamik zu erkennen gilt (Brunner 2004: 656). Auch zur Artikulation dieser Muster wurden wissenschaftliche Begriffe angeeignet, wie etwa der Begriff des „Skripts" aus der kognitiven Linguistik (Schank/Abelson 1977). Indem die Klient/innen sich darauf einlassen, ihre „Skripte" zu artikulieren, erkennen sie die Form des Skripts mit allen Implikationen (sie sind in der eigenen Biographie etabliert; sie sind das, was es zu überwinden gilt; obwohl man sich nicht schuldig fühlen muss, wenn man sein Tun in ihnen wieder erkennt; sie lassen sich auf Narrationen applizieren; die Beratenden haben die Möglichkeit, im Prozess eine solche Applikation immer wieder „anzubieten" und damit die Anrufung, das Skript zu überwinden zu aktualisieren usw.) als Raster der Selbsterkenntnis an, und indem sie das tun, performieren sie ihre Subjektivität. Mit den Rastern in der Beratungspraxis können die Subjekte sich selbst gemäß kulturell anerkannter Formen und Existenzweisen objektivieren (Usher/Edwards 1995), sie anerkennen und subjektivieren sich anhand der Normativität, die im Beratungsprozess gesetzt wird (Reh/Rabenstein 2012). Zweck dieser Selbstobjektivierung ist aber nicht die Stabilisierung des Selbst, sondern die Transformation und Dynamisierung seiner Strukturierungen.

Die systematische Beratung zielt nicht auf Selbsterkenntnis oder gar auf Selbstfindung und auch nicht darauf, die Probleme ab- oder durchzuarbeiten, sie zielt vielmehr über „das Problem hinaus", sie ist auf „Lösungen" hin gerichtet. Die Ansätze bezeichnen sich oft auch als „lösungsorientiert" oder gar hemdsärmelig als „Kurzzeitberatung" (vgl. Thiel-Ulrich 2003; Fittkau 2003: 146). Einflussreich war hier, dass die Neurolinguistische Programmierung das

Unbewusste nicht mehr als Ort des Problematischen begreift, wie in der Psychoanalyse, sondern als Quelle von Kreativität und Transformation. Traue zeigt, wie dabei die vitalistischen Annahmen der Hypnotherapien des 18. Jahrhunderts wieder aufgegriffen und mit technologisch-kybernetischem wissenschaftlichem Wissen in Bezug gesetzt werden (Traue 2010: 154). Der Pragmatismus eines kreativ-dynamischen Selbst, das ergebnisoffen performiert wird, wird gut von dem NLP-Postulat zugespitzt: „Wenn etwas nicht funktioniert, tue etwas anderes."

Während die humanistische Therapeutik ihre Subjektivierungswirkung über die Repräsentation eines prinzipiell guten und authentischen Selbst legitimiert, hält die systemische zwar an einem „inneren Kern" fest, verzichtet jedoch auf anthropologische Festlegungen und Beschwörungen des Präexistenten, und betrachtet ihn vielmehr als Quelle kreativer Selbstüberschreitung. Die systemischen Therapeutiken konzipieren damit einen intensivierenden und steigernden Typus der Subjektivierung. Dieses Konzept fügt sich gut in eine Gouvernementalität, die auf Flexibilisierung und Kapitalisierung des Selbst innerhalb sich dynamisierender gesellschaftlicher und organisationaler Strukturen setzt. Während die humanistischen Ansätze dazu tendieren, über binäre Oppositionen wie Natur versus Technik oder Mensch versus Maschine eine Distanz der Beratung zu Ökonomie und Technologie zu schaffen, waren die systemischen Ansätze aufgrund ihrer Option für eine zieloffene Subjekttransformation anschlussfähig für Imperative wissensbasierter Ökonomien. „Die Möglichkeit der kreativen, ästhetischen Selbstorganisation transportiert ein Glücksversprechen, das die Wissensarbeiter des neuen Kapitalismus anspricht – die Erschließung virtueller Beweglichkeits- und Kreativitätsreserven, die zugleich eine ästhetische Intensivierung des Weltbezugs wie auch eine Innovationssteigerung bewirken sollen." (Traue 2010: 159)

2.3 Unterrichten und Beraten als gouvernementale Praxen

Das Unterrichten und das Beraten haben, so zeichnet sich hier ab, eine differente Genealogie in verschiedenen gesellschaftlichen Handlungsbereichen. Beide beerben am Übergang vom 17. zum 18. Jahrhundert die pastoralen Technologien, die als Machtform in den christlichen Institutionen entwickelt worden sind und die darauf zielten, Menschen zu führen, indem sie das einzelne Individuum innerhalb einer Menge von Individuen subjektivierten (Foucault 2004). Sie sind beide Momente der neuen gouvernementalen Regierungs- und Steuerungspraktiken, die aus einer Säkularisierung pastoraler Machtformen entstanden sind und sich in den sich ausdifferenzierenden Feldern der modernen Gesellschaften entwickelt haben (Meyer-Drawe 1996; Forneck/Wrana 2005: 100). Pädagogische Praktiken sind ein Bereich jener Technologien, die die Beeinflussung der Individuen und der Bevölkerung miteinander verknüpft haben. Die Praktiken des Unterrichtens und des Beratens haben in dieser Genese offenbar gegensätzliche Pole besetzt.

Zwar wird das „Unterrichten" als Praktik im Grunde erst mit der Psychologisierung von Schüler/innen als Steuerungsobjekt möglich, aber die Konstruktion des Individuums „Schüler" bleibt im klassischen Unterrichten auf den Klassenverband bezogen. Die Ökonomie des Lernens in den Praktiken des Unterrichtens ist an der Vermittlung einer logischen Inhaltsstruktur orientiert, die die Schüler/innen rekonstruktiv in sich nachzubilden haben. Ihre Subjektivität erschöpft sich im Nachvollzug des kulturellen Gehalts der Struktur.

Das Beraten ist fast gegensätzlich ganz auf die Individualität hin ausgerichtet. Gesellschaftliche Strukturierungen und symbolische Ordnungen werden ausgeblendet und das Individuum wird in der Beratung als eines konstruiert, das „seine" Probleme situiert in systemischen Ensembles denkt, die die Probleme zugleich als durch individuell bearbeitbare Muster erscheinen lassen. Die Strategie der Beratung ist, das Individuum reflexiv auf dieses konstruierte „geskriptete" Selbst zurückzuwerfen und als ein aktives Subjekt zu konstituieren, das sich selbst steigert und maximiert, indem es lernt, sich als ein Interventionsfeld zu begreifen.

Vergleicht man die Praktiken des Unterrichtens und des Beratens, dann zeigt sich, dass sie sich nicht nur in verschiedenen Handlungsbereichen entwickelt haben, sondern dass sie ihre zentrale Genese auch in verschiedenen historischen Phasen haben. Während das Unterrichten im Übergang zum 19. Jahrhundert entstanden ist, sich seither durch erstaunliche Kontinuität auszeichnet und als fordistische Produktionsweise von Wissen im 20. Jahrhundert an neuer Bedeutung gewinnt, greift das Beraten zwar auch auf Ansätze des späten 18. Jahrhunderts zurück, hat seine wesentlichen Entwicklungsmomente als Reartikulation der Therapeutiken aber in der Mitte des 20. Jahrhunderts. Im Kontext der Krise der fordistischen Produktion von Wissen ab dem späten 20. Jahrhundert verwundert es kaum, dass die Handlungsform der Beratung sich als Alternative zu der des Unterrichtens darstellen kann, dass sie zu einer Herausforderung wird, weil sie das Potenzial hat, als die modernere, individuellere, humanere Form zu erscheinen und gegen das Unterrichten gestellt zu werden. Tatsächlich wird spätestens seit den 1970er Jahren die „pädagogische Beratung" als eigene Handlungsform postuliert und untersucht (vgl. Hornstein 1976). Dabei wurden als Praktiken für die „pädagogische Beratung" über weite Strecken die Therapeutiken rezipiert (Kossack 2006: 18, 41).

Auch wenn die Frage nach der konstitutiven Differenz zwischen Therapie und Pädagogik kontrovers diskutiert wird, beeinflussen die Subjektivierungsformen der neuen Therapeutiken die Konzepte pädagogischer Beratung wesentlich (vgl. Kossack 2006: 26; Göhlich u.a. 2007). Allerdings bleibt beim Beraten eine zentrale Funktion der Praktiken des Unterrichtens, nämlich die Vermittlung kultureller Strukturierungen, außen vor, da das Beraten ganz auf die Mobilisierung der Individualität fokussiert. Es zeichnet sich also eine ungleiche Konkurrenz ab. Während dem Unterrichten aufgrund seiner Genese im

Feld selten abgesprochen wird, „pädagogisch" zu sein, ist das Beraten an der Grenze des Pädagogischen angesiedelt und erfüllt zugleich eine wesentliche klassische Funktion des Pädagogischen gerade nicht. Diese Problematik soll im Folgenden im Kontext der Genese von (Lern)beratungspraktiken untersucht werden. Zugleich gilt es, der Krise der fordistischen Wissensvermittlung nachzugehen und die These zu diskutieren, dass sich das Beraten als gouvernementale Praxis in eine postfordistische Ökonomie des Lernens einschreibt.

3 Lernberatung diesseits und jenseits der Vermittlung

In der zweiten Hälfte des 20. Jahrhunderts entgrenzt die Handlungsform der Beratung aus dem psychologisch-therapeutischen Bereich und gewinnt in unterschiedlichen Kontexten eine immer größere Bedeutung. Dabei lassen sich zwei Entwicklungen unterscheiden, die in differenten Verständnissen pädagogischer Beratung resultieren. Das erste Verständnis verortet pädagogische Beratung als eine parallele Form zum unterrichtenden Handeln, im zweiten Verständnis ersetzt pädagogische Beratung tendenziell das unterrichtende Handeln. Beide Verständnisse haben gemeinsam, dass sie, wie Kossack resümiert, die „spezifische Differenz des Beratungshandelns als professionelle Handlungsweise im Kontrast zum Lehrhandeln" setzen und postulieren „dass Beratung keine Form der Wissensvermittlung darstellt, sondern eine Form der Führung zur Selbstführung" (Kossack 2010: 7). Während diese Differenz im erstgenannten Zugang zum Beraten als ergänzend-komplementäre pädagogischer Handlungsform führt, hat es im zweiten Zugang die Ablösung des Unterrichtens als primärer pädagogischer Handlungsform zum Ziel.

3.1 Beraten als ergänzend-komplementäre pädagogische Handlungsform

Das erste Verständnis wird in vielen Ansätzen der Schul- und Erziehungsberatung sowie der sozialpädagogischen Beratung vertreten. Beratung wird dabei als soziale Dienstleistung verstanden (Aurin 1980: 42), die die zu Beratenen dabei unterstützt, Entscheidungen zu treffen, die sie selbst nicht zu treffen in der Lage sind. Dieser Typus von Beratung ist dem Unterricht insofern beigeordnet, als in der Beratung Entscheidungen für oder gegen bestimmte Wege im Bildungssystem getroffen werden, die dann verschiedene Formen des Unterrichtens zur Folge haben. Die Form des Unterrichts ist dann ein Resultat der Entscheidung im Beratungsprozess. Die schulische Erziehungsberatung etwa findet nicht im Unterricht statt, sondern ist zum Unterrichten parallel angesetzt und wendet sich sowohl an Eltern als auch Schüler/innen (z.B. Hertel 2009).

Auch in der Erwachsenenbildung wurden seit dem späten 19. Jahrhundert Ansätze von Weiterbildungsberatung entwickelt, die Lernende dabei unterstützt, Entscheidungen über Bildungsangebote, Berufslaufbahnen u.ä. zu treffen. Ein wichtiges Motiv war dabei immer die Vervielfältigung von Optionen für individuelle Entscheidungen bei Berufswahlen und Bildungswegen (vgl. Kossack 2010: 4).

Die Theorie reflexiver Modernisierung erklärt die Entstehung dieser Beratungsformen mit der allgemeinen Komplexitätssteigerung im Modernisierungsprozess einer sich ausdifferenzierenden Gesellschaft, die dem Einzelnen vielfältige Optionen zur Gestaltung der eigenen Biografie vorlegt, allerdings auch den Zwang beinhaltet, Entscheidungen wirklich selbst zu treffen (Riemann/Frommer/Marotzki 2000; Tiefel 2004). Aus dieser Perspektive bearbeiten zahlreiche Berufsgruppen die gestiegenen Orientierungsbedürfnisse eines Klientels, das in verschiedenen Kontexten seines Handelns zwar prinzipiell selbstbestimmt Entscheidungen treffen soll und kann, aber nicht über die nötige Expertise verfügt und daher Berater/innen zurate zieht. In diesem Sinn bezieht auch Christiane Hof die bildungspolitische Forderung nach der Etablierung von Beratungsmöglichkeiten im Bildungssystem auf das „Lebenslange Lernen", weil die „Erwartung einer andauernden Fortsetzung individueller Lern- und Bildungsprozesse" dazu führt, „dass der Einzelne sich in besonderem Maße mit der Gestaltung seiner Bildungs- und Kompetenzbiografie befassen muss" (Hof 2009: 154). Die wesentliche Denkfigur in diesem Verständnis ist, dass Beratung auf einen Orientierungsbedarf innerhalb sich ausdifferenzierender Bildungsoptionen reagiert. Lernberatung als pädagogische Form steht dann neben dem unterrichtenden Handeln, sie wird vom inhaltsbezogenen Lernprozess different gedacht. Das Lernen in dieser Beratungsform bezieht sich nicht auf den Lernprozess selbst, sondern auf Entscheidungen über das Aufnehmen, Weiterführen oder das Gestalten von Lernprozessen (vgl. Schiersmann/Remmele 2004; Kossack 2010).

Zahlreiche Ansätze „pädagogischer Beratung" wie auch die Theoriebildung von Beratung als pädagogischer Handlungsform in den Erziehungswissenschaften knüpfen weitgehend an dieses Verständnis von Beratung an und grenzen es vom Unterrichten ab. So definieren Göhlich u.a. in einem Band zur Machtdimension organisationaler Beratung: „Gegenstand pädagogischer Beratung ist in erster Linie nicht ein bestimmtes Fach- und Sachwissen wie im schulischen Unterricht oder ein bestimmtes fachliches Können wie in der betrieblichen Lehre, aber auch keine als psychische oder organische Störung behandelte Symptomatik wie in der Therapie, sondern die je besondere Konkretion einer typischen [...] lebenspraktischen Problemsituation." (Göhlich u.a. 2007: 8) Beratung als pädagogische Form – so die Definition – nimmt ihren Ausgangspunkt also nicht von einem disziplinären Wissen, sondern von einer problematischen Situation. Sie soll weder vermitteln noch heilen, sondern in die Lage versetzen, die Situation zu verbessern.

Diese Unterscheidung hat Tradition. In einem der frühesten Texte zum Beraten als pädagogische Handlungsform kennzeichnet Bollnow diese als unstete Form der Erziehung (vgl. Bollnow 1959; Kossack 2006: 32; Wrana 2006: 64). Das Unterrichten zielt auf eine stetige Entwicklung eines Wissens im „Schüler" resp. „Educanden". Es ist die Technologie, die diese stetige Entwicklung sowohl produziert als auch ihre Richtung und Ziele definiert. Bildung hingegen, die Bollnow existenzphilosophisch denkt, vollzieht sich als Umkehr, als conversio, als Selbstergreifung, die nicht stetig ist, sondern sich im Bruch vollzieht; die sich auch nicht herstellen lässt, sondern immer gefährdet und kontingent bleibt (vgl. Kossack 2006: 33). Die Beratung zeichnet sich nach Bollnow dadurch aus, dass sie auf den Willen zur Veränderung des anderen verzichtet, sie stelle sich „selbstlos in den Dienst der vom anderen zu fällenden Entscheidung" (Bollnow 1959: 79).

So verstanden entzieht sich die Beratung auch einem Postulat der Ökonomie des Lernens, die zu den Praktiken des Unterrichtens gehört, gemäß der das Wissen immer produktiv an bisheriges Wissen anschließen muss. Dieses Postulat soll verhindern, dass neues Wissen nicht umsonst aufgenommen wird und „träge" bleibt und zugleich, dass altes Wissen nicht von neuem Wissen entwertet wird. Der Wissenserwerb wird nämlich im Lehren als „stetiger Erziehung" als permanenter Akkumulationsprozess gedacht. Es ist von diesem Standpunkt aus ein unerträglicher Gedanken, dass Wissen träge bleiben könnte oder dass man „umsonst" gelernt habe. Im Beraten als „unsteter Form" hingegen ist es kein Skandal, wenn „alte", vormals mühsam erlernte Muster abgelegt werden, es ist gerade der Zweck der Beratung und es ist mit den neuen systemischen Therapeutiken theoretisierbar. Möglich wird sogar der Grenzfall: dass die Niveausteigerung des Subjekts mit einem radikalen Bruch mit der eigenen Biografie und einer völligen Entwertung allen bisherigen Wissens einhergeht. Aus der Logik des Unterrichtens muss eine solche Conversio als gigantische und eruptive Vernichtung von Bildungskapital, als sinnlose Verschwendung, als Antiökonomie des Lernens wahrgenommen werden (Wrana 2006: 64).

Ausgehend von den Argumenten Bollnows wird das Beraten in der erziehungswissenschaftlichen Debatte meist als eine pädagogische Handlungsform unter anderen klassifiziert (Kossack 2006: 36ff.). In Verbindung damit steht nun eine weitere seit Bollnow immer wieder vorgebrachte These: Das Beraten stehe der „Bildung" näher als das Unterrichten oder das Erziehen und vermag die Verstrickung des Pädagogischen mit der autoritären Reproduktion von Kultur zu transzendieren. Für das pädagogische Handeln blitzt die Möglichkeit auf, die Antinomie pädagogischen Handelns tendenziell zu überwinden, über die schon Kant in der Vorlesung über Pädagogik seufzte: „Eines der größten Probleme der Erziehung ist, wie man die Unterwerfung unter den gesetzlichen Zwang mit der Fähigkeit, sich seiner Freiheit zu bedienen, vereinigen könne. [...] Wie kultiviere ich die Freiheit bei dem Zwange?" (Kant 2000: 711) In der erziehungswissenschaftlichen Debatte wird daher dem Beraten aufgrund seiner Nähe zum Konzept der Bildung oft ein höherer Wert zugeschrieben als dem Unterrichten. Mollenhauer etwa argumentiert, dass die Stärke des Beratens als Handlungsform sei, dass es das zuvor in der geisteswissenschaftlichen Pädagogik nach dem „Führermodell" gedachte Erziehen ablösen könne und den „Educanden" eben nicht mit einem Mittelweg zwischen Führen und Wachsenlassen ans Bildungsziel bringe, sondern sich auf das „Korrigieren" der Lern- und Handlungsangebote der Schüler/innen beschränke (Mollenhauer 1965; vgl. Kossack 2006: 34). Ähnlich argumentieren auch Göhlich u.a.: „Entschiedener als anderen pädagogischen Praxen ist der Beratung der Vorsatz eingeschrieben, Lernen als vom Lernenden bzw. lernenden System verantworteten und selbstständig vollzogenen Vorgang zu verstehen und schließlich anzuerkennen." (Göhlich u.a. 2007: 12)

Dieser Abschnitt hat mit der Diskussion von Formen der Beratung begonnen, die das Unterrichten komplementär ergänzen und Entscheidungen für unterschiedliche Wege und Formen in einem nach der Logik des Unterrichts organisierten Bildungssystem prozessieren. Mit der erziehungswissenschaftlichen Debatte, in der das Beraten als pädagogische Handlungsform theoretisiert wird, tritt allerdings eine Wertung dieser Komplementarität in den Blick. Innerhalb der Klassifikationen pädagogischen Handelns entsteht ein Ungleichgewicht, in dem eine der Formen – die Beratung – als jene gelten kann, die anderen an Wert überlegen ist. Diese ethische Option für die Beratung bringt die Komplementarität in eine Schieflage. Wenn das Unterrichten sich vor dieser ethischen Option bewähren will, muss es sich an dem Beraten messen. Damit verweist die erste Figur der Komplementarität zweier Formen auf die andere Figuration der Differenz von Beraten und Unterrichten, in der Beraten mit dem Anspruch antritt, das Unterrichten nicht einfach zu ergänzen, sondern als Form abzulösen. So wird auch ersichtlich, warum die reformpädagogischen Versuche, das Unterrichten zu transzendieren, die Handlungsform des Beratens in sich aufnehmen.

3.2 Beraten als alternatives Vermittlungsszenario

Das Verhältnis von Lernen und Beraten wird anders gedacht, wenn Lernberatung im Kontext selbstgesteuerten Lernens entworfen wird. Hier tendiert die Handlungsform des Beratens dazu, zur Handlungsform der unterrichtenden Wissensvermittlung in Konkurrenz zu treten und diese tendenziell abzulösen. Dies gilt sowohl für radikal-konstruktivistische (Kösel 1995; Kemper/Klein 1998; Arnold/Schüßler 2003; Siebert 2001; Pätzold 2004), subjektwissenschaftliche (Ludwig 2004), kognitiv-konstruktivistische (Aulerich u.a. 2005; Reusser 2006), sozio-kulturelle (Collins/Brown/Newman 1989) als auch differenztheoretische (Forneck 2006a,b; Kossack 2006 und in diesem Band) Ansätze der Beratung im Lernprozess.

Im radikal-konstruktivistischen Verständnis von Lernberatung wird eine Erzeugungs- von einer Ermöglichungsdidaktik unterschieden (Arnold 2003; Arnold/Siebert 1995: 127). In dieser Differenz reartikuliert sich die Differenz von Unterrichten und Beraten. Auf die Praktiken des Unterrichtens verweist der Topos der Erzeugungsdidaktik, der die Intentionalität zugeschrieben wird, ein bestimmtes Wissen und Können durch pädagogisches Handeln in den Lernenden erzeugen zu wollen. Dem Beraten entspricht demgegenüber eine radikal-konstruktivistische Ermöglichungsdidaktik, die nur Kontextbedingungen für Lernprozesse schaffen will, während das Lernen von den Lernenden selbst gesteuert werden soll (ebd.). Lernberatung wird dann zur Metapher für jene Unterstützungstätigkeiten, die konstruktivistisches Lehren noch bieten kann, wenn es ihr Postulat ernst nimmt, dass Lernende prinzipiell selbstständig an Lerngegenständen denken und arbeiten (Siebert 2001: 97ff.; Pätzold 2004). Die Lernberatung besteht einerseits in einem Moderationshandeln, andererseits aber darin, Lernende mit ihren Deutungen der Lerngegenstände zu konfrontieren und so diese Deutungen zu verflüssigen (Arnold/Siebert 1995: 117). In diesem Aspekt des Lernberatungshandelns rekurrieren die radikal-konstruktivistischen Ansätze auf die Subjektivierungspraktiken der systemischen Therapeutiken. Denn zwar gelten selbstgesteuert Lernende in ihren Deutungen als selbstreferentiell und autopoietisch, aber gerade in dieser Autopoiesis tendieren sie dazu, an biografisch etablierten Deutungsweisen festzuhalten und so in innerlicher Heteronomie zu verbleiben (Arnold 2005: 38). Die radikal-konstruktivistische Ermöglichungsdidaktik sieht zwar davon ab, spezifisch inhaltliche Kriterien für die zu erwerbenden Kompetenzen oder die Qualität der fachlichen Lesarten der Lernenden vorzugeben, aber sie hält daran fest, dass diese Kompetenzen und Lesarten grundsätzlich dem Verdikt unterliegen, immer in Bewegung bleiben zu müssen. Ob sie gut oder schlecht sind, ist Ansichtssache, in jedem Fall müssen sie verflüssigt und transformiert werden.

Anders setzt der subjektwissenschaftliche Ansatz an, der ebenfalls ein Konzept der Lernberatung im Rahmen selbstgesteuerten Lernens vorlegt und von Joachim Ludwig und Alexandra Schmidt-Wenzel auch in diesem Band vertreten wird. Auch Ludwig gibt den Praktiken der Lernberatung gegenüber den Praktiken unterrichtenden Vermittelns den Vorrang (Ludwig 2004). Die Differenz wird allerdings auf einer anderen theoretischen Grundlage vollzogen. Lernen und Beratung werden von den Lerninteressen des Subjekts her konzipiert und haben zum Ziel, dieses in der Expansion seiner Handlungsmöglichkeiten zu unterstützen (Ludwig/Faulstich 2004). Lernen wird dabei als Selbst- und Fremdverständigung konzipiert. Ein Lernprozess wird als kommunikativer Prozess verstanden, in dem die Beteiligten ihre Perspektiven auf Probleme, Sachverhalte und Personen artikulieren und sich in diesem Prozess des Verstehens auf den je anderen einlassen. Die professionelle Tätigkeit des Beratens, die Ludwig entwirft, ist nun das Gestalten eines solchen Prozesses, wobei die Berater/innen ebenso als Lernende gelten können wie die Beratenen, sie werden selbst zu einem Moment des Verständigungsprozesses. Weil die Einheit des Lehr-Lern-Zusammenhangs nicht über einen verbindlichen Stoffhorizont hergestellt wird, sondern über die Lerninteressen, müssen die Verständigungsprozesse nach Ludwig nicht in einem gemeinsamen Lernergebnis resultieren. Im Lernprozess ist das Offenhalten der Differenz der Bedeutungshorizonte entscheidend und nicht das Zusammenführen in einer gemeinsamen Lösung. Die Differenz wird als Chance begriffen, um Bedeutungshorizonte zu erweitern und Handlungsfähigkeit herzustellen. „Sie erwerben sich dann ein Stück relativer Autonomie, wenn es ihnen gelingt – über die wechselseitige Wahrnehmung ihrer differenten Situationsinterpretationen – sich der Unmittelbarkeit ihrer als unzureichend empfundenen Bedeutungshorizonte bewusst zu werden und tiefer in die gesellschaftliche Vermitteltheit ihrer unbefriedigend empfundenen Bedeutungshorizonte einzudringen." (Ludwig 2004: 122)

Auch der subjektwissenschaftliche Ansatz beleiht die Technologien der Therapeutiken, allerdings nicht die systemischen wie der radikal-konstruktivistische Ansatz, sondern die humanistische (Faulstich 2010). Dabei muss betont werden, dass diese gesellschaftstheoretisch und kritisch gewendet wird. Die Selbsttransparenz der Subjekte ist daher nicht wie bei Rogers bereits in diesen angelegt und kommt schon durch einen hinreichend vertrauenserweckenden Beratungsprozess zutage, vielmehr muss sie über eine Selbst- und Fremddistanzierung produziert werden, in der sich Beratende und Beratene gegenseitig Spiegel sind. In die postulierte Symmetrie dieses Spiegelverhältnisses gerät aber dann doch eine Asymmetrie: Die Qualität des Beratungsprozesses – so Ludwig – entstehe aus der Qualität der Verstehensleistung der Lehrenden. Ihre Professionalität besteht darin, die Lernenden zu verstehen. Sie sind somit an eine „hermeneutische Kompetenz" verwiesen, die zu „kritischen und selbstkritischen Vergleichen im Modus der Anerkennung" führen soll (ebd.: 125). Weil den Berater/innen von Ludwig zugeschrieben wird, dass sie den Subjektstandpunkt der Beratenen aus sich heraus zu rekonstruieren vermögen, wenn sie ihre „gesamten Ressourcen an gesellschaftlichem Professionswissen" (ebd.) mobilisieren, können sie gar noch Bedeutungsschichten freilegen, die den Beratenen nicht zugänglich sind. Das Machtverhältnis in der Beratungsbeziehung ist im subjektwissenschaftlichen Ansatz also keineswegs aufgelöst, es wird aber nicht durch die Inhaltlichkeit einer Sache gesichert, deren Autorität zu vermitteln ist, sondern durch die Differenz in den Verstehenskompetenzen, die professionellen Berater/innen dann doch die Macht gibt, das Lernen des Beratenen zu „relationieren" (ebd.: 124). Ludwigs Entwurf erhebt den Anspruch, die pädagogischen Aporien und Paradoxa nicht immer wieder aufs Neue zu postulieren und als unvermeidlich zu bezeichnen, sondern diese mit einer Radikalisierung der Emphase für das Subjekt aufzuheben. Mit den konstruktivistischen Ansätzen hat der subjektwissenschaftliche das Postulat gemeinsam, im Gegensatz zu allen bisherigen Ansätzen eine neue, die Subjekte befreiende Performanz zu bieten. Im Konzept des anerkennend balancierten Fremdverstehens (s.o.) bleibt jedoch die Pastoralmacht mit ihrer Hingabe an die Lernenden, die nur deren Bestes will, aber zugleich beansprucht, dieses Beste besser zu kennen als die Lernenden selbst, aufbewahrt (Meyer-Drawe 1996).[8]

Während die Lernberatung im radikalen Konstruktivismus die gesellschaftlichen Bedingungen des Lernens ausklammert und sich bei den notwendigen Irritationen durch das Lernberatungshandeln auf die abstrakte Figur der Verflüssigung biografisch etablierter Deutungen zurückzieht, setzt der subjektwissenschaftliche Ansatz eine substanzielle Vorstellung individuell und gesellschaftlich gelungener Subjektivität. Beide Ansätze haben jedoch gemeinsam, dass sie eine Dignität gesellschaftlicher Wissensfelder und Lerngegenstände pauschal zurückweisen. Mader spitzt diese Position im Blick auf die Entwicklung des didaktischen Problembewusstseins in der Erwachsenenbildung zu: Die Einheit von Lehren und Lernen sei zerbrochen, weil das Gelernte nicht mehr von der Tätigkeit des Lehrens her gedacht werden kann – das aber war bis anhin der Kern didaktischen Denkens und Handelns (Mader 1997).[9] Den beiden Ansätzen ist gemeinsam, dass sie das Problem auflösen, indem sie die Gültigkeit von Lerngegenständen nun radikal vom Subjekt her denken: im radikalen Konstruktivismus von dessen kontingent-subjektiven Deutungen, im subjektwissenschaftlichen Ansatz von seinen Interessen her. Beide Neu-Positionierungen im didaktischen Feld lassen sich als Strategien der Subjektivierung didaktischen Denkens begreifen, die die im klassischen didaktischen Dreieck konstellierten Dimensionen des Lehr-Lern-Prozesses auf zwei reduzieren (Lehrer-Schüler-Inhalt wird zu Lehrer-Schüler). Die Inhalte können nur noch in Form der subjektiven Definition dieser Inhalte erscheinen (Gruschka 2001; Forneck/Wrana 2005: 164). Wenn „der Lehrer" glaubt, dass ein Verständnis einer Sache gültiger sei als eine andere, ist „er" ebenfalls auf seine Subjektivität zurück geworfen und damit delegitimiert. Zum neuen Gegenstand pädagogischen Handelns und damit der Beratung wird nun nicht Wissen, sondern die deutende Subjektivität selbst sowie die formalen Prozesse des Lernens oder Verstehens.

Kossack arbeitet in luziden dekonstruktivistischen Analysen eine Reihe von Postulaten der radikal-konstruktivistischen Beratungskonzepte heraus und zeigt, wie das Postulierte auf eine dem Postulat zuwiderlaufende Weise in das Beratungskonzept wieder eintritt. So zeigt er z. B. am Symmetriepostulat, aus dem das Gebot an Transparenz in der Beratungsbeziehung folgt, dass dieses für die Beratenen gilt, von den Berater/innen aber offenbar nicht befolgt werden muss. Die geforderte Offenheit des Beratenen zielt auf eine Funktionalisierung dieser Offenheit zur Steuerung des Prozesses: „Sie dient dem Zugriff auf das zu beratende Subjekt. So kann davon ausgegangen werden, dass gewis-

---

8 Die Überwindung der Aporie bleibt in allen Ansätzen uneingelöst, weil Aporien es so an sich haben, sich ihren Überwindungsversuchen erneut einzuschreiben. Sie gehören, mit Derrida gesprochen, zu den Gespenstern des Denkens (Derrida 1996).
9 Wobei Mader auch darauf hinweist, dass damit nur eine Position radikalisiert wird, die gerade in der Theorietradition der Disziplin der Erwachsenenbildung mit dem symbolischen Interaktionismus und der kommunikationstheoretischen Fundierung vorgeprägt ist.

sermaßen die Ethisierung der Beratungsbeziehung funktional einen Effekt erzeugen soll, der die zu beratenden Subjekte ‚offen' sprechen lässt." (Kossack 2006: 197, vgl. 184ff.) Um zu zeigen, wie die Beratung eine asymmetrische Machtbeziehung impliziert, die den Postulaten entgegen läuft, braucht es nicht erst die empirische Beobachtung ihrer Realisierung, dies zeigt sich schon in einer dekonstruktivistischen Empirie der Konzepte. Die pädagogischen Aporien, aus denen die auf die Handlungsform der Beratung setzenden didaktischen Konzepte auszusteigen hoffen, treten unversehens in die Beziehung wieder ein.

Einen Kontrast zu den beiden Ansätzen, die auf eine Radikalisierung der Subjektivität setzen, bilden die kognitiv-konstruktivistischen Ansätze. Zwar hält auch Reusser daran fest, dass Lernprozesse immer von individuellen Konstruktionen der Lernenden ausgehen und Lernarrangements diesen Prozessen Raum geben müssen, damit Lernende ihre eigenen Lernwege verfolgen und Lesarten bilden können (Reusser 2006: 166). Allerdings gelten Reusser die Lesarten der Lernenden nicht per se als gültig, sie haben sich vielmehr an der Gültigkeit eines objektiven Wissens zu messen. Subjektivität müsse, so seine These, nicht nur freigesetzt, sondern auch wieder begrenzt werden, um auf die gültigen Lesarten hin kanalisiert zu werden (ebd.). Die pädagogischen Handlungen der Begrenzung und Kanalisierung werden über die Theorie des cognitive apprenticeship (Collins/Brown/Newman 1989) gedacht, einem Expertisemodell, gemäß dem die Fähigkeit, einem Feld angemessene Lesarten und Handlungen zu produzieren, durch modellierende und reflexiv explizierende Lehrhandlungen von Experten an Novizen vermittelt wird. Welche Lesarten die angemessenen sind, ist aber weder im cognitive apprenticeship noch bei Reusser legitimationsbedürftig. Im cognitive apprenticeship resultiert die Gültigkeit aus der Dignität des Feldes, dessen soziale Praxis es zu vermitteln gilt. Weder diese Dignität (das Feld könnte auch anders sein) noch der Stellvertretungsanspruch des lehrenden Experten (es könnte auch Experten mit anderen Verständnissen des Feldes geben) werden dabei problematisch. Im kognitiven Konstruktivismus hingegen resultiert die curriculare Gültigkeit und Verbindlichkeit bestimmter Lesarten aus der wissenschaftlich fundierten Dignität der Disziplinen. Reusser hält die konstruktivistischen Infragestellungen von wissenschaftlicher Erkenntnis für einen „epistemologischen Fehlschluss" und argumentiert über die Wissenstheorien von Kant und Piaget: „Wie Kant orientierte sich auch Piaget an der Leitidee der Universalität (und Stabilität!) [Hervorhebung im Original] des Wissens. Auch für Piaget war klar, dass individuelle Schülervorstellungen und Ideen nicht einfach denselben Wert haben wie das erhärtete und bewährte Wissenschafts- und Kulturwissen." (Reusser 2006: 157) Während also die am Subjekt orientierten Beratungsansätze übersubjektive Geltungsansprüche von Wissen als machtförmig kritisieren und zurückweisen, bleibt deren Universalität und Dignität für die kognitiv orientierten Ansätze in Kraft. In ihnen bekommt Lernberatung die Funktion, Subjektivität zu begrenzen, während sie im Fall der am Subjekt orientierten

Lernberatungsansätze die Funktion hat, Subjektivität zu steigern, zu verflüssigen und zu maximieren. In den kognitiven Ansätzen soll Subjektivität zwar auf dem Lernweg mobilisiert werden, aber sie wird nicht zum Selbstzweck, sondern dient der Vermittlung eines gültigen Wissens. Während Konstruktivismus und Subjektwissenschaft die Praxis des Unterrichten vollständig zu transzendieren versuchen, indem sie pädagogisches Handeln von den Therapeutiken her denken, greift der Kognitivismus zwar eine Reihe von Elementen aus der Logik des Beratungshandelns heraus, hält aber an den wesentlichen Eigenschaften unterrichtlicher Praxis fest, nämlich (a) der Orientierung an extern legitimierten „richtigen Lesarten" der Lerngegenstände und (b) der pädagogischen Aufgabe, das Vermögen der Lernenden herzustellen, diese Lesarten so und nicht anders hervorzubringen.

Vergleicht man diese Situation mit der antiken Unterscheidung von Unterrichten und Beraten, dann bleibt für die kognitiven Ansätze die Situation im Wesentlichen gleich. Lehrer/innen dürfen darauf vertrauen, dass die Dignität der zu vermittelnden techné immer noch fraglos hinter ihnen steht und „länger lebt als sie selbst", wenn sie sie vermitteln. In der Rolle der Berater/innen gehen sie insofern ein Risiko ein, als sie die individuellen Deutungen der Lernenden freisetzen, allerdings erlaubt ihnen ihre Professionalität in den „Techniken des Kanalisierens", dieses Risiko einzudämmen und im Griff zu behalten. Ganz anders in der Sicht der konstruktivistischen Ansätze. Lehrer/innen haben keine gesicherte techné mehr in ihrem Rücken, von der her sie die Deutungen der Lernenden begrenzen oder relationieren könnten. Sie haben sich von dem Modell des Lehrens als Vermittlung einer techné gänzlich zu verabschieden. Anders als die antiken Berater/innen gehen sie allerdings kein Risiko ein, denn die Verantwortung für die Deutungen der Lerngegenstände und die damit verbundenen Konsequenzen tragen nun die Lernenden ganz allein. Das Beraten ist hier zu einer risikofreien Aktion geworden, riskant wäre – in einer Verkehrung der griechischen Verhältnisse – vielmehr, den Lernenden die eigenen Lesarten vermitteln zu wollen. Das würde womöglich den Zorn der Lernenden hervorrufen oder zumindest die moralische Verachtung der Konstruktivisten, da sie sich anmaßen, für andere verbindlich zu setzen, was doch nur als ihre bloße Subjektivität gelten kann.

Viele Konzeptionen von Lernberatung positionieren sich in einer binären Gegenüberstellung des Unterrichtens und des Beratens als zweier differenter pädagogischer Ordnungen. Die kognitionswissenschaftlichen Ansätze positionieren sich auf der Seite einer unterrichtenden Vermittlung, insofern sie die objektive Struktur von Wissen, ihre curriculare Formierung zu Lerngegenständen und die Praktiken der Durchsetzung dieses Wissens nicht infrage stellen. Es wird denn auch eher von individualisierter Lernbegleitung und seltener von „Beratung" gesprochen (Kobarg/Seidl 2007). Auf der anderen Seite orientieren sich die Ansätze des Beratens mit der Rezeption der therapeutischen Technologien ganz an der Gestaltung von Subjektivität und an der Aktivierung des Individuums, das auf sich selbst Einfluss gewinnen soll. Damit stehen sich auch zwei Formen von Wissen gegenüber: ein strukturiertes, disziplinäres Wissen, das Gegenstand des Unterrichtens ist, und ein subjektzentriertes, lebensweltliches, problemhaltiges Wissen, das Gegenstand der Beratung ist.

Wie dieser Gegensatz in Argumentationen zum Beratungshandeln genutzt wird, lässt sich noch einmal an einer Positionierung von Dewe zeigen. Dewe konstruiert Erwachsenenbildung, Beratung und Therapie als verwandte Formen, die gemeinsam haben, die Individuen in die Leistungskreisläufe der Gesellschaft zu inkludieren. Sie unterscheiden sich zwar in ihren Formen, aber sie haben alle eine Vermittlungsfunktion – nun verstanden als Vermittlung zwischen Individuum und Gesellschaft (Dewe 2005; vgl. Enoch 2011: 12). Dewe betont, dass die von Berater/innen erforderliche Expertise eben nicht in der Kenntnis einer Disziplin oder eines Faches bestehe, sondern in der Weise des Führens eines Beratungsprozesses. Allerdings brauchen die Berater/innen zugleich eine Expertise in den Lebenssituationen, Problemsituationen und Strategien der Problembearbeitung, die ihr Klientel als Beratungsgegenstand mitbringt (Dewe 2007: 138). Sie brauchen also durchaus eine Sachexpertise, aber eine, die von der Involviertheit in Situationen und Problemen herrührt und nicht von einer strukturierten Wissensdomäne. Damit eröffnet sich nun eine Denkmöglichkeit, die Dewe nicht verfolgt. Man könnte sich doch vorstellen, dass das Problem, das es für die Klienten zu lösen gilt, eine mathematische oder eine ästhetische Dimension hätte, wenn es also auf ein disziplinäres Wissen verweisen würde, das dann aber ein Problemlösewissen und ein Problematisierungswissen von Situationen wäre und nicht ein hierarchischer Zusammenhang propositionaler Aussagen. Für Dewe scheint dies nicht denkbar, denn er fährt fort, Fachlichkeit mit stark negativ aufgeladenen Konzepten wie „Anwendung", „verobjektiviertem sozialwissenschaftlichen und psychologischen Wissen", „subsumptionslogisch" und „unverhohlen sozialtechnischen Vorstellungen älterer vorwiegend verhaltenstheoretischer Therapiekonzepte" zu konnotieren (ebd.). Einzig eine phänomenologisch-hermeneutische Perspektive, so sein Argument, könne einer Starrheit der Wissensformationen entgehen, weil sie darauf achtet, was die Individuen in ihre subjektiven Werthorizonte integrieren können (ebd.).

Abgrenzungen dieser Art, die über differenzielle diskursive Figuren[10] scharf gemacht werden, führen zur klaren Unterscheidung von zwei Seiten, von denen die eine dann negativ gewertet und damit die andere als wünschenswert markiert werden kann. Die hier artikulierte differenzielle Figur postuliert, dass disziplinäres Wissen grundsätzlich eine technologisch-szientifisch-objektive Struktur hat und setzt der unterrichtenden Orientierung an dieser Wissensform emphatisch die beratende Orientierung am Subjekt entgegen. Eine dritte Option oder eine, die sich jenseits dieser Differenz artikuliert, scheint nicht

---

10 Die Artikulation differenzieller Figuren werden in dem Beitrag von Maier Reinhard, Ryter und Wrana in diesem Band in den Lernberatungsgesprächen untersucht (vgl. auch Wrana, in diesem Band). Sie prägen aber genauso wissenschaftliche und politische Debatten.

denkbar. Ich arbeite mich in diesem Beitrag immer wieder an der binären Differenz von Beraten und Unterrichten ab und an den etablierten Formen, in denen die beiden Seiten gedacht werden, mit dem Ziel, die Zuschreibungen auf den beiden Seiten mürbe zu machen und die Möglichkeit einer Konzeption des Beratens aufscheinen zu lassen, die das oppositionelle Spiel, das so tief in das Feld eingelassen ist, zu verschieben.

3.2 Beraten in einer dynamisierten postfordistischen Wissensgesellschaft

Das Beraten als pädagogische Handlungsform, das unter Rückgriff auf die subjektivierenden Therapeutiken die Funktion des unterrichtenden Vermittelns einnehmen soll, lässt sich als spezifische Antwort auf die Krise der fordistisch formierten Unterrichtspraktiken lesen. Diese Antwort wird geleitet von einer Problematisierung der Wissensgesellschaft, die in den letzten Jahren in zahlreichen nationalen und internationalen bildungspolitischen Konzeptionen vertreten wird und von der aus eine ganze Reihe von Reformen des Bildungswesens lanciert worden sind.[11] Diese Problematisierung zeichnet sich dadurch aus, dass sie die Komplexitätssteigerung des Wissens diagnostiziert und darauf die Steigerung der Selbstbeziehung und Selbstorientierung der Subjekte antworten lässt.

Die Differenz fordistisch versus postfordistisch haben Baethge und Baethge-Kinsky (2004) im Anschluss an die Regulationstheorie (Hirsch/Roth 1986; Demirovic 2003) als Heuristik zur Analyse der Transformationen von Bildungssystemen vorgeschlagen. Ich nutze sie hier vor allem, um Strategien der Formierung des Bildungssystems zu charakterisieren, insofern diese auf unterstellte Funktionsweisen des Wirtschaftssystems reagieren. Die fordistische Strategie der Formierung des Bildungssystems reagierte auf die zunehmende Bedeutung und die quantitative Expansion von Wissen mit den Praktiken des Unterrichtens (s.o.): Eine gut ausgebildete Profession sollte in einem öffentlich-staatlich gerahmten und formal organisierten Prozess das gesellschaftlich notwendige Wissen selektieren und vermitteln. Diese Strategie wurde teils erst in den Bildungsreformen explizit, aber sie kann als Entwicklungspfad des Bildungssystems seit dem späten 18. Jahrhundert gelten. Die Praktiken des Unterrichtens sind Teil einer fordistischen Strategie der Bildungsorganisation. Die Krise dieser Strategie zeigte sich am Ende der 1970er Jahre in einer Reihe von Punkten.

---

11 Diese Konzeptionen sind in den letzten Jahren zum Gegenstand einiger Untersuchungen geworden (Masschelein/Simons 2005; Wrana 2003; Höhne 2003; Forneck/Wrana 2005; Wrana 2009b; Höhne 2011; Klingovsky 2010; Rothe 2011). An dieser Stelle werden nur wenige Linien genannt, die unmittelbar für die Technologien des Beratens und die Struktur von Wissen und des Wissenserwerbs relevant sind.

(1) Ende der 1960er Jahre haben berufliche Anpassungsfortbildungen eine zentrale arbeitsmarktpolitische Funktion eingenommen. „Man wusste bis zu einem gewissen Grade, wen man wohin um- oder weiterqualifizieren musste, um Beschäftigten die Anpassung an neue Arbeitsformen und -anforderungen zu ermöglichen." (Baethge/Baethge-Kinsky 2004: 16) Mit der Beschleunigung des ökonomischen und technischen Strukturwandels jedoch wurde zunehmend konstatiert, dass es der staatlichen Planung nicht gelingt, das Mismatching von Bildungs- und Beschäftigungssystem zu bearbeiten (vgl. Hilbert/ Mytzeck 2002). Insbesondere das Bundesinstitut für Berufsbildung hat seither weitreichende Programme entwickelt, um das Matching auf Umwegen dennoch zu verbessern (vgl. Langer/Ott/Wrana 2006). Dräger, Günther und Thunemeyer (Dräger u.a. 1997) reagieren auf diese Entwicklung mit einem Gegenentwurf zur Struktur des Weiterbildungssystems als „Infrastruktur für die lernenden Erwachsenen". Die Angebotserstellung auf der Basis von Bedarfsanalysen gelten ihnen als „expertokratische Bedarfserhebungsverfahren" (Dräger u.a. 1997: 9) und aufgrund des permanenten gesellschaftlichen Wandels als zum Scheitern verurteilt. Die Infrastruktur für die lernenden Erwachsenen soll diesen erlauben, selbstgesteuert und selbstorganisiert auf die Marktbedingungen zu reagieren. Das pädagogische Handeln besteht dann in Beratungsangeboten, die die Individuen dabei unterstützen.

(2) Ein weiteres Beispiel für die Krise fordistischer Strategien der Bildungsorganisation sind die Thematisierungen der galoppierenden Wissensexplosion, die sich in den 1990er Jahren verstärkten. Die schiere Menge des Wissens können die Lernenden gar nicht mehr aufnehmen, so die Problembeschreibung, weshalb technische Systeme vorgeschlagen werden, die die nötigen Informationen in den jeweiligen Verwendungssituationen ad-hoc vermitteln (Magnus 2001: 26; vgl. Wrana 2008a: 45). Allerdings wird in solchen Entwürfen ein problematischer Wissensbegriff gebraucht, weil Wissen mit Information gleichgesetzt wird. Es gehört jedoch zu den Essentials der Lern- und Wissenstheorie, dass Wissen als kontextsensitiv, subjektiv vernetzt und individuell handlungsrelevant zu gelten hat und insofern nicht mit Information identisch ist (Dewe/Weber 2007: 17ff.). Wissen erscheint dann gerade nicht als glatter Raum, der expandieren und verfallen kann, sondern als verteilt, heterogen und unübersichtlich. Es kann zwar immer wieder als Information in technischen Systemen expliziert und gespeichert werden, aber erst in einer in Situationen, Biografien und Handlungen reartikulierten Form wird Information wieder zu Wissen und erlangt Relevanz. Die Wissenspäckchen, die Magnus den Lernenden zuwerfen wollte, sind dann an sich wertlos, weil sie erst kontextualisiert, subjektiviert und in Handlung übersetzt werden müssen. Zwar ist mit dieser Argumentation das Schreckensbild einer „Wissensexplosion" gebannt, allerdings tritt das Wissen selbst in den Hintergrund und das Individuum als Wissensmanager und Wissensagentin rückt in den Blick. Ein Meilenstein in der Debatte ist ein Begriff, den Dieter Mertens 1974 einführte: die Schlüsselqualifikationen. Sein Argument lautet: „Eine übliche Tendenz im Bildungswe-

sen angesichts der Unsicherheit über die Entwicklung der speziellen Arbeitsanforderungen besteht in der Verbreiterung des Faktenwissens (Breitenbildung). Diese Tendenz bringt wegen der zunehmenden Unüberschaubarkeit von Fakten keinen Gewinn für eine Existenz in der Zukunft. Die Lösung liegt vielmehr eher bei der Suche nach ‚gemeinsamen Dritten' von Arbeits- und sonstigen Umweltanforderungen. Solche ‚gemeinsamen Dritten', also übergeordnete Bildungsziele und Bildungselemente, nennen wir Schlüsselqualifikationen, weil sie den Schlüssel zur raschen und reibungslosen Erschließung von wechselndem Spezialwissen bilden." (Mertens 1974: 36) In der Folge werden zahlreiche Begriffe wie Lernstrategien, Metakognition, Employability oder Kompetenzen entwickelt, die zwar auf verschiedenen Ebenen liegen, die aber gemeinsam haben, dass sie ein abstraktes Fähigkeitsbündel beschreiben, das die Funktion hat, dem Individuum das Bewegen in Wissen zu ermöglichen. Insofern sich Lernen zunehmend auf diese abstrakten Fähigkeiten und nicht mehr auf konkretes inhaltliches Wissen bezieht, werden Lernprozesse formalisiert. Das Erlernen von Schlüsselqualifikationen bildet einen Mehrwert, weil die damit Befähigten sich immer wieder neue Qualifikationen aneignen können, ohne bei einer Veränderung konkreten „Faktenwissens" erneut geschult werden zu müssen. Zwar können abstrakte und formale Fähigkeiten auch in Trainings vermittelt werden, dennoch wird das Beraten als besonders geeignete Vermittlungsform betrachtet. Matthias Rohs und Bernd Käpplinger (2004) etwa sehen „Lernberatung" im zunehmenden „Veränderungsdruck" (ebd.: 14) verortet, der die Fähigkeit, das eigene Lernen selbst zu steuern, zu einer allgemein notwendigen Kernkompetenz macht. Lernberatung ist ihrer Auffassung nach nun die professionelle Unterstützung beim Aufbau von Selbstlernkompetenzen, also ein formaler Prozess, der von den Gegenständen des Lernens abstrahiert ist und in dem sich beliebige Gegenstände prozessieren können.

(3) Ein weiteres Beispiel: Gemäß der „Arbeitskraftunternehmerthese" von Voss und Pongratz, haben sich Berufstätige in allen Feldern zunehmend nicht als Angestellte mit Auftragserfüllung zu verstehen, sondern als Unternehmer/innen ihrer eigenen Arbeitskraft, was mit erweiterter Selbstkontrolle der Arbeitenden und mit dem Zwang zur verstärkten Ökonomisierung der eigenen Arbeitsfähigkeiten und -leistungen einhergeht (Voß/Pongratz 1989; vgl. Ott 2011: 52ff.). Zum Gegenstand von beruflichem Lernen wird dann nicht einfach die Qualifikation für die jeweilige Tätigkeit, sondern eine umfassende Kompetenz, sich in sich verändernden Organisationen angemessen zu bewegen und sich selbst als ökonomisches Handlungszentrum zu begreifen und zu optimieren. In der Konsequenz erscheint u.a. Coaching als neue pädagogische beratende Handlungsform, die diese Anpassungsleistung prozessiert und die Lernenden darin subjektiviert, sich selbst in der Transformation von Arbeit und Wissen in produktiven Kategorien zu thematisieren (vgl. Fischer 2010).

In allen drei Fällen wird eine Krise der stabilen Struktur als Handlungsorientierung und Wissensbasis konstatiert, daraus wird die Notwendigkeit einer stärkeren Subjektzentrierung gefolgert und als die nun angemessene pädagogische Handlungsform wird das „Beraten" betrachtet. Beraten eignet sich, weil diese Umstellungen in der Organisation von Wissen und Arbeit nach Baethge/ Baethge-Kinsky (2004: 23f.) zu drei grundlegenden Konsequenzen führen, die im Zusammenspiel eine postfordistische Organisation von Wissen und Bildung auszeichnen: (1) die Planung und Steuerung von Bildung als Anforderung wird subjektiviert, (2) lebenslange Bildung wird zum „integralen Bestandteil der Biografie und Biografieplanung" (ebd.) und (3) sie wird reflexiv, weil „das Individuum sich ständig mit seiner beruflichen Umwelt auseinandersetzt, seine berufliche Situation reflektiert und sein eigenes Wissen und seine Kompetenz an der Entwicklung von Anforderungen seiner beruflichen Umwelt prüft" (ebd: 24).[12]

Seit den 1990er Jahren werden diese Entwicklungen politisch forciert. Nationale und internationale Organisationen entdecken das Wissen und Können der Bevölkerungen verstärkt als ein Objekt, auf das es Einfluss zu gewinnen gilt, um Wachstumsziele zu erreichen, wie sie etwa der Lissabonprozess fordert, in dem die EU zum führenden wissensbasierten Wirtschaftsraum der Erde werden will (Europäischer Rat 2000; vgl. Dewe/Weber 2007; Wrana 2009b; Höhne 2011). Die Stärkung von Wissen und Kompetenz nimmt den Ausgang von einem sozioökonomischen Entwurf, der diese zu maximieren sucht und sie zugleich einer ökonomischen Funktionalität unterstellt (Höhne 2011). Dies geht mit einer Revision gouvernementalen Handelns einher, die einerseits die direkten Steuerungsimperative durch staatliche oder öffentliche Akteure und Mechanismen zurückstellt, um auf die Selbstorganisation und das Selbstlernen der Individuen zu setzen, zugleich aber die indirekten Steuerungsimperative intensiviert, indem Rahmenbedingungen und Anreizsysteme geschaffen werden, die Individuen und Organisation aktivieren sollen.

Die für die Entwicklung der neuen Regierungspraktiken bedeutsame Humankapitaltheorie argumentiert, dass sich das individuelle Humankapital, die nachweisbare Kompetenz, im Einkommen niederschlägt, und dass rationale Individuen daher in ihr Humankapital investieren oder die Verantwortung zu tragen haben, wenn sie es nicht tun. Das gesamte Humankapital einer Bevölkerung wachse dann optimal, wenn die Konkurrenzverhältnisse möglichst sichtbar gemacht werden (etwa über Rankings), und die Einzelnen die Entscheidungen über ihre Bildungsinvestitionen weitestgehend selbst zu treffen

---

12 All diese Entwicklungen gelten zunächst für die Weiterbildung und die berufliche Bildung und werden auch dort diskutiert. Man könnte es sich leicht machen, indem man als Konsequenz ein didaktisches Konzept der Beratung in der Weiterbildung gelten lässt und eines des Unterrichtens in der Schule. Aber mit der binären Unterscheidung Schule-Weiterbildung, sind die Probleme der Organisation von Bildung, Gesellschaft und Wissen nur durch eine Art Arbeitsteilung gelöst, in der die Teile des Bildungssystems sich in ihren Selbstbeschreibungen nicht irritieren lassen. Die radikale Subjektivierung in den didaktischen Beratungsansätzen der Erwachsenenbildung, die jede gesellschaftliche Sedimentierung von Wissen ausblendet, ist nur die Kehrseite der fraglosen Gültigkeit der Curricula, wie sie vonseiten der schulischen Debatte postuliert werden. Gerade diese Bipolarität, die zugleich eine akzeptable Ordnung schafft, gilt es im Folgenden zu unterlaufen.

und die negativen Folgen ihrer Investitionsentscheidungen auch wirklich selbst zu tragen haben. Die Orientierung an der Humankapitaltheorie führt nicht nur dazu, dass die Verantwortung für die eigene Bildung an die Individuen delegiert wird, sondern auch dazu, dass die Individuen angehalten sind, sich selbst als ein Kapital zu begreifen, das sie in Arbeitsverhältnisse einbringen. Die Kapitalisierung des Individuums geht mit seiner Responsibilisierung einher (ausführlich Forneck/Wrana 2005: 156ff.; Wrana 2006: 237ff.).

Mit diesen Entwicklungen ergibt sich eine wesentliche Verschiebung in der Formierung der Wissensgesellschaft. Während in der fordistischen Formierung das Individuum sich dem expandierenden Wissen anzupassen hatte, seiner Entwicklung also gewissermaßen hinterher gelaufen ist, sind die Individuen nun angerufen, die Dynamik der Wissensgesellschaft proaktiv zu gestalten. Sie sollen nicht mehr eine inhaltliche Kenntnis erwerben, sondern sich selbst strukturieren lernen. Diese Fähigkeit zur Selbststrukturierung wird nun zum Leistungsbereich, autonom wird das Individuum, insofern es ihm gelingt, strukturbildend zu sein. Die neue Freiheit besteht nicht mehr in einer Norm, an der entlang sich das Individuum zu begrenzen und zu objektivieren hat, um ein Subjekt zu werden, sondern in der Form, die sein Selbstbezug annehmen soll. Die Dynamisierung des Wissens ist also nicht mehr der Grund für eine nachholende Qualifizierung, sondern das Ziel einer aktivierenden Politik. Erreicht werden soll es nicht mehr über eine starke Profession, die die Strukturanpassung vollzieht, sondern durch die Aktivitäten der Individuen selbst. Die Rolle der Professionellen wandelt sich nun: Sie haben nicht mehr im klassischen Sinn ein gegebenes Wissen zu vermitteln, sondern die Individuen zu aktivieren.

Als pädagogische Handlungsform für diese neue professionelle Rolle bietet sich das Beraten an. Die pädagogischen Debatten über Unterrichten und Beraten haben bereits eine diskursive Ordnung geschaffen, die sich nun anbietet: Das Beraten ist dem Unterrichten gegenübergestellt und es ist nahe gelegt, dass die bildungstheoretisch wünschenswerte Freisetzung des Individuums im pädagogischen Prozess durch das Beraten besser einzuholen ist als durch das Unterrichten. Im Gegensatz zum Unterrichten ist das Beraten nicht von jener inhaltlichen disziplinären Wissensform abhängig, die in der „Wissensgesellschaft" so prekär und für die Vermittlung so problematisch geworden ist. Es orientiert sich vielmehr an dem individualisierten und biografisierten Wissen der Subjekte. In der weiteren Bestimmung des pädagogischen Beratens ist die Orientierung an den Therapeutiken besonders geeignet, die Erfordernisse der neuen Wissensformation einzulösen: Die Therapeutiken setzen auf die Steigerung der Subjektivität und auf die Selbstverflüssigung des Individuums. Gerade die systemischen Ansätze verknüpfen die Transformabilität des Subjekts nicht mit einer reaktiven Anpassung, sondern mit einer über die Verhältnisse hinaus weisenden Kreativität, die es zu aktivieren und in Fluss zu bringen gilt.[13]

Es geht nicht darum, die an den Therapeutiken orientierten Lernberatungsansätze als Erfüllungsgehilfen einer ökonomischen Funktionalisierung des Subjekts zu denunzieren. Das hierzu notwendige Postulat eines unverfügbaren Subjekts, das dieser Funktionalisierung unterworfen würde, gehört selbst zu den Denkweisen, denen etwa die Therapeutiken in ihrer humanistischen Variante entspringen. Die subjektwissenschaftlichen[14] Ansätze der Lernberatung reartikulieren die Unverfügbarkeit und das Expansionsrecht dieses Subjekts, sie stellen damit eine Alternative zu den systemischen Therapeutiken dar. Beide allerdings – und das ist der Einsatz dieser Argumentationen – vertrauen sich den Therapeutiken insofern an, als sie das Subjekt als ein Bearbeitbares und zu Bearbeitendes setzen und totalisieren. Als Gegenpol zum Subjekt wird das „Wissen" als ein unpersönliches, abstraktes, expliziertes, desubjektiviertes und damit abgewertetes Wissen gesetzt.

Die didaktischen Theoriebildungen als Antworten auf Diagnosen der Wissensgesellschaft analysieren auch Jörg Dinkelaker und Jochen Kade. Sie be-

---

13 Wenn das Beraten als pädagogische Handlungsform als Option innerhalb einer postfordistisch geprägten Wissensgesellschaft begriffen wird, dann darf man die Differenz fordistisch-postfordistisch nicht als totalisierende Beschreibung lesen, in der jedes Anzeichen einer Transformation als Chiffre eines Zukünftigen gelesen wird. Ein ähnliches Risiko gilt anderen zeitdiagnostischen Schemata, mit denen sich die gesellschaftliche Entwicklung der letzten Jahrzehnte und darüber hinaus deuten lässt, wie modern versus postmodern oder liberal versus neoliberal (vgl. Bartelheimer 2005). Wenn diese Differenzen als definite Entwicklungspfade begriffen werden, dann erscheint die vom jeweils zweiten Term bezeichnete Formation als anbrechende Realität, die alle Lebensbereiche der Gesellschaft zunehmend umgreift und der nicht zu entkommen ist. Zugleich entsteht der Eindruck, dass sich diese Realitäten quasi-automatisch durch eine strukturelle Notwendigkeit in der Entwicklungsdynamik durchsetzen. Ausgeblendet wird dabei, in welchen vielfältigen Formen sich die Verhältnisse in politischen und sozialen Kämpfen reorganisieren (Demirowitsch 2003: 48), dass die Entwicklungen gerade keine für alle gesellschaftlichen Individuen gleiche Realität produzieren, sondern verteilte Orte und Ausprägungen, in denen etwa Aktivierung als Form der Inkompetenzzuschreibung erscheinen kann (z.B. Ott 2011: 272). Stark diskutiert wird etwa seit Jahren, ob die These vom Arbeitskraftunternehmer (Pongratz/Voß 1998) „nur" ein Leitbild oder eine empirische Realität sei (Ott 2011). Die zentrale Unterstellung der Humankapitaltheorie – der Zusammenhang von Einkommen und Bildungsstand – konnte empirisch nicht eindeutig nachgewiesen werden (Timmermann 2002). Die Analytik der Gouvernementalität reagiert auf dieses Problem mit einer epistemologischen Verschiebung, indem sie die diskursiv artikulierten Leitbilder nicht als Gegensatz der Wirklichkeit oder zu „den Praktiken" begreift, sondern als eine Ebene gesellschaftlicher Praxis neben anderen Praxen. Deren Verhältnis ist nicht eines der Abbildung von Wirklichkeit, sondern eines der Intervention und Gestaltung von Wirklichkeit (vgl. Bröckling 2007). Allerdings beschränkt sich die Analytik der Gouvernementalität oft auf jene anrufende, programmatische Wirklichkeitsebene und lässt die Relationierung der Ebenen durch einen empirischen Blick auf die Verhältnisse in verschiedenen Handlungsbereichen aus (vgl. kritisch Ott/Wrana 2010).

14 Mit subjektwissenschaftlich ist hier der von Holzkamp, Faulstich und Ludwig (Ludwig/Faulstich 2004) vertretene Ansatz referenziert. Als subjektorientiert kann hingegen eine weit größere Zahl von Ansätzen gelten.

trachten den hier im Kontext von Beratung geschilderten Antwort-Typus als spezifisch für die Disziplin der Weiterbildung. In einem Ensemble gesellschaftlicher Agenten der Wissensvermittlung setzen die Vertreter/innen der Wissenschaftsdisziplin der Weiterbildung auf „biografisch eingebundenes und kontextbezogenes Wissen", das einem „explizierten, kontextübergreifenden Wissen" gegenübergestellt wird (Dinkelaker/Kade 2011: 29). Die Positionen der Disziplin, so Dinkelaker und Kade, zeichnen sich dadurch aus, dass sie Vermittlungsprozesse immer von der Aneignungsperspektive der Lernenden her thematisieren, auch wenn die Rolle explizierten Wissens als unterschiedlich bedeutsam betrachtet wird. Als spezifische Antwort betrachten sie Lehr-Lern-Arrangements, in denen die Wissensvermittlung an eine mediale Repräsentation delegiert wird, und dadurch den „pädagogischen Gestaltern des Arrangements" erlaubt, „sich ganz auf die Aufgabe der Vermittlung zwischen Wissen und Adressaten und damit auf die Strukturierung individuell pluraler Aneignungsprozesse zu konzentrieren" (ebd.: 31). Für diese veränderte Rolle professionellen Handelns innerhalb einer Wissensgesellschaft steht das Beraten als Handlungsform, insofern es dem Lernprozess nicht beigeordnet ist, sondern das unterrichtende Lehren ersetzt. In gewisser Hinsicht entspricht der damit postulierte Gegensatz von Beraten und Unterrichten immer noch der antiken Differenz zwischen der Vermittlung einer techné und dem sokratischen Beraten, der in der Unsicherheit des Nichtwissens die Handelnden auf sich selbst zurückwirft. Die Radikalisierung der Aneignungsperspektive reagiert auf das Zerbrechen der Gültigkeit der techné. Sie kann nicht mehr als der sichere Boden gelten, von dem her Lehrende ihr Tun legitimieren können, sich auf die Objektivität des Wissens zu berufen, ist sogar riskanter geworden, als „einfach nur" zu beraten.

Dinkelaker und Kade zählen zu Recht die Selbstlernarchitekturen, die den Ausgangspunkt der Untersuchungen dieses Bandes bilden, zu jenen Ansätzen, die die Aneignungsperspektive radikalisieren und das Beraten als neue Handlungsform setzen (Dinkelaker/Kade 2011: 31). In einem letzten Schritt soll nun allerdings argumentiert werden, inwiefern im Beratungsverständnis in Selbstlernarchitekturen Aneignung dezidiert nicht vom Handlungszentrum eines aneignenden Subjekts her gedacht wird, sondern von den sozialen Praktiken des Aneignens her, von der Tätigkeit des Strukturierens und Abarbeitens von Gegenständen. Damit gewinnt auch das nicht-subjektive Wissen in diesem Ansatz eine bedeutsame Rolle, ohne als objektives, expliziertes oder stabil strukturiertes Wissen zu gelten.

4 Beratung in dynamisierten Wissensfeldern

4.1 Differenztheoretische Lernberatung

Das Konzept einer differenztheoretischen Lernberatung und damit einer neuen Professionalität innerhalb von Selbstlernarchitekturen wurde von Hermann Forneck grundgelegt (2005; 2006a; 2006b) und insbesondere von Peter Kossack (2006, 2010, in diesem Band) weiter ausgearbeitet. Es lässt sich auch als das intellektuelle Projekt lesen, die Handlungsform der Lernberatung nicht am Leitfaden der Therapeutiken zu entwerfen und nicht vom Zentrum des Subjekts her zu denken.

Die Handlungsform und didaktische Positionierung von Lernberatung als „Rhizomatische Lernentwicklungkommunikation" innerhalb einer Didaktik selbstsorgenden Lernens wird in dem Beitrag von Peter Kossack in diesem Band geleistet. An dieser Stelle möchte ich darauf fokussieren, wie sich Lernberatung vor dem Hintergrund der Differenz von Lesarten und der Theorie der Wissensfelder[15] im Unterschied zu den subjektzentrierten Lernberatungsansätzen positioniert. Dies hat zwei Funktionen: Zum einen soll gezeigt werden, inwiefern Lernberatung, wenn sie als Begleitung des Eintretens in Wissensfelder gedacht wird, zur scharfen Unterscheidung von Unterrichten und subjektivistischem Beraten eine dritte Variante darstellt. Zum anderen soll mit dem so konturierten Verhältnis von Beratung und Wissen für die forschungsleitenden Problemstellungen der Untersuchungen von Maier Reinhard, Ryter und Wrana in diesem Band eine grundlegende Basis gelegt werden.[16]

Die bisherigen Argumentationen als Folie aufgreifend, lassen sich in den vom Subjekt her gedachten Beratungsansätzen vier Problemlagen ausmachen: (1) Sie blenden in ihrer Diagnose der Wissensgesellschaft die bleibende Rolle von Strukturierungen aus. Warum ist das ein Problem? Das zeigt sich am besten in Tendenzen, die zum postfordistischen Entwicklungspfad der Wissensgesellschaft scheinbar im Widerspruch stehen. Nicht ohne Zufall werden am Subjekt orientierte Konzepte der Lernberatung in der Weiterbildung entwickelt und präferiert, während in Schule und Hochschule gerade gegensätzlich die Leistungssteigerung über neue Formen der Standardisierung von Wissen und Kompetenzen in rigideren Formen der Organisation von Wissen wie den modularisierten Studiengängen und in technisierten Arrangements zur Leistungsdiagnose und -steigerung gesucht werden. Diese Entwicklungen lassen daran zweifeln, ob sich die Diagnose einer subjektivierten Wissensgesellschaft

---

15 Die Theorie und Analytik von Lesarten und Wissensfeldern wird auf diskursanalytischer Grundlage in dem Beitrag „Theoretische und methodologische Grundlagen der Analyse diskursiver Praktiken" in diesem Band entfaltet.
16 Clinton Enoch kommt auf anderer Theoriebasis zu ganz ähnlichen Problemstellungen und empirischen Einsichten, die die Wissensdimension im Beraten herausstellen (Enoch 2011).

bruchlos universalisieren lässt. Die Gouvernementalität, die sich in den letzten Jahren entfaltet, setzt zwar auf die Mobilisierung der Subjekte, aber sie forciert gleichzeitig die normierenden und normalisierenden Machtpraktiken der Institutionen (z.B. Ott 2011). Gerade Institutionen wie das Bildungssystem, an das gesteigerte Output-Erwartungen herangetragen werden, steigern wiederum die Kompetenzerwartungen an Absolventen/innen ebenso wie an professionell Handelnde. Die radikale Subjektivierung von Bildung wird damit als kontingente Interpretation der „Wissensgesellschaft" und als scheinbar selbstverständliche Legitimation der subjektorientierten Ansätze relativiert. Die kognitiv-konstruktivistischen Ansätze, die dem disziplinären Wissen eine bleibende Bedeutung zumessen, scheinen in dieser Situation ein ebenso gewichtiges Antwortpotenzial bereit zu halten. Mit ihrer starken Interpretation der Subjektivität in der Wissensgesellschaft könnten die subjektorientierten Beratungsansätze der Weiterbildung – so argumentieren Forneck und Wrana (2005: 196) und auch Dinkelaker und Kade (2011: 33) – sich im Konzert der modernen Wissensvermittler marginalisieren. (2) Ein wesentliches Argument innerhalb der Debatte zur Wissensgesellschaft lautet, dass Wissen sich von Information durch Kontextualisierung unterscheide und dass es im Wesentlichen nicht explizit, sondern implizit sei. In subjektzentrierten Beratungsansätzen wird dies meist so interpretiert, dass Wissen subjektiviert werden müsse und dass der Ort impliziten Wissens das Subjekt sei – im Unterschied zum externen Speichermedium als Ort von Information. Diese Interpretation ist aber nicht zwingend. Schließt man an die Theorien impliziten Wissens an (Neuweg 1999; Hirschauer 2001), dann hat dieses seinen Ort nicht im Subjekt, sondern in sozialen Praxen. Die Kontextualisierung von Information zu Wissen geschieht folglich nicht im Subjekt, sondern vollzieht sich in Situationen und sozial normierten Settings. An diese andere Tradition des Wissensbegriffs schließt die poststrukturalistische Lerntheorie an. (3) Einige an den Konstruktivismus oder die Subjektwissenschaft anschließenden Beratungsformen orientieren sich am Modell Sokrates, ohne sich die Unumgänglichkeit des sokratischen Risikos einzugestehen. Die Beratungsbeziehung gilt ihnen als machtfreie Beziehung, weil das Gegenüber lediglich nur unterstützt werde, eigene Entscheidungen zu treffen. Beratende scheinen jeder Verstrickung in die Machtverhältnisse zu entgehen. Allerdings ist die Beratungsbeziehung gerade deshalb eine Machtbeziehung, weil die Beratenen sich der Prozesskontrolle der Berater/innen übergeben müssen und sich daher anhand der Formen zu subjektivieren haben, die die Beratung vorgibt. Wilhelm Mader (1976) hat schon in den 1970er Jahren die spezifische Machtform des Beratens herausgestellt, die von Kossack (2006) für die Lernberatung und in einem von Göhlich u.a. (2007) herausgegebenen Band für das organisationale Beraten weiter ausgearbeitet worden ist. Auch Geißler weist darauf hin, dass Coaching sowohl für die Beratenen als auch für die Organisation ein Risiko darstellt, weil es zwar ein Passungsverhältnis herstellen kann, weil aber auch möglich ist, dass sich diese Passung im Coachingprozess als nicht einlösbar erweist (Geißler 2008: 194).

4.2 Professionelles Handeln in der Differenz der Wissensfelder

Ich möchte nun das Beraten als Praktik ausgehend von einer Theorie der Wissensfelder entwickeln, in der die binäre Gegenüberstellung einer immer weniger fassbaren Strukturierung des Wissens und einer im Gegenzug erstarkenden Subjektivität aufgegeben wird. Wissensfelder werden im Folgenden als sehr heterogene und komplexe, aber dennoch strukturierte Ensembles sozialer Praktiken sowie der damit verbundenen Repräsentationen explizierten Wissens verstanden.[17] Wesentliche Strukturmerkmale von Wissensfeldern wie die Implizitheit des Wissens in Praktiken, die heterogene und dynamisierte Komplexität, der diskursive Kampf um das Feld und seine Grenzen sowie die unterschiedlichen Grade der Partizipation in dem Feld sollen nun exemplarisch an dem Wissensfeld erläutert werden, das für die Studierenden der in diesem Band untersuchten Lernberatungen relevant ist: das professionelle Handeln als Lehrende in der Schule.

Die Welt, in der sich Lehrende bewegen, ist voller Gegenstände, die für ihr Handeln relevant sind. Sie hantieren mit „Aufgaben", in denen es um „Mathematik" geht, oder sie begegnen „Kinderzeichnungen" im „Unterricht", sie treffen auf „Schüler/innen" oder „Kinder", die in „Bankreihen" oder „Stuhlkreisen" sitzen, sie testen die anderen in „Prüfungssituationen" und denken über ihre Rolle als Lehrer/in und über „die Schule" nach usw. All diese Gegenstände erscheinen in der Alltagspraxis der Schule als natürlich und notwendig: so-und-nicht-anders-wie-sie-sind. Sie sind wesentliche Momente des Wissensfeldes professionelles Handeln in der Schule. Auch die Einführungen, (fach-)didaktischen Debatten und Studienmaterialien aller Art sind bevölkert von diesen Gegenständen. Aus einer praxeologischen Perspektive sind die Gegenstände weder von sich aus natürlich gegeben noch sind sie Konstruktionen eines handelnden Subjekts, sie werden vielmehr in einer sozialen Praxis produziert, die in weiträumige Netzwerke von Praxen eingebunden ist und eine lange Genese hat. Die in ihr sedimentierte Diskursivität bestimmt die Grundlinien, wie die Welt des Lehrens und Lernens verstanden wird und verstanden werden soll.[18] Das in den Praktiken implizite Wissen konstruiert die Gegenstände, mit denen im Handeln hantiert wird. Insofern leitet weder „das Subjekt" noch ein den Handlungen äußerliches Wissen das Handeln, es wird viel-

---

17 Der Begriff des Wissensfeldes darf nicht missverstanden werden als kognitiv reduziert auf disziplinäres propositionales Wissen. Er schließt vielmehr an Bourdieus Feldbegriff (Forneck/Wrana 2005: 95ff.) ebenso wie an die Diskurstheorie an. Ich spreche von Wissensfeldern und nicht von Diskursen, weil diese bisweilen als symbolisch-explizite, codebasierte Ensembles begriffen werden und damit nur einen Aspekt eines Wissensfeldes repräsentieren. Aus der hier vertretenen praxeologischen Perspektive sind Diskurse ebenso wie Wissensfelder wesentlich soziale Praxen. Diskurstheoretisch wird der Begriff des Wissensfeldes im Beitrag „Grundlagen einer Analyse diskursiver Praktiken" in diesem Band ausgearbeitet.
18 Die praxeologische Sicht auf Wissensfelder wird hier am Gegenstand entwickelt, eine theoretische Ausarbeitung ist im Beitrag „Theoretische und methodologische Grundlagen der Analyse diskursiver Praktiken" in diesem Band enthalten.

mehr von den Praktiken geleitet. Mit all den Unterscheidungen, den zugewiesenen Bedeutungen und Konnotationen, den erzählten Geschichten, den Körperlichkeiten und Materialisierungen, die an sie geknüpft sind, sind diese Gegenstände in einer pädagogischen Ordnung relationiert. Durch das Involviert-Werden in das Wissensfeld und seine Ordnung bahnt sich die Weise, in denen zukünftige Lehrer/innen ihr Handeln zu verstehen haben, selektiert sich, was man mit den Gegenständen zu tun habe, welche Präferenzen zu treffen sind usw.

Es gibt Handlungskontexte, die fast gänzlich von dieser Selbstläufigkeit und Implizitheit der Praktiken bestimmt werden. Die Studie von Jordan (1989), die zu einem wesentlichen Ausgangspunkt der Theorie der communities of practice (Lave/Wenger 1991) wurde, beschreibt solch einen „Nullpunkt" expliziten Wissens: In Maya-Communities können nur Töchter von Hebammen Hebamme werden, ihr Berufswissen wird gänzlich durch Teilhabe der Töchter an der Praxis ihrer Mütter erworben. Expliziert wird es in einem Initiations-Traum, von dem die jungen Frauen glauben, dass Geister ihnen das Wissen übergeben haben. Die Formen der Tradierung von Wissen in den Wissensfeldern der Moderne sind fast immer weit komplexer und durchzogen von verschiedenen Medien, in denen expliziertes Wissen vermittelt wird und sich bisweilen „geschwätzig" in den Vordergrund drängt (Hirschauer 2001). Das Moment eines impliziten praktischen Wissens bleibt eine wesentliche Schicht gesellschaftlichen Wissens und Könnens, aber es wird von vielen weiteren Schichten explizierten Wissens ergänzt, die ihrerseits das implizite Tun reflexiv zu machen und zu transformieren beginnen.

Während implizites Wissen und explizites Wissen über die historische Genese in Wissensfeldern miteinander verschränkt sind, kommt in Professionalisierungsprozessen ein weiteres hinzu. In der Schweizer Lehrerinnen- und Lehrerbildung etwa sind explizite und implizite Vermittlung von Wissen in Studium und Praktika temporal so verschränkt, dass während des gesamten Studiums die Zwischensemester mit umfangreichen Blockpraktika gefüllt sind. Explizite und implizite Vermittlung folgen daher immer wieder aufeinander. Zugleich ist aber die implizite Vermittlung in den Praktika nicht ausschließlich implizit, weil sie von Rationalisierungen, Problematisierungen und Reflexionen mit den betreuenden Lehrer/innen durchzogen ist. Auch ist das Studium nicht einfach explizite Wissensvermittlung, weil es von problemorientierter Fallarbeit, Narrationen gelungener oder weniger gelungener Praxis durchzogen ist und nicht zuletzt selbst eine eigene soziale Praxis darstellt – nämlich die wissenschaftlicher Beobachtung, Theoretisierung und Reflexion von Gegenständen, in die das Studieren einführt. Darüber hinaus haben das in der Berufspraxis vermittelte implizite Wissen und das im Studium vermittelte explizite Wissen nicht denselben Ausgangsgrund. Sie sind nicht zwei ineinandergreifende Formen Desselben, sie bilden vielmehr eine Differenz aus, die gerade der Ansatzpunkt für nachhaltige Lernprozesse bilden kann.

Das sogenannte „professionelle Wissen" ist also unzureichend begriffen, wenn man es auf ein expliziertes, wissenschaftliches, starres oder curricularisierbares Wissen reduziert. Es stellt vielmehr ein heterogenes Ensemble verschiedener Wissensformen dar, die miteinander verschränkt sind. Im Professionalisierungsprozess bewegen sich Studierende durch unterschiedliche Sektionen des Wissensfeldes und werden in unterschiedlichen Weisen von unterschiedlichen Standorten aus mit unterschiedlichen Wissensformen konfrontiert und angerufen. Zudem ist das Wissensfeld professionellen Lehrhandelns mit anderen Wissensfeldern gekoppelt, weil verschiedenste Wissensfelder zum Gegenstand von Lehren und Lernen werden können. Solche Gegenstände sind aber nicht einfach die Alltagswelt oder Alltagssituationen, sondern Fächer und Disziplinen, in denen die Grundlagen gesellschaftlichen Handelns aufgehoben sind. Während den Studierenden des Lehrberufs das professionelle Handeln als Wissensfeld gegenübertritt, so treten den Schüler/innen die Wissensfelder der Mathematik, der Kunst, der Sprachen etc. gegenüber. Das professionelle Handeln als Wissensfeld ist daher nicht zu trennen von jenen Wissensfeldern, in die die Schüler/innen eintreten sollen. Es ist notwendig gekoppelt an die Mathematik und die Kunst. Im Wissensfeld professionellen Handelns werden Lesarten davon produziert, wie die Mathematik von Kindern oder Jugendlichen verstanden werden soll und wie sie zu vermitteln ist. Die Wissensfelder in ihrer Komplexität bringen die Gegenstände des Denkens und Handelns hervor und konturieren sie als ein Feld, das für Handelnde „händelbar" und intervenierbar ist. Ein Problem kann als ein mathematisches wahrgenommen und vor dem Hintergrund mathematischen Wissens bearbeitet werden. Es kann aber auch als ein ästhetisches Problem gesehen und vor dem Hintergrund ästhetischen Wissens behandelt werden. Es kann schließlich auch als eines des Lehrens und Lernens betrachtet werden. Noch diese Differenz, ob ein Problem als eines der Mathematik oder als eines des Lernens von Mathematik wahrgenommen wird, ist ein Moment des Wissensfeldes professionellen Handelns. In Bildungsprozessen eröffnet sich der Zugang zu den Dingen über das zunehmende Involviertsein in Wissensfeldern. Die Wissensfelder bringen Gegenstände zur Sprache als eine der möglichen Formen der Problematisierung der Gegenstände. Das Potenzial einer dynamisierten, komplexen und in ihrer Einheit zerbrochenen Wissensgesellschaft liegt aus dieser Perspektive nicht im Grau-in-Grau einer entstrukturierten Wissens- und Informationsflut, das das Subjekt zum Selbstmanagement des Wissensgebrauchs zwingt. Es liegt vielmehr in der Pluralität der Lesarten, die je in Bestimmtheit und Präzision ihre Gegenstände konturieren und dann in einen deliberativ zu bearbeitenden Geltungswiderstreit treten müssen, weil keine einzelne Lesart mehr den Alleinheitsanspruch der Objektivität geltend machen kann. Die Differenz der Sichtweisen auf die Gegenstände und nicht der mögliche Konsens macht dann die Qualität jedes deliberativen Prozesses aus.[19]

---

19 Es dürfte deutlich werden, dass es in Bezug auf die Differenz von Sichtweisen und die Offen-

Was das professionelle Wissen ist und wie es zu vermitteln sei, ist nicht zuletzt ein Gegenstand diskursiver Kämpfe. Während die Professionalisierungsdebatte in den 1980er und 1990er Jahren stärker auf die Bedeutung reflexiven Wissens und die biografische Dimension des Professionalisierungsprozesses fokussierte, rücken vonseiten einer sogenannten evidenzbasierten Bildungsforschung in enger Verzahnung mit einer Politik, die den steuernden Zugriff auf die Lehrerbildungssysteme zu erhöhen versucht, nun objektivierende Raster professionellen Wissens als Bildungsstandards in den Blick (vgl. Oser/Oelkers 2001; Baumert/Kunter 2006). Akteure aus der schulischen Praxis wiederum kämpfen gegen die Bedeutsamkeit wissenschaftlichen Wissens und mobilisieren die Theorie-Praxis-Differenz, um die Dignität und das Primat praktischen Wissens zu erkämpfen bzw. zu verteidigen. Auch die bisher diskutierte Differenz Unterrichten-Beraten bildet nicht zuletzt eine Kampflinie um das angemessene und richtige professionelle Handeln. Was professionelles Handeln „wirklich" ist, ist weder der empirischen Forschung noch der persönlichen Erfahrung und auch nicht der Curriculumstheorie unmittelbar zugänglich, weil keiner dieser Zugänge sich jenseits der diskursiven Kämpfe situieren kann. Insofern erscheint noch die technologisch-szientifisch-objektive Strukturierung disziplinären Wissens als Postulat und Behauptung einer Gültigkeit von Wissen, die in einer bestimmten Phase der Entwicklung von Gesellschaften ihre Funktion hatte und gegenwärtig wider jede erkenntnistheoretische Einsicht aufrechterhalten werden kann. Die Praxis der Festsetzung von Curricula oder der Standardisierung von Kompetenzen wird dann als Moment einer Gouvernementalität sichtbar, die in einem Bildungssystem bestimmte Wissensformen durchzusetzen sucht. Sogar die Formen des Wissens sind also ein in den diskursiven Kämpfen umworbenes Gut.

4.3 Lernen als Eintreten in Wissensfelder

Insofern Wissen in Wissensfeldern organisiert ist, kann Lernen als das Eintreten in solche Wissensfelder gefasst werden. Wenn Lernende lernen, indem sie Lesarten von Lerngegenständen anfertigen (vgl. Kossack in diesem Band), dann verknüpfen sie nicht nur diskursive Elemente miteinander in einer Weise, die ihnen vorher nicht bekannt war, sondern sie vollziehen diese Verknüpfung auch im Kontext eines Wissensfeldes, in dem die Elemente in zahlreichen Praxen in einem iterablen Prozess immer wieder verknüpft werden. Weil das Feld aber komplex ist und nicht nur ein, sondern mehrere Muster bereithält, in dem die Elemente verknüpft werden können, lässt sich Lernen nur in speziellen Fällen eindeutig an einer „korrekten" Verknüpfung messen. Die Komplexität der Wissensfelder, ihre Durchzogenheit von Machtverhältnissen und die sie

---

heit eines deliberativen Prozesses wiederum größere Gemeinsamkeiten zwischen einer subjektwissenschaftlichen und einem poststrukturalistischen Zugang zur Lernberatung gibt.

begleitenden diskursiven Kämpfe führen dazu, dass immer wieder postuliert werden kann, in Studienmaterialien, Lehrtätigkeit oder im Beraten eine gültige disziplinäre Lesart eines Gegenstandes vorzulegen und die Lernenden daran zu messen. Einzelne Lehrende können, genauso wie Curriculumskommissionen aller Art, eine Lesart als die verbindliche setzen. Sie produzieren damit aber eine machtvolle Setzung innerhalb eines Horizonts, in dem der Gegenstand immer auch aus einer anderen Disziplinarität, einer Erfahrung, eines allgemeinen gesellschaftlichen Werthorizonts anders gelesen und damit anders problematisiert werden kann.

Lernen als Eintreten in ein Wissensfeld lässt sich auf zwei idealtypische Weisen denken: (1) In der einen wird ein Lernender mit konsistenten Lesarten des Wissensfeldes konfrontiert, die alle eine bestimmte Ordnung des Feldes unterstellen und von einem konsistenten Erfahrungshorizont her gedacht sind. Es könnte sich zum Beispiel um eine Community von Lehrer/innen und Dozierenden handeln, die eine bestimmte Vorstellung des professionellen Lehrhandelns teilen und diese in verschiedenen Kontexten vermitteln. Wenn „alles glatt läuft" werden die Lernenden die Position einnehmen, die die Lehrenden bereitlegen, werden sie so verknüpfen, wie es vorgesehen wurde, und die Dinge in derselben Weise sehen, in der sie auch die Community sieht, in die sie dann eingetreten sind. (2) In der anderen Weise des Eintretens in ein Wissensfeld werden Lernende nicht mit einer einzigen konsensuellen Lesart konfrontiert, sondern mit verschiedenen Lesarten, die verschiedene Dozierende vorbringen. Mit unterschiedlichen Perspektiven, die von den disziplinären Denkweisen verschiedener Fächer geprägt sind oder die sich in den Praktika erfahren lassen etc. Die Lernenden werden dadurch genötigt, sich selbst zu positionieren, eigene Lesarten zu entwickeln und innerhalb der Ordnungen des Wissensfeldes Entscheidungen zu treffen.

Die erste idealtypische Weise des Eintretens erscheint für komplexe und sich dynamisierende Wissensfelder nicht realistisch, Studierende werden eher mit der zweiten Weise des Eintretens konfrontiert. Allerdings beklagen sie sich bisweilen darüber, dass die Lehrenden „sich nicht absprechen" und ihnen das professionelle Feld als eines gegenübertritt, in dem sie selbst noch Entscheidungen treffen müssen. Die zweite Weise des Eintretens erscheint demgegenüber nicht nur als realistisch, im Konzept einer differenztheoretischen Lernberatung wird sie sogar noch forciert. Das Ziel der Lernberatung ist nicht eine Veridiktionspraxis, die dazu führt, dass die Lernenden das Feld auf eine bestimmte Weise zu problematisieren vermögen, sondern das reflexive Verfügen über Problematisierungsformen des Feldes. Die Lernenden sollen die Sprachen erwerben, von denen ausgehend sich die Gegenstände des Feldes problematisieren lassen, und lernen, in welchem Zusammenhang sie die eine oder andere Problematisierungsweise gebrauchen.

Lernberatung zielt daher auf die Ermöglichung von Reflexivität, aber nicht mit dem Ziel, die Subjektivität als reine Form zu steigern, sondern mit dem Ziel einer Dezentrierung des Subjekts in einem komplexen Wissensfeld, das mehrere Lesarten zulässt. Sie ist die Begleitung des Eintretens der Studierenden in das Wissensfeld professionellen pädagogischen Handelns. In einer so konzipierten Lernberatung sind die Therapeutiken keine Leitwissenschaft, aber sie entspricht auch nicht dem Unterrichten, von dem sie ebenso deutlich verschieden ist, weil sie nicht auf die Vermittlung einer bestimmten Lesart zielt. Es geht vielmehr um das Relationieren mit den Lesarten, die die Lernenden aufgrund ihrer differenten Erfahrungs- und Wissenshorizonte von den Lerngegenständen anfertigen im Medium der verschiedenen möglichen Lesarten eines Lerngegenstandes, die im Prozess in einen Widerstreit treten können und die von Studierenden und Beratenden auf unterschiedliche Weise gebildet und artikuliert werden. Zwar wird auch im Unterrichten bisweilen auf andere Wissensräume und aus ihnen resultierende Lesarten, sowie auf das „Vorwissen" als Verstehensbasis für einen didaktisch rekonstruierten Lerngegenstand rekurriert, aber dies dient in der Regel der besseren Vermittlung der als verbindlich postulierten Lesart. Die beratende Vermittlung hat demgegenüber den Anspruch, verschiedene Lesarten auf die in sie eingegangenen Wissenselemente und Verknüpfungslogiken hin thematisch und damit reflexiv zu machen. Die disziplinäre Fachlichkeit soll in ihr nicht schlicht erworben werden – auch nicht optimiert über die Mobilisierung eines Vorwissens – vielmehr soll sie in ihrer Logik und Leistung und damit in ihrer Gültigkeit ebenso wie in ihrer Relativität im Beratungsprozess verfügbar werden. Auch die Lernprozesse und Lernberatungen in den verschiedenen Fächern des Studiums werden sich so gegenseitig zum Kontext. Zum Gegenstand des Lernprozesses wird das unmittelbar in den Studienmaterialien realisierte disziplinäre Wissen daher nicht an sich, sondern im weiteren Horizont einer Entwicklung des Verständnisses vom Lernen und dem eigenen professionellen Handeln in Bezug auf dieses Lernen.

Der analytische und auch konzeptionelle Blick, den wir auf Lernberatung richten, löst daher die spezifische Geltung der disziplinären Fachlichkeit nicht zugunsten der Subjektivität der individuellen Aneignung auf. Die Disziplinarität und das disziplinäre Wissen behalten eine Dignität, die im Beratungsprozess von den Lehrenden auch vertreten wird, aber nicht mit dem Ziel, dieses disziplinäre Wissen zu vermitteln, sondern mit dem Ziel, es in einem deliberativ offenen Beratungsprozess zu relationieren (vgl. Kossack in diesem Band). Auch als Beratende bleiben Dozierende eines Fachs damit Expert/innen des Wissensfeldes, das sie in der Hochschullehre vertreten. In der Rolle der Berater/in treten sie aber zugleich in eine Distanz zu diesem Wissensfeld. Diese Distanz soll ihnen erlauben, Lernenden beim Eintreten in diese Wissensfelder zu begleiten. In einer beratenden Vermittlung im Rahmen der Lehrerinnen- und Lehrerbildung treten daher die verschiedenen Quellen der Lesartenbildung im Professionalisierungsprozess und ihre Konstruktionsweisen in Beziehung und werden thematisch.

Die Lernberatung wird so zum Ort der Thematisierung und des Aufbaus von Professionalität. Die Tätigkeit des Beratens wird nicht als Vermittlung im Sinn einer „Über"-Mittlung von Wissen einer Expert/in an eine Noviz/in begriffen, sondern als „Ver"-Mittlung im eigentlich Sinn, weil Lesarten miteinander vermittelt werden. Das bedeutet (a) verschiedene Lesarten in Beziehung zu setzen und (b) Lesarten in ihren Geltungsbedingungen und Konstruktionsweisen reflexiv zu machen. Das sokratische Modell der Beratungsbeziehung ist dafür nach wie vor leitend, denn es sind die Berater/innen, deren Professionalität darin besteht, Lesarten und ihre Konstruktionsweise zu erkennen und Situationen wahrscheinlich zu machen, in denen diese in ihrer Konstruiertheit sichtbar werden. In der differenztheoretischen Lernberatung wird nicht davon ausgegangen, dass es sich dabei um eine machtfreie Beratungsbeziehung handelt und auch nicht, dass die Lernenden diese per se als eine Befreiung erfahren. Reflexivität – ob sie sich nun auf das zu steigernde Subjekt oder auf das Eintreten in die Komplexität von Wissensfeldern bezieht – ist eine Zumutung. Sie bleibt hartes Ringen um Verwirklichung (Heydorn). Die sokratische Aufforderung zum Selbstbezug zielt dabei nicht auf die Artikulation der Innerlichkeit, sondern auf die Steigerung des Logos der Dinge, der sich als Wissensfeld vermittelt über die reflexive Verfügung der eigenen Sichtweisen zeigt.

4.4 Beratung als empirischer Gegenstand

Die Argumentationen in diesem Band zielen nicht darauf ab, eine neue und andere Form der Lernberatung zu postulieren, sondern darauf, sie analytisch zu fassen und empirisch zu untersuchen. Eine differenztheoretische Lernberatung war der Einsatz im Projekt @rs. Die Lehrenden haben diesen Einsatz auf ihre Weise umgesetzt und in eine reale Praxis der Lernberatung transformiert. Diese Praxis ist nicht nur vom konzeptionellen Einsatz einer differenztheoretischen Lernberatung geprägt. In der realen Lernberatungspraxis finden sich Handlungselemente des Unterrichtens ebenso wie solche aus den Therapeutiken. Dies ist unvermeidlich. Es ist ein Mythos der experimentellen Unterrichtsforschung, dass man Professionellen einer Experimentalgruppe ein Konzept vorlegen könne, das sie dann umsetzen, ohne dass sie es unter dem Einfluss ihrer professionellen Biografie, Erfahrungen und Überzeugungen, der lehrenden Praxis, in der sie bereits stehen, jeweils zu etwas wesentlich Anderem zu machen. Der konzeptionelle Anspruch an Lernberatung ist nur ein Moment der empirisch sichtbar werdenden Beratungspraktiken und ihrer interaktionellen Dynamik. Der empirische Blick gilt daher der Frage, welches Lernen und Lehren sich in den hier beobachteten Beratungssettings ereignet hat.

Die Verschiebung des Beratungsverständnisses in den bisherigen Argumentationen ist für den empirischen Blick dennoch entscheidend, weil sich die auf Beratung gerichteten Forschungsfragen notwendig an einer bestimmten Modellierung des Beratungsprozesses orientieren.[20] Die Selbstlernarchitektu-

---

20 Eine differenzierte Auseinandersetzung mit dem Forschungsstand der Beratungsforschung kann hier nicht geleistet werden. Während für die Erwachsenenbildung Gieseke, Käpplinger

ren und die differenztheoretische Lernberatung bilden insofern nicht nur ein didaktisches Konzept, sondern zugleich eine pädagogische Theorie als Analytik, um Lern- und Beratungsprozesse zu fassen und für die empirische Forschung zu spezifizieren.

Der Titel des Bandes „Lernberatung im Professionalisierungsprozess" bringt diese Spezifizierung zum Ausdruck. Die von Christiane Maier Reinhard, Barbara Ryter und Daniel Wrana in diesem Band verfolgten Forschungsfragen lauten: Wie vollzieht sich das Eintreten in das Wissensfeld professionellen Handelns in der pädagogischen Handlungsform der Lernberatung? Welche Lesarten des Feldes entwickeln Studierende und wie werden diese Lesarten in den Lernberatungsinteraktionen prozessiert, wie stabilisieren sie sich, wie werden sie brüchig, wie transformieren sie sich? Welche Strategien setzen Lernberater/innen ein, um Lesarten zu rahmen, sie zu irritieren und eigene Lesarten ins Spiel zu bringen? In welchen Spielzügen und unter welchen Bedingungen werden die Lesarten von Gegenständen des Feldes in den Beratungen reflexiv? Es geht also um die empirische Beobachtung von Lernprozessen innerhalb von Lesarten einerseits, insofern diese Lesarten in Beratungen als „Wirklichkeit" erst konstruiert werden, und andererseits, insofern diese Lesarten Momente eines umfassenderen Professionalisierungsprozesses und des Eintretens in ein Wissensfeld professionellen Handelns sind. Auch die Untersuchungen der anderen Autoren und Autorinnen dieses Bandes lassen sich vor dem Hintergrund dieser analytischen Begriffe und Zusammenhänge einordnen, auch wenn sie nicht unbedingt davon ausgehend angelegt sind. Jürg Zurmühle stellt die Frage, wie Körperlichkeit und Emotionalität in der Lernbiografie einerseits und der Aktualität des musikalischen Tuns andererseits die Weisen des Eintretens in das Wissensfeld der Musik/Musikpädagogik bestimmen, darin mögliche Lern- und Entwicklungspfade spuren oder zunächst verschließen und wie die Arbeit an den Lesarten in der Lernberatung sich produktiv auf diese Erfahrungen beziehen kann. Die Studie von Thomas Huber arbeitet an der Frage, inwiefern die Spielzüge in den Lernberatungen auf die Technologien der Therapeutiken Bezug nehmen und Kathrin Berdelmann untersucht, welche Transformationen der „Zeitigung" der Wissensfelder beim Eintreten von Lernenden zu leisten sind, insofern das Wissensfeld im Lernenden nicht repräsentiert, sondern in seiner Zeitstruktur reartikuliert wird. Die

---

und Otto (2007) die Beratungsprozessforschung 2007 noch als Desiderat proklamiert haben, sind außer unseren eigenen Analysen (Maier Reinhard 2008a; Wrana 2008b; Maier Reinhard 2010) weitere Arbeiten erschienen (vgl. auch Nittel 2009: 16): Clinton Enoch fokussiert die Wissensvermittlung in der Bildungsberatung (Enoch 2011), Harald Geißler (2010) spezifiziert das Coaching als spezifische pädagogische kommunikative Gattung, Beratung in schulischen Prozessen untersucht Bräu (2007). Lernbegleitung wird vom kognitiv-konstruktivistischen Standpunkt in Videoanalysen untersucht (z.B. Schauble et.al. 1995; Kobarg/Seidl 2007). Die Therapeutiken können auf eine lange Tradition differenzierter Beratungsprozessforschung blicken (z.B. Bergmann 1999; Kallmeyer 2000) und das Beraten in Organisationen wird zu einem intensiven erziehungswissenschaftlichen Fokus (Göhlich u.a. 2007; 2010).

Beiträge von Ludwig und Kossack lassen sich ebenfalls im Kontext der Kontroverse von Unterrichten versus Beraten lesen. Joachim Ludwig kritisiert das Konzept der Lernberatung in Wissensfeldern vom Standpunkt der humanistischen Therapeutiken und legt nahe, dass die subjektwissenschaftliche Beratung dieser Aufgabe besser gewachsen wäre.[21] Während er die im Lernprozess sichtbar werdenden Widersprüche des Beratungsverhältnisses nochmals mit dem Einsatz überbietet, sie hätten doch ausgeräumt werden können, wenn man sie den Lernenden nur transparent macht, so arbeitet Peter Kossack heraus, mit welchen Praktiken eine Lernberatung als Lernentwicklungskommunikation jenseits der Therapeutiken geführt werden kann.

Literatur

Arnold, Rolf; Siebert, Horst (1995): Konstruktivistische Erwachsenenbildung. Von der Deutung zur Konstruktion der Wirklichkeit. Baltmannsweiler: Schneider.

Arnold, Rolf (2003): Systemtheoretische Grundlagen einer Ermöglichungsdidaktik. In: Arnold, Rolf; Schüßler, Ingeborg (Hg.): Ermöglichungsdidaktik. Baltmannsweiler: Schneider, S. 14–36.

Arnold, Rolf (2005): Autonomie und Erwachsenenbildung. In: Hessische Blätter für Volksbildung. 1, S. 37–46.

Arnold, Rolf; Schüßler, Ingeborg (Hg.) (2003): Ermöglichungsdidaktik. Baltmannsweiler: Schneider.

Aurin, Kurt (1980): Beratung. In: Schiefele, Hans; Krapp, Andreas (Hg.): Handlexikon der pädagogischen Psychologie. München: Ehrenwirth, S. 42–47.

Ausubel, David P. (1974): Psychologie des Unterrichts (Bd. 1). Weinheim: Beltz.

Aulerich, Gudrun u.a. (2005): Prozessbegleitende Lernberatung. Konzeption und Konzepte. QUEM-Report. 90. In: Berlin: Arbeitsgemeinschaft QUEM.

---

21 Ludwigs Lesart der Arbeiten von Forneck und der Bedeutung der „Diagnose" in diesem Konzept teile ich nicht. Es ist richtig, dass das Konzept der differenztheoretischen Lernberatung in den frühen Arbeiten noch sehr knapp ausgearbeitet war und es ist eben auch richtig, dass die differenztheoretische Lernberatung im Unterschied zur subjektwissenschaftlichen durchaus einen Wert in der Dignität von Wissensfeldern sieht. Ludwig identifiziert allerdings aus der Position der beratenden Therapeutiken heraus die differenztheoretische Lernberatung mit den Praktiken des Unterrichtens und schließt seine Lektüre der Arbeiten Fornecks in diesem Sinne kurz. In dem differenziellen Spiel, in dem es mit dem Unterrichten und dem Beraten nur zwei logische Seiten gibt, ist dies wohl auch schlüssig. Die Argumentation in dem vorliegenden Artikel zielt darauf, diese logische Dualität zu überschreiten.

Baethge, Martin; Baethge-Kinsky, Volker (2004): Der ungleiche Kampf um das lebenslange Lernen. Münster: Waxmann.
Bartelheimer, Peter (2005): Deutschland im Umbruch. In: Baethge, Martin (Hg.): Berichterstattung zur sozioökonomischen Entwicklung in Deutschland. Arbeit und Lebensweisen; erster Bericht. Wiesbaden: VS, S. 11–36.
Baumert, Jürgen; Kunter, Mareike (2006): Stichwort: Professionelle Kompetenz von Lehrkräften. In: Zeitschrift für Erziehungswissenschaft 9. 4, S. 469–520.
Bergmann, Jörg (1999): Diskrete Exploration: Über die moralische Sinnstruktur eines psychiatrischen Frageformats. In: Bergmann, Jörg; Luckmann, Thomas (Hg.): Kommunikative Konstruktion von Moral (Bd. 2). Von der Moral zu den Moralen. Opladen: Westdeutscher Verlag, S. 169–190.
Bollnow, Otto Friedrich (1959): Existenzphilosophie und Pädagogik. Versuch über unstetige Formen der Erziehung. Stuttgart: Kohlhammer.
Bräu, Karin (2007): Die Betreuung der Schüler im individualisierenden Unterricht. In: Rabenstein, Kerstin; Reh, Sabine (Hg.): Kooperatives und selbstständiges Arbeiten von Schülern. Wiesbaden: VS, S. 173–196.
Bröckling, Ulrich (2007): Das unternehmerische Selbst. Soziologie einer Subjektivierungsform. Frankfurt a.M.: Suhrkamp.
Brunner, Ewald Johannes (2004): Systemische Beratung. In: Nestmann, Frank; Engel, Frank; Sickendiek, Ursel (Hg.): Das Handbuch der Beratung (Bd. 2). Ansätze, Methoden und Felder. Tübingen: dgvt, S. 655–661.
Caruso, Marcelo (2010): Geist oder Mechanik. Unterrichtsordnungen als kulturelle Konstruktionen Preußen, Dänemark (Schleswig-Holstein) und Spanien 1800-1870. Frankfurt a.M.: Peter Lang.
Collins, Allan M.; Brown, John S.; Newman, Susan E. (1989): Cognitive Apprenticeship: Teaching the crafts of reading, writing, and mathematics. In: Resnick, Lauren B. (Ed.): Knowing, learning, and instruction : essays in honor of Robert Glaser. Hillsdale, NJ: Erlbaum, S. 453–494.
Demirovic, Alex (2003): Stroboskopischer Effekt und die Kontingenz der Geschichte. Gesellschaftstheoretische Rückfragen an die Regulationstheorie. In: Brand, Ulrich; Raza, Werner (Hg.): Fit für den Postfordismus. Münster: Westfälisches Dampfboot, S. 43–57.
Derrida, Jacques (1996): Marx Gespenster. Frankfurt: Fischer.
Dewe, Bernd (1997): Beratung. In: Krüger, Heinz-Hermann; Helsper, Werner (Hg.): Einführung in Grundbegriffe und Grundfragen der Erziehungswissenschaft. Opladen: Leske und Budrich.
Dewe, Bernd (2005): Einheit – Differenz – Übergänge. Auf dem Weg zu einer Metatheorie der Kommunikationsformate Erwachsenenbildung, Beratung und Therapie. In: Dewe, Bernd; Wiesner, Giesela; Zeuner, Christine (Hg.): Theoretische Grundlagen und Perspektiven der Erwachsenenbildung. Report 1/2005. Dokumentation der Jahrestagung 2004 der Kommission Erwachsenenbildung der DGFE. Bonn: DIE, S. 150–157.

Dewe, Bernd; Weber, Peter J. (2007): Wissensgesellschaft und Lebenslanges Lernen. Bad Heilbrunn: Klinkhardt.

Dräger, Horst; Günther, Ute; Thunemeyer, Bernd (1997): Autonomie und Infrastruktur. Zur Theorie, Organisation und Praxis differentieller Bildung. Frankfurt a.M.: Lang.

Duttweiler, Stefanie (2007): Beratung als Ort neoliberaler Subjektivierung. In: Anhorn, Roland; Bettinger, Frank; Stehr, Johannes (Hg.): Foucaults Machtanalytik und Soziale Arbeit. Eine kritische Einführung und Bestandsaufnahme. Wiesbaden: VS, S. 261-276.

Enoch, Clinton (2011): Dimensionen der Wissensvermittlung in Beratungsprozessen. Gesprächsanalysen der beruflichen Beratung. Wiesbaden: VS.

Europäischer Rat (2000): Schlussfolgerungen des Vorsitzes, 23. und 24. März 2000. [http://www.oeh.ac.at/uploads/media/lisbon_presidency.pdf, zuletzt abgerufen am: 11.11.2007].

Fend, Helmut (2009): Neue Theorie der Schule. Wiesbaden: VS, 2. Aufl.

Fittkau, Bernd (2003): Ressourcenaktivierende Kurzzeit-Beratung. In: Krause, Christina; Fittkau, Bernd; Fuhr, Reinhard; Thiel, Heinz-Ulrich (Hg.): Pädagogische Beratung. Paderborn: Schöningh, S. 143–149.

Fischer, Diana (2010): Transformationen der Arbeitswelt. Eine empirische Untersuchung von weiterbildnerischen Coachingprozessen. Gießen: Fachbereich Sozial- und Kulturwissenschaften. [Unveröffentlichte Diplomarbeit]

Forneck, Hermann J. (2005): Selbstsorge und Lernen. Umrisse eines integrierten Konzepts selbstgesteuerten Lernens. In: Forneck, Hermann; Klingovsky, Ulla; Kossack, Peter (Hg.): Selbstlernumgebungen. Ein Band zur Didaktik des selbstsorgenden Lernens und ihrer Praxis. Baltmannsweiler: Schneider, S. 6–48.

Forneck, Hermann J. (2006a): Die Sorge um das eigene Lernen. Umrisse eines integrativen Konzepts selbstgesteuerten Lernens. In: Forneck Hermann J.; Gyger, Mathilde; Maier Reinhard, Christiane (Hg.): Selbstlernarchitekturen und Lehrerbildung. Bern: h.e.p., S. 37–88.

Forneck, Hermann J. (2006b): Selbstlernarchitekturen. Lernen und Selbstsorge. Baltmannsweiler: Schneider.

Forneck, Hermann J.; Wrana, Daniel (2003): Ein verschlungenes Feld. Eine Einführung in die Erziehungswissenschaft. Bielefeld: wbv.

Forneck, Hermann J.; Wrana, Daniel (2005): Ein parzelliertes Feld. Eine Einführung in die Weiterbildung. Bielefeld: wbv.

Foucault, Michel (1989): Die Sorge um sich. Sexualität und Wahrheit III. Frankfurt a.M.: Suhrkamp.

Foucault, Michel (1994): Überwachen und Strafen. Die Geburt des Gefängnisses. Frankfurt a.M.: Suhrkamp.

Foucault, Michel (1996): Diskurs und Wahrheit. Die Problematisierung der Parrhesia. Berlin: Merve.

Foucault, Michel (2001): L'hermeneutique du sujet. Cours au Collège de France, 1981–1982. Paris: Gallimard/Seuil.

Foucault, Michel (2004): Sicherheit – Territorium – Bevölkerung. Geschichte der Gouvernementalität I. Frankfurt a.M.: Suhrkamp.
Foucault, Michel (2010): Der Mut zur Wahrheit. Die Regierung des Selbst und der anderen II. Vorlesung am Collège de France, 1983-1984. Frankfurt a.M.: Suhrkamp.
Geißler, Harald (2008): Coaching – ein Bildungsrisiko? In: Ehrenspeck, Yvonne; Haan, Gerhard de; Thiel, Felicitas (Hg.): Bildung: Angebot oder Zumutung? Wiesbaden: VS, S. 193–209.
Geißler, Harald (2010): Beratung Business Coaching als Kommunikationsgattung pädagogischer Beratung. Eine empirische Rekonstruktion. In: Göhlich, Michael; Weber, Susanne M.; Seitter, Wolfgang; Feld, Timm C. (Hg.): Organisationsentwicklung und Beratung. Wiesbaden: VS.
Gieseke, Wiltrud; Käpplinger, Bernd; Otto, Sylvana (2007): Prozessverläufe in der Beratung analysieren – Ein Desiderat. In: Report – Zeitschrift für Weiterbildungsforschung 30. 1, S. 33–42.
Göhlich, Michael (1997): Offener Unterricht, Community Education, Alternativschulpädagogik, Reggiopädagogik. Weinheim: Beltz.
Göhlich, Michael; König, Eckard; Schwarzer, Christine (2007): Beratung, Macht und organisationales Lernen. In: Göhlich, Michael; König, Eckard; Schwarzer, Christine (Hg.): Beratung, Macht und organisationales Lernen. Wiesbaden: VS, S. 7–20.
Göhlich, Michael; Weber, Susanne M.; Seitter, Wolfgang; Feld, Timm C. (Hg.) (2010): Organisationsentwicklung und Beratung. Wiesbaden: VS.
Gruschka, Andreas (2001): Didaktik – das Kreuz mit der Vermittlung. Elf Einsprüche zum didaktischen Betrieb. Wetzlar: Büchse der Pandora.
Jordan, Brigitte (1989): Cosmopolitical obstetrics: Some insights from the training of traditional midwives. In: Social Science and Medicine 28. 9, S. 925–944.
Helmke, Andreas (2008): Unterrichtsqualität und Lehrerprofessionalität. Seelze: Klett-Kallmeyer.
Hertel, Silke (2009): Beratungskompetenz von Lehrern. Münster: Waxmann.
Hilbert, Christoph; Mytzek, Ralf (2002): Strategische und methodische Ansatzpunkte zur Ermittlung des regionalen Qualifikationsbedarfs. Discussion Paper FS I 02 – 211. In: Berlin: Wissenschaftszentrum für Sozialforschung. [http://bibliothek.wz-berlin.de/pdf/2002/i02-211.pdf, zuletzt abgerufen am 1.1.2012].
Hirsch, Joachim; Roth, Roland (1986): Das neue Gesicht des Kapitalismus. Vom Fordismus zum Postfordismus. Hamburg: VSA.
Hirschauer, Stefan (2001): Ethnographisches Schreiben und die Schweigsamkeit des Sozialen. Zu einer Methodologie der Beschreibung. In: Zeitschrift für Soziologie 30. 6, S. 429–451.
Hof, Christiane (2009): Lebenslanges Lernen. Stuttgart: Kohlhammer.
Höhne, Thomas (2003): Pädagogik der Wissensgesellschaft. Bielefeld: transcript.

Höhne, Thomas (2011): Die Rationalität der Wissensvermittlung. Subjektivierungseffekte im Feld der Vermittlung von Wissen. In: Schäfer, Alfred; Thompson, Christiane (Hg.): Wissen. Paderborn: Schöningh, S. 99–122.

Höhne, Thomas; Kunz, Thomas; Radtke, Frank-Olaf (2005): Bilder von Fremden. Was unsere Kinder aus Schulbüchern über Migranten lernen sollen. Frankfurt a.M.: Universität.

Hornstein, Walter (1976): Beratung in der Erziehung. Aufgaben der Erziehungswissenschaft. In: Zeitschrift für Pädagogik 22. 5, S. 173–197.

Jergus, Kerstin; Schumann, Ira; Thompson, Christiane (2012): Autorität und Autorisierung. Analysen zur Performativität des Pädagogischen. In: Balzer, Nicole; Ricken, Norbert (Hg.): Judith Butler: Pädagogische Lektüren. Wiesbaden: VS, S. 207–224.

Dinkelaker, Jörg; Kade, Jochen (2011): Wissensvermittlung und Aneignungsorientierung Antworten der Erwachsenenbildung/Weiterbildung auf den gesellschaftlichen Wandel des Umgangs mit Wissen und Nicht-Wissen. In: Report - Zeitschrift für Weiterbildungswissenschaft. 02, S. 24–35.

Kallmeyer, Werner (2000): Beraten und Betreuen. Zur gesprächsanalytischen Untersuchung von helfenden Interaktionen. In: Zeitschrift für qualitative Bildungs-, Beratungs- und Sozialforschung. 2, S. 227–252.

Kant, Immanuel (2000): Über Pädagogik. In: ders.: Schriften zur Anthropologie, Geschichtsphilosophie, Politik und Pädagogik 2, Werkausgabe XII. Frankfurt a.M.: Suhrkamp, S. 697–761.

Kemper, Marita; Klein, Rosemarie (1998): Lernberatung. Baltmannsweiler: Schneider.

Klingovsky, Ulla (2009): Schöne neue Lernkultur. Transformationen der Macht in der Weiterbildung. Eine gouvernementalitätstheoretische Analyse. Bielefeld: transcript.

Kobarg, Mareike; Seidl, Tina (2007): Prozessorientierte Lernbegleitung - Videoanalysen im Physikunterricht der Sekundarstufe I. In: Unterrichtswissenschaft 35. 2, S. 148–168.

Kossack, Peter (2006): Lernen Beraten. Eine dekonstruktive Analyse des Diskurses zur Weiterbildung. Bielefeld: transcript.

Kossack, Peter (2010): Beraten in der Erwachsenenbildung. In: Zeuner, Christine (Hg.): Enzyklopädie Erziehungswissenschaft Online. Fachgebiet: Erwachsenenbildung, Erwachsenenbildung als Profession: Theoretische Perspektiven auf die Praxis. Weinheim: Juventa.

Kösel, Edmund (1995): Die Modellierung von Lernwelten. Ein Handbuch zur subjektiven Didaktik. Dallau: Laub.

Langer, Antje; Ott, Marion; Wrana, Daniel (2006): Die Verknappung des Selbst. In: Maurer, Susanne; Weber, Susanne (Hg.): Gouvernementalität und Erziehungswissenschaft. Wiesbaden: VS.

Lave, Jean; Wenger, Etienne (1991): Situated learning. Legitimate peripheral participation. Cambridge: University Press.

Ludwig, Joachim (2004): Vermitteln – verstehen – beraten. In: Ludwig, Joachim; Faulstich, Peter (Hg.): Expansives Lernen. Baltmannsweiler: Schneider, S. 112–126.
Ludwig, Joachim; Faulstich, Peter (Hg.) (2004): Expansives Lernen. Baltmannsweiler: Schneider, S. 112–126.
Maasen, Sabine; Elberfeld, Jens; Tändler, Pascal; Eitler, Maik (Hg.) (2011): Das beratene Selbst. Zur Genealogie der Therapeutisierung in den ›langen‹ Siebzigern. Bielefeld: transcript.
Mader, Wilhelm (1976): Alltagswissen, Diagnose, Deutung. Zur Wirksamkeit von Wissensbeständen in Beratungssituationen. In: Zeitschrift für Pädagogik 22. 5, S. 699–714.
Mader, Wilhelm (1997): Von der zerbrochenen Einheit des Lehrens und Lernens und den Schwierigkeiten der didaktischen Theorie. In: Nuissl, Ekkehard; Schiersmann, Christiane; Siebert, Horst (Hg.): Pluralisierung des Lehrens und Lernens. Bad Heilbrunn: Klinkhardt, S. 61–81.
Magnus, Stephan (2001): E-Learning. Die Zukunft des digitalen Lernens im Betrieb. Wiesbaden: Gabler.
Maier Reinhard, Christiane (2008): Widerton zu einem professionellen ästhetischen Lehr-Lernbegriff. In: Maier Reinhard, Christiane; Wrana, Daniel (Hg.): Autonomie und Struktur in Selbstlernarchitekturen. Empirische Untersuchungen zur Dynamik von Selbstlernprozessen. Opladen: Budrich, S. 249–311.
Maier Reinhard, Christiane (2010): Vom Sichtbar-Werden der Lerngegenstände. In: Klingovsky, Ulla; Kossack, Peter; Wrana, Daniel (Hg.): Die Sorge um das Lernen. Festschrift für Hermann Forneck. Bern: h.e.p., S. 134–145.
Masschelein, Jan; Simons, Maarten (2005): Globale Immunität oder eine kleine Kartographie des europäischen Bildungsraums. Zürich: Diaphanes.
Mertens, Dieter (1974): Schlüsselqualifikationen. In: Mitteilungen aus der Arbeitsmarkt- und Berufsforschung 7. 1, S. 36–43.
Meyer-Drawe, Käte (1996): Versuch einer Archäologie des pädagogischen Blicks. In: Zeitschrift für Pädagogik 42, S. 655–664.
Mollenhauer, Klaus (1965): "Führung" und "Beratung" in pädagogischer Sicht. Heidelberg: Quelle.
Neuweg, Hans-Georg (1999): Könnerschaft und implizites Wissen. Zur lehrlerntheoretischen Bedeutung der Erkenntnis- und Wissenstheorie Michael Polanyis. Münster: Waxmann.
Nittel, Dieter (2009): Beratung – eine (erwachsenen-)pädagogische Handlungsform. In: Hessische Blätter für Volksbildung 59, S. 5–18.
Oelkers, Jürgen (1996): Reformpädagogik. Weinheim u.a.: Juventa.
Ott, Marion (2011): Aktivierung von (In-)Kompetenz. Praktiken im Profiling – eine machtanalytische Ethnographie. Konstanz: UVK.
Ott, Marion; Wrana, Daniel (2010): Gouvernementalität diskursiver Praktiken. Zur Methodologie der Analyse von Machtverhältnissen am Beispiel einer

Maßnahme zur Aktivierung von Erwerbslosen. In: Angermüller, Johannes; Dyk, Silke van (Hg.): Diskursanalyse meets Gouvernementalitätsforschung. Perspektiven auf das Verhältnis von Subjekt, Sprache, Macht und Wissen. Frankfurt a.M.: Campus, S. 155–182.

Oser, Fritz; Oelkers, Jürgen (Hg.) (2001): Die Wirksamkeit der Lehrerbildungssysteme. Von der Allrounderbildung zur Ausbildung professioneller Standards. Chur/Zürich: Rüegger.

Petrat, Gerhardt (1979): Schulunterricht. Seine Sozialgeschichte in Deutschland 1750–1850. München: Ehrenwirth.

Pätzold, Henning (2004): Lernberatung und Erwachsenenbildung. Baltmannsweiler: Schneider.

Platon (1957): Laches. In: Platon: Sämtliche Werke (Bd. 1). Rowohlt: Reinbek b.H., S. 151–176.

Pongratz, Ludwig A. (2004): Freiwillige Selbstkontrolle. Schule zwischen Disziplinar- und Kontrollgesellschaft. In: Ricken, Markus (Hg.): Michel Foucault. Pädagogische Lektüren. Wiesbaden: VS, S. 243–259.

Pongratz, Hans J.; Voß, Günther G. (1998): Der Arbeitskraftunternehmer. Eine neue Grundform der Ware Arbeitskraft? In: Kölner Zeitschrift für Soziologie und Sozialpsychologie 50, S. 131–158.

Reh, Sabine; Rabenstein, Kerstin (2012): Normen der Anerkennbarkeit in pädagogischen Ordnungen. Empirische Explorationen zur Norm der Selbständigkeit. In: Balzer, Nicole; Ricken, Norbert (Hg.): Judith Butler: Pädagogische Lektüren. Wiesbaden: VS, S. 225–246.

Reusser, Kurt (2006): Konstruktivismus – vom epistemologischen Leitbegriff zur Erneuerung der didaktischen Kultur. In: Baer, Matthias; Fuchs, Michael; Füglister, Peter; Reusser, Kurt; Wyss, Heinz (Hg.): Didaktik auf psychologischer Grundlage. Von Hans Aeblis kognitionspsychologischer Didaktik zur modernen Lehr- und Lernforschung. Bern: h.e.p, S. 151–168.

Riemann, Gerhard; Frommer, Jörg; Marotzki, Winfried (2000): Anmerkungen und Überlegungen zur qualitativen Beratungsforschung. Eine Einführung in den Themenschwerpunkt dieses Heftes. In: Zeitschrift für qualitative Bildungs-, Beratungs- und Sozialforschung. 2, S. 217–225.

Rose, Nikolas (1998): Inventing our selves. Psychology, Power, and Personhood. Cambridge: University Press.

Rogers, Carl R. (1972/1949): Die nicht-direktive Beratung. München: Kindler.

Rohs, Matthias; Käpplinger, Bernd (2004): Lernberatung. Ein Omnibusbegriff auf Erfolgstour. In: Lernberatung in der beruflich-betrieblichen Bildung. Konzepte und Praxisbeispiele für die Umsetzung. Münster: Waxmann, S. 13–27.

Rothe, Daniela (2011): Lebenslanges Lernen als Programm: Eine diskursive Formation in der Erwachsenenbildung. Frankfurt a.M.: Campus.

Schank, Roger C.; Abelson, Robert P. (1977): Scripts, Plans, Goals and Understanding: An Inquiry into Human Knowledge Structures. Hillsdale, N.J.: Erlbaum.

Schauble, Leona; Glaser, Robert; Duschl, Richard A.; Schulze, Sharon; John, Jenny (1995): Students' understanding of objectives and procedures of experimentation in the science classroom. In: Journal of the Learning Sciences 4. 2, S. 131–166.

Schiersmann, Christiane; Remmele, Heide (2005): Beratungsfelder in der Weiterbildung. Eine empirische Bestandsaufnahme. Baltmannsweiler: Schneider, S. 153–167.

Siebert, Horst (2001): Selbstgesteuertes Lernen und Lernberatung. Neue Lernkulturen in Zeiten der Postmoderne. Neuwied: Luchterhand.

Spiro, Rand; Feltovich, Paul; Jakobson, Michael; Coulson, Richard (1992): Cognitive Flexibility, Constructivism, and Hypertext. Random Access Instruction for Advanced Knowledge Acquisition in Ill-Structured Domains. In: Duffy, Thomas M.; Jonassen, David H. (Eds.): Constructivism and the Technology of Instruction. A Conversation. Hillsdale, NJ: Erlbaum, S. 57–75.

Tiefel, Sandra (2004): Beratung und Reflexion. Eine qualitative Studie zum professionellen Beratungshandeln in der Moderne. Wiesbaden: VS.

Tenorth, Heinz-Elmar (1992): Laute Klage, stiller Sieg. Über die Unaufhaltsamkeit der Pädagogik in der Moderne. In: Benner, Dietrich; Lenzen, Dieter; Otto, Hans-Uwe (Hg.): Erziehungswissenschaft zwischen Modernisierung und Modernitätskrise. Weinheim: Beltz, S. 129–139.

Thiel, Heinz-Ulrich (2003): Lösungsorientierte und neurolinguistische Beratungsansätze. In: Krause, Christina; Fittkau, Bernd; Fuhr, Reinhard; Thiel, Heinz-Ulrich (Hg.): Pädagogische Beratung. Paderborn: Schöningh, S. 135–142.

Timmermann, Dieter (2002): Bildungsökonomie. In: Tippelt, Rudolf (Hg.): Handbuch Bildungsforschung. Opladen: Leske , S. 81–122.

Traue, Boris (2010): Das Subjekt der Beratung. Bielefeld: transcript.

Usher, Robin; Edwards, Richard (1995): Confessing All? A Postmodern Guide to the Guidance and Counseling of Adult Learner. In: Studies in the Education of Adults. 27, S. 923.

Watzlawick, Paul; Beavin, Janet H; Jackson, Don D. (1969/1967): Menschliche Kommunikation. Formen, Störungen, Paradoxien. Bern: Huber.

Wrana, Daniel (2003): Die Karriere lebenslangen Lernens. Eine gouvernementalitätstheoretische Studie zum Weiterbildungssystem. In: Führe mich sanft. Gouvernementalität – Anschlüsse an Michel Foucault. Frankfurt a.M.: Universität [http://www.copyriot.com/gouvernementalitaet/pdf/wrana.pdf, zuletzt abgerufen am 1.2.2012].

Wrana, Daniel (2006): Das Subjekt schreiben. Reflexive Praktiken und Subjektivierung in der Weiterbildung – eine Diskursanalyse. Baltmannsweiler: Schneider.

Wrana, Daniel (2008a): Autonomie und Struktur in Selbstlernprozessen. Gesellschaftliche, lerntheoretische und empirische Relationierungen. In: Maier Reinhard, Christiane; Wrana, Daniel (Hg.): Autonomie und Struktur in Selbstlernarchitekturen. Empirische Untersuchungen zur Dynamik von Selbstlernprozessen. Opladen: Budrich, S. 31–102.

Wrana, Daniel (2008b): Bildung und Biographie in Selbstlernprozessen. In: Report – Zeitschrift für Weiterbildungsforschung 31. 4, S. 23-32.

Wrana, Daniel (2009a): Zur Organisationsform selbstgesteuerter Lernprozesse. In: Beiträge zur Lehrerbildung 27. 2, S. 163–174.

Wrana, Daniel (2009b): Economization and Pedagogization. In: Peters, Michael A.; Olssen, Marc; Besley, A.C.; Maurer, Susanne; Weber, Susanne (Hg.): Governmentality Studies in Education. Rotterdam: Sense Publishers.

Wrana, Daniel (2011): Den Diskurs lernen – Lesarten bilden. Die Differenz von Produktion und Konsumption in diskursiven Praktiken. In: Keller, Reiner; Schneider, Werner; Viehöver, Willy (Hg.): Diskurs Macht Subjekt. Theorie und Empirie von Subjektivierung in der Diskursforschung. Wiesbaden: VS, S. 229–245.

Lesarten im Professionalisierungsprozess
Eine empirische Analyse der Verstehensprozesse in Lernberatungsgesprächen

Christiane Maier Reinhard, Barbara Ryter Krebs, Daniel Wrana

1 Zur Analytik von Lesarten

Wenn Lernende lernen, dann nehmen sie nicht einfach einen Inhalt auf, den sie in sich repräsentieren, um ihn dann wiedergeben zu können, sie bilden vielmehr ein Verständnis der Sache aus, der sie sich lernend nähern. Dieses spezifische Verständnis einer Sache im Lernen bezeichnen wir im Rahmen einer poststrukturalistischen diskursanalytischen Lerntheorie als Lesart.[1] Eine Lesart ist singulär und situativ, weil sie in einer bestimmten Lernsituation, unter spezifischen Umständen, von Individuen mit biografisch sedimentierten Erfahrungen, in Gegenwart bestimmter signifikanter Anderer gebildet wird. Eine Lesart ist aber immer auch sozial und diskursiv, weil sie nur in einem Horizont etablierter sozialer Praxen und der Lesart vorausgehenden Formationen des Wissens gebildet werden kann. An diese ihnen vorausgehenden Horizonte schließen Lesarten an, zugleich aber rekombinieren und transformieren sie diese und tragen zu ihrer Produktion bei.

Lesarten sind kontingent und treten daher immer im Plural auf. Wenn man etwas auf eine bestimmte Weise „lesen" kann, dann kann man es auch auf andere Weise lesen. Auch im Lernprozess stehen verschiedene Lesarten nebeneinander, die Lesarten der Lernenden in einem Lehr-Lern-Arrangement unterscheiden sich und sind nochmals verschieden von den Lesarten der Lehrenden. Es kann auch sein, dass einem Lernenden oder einer Lernenden mehrere Lesarten des Lerngegenstandes als gültig erscheinen. Lesarten stehen daher im Widerstreit mit anderen Lesarten und haben ihre Gültigkeit zu erweisen und zu legitimieren. Mit einer bildungstheoretischen Perspektive ist der Anspruch verbunden, Lesarten nicht einfach machtförmig durchzusetzen, sondern einen Erkenntnisprozess in Gang zu bringen, der qua Einsicht und Rationalität zur Entwicklung von Lesarten führt. Dieser Prozess der Entwicklung von Lesarten ist aber verkannt, wenn er nur als formaler Prozess der Verbesserung abstrakter „Fähigkeiten der Lesartenbildung" gefasst würde. Das Bilden von Lesarten ist

---

1 Eine poststrukturalistische Lerntheorie, in der Lernen als Bilden von Lesarten gilt, wurde von Hermann Forneck (2006b), Peter Kossack (2006), Ulla Klingovsky (2009) und Daniel Wrana (2008, 2010, 2011a) ausgearbeitet. Sie wird von Kossack in diesem Band ausführlicher dargestellt und in Bezug auf Lernberatung diskutiert.

eine soziale diskursive Praxis, die Gegenstände konstruiert und mit Bedeutungen versieht. Die lokale Praxis des Bedeutens in einem Lehr-Lern-Arrangement vollzieht sich innerhalb gesellschaftlicher Praxen des Bedeutens, die dieser Lokalität vorausgehen. Man beginnt plötzlich zu begreifen, wie das Dividieren von Zahlen funktioniert oder wie ein ästhetischer Eindruck entsteht und entwickelt dabei Lesarten dieser Lerngegenstände, aber man begreift dies nicht außerhalb eines bereits etablierten sozialen Feldes des Begreifens – „der Mathematik" oder „der Kunst" – in das man sich einschreibt. Das Bilden einer Lesart vollzieht sich vor dem Hintergrund eines als gesellschaftliche Praxis etablierten Wissensfeldes. Vor diesem Hintergrund bestimmen soziale Akteure die Gültigkeit von Lesarten: Vor dem Hintergrund „der Mathematik" etwa wird verhandelt, ob es sich um einen legitimen Rechenweg der Division von Zahlen handelt. Erst vor dem Hintergrund eines solchen Wissensfeldes[2] wird der Widerstreit von Lesarten verhandelbar. Solche Prozesse, in denen um die Gültigkeit des „zu Lernenden" und des „Gelernten" gekämpft wird, nehmen wir in unseren Analysen als Wahrheitsspiele in den Blick. Lernen kann dann als das Bilden und Entwickeln von Lesarten gelten und das Relationieren individueller Lesarten zu den Lesarten anderer und zu einem etablierten gesellschaftlichen Wissensfeld.

Die Lerntheorie hat mit der Entwicklung konstruktivistischer Ansätze in den letzten Dekaden die notwendige Pluralität von Wissenskonstruktionen und ihre grundlegende Unverfügbarkeit für Lehrhandeln herausgestellt (z.B. Greeno/Collins/Resnick 1996; Arnold/Schüßler 2003). Der Konstruktivismus tendiert jedoch dazu, auf den formalen Prozess ihrer Bildung zu fokussieren und hat wenig empirische Zugänge entwickelt, um die spezifische Figuration der Wissenskonstruktionen herauszuarbeiten. Mit den im Folgenden vorgestellten Untersuchungen soll ein Entwurf vorgelegt werden, wie Lernprozesse in der Differenz unterschiedlicher Wissenskonstruktionen, die wir als Lesarten begreifen, empirisch untersucht werden können. Fragt man danach, wie eine Lesart konstruiert ist, dann lassen sich figurale und operative Aspekte unterscheiden.[3] Als operativen Aspekt bezeichnen wir die Operationen und Prozeduren, mit denen Lesarten produziert werden. Die Forschung zu Lernstrategien oder zur Metakognition fokussiert auf den operativen Aspekt, sie beschreibt die Prozeduren, die zu einem erfolgreichen Lernen führen, und das Verfügen über und die Prozesse des Erwerbs solcher Prozeduren (z.B. Artelt 2010). Als den

---

2   Der Begriff der Wissensfelder, der an Bourdieus (2001) Feldbegriff angelehnt ist, soll herausstellen, dass, was auf der kognitiven Ebene als „Fach" oder „Disziplin" erscheint, auf eine soziale Praxis zurückgeht, in der die praktische mit der theoretischen Erkenntnis eng verknüpft ist.
3   Piaget (1981: 76ff.) unterscheidet zwischen figuralen und operativen Aspekten der kognitiven Tätigkeit. Den operativen weist er den Begriff „Plan" (schème) zu, den figurativen den Begriff „Schema" (schéma). Oft werden beide mit Schema übersetzt, was aber irreführend ist (Furth 1972: 17). In einer ähnlich gelagerten Unterscheidung werden in der Theorie kategorialer Bildung formale und materiale Aspekte in Bezug gesetzt (vgl. Klafki 1964).

figuralen Aspekt bezeichnen wir die inhaltliche und gegenstandsbezogene Konstruktionsweise des Denkens. Diesen Aspekt nimmt die Forschung zum conceptual change in den Blick, die den Prozess beobachtet, in dem ein System von „organizing concepts" durch ein anderes ersetzt wird (Posner et al. 1982: 211; Saljö 1999; Vosniadou 2008). In der Perspektive der poststrukturalistischen Lerntheorie werden die figurativen und prozeduralen Aspekte des Lernprozesses in ihrer Verschränktheit beobachtet, denn wenn Lernen als das Bilden einer Lesart von Lerngegenständen begriffen wird, dann kann dies nicht in Abstraktion von der Inhaltlichkeit und Gegenständlichkeit des Wissensfeldes geschehen, in dem gelernt wird. Zugleich lässt sich mit den Instrumentarien aus der Diskursanalyse die Figuralität von Lesarten differenzierter analysieren, als dies in der Forschung zum conceptual change praktiziert wird. Während jene auf hierarchisch-kategoriale Konzeptbildung fokussiert, untersuchen wir differenzielle, narrative und metaphorische Figurationen (Wrana 2010). Die Begriffe Verständnis, Wissenskonstruktion und Lesart sind parallele Begriffe, die auf unterschiedliche Theoriekontexte verweisen und damit ihren Gegenstand je anders konstituieren. Während „Verständnis" aus einer hermeneutisch-phänomenologischen Tradition stammt, verweist „Wissenskonstruktion" auf die Kognitionsforschung. Mit dem Begriff der „Lesart" nehmen wir das Problembewusstsein dieser Forschungstraditionen auf und führen es poststrukturalistisch-diskursanalytisch weiter.

Mit der Analytik von Lesarten stellen wir daher zum einen die Frage, welches Verständnis Lernende von Lerngegenständen entwickeln und wie diese Lerngegenstände sich als Wissenskonstruktionen in ihrem Denken formieren. Zum anderen stellen wir die Frage, in welchen Wissensformen sich Erkenntnisprozesse vollziehen und welche Repertoires dabei aufgegriffen, reproduziert und transformiert werden.

1.1 Professionalisierungsprozesse

Wir untersuchen die Bildung von Lesarten im Rahmen der Professionalisierung zum Lehrberuf im Studium an einer Pädagogischen Hochschule. Die Lerngegenstände in diesem Studium sind meist konkret: ein didaktischer Entwurf, ein pädagogisch-psychologisches Theorem, eine Erfahrung im Praktikum. Aber durch diese konkreten Gegenstände ziehen sich abstraktere Gegenstände des Studiums: das Verständnis von „Lernen", von „Schüler/innen", von „Lehrhandlungen", der „professionellen Rolle", schließlich das Verhältnis von „Lehren" und „Lernen". In den Lesarten der konkreten Gegenstände sind meist Lesarten dieser abstrakteren Gegenstände implizit, in der Arbeit an konkreten Lerngegenständen werden daher Lesarten spezifischer konkreter Gegenstände ebenso gebildet und artikuliert wie grundlegende Lesarten gebildet und weiter entwickelt werden. Diese Lesarten im Professionalisierungsprozess sind der Forschungsgegenstand unserer Untersuchungen.

Über die Lesartenbildung im Professionalisierungsprozess wissen wir vor allem aus der Forschung zu „professional beliefs", der professionsbezogenen Überzeugungen. In qualitativen Studien wird in dieser Forschung die Frage bearbeitet, „how teachers make sense of their professional world [...] and how teachers understanding of teaching, learning, children, and the subject matter informs their everyday practice" (Calderhead 1996: 709). Während jeder Erwerb von Expertise in einem Feld einen Prozess professioneller Enkulturation voraussetzt, zeichnet sich der Lehrberuf dadurch aus, dass diese Expert/innen als Noviz/innen bereits viele Jahre in ihrem zukünftigen Handlungsfeld, der Schule, zugebracht haben. Diese „Übervertrautheit" (Herzog/Felten 2001: 21), die in einer Kombination von intuitivem Wissen und Beobachtungswissen resultiert, wird als eines der stärksten Hemmnisse im Professionalisierungsprozess betrachtet. Als Schüler/innen standen die zukünftigen Lehrer/innen gewissermaßen „auf der anderen Seite" der Differenz von Lehren und Lernen. Die Ergebnisse der Forschung zu beliefs lassen sich in drei Thesen bündeln: (1) Studierende treten mit einem relativ ausgeprägten in der eigenen Schulzeit erworbenen „system of beliefs", also mit spezifischen Überzeugungen vom Lehren und Lernen, in die Hochschulbildung ein. (2) Überzeugungen sind relativ stabil, sodass es dem Studium nur tendenziell gelingt, davon differente professionelle Sichtweisen zu etablieren. (3) Überzeugungen funktionieren als Filter, insofern sie neues Wissen gemäß ihrem Passungsverhältnis zu etablierten „system of beliefs" selektieren und zuordnen (Pajares 1992; Block & Hazelip 1995; Richardson 1996). Aus diesen Forschungen lässt sich die These ableiten, dass die Studierenden sich nicht in einem linearen Prozess des Erwerbs von Wissen und Können befinden, das in einem Wissensfeld „professionelles Handeln" bestimmt ist, sondern dazu tendieren, im Studium erfahrenes Wissen in ein Verständnis des Lehr-Lern-Verhältnisses zu integrieren, das biografisch in der eigenen Schulzeit etabliert und von der Position der Schüler/in her gebildet worden ist. Mit dem Wechsel ihrer Rolle von der Schüler/in zur Lehrer/in ist aber eine grundlegende Änderung der Positionierung in der Struktur des schulischen Feldes verbunden, und es stellt sich die Frage, ob die etablierten Lesarten dabei mit der neuen Positionierung in Konflikt geraten und ob Professionalisierung auch als grundlegender Umbau der Art und Weise denkbar ist, Lesarten des Lehr-Lern-Verhältnisses zu bilden.

In den letzten Jahren sind einige Large-Scale-Studien zur Professionalisierung im Lehrberuf entstanden (v.a. Baumert/Kunter 2006; Blömeke/Kaiser/ Lehmann 2008). In diesen Studien wird mit einem Kompetenzmodell gearbeitet, das als Komponenten der Professionalität von Lehrer/innen Wissen und Überzeugungen (beliefs) unterscheidet (Baumert/Kunter 2006: 482). Wenn man vom Stand der qualitativen Forschung zu beliefs ausgeht, müsste man vermuten, dass wir in unseren Untersuchungen auf Lesarten treffen, die ihren Ausgangspunkt in der Schüler/innen/biografie haben und auch, dass diese Lesarten relativ stabil sind. Die neueren Forschungsergebnisse sind hier weniger eindeutig: Während Blömeke, Felbrich und Müller (2008) anhand einer Fragebogenuntersuchung im Verlauf des Studiums einen deutlichen Zuwachs an Wissen und insbesondere deutliche Veränderungen der beliefs hin zu einer eher konstruktivistischen und weniger statischen Auffassung des Fachs und des Unterrichtens feststellen können (ebd.: 324), kommen Baer u.a. anhand von Videoanalysen von Unterrichtssequenzen zum gegenteiligen Ergebnis: Im Verlauf des Studiums nimmt die Lehrer/innen/zentriertheit des Unterrichtens von Praktikum zu Praktikum sogar zu, während Fortschritte in anderen Handlungsbereichen gering sind (Baer u.a. 2009). Zieht man die unterschiedlichen Erhebungsformen dieser Studien in Betracht, dann muss die These etwas modifiziert werden. Es könnte sein, dass die Weise der Bildung von Lesarten weniger eine stabile Eigenschaft der Person ist, sondern eine Artikulation, die nicht nur von der Person, sondern auch von den Situationen und Kontexten mitbestimmt ist, in denen sie vollzogen wird. Wenn die Studierenden Lesarten bilden, dann besteht die Möglichkeit, dass sie diese ausgehend von einer Subjektposition als „Schüler/in" artikulieren, sich also positionieren, indem sie sich auf die fiktive Position der Schüler/in stellen, die sie einmal waren. Sie würden dann auf ihren etablierten Deutungen des Lehr-Lern-Verhältnisses beharren, wie die ältere qualitative Forschung zu beliefs gezeigt hat. Sie können sich aber auch als Studierende auf ein Wissensfeld beziehen, das ihnen im Studium in Form von Theorien und Ansätzen des Lehrens und Lernens präsentiert wird und in dem sie sich mit Lesarten positionieren, die in diesem Wissensfeld positiv konnotiert sind. Das würde die Beobachtungen der Professionsforschung erklären, warum Studierende dazu tendieren, auf Items positiv zu reagieren, die Schüler/innen/orientierung oder ein konstruktivistisches Lehr-Lern-Verständnis abfragen. Sie können schließlich aber auch die Position als Lehrer/in einnehmen und sich damit auf ein anderes Wissensfeld beziehen, das sie als das der „Schule" identifizieren, in dem unmittelbare Handlungsprobleme im Unterrichten gelöst und Situationen bewältigt werden müssen, in denen also eine bestimmte Konstruktion der „Praxis" bestimmend wird, was die Ergebnisse von Baer u.a. erklären würde, die in Videostudien die Entwicklung des Unterrichtshandelns untersucht hatten.

Die bisherigen Forschungsergebnisse falsifizieren weniger eine bestimmte Vorstellung davon, wie sich „beliefs" im Studium verändern – ob eher nicht oder in Richtung einer konstruktivistischen Vorstellung oder umgekehrt – sie problematisieren eher das Modell eines Sets an messbaren Überzeugungen, die als kognitive Eigenschaft der Person modelliert werden und Erklärungspotenzial für beobachtbares Unterrichtshandeln haben. Die Analytik der Lesarten setzt hier anders an, weil sie die Artikulation von Überzeugungen als das Beziehen einer Position in einem Feld diskursiver Möglichkeiten begreift, die zwar von den biografisch sedimentierten habituellen Formen mitbestimmt sind, aber je nach Situation und Kontext differente, heterogene und auch unvorhersehbare Positionierungen und Lesartenbildungen erlauben. Auch der Begriff der „beliefs" bzw. der „Überzeugungen" ist dann problematisch, wenn diese in der Modellierung eines Kompetenzmodells als „Glauben" scharf vom

"Wissen" unterschieden werden, wie Baumert und Kunter postulieren (Baumert/Kunter 2006: 496). Wenn man die These der US-amerikanischen Forschung ernst nimmt, dass beliefs als Filter für die Aneignung von Wissen fungieren, dann ist Wissen immer von beliefs „infiziert". Zwar ist der aristotelischen Position, die Baumert und Kunter stark machen, zuzustimmen, dass Wissen und Glauben verschiedenen Wahrheitsprozeduren unterworfen sind, um ihre Gültigkeit zu erweisen, allerdings wäre deren scharfe Trennung für die Professionsforschung nur dann angemessen, wenn der faktische Prozess des Erwerbs von Wissen und Glauben in den verschiedenen Kontexten der Lehrerinnen- und Lehrerbildung eben jenen Wahrheitsprozeduren in ihrer Differenz folgen würde. Gerade dies dürfte aber zweifelhaft sein. Es wäre vielmehr notwendig, auch die Zuschreibung von „Wahrheit" oder „Gültigkeit" zu einer Aussage über Lehren und Lernen sowie die Wahrheitsprozeduren, die diese in der Lehrerinnen- und Lehrerbildung durchlaufen, in den empirischen Gegenstand einzubeziehen. Zudem ist das „erziehungswissenschaftliche Wissen", in der Form, in der es über die Fragebögen und Tests erhoben wird und dort als Wissenskonstruktion formiert ist, ein Produkt des Wissenschaftssystems. Dieses Wissen lässt sich mit den im Rahmen von Large-Scale-Untersuchungen zur Lehrkompetenz entwickelten und angewandten Verfahren an den Proband/innen abtesten, d.h. sie werden an der so formierten Wissenskonstruktion gemessen. Dass sie aber in dieser Messung eine bestimmte Güte erreichen, heißt nicht, dass die Wissenskonstruktion, an der gemessen wird, die Wissenskonstruktion, die zu messen beansprucht wird, in ihrer Formiertheit repräsentiert. Mit anderen Worten: Eine hohe Reliabilität sichert nicht die externe Validität, weil das Wissen eine ganz andere Wissensform haben kann, als im Messen unterstellt wird. Diese Differenz wird durch das praktische Können überbrückt, mit dem Proband/innen in den Tests ein „Ergebnis" produzieren und die eigenen Wissenskonstruktionen in die Form der getesteten Wissenskonstruktionen „übersetzen". Gerade dieses Können aber, in dem in einem spezifischen Kontext ein „Ergebnis" produziert, eine Äußerung artikuliert, eine Lesart gebildet wird, ist der Gegenstand der im Folgenden dargestellten Untersuchungen.

Der Erhebungszeitpunkt der Untersuchung liegt am Anfang des Studiums zur Primarlehrer/in. Es handelt sich um einen besonderen Zeitpunkt im Professionalisierungsprozess. Zum einen sind die in der Schulzeit gebildeten Lesarten zeitlich noch recht nahe. Zum anderen haben die Studierenden aufgrund der in der Schweiz üblichen einphasigen Ausbildung zwischen dem ersten und zweiten Semester bereits ein vierwöchiges Blockpraktikum absolviert, in dem sie bestimmte Sequenzen des Unterrichts eigenständig vorbereitet und durchführt haben. Sie sind also mit dem Anforderungshorizont pädagogischen Handelns konfrontiert worden. Sie haben eine Idee, was es heißt, die Position als „Lehrer/in" einzunehmen. Sie können sich also nicht nur auf die fiktive Position des „Schüler/in-ICHs" stellen, das sie einmal waren, sondern umgekehrt auch erfahrungsbasiert auf die fiktive Position des „Lehrer/in-ICHs", das sie einmal sein werden. Diese Möglichkeit differenter Subjektpositionierungen wurde in der bisherigen Argumentation dieses Beitrags systematisch entfaltet, die konkreten Positionierungen sind allerdings in der interpretativen Arbeit am Material induktiv gewonnen worden.

1.2 Beobachtungssetting

Lesarten kann man empirisch nur beobachten, wenn sie artikuliert werden. Sicher bilden Menschen permanent Lesarten, insofern sie eine Sache verstehen und dieses Verständnis in einer bestimmten Weise strukturiert ist. Für eine empirische Beobachtung muss man Lernende aber entweder auf Auskunft zu ihren Lesarten hin interviewen, sie einem Test unterziehen oder einen Fragebogen ausfüllen lassen, also die Lesarten ex post erfassen. Damit würde man aber Berichte von der Lesartenbildung erheben, also Lesarten von Lesarten. Die andere Möglichkeit wäre, man nutzt ein Setting, in dem das Bilden von Lesarten gewissermaßen in actu beobachtet werden kann.

Ein solches Setting bot sich im Rahmen eines didaktischen Entwicklungsprojektes zum selbstgesteuerten Lernen an der Pädagogischen Hochschule an. In den Veranstaltungen verschiedener Fächer des zweiten Semesters arbeiten die Studierenden in einer interdisziplinären Selbstlernarchitektur.[4] Sie lernen mit Studienmaterialien, die die Dozierenden zu bestimmten Themen entworfen haben und im Internet bereitstellen. Die Lernaktivitäten sind dabei komplex konstruiert, sodass die Studierenden nicht einfach Inhalte lernen, sondern sich mit dem Lehr-Lern-Verhältnis im jeweiligen Fach intensiv auseinandersetzen, sodass sie die Chance haben, eigene Lesarten zu bilden. Diese Konstruktion a-personaler Studienmaterialien, die im Internet zur Verfügung stehen, setzt Lehrzeit der Dozierenden frei, die für individuelle Lernberatungen genutzt wird. An mehreren Zeitpunkten im Semester treffen sich die Studierenden einzeln mit einem Dozierenden des Faches zu einem Fachgespräch, einer Lernberatung. In den Gesprächen werden die Lesarten thematisiert, die Studierende gebildet haben. Die Gespräche beginnen in der Regel damit, dass die Studierenden an eine bestimmte Lernaktivität anknüpfen, es entfaltet sich dann ein Gespräch, in dem die Dozierenden Fragen stellen, Bezüge und Rahmungen

---

4 Das Rahmenkonzept der Selbstlernarchitekturen wurde von der Gießener Arbeitsgruppe um Hermann Forneck entwickelt (vgl. Forneck 2006a, 2006b). Die Lernprozesse in Selbstlernarchitekturen wurden in verschiedenen empirischen Studien untersucht (vgl. im Überblick Wrana 2009b, 2009c). Die hier untersuchte Realisierung einer Selbstlernarchitektur @rs als didaktisches Setting in der Lehrerinnen- und Lehrerbildung ist in dem Band von Forneck, Gyger und Maier Reinhard (2006) beschrieben sowie in diesem Band im Artikel „Kontexte". Als Entwicklungsprojekt war @rs mit einer Begleitforschung verbunden, die erste empirische Einblicke in die Selbstlernprozesse unter dem Fokus des Verhältnisses von Autonomie und Struktur ermöglichte (Maier Reinhard/Wrana 2008), eine weitere Begleitforschung wurde von Joachim Ludwig und Alexandra Schmidt-Wenzel von der Universität Potsdam durchgeführt (vgl. deren Aufsätze in diesem Band).

setzen, auch eigene Lesarten artikulieren.[5] Im Laufe dieser Gespräche werden somit Lesarten prozessiert.[6] Die Lernberatung hat konzeptionell die Funktion, Lesarten zu relationieren und sie in Bezug auf ein Wissensfeld reflexiv zu machen (vgl. die Beiträge von Kossack und Wrana in diesem Band).

Die Erhebungssituation findet hier also nicht getrennt von der Lernsituation statt, vielmehr ist die Lernsituation, in der Lesarten gebildet und variiert werden, zugleich die Erhebungssituation. In der Konversationsanalyse werden Daten aus solchen Settings im Unterschied zu in Befragungen und Interviews erhobenen als „natürliche Daten" bezeichnet (Bergmann 1985). Im Setting der Lernberatung wird damit die Bildung von Lesarten sichtbar. Die Lernberatungsgespräche wurden aufgezeichnet. Ein Korpus von ca. 90 Gesprächen von zwölf ausgewählten Studierenden in drei Fächern wird in den nächsten beiden Jahren im Rahmen eines vom Schweizer Nationalfonds (SNF) geförderten Projekts analysiert. Die vorliegende Untersuchung kann als Pilot-Studie zur Untersuchung dieses Korpus' gelten. Sie greift als Fallstudie zwei Lernberatungsgespräche eines Studierenden in zwei verschiedenen Fächern heraus und arbeitet exemplarisch die Weisen der Bildung von Lesarten heraus. Die Thesen, die wir in dieser Studie entwickeln, sind damit zugleich Fragen, die an das gesamte Korpus gestellt werden.

Die beiden im Folgenden analysierten Lernberatungsgespräche haben jeweils zwei Akteure. Der Student der Primarstufe im zweiten Semester ist jeweils derselbe. Wir werden ihn „Paul" nennen. Die Lernberatenden sind Dozierende der jeweiligen Fächer: im ersten Gespräch ein Dozent des Fachs Mathematik und im zweiten Gespräch eine Dozentin des Fachs Kunstpädagogik. Wir werden die beiden schlicht „den Dozent" bzw. „die Dozentin" nennen, um ihre institutionelle Position zu markieren. Die folgenden Darstellungen von Analysen rekonstruieren textnah am Material, wie im Verlauf des Gesprächs Lesarten gebildet, aber auch wieder fragwürdig und brüchig werden und sich zu neuen Lesarten verdichten. Im ersten Lernberatungsgespräch wird das methodische Vorgehen expliziert, die analytischen Schritte werden ausführlicher begründet. Damit soll auch Rechenschaft über das methodische Vorgehen der poststrukturalistischen Figurationsanalyse im Interpretationsprozess gegeben werden. Im zweiten Lernberatungsgespräch schreiten wir in der Ar-

---

5   Das Lernberatungshandeln wird in dem Beitrag „Spielzüge des Lernberatungshandelns" (in diesem Band) diskutiert und analysiert.
6   Die Tätigkeit des „Prozessierens" ist im Feld der Gerichtsbarkeit angesiedelt. Ein Gegenstand wird prozessiert, insofern seine Gültigkeit, seine Folgen, sein Stellenwert verhandelt wird. Ihm wird „der Prozess gemacht". Das ist auch bei Lesarten der Fall, insofern wir pädagogische Arrangements wie die Lernberatung auch als Wahrheitsprozeduren begreifen, in der die Gültigkeit von Lesarten bestimmt wird. Das „Prozessieren" hat aber einen weiteren, ebenso wichtigen Bedeutungsaspekt. Die Lesarten werden in einen Prozess gebracht, in eine Dynamisierung, in der ihre Transformation zum Potenzial wird. Die Lesart wird so auf doppelte Weise zu einem Einsatz, der auf dem Spiel steht.

gumentation zügiger voran und setzen die methodologischen Erörterungen des ersten Gesprächs voraus.

1.3 Diskursive Praktiken und diskursive Figuren

Die Gespräche wurden mit einer diskursanalytischen Methodologie untersucht, und zwar einer Verschränkung von Figurationsanalyse und Gesprächsanalyse. Diese Methodologie ist für ein Lehr-Lern-Setting ungewöhnlich. Ihre empirische Stärke ist, die Konstruktionsweisen von Lesarten rekonstruieren zu können, ihre theoretische Stärke ist, die Empirie von Lern- und Professionalisierungsprozessen an bildungstheoretische und professionstheoretische Diskussionen und Themen anzuschließen. Die Methodologie der Analyse diskursiver Praktiken geht nicht von Diskursen als Strukturen aus, die das lokale Handeln steuern, sondern beobachtet das Lernberatungsgespräch als eine performative, soziale und diskursive Praxis, in der die relationierten Wissensfelder ebenso konstruiert werden wie die in ihr damit verschränkten Subjektivitäten. Diese performative Konstruktionsleistung kommt aber nicht der Situativität zu, sondern ihrer allgemeinen Eigenschaft, in einer Praxis geborgt und zitiert zu sein – ein Umstand, den Derrida und Butler als Iterabilität bezeichnen. Das Lokale vollzieht sich daher in einem es übersteigenden Kontext, dem es alles verdankt, an dessen (Re-)Konfiguration es aber zugleich beteiligt ist. Zur Rekonstruktion der Lesarten in dieser diskursiven Praxis beobachten wir die Äußerungsakte im Lernberatungsgespräch und operationalisieren sie über diskursive Figuren.

Die grundlegenden Begriffe und ihre Methodo-Logik (Diaz-Bone 2011) wie diskursive Praktiken, Wissensfelder, Iterabilität, Subjektivation, diskursive Figuren, Positionierung etc. haben wir in dem Beitrag „Theoretische und methodologische Grundlagen" (Wrana in diesem Band) im Anschluss an Michel Foucault, Judith Butler und andere systematisch entfaltet. Dieser Beitrag folgt als Explikation und als theoretischer Exkurs den beiden Beiträgen mit Analysen, in denen das empirische Material im Zentrum steht.

2 Lesarten mathematikdidaktischer Konzepte

Der Studieninhalt der Fachdidaktik Mathematik macht die Konzeption einer individualisierenden mathematikdidaktischen Lernumgebung für den Unterricht der Primarschulstufe zum Gegenstand des Semesters. In den Studienmaterialien werden dabei unterrichtsmethodische Möglichkeiten der Individualisierung vorgestellt und mathematikdidaktische Schlüsselkonzepte erschlossen. Die Studienmaterialien in der Selbstlernarchitektur der Fachdidaktik Mathematik sprechen gemäß dem mathematikdidaktischen Wissensfeld von „Lernumgebungen mit natürlicher Differenzierung".[7]

2.1 Die Leistungen einer mathematikdidaktischen Lernumgebung

Der Gesprächsanlass der Lernberatung ist eine Lernaktivität aus dem Fach Mathematikdidaktik der Selbstlernarchitektur, mit der Paul in der Selbststudienzeit gelernt und gearbeitet hat. Dort war eine mathematikdidaktische Lernumgebung „Von Rechenschwachen bis Hochbegabten" für den Unterricht der Primarschule Thema, die nun zum Gesprächsgegenstand von Paul und dem Dozenten wird. Nach einigen einführenden Spielzügen richtet der Dozent das Gespräch mit seiner ersten Frage auf diese Lernumgebung.

Dozent:
45 Äh, wenn du jetzt einfach dir das Ganze so vergegenwärtigst,
46 diese Lernumgebungen, (--), was leisten die?[8]

Die Äußerungen Pauls, mit denen er auf diese Frage reagiert, analysieren wir als eine erste diskursive Figur, und zwar als konzeptionelle Figur (Fig48_ KDA). In konzeptionellen Figuren werden Konzepte entfaltet, indem Objekten Eigenschaften zugewiesen oder Beziehungen zwischen Eigenschaften und Objekten postuliert werden. Konzeptionelle Figuren dienen also der Rekonstruktion von Praktiken der begrifflichen Konzeption und Strukturierung von Gegenständen des Sprechens. Die erste konzeptionelle Figur ist relativ einfach strukturiert: Paul schreibt der Lernumgebung als Objekt eine Reihe von Eigenschaften zu.

Paul:
48 Ähm, sie bieten die Möglichkeit, eine Lernumgebung zu
49 bearbeiten mit Schülern, welche unterschiedliche Niveaus
50 haben. Und jeder Schüler kann eigentlich aus dieser sehr
51 offenen und freien Aufgabenstellung sein Eigenes daraus
52 entwickeln, respektiv er kann, egal welches Niveau er
53 hat, ähm, kann er etwas draus ziehen.

Die Eigenschaften, die Paul der Lernumgebung zuschreibt, lassen sich wie folgt paraphrasieren: (1) die Aufgaben sind offen, (2) sie sind von Schülern unterschiedlicher Niveaus bearbeitbar, (3) jeder kann sein Eigenes daraus entwickeln, (4) jeder kann je nach Niveau etwas daraus ziehen. Dass die vier Ei-

---

7 Das Konzept des Fachs Mathematikdidaktik ist dargestellt in Röthlisberger (2006), eine Demoversion der Online-Lernarchitektur ist einsehbar unter http://www.selbstlernarchitektur.ch.
8 In den Ausschnitten des Transkripts sind Auslassungen mit eckigen Klammern [...] und Pausen mit runden Klammern (--) unterschiedlicher Länge notiert. Bisweilen brechen Äußerungen ab und bilden unvollständige Sätze, das ist eine Eigenschaft des Materials.

genschaften wünschenswerte Qualitäten eines didaktischen Konzeptes sind, ist hierbei die implizite Prämisse.

Diese vier Eigenschaften lassen sich auf Gegensätze beziehen, die dem Kontext einer reformpädagogischen diskursiven Formation entstammen. Sie erscheinen dann als Eigenschaften einer neuen Lernkultur im Unterschied zu einer alten Lernkultur, von der sich die verhandelte Lernumgebung absetzt.

Differenzielle Figur „neue Lernkultur versus alte Lernkultur"

	neue Lernkultur	vs. alte Lernkultur
1	die mathematikdidaktische Lernumgebung	nicht genannte andere Lernarrangements
2	lernbar für Schüler unterschiedlicher Niveaus (49)	{lernbar für nur ein Schüler-Niveau}
3	offene Aufgabenstellungen (51)	{geschlossene, kleinschrittige Aufgaben}
4	Schüler können Eigenes entwickeln (51)	{Schüler müssen sich Fremdes aneignen}
5	alle Schüler können etwas daraus ziehen (53)	{Selektion nach Leistung findet statt}
Subjektpositionierung	+	−
	individuell	normal/normiert

Markierung: Die negative Wertung erfolgt durch den Diskurs rechts, die alte Lernkultur ist das, was durch die neue Lernkultur mit der mathematikdidaktischen Lernumgebung ersetzt wird.

Ma2 Fig48D[9]

Mit dieser Erweiterung der konzeptionellen Figur zu einer differenziellen Figur ist folgende analytische Unterstellung verbunden: Der Lernumgebung werden nicht einfach eine Reihe von Eigenschaften zugeschrieben, vielmehr stammen diese Eigenschaften aus dem Horizont einer spezifischen diskursiven Praxis, in der solche Abgrenzungen in immer wieder ähnlicher Weise vollzogen werden. Diese Praxis konstituiert sich über eine grundlegende Geste der Unterscheidung einer neuen von einer alten Lernkultur, in der den jeweiligen Lernkulturen konsistent bestimmte Eigenschaften zugeschrieben werden, die wiederum ihrerseits Gegensatzpaare bilden. Es handelt sich also um diskursive Praktiken, die sich durch zwei miteinander verschränkte Gesten auszeichnen:

---

9 Die Codes für Figuren enthalten zunächst ein Kürzel für das Lernberatungsgespräch (Ma2 oder Ku1), wenn sich dies aus dem Zusammenhang ergibt, wird dieses Kürzel auch weggelassen. Die Zahl nach „Fig" bezeichnet die Zeilennummer des Transkripts, an der die Figur beginnt. Der folgende Buchstabe bezeichnet die Art der Figur: D steht für differenzielle Figur, N für narrative Figur, K für konzeptionelle Figur und M für metaphorische Figur.

Sie schreiben einem Gegenstand Eigenschaften zu und konnotieren diese Eigenschaften miteinander, zugleich setzen sie diese Eigenschaften in eine Differenz und grenzen sie gegen ein je Anderes ab. Es sind also zwei basale semantische Akte, das Unterscheiden und das Konnotieren, verschränkt. Oft werden dabei – meist konsistent über eine längere Kette von Äußerungen hinweg – ganze Gegenstandsbereiche in eine binäre diskursive Ordnung gebracht.[10]

Solche Praktiken der Zuschreibung und Differenzierung beschreiben und analysieren wir anhand differenzieller Figuren, die in Differenz-Konnotationsketten formalisiert dargestellt werden. In der Figur Fig48D ist speziell, dass eine (linke) Seite der Differenz in der Äußerung komplett explizit ist, während die andere (rechte) Seite in der Äußerung nicht genannt wird. Sie muss als implizites Wissen erschlossen werden. Erst die mit diesem Schritt verbundene These, dass sich die positiven Eigenschaften der Lernumgebung auf eine diskursive Praxis beziehen, in der diese Eigenschaften eine Ordnung bilden, rechtfertigt die Analyse als differenzielle Figur. In einem ersten Analyseschritt werden daher den expliziten Termen (linke Seite) Gegensätze gegenübergestellt (rechte Seite). Bei letzterer weist die geschweifte Klammer darauf hin, dass sie implizit sind. Diese Gegensätze sind zugleich logisch nachvollziehbare Antithesen zu den Eigenschaften der Lernumgebung und Elemente einer hypothetischen kontextuellen diskursiven Ordnung der „neuen Lernkulturen" bzw. der „Reformpädagogik". Mit diesem Interpretationsschritt wird in der Analyse hypothetisch ein Wissen unterstellt, das in der Produktion der Äußerung gebraucht, in der Äußerung selbst aber nicht explizit sichtbar wird.

Wie rechtfertigt sich also die Interpretation, die Gesprächssequenz auf die Differenz von neuer und alter Lernkultur zu beziehen? Jede Bildung einer Lesart setzt nicht nur ein zu verstehendes Objekt, sondern zugleich ein Wissen voraus, das von den Beobachter/innen in das Objekt eingebracht wird. Jede Äußerung und jeder Text ist voller Lücken, die nach Vervollständigung durch ein eingebrachtes Wissen verlangen (vgl. Eco 1998; Wrana 2011a). Äußerungen erlangen ihre Bedeutung aber nicht einfach aus den subjektiven Wissenshorizonten oder der Intentionalität von Sprecher/innen, sondern im Kontext von Wissensfeldern und Bedeutungshorizonten, die gesellschaftlich geteilt und verteilt sind. Diese diskursiven Praxen sind die Bedingung der Produktion und Konsumtion von Äußerungen (s.o.). Die Analyse muss also, will sie Verstehensvorgänge und nicht nur ihre formalen Voraussetzungen erfassen, hypothetisch Wissenskontexte unterstellen, die im untersuchten Prozess eingebracht werden und diese Hypothese im weiteren Verlauf der Analyse prüfen. Sie ist

---

10 Die Differenzanalyse stammt aus der strukturalen Semiotik von Greimas (1971), sie wurde von Höhne (2003) für die Diskursanalyse reformuliert und bei Langer/Wrana (2004), Maier Reinhard (2008) und Wrana (2008) weiter entwickelt. Ihre methodischen Grundlagen werden im Laufe der Analyse soweit eingeführt, wie sie zum Verständnis des empirischen Vorgehens sinnvoll sind.

also unweigerlich interpretativ. Die diskursiven Formationen, die im Interpretationsprozess als Kontexte unterstellt werden, sind aber keine real existierenden Objekte, die dem Verstehensprozess in einem einfachen Sinn vorausgehen. Sie werden vielmehr über das heterogene Netz gesellschaftlicher Praktiken des Bedeutens iteriert und in jedem Äußerungsakt aufs Neue gesetzt oder transformiert. Die diskursive Praxis, in der das beobachtete Beratungsgespräch ein Moment unter anderen ist, setzt die diskursiven Formationen zugleich voraus und produziert sie performativ. Wenn man akzeptiert, dass diskursive Formationen als Wissenskontexte der Äußerungsakte zugleich als gegeben angenommen *und* in der Performativität gesetzt werden, dann stellt sich in der Analyse die empirische Frage, welcher konkrete Wissenskontext in den analysierten Äußerungen platziert wird. Auf diese Frage antwortet der Interpretationsschritt, die konzeptionelle Figur der Lernumgebungen mit ihren vier Eigenschaften auf die differenzielle Figur des Gegensatzes von alter und neuer Lernkultur zu beziehen. Er hat sich im weiteren Verlauf der Analyse zu rechtfertigen, insofern der Wissenskontext von den folgenden Äußerungsakten aufgegriffen und weiter prozessiert wird. Der Analyseprozess in der Interpretationsgruppe umfasst also die Tätigkeit, mögliche diskursive Kontexte zu postulieren, diese zu prüfen, zu verwerfen und neue zu finden. Von alter und neuer Lernkultur und den weiteren Interpretationen ist hier die Rede, weil sie sich in der Prüfung als stabil erwiesen haben. In diesem Sinne bilden nicht nur Paul und die Dozierenden im Laufe der Gespräche Lesarten, erkenntnistheoretisch werden vielmehr in den Verstehensprozessen der Analyse im selben Sinn Lesarten hergestellt. Allerdings gelten bei der empirischen Analyse strengere Gültigkeitskriterien für die Bildung von Lesarten.[11] Um Missverständnisse zu vermeiden, werden wir das Verstehen von Paul und den Dozierenden das Bilden von Lesarten nennen, während wir bei unserem eigenen Verstehen von Analyse und Interpretation sprechen.

Bezogen auf die hier analysierte diskursive Figur lässt sich sachlich anführen, dass das mathematikdidaktische Konzept auch in den Studienmaterialien expressis verbis einer neuen Lernkultur zugeordnet wird und Paul diese Studienmaterialien bearbeitet hat. Dieser Typus der Abgrenzung von einer alten und überkommenen Lernkultur ist in bestimmten Genres der pädagogischen Literatur verbreitet und konstitutiv für einen reformpädagogischen Diskurs der „Neuen Lernkulturen".[12] Ähnliche Abgrenzungen erscheinen an verschiede-

---

11 Der Begriff der Lesart geht auch auf die Methodologie der Objektiven Hermeneutik zurück, in der verschiedene Lesarten durch die Gruppe der Forscher/innen produziert werden, um dann im Prozess der Analyse der objektiven latenten Handlungsstruktur die angemessenste Lesart herauszuarbeiten (Oevermann/Allert/Konau/Krambeck 1979). Den Widerstreit differenter Lesarten herauszuarbeiten ist hingegen der Einsatz von Kollers poststrukturalistischer Kritik an diesem Analysemodell (Koller 1999).

12 Jürgen Oelkers zeigt die Kontinuität einer reformpädagogischen Argumentationslinie seit dem Beginn des 19. Jahrhunderts (Oelkers 1996; vgl. Forneck/Wrana 2003: 26). Die Konzepte einer „Neuen Lernkultur" schließen an diese Tradition an, sowohl konzeptionell als auch in

nen Stellen des Studienmaterials in unterschiedlichen Fächern. Sie können den Studierenden daher als ein gemeinsames Wissen und als Position der Dozierenden und der Hochschule erscheinen, als eine spezifische pädagogische Ordnung, in die die Gegenstände des Lernens und Lehrens in der diskursiven Praxis der Hochschule gebracht werden.

Wenn man diesen diskursiven Horizont unterstellt, dann lässt sich eine differenzielle Figur postulieren, die aus einer Doppelkette von Differenzpaaren besteht, also zwei Seiten hat. Jedes Differenzpaar wird von zwei oppositionellen Termen auf beiden Seiten gebildet. Die Paare sind untereinander konnotiert, sie laufen oft parallel mit dem Text- oder Gesprächsverlauf. Die Ketten werden über Bedeutungsaspekte zusammengehalten, die in der Semantik Seme genannt werden. Die Seme werden in jedem Differenzpaar wiederholt, ihre Wiederholung (Rekurrenz) schafft also die Kohäsion in der Bedeutungsbildung. Auf der linken Seite (Fig48D) sind in den Termen 2, 3, und 5 die Seme Verschiedenheit und Eigensinn konstitutiv. Der vierte Term wird vom Sem „offen/frei" her gebildet. Durch die große Nähe der fünf Terme auf der Textoberfläche werden die Seme „eigensinnig", „verschieden", „offen/frei" in die Nähe gerückt und dadurch konnotiert. Indem Paul die Zeilen in derselben Äußerung nennt und damit in einer konzeptionellen Figur verbindet, bezieht er „offene Aufgabenstellungen", „unterschiedliche Niveaus" und „jeder kann sein Eigenes daraus ziehen" aufeinander, seine Äußerung stellt diese semantische Verbindung her. In der Performativität der Äußerung werden das Eigensinnige, das Verschiedenartige und das Offene/Freie zusammengeschlossen. Paul ist sicher nicht der erste „Pädagoge", der diese Nähe herstellt. Wir werden diesen Semkomplex jetzt und auch in weiteren Gesprächssequenzen als „individuell" bezeichnen.

Auf der rechten Gegenseite der Differenzkette wurden in der Interpretation implizite Gegensätze eingetragen, die gemäß dem Diskurskontext der „Neuen Lernkulturen" zu einer „alten Lernkultur" gehören. So steht der Ermöglichung unterschiedlicher Lernniveaus die Reduktion und Beschränkung auf ein einziges Lernniveau gegenüber usw. Damit beginnt sich auf der rechten Seite der Differenz ein Semkomplex abzuzeichnen, den wir als „normal/normiert" benennen. Dieser Komplex umfasst dabei sowohl „das Normierte" als das Ausrichten an einem Maßstab und festen Horizont, das Durchsetzen einer Norm sowie „das Normalisierte" als das Ausrichten auf einem Durchschnitt, einer Üblichkeit, einer Gegebenheit.[13] Wenn etwa die Aufgaben geschlossen formuliert sind, sodass es nur eine mögliche Bearbeitungsweise gibt, wenn die Bearbeitungsweise der Schüler/innen von einem normierten Leistungshorizont

---

den Problematisierungsweisen. Explizit findet sich eine vergleichbare Differenzkette im radikal-konstruktivistischen Ansatz (Arnold 2003).

13 Die Unterscheidung hat Jürgen Link (1999) herausgearbeitet, sie geht auf Foucault zurück, der bereits in der Bio-Macht des 19. Jahrhunderts den Übergang von Praktiken der Normierung zur Normalisierung erkennt (vgl. Foucault 2004: 90).

her definiert wird etc., dann ist das Normale im Spiel. Die Differenz individuell und normal/normiert bündelt eine bestimmte Weise des Gegenüberstellens, die Paul vollzieht, eine Praktik des Unterscheidens, mit der sich nicht nur einzelne Terme, sondern ganze Gegenstandsfelder unterscheiden und konturieren lassen. In der Tiefe der Differenzkette zeichnet sich somit eine differenzielle Struktur ab, ein Differenzial, das im Äußerungsverlauf anhand der wiederholten Aktualisierung der leitenden Differenz „individuell versus normal/normiert" stabilisiert wird. Diesen Effekt der Stabilisierung von Bedeutung durch die Wiederholung ähnlicher Bedeutungsstrukturierungen hat die Textsemiotik als Monosemierung bezeichnet.[14]

Die über den Gegensatz von „individuell versus normal/normiert" produzierte differenzielle Strukturierung lässt sich erst aus dem Bezug der konzeptionellen Figur auf eine diskursive Formation als Kontext herleiten. Weil wir als Interpretierende wissen, was üblicherweise im pädagogischen Denken den in der konzeptionellen Figur genannten Eigenschaften gegenübersteht, kann in der Analyse die rechte Seite der Differenz als das Normal/Normierte hinzugefügt werden und als implizite Abgrenzung erscheinen. Allerdings unterstellen wir, dass nicht nur die Interpretierenden, sondern auch die im Gespräch verwickelten, also hier Paul und der Dozent, diesen Horizont teilen und folglich die Äußerung zumindest potenziell in diesem Horizont deuten. In den Analysen weiterer Gesprächssequenzen wird gezeigt, wie sich diese Bedeutungshorizonte stabilisieren, und so rechtfertigt sich die Interpretation der ersten Sequenz, die wir hier sehr ausführlich darstellen und begründen, erst in der Konsistenz der Analyse des Verlaufs der Differenzen im gesamten Gespräch.

In der Analyse der differenziellen Figur braucht es noch einen weiteren Schritt, denn die beiden Seiten sind nicht gleichwertig, sondern markiert.[15] Während die linke Seite positiv gewertet ist, ist die rechte Seite negativ gewertet. Diese Markierung ist in Pauls Äußerung zunächst noch nicht sichtbar, im Wissenshorizont der „Neuen Lernkulturen" ist sie hingegen überdeutlich. Dass die Markierung also nicht sichtbar ist, wird vor diesem Hintergrund bedeutsam. Die Wertung einer der Seiten in der Äußerung würde eine Positionierung Pauls in der differenziellen Figur realisieren. Noch fehlt diese Positionierung,

---

14 Die Entfaltung differenzieller Strukturen in den Lernberatungsgesprächen hat Maier Reinhard zuerst anhand von anderen Gesprächen anderer Studierender desselben Korpus beschrieben. Dort war die Differenz „selbst versus fremd" bzw. „spontan versus analytisch" leitend (vgl. Maier Reinhard 2008).
15 Die Markierung bezeichnet eine Ungleichwertigkeit von Differenzrelationen. Der Begriff wurde von Jakobson für die Phonetik geprägt und von Chomsky weitergeführt, dessen Markiertheitstheorie postuliert, dass in einer binären Differenzrelation eines der beiden Elemente als das „Natürlichere" gelten kann und somit das Unmarkierte ist. Für die unmarkierte, natürlichere Seite der Differenz gilt meist, dass sie einfacher ausgedrückt werden kann, dass sie häufiger vorkommt, dass sie als „der normale Fall" gelten kann. Die markierte Seite gilt als die Ausnahme (Chomsky/Halle 1971: Kap. 9). In der Dekonstruktion wird diese Natürlichkeit reflexiv und werden in die Äußerungen eingelassene Normalitätskonstruktion betrachtet (vgl. Culler 1999: 93; Wrana 2002).

aber im weiteren Verlauf des Gesprächs werden den Seiten der Differenz Wertungen zugeschrieben.

Diese analytischen Schritte: (a) Extraktion von differenziellen Elementen, (b) Rekonstruktion als Kette aus Differenzen und Konnotationen, (c) Bestimmung einer leitenden Differenz und (d) Bestimmung der Markierung werden in den folgenden Interpretationen an weiteren Textstellen vollzogen. Wir haben in den bisherigen Analysen gezeigt, wie eine konzeptionelle Figur (die der Lernumgebung zugewiesenen Eigenschaften) mit einer differenziellen Figur (die Bezüge von Eigenschaften in einer kontextuellen diskursiven Formation) in einer Gesprächssequenz parallel läuft und eine komplexe Figuration ergibt. Auf diese Weise entstehen Lesarten: häufig aus mehreren miteinander in Beziehung gesetzten Figuren. Hier liegt „unter" einer konzeptionellen Figur eine differenzielle Figur, die Figuration ist also gewissermaßen aus Schichten aufgebaut.

Diese Konstellation von Figuren legt die Basis für eine erste Lesart, die Paul im Rahmen des Gesprächs artikuliert. Wir werden erst am Ende des Abschnitts 2.3 in der Lage sein, diese Lesart als Ganze zu benennen, aber es lässt sich bereits festhalten, dass in ihr die neue Lernkultur für angestrebte Qualitäten eines reformierten Lehr-Lernverhältnisses steht, in der das lernende Individuum in offenen Aufgabenstellungen individualisierte Lernwege geht und individuell gefördert wird. Das, was die Lernumgebung leistet bzw. was sich im Unterricht mit ihr leisten lässt, ist dabei grundsätzlich positiv gewertet, auch wenn Paul seine Zustimmung zu dieser positiven Wertung noch nicht explizit benannt hat. In den folgenden Gesprächssequenzen wird diese erste Lesart zunächst stabilisiert, später wird sie Paul problematisch, und er wird sie zumindest teilweise verwerfen.

2.2 Die Frage nach Pauls Positionierung

Der folgende Abschnitt der Analyse führt ein zentrales analytisches Instrument ein, nämlich die Rekonstruktion diskursiver Positionierungen.[16] Damit verbunden ist die methodologische Reflexion auf die Diskursarten, die Paul und der Dozent gebrauchen und die sich durch unterschiedliche Konstitutionsweisen diskursiver Wahrheit auszeichnen. Die diskursive Positionierung ist dabei ein komplexer Vorgang, der oft über mehrere Figuren hinwegläuft.

In der obigen Analyse der konzeptionellen und der differenziellen Figur wurde die These vertreten, dass Paul Eigenschaften einer Lernumgebung beschreibt. Diese Eigenschaften sind auf die diskursive Formation der „neuen Lernkulturen" bezogen. In dieser Formation sind die beiden Seiten markiert,

---

16 Die theoretischen Grundkonzepte der Positionierung in Diskursen sind in dem Beitrag „Theoretische und methodologische Grundlagen einer Analyse diskursiver Praktiken" (Wrana in diesem Band) expliziert.

eine Seite ist negativ, die andere positiv gewertet. Damit bleibt aber noch offen, ob Paul diese diskursive Ordnung nur referiert oder ob er die Zuschreibungen und Wertungen teilt, kurz, in welche Subjektposition er sich zu diesem Diskurs setzt. Dies scheint auch den Dozenten zu interessieren, der im nächsten Spielzug eine Frage in dieser Hinsicht stellt:

Dozent:
55   Und du denkst, sie leisten das wirklich?

Was geschieht mit dieser Frage? Die Frage ist ein Spielzug, der an Pauls Spielzug der Beschreibung von Eigenschaften der Lernumgebung anschließt. Das Besondere dieses Spielzugs ist, dass er die Gültigkeit dieser Äußerungen infrage stellt. Paul wird auf die Probe gestellt. Lyotards Unterscheidung von Diskursarten[17] hilft, diese Infragestellung der Gültigkeit zu analysieren. Eine Diskursart stellt nach Lyotard ein Regelregime dar, nach dem die Gültigkeit von Äußerungen zu analysieren ist. Eine im Alltag verbreitete und in den Wissenschaften hegemoniale Diskursart ist die kognitive Diskursart.

Liest man Pauls Äußerung mit den Regeln der kognitiven Diskursart (Lyotard 1989: 38ff.) wäre sie als Aussage über Sachverhalte in der Welt zu betrachten. Die Äußerung würde dann unterstellen, dass es solche Lernumgebungen tatsächlich gibt und dass ihnen die genannten Eigenschaften tatsächlich zukommen. Die Wahrheit der Aussage würde sich also daran messen, ob sie eine Wirklichkeit angemessen repräsentieren, ob Lernumgebungen also wirklich so sind, wie Paul behauptet (Frege 1993: 53ff.; Searle 1971: 44ff.). Wenn man unterstellt, dass Paul und der Dozent einer kognitiven Diskursart folgen, ist die Nachfrage des Dozenten so zu interpretieren, dass er daran zweifelt, ob Lernumgebungen das wirklich leisten, was Paul behauptet.

Genau genommen fragt der Dozent aber nicht, ob Lernumgebungen das wirklich leisten, vielmehr fragt er, ob Paul denkt, ob sie dies leisten. Die einleitende Floskel „Und du denkst [...]" wäre in der kognitiven Diskursart eigentlich überflüssig, denn in ihr bilden Aussagen Sachverhalte entweder angemessen ab oder nicht, was unabhängig vom „Denken" eines Individuums ist. Allerdings sind die Verhältnisse in Lehr-Lernverhältnissen etwas komplizierter. Auch wenn das pädagogische Interaktionsgenre „Lernberatung" anderen Intentionen und Regeln folgt als das Genre „Prüfung", dann ist es doch möglich, dass die Akteure so deuten und handeln, als ob sie in einer Prüfungssituation wären, dass sie also Prüfungssituationen „zitieren". Die Prüfung folgt ei-

---

17 Mit dem Begriff der Diskursart hat Lyotard den Modus der Produktion diskursiver Wahrheit ausgehend von bestimmten Regeln und Wahrheitsprozeduren bezeichnet. Lyotard postuliert, dass sich die Diskursart nicht aus isolierten Äußerungen ableiten lässt, sondern nur aus einer Folge von Äußerungen, die gemeinsam den Regeln einer Diskursart, also einer Konstitutionsweise von Wahrheit folgen. Insofern die Diskursart sich also erst über den Anschluss des nächsten Satzes realisiert, können in Gesprächen auch abrupte Wechsel der Diskursart vollzogen werden, wenn der Anschluss des nächsten Spielzugs nach anderen Regeln gebildet wird (Lyotard 1989).

ner speziellen Variante der kognitiven Diskursart, in der Prüfende nicht etwas über einen Gegenstand X wissen wollen, sondern ob Prüflinge etwas über den Gegenstand X wissen (ausführlich Wrana 2006: 223). Deutet man die Frage des Dozenten vor diesem Hintergrund, dann bekommt das „Und du denkst [...]" weitere Deutungsmöglichkeiten. Der Zweifel an der Wahrheit und Wahrheitsfähigkeit von Pauls Aussage könnte nicht nur die direkte Frage, was die Lernumgebungen leisten können implizieren, sondern auch die Frage, ob er die Studienmaterialien im Sinne des Dozierenden „korrekt" gelesen und rezipiert hat. In einer Prüfungssituation lässt sich nämlich fragen, ob der Lernende die zu lernende Aussage korrekt wiedergibt. Aber die Frage könnte auch den Zweifel an Pauls „pädagogischem Denken" markieren: Bekennt er sich mit seiner Aussage zu den erwarteten pädagogischen Überzeugungen und Werthaltungen? Die Gültigkeit der Aussage, dass die Lernumgebungen „dies" leisten, könnte durch die Frage auf ganz verschiedenen Ebenen in Zweifel gezogen worden sein.

Entscheidend ist nun nicht, wie die Frage vom Dozenten „gemeint war", sondern wie Paul daran anschließt. In welcher Diskursart und in welcher Variante wird Paul die Sequenz weiterführen? Jede Äußerung ist in ihren Anschlüssen prinzipiell offen, sie kann im nächsten Spielzug immer unterschiedlich fortgesetzt werden, allerdings kann das Gegenüber in einem weiteren Spielzug eine bestimmte Diskursart und damit Weiterführung wiederum einfordern. Paul kann also die Frage des Dozenten auf mindestens diese beiden Weisen verstehen: einmal als Zweifel an den tatsächlichen Eigenschaften von Lernumgebungen, aber ebenso als Zweifel an Pauls Wissen und Denken über diese Eigenschaften. Wie spielt er weiter? Paul antwortet:

Paul:
59 Sie leisten das, (--) für mich.

Er formuliert die beiden Satzteile, die von einer kurzen Pause unterbrochen werden. Der erste Teil der Äußerung bleibt in der kognitiven Diskursart („Sie leisten das"), der zweite, etwas verzögert geäußerte Teil wechselt aber in eine andere Diskursart („für mich"). Wir werden sie hier die subjektivitätsbezogene Diskursart nennen, weil nicht die objektive Übereinstimmung mit einer Welt das Gültigkeitskriterium ist, sondern der subjektive Horizont von Überzeugungen, Erfahrungen und Gefühlen, über den keine wahren, aber wahrhaftige Aussagen möglich sind.[18] Wenn Paul die Lernumgebungen so denkt, wenn er an

---

18 Eine subjektivitätsbezogene Diskursart beschreibt Lyotard nicht. Seine Theorie der Diskursarten hat aber auch nicht den Anspruch, ein vollständiges oder abgeschlossenes Tableau von Diskursarten zu entwerfen. Die subjektivitätsbezogene Diskursart, wie wir sie hier als Typus vorschlagen, hat Ähnlichkeiten mit dem dritten Typ von Geltungsansprüchen, die Jürgen Habermas in der Theorie kommunikativen Handelns beschreibt: die subjektive Wahrhaftigkeit, in der Geltung dann vorliegt, wenn Äußerungen in Übereinstimmung mit der empfundenen Subjektivität geäußert werden (Habermas 1981: 149). Dabei ist keine rationale Prüfung dieser „empfundenen Subjektivität" notwendig, weil die Wahrheitsprozedur, die der Aussage Gültig-

diese Eigenschaft von Lernumgebungen subjektiv glaubt, dann ist seine Aussage in der subjektivitätsbezogenen Diskursart angemessen. Die Frage ist also: Ist Paul von Lernumgebungen dieser Art überzeugt, weil er es selbst erfahren hat, glaubhaft davon berichtet wurde oder es seinen Werthaltungen entspricht? So interpretiert, würde der Dozent Paul dazu auffordern, die in der kognitiven Diskursart vorgebrachten Aussagen an der eigenen Erfahrung zu messen und folglich in die subjektivitätsbezogene Diskursart wechseln. In dieser gelten Aussagen dann als wahr, wenn sie der eigenen Überzeugung entsprechen und „wirklich" so gedacht werden. Die Gültigkeit einer in der subjektivitätsbezogenen Diskursart artikulierten Aussage kann nur das sprechende Subjekt selbst validieren. Die je anderen können aber dem sprechenden Subjekt Glauben schenken und ihm dann „Authentizität" zuschreiben oder eben absprechen. Die Wahrheitsbedingungen von in der subjektivitätsbezogenen Diskursart geäußerten Aussagen entziehen sich dem Kognitiven, aber sie ist die direkte Form, um Überzeugungen (beliefs) zu äußern. Die Frage nach den Diskursarten zielt also auf die Wahrheitsbedingungen, vor deren Hintergrund die Äußerungen der beiden ablaufen.

So nah beieinander oder gar ineinander beide Diskursarten hier auch artikuliert werden, sie treten doch in einen Widerstreit. Differente Diskursarten sind inkommensurabel, d.h. sie sind nicht ineinander übersetzbar. Die Geltungsansprüche der kognitiven Diskursart lassen sich in der narrativen nicht verhandeln und umgekehrt – diese Problematik bezeichnet Lyotard als Widerstreit.[19] Insofern Paul die Leistung von Lernumgebungen auf seine Subjektivität zurückführt, kann der Dozent dies im Rahmen der kognitiven Diskursart nur noch infrage stellen, wenn er Pauls Wechsel in die subjektivitätsbezogene Diskursart als unzulässig erklärt. Er könnte etwa sagen: „Es ist hier nicht relevant, wie du das persönlich empfindest, mich interessiert, ob diese Leistung der neuen Lernkulturen nur behauptet wird, oder ob das wirklich stimmt." Der Dozent sagt aber nichts Derartiges, offenbar akzeptiert er den Wechsel der Diskursart. In gewisser Hinsicht hat er sie selbst vorbereitet, denn das „Und du denkst [...]" könnte nicht nur im Sinne einer Prüfungsfrage gedeutet werden (im Sinne von „Glaubst du wirklich, dass das wahr ist?"), sondern über die kognitive Diskursart hinausweisend als Frage nach den Überzeugungen (im Sinne von „Glaubst du wirklich an diese Lernumgebungen?"). Schon mit der

---

keit verleiht, in einem „Gefühl" für „Authentizität" besteht. Authentizität kann ebenso subjektiv gesetzt werden, wie sie vom Gegenüber subjektiv infrage gestellt werden kann. Nicht die Wahrheit einer Aussage, sondern die Funktionsweise der Wahrheitsprozeduren bzw. die Veridiktionsmodi (Foucault 2010: 15ff.) werden in unseren Studien zum empirischen Gegenstand.

19 Der Clou des Widerstreitkonzepts von Lyotard im Unterschied zu Habermas Konzept des herrschaftsfreien Diskurses besteht darin, dass es vom Standpunkt des Beobachters gerade keine übergreifende Diskursart gibt, keinen gemeinsamen Gerichtshof, vor dem die Geltungsansprüche vermittelt werden könnten, weil jede Verhandlung der Geltungsansprüche einer Diskursart im Modus einer anderen dieser nicht gerecht wird. Die Beobachter/in kartografiert die Kämpfe. Gerechtigkeit ist nach Lyotard einerseits das Offen-Halten des Widerstreits und andererseits, der minoritären Diskursart eine Stimme zu verleihen.

Frage des Dozenten ist folglich eine mögliche Subjektivität in die Situation hineingetreten, an die Paul dann anschließen kann.

Es geht in dem Gespräch als nicht nur in einer vorgängig definierten Diskursart um „etwas", sondern zugleich darum, in welcher Diskursart, also nach welchen Regeln „die Dinge" in diesem Gespräch überhaupt zu verhandeln sind. Die beiden Akteure erkunden, welches Spiel gespielt wird, welches Spiel der je andere spielt. Durch solche Effekte wird der Gesprächstext, den die beiden gemeinsam entwerfen, mehrdeutig, es treten verschiedene mögliche Lesarten nebeneinander, weil Äußerungen auf verschiedene Weise weitergeführt werden können. Auch treten Diskursarten in der empirischen Realität nie rein auf, sie sind immer eingelassen in lokale Praktiken, und als solche bereits transformiert, mit anderen Regeln verknüpft etc. Die Diskursarten dienen hier als heuristisches Raster, um zu beobachten, welche Möglichkeitsräume Äußerungen öffnen, und wie diese Räume im Fortgang der Sequenz weiter prozessiert werden. Die grundlegende Mehrdeutigkeit des Gesprächs, die für jeden Spielzug mehrere Lesarten und Anschlüsse zulässt, führt zu dem Phänomen, dass sich im Laufe des Gesprächs einerseits eine bestimmte Lesart der Dinge stabilisieren und bestärken kann, dass sich aber andererseits ganz plötzlich andere Deutungen ausbreiten können, das Gespräch einen anderen Verlauf nimmt. Sie kann dazu führen, dass die Lesart sich unter der Hand umkehrt, sich variiert oder den Sprechenden gar als ihr eigenes Gegenteil erscheint.

Die Frage des Dozenten hat das Potenzial zu testen, ob Paul eine generelle Sichtweise teilt, die die diskursive Formation der neuen Lernkulturen eröffnet, und wie Paul sich in dieser diskursiven Formation verortet. Die kognitive Diskursart schließt die Subjektivität aus, weil Aussagen in ihr als wahr oder falsch gelten, unabhängig davon, welche Positionen die Subjekte einnehmen. Sie neutralisiert daher Positionierungsbewegungen.[20] Die Frage des Dozenten löst diese subjektlose Geltungsbasis der Aussage auf, wenn er fragt, wie Paul über die Leistung der Lernumgebungen denkt. Die Frage wird zur Aufforderung, eine Position zu beziehen, denn wenn der Professionalisierungsprozess von Lehrenden darauf zielt, Handlungsfähigkeit und Handlungsbereitschaft in Lehr-Lern-Situationen auszubilden, dann erfordert er von den Studierenden nicht einfach nur, über ein professionelles Wissen zu verfügen, sondern auch eine Position zu diesem Wissen einzunehmen, sodass es handlungsleitend werden kann.

Und Paul antwortet, indem er sagt, dass die Lernumgebungen dies „für ihn" leisten: „Sie leisten das (--) für mich." Wer ist aber nun dieser „mich", den Paul postuliert. Die naheliegende Antwort, dass es sich doch um „Paul" handele, ist ebenso unzureichend wie irreführend. Mit dem reflexiven Personalpronomen „mich" bezeichnet Paul ohne Zweifel sich selbst, aber damit ist noch

---

20 Allerdings ist damit eine diskursive Strategie verbunden, mit der sich hinter der scheinbaren Positionierungsneutralität eine umso machtvollere Durchsetzung von Wahrheitsansprüchen und Positionierungen realisiert.

nichts gewonnen. Die Frage ist, in welcher Position und damit auch, in welcher Hinsicht leisten die Lernumgebungen etwas für „Paul", und wer ist Paul in Bezug auf diese Leistungen? Die Relation von „Paul" und der Aussage über die Lernumgebung lässt sich auf drei verschiedene Weisen deuten:

1. „So verstehe ich die Sachlage": Die Leistung ist dann ein zu lernender Sachverhalt und nutzt Paul, insofern er das richtige Verständnis aufweist, also insofern er sich als Student-ICH setzt.
2. „LUs leisten dies in der Weise, wie ich selbst gelernt haben wollte": Die Leistung nutzt den Schüler/innen und Paul, insofern er sich als Schüler-ICH setzt.
3. „LUs leisten dies in den Unterrichtsformen, die ich machen werde/will": Die Leistung ist mit dem eigenen imaginären professionellen Handeln verknüpft und nutzt Paul insofern er sich als Lehrer-ICH setzt.

Während die erste Positionierung noch im Rahmen der kognitiven Diskursart steht und bestenfalls die Autorität der Lehrenden und ihren Anspruch, die richtige Antwort zu repräsentieren, hinterfragt, treten die beiden anderen aus der kognitiven Diskursart heraus. In der zweiten und dritten Positionierung tritt das ICH je in eine Narration ein. Während das ICH in der zweiten Positionierung auf der Schüler/innen/seite des Lehr-Lern-Verhältnisses gesetzt ist und die Leistung aus dieser Position proklamiert wird, ist es in der dritten Positionierung auf der Lehrer/innen/seite gesetzt. Die subjektivitätsbezogene Diskursart geht bezüglich der Positionierungsmöglichkeiten 2 und 3 in eine narrative Diskursart über, in der die Subjektivität von einer Geschichte geprägt wird, in die das Subjekt verstrickt ist. Die Gesprächssequenz enthält zu diesem Zeitpunkt noch alle drei Möglichkeiten und ist in hohem Masse anschlussfähig. Welches der drei ICH wird in der Folge stabilisiert? Das Schüler-ICH, der Schüler, der Paul war, und als den er sich identifizieren kann. Oder das Lehrer-ICH, der Lehrer, der Paul werden will, und als den er sich im Praktikum zum ersten Mal erfahren hat? An dieser Stelle wird diese Problematik nur eröffnet.

In diesem Abschnitt wurde gezeigt, wie eine Äußerung zunächst als relativ einfach strukturiert erscheinen kann: eine Aussage über die Wirklichkeit, deren Gültigkeit und Angemessenheit rational überprüft werden kann. Eine Rückfrage des Dozierenden und eine Antwort, die noch mehr Deutungsräume öffnet, hat aber die möglichen Lesarten vervielfältigt. Die drei Positionierungsmöglichkeiten helfen als analytisches Raster, diese Lesarten zu sortieren, die Potenzialität dieser Situation zu kartografieren. Indem sich ein Raum von Lesarten öffnete, hat sich der Prozess der Monosemierung und Bedeutungsstabilisierung, der kurz zuvor in der konzeptionellen und differenziellen Figur am Werk war, in gewisser Hinsicht umgekehrt, das Sprechen wird vieldeutig und polysem. Wir werden uns im Folgenden anschauen, wie dieser Raum verändert, begrenzt oder noch mehr geöffnet wird. Die diskursiven Figuren und die Positionierungsbewegungen sind dabei Momente eines beständigen Spiels der Mono- und Polysemierung von Bedeutungen.

2.3 Didaktisch-instrumentelles Handeln als Narration des „Profis"

Im nun folgenden Abschnitt soll gezeigt werden, wie Paul in eine narrative Diskursart wechselt und damit die dritte Positionierung, „ich als Lehrer", monosemiert. Auf eine Aufforderung des Dozenten hin, zu erklären, wie „man" das mache, beginnt er eine Geschichte zu erzählen, wie er als „zukünftiger Lehrer" in einer Lernumgebung arbeiten würde. Er beginnt ebenfalls mit dem Pronomen „man", wechselt dann aber ins „ich".

Dozent:
60 Wie macht man denn das, hast du eine Vorstellung davon?
Paul:
63 Es geht, ich hab mir das so überlegt, dass ich, ähm, [...] dass
64 man eine Aufgabe stellt, die ein gewisses Grundniveau hat,
65 wo auch der schwächste Schüler etwas damit anfangen kann.
66 Aber ich auch diese Aufgaben umwandeln kann und nach
67 oben eigentlich keine, keine Grenze setze. Wie es hier auch,
68 ähm, eben heißt, dass man mit größeren Zahlen arbeiten
69 kann.

Diese Sequenz lässt sich als Narration analysieren. Die Geschichte ist fiktiv, ad hoc erfunden, um eine Antwort auf eine Frage zu liefern. Allerdings macht dies gerade deutlich, inwiefern die narrative Diskursart eine bestimmte diskursive Praxisform ist, die sich von anderen Praxisformen unterscheidet. Sie ist eine bestimmte Weise, die Dinge zur Sprache zu bringen. In der Narration erscheinen explizit eine Reihe von Akteuren: (1) „Paul", der die Geschichte erzählt, (2) das Ich, das in der Geschichte handelt, indem es eine Lehr-Lern-Situation gestaltet, (3) „der schwächste Schüler" (Z. 65), der in der fiktiven Anwendungsszene der Lernumgebung auftritt. Auf die narrative Semiotik Greimas zurückgreifend lassen sich diese Akteure auf eine Struktur von Positionen und Funktionen beziehen, die sie einnehmen.[21] Diese Strukturpositionen bezeichnet Greimas als Aktanten, sie können von individuellen Akteuren („Paul", „der schwächste Schüler") eingenommen werden, aber auch von Gruppen und Institutionen („die Schule", „die Lehrerschaft") oder von Konzepten (die neue Lernkultur, die Moderne) oder Artefakten (dem Mobiliar, einem Lehrmittel). Im Akt des Erzählens werden diese Aktanten konstelliert und arrangiert, sie werden vom Erzähler auf eine Bühne gestellt, ihnen wird Handlungsmacht und eine je spezifische Rolle in der Narration zugeschrieben. Greimas hat eine Rei-

---

21 Für die Analyse der narrativen Figuren beziehen wir uns auf das Aktantenschema von Algirdas Julien Greimas, das bei Viehöver (2003a, 2003b) und Langer/Wrana (2005) für die Analyse diskursiver Narrationen fruchtbar gemacht worden ist. Im Unterschied zur textuellen Perspektive Greimas geht die Analyse dabei jedoch von der diskursiven Praxis aus, die im Akt des Emplotment begründet liegt, der die Aktanten in eine Konstellation bringt und damit die „Bühne" für die Narration arrangiert. Narrationen in diesem Sinn sind nur ein Aspekt des Erzählens als Praxis. Sie sind nicht mit dem Modus narrativen Sprechens im Sinne der qualitativen Biografieforschung zu verwechseln (vgl. Wrana 2008b).

he von Aktantenpositionen beschrieben, die in Narrationen immer wieder auftauchen und in aktanziellen Achsen aufeinander bezogen sind. Die Aktantenstruktur lässt sich als offenes heuristisches Instrument gebrauchen, um die Handlungskonfiguration von Narrationen wie der von Paul erzählten zu rekonstruieren. (1) Zunächst verfügen Narrationen über die Position des Handlungsträgers, das narrative Subjekt. In der hier erzählten Geschichte erscheint als narratives Subjekt eine lehrende Person, als die sich Paul, der Erzähler der Geschichte, selbst setzt. (2) Dann gibt es in Narrationen eine Position, auf die die Narration hin gerichtet ist, etwas das die Handlung als Wunsch oder Begehren antreibt, weil es zu erreichen ist: das narrative Objekt. Hier sollen bestimmte Qualitäten der Lernumgebung erreicht werden, nämlich solche, die sogar „dem schwächsten Schüler" die Bearbeitung von Aufgabenstellungen ermöglichen. Subjekt und Objekt bilden die erste aktanzielle Achse. (3) Quer dazu liegt eine aktanzielle Achse, die einen Adjuvanten (Helfer), der die Erreichung des Handlungsziels unterstützt, einem Opponenten (Widersacher), der die Erreichung behindert, gegenüber stellt. In dieser Handlungssituation gibt es die Aktantenposition eines „Helfers", eines narrativen Adjuvanten, die von der Mathematik-Lernumgebung eingenommen wird, weil sie die Realisierung der Qualitäten ermöglicht. Im Rückblick ist die Äußerung Pauls, dass die Mathematik-Lernumgebung dies für ihn leiste („Sie leistet das (--) für mich.", 59) eine Anerkennung ihrer Adjuvantenposition. Literarisch gesprochen: „Wenn ich einmal Lehrer sein werde, dann habe ich eine Lernumgebung in meinem Gepäck, die mir hilft, meine Aufgabe zu erfüllen." Ein Opponent scheint in dieser Narration nicht vorzukommen. (4) Schließlich bilden Narrationen eine Legitimationsebene aus, in der das narrative Objekt von einem Ordonanten (Auftraggeber) zu einem Benefizianten (Nutznießer) kommuniziert wird. Es gibt in der vorliegenden Geschichte zwei implizite narrative Ordonanten. Einmal die Ausbildungssituation, mit der eine bestimmte Erwartung an Paul verbunden ist, materialisiert durch den Dozenten und die Selbstlernarchitektur, in der Paul lernt. Der zweite Ordonant ist die Handlungsnotwendigkeit der Schule, materialisiert in der Praktikumssituation, die Paul imaginiert. Die Narration hat auch einen doppelten Benefizianten, also eine Aktantenposition, der zugeschrieben wird, Nutznießer der Geschichte zu sein. Der künftige Lehrer Paul ist Nutznießer der Lernumgebung, insofern sie ihm die Möglichkeit bietet, niveaudifferenzierten Unterricht zu machen (49ff.). Die Schüler/innen sind Nutznießer, insofern sie von dem Lernangebot Gebrauch machen können und „[...] jeder Schüler kann [...] sein Eigenes daraus entwickeln, [...] egal welches Niveau er hat, [...], kann er etwa daraus ziehen." (51ff.) Besonders hervorgehoben und markiert wird dabei „der schwächste Schüler" – auch dieser soll mit dem variierbaren Angebot zum Nutznießer werden. (5) Schließlich eine letzte Achse, in der von einem Adressanten zu einem Adressaten die Geschichte selbst kommuniziert wird (Greimas 1971: 162ff.). Der Adressant ist in diesem Fall Paul, der die Geschichte erzählt und der Dozent, der die Geschichte hört. Allerdings sind Adressat und Adressant nicht Erzähler oder Rezipienten als Personen, sondern deren Konstruktionen im Akt des Erzählens. Adressat ist also nicht der leibhaftige Dozent, sondern die Instanz, die Pauls Narration und damit auch ihn selbst als legitimen Erzähler einer Geschichte von zukünftigem Lehrhandeln anerkennen kann und soll.

Mit der Analyse der Konstellation von Aktanten lassen sich narrative Figuren formalisieren. Grafisch lässt sich diese erste narrative Figur folgendermaßen darstellen.

Erste Professionsnarration: didaktisch-instrumentelle professionelle Positionierung

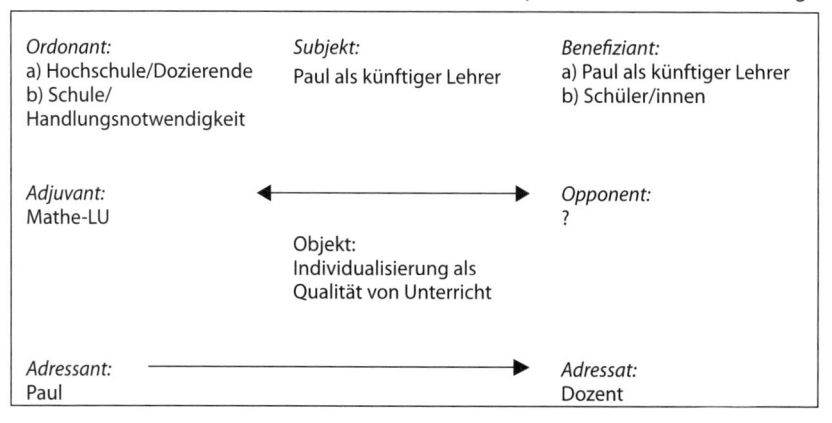

Ordonant: a) Hochschule/Dozierende b) Schule/ Handlungsnotwendigkeit	Subjekt: Paul als künftiger Lehrer	Benefiziant: a) Paul als künftiger Lehrer b) Schüler/innen
Adjuvant: Mathe-LU	←──────────→ Objekt: Individualisierung als Qualität von Unterricht	Opponent: ?
Adressant: Paul	──────────→	Adressat: Dozent

Ma2 Fig63N

Paul tritt somit als Subjekt in die Narration ein und setzt sich als handelnder Lehrer. Als Subjekt der Narration vermag Paul mithilfe der Lernumgebung vielen unterschiedlichen Ansprüchen zu genügen, er vermag Lernangebote für alle Bedürfnisse zu generieren, vermag das zu erringende Objekt, eine für alle förderliche Lernsituation, zu erreichen und dabei auch besonders den schwächeren Lernern gerecht zu werden. Die Lernumgebung nimmt in dieser Geschichte eine besondere Stellung ein, weil sie Paul als didaktische Technologie hilft, seine Aufgabe zu bewältigen. Diese Positionierung als Lehrer/in ist somit spezifiziert als eine didaktisch-instrumentelle professionelle Positionierung. Wie man sieht, war das Erzählen dieser Geschichte zum Teil vom Dozenten provoziert, aber Paul ist in der Lage, eine solche Position zu beziehen. Er bezieht sie auch und präsentiert sich als jemand, der in der Lage ist, Probleme des Lehrens und Lernens und im Speziellen Probleme von (Un-)Gleichheit und (Un-)Gerechtigkeit zu lösen. Die Studienmaterialien im Fach Mathematikdidaktik bieten diese Lesart als didaktische Technologie durchaus an.

Im weiteren Verlauf des Gesprächs wird sich zeigen, dass diese Narration keineswegs die einzige Geschichte ist, die Paul erzählt. Zumindest werden die folgenden Narrationen bedeutsame Verschiebungen enthalten, mit denen sowohl das narrative Objekt als auch der Benefiziant/Nutznießer die Besetzung ändern. In der ersten, hier erzählten Variante, handelt es sich um eine „glückliche Geschichte", in der das narrative Subjekt dank des Adjuvanten Lernumgebung seiner Aufgabe als Lehrer nachkommen und gut individualisieren kann.

Die erste Lesart. Nun lässt sich die erste von Paul in dem Gespräch artikulierte Lesart bestimmen. Sie ist aus mehreren Figuren zusammengesetzt: Sie wird von der konzeptionellen und differenziellen Figur ebenso konstituiert wie von der narrativen Figur und bildet folglich eine komplexe Figuration. Den Horizont der Lesart bildet die neue Lernkultur. Ihr Werthorizont wird geteilt insofern sich Paul, auch wenn er die Eigenschaften der Lernumgebung zunächst scheinbar wertfrei darstellt, auf der Seite der Individualisierung gegen die Durchsetzung von Normalität positioniert. Die Lernumgebung als Teil einer neuen Lernkultur wird schließlich als pädagogisch-didaktische Technologie begriffen, die in der Lage ist, lernenden Individuen in offenen Aufgabenstellungen individualisierte Lernwege gehen zu lassen und diese individuell zu fördern. Als Lehrer subjektiviert sich Paul in dieser didaktischen Technologie narrativ als Profi, der die Herausforderungen des Lehrens und Lernens zu bewältigen vermag. Die genannten Figuren, diskursive Formationen und Positionierungen sind in der Lesart miteinander konstelliert und bilden so die spezifische Konstruktion des Lehr-Lern-Verhältnisses, mit der Paul in das Gespräch einsteigt.

Im folgenden Verlauf des Gesprächs wird sich aber zeigen, dass diese Lesart, die Paul vorträgt, mit ihm als Subjekt und Individuum nicht fest verbunden ist. Sie ist nicht aus tief verankerten Eigenschaften der Person oder unveränderlichen persönlichen Deutungsmustern abgeleitet. Es wird sich zeigen, dass die Lesart brüchig wird und für Paul ihre Glaubwürdigkeit verliert. Die Lesarten sind demnach nicht als habitualisierte Muster zu verstehen, sie können vielmehr als Stimmen verstanden werden, die die Sprechenden zu tönen fähig sind, und als Orte, die sie artikulierend einnehmen können. Die Studieninhalte der Hochschule bieten mögliche Lesarten an, die als disziplinäre Lesarten einen normativen Horizont für das Eintreten in das Wissensfeld „Lehren und Lernen" bilden und präformieren damit mögliche Orte, die die Studierenden einnehmen können. Zum Gegenstand der Lesarten werden dabei nicht einfach die Studientexte der Selbstlernarchitektur, diese sind neben dem Praktikum und anderen Erfahrungen nur eine von mehreren Ausgangspunkten und Quellen, die in das Bilden von Lesarten eingehen. Zum eigentlichen Gegenstand der Lesarten wird vielmehr das Lehr-Lern-Verhältnis. Die Entwicklung von Lesarten des Lehr-Lern-Verhältnisses ist ein wesentlicher Prozess in der Professionalisierung von Lehrenden. Diesen Prozess beobachten die vorliegenden Analysen.

2.4 Individualisierung von einem Grundniveau nach oben unbegrenzt offen

Im weiteren Verlauf des Gesprächs wird die zugrunde liegende Konstruktion der ersten Lesart Pauls widersprüchlich und problematisch. Wir werden nun darstellen, wie sich dieses Brüchig-Werden vollzieht. Es wird zu zeigen sein, aus welchen Gründen und auf welche Weise die erste Stabilisierung wieder zerbricht und die Positionierung des Lehrer-ICHs als didaktischer Profi einer Positionierung des Schüler-ICHs bzw. einer Identifikation mit „dem Schüler" als unverfügbarem Individuum Raum gibt.

Betrachten wir zunächst noch einmal die Sequenz, anhand derer wir die erste narrative Figur formalisiert hatten. Sie enthält zugleich eine weitere konzeptionelle Figur und eine Differenzkette.

62 Paul:
63 Es geht, ich hab' mir das so überlegt, dass ich, ähm, [...] dass
64 man eine Aufgabe stellt, die ein gewisses Grundniveau hat,
65 wo auch der schwächste Schüler etwas damit anfangen kann.
66 Aber ich auch diese Aufgaben umwandeln kann und nach
67 oben eigentlich keine, keine Grenze setze. Wie es hier auch,
68 ähm, eben heißt, dass man mit größeren Zahlen arbeiten
69 kann.

In der Zuschreibung von Eigenschaften zur Lernumgebung in der Eingangssequenz hatte Paul durch die Formulierung „kann sein Eigenes daraus entwickeln" (51f.) jedem/r Schüler/in eine gewisse Autonomie zugesprochen, die eigene Subjektivität selbst zu setzen und gerade dabei etwas für sich zu gewinnen. Die Niveaudifferenzierung des Lernprozesses ist damit in die Hand der Schüler/innen gegeben und diesen wird zugeschrieben, ihre Entscheidungen frei und kompetent anhand der eigenen Fähigkeiten zu treffen. Paul führt dies nun weiter, indem er imaginiert, in der Lernumgebung eine Aufgabe zu stellen, die auf einem Grundniveau bearbeitet werden kann, das „dem schwächsten Schüler" zugewiesen wird (64/65), die aber zugleich offen und wandelbar ist und komplexere Lernhandlungen erlaubt (66/67). Während „der schwächste Schüler" von der einfachsten Anforderung ausgehen und in ihren eigenen Grenzen arbeiten kann, sind andere Schüler/innen in der Wahl von Schwierigkeitsgraden unbegrenzt. Die Lernumgebung erscheint so als eine didaktische Lösung für Individualisierung durch innere Differenzierung. Im didaktischen Diskurs wird solchen Lösungen zugeschrieben, dass die Leistungsniveauwahl durch die Schüler selbst erfolgt, in dieser Gesprächssequenz fällt der Begriff „Leistung" allerdings nicht – noch nicht.

Somit ergibt sich eine weitere konzeptionelle Figur (Ma2 Fig62K), die noch vollständig zu Pauls bereits analysierter erster Lesart gehört.

Konzeptionelle Figur: Logik der Aufgabenstellung

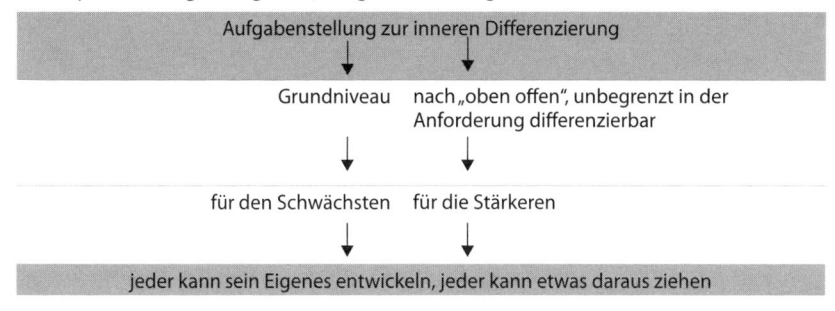

```
           Aufgabenstellung zur inneren Differenzierung
                       ↓              ↓
              Grundniveau     nach „oben offen", unbegrenzt in der
                              Anforderung differenzierbar
                       ↓              ↓
              für den Schwächsten   für die Stärkeren
                       ↓              ↓
        jeder kann sein Eigenes entwickeln, jeder kann etwas daraus ziehen
```

Ma2 Fig62K

Dass „dem schwächsten Schüler" die stärkeren Schüler opponiert sind, hat Paul noch nicht explizit benannt. Es ist der Dozent, der im Fortschreiten des Gesprächs quasi zusammenfassend antwortet und dabei den Term „stärkere Schüler" (88) expliziert. Er bezieht diese Unterscheidung auch als Erster auf den Leistungsbegriff (89). Er schreibt diese Erkenntnisse allerdings Paul zu und lobt ihn, wenn er anfügt: „wie du genau gesagt hast" (87):

Dozent:
86 So war die Aufgabe. Und
87 die erhebt jetzt den Anspruch, wie du genau gesagt hast,
88 Schwächeren einen Zugang zu ermöglichen und Stärkeren
89 höhere Leistungsstufen. Erkennst du das darin? Oder
90 weshalb ist diese Aufgabe in der Art geeignet?

Der Dozent und Paul spielen nun ein Beispiel niedriger und höherer Anforderungsniveaus durch, indem sie sich gegenseitig ergänzen, wobei das niedrigere Niveau mit „das ist relativ einfach" (94/95) und „auch die Differenz ist einfach" (97) und das höhere Niveau in seiner größeren Anforderung mit „dann sieht's schon wieder anders aus" (100f.) sowie mit „wird's unübersichtlich" (105) konnotiert werden.

Paul:
92 Ich erkenn das schon mit. Wenn ich jetzt z. B. mit der Zahl
[Gekürzt: Beschreibung verschieden schwieriger Lösungsvarianten der Aufgabe]
99 Wenn ich jetzt die Zahl 480
100 und gehe 17 nach oben und 17 nach unten, ja, dann sieht's
101 schon wieder anders aus.
Dozent:
103 Wird's unübersichtlich.
Paul:
105 Dann wird's unübersichtlich. Und inwieweit
109 (--) man diese Schwierigkeitsstufe wählt, das liegt im
110 Ermessen vom, vom Schüler. Und der leistungsfä-, das find'

111 ich, ist ein schreckliches Wort, leistungsfähigere Schüler,
112 ähm, oder, der, der, der eine höhere Schwierigkeitsstufe sucht,
113 der, ähm, der ist nach oben eigentlich offen und nicht
114 eingeschränkt.

Den Bearbeitungsweisen und Lösungsvarianten der „stärkeren Schüler" wird die Eigenschaft zugeschrieben, dass sie „unübersichtlich" (101ff.) sein können. Die stärkeren Schüler werden potenziell zur Herausforderung für die Lehrenden. Die Verantwortung für das Bearbeitungsniveau der Aufgabe wird zwar von den Lehrenden weg dem/der Schüler/in übergeben, die Lehrenden müssen aber mithalten können. Genau so sind auch die Studienmaterialien angelegt, die Paul bearbeitet hatte. Sie stellen nämlich ein/e Lehrer/in vor, der/die versucht, den Lösungsweg eines/r Schüler/in nachzuvollziehen und zeigen, wie unerwartet schwer verständlich und doch mathematisch zutreffend das Vorgehen dieses/r Schüler/in sein kann. In den Studienmaterialien wird herausfordernd und bewundernd kommentiert: „Da muss man erst mal drauf kommen." Der Dozent bringt hier die Sichtweise der Studienmaterialien im Beratungsgespräch zur Geltung und deutet an, dass bestimmte professionelle Kompetenzen notwendig sind, um die Entwicklung des mathematischen Denkens von Schülern und Schülerinnen angemessen begleiten zu können. Paul wiederum scheint in dem mathematikdidaktischen Lernarrangement prinzipiell eine Lösung für die Aufgaben und Handlungsprobleme zu sehen und stabilisiert damit seine erste Lesart. Er formuliert zwischen „man" und „ich" Handlungsweisen, in die er als Lehrer eintritt. Eine Lernumgebung herzustellen, wie sie in den Studienmaterialien modellhaft vorgegeben wird, ist die professionelle Handlungskompetenz, die von Paul offenbar positiv aufgegriffen wird.

In der gesamten Gesprächssequenz ab Zeile 63, in der Paul auf die Frage des Dozenten, wie man „das denn mache" (Zeile 63), mit einer Narration antwortete, werden die Lernmöglichkeiten in der Mathematik-Lernumgebung in eine differenzielle Ordnung gebracht. Es werden zwei Seiten unterschieden, mit denen ein „Grundniveau" und „höhere Niveaus" gegenübergestellt und mit einer ganzen Reihe von Zuschreibungen versehen werden. Dass diese beiden Seiten gebildet werden und dass darin bestimmte Begrifflichkeiten gebraucht werden, lässt sich auch auf die Darstellung der Mathematik-Lernumgebung in den Studienmaterialien zurückführen. Sie heißt dort „Von Rechenschwachen bis zu Hochbegabten". Beachtlich ist allerdings eine bestimmte Dynamik der Markierung, die in dieser Differenz spielt. Pauls bisherige Lesart war ja, dass „jeder" etwas „daraus ziehen" und erfolgreich lernen könne. Daraus folgt, dass beide Seiten der Differenz gleichwertig sind. Im weiteren Verlauf der Artikulationen scheinen die Seiten der differenziellen Struktur für Paul aber unter der Hand doch ungleichwertig zu werden. „Der schwächste Schüler" wurde mit „leistungsunfähig" in Verbindung gebracht und wird so zunehmend negativ konnotiert. Welche Dynamik diese Lesartenentwicklung auszeichnet, soll nun analysiert werden.

Differenzen in der konzeptionellen Figur zur Mathematik-Lernumgebung

	„leistungsfähige Schüler" vs.	„leistungsunfähige Schüler"
1	{höhere Niveaus}	„Grundniveau" (64)
2	{für stärkere Schüler}	für den „schwächsten Schüler" (65)
3	dynamisch, variabel	fest, statisch
4	hoch („nach oben") (67ff.)	niedrig
5	Niveau wird hergestellt von „Ich" (Lehrer oder übertragen Schüler) (66)	Niveau wird hergestellt von der Aufgabe
6	„keine Grenze" (67) „nach oben offen" (113) „nicht eingeschränkt" (113)	{Begrenzung} {Geschlossenheit} {Einschränkung}
7	Wahl des Schwierigkeitsgrades liegt im Ermessen des Schülers (113)	Wahl des Schwierigkeitsgrades ist gegeben
	individuell	individuell ▶ normal/normiert
	+/– ▶ +	+/– ▶ – Subjektpositionierung

Markierung: ist zunächst gleichwertig, die rechte Seite wird aber zunehmend negativ markiert.
Subjektpositionierung: erfolgt dann aber gerade umgekehrt auf der rechten, negativen Seite, beim „schwächsten Schüler", um die Markierung auszugleichen.

Ma2 Fig62D

Wie ereignet sich diese Verschiebung? Dem Grundniveau werden die Adjektive „niedrig" und „schwach" zugeordnet, dem höheren Niveau „höher" bzw. „hoch" und „stark". Es fällt im kulturellen Kontext einer Leistungsgesellschaft schwer, sich dieser Markierung der Differenz und der positiveren Wertung eines höheren Niveaus zu entziehen. Auch Paul fällt dies in den folgenden Gesprächssequenzen offenbar immer schwerer. Spätestens wenn in Zeile 113 die Zuschreibung „keine Grenzen" (67) mit „nach oben eigentlich offen" und „nicht eingeschränkt" aktualisiert und monosemiert wird, wird deren implizite Gegenseite mit „Begrenzung", „Geschlossenheit" und „Einschränkung" – im allgemeinen Sprachgebrauch sämtlich negativ konnotiert – zu einem latenten Thema. Zudem ist das Grundniveau ein statisch gegebenes Niveau, dem auf der Gegenseite ein dynamisch immer wieder neu hergestelltes höheres Niveau gegenübersteht. Denn „der schwächste Schüler" ist im Superlativ formuliert und fixiert damit das untere Ende einer Skala, während der „stärkere Schüler" im Komparativ formuliert ist: alle anderen „Schüler" sind stärker als der Schwächste – „nach oben" eben offen. Es wird postuliert, ob man eine höhere Schwierigkeitsstufe wählt, liege im Ermessen „des Schülers" (113). Aber weil das Grundniveau der Aufgabe vorausgesetzt ist, gibt es für „den Schwächsten" nichts zu wählen, weil ihm die Möglichkeit fehlt, eine andere Wahl zu treffen. Entscheidung, Verantwortung und Agency bezüglich der Wahl ihres Schwierigkeitsniveaus kommt nur den „stärkeren Schülern" zu.

Die differenzielle Struktur und ihre Markierung und wertende Gerichtetheit scheint „dem schwächsten Schüler" Autonomie zu versagen. Auf der rechten Seite in der Figur Fig62D finden sich nun Eigenschaften, die sonst der „alten Lernkultur" zugeschrieben werden und treten nun in den Bereich der „neuen Lernkultur" wieder ein und werden dort „dem schwächsten Schüler" zugeschrieben. Hatte die „neue Lernkultur" zunächst allen Schüler/innen Selbsttransparenz und Autonomie zugeschrieben, und unterstellt, dass sie ihr Niveau kennen, entsprechend wählen und „das Eigene" finden können, so wird nun deutlich, dass dies nur für die Stärkeren gilt. Das „Eigene" erscheint nun bei den Schwächsten als Beschränktheit (51–53).

Mit dieser Markierung, dieser Ungleichheit der beiden Seiten der Differenz zeichnet sich ein Bruch in der Lesart des Lehr-Lernverhältnisses ab. Die semantischen Konstruktionen verschieben sich, insofern die wesentlichen Zuschreibungen der ersten konzeptionellen Figur an die Lernumgebung problematisch werden: Die für alle postulierte „autonome Individualität" scheint nur für die Stärkeren zu gelten und das „Eigene" erweist sich für die Schwächsten als Beschränkung. Damit wird die ganze Konstellation von Figuren brüchig, in denen eine neue Lernkultur konstruiert ist, denn womöglich befriedigt sie die moralischen Ansprüche gar nicht, die sie postuliert. Die Wertungsrichtung der differenziellen Figur (Fig48D), in der das mathematikdidaktische Objekt „Lernumgebung" als Teil einer neuen Lernkultur positiv konnotiert ist, verliert ihre Eindeutigkeit und damit wird die Legitimation einer „neuen Lernkultur" schal.

Mit diesem Einbruch einer nicht gewünschten Logik in das Denken der neuen Lernkulturen, beginnt auch die Positionierung sich zu verändern. Die eindeutige Positionierung auf der Seite der Profession – das Handeln im Sinne des Diskurses zur neuen Lernkultur und im Sinne der mathematikdidaktischen Lernumgebung – wurde nachhaltig irritiert. Damit ist die erste Lesart professionellen Handelns, nämlich die didaktisch-instrumentelle Erfüllung der Herausforderung der Heterogenität qua Individualisierung zu leisten, problematisch geworden. Die ganze Angelegenheit beginnt ambivalent zu werden, pädagogisches Handeln lässt sich womöglich nicht bruchlos als didaktisch-instrumentelle Erreichung von ethischen Zielen denken. Die Herausforderung im Verstehensprozess für Paul ist nun, eine neue stimmige und glaubwürdige Lesart zu finden.

2.5 Leistungsfähig, das schreckliche Wort

Der Bruch mit seiner bisherigen Lesart artikuliert sich, wenn Paul vom „leistungsfähigen Schüler" mit reflexiven Kommentaren, mit Stottern und Stocken spricht. Er unterbricht und ruft aus: „das find' ich, ist ein schreckliches Wort." (110–111) Die negative Markierung der Differenz auf der rechten Seite, die Abwertung der „Schwächsten", die implizit von Anfang an angelegt war, ist nun explizit geworden. Aber Paul akzeptiert diese Wertungsrichtung offenbar nicht, im Gegenteil. Als ob er der Überhand nehmenden, unerwünschten Wertung Paroli bieten wollte, wertet er die Differenz um, indem er die bisher positiv gewertete Seite der „stärkeren Schüler" mit dem Prädikat „leistungsfähig" verknüpft und dann stark negativ abwertet, indem er „leistungsfähig" mit „schrecklich" konnotiert (111).

Paul:
110 Und der leistungsfä-, das find'
111 ich, ist ein schreckliches Wort, leistungsfähigere Schüler,
112 ähm, oder, der, der, der eine höhere Schwierigkeitsstufe sucht,
113 der, ähm, der ist nach oben eigentlich offen und nicht
114 eingeschränkt.
Dozent:
116 Wieso stört dich das Wort leistungsfähig?

Der Dozent akzeptiert offenbar die thematische Verschiebung, die damit einhergeht und fragt, wieso das Wort „leistungsfähig" Paul störe. Dieser Spielzug führt im weiteren Verlauf des Gesprächs zu einer thematischen Verschiebung, von der mathematikdidaktischen Lernumgebung zur Leistungsmessung in der Schule. Zunächst entwickelt sich eine neue diskursive Figur (Fig114KMD), indem Paul dem Wort „leistungsfähig" eine Reihe von Prädikaten zuschreibt.

Paul:
118 Das ist so, das klingt so militärisch und schrecklich
119 irgendwie.
Dozent:
121 Ja, also Leistung ist ein Wort, das ein gewisses Umfeld hat.
Paul:
123 Also, man spricht von Motoren, von Leistungsfähigkeit und
124 so, das hat für mich etwas Unpersönliches. Wobei das man
125 auch, ja schlussendlich werden die, die Schüler nach wie vor
126 halt irgendwie in unserer Gesellschaft nach Leistung
127 gemessen. Oder sehr viele Menschen, wird halt nach dem
128 gemessen.

Dem Begriff der Leistung werden fünf Prädikate zugeschrieben, womit sich eine Konnotationskette ergibt, die allerdings nur eine Seite hat und der (vorerst) noch keine differenziellen Terme gegenüberstehen.Diese Prädikate liegen nicht auf derselben Ebene. Das erste Prädikat „schrecklich" markiert den gesamten Komplex negativ und als nicht wünschbar, wobei „schrecklich" eine relativ starke Markierung darstellt. Die Prädikate 1 bis 4 begründen diese Wertung, sie sollen erklären, wieso das Wort „Leistung" stört rsp. „schrecklich" ist. Es handelt sich bei diesen Zuschreibungen um metaphorische Figuren. Ihre semantische Operation ist eine der Verschiebung: Eigenschaften eines Herkunftsbereiches werden auf einen Zielbereich übertragen (vgl. Ryter Krebs 2008).

Metaphorische Figur zum Wort „leistungsfähig"

	leistungsfähig
1	schrecklich (118)
2	militärisch (118)
3	mechanisch-motorenähnlich (123)
4	unpersönlich (124)
5	Niveau wird gesellschaftliche Praxis der Vermessung (127)
	–

Ma2 Fig114M

Die Übertragung wird durch die raumzeitliche Nähe der konnotierten Terme in Gang gesetzt. Es ist, als ob das eine Wort das andere mit seinem Bedeutungsraum infiziere. Indem also im Äußerungsakt dem Wort „Leistung" das „Militärische" zugeordnet wird, übertragen sich die Eigenschaften des „Militärischen" auf die „Leistung". Wodurch sich das Militärische auszeichnet, wird dabei nicht geäußert. Paul und der Dozent unterstellen, dass sie hier schon dasselbe assoziieren werden, sie postulieren einen gemeinsamen diskursiven Kontext. Die nicht artikulierten Konnotationen spielen in einem Raum der Stabilisierung des Verstehens, in dem sich zahlreiche Diskursivitäten schneiden, der als Interdiskurs bezeichnet wird (Conein u.a. 1981; Link 2006).

Für die Analyse der genannten Metaphern ist nun bemerkenswert, dass Paul keine zufälligen Prädikate bemüht. Sie gehören alle zum Repertoire des pädagogischen Bildungsdiskurses und zum Konnotationshorizont der diskursiven Formation um „neue Lernkulturen". Die Metapher des Militärischen verweist auf die Logik des Befehls, der Autorität und der Uniformierung, die der autonomen Individualität, der Selbstbestimmung und der Vorstellung von eigenbestimmten Lernwegen entgegengesetzt erscheinen. Mit der Metapher der Maschine ist die Gegenüberstellung von Lebendigem und Organischem zu Totem und Unbelebtem verknüpft. Der „Mensch" ist als Maschine seiner Menschlichkeit enteignet, die Schule bzw. Lernumwelt als Maschine macht den Menschen zu einem funktionierenden Teil einer Maschine. Selbstbestimmung und Würde hängen damit am Konstrukt eines lebendigen, organischen Lernens. Einem solchen Lernen wird schließlich zugeschrieben, „unpersönlich" zu sein, insofern die anonyme Masse der Vielen der Individualität der einzelnen Person gegenübergestellt wird. Diese Metaphern ziehen sich von der Pädagogik des 18. Jahrhunderts über die Reformpädagogik und die geisteswissenschaftlichen Erziehungstheorien bis zum aktuellen Diskurs über neue Lernkulturen.[22] Pauls Bezug auf Metaphern aus dem pädagogischen Diskurs, um die negative Wertung des Begriffs Leistung zu begründen und zugleich diese Negativität zu bestärken, zeigt erneut, dass seine Äußerungen die diskursive

---

22 Abhandlungen und Darstellungen des Gebrauchs dieser Metaphorik in pädagogischen Argumentationen finden sich bei Herzog (2002), Guski (2007) und Ryter Krebs (2008).

Formation der neuen Lernkulturen als Kontext und Horizont iterieren. In den Äußerungsakten (126ff.) wird nun ein Bereich markiert, in dem dieses „Schreckliche", „Militärische" und „Maschinenähnliche" gilt. Es ist die Praxis, in der Menschen „gemessen werden", eine Praxis, die sich „irgendwie in der Gesellschaft" findet, und der sich „viele" Menschen unterwerfen müssen. Diese Form eines Lern-Leistungsverhältnisses – oder Arbeits-Leistungsverhältnisses – wird der Praxis der Gesellschaft zugesprochen.

Die stark negative Wertung evoziert eine positive, wünschenswerte Seite der Differenz als unausgesprochenes Anderes. Diese andere Seite wird weder in ihren Eigenschaften noch in dem referenzierten Praxisfeld artikuliert. Durch die Ergänzung der impliziten Entgegensetzungen auf der Basis der pädagogischen Metaphoriken (organisch versus mechanisch, ganz versus fragmentiert usw.) und durch die Rekonstruktion einer differenziellen Figur lassen sich einige Eigenschaften des implizit evozierten Gegensatzes erschließen.

Differenzielle Figur zum metaphorischen Komplex „Mechanisch-Militärisch"

	? versus leistungsfähig	
1		Wort „leistungsfähig" (110) „leistungsfähigere" (111)
2		„schrecklich" (110)
3	{frei} {selbstbestimmt}	„militärisch" (118) {diszipliniert, autoritär} {fremdbestimmt}
4	{organisch} {dynamisch selbst gewählt}	„Motoren" (123) {mechanisch} {vorgegeben}
5	persönlich {Einzelne, eigensinnige Individuen} {individuelle Wertschätzung}	„unpersönlich" (134) {die Vielen, Masse} {Abfertigung}
6	{unerfassbar} {irgendwie ganz anders}	„messbar"
7	[in einer neuen Praxis der Schule]	„irgendwie in unserer Gesellschaft" (126)
8	{einige wenige Menschen, besondere Räume}	„sehr viele Menschen" (127)
	+	–
Subjektpositionierung	individuell	normal/normiert

Markierung: Das Messen nach Leistung, das Wort „leistungsfähigere (Schüler)", ist das Schreckliche. Eine negative Markierung erfolgt somit rechts.
Subjektpositionierung: Pauls Positionierung erfolgt links auf der Seite „individuell".

Ma2 Fig114MD

Auf der impliziten linken Seite der differenziellen Figur (Fig114D) zeichnet sich somit ein lebendiges, an der Individualität der Lernenden orientiertes und nicht in Leistungsnormen messendes Lehr-Lernverhältnis ab. Die Figur hat eine starke negative Markierung auf der rechten Seite und die Subjektposition auf der kaum artikulierten linken Seite. War die Subjektposition zu Anfang noch bei der didaktisch-instrumentellen Position, so steht sie jetzt auf der Seite des Lebendigen, Persönlichen, nicht in Leistungsnormen messbaren Lehr-Lernverhältnisses. Der negativen Seite wird zugeschrieben, in „der Gesellschaft" zu gelten, aber wer die positive Seite repräsentiert, wer das Andere der Gesellschaft bildet, bleibt im Dunkeln. Dort wird eine Position, ein Ort vorbereitet, den Paul später im Gespräch beziehen wird. Zunächst bildet dieser Ort noch eine Leerstelle, ein Begehren[23], das noch nicht erfüllt ist. Kann dieser Ort als ein pädagogischer Ort erscheinen? Kann er als eine professionelle Position reartikuliert werden?

> Dozent:
> 130 Ja. Und äh, also das ist eine normale Reaktion,
> 134 oder? Aber ich denke, im Zusammenhang jetzt mit
> 135 Individualisierung müssen wir uns das vielleicht mal
> 136 überlegen, warum uns das stört. [...]

Der Dozent reagiert auf Pauls Positionierung, indem er die Irritation Pauls als „normale Reaktion" bezeichnet und das „Stören des Leistungsbegriffs" als etwas Gemeinsames rahmt, das „uns" (136) betrifft. Das Pronomen „uns" wird hier als deiktischer Indikator[24] gebraucht, weil es auf ein Objekt verweist, es allerdings nicht eindeutig bezeichnet. Auf wen zeigt dieses „Uns" bzw. „Wir"? Nur auf Paul und den Dozenten? Sind darüber hinaus Lehrende, Studierende oder gar alle Menschen überhaupt eingeschlossen, die gemeinsam haben, dass sie dies „stört"? Wird Paul diesem „Wir" in der Folge beipflichten und gemeinsam mit dem Dozenten dessen nun folgenden Äußerungen unterschreiben? Das Wörtchen „wir" zeigt über den Satz hinaus auf einen situativen Horizont, der nicht abschließend definierbar ist. Es fordert die Leser/innen dieser Äußerung (Paul ebenso wie die Analysierenden) dazu auf, die Referenz anzufüllen

---

23 Den Begriff des Begehrens verwenden wir hier, um die Motivation der Positionierungsbewegungen zu beschreiben. Das Begehren ist keine Eigenschaft des Subjekts oder der Subjektivität, es ist kein Wunsch und kein Wollen, sondern eine Bewegung, die man ergreifen kann, und die sich dann subjektiv als Wunsch artikuliert. Wo kommt das Begehren her? Gute Frage. Wir benutzen den Begriff zunächst, um die Bewegungen zu beschreiben, die das Begehren vollzieht, ohne ein wollendes Subjekt zu postulieren, das womöglich in seinem Wollen noch gespalten ist.

24 Die deiktischen Marker entfalten im Text eine Zeigestruktur mit einer personellen, objektbezogenen räumlichen und zeitlichen Dimension, die die möglichen Deutungen des Textes vorstrukturiert und zugleich eröffnet. Deiktische Marker wie „uns" oder „wir" eröffnen eine personelle Deixis. Das „Wir" oder „Uns" kann vom Adressaten je nach Kontextverständnis mit unterschiedlichen Akteuren gefüllt werden. Auch kann der Adressat sich als Teil dieses „Uns" oder „Wir" begreifen oder nicht. Auch kann der Adressant mit dem „Uns" oder „Wir" den Adressaten aufrufen, sich als Teil eines kollektiven Akteurs zu verstehen (Langer/Wrana 2005: 7; Angermüller 2007: 140).

und zu verstehen, auf wen sich das „Wir" bezieht. Das „Wir" fordert von Paul eine Positionierung. Er ist dazu aufgefordert, zum Co-Lokutor zu werden, indem er sich als Teil der deiktischen Referenz „wir" begreift – es besteht aber auch die Möglichkeit, gerade dies nicht zu tun.

Mit dem Spielzug bringt der Dozent das „Stören" der Leistungsorientierung auf eine kollektive und diskursive Ebene. Er bestätigt, dass es sich nicht nur um Pauls subjektive Emotion, sondern um eine geteilte oder zumindest prinzipiell sozial teilbare diskursive Positionierung handelt. Er postuliert, ein System von Metaphoriken mit Paul zu teilen. Zum ersten Mal deutet sich in diesem Spielzug eine Anrufung an, in der ein uneindeutiges vergemeinschaftendes „Uns" oder „Wir" erscheint. Der Dozent konstituiert offenbar sich, Paul und mögliche weitere Personen als eine Gruppe, die eine Position im Diskurs über Leistung in der Schule teilen.

Die zweite Lesart. Paul musste im Rahmen seiner Konkretisierung von Wirkungen der Lernumgebung zur Kenntnis nehmen, dass Schüler/innen individualisiert werden, indem sie nach ihrer Leistungsfähigkeit selektiert werden. In die „neue Lernkultur" sind somit Eigenschaften eingebrochen, die er eigentlich einer „alten Lernkultur" zuschreiben würde. Mit starker Emphase setzt er diesem „störenden Element" erneut die Metaphorik einer neuen Lernkultur entgegen. In der zweiten Lesart rückt Leistung auf die Seite des Normalen/Normierten und wird negativ konnotiert. Paul positioniert sich demgegenüber auf die Seite der Individualität und der Bewahrung der Unverfügbarkeit der Individualität von Schüler/innen. Sowohl die Mathematik-Lernumgebung als auch das professionelle Handeln werden bezüglich dieser Positionierung ambivalent. Innerhalb des Differenzials individuell versus normal/normiert bleibt seine Positionierung gleich, er hat seine Option für die Seite des Individuellen und gegen das Normale/Normierte sogar verstärkt, aber während er diese Positionierung zuvor im Rahmen seines professionellen Handelns realisiert sah, bricht nun eine Ambivalenz professionellen Handelns auf, die zunächst noch keiner befriedigenden Lösung zugeführt werden kann.

2.6 Leistung im Widerspruch

In den nun folgenden Gesprächssequenzen diskutieren Paul und der Dozent das Problem und den Begriff der Leistung. Der Dozent beginnt mit einem Impuls, die Frage auf das Beispiel der Lernumgebung zu beziehen.

Dozent:
136 Die, das Projekt heißt ja
137 „Lernumgebung von Rechenschwache bis Hochbegabte".
Paul:
139 Ich meine, wenn ich von Leistungsfähigkeit spreche, dann
140 setze ich bereits einen Maßstab. Also es gibt eine Leistung,
141 die erbring-, die erbracht werden sollte.

Dozent:
143 Also Leistung ist schon etwas Hohes.
Paul:
145 Für mich jetzt? Ja. Du, ähm (---), ja, jeder, jedes Können
146 oder jede, jede Leistung, ist, gerade, wenn es um
147 individualisierenden Unterricht geht, oder jetzt gerade bei
148 diesem Projekt, ist ja sehr unterschiedlich, aber messe ich, wo
149 messe ich dann die Leistung? Das ist, allgemein die Frage
150 der Bewertung, ist etwas, was mich eigentlich jetzt immer in
151 diesem Semester begleitet hat.

Zunächst unterbricht Paul den Dozenten, nimmt den Impuls auf, den Leistungsbegriff didaktisch zu diskutieren und schreibt ihm eine Reihe von Eigenschaften zu. Das Sprechen von Leistungsfähigkeit impliziere, so seine erste These (139) einen Maßstab, an dem das zu Erbringende eingeschätzt wird, also einen normierten Horizont. Die Zwischenfrage des Dozenten, ob für ihn denn Leistung „etwas Hohes" (143) sei, bejaht Paul, stockt kurz, und setzt dann den „individualisierenden Unterricht" mit „sehr unterschiedlicher" (148) Leistung in Beziehung. Darin scheint ein Problem zu stecken, denn an der Gegenüberstellung von „gemessener Leistung" und „sehr unterschiedlicher Leistung" entfacht sich die Frage, wie denn die Letztere wiederum gemessen werden könne (148/149). Paul wendet dieses Problem dann reflexiv, indem er die Frage als persönliche Entwicklungsaufgabe formuliert, die ihn „das ganze Semester begleite" (151).

Differenzen im Vergleich zweier Leistungsbegriffe

	individuell-einzigartige Leistung vs. vergleichend-gemessenen Leistung	
1	„ist ja sehr unterschiedlich" = {individuelle Qualität} (148)	Maßstab ist gesetzt (140) Leistung ist „etwas Hohes" (143)
2	{jedes Können} = vom Schüler gebotenes (145)	soll „erbracht werden" = von der Gesellschaft/Schule/Paul („ich") erwartetes (141)
3	„individualisierender Unterricht" (147) „dieses Projekt" = Lernumgebung (148)	{gewöhnlicher Schulunterricht}
4	{individuell aus sich heraus wertig}	{von einem Norm-Horizont her gewertet}
	+/–	+/–
	Subjektpositionierung individuell	Subjektpositionierung normal/normiert

Markierung: Die beiden Seiten sind nicht markiert, beide sind gleich bedeutsam, aber unvereinbar.
Subjektpositionierung: Sie ist auf beiden Seiten zumindest möglich, wird nicht eindeutig vollzogen.

Ma2 Fig136D, Variante 1

Somit zeichnen sich erste Elemente einer weiteren differenziellen Figur ab, hier zunächst die von Paul artikulierten Differenzen und Konnotationen zwischen einer individuell-einzigartigen Leistung und einer vergleichend-gemessenen Leistung.

Die differenzielle Figur lässt sich wiederum, wie die bisherigen Differenzen auch, auf das Differenzial „individuell versus normal/normiert" zurückführen. Sie gehört in ihrer Grundkonstruktion zu den bisherigen Figuren und Lesarten, aber die Subjektpositionierung ist gewissermaßen „aufgehoben". Es wird deutlich, dass Paul zwar die Anforderung, Leistung an gesellschaftlichen Normen zu „messen", ablehnt, sich zugleich aber verpflichtet fühlt, die individuelle Leistung dann doch auf die eine oder andere Weise zu bewerten. Die Leistung muss offenbar gemessen werden, aber so, dass dieses Messen nicht der Forderung des „individualisierenden Unterrichts" widerspricht.

Paul formuliert damit eine pädagogische Antinomie seiner antizipierten Berufstätigkeit: Die Notwendigkeit, die Leistungsanforderungen innerhalb einer Schulpraxis, die auf Klassenzielerreichung ausgerichtet ist, zu individualisieren. Einerseits distanziert er sich von der gesellschaftlich geforderten Leistungsmessung, andererseits sieht er sich auch in der Rolle des Lehrers, der die Leistungen zu messen hat. Mit diesem Vermittlungsversuch positioniert sich Paul sowohl auf der Seite der Individualität als auf der Seite der Normalität, am liebsten vielleicht dazwischen, wenn dieses „zwischen" als beziehbarer diskursiver Ort denn nur artikulierbar wäre. Zwar gebraucht Paul eine ganze Reihe diskursiver Figuren, die ihm ein Feld von Gegenständen und Bedeutungen ordnen, aber diese bilden ihm keine schlüssige Lesart und keine eindeutige Positionierungsmöglichkeit. Dieser „Mangel einer Lesart" setzt eine Suche in Gang, die semantischen Konstruktionen weiter zu modifizieren, sodass eine akzeptable Lesart möglich wird.[25]

Der Dozent als Lernberater hätte die Möglichkeit, das Fehlen einer akzeptablen Lesart und die Widersprüche, die zu diesem Problem führen, in den folgenden Sequenzen reflexiv werden zu lassen, aber er wählt einen anderen Weg und entfaltet seine eigene „Lösung" für die postulierte Antinomie. Er steigt mit folgendem Spielzug ein:

Dozent:
153 Ja, oder, ich mein, wenn wir's rein mal sprachlich anschauen,
157 dann wäre vielleicht das Gegenteil ein leistungsunfähiges Kind.
Paul:
159 Ja, schrecklich. (lacht auf)

---

25 Wann eine Lesart akzeptabel ist, entscheiden nicht die Analysierenden, sondern die Akteure auf die eine oder andere Weise. Diese Entscheidung folgt zumeist weniger einer rationalen kriterialen Begutachtung als einem Moment der Evidenz, in dem eine Lesart aufscheint und eine Überzeugungskraft entfaltet. Dieser „Aha-Moment", den die Gestaltpsychologie als Moment der Figurschließung beschrieben hat, bleibt vermutlich rätselhaft. Unser analytisches Vorgehen kann immerhin beschreiben, wie die Akteure handeln, wenn sie eine Lesart akzeptieren.

Der Dozent stellt dem leistungsfähigen Kind das leistungsunfähige gegenüber. Es handelt sich um eine oppositionelle Differenz, in der beide Terme gegensätzliche und unvermittelte Einheiten bilden. „Ja, schrecklich" ist die Reaktion. Mit dem starken Topos des „leistungsunfähigen Kindes" ist nochmals der metaphorische Kontext und seine Moral, das Individuelle wertzuschätzen, aktualisiert und damit eine Anrufung etabliert worden. Paul ist angerufen, diese diskursive Ordnung als gemeinsamen Horizont zu akzeptieren. Indem Paul mit „Ja, schrecklich" reagiert, akzeptiert er die diskursive Ordnung, die er ursprünglich selbst eingebracht hatte, erneut. Sein Vermittlungsversuch ist zumindest in diesem Moment rückgängig gemacht, und Paul positioniert sich – ebenso wie der Dozent – auf der linken Seite bei „individuell einzigartiger Leistung" als das Wünschenswerte.

In den folgenden Zeilen artikuliert der Dozent mehrfach die deiktischen Marker „was *uns* stört" und „*unsere* Sicht der Dinge" und beschwört damit die diskursive Gemeinschaft von Paul, dem Dozenten und möglichen Dritten:

Dozent:
161 Ja, das ist das, was uns wahrscheinlich stört. Dass wir, bei
162 unserer Sicht der Dinge ja eigentlich jede Tätigkeit des
163 Kindes, jetzt eben hier auf jedem Niveau schon als Leistung
164 bezeichnen. Und das ist vielleicht das Neue oder unter
165 Individualisierung.

Er eröffnet die Perspektive einer neuen Praxis, in der „jede Tätigkeit des Kindes [...] auf jedem Niveau" (163) als Leistung bezeichnet wird. Dieser Leistungsbegriff sei „neu" (164) und gehöre zu den didaktischen Formen der „Individualisierung", womit die Leistungsbegriffe der Differenz alter und neuer Lernkultur zugeordnet werden. Er führt nun systematisch ein anderes Verständnis des Leistungsbegriffs ein und expliziert damit eine Lesart, die das Begehren Pauls nach einem Ort der Vermittlung erfüllen könnte. Man könne Leistung – so der Dozent – anstatt sie an einen Maßstab zu koppeln, auch als Ausdruck für eine dem einzelnen Kind und seiner Individualität angemessene Tätigkeit begreifen.

Die dritte Lesart. Die differenzielle Figur 136D ist in der zweiten Variante vom Dozenten ergänzt und damit transformiert worden. Expliziert wurde, dass jede Tätigkeit auf jedem Niveau eine Leistung sei, womit die Problematik, die Paul eröffnet hat, erst einmal wegdefiniert ist. Die beiden Seiten wurden erneut mit der alten und der neuen Lernkultur identifiziert und damit eindeutig markiert. Somit wurde die Subjektpositionierung, die Paul zunächst in der Schwebe ließ, wieder eindeutig auf die Seite der individuell-einzigartigen Leistung verschiebbar. Diese Konstruktion ist im Wesentlichen eine Lesart des Dozenten. Er hat sie ausgehend von Pauls Lesarten und seiner Fragestellung konstruiert, auch Paul hat weitere Elemente hinzugefügt und bisweilen Zustimmung signalisiert.

Differenzen im Vergleich zweiter Leistungsbegriffe

	individuell-einzigartige Leistung vs.	vergleichend-messbare Leistung
1	„ist ja sehr unterschiedlich" = {individuelle Qualität} (Paul 148)	Maßstab ist gesetzt (Paul 140) Leistung ist „etwas Hohes" (143)
2	{jedes Können} = vom Schüler gebotenes (Paul 145)	soll „erbracht werden" = von der Gesellschaft/Schule/Paul („ich") erwartetes (Paul 141)
3	„individualisierender Unterricht" (Paul 147) „dieses Projekt" = Lernumgebung (Paul 148) „neu" = neue Lernkultur (Dozent 164f)	{gewöhnlicher Schulunterricht} {alte Lernkultur}
4	{individuell aus sich heraus wertig}	{von einem Norm-Horizont her gewertetes}
5	„jede Tätigkeit auf jedem Niveau ist eine Leistung" (Dozent 162)	{nur das hohe Niveau ist eine Leistung}
6	„unsere Sicht der Dinge" (Dozent 162)	{die Sicht „der anderen"}
	+	–
	Subjektpositionierung	
	individuell	normal/normiert

Markierung: Die Differenz ist markiert, ihre rechte Seite wird abgewertet.
Subjektpositionierung: Die des Dozenten ist auf der Seite der individuell-einzigartigen Leistung, die von Paul ist unklar, schwankt vielleicht noch.

Ma2 Fig136D, Variante 2

Die dritte Lesart ist zumindest eine Kandidatin für eine neue Stabilisierung der Lesarten Pauls. Aber zunächst ist sie ein Lesarten-Angebot des Dozierenden. Ob Paul diese Lesart teilt oder teilen wird, ist noch nicht ausgemacht.

2.7 Macht und Ohnmacht der Wörter

In den vorigen Äußerungen von Paul und dem Dozenten kündigte sich latent ein neues Thema an: Die Differenz von Wörtern, Konzepten und Gegenständen wird reflexiv. Wie soll man das „nennen"? Soll man Wörter wie „Leistung" überhaupt gebrauchen? Und was ändert sich an der Praxis des Lehrens, wenn man ein bestimmtes Wort gebraucht oder nicht? Erneut wird hier das Diskursive als Sprachgebrauch reflexiv, nun rückt seine mögliche Performanz in den Blick.

Paul:
166 Ich meine, man kann es schon als Leistung bezeichnen,
167 aber man darf diese Leistung vielleicht weniger werten.

Die Äußerung Pauls nimmt eine Relativierung vor, man solle „es" zwar als Leistung bezeichnen, aber diese „weniger werten". Aber die Äußerung ist knapp, es wird nicht weiter expliziert, was genau unter „weniger werten" verstanden werden soll. Mindestens folgende Interpretationen sind möglich: (1) Man könnte jedes Lernen als eine Leistung betrachten, aber schwächere Leistungen „weniger", also „schlechter" werten. (2) Man könnte das „weniger werten" als einen Spielraum durch eine Unschärfe des Messens ansehen, also weniger genau, weniger stark, weniger scharf messen. (3) Man könnte die unterschiedlich ausgeprägten Leistungen zwar messen, diesen Messungen aber weniger Bedeutung geben, sie also „weniger werten". In allen drei Fällen würde aber in einer bestimmten Hinsicht dieselbe Operation vorgenommen: Es würde ein Handeln etabliert, das man zwar als „Leistungsmessung" benennt, das die „eigentliche Bedeutung" dieser Benennung aber relativiert, indem es sie „weniger" realisiert. Etwas „kann schon" als Leistung bezeichnet werden, insofern damit ein anderes Handeln verbunden ist, das der „Leistung" und ihren diskursiven Horizonten nicht die völlige Herrschaft überlässt.

Paul greift den Vorschlag des Dozenten, einen „neuen und anderen Leistungsbegriff" positiv zu bestimmen und die Begriffe anders zu besetzen, ihnen eine andere Praxis zu unterlegen, auf. Allerdings unterscheiden sich die Konstruktionen Pauls und des Dozenten, denn mit der negativen Bestimmung „weniger werten" behält Paul die Konzeption, dass Leistung einem Maß unterworfen ist, im Prinzip bei. Der Dozent hingegen scheint die Leistung unabhängig von einer vereinheitlichenden Norm zu definieren. Die Logik des „Bewertens" und der normalisierenden Einschätzung lässt Paul offenbar nicht los. Er schließt an den Dozenten an, ohne seine Lesart wirklich zu teilen.

Dozent:
169 Ja, oder man müsste es vielleicht eben als leistungsfähiger,
170 wenn man überhaupt den Begriff der Leistung im
171 Zusammenhang mit Lernen (--) kann ja auch einfach.

Der Dozent greift die Idee eines „gemilderten" Bewertungsurteils auf, wenn er davon spricht, dass man relativ von „leistungsfähiger" statt absolut von „leistungsfähig" sprechen müsse, aber vielleicht bemerkt er, dass diese Variante einige Minuten zuvor schon diskutiert und verworfen worden ist, jedenfalls spricht er den Satz sehr langsam, bricht ihn dann ab und stellt infrage, ob man den Begriff der Leistung überhaupt benutzen wolle. Der Dozent stellt das Projekt einer anderen Besetzung des Begriffs „Leistung", das er selbst angetreten hatte und das Paul aufgegriffen hat, plötzlich wieder infrage. War der bisherige Entwurf eines anderen Leistungsbegriffs eine Sackgasse? Paul hakt nach.

Paul:
173 Würdest du diesen Begriff, Begriff anwenden oder wie stehst du?

Nun ist Paul derjenige, der den Dozenten auffordert, eine Lesart zu artikulieren. Er fordert von dem Dozenten, seine Position als Bekenntnis darzulegen:

„Wie stehst du?" (173). Der Dozent entfaltet daraufhin sein Verständnis. Er greift das Besetzen und Umwerten von Begriffen auf, indem er es als im pädagogischen Bereich übliche Praxis bezeichnet.

Dozent:
176 Also, im pädagogischen Bereich ist es so, dass diese, dieser
177 Wortwandel eigentlich immer wieder stattfindet, gerade
178 immer im Bereich, wenn man unterscheiden will zwischen,
179 ich sag jetzt mal, leistungsfähig und weniger
180 leistungsfähigeren Kindern. Beispielsweise beim Begriff der
181 Kleinklasse,
184 Sonderklasse, Hilfsklasse, äh, das ändert andauernd seinen
185 Namen. Oder auch wie man überhaupt den sogenannt
186 schwächeren Schüler bezeichnet, da gibt es immer wieder
187 neue Ausdrücke, die sogenannt political correct sind. Oder
Paul:
189 Leistungsschwache, das ist auch so ein Ausdruck.
Dozent:
191 Äh, früher sagte man Hilfsklasse. Das darf man heute nicht
192 mehr sagen, das ist nicht mehr political correct, das geht nicht,
193 man darf [unverständlich] Kleinklasse oder Kinder mit besonderen
194 Bedürfnissen. Man be-, versucht immer wieder diesen
195 Worten, die nega-, ein negatives Umfeld haben
196 auszuweichen, um die Wertschätzung zu erhalten, die man
197 den Kindern entgegenbringt. Und ich glaube, das geht nur mit
198 dem Wandel. Weil die Worte laden sich immer wieder auf
199 und dann muss man sie wegwerfen und neue suchen. Gut,
200 ich denke, das ist dir klar geworden.

Das Projekt des Dozenten eines neuen Leistungsbegriffs zeichnet sich nun klarer ab: Es geht um die Erhaltung der Wertschätzung, die Kindern unabhängig von ihrer Leistungsfähigkeit entgegengebracht werden soll (196). Er berichtet, dass in der Bezeichnung von weniger leistungsfähigen Kindern immer neue euphemisierende Begriffe erfunden würden, um die Sache weniger „schrecklich" wirken zu lassen, aber dies führe nur zu einer Kompromittierung der neuen Begriffe (197), offenbar, weil sich die Praxis einer selektiven Leistungsbewertung nicht verändert, wenn man andere Namen erfindet. Demgegenüber brauche es einen „Wandel" (198). Das Begriffsbesetzungsprojekt des Dozenten setzt anders an: Man braucht keine Umwertung des Begriffs für die „Schwachen", sondern einen neuen Leistungsbegriff und dem muss eine gewandelte Praxis der Leistungsbewertung entsprechen.

Die differenzielle Figur (Ma2 Fig136D, Variante 2) zwischen dem individualisierenden und dem normierenden Leistungsbegriff wurde in dieser Lesart des Dozenten stabilisiert. Jeder Seite kommt eine unterschiedliche Zuschreibung von Wertschätzung an die Leistenden zu: Im alten, normierenden Leistungsbegriff wird die Wertschätzung an hohe Leistung gekoppelt und leistungsunfähige Menschen trifft Geringschätzung. Bei dem neuen Begriff wird die Wertschätzung von der Höhe der Leistung entkoppelt und jeder Leistung wird Wertschätzung entgegengebracht.

Die Subjektposition auf der Seite des individuellen Leistungsbegriffs ist beim Dozenten klar. Paul teilt sie im Prinzip auch, vielleicht aber nicht ganz. Die Äußerungen Pauls lassen die Positionierung eher in der Schwebe. Paul und der Dozent bilden ein „Wir" als diskursive Gemeinschaft, deren Zugehörigkeit aber vom Dozierenden arrangiert worden ist (vgl. S. 107). Dessen deiktischer Marker „uns" dürfte die Dozierenden der Hochschule, zu denen auch er gehört, umfassen. Dies kann Paul ein- oder ausschließen. Es liegt an Paul als Adressat der Äußerung, ob er sich ein- oder ausschließt. Die Selbstpositionierung von Paul hat allerdings an einer Norm zu erfolgen, die der Dozierende setzt. Denn zu „uns" gehört, wer den individualisierenden Leistungsbegriff teilt und akzeptiert. Paul erhält keine Chance beizupflichten oder zu widersprechen, denn der Dozent schließt: „Gut, ich denke, das ist dir klar geworden." (200). Erst in einer späteren Sequenz des Gesprächs, in der die beiden das Thema des Leistungsbegriffs nochmals aufgreifen, wird Paul eine vierte Lesart formulieren, die sich der dritten Lesart entzieht und sie somit als Lesart des Dozenten zurücklässt.

2.8 Wertschätzung: der Einsatz des Dozenten

Gegen Ende des Gesprächs fordert Paul vom Dozenten eine abschließende Einschätzung und Rückmeldung. Der Dozent formuliert eine „Lernentwicklungsempfehlung" (593), in der er die aus seiner Sicht wesentlichen Problemlagen benennt, auf die Paul gestoßen sei.

Dozent:
597 Die erste war, wie gehe ich damit um, dass Kinder,
598 ich sag's jetzt noch mal, als leistungsfähige oder nicht so
599 leistungsfähig sind. Wie bezeichne ich das verbal? Und wie,
600 wie gehe ich um mit der Tatsache, dass es so ist?

In den nun folgenden Äußerungen positioniert sich der Dozent erneut mit der Lesart eines „individualisierten Leistungsbegriffs", die bereits in der Mitte des Gesprächs leitend war.

Dozent:
613 Also, man findet keine schnellen Fragen. Äh, keine schnellen
614 Antworten, sondern ich denke, das Wichtige ist, also das
615 Zentrale ist, dass wir als Lehrpersonen zu solchen
616 Kontroversen, denen, die nicht eindeutig sind, persönlich
617 Stellung beziehen müssen. Und zwar nicht nur in der
618 Überzeugung, sondern auch im Handeln. Und ich persönlich
619 würde z.B. jetzt sagen, also, ich habe ja eine lange
620 Lehrerbiografie, ich habe viele Bezeichnungen

621 kennengelernt für lernschwache Kinder, das ist ein anderer
622 Ausdruck wieder, daran störe ich mich nicht mehr.
623 Sondern meine Haltung im Moment ist, dass ich allen
624 Kindern die gleiche Wertschätzung entgegenbringen möchte.
625 Jedes Kind leistet.
Paul:
627 Hm-m, ja.
Dozent:
629 Alles, was produziert wird, ist Leistung. Ich bin mir aber
630 auch bewusst, dass es neben dieser individuellen Sicht
631 nachher die gesellschaftliche Schicht,
635 äh, Sicht gibt.

Der hier formulierte Leistungsbegriff entspricht demjenigen, der in den Studienmaterialien als Leistungsbegriff der mathematikdidaktischen „Lernumgebung" angelegt war: „Jedes Kind leistet" (625) und „Alles, was produziert wird, ist Leistung" (629). Der Dozent bekennt als persönliche Haltung, dass er „allen Kindern die gleiche Wertschätzung entgegenbringen möchte" (624). Er formuliert zudem ein Professionsideal: Man könne auf Kontroversen, für die es keine eindeutigen Lösungen gebe, wie etwa die Leistungsbewertung, keine „schnellen Antworten" (614) finden, dennoch müsse man als Lehrer/in „persönlich Stellung beziehen" (616/617) und dabei soll sich „Überzeugung" im „Handeln" (618) niederschlagen.

Dieser Haltung des Dozenten wird die Autorität und Dignität einer eigenen Praxiserfahrung verliehen – „ich habe eine lange Lehrerbiografie" (619). Er positioniert sich hier nicht als Vertreter der Hochschule und des wissenschaftlichen Wissens, sondern als Lehrer mit Berufspraxis. Dass dies einer „individuellen Sicht" (630) entspricht, kann einerseits bedeuten, dass in ihr das Individuum in der Einzigartigkeit und Irreduzibilität eines produzierenden Kindes im Zentrum steht. Darauf deutet auch der Versprecher hin, der als Gegensatz die „gesellschaftliche Schicht" bildet (631). Die „individuelle Sicht" kann aber auch insofern der „gesellschaftlichen Sicht" (635) gegenüberstehen, als sie ihre Legitimation nicht aus der Abhängigkeit von einer dem pädagogischen Handeln äußerlichen Gesellschaftlichkeit bezieht, sondern aus der individuellen Erfahrung einer Berufsbiografie als Lehrer. Mit diesen Äußerungen ist die Lesart einer professionellen Haltung verbunden, die sich „pädagogisch" positioniert und die Differenz zu gesellschaftlichen Erwartungen aushält. Während in der Gesellschaft Anerkennung und Erfolg nach der Höhe der Leistung zugemessen wird, resultiert im Einflussbereich des wertschätzenden pädagogischen Verhältnisses Wertschätzung aus der Wahrnehmung der je individuellen, einzigartigen Hervorbringungen eines jeden Kindes: Wertschätzung erscheint damit als das Andere der Leistungsmessung.

Als Novize im Feld pädagogischen Handelns ist Paul angerufen, die Autorität der Erfahrung des Lehrers anzuerkennen und in eine Subjektivierung einzutreten, die ihn dessen normative Wissensordnung teilen lässt. Ob Paul dem Folge leistet, wird sich in seinem nächsten Spielzug zeigen.

2.9 Die narrative Gegenpositionierung: die Lehrerschaft

Paul interveniert und bringt in seinem Beitrag die begrenzte Gültigkeit dieser Haltung als widerständiges Argument ein.

> Paul:
> 637   Ja. Das ist für mich so'n bisschen ein, 'tschuldigung, wenn ich
> 638   unterbreche [...]

Sein „'tschuldigung, wenn ich unterbreche" (629/630) zeigt eine gewisse Ungeduld und ein forciertes Platznehmen in der Interaktion. Die nicht beendete Formulierung „Das ist für mich so'n bisschen ein" könnte auf eine vielleicht nicht allzu positive direkte Einschätzung der Positionierung des Dozenten hinauslaufen, aber Paul setzt seine Gegenrede dann anders an.

> Paul:
> 637   Ja. Das ist für mich so'n bisschen ein, 'tschuldigung, wenn ich
> 638   unterbreche, wir diskutieren jetzt oder wir lernen jetzt ein
> 639   Semester lang über dieses In-, über diese Individualisierung,
> 640   die ganz ganz wichtig und die wahrscheinlich von, von oder
> 641   von der Schule aus, oder die Schule trägt ein großes Stück
> 642   bei, um diese, um in diese Richtung zu gehen. Auf der
> 643   anderen Seite haben wir eine Gesellschaft, die absolut auf
> 644   Leistung orientiert ist und die es noch fordert. Und dies zu
> 645   verbinden, das zei-, das ist die Aufgabe von uns Lehrern.

Paul gebraucht nun ebenfalls den deiktischen Marker „wir". Das „Wir" trägt, indem es ein Semester lang diskutiert und lernt (639) eine neue Praxis, nämlich „diese Individualisierung" (639), die Praktiken einer neuen Lernkultur. Individualisierung verweist auf das Schlüsselkonzept, dem in diesem Semester alle Studienmaterialien folgen. Der „Schule" wird zugeschrieben, damit kann die Primarschule oder die Hochschule gemeint sein, in die Richtung dieser „Individualisierung" zu gehen. Paul schließt in diesem „Wir" sich selbst, die Mitstudierenden und Dozierenden zusammen, und bezieht sie auf das institutionelle Feld von Schule und Unterricht. Die Individualisierung sei „ganz ganz wichtig" (640). Wenn Paul der Praxis der Individualisierung auf diese Weise einen Ort der Gültigkeit zuschreibt, so lässt der Nachdruck, mit dem dies geschieht auf das „Aber" warten. Paul markiert denn auch die Grenzen der Individualisierung: „wir", „ein Semester lang" (638/639) und „von der Schule aus" (641). Damit zeichnet sich eine andere Seite ab, auf der die Gesellschaft steht, die „absolut auf Leistung orientiert" ist (643) und „die es noch fordert" (644). Paul macht eine Opposition stark, in der die Individualisierung in den Gegensatz zu einem absoluten Anspruch auf Leistung tritt, wie er von der Gesellschaft gesetzt wird. Auf der Seite der Individualisierung stehen „wir im Semester" und darin sind Paul, die Mitstudierenden und Dozierenden eingeschlossen. Auf der Seite der absoluten Leistung stehen „die in der Gesellschaft", also die Anderen. Aber diese Anderen stehen ebenso in einer Beziehung zu einem „Wir", denn Paul sagt „auf der anderen Seite haben *wir* eine Gesellschaft" (643).

Differenzen in der zweiten professionellen Narration

	Das Studium	vs. Die Gesellschaft
1	„wir" im „Semester" (639) = Studierende, Dozierende, Hochschule	„wir" haben eine „Gesellschaft" (643)
2	neue Praxis der „Individualisierung" (639)	„absolut auf Leistung orientiert" (643)
3	lernt und diskutiert ein Semester lang (639)	„die es noch fordert" (644)
	+/–	+/–
	Subjektpositionierung	doppelt, verbindend
	individuell	normal/normiert

Markierung: Die Differenz ist gleichwertig.
Subjektpositionierung: Die Subjektpositionierung verbindet beide Seiten.

Ma2 Fig637D

Mit diesen deiktischen Gruppierungen am Ende des Gesprächs erfolgt eine Revision der professionellen Narration. Sie entwickelt sich aus der Ineinanderschachtelung zweier Geschichten. In der Ersten folgt Paul als Student dem Auftrag der Dozierenden/der Hochschule, das Objekt „Individualisierung" möglich zu machen. In der Zweiten folgt er dem Auftrag der Gesellschaft, das Objekt „Leistung" zu produzieren.

Beide Objekte widerstreiten auf der logischen differenziellen Ebene, werden nun aber in eine andere Problematisierungsweise transformiert, indem sie narrativiert werden. Es handelt sich nun nicht mehr um einen widersprüchlichen Auftrag, sondern um zwei Aufträge zweier widerstreitender Ordonanten. Die Lösung, die Paul in seiner letzten Lesart präsentiert, ist die Konstruktion eines anderen Subjekts, dem kollektiven „Wir" von „uns Lehrern" (645), der Lehrerschaft, das sich von den beiden Auftraggebern autonomisiert und distanziert und sich ein drittes Objekt, nämlich die Verbindung der beiden Aufträge, zum Ziel macht. Paul ist damit in die Subjektposition der Lehrerschaft eingetreten, die er über eine gemeinsame Problemdefinition bestimmt, nämlich das Erreichen des neuen Objekts „dies zu verbinden". Dadurch ist aber auch die Distanzierung von den unmittelbaren Aufforderungen der Auftraggeber verbunden. Paul unterläuft so den Anspruch des Dozenten, von der Position des erfahrenen Lehrers her zu sprechen, indem er ihn als Dozenten der Hochschule positioniert.

Zweite Professionsnarration

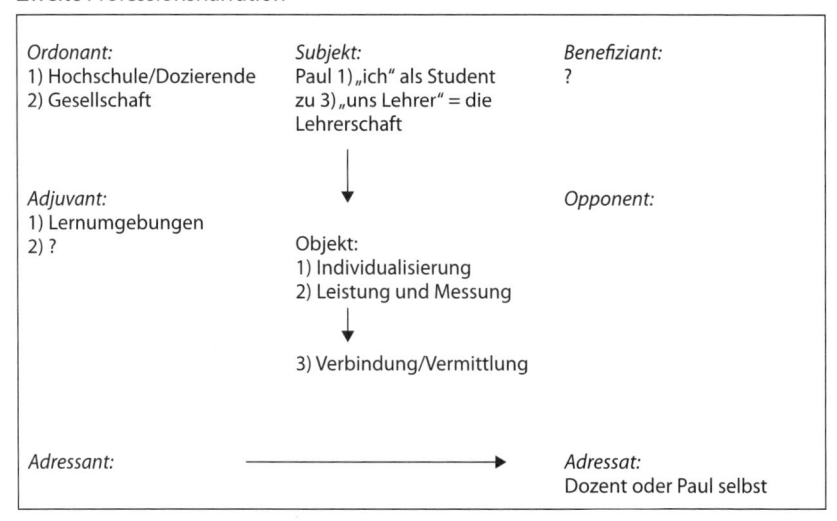

Ordonant: 1) Hochschule/Dozierende 2) Gesellschaft	Subjekt: Paul 1) „ich" als Student zu 3) „uns Lehrer" = die Lehrerschaft	Benefiziant: ?
Adjuvant: 1) Lernumgebungen 2) ?	↓ Objekt: 1) Individualisierung 2) Leistung und Messung ↓ 3) Verbindung/Vermittlung	Opponent:
Adressant:	⟶	Adressat: Dozent oder Paul selbst

Ma2 Fig637N

Die vierte Lesart. Paul bildet mit dieser neuen Narration die vierte Lesart. Das narrative Subjekt vollzieht darin keine didaktisch-instrumentellen Handlungen mittels der Adjuvanten, sondern ist zwischen zwei widersprüchliche Forderungen differenter Ordonanten und ihrer narrativen Objekte aufgespannt: Individualisierung als Forderung der Hochschule auf der einen und Leistung als Forderung der Gesellschaft auf der anderen Seite. Der logische Widerspruch wird in einen narrativen übersetzt und personalisiert. Das narrative Subjekt muss sich entscheiden, hat sich zu positionieren. Paul entscheidet sich, sich dazwischen zu setzen. „Und dies zu verbinden, das zei-, das ist die Aufgabe von uns Lehrern." (644/645) In seiner letzten Positionierung ist Paul nicht mehr deshalb ein Lehrer, weil er über instrumentelles Wissen verfügt, sondern weil er sich zwischen den Forderungen positioniert und an einem „wir" partizipiert, das von der Profession der Lehrerschaft konstituiert wird. Die Last der „Zwischenpositionierung" wird dann nicht von Paul als einzelnem Individuum getragen, sondern vom kollektiven „Wir" einer Profession. Die Hochschule und ihre Forderung gehört zu diesem neuen „Wir" nur bedingt.

2.10 Der Verlauf der Lesarten, Differenzen und Positionierungen

Im Verlauf des Gesprächs lassen sich vier Lesarten des Lehr-Lernverhältnisses verfolgen, die nun zusammenfassend in ihrem Verlauf dargestellt werden sollen. Sie werden über eine Reihe von differenziellen Figuren und den damit ver-

Über das Gespräch hinweg iterierte differenzielle Figurationen

individuell vs. normal/normiert		
Lesart 1		Fig48D Fig63N
1	die mathematikdidaktische Lernumgebung	nicht genannte andere Lernarrangements
2	lernbar für Schüler unterschiedlicher Niveaus	{lernbar für nur ein Schüler-Niveau}
3	offene Aufgabenstellungen	{geschlossene, kleinschrittige Aufgaben}
4	Schüler können Eigenes entwickeln	{Schüler müssen sich Fremdes aneignen}
5	alle Schüler können etwas daraus ziehen	{Selektion nach Leistung findet statt}
	+ Subjektpositionierung Paul	–
Auflösung von Lesart 1		Fig62D
6	dynamische höhere Niveaus für stärkere Schüler	statisches Grundniveau für schwächste Schüler (64)
7	„keine Grenze", „nicht eingeschränkt"	{begrenzt, eingeschränkt}
	individuell	individuell ▶ normal/normiert
	+/– ▶ +	+/– ▶ – Subjektpositionierung Paul
Lesart 2		Fig114MD
9	{wünschenswert, autonom, individuell}	schrecklich, militärisch, mechanisch
10	{nicht erfassbar}	messbar
	+ Subjektpositionierung Paul	–
Lesart 3		Fig136D
11	jedes Können ist Leistung	Leistung differenziert selektiv
12	{individuell aus sich heraus wertig}	{von einem Norm-Horizont her gewertetes}
	+ Subjektpositionierung Dozent	–
	Subjektpositionierung Paul unklar	
Lesart 4		Fig637D/Fig637N
13	„wir" Hochschule	„wir" Gesellschaft
14	neue Praxis der „Individualisierung"	„absolut auf Leistung orientiert"
	+/–	+/–
	Subjektpositionierung Paul: „Wir Lehrer"	
	+ oder +/–	– oder +/–

Ma2 differenzielle Figuren

bundenen Markierungen und Subjektpositionierungen konstruiert, in denen sich sowohl Kontinuitäten als auch Brüche und Kippbewegungen ausmachen lassen.

In dem Gespräch wird durchgehend ein Differenzial mit den beiden gegensätzlichen Semkomplexen „individuell" versus „normal/normiert" entfaltet. Die Seite des „Individuellen" wird meist positiv gewertet, manchmal wird sie neutral und somit „aufgehoben", aber sie wird nie negativ gewertet. Die Seite des „normalen/normierten" wird manchmal neutral gewertet, bisweilen als unumgänglich betrachtet und daher gefordert, sie wird aber nie als eindeutig positiv und wünschenswert dargestellt.

Fügt man wesentliche Zuschreibungen zu den beiden Seiten des Differenzials aneinander, dann erscheint als Abstraktion eine wiederholte Strukturierung. In der Lesart 1 (Fig48D) werden der mathematikdidaktischen Lernumgebung, mit der Paul sich beschäftigt hat, Eigenschaften zugeschrieben, die aus dem diskursiven Horizont der neuen Lernkulturen entnommen sind: Sie ermöglicht ein Lernen, das der Individualität aller Schüler/innen gerecht wird. Die Lernumgebung wird von Paul in einer narrativen Figur (Fig63N) als pädagogisch-didaktische Technologie begriffen, mit der er Lernende in offene Aufgabenstellungen und individualisierte Lernwege gehen lassen und diese individuell fördern kann. Damit positioniert sich Paul auf der Seite „individuell", er positioniert sich in dieser didaktischen Technologie narrativ als zukünftiger Lehrer, als Profi, der die Herausforderungen des Lehrens und Lernens zu bewältigen vermag.

Im Rahmen der Explikation von Lernprozessen in der Lernumgebung scheinen die beiden Seiten von Figur Fig62D zunächst beide zur gewünschten Seite „individuell" zu gehören. Dann zeigt sich aber deren selektiver Charakter, eine Eigenschaft, die zuvor der alten Lernkultur zugeschrieben und abgelehnt worden war. Für „den schwächsten Schüler" – so die Konstruktion – erscheint das „Eigene" als Beschränktheit, individuelle Autonomie kommt nur den stärkeren zu. Die erste Lesart wird damit brüchig und verliert ihre Glaubwürdigkeit. Während damit die didaktisch-instrumentelle Positionierung als Lehrer/in verloren geht, eröffnet sich noch keine neue beziehbare Position. Implizit positioniert sich Paul aber gerade auf der negativ gewerteten Seite des „schwächsten Schülers", um den Pol der Individualität auch auf dieser Seite wieder zu stärken. In diesen Sequenzen des Gesprächs wird daher keine neue Lesart entwickelt, vielmehr löst sich die Lesart 1 auf.

Die Ambivalenz der Lernumgebung macht Paul an dem Begriff „leistungsfähig" fest. War Leistung gerade noch eine Eigenschaft der Individualität, wird sie nun mit Prädikaten belegt, die sie als normal/normiert erscheinen lassen. Die Autonomie der „leistungsstarken Schüler" wird zum „Schrecklichen", die Beschränkung „des schwächsten Schülers" wird durch die Umwertung wieder aufgewertet. Ausgehend von metaphorischen Zuschreibungen (Fig114MD), die selbst dem pädagogischen Diskurs entnommen sind, positioniert sich Paul nun auf der Seite des Organischen, Lebendigen, Individuellen gegen das Mechanische, Militärische und Unpersönliche, das er mit der Praxis der Leistungsmessung in der Gesellschaft verbindet. Er positioniert sich damit ganz auf der Seite des Individuellen und damit auf der Seite des Kindes, das er war, bzw. eines Lehrers, der sich ganz der Individualität des Kindes verschreibt. In dieser Lesart 2 rückt die Lernumgebung tendenziell auf die Seite der Gesellschaft, die mit einer ethisch abzulehnenden Leistungsmessung verbunden ist.

In den folgenden Debatten werden zwei Leistungsbegriffe gegenübergestellt. Mit dem Gegensatz einer Leistung, die von jedem Kind erbracht wird, und einer, die gesellschaftlich gemessen wird, formuliert Paul eine Antinomie, der er sich ausgesetzt sieht und die seine antizipierte Berufstätigkeit auszeichnet: zugleich den gesellschaftlichen Anforderungen an Schule gerecht zu werden und die Individualität jedes Kindes wertzuschätzen. Mit diesem Vermittlungsversuch positioniert er sich gleichermaßen auf der Seite „individuell" wie auf der Seite „normal/normiert" (Fig136D, Variante 1). Der Dozent positioniert sich klar auf der Seite „individuell" – man müsse eben jede Leistung, die ein Kind erbringt, gleichermaßen wertschätzen – und legitimiert dies mit seiner langjährigen Lehrerfahrung (Schule) und nicht mit wissenschaftlichem Wissen (Hochschule). Paul stimmt dieser klaren Positionierung in der dritten Lesart nur bedingt zu, sie bleibt vor allem eine Lesart bzw. ein Lesarten-Angebot des Dozenten (Fig136D, Variante 2).

In der Abschlusssequenz greift der Dozent seine dritte Lesart nochmals auf und bietet sie Paul als Lernentwicklungsempfehlung an. Paul reagiert darauf allerdings mit einer signifikanten Verschiebung und formuliert Lesart 4. In der differenziellen Figur (Fig637D) werden die beiden Seiten wieder gleich gewertet. Es werden zwei Gruppen unterschieden: „wir in der Ausbildung", die auf das theoretische Konzept und die ethischen Anforderungen der „Individualisierung" bezogen sind und „wir Lehrer". Die Positionierung macht dabei eine Bewegung von der ersten zur zweiten Gruppe. Die neue Professionsnarration (Fig637N) iteriert die erste Narration (Fig63N): Während dort das narrative Subjekt „Paul" als zukünftiger Lehrer im Auftrag der Ausbildung auf das individualisierte Unterrichten gerichtet war und die Lernumgebung den Adjuvanten bildete, kommt in der zweiten Narration ein weiterer Auftraggeber hinzu: die Gesellschaft, die Leistung und ihre Messung fordert. Der neue Akteur „Lehrerschaft" verbindet beide Aufträge. Der Auftrag der Hochschule, Individualisierung zu realisieren, gilt nun nicht mehr bruchlos für Paul als Lehrer. Der in den Differenzen zuvor (Fig136D) logisch-antinomische Konflikt wird nun narrativiert und dem neuen „Wir" der Profession, das zwischen beiden Aufträgen vermittelt, aufgegeben. Zugleich wird damit eine Distanz zur Hochschule als Ort des Wissens und der theoretischen Konzepte markiert. Der Konflikt zwischen Individualisierung und Leistungsmessung, der vom Dozenten in der dritten Lesart in einer Praxiskonzeption aufgelöst wird („man muss so handeln", wie unbestimmt auch immer), wird in der vierten Lesart narrativ transformiert: „Wir werden so handeln" (ebenso unbestimmt).

Im Laufe des Gesprächs lässt sich demnach eine Bewegung über vier Lesarten hinweg beobachten. Die erste und die vierte Lesart sind die beiden von Paul artikulierten Lesarten des Lehr-Lern-Verhältnisses. Die zweite Lesart führt zu einer radikalisierenden Umdeutung der ersten, nachdem sich im Gespräch deren immanente Brüchigkeit gezeigt hat. Die dritte Lesart ist letztlich nicht Pauls, sondern ein Deutungsangebot des Dozierenden, das Paul zwar aufgreift, aber zur Lesart 4 iteriert. Die Eindeutigkeit der Positionierung auf der Seite der Individualität, die die Lesarten 1, 2 und 3 auf unterschiedliche Weise auszeichnete, ist in der vierten Lesart einer ambivalenten, einer unbestimmten, abwägenden Position zur Frage der Individualität gewichen. Zugleich hat sich die narrative Struktur von Professionalität transformiert: War sie zunächst eine didaktisch-instrumentelle Narration, in der Paul als „Profi" das individuelle Lernen möglich macht, ist diese einer antinomisch-kollektivistischen Narration gewichen, einer Figur, in der Paul an einem „Wir" partizipiert, das widerstreitende Anforderungen zu verbinden beansprucht.

3 Lesarten einer kunstpädagogischen Konzeptualisierung von Bildumgangsweisen

Mit der Analyse und Interpretation eines zweiten Lernberatungsgesprächs folgen wir Paul in ein anderes Studienfach des gleichen Semesters, in die Kunstpädagogik, und zu einer anderen Dozierenden in der Lernberatung. Auf dem Hintergrund des Lernberatungsgespräches in der Mathematikdidaktik vermögen Pauls Sichtweisen auf den kunstpädagogischen Studieninhalt zu überraschen. Schaut man auf die mathematikdidaktische Lernberatung zurück, dann gipfelten Pauls Lesarten dort in einer Positionierung unter der Lehrerschaft als dem Kollektiv professioneller Akteure, welchem gegenüber den gesellschaftlichen Erwartungen an Schule und den pädagogischen Maximen der Ausbildung eine dritte, eine eigenständige Position zugesprochen wurde. In dieser Positionierung schrieb Paul sich und der Lehrerschaft den Auftrag zu, zwischen der gesellschaftlichen Notwendigkeit der Leistungsmessung und -selektion und der humanistischen Orientierung an der Einzigartigkeit des lernenden Kindes zu vermitteln. So schien in einem flüchtigen Augenblick des mathematikdidaktischen Lernberatungsgesprächs das professionelle Handeln als eine Praxis in Widersprüchen greifbar und reflexiv zu werden.[26] Auf dieser Basis lässt sich vermuten, dass sich Paul auch in anderen Lernberatungsgesprächen vergleichbar positionieren und einer technologischen Perspektivierung des Lehr-Lernverhältnisses nicht bruchlos folgen wird.

---

26 In der professionstheoretischen Position Helspers ist das Handeln in antinomischen Widersprüchen konstitutiv für pädagogische Professionalität (Helsper 1996: 521–569).

Da die Studienmaterialien im kunstpädagogischen Teil der Selbstlernarchitektur der Einzigartigkeit bildnerischer Formulierung und der Subjektivität ästhetischer Praxis grundlegende, didaktische Bedeutung geben, wäre plausibel, wenn Pauls Lesarten die kunstpädagogischen Studieninhalte als ein handlungsrelevantes Konzept begreifen würden, welches dem individuellen Ausdrucksverhalten der Schüler/innen gerecht wird und somit an den humanistisch-reformpädagogischen Diskurshorizont Anschluss nimmt. So ist das allerdings nicht. Wurde in der analytischen Rekonstruktion sichtbar, wie das mathematikdidaktische Konzept mit dem Auftauchen seiner impliziten Verfügbarkeit für Leistungsmessung problematisiert wird und der Leistungsbegriff überhaupt eine Störung in das Ideal gelingender Individualisierung hineinträgt, so wird die kunstpädagogische Konzeptualisierung von Bildumgangsweisen – das ist der Gegenstand der kunstpädagogischen Studienmaterialien – nun zurückgewiesen, weil sie für die Messung und den Vergleich von Schülerleistungen kein offensichtliches Angebot macht. Unter dieser Ausrichtung beurteilt Paul das kunstpädagogische Studienangebot geradezu als untauglich und macht Leistungsmessung und Beurteilung zum zentralen Thema in der Lernberatung. Im mathematikdidaktischen und dem kunstpädagogischen Lernberatungsgespräch scheint Paul sich widersprechende Lesarten zu entwickeln.

Die folgende Darstellung wird zeigen, wie Paul sich an der Sperrigkeit der kunstpädagogischen Studieninhalte gegenüber einer technologischen Auffassung didaktischen Handelns abarbeitet und letztere in seinen Lesarten zur Geltung bringt. In der Analyse werden die wechselnden Markierungen und Subjektpositionierungen in den differenziellen Figuren herausgestellt, wodurch die Konstruktion des kunstpädagogischen Lehr-Lernverhältnisses als Subjektivierung im Professionalisierungsprozess greifbar wird, mit der sich Handlungsentwürfe für die künftige Berufspraxis anzeigen. Ein Schwerpunkt in der Analyse wird auch das Verhältnis der Lesarten Pauls zu ästhetischen diskursiven Horizonten bilden, die im Studienmaterial angelegt sind.

3.1 Eine eigensinnige Thematisierung – Betrachten versus Bewerten

Den Hintergrund für das analysierte Gespräch bilden Lernaktivitäten und Selbststudienmaterialien des kunstpädagogischen Teils der Selbstlernarchitektur. Um die Lesarten Pauls in ihrem Verhältnis zu den didaktisch konzipierten Lesarten der Selbstlernarchitektur zu verstehen, muss dieser Kontext kurz skizziert werden.[27] In den kunstpädagogischen Studienmaterialien werden Handlungsprobleme einer typischen Situation aus dem Kunstunterricht vorge-

---

27 Die didaktische Konzeption des kunstpädagogischen Teils der Selbstlernarchitektur @rs wurde 2006 publiziert (Maier Reinhard 2006: 165–192). Eine Demoversion der Online-Lernarchitektur ist einsehbar unter http://www.selbstlernarchitektur.ch.

stellt. Es handelt sich um Unterrichtssituationen, in denen Schüler und Schülerinnen ihren Zeichenprozess[28] beendet haben, sodass ihre Bilder nun vorliegen. An dieser didaktischen Situation wird die Frage aufgeworfen, wie im Unterricht mit Bildern von Schüler/innen umgegangen werden kann. In den Studienmaterialien wird mit dem Konzept der Perzeptbildung das didaktische Handlungsproblem als eines des Verstehens im ästhetischen Modus des Bildzugangs gefasst (Otto 1984; Otto/Otto 1987; Otto 1999: 173–221). Angeregt werden Bildumgangsweisen, in denen die Wirkungsempfindung des Betrachters eine zentrale Bedeutung für den Verstehensprozess hat. Gemäß dem Ansatz der Perzeptbildung verbinden interpretierende Aussagen zum Bild die Empfindungen und Vorstellungen der Betrachter/in mit am Bild wahrnehmbaren Gegebenheiten. So ergeben sich Aussagen über ästhetische Qualitäten in einer Verschränkung von Subjektivität und Objektivität. In einem hermeneutisch-reflexiven Prozess wird damit der Einzigartigkeit bildnerischer Formulierung im Binnenverhältnis ästhetischer Objektivation Wirkungsraum gegeben. Das in der Wirkungsempfindung implizite Subjekt-Objektverhältnis wird in einer reflexiven Bewegung zur Aussage und Kommunikation gebracht.[29]

Diesen in den Studienmaterialien angelegten ästhetischen Zugang zu Kinderbildern bezeichnet Paul zusammenfassend als „Betrachtung der Bilder" (78) und stellt diesen der „Bewertung der Bilder" (78) gegenüber, indem er auf die schulische Praxis der Leistungsbeurteilung verweist. Letztere bezeichnet er als die Frage, die sich ihm stellt.

Paul:
77 Für mich stellt sich eine große – nicht unbedingt die die die
78 Frage der Betrachtung der Bilder – sondern die Bewertung der
79 Bilder.
Dozentin:
81 Mhm.
Paul:
83 Wenn es darum geht,
86 ich meine es geht um um den ganzen – in dem ganzen Thema
87 geht es darum, ich kriege ein Bild von einem Kind.
Dozentin:
89 Mhm.
Paul:
91 Was fange ich mit diesem Bild an?
Dozentin:
93 Mhm.
Paul:

---

28 Begriff in der Didaktik Bildnerischen Gestaltens für Tätigkeit und Prozess des Zeichnens von Kindern.
29 Burkhard Michel verortet Bildrezeptionsprozesse im Theoriemodell der Text-Leser-Interaktion (Michel 2006). Eco bindet – wie auch Otto mit dem Begriff des „Auslegens von Bildern" (Otto/Otto 1987) – die Interpretation, die sich in der Bild-Rezipienten-Interaktion bildet, an Strukturen von Bildern oder Texten zurück (Eco 1998). Im kunstpädagogischen Teil der SLA wird der Bild-Rezeptionsprozess in Anlehnung an diese Ansätze angelegt.

95   Oft gibt es auch eine Benotung.
Dozentin:
97   Mhm.
Paul:
99   Wie, was für Kriterien setze ich? Und dann habe ich mir einfach
100 bisschen die Frage gestellt, (---) versuch' ich objektive, also
101 Sachen, die ich objektiv bewerten kann, (---) zu bewerten oder
102 inwiefern lass ich mich durch die Wirkung eines Bildes, mach'
103 ich eine subjektive Bewertung?

In der Mitte dieser Sequenz nimmt Paul explizit auf die Studienmaterialien Bezug und reformuliert ihre Ausgangsfrage in Bezug auf Bilder von Schüler/innen: „Was fange ich mit diesem Bild an?" (91). Diesbezüglich benennt er nun sein eigenes Thema. Für ihn geht es um das „Bewerten" von Bildern, nicht um das „Betrachten" (77/78), denn – und nun folgt eine Zuschreibung an Schule – in dieser gehe es eben um das „Bewerten" (78) und um „Benotung" (95). Damit vollzieht sich in der Äußerung eine Subjektpositionierung: Paul positioniert sich in der Schule als künftiger Lehrer – es gehe um „Bewertung und Benotung" und nicht um die „Betrachtung" von Bildern. Damit allerdings wird die kunstpädagogische Perspektive in den Studienmaterialien übergangen. In diesen werden Bilder von Schülern nämlich zum Gegenstand eines Auslegungsprozesses und es wird veranlasst, deren ästhetische Qualitäten in ihrer Besonderheit aufzufassen. So konzipiert Paul seinen relevanten Lerngegenstand gerade nicht.

Die am Anfang der Textstelle aufgemachte Differenz von „Bewerten" und „Betrachten" wird durch die Gegenüberstellung von „objektiv" und „subjektiv" (99–103) fortgesetzt. Es erscheint dabei die Wirkung des Bildes als subjektiver Teil des Bewertungsvorgangs (102/103), dem das „Setzen von Kriterien" auf der Seite des objektiven Bewertens gegenübersteht (99). Paul konkretisiert seine Thematisierung in der Form einer Frage, die zugleich eine Antwort enthält. Ob sich nämlich die Beurteilung auf „objektive Sachen" (100/101) oder auf Subjektives, wie es die „Wirkung eines Bildes" (102) sei, beziehen soll, ist durch die prinzipielle Zurückweisung des Betrachtens als relevanter professioneller Praktik bereits beantwortet. Wenn es in der Schule prinzipiell um Benotung geht, könne es, so Pauls Fragestellung, doch nicht zugleich um Wirkungsempfindung – „subjektive Bewertung" (103) – gehen. Dass Paul dies als Frage formuliert, erscheint im Vorblick auf spätere Gesprächssequenzen als rhetorische Form, denn Paul kennt seine Antwort bereits. Er weiß, dass er bei der Bearbeitung der Studienmaterialien eine eigensinnige Richtung eingeschlagen hat und die Wirkung der Bilder durch eine objektive Beschreibung zu ersetzen suchte (Ku1 Fig415D, s.u., S. 139).

Die folgende Rekonstruktion der differenziellen Figur zeigt zwei sich gegenüberstehende Seiten, in denen je eine Kette von Konnotationen der Ausgangsdifferenz „betrachten versus bewerten" folgt.

Differenzielle Figur „betrachten versus bewerten"

	betrachten vs. bewerten	
1	betrachten (78)	bewerten (78)
2	?	Benotung (95)
3	Wirkung (102)	Kriterien (99)
4	subjektiv (103)	objektiv (100)
5	?	für mich stellt sich die Frage {als Lehrer/in}
6	?	{Schule}
	− + Subjektpositionierung	

Ku1 Fig76D

Die rechte Seite ist als das in der Schule Selbstverständliche gesetzt. Davon hebt sich die linke Seite als markierte Seite negativ ab. Dort wird das Professionelle nicht vermutet. Wenn Paul seine Frage mit „für mich stellt sich die Frage" einleitet, dann wird diese Frage vom gesellschaftlichen Ort der Schule aus artikuliert. Mit „für mich" bezieht er Subjektposition als Lehrer/in in Zugehörigkeit zur Institution Schule. Auf der rechten Seite der differenziellen Struktur ist daher das „für mich stellt sich die Frage" mit der Implikation {als Lehrer/in} ergänzt. Das Empfinden einer Wirkung gehört nicht zur Praxis in der Institution Schule. In der „Schule" steht das objektive Bewerten anhand von Kriterien in Opposition zur „Wirkung" (Differenz in Zeile 3). Welchem gesellschaftlichen Ort die Praktik des Betrachtens und der Wirkung zugesprochen wird, und was daher die Opposition von „für mich stellt sich die Frage" {als Lehrer/in} bildet, bleibt vorerst offen (Differenz in Zeile 5). Erst in einer späteren Gesprächsstelle wird die Opposition explizit werden (Ku1 Fig275D, vgl. S. 131)

Die erste Lesart. An dieser Stelle kann die Analyse zu einer ersten Lesart verdichtet werden. Paul antwortet auf die Studienmaterialien mit einer eigenen Konzeption des professionellen Handelns. Darin ist Leistungsmessung die relevante Professionalisierungsperspektive, von der aus der Studieninhalt aufgefasst wird. Bilder als Produkte von Schülerinnen und Schülern im Unterricht werden als Gegenstände der Leistungsbeurteilung begriffen und die Fähigkeit zur Leistungsbeurteilung erhält den Stellenwert einer zentralen professionellen Kompetenz, der Pauls Lerninteresse gilt. Das Lehr-Lernverhältnis in der Schule und auch das kunstpädagogische Studienangebot werden unter eine technologische Erwartung gestellt. Der angebotene Studieninhalt soll für die Anforderung des Bewertens etwas Anwendbares hergeben, er soll geeignet sein, die Bewertungskompetenz herzustellen. Paul setzt so einen eigenen Professionalisierungsentwurf im Sinne eines didaktisch-instrumentellen Handelns, mit dem er die im Studienmaterial angebotenen professionellen Praktiken zurückweist und in Bezug auf sein Lerninteresse als wenig relevant beurteilt. Man kann nun bereits antizipieren, dass und in welcher Weise Pauls Lesart für die Konzeptualisierung des Handelns im Unterricht folgenreich ist: Leistungsmessung fordert die Zuweisung der Bilder auf Rangpositionen einer Vergleichsskala und verlangt nach objektiven Kriterien, um eine solche Beurteilung zu begründen. Das möchte Paul können. Das professionelle Handeln in einem Auslegungsprozess zu konzipieren, der ein interpretierendes Gespräch, die Mitteilung von Bedeutungen und Offenheit für eine Vielzahl von Deutungen und deren Mehrdeutigkeit fordert, darauf bezieht sich Pauls Antizipation des Handelns im Unterricht offensichtlich nicht. Den Umgang mit Bildern von Schüler/innen als Kommunikation in einem reflexiv-hermeneutischen Prozess didaktisch zu gestalten, bildet für ihn keine relevante professionelle Handlungsvorstellung.

3.2 Das Problem mit der Bewertung – Darf man es sich erlauben, Schüler einzuschränken?

In der folgenden Gesprächssequenz expliziert Paul seine Thematisierung mit der Erzählung eines Ereignisses aus dem Praktikum. Erzählt wird von einer bildnerischen Aufgabenstellung, die in der Bearbeitung durch die Schüler/innen sehr unterschiedliche Lösungen erfahren hat. In dieser Erzählung erfährt das Bewerten von Bildern eine Problematisierung.

Paul:
123 [...] und nachher
124 habe ich gesagt: „Macht ein Bild im Stil von Mondrian"
Dozentin:
126 Ja, mhm.
Paul:
128 Und da sind ganz unterschiedliche Sachen raus gekommen.
129 Inwiefern werte ich diese Bilder, (---) wie (---) wie wurde die
130 Anforderung, die ich gestellt habe, die Aufgabe, die ich
131 gestellt habe, umgesetzt?
Dozentin:
133 Mhm.
Paul:
135 Wie, inwiefern kann ich mir überhaupt erlauben,
138 die Kinder auch einzuschränken. Oder wenn jetzt, wenn
139 Beispiel ein Kind – zum Teil hat es große schwarze Linien gemacht,
140 und hat zwei, die Flächen ausgemalt und das sah so aus. (PAUL skizziert ein Beispiel)
141 Aber es gab Kinder, die haben dann zusätzlich Flächen
142 ganz klein unterteilt und haben dann je alles so kleine Kästchen ausgemalt.
Dozentin:
145 Mhm.
Paul:
147 Eigentlich, eigentlich wunderschön.
Dozentin:
149 Ja.
Paul:

151 War, in inwiefern schränke ich die Kinder ein, oder schränke ich
152 sie nicht ein?

Paul erzählt, dass unter den vielen unterschiedlichen Bildern auch solche entstanden sind, die seinen Lösungserwartungen nicht mehr entsprochen haben. Dieses Ereignis thematisiert Paul nun unter der Frage, inwiefern er die Bilder werte (129). Gefragt wird, von welcher Art der Zusammenhang zwischen Aufgabenanforderung, Lösungserwartung und Bewertung sei, ob überhaupt und wie weitgehend ein solcher Zusammenhang bestünde (129–131). Diese Frage erfährt im Verlauf der Gesprächssequenz in einer dreifachen Wiederholung eine Bedeutungsverschiebung, sodass schließlich am Bewertungsvorgang ein Machtverhältnis hervorgehoben wird: die Macht der Lehrenden, die Schüler/innen einzuschränken (135/138, 151/152).

Wie kommt es dazu? Wenn die Erfüllung von Aufgaben so konzipiert wird, dass sich Schüler/innen in den Grenzen möglicher vorbedachter Bearbeitungsergebnisse bewegen sollen, dann werden die Bewertung und ihre Kriterien die Ergebnisse auf aufgabenkonforme Lösungen beschränken. Wird nicht eingeschränkt – so die Praxiserzählung Pauls – bleiben Zeichnungen, die in gewissem Sinn zu weit gehen und die Grenze erwarteter Aufgabenlösungen überschreiten. „Viele kleine ausgemalte Kästchen" (140–143) scheinen im erzählten Unterrichtsbeispiel diese implizite Grenze der Aufgabe. Dieser Grenzüberschreitung gilt die Einschränkung im Akt der Bewertung. Gerade diese Bilder werden aber zugleich als „wunderschön" (147) bezeichnet. An diesem Beispiel wird deutlich, dass die Problematisierung der Beurteilungspraxis durch eine fachspezifische Besonderheit der Lerngegenstände entsteht. Eben weil es sich um ästhetische Objektivationen handelt, können Schönheitserfahrung und -urteil provoziert werden und Gültigkeit beanspruchen.[30] Die Erfahrung der Schönheit ist für Pauls Thematisierung ausschlaggebend, weil sie den Akt der Bewertung als Einschränkung erst problematisch erscheinen lässt. Es ist die Prädikation „wunderschön", in der sich ein Bruch und die Irritierung von Pauls Positionierung auf der Seite des Bewertens (Lesart 1) anzeigt. Mit

---

30 Holz bestimmt die Theorie ästhetischer Wirkung als das Zentrum der Ästhetik zwischen Produktions-, Rezeptions- und Werkästhetik. Das Schönheitsurteil wird als Zuschreibung einer ästhetischen Qualität einerseits auf die Wirkung bezogen, die ästhetische Objekte für das wahrnehmende Subjekt haben, und andererseits auch auf Eigenschaften der Objekte selbst. Als ästhetische Wirkung ist es Aussage eines Eindrucks, welcher sich im Prozess ästhetischer Reflexivität zum Gedanken ausbildet und als Erfahrung bewusst wird. Ästhetische Erfahrung wird als reflexive Bewegung eines Erkenntnisprozesses akzentuiert, in welchem die Schönheitsempfindung differenziert wird (Holz 1990: 53ff.). Während Holz in seiner philosophischen Theorie der bildenden Künste ästhetische Reflexivität als Erkenntnisprozess bestimmt, hebt Duncker in seinem bildungstheoretischen Zugang an der Zuschreibung der Schönheit den Aspekt des Genusses hervor. Im Kontext ästhetischer Bildungsprozesse wird „Ästhetische Erfahrung als Genuss" als eine von vier Strukturmomenten ästhetischer Erfahrung bestimmt (Duncker 1999: 9ff.). Es ist der Aspekt des Genusses im ästhetischen Urteil, die Empfindung der Lust als Wirkung der Schönheit, mit der Kant die moderne Autonomieästhetik begründet und den Diskurs über die ästhetische Wirkung maßgeblich beeinflusst (Parmentier 2004).

der Modalisierung „eigentlich" (147) wird sie als die wesentliche Bildqualität hervorgehoben (Kluge 2002: 232). Fragt man nun nach der Subjektpositionierung in dieser Praxiserzählung, dann stellt man fest: In der ästhetischen Empfindung, die durch „wunderschön" angezeigt wird, platziert sich Paul empathisch auf der Seite des Kinderbildes und beim Kind als dessen Schöpfer.

Da Lernberatung konzeptionell auf die Relationierung unterschiedlicher Lesarten ausgerichtet ist, werden die beiden bisher analysierten Sequenzen und das Aufbrechen der Problematisierung im Folgenden noch schärfer in den Blick genommen und vor dem Hintergrund des Diskurses zur ästhetischen Bildung interpretiert. Erst vor diesem Hintergrund lässt sich begründen, warum überhaupt eine Problematisierung entsteht. Für die von Paul zu Beginn des Gesprächs aufgeworfene Frage nach der Bewertung und Benotung (99–103), könnte das Praxisbeispiel durchaus eine Lösung enthalten. Eine Benotung nach ausgewiesenen, mit der Aufgabe gesetzten Kriterien (99–101) wäre in der erzählten Situation zwar herstellbar, aber sie ergäbe, dass die „wunderschönen" Bilder diese Kriterien nicht erfüllen. Eine solche Beurteilung wäre im Sinne von Pauls erster Lesart wohl „objektiv", die Wirkungsempfindung der Lehrer/in hätte an diesem Urteil keinen Anteil und die Schüler/innen wären daraufhin „eingeschränkt", den Zweck der Aufgabenstellung zu erfüllen. In gewisser Weise problemlos wäre so Pauls Perspektivierung des Lehr-Lernverhältnisses zu entsprechen. Dass die antizipierten Handlungsweisen nun aber fragwürdig werden, dafür ist die Schönheitsempfindung das auslösende Ereignis.

Gemäß dem ästhetischen Diskurshorizont ist in der Schönheitsempfindung der Gegenstand der Betrachtung das Vollkommene. Dieses im ästhetischen Zugang Vollkommene schließt eine Beurteilung unter Zwecksetzung der Aufgabenstellung aus.[31] So bilden die Schönheitsempfindung und die Bewertung im Aufgabenbezug einen kontradiktorischen Gegensatz. Wenn Paul nun nicht mehr von Schüler/innen, sondern von Kindern und ihren „wunderschönen" Bildern spricht, somit der Schönheitsempfindung folgt und sich auf der

---

31 Der ästhetische Diskurs der Moderne schreibt dem ästhetischen Zustand – für den Pauls Schönheitsurteil steht – spezifische Eigenschaften zu. Auf der Objektseite korrespondieren der ästhetischen Wirkung Qualitäten der wahrgenommenen Formgestalt. Am Beispiel der Kunst spricht Holz von einer Formgestalt, deren Momente „notwendig bedingt und zureichend begründet sind durch ihren Zusammenhang im Ganzen und durch die Sinneinheit im Ganzen - eine Formgestalt also, die nur so und nicht anders sein kann und in der mithin die Einheit von Wesen und Erscheinung sichtbar wird, ist vollkommen" (Holz 1990: 224). Parmentier spricht von der Kunst als einer „Gemütserregungsmaschine", der nun auf der Subjektseite Schönheit als Wirkung entspricht. Dem ästhetischen Zustand des Subjekts werden Leibgebundenheit, innere Bewegung ein Gefühl der eigenen Passivität, die Aufhebung alltäglicher Relevanzordnungen und die Lösung aus deren Zweckbestimmungen zugeschrieben (ebd.: 27ff.). Als ein Gefühl in der Relation zu einem ästhetischen Objekt bedingt die Wirkung der Schönheit ein Anerkennungsverhältnis, das reflektierbar und in Begriffen umspielbar sei. Als ästhetisches Urteil sei es aber nicht aus vorausgesetzten Kategorien logisch ableitbar (Parmentier 2004).

Seite des Kindes positioniert, erkennt er die diskursive Ordnung des Ästhetischen an, in der dem Kind schöpferische Autonomie zukommt, in der es das Andere in seiner Besonderheit und Vollkommenheit ist. Die Ordnung des Ästhetischen, die Paul als Horizont offenbar verfügbar ist, wenn er das „Wunderschöne" als Argument anführt, tritt mit der Ordnung der Leistungsbeurteilung und Zwecksetzung in einen Widerstreit.[32] In Bezug auf den ästhetischen Diskurshorizont lässt sich die Bedeutungsverschiebung in der dreifachen Reformulierung der Frage Pauls interpretieren. Erst wenn mit dem Schönheitsurteil als diskursiver Bedeutungsaspekt die schöpferische Freiheit – Gegenpol einer zweckgebundenen Produktion – sowie die Anerkennung der Einzigartigkeit schöpferischer Subjekte – Gegenpol einer vergleichenden Leistungsbeurteilung von Produkten und Produzenten – als Wertorientierungen ins Spiel gebracht werden, erst dann lässt sich die Verschiebung der Bedeutung in Pauls Frage verstehen.

In der folgenden Äußerung (135–138) wird die Entscheidung über das aufgeworfene Handlungsproblem nun zum Gegenstand einer Erlaubnis gemacht. Dadurch wird die angesprochene Entscheidung „einschränken oder nicht einschränken" als ein Problem des moralischen Handelns exponiert. Das Praxisbeispiel spricht von Pauls Zweifel an der Rechtmäßigkeit seines bewertenden Handelns. Paul äußert Bedenken, ob die Maßstäbe des Handelns alleine aus dem zweckrationalen Zielhorizont der Aufgabenstellung gewonnen werden können oder ob die Begründung des Handelns vielmehr der schöpferischen Freiheit von Kindern und dem besonderen, kindlichen Weltzugang folgen soll. Daher fragt er, welche Maxime des Handelns in der Schule Gültigkeit hat.

Paul:
137 Wie, inwiefern kann ich mir überhaupt erlauben
138 die Kinder auch einzuschränken?

Wenn nun die Erlaubnis bestünde, „die Kinder auch einzuschränken", wenn sie von einer berechtigten Instanz gegeben würde, wäre das eine Lösung der Entscheidungsproblematik. Bezieht man den Kontext Lernberatung mit ein, dann ist die Dozierende Adressatin der Frage. Als Vertreterin der Profession könnte ihr die Autorität zugesprochen werden, die Erlaubnis zu geben, „einzuschränken". Paul fragt in diesem Sinne in einer Entscheidungssituation mit widerstreitenden Handlungs- und Wertorientierungen die Dozierende als Ver-

---

32 Dieser Schritt der Interpretation impliziert diskursive Anschlüsse: Im reformpädagogischen Bezug der Kunstpädagogik und in der Rezeption der Kinderzeichnung in der Kunst ist es gerade die schöpferische Freiheit, die dem bildnerischen Ausdruck der Kinder zugesprochen wird und der kindlicher Weltsicht Vorrang vor kultureller Prägung gibt (Legler 2006, Finneberg 1995). Im gegenwärtigen Diskurs Ästhetischer Bildung werden Konzepte vertreten, in denen die Autonomie des ästhetischen Subjekts, die individuelle Einzigartigkeit des ästhetischen Ausdrucks und ästhetische Praxis als das Andere des Normativen zentrale Stellung haben (Selle 2003).

treterin der Profession um die Erlaubnis, die Autonomie der Kinder einzuschränken und von der institutionellen Macht Gebrauch zu machen.

Die folgende Darstellung zeigt die differenzielle Figur Fig76D, die die erste Lesart bildet und Fig123D, die die zweite Lesart konstituiert im Zusammenhang.

Differenzielle Figur „nicht-einschränken versus einschränken"

	nicht-einschränken vs. einschränken	
1	{nicht einschränken}	einschränken (138, 151)
2	ganz unterschiedliche Sachen (128)	Umsetzungsvorstellungen der Lehrer/in (130)
3	{Bilder von Kindern}	{Umsetzen von Aufgaben}
4	wunderschön (147)	{Zweck erfüllend}
5	{die Empfindung der Schönheit}	die Feststellung der Erfüllung von Anforderungen
6	„Kinder" (139, 151)	[Schüler/innen]
7	eigentlich (147)	{uneigentlich}
	+	−
	Subjektposition	

Markierung: erfolgt rechts, die Lösung im Aufgabenhorizont ist nicht das Eigentliche
Subjektpositionierung: erfolgt links, die Identifikation mit dem Kind und seinen wunderschönen Bildern

Ku1 Fig123D

Differenzielle Figur „betrachten versus bewerten" (s.o., S. 122)

	betrachten vs. bewerten	
8	betrachten (78)	bewerten (78)
9	?	Benotung (95)
10	Wirkung (102)	Kriterien (99)
11	subjektiv (103)	objektiv (100)
12	?	für mich stellt sich die Frage {als Lehrer/in}
13	?	{Schule}
	−	+
	Subjektpositionierung	

Markierung: erfolgt auf der linken Seite, denn das subjektive Empfinden einer Wirkung (Betrachten) ist das, worauf es in der Schule nicht ankommt, das Bewerten macht die Schule aus
Subjektpositionierung: in der Schule als Lehrer/in und im Studium als Student/in

Ku1 Fig76D

Von oben beginnend ist die Opposition „nicht-einschränken versus einschränken" (Differenz in Zeile 1) als leitende Differenz gesetzt. Damit wird der in der

Praxiserzählung explizit aufgemachten Differenz gefolgt. In ihr sind zwei Handlungsweisen konträr gestellt, die das Unterrichtsverhältnis als Machtverhältnis artikulieren. Die Kette von Konnotationen enthält in Zeile 2 und 3 der Differenzkette den Bereich der Gegenstände, auf den sich die Handlungsweisen richten, in Zeile 4 und 5 folgen Aspekte des Urteilens über diese Gegenstände. Die in geschweifter Klammer notierten Oppositionen sind implizite Gegensätze aus dem diskursiven Zusammenhang. Zeile 6 nennt die Produzenten der Gegenstände, wobei „Schüler/innen" als Opposition von „Kinder" deren institutionelle Rolle in der „Schule" bezeichnet. Die wertende Markierung der differenziellen Figur ergibt sich aus den positiven Bedeutungsaspekten von „wunderschön" und „nicht einschränken" (Freiheit lassen) sowie den negativen von „einschränken" (Freiheit nehmen). Die Subjektpositionierung erfolgt auf der linken Seite, bei den „Kindern".

Sieht man die beiden differenziellen Figuren (Fig76D und Fig123D) zusammen, dann bemerkt man, dass beide als eine fortlaufende Konnotationskette unter die Leitdifferenz betrachten versus bewerten (Zeile 11) gestellt werden können. „Betrachten" auf der linken Seite der differenziellen Struktur steht in Verbindung mit „Wirkung", „subjektiv" und „Empfindung der Schönheit" (Zeilen 10, 9, 5), wobei die Empfindung der Schönheit („wunderschön") die grundlegende ästhetische Empfindung ist (Zeile 4). Folgt man der konnotativen Kette von unten (Zeile 13) nach oben, dann endet sie in einem didaktischen Handlungskonzept, das mit „nicht einschränken" bezeichnet wird (Zeile 1). In ihr liegen Bedeutungsaspekte, wie „frei" oder „nicht in Zwecken eingeschränkt", die auch mit dem Begriff der zweckfreien Erfahrung der Schönheit verknüpft sind. Auf der rechten Seite der differenziellen Figur folgen auf „bewerten" (Zeile 11), „Kriterien" und „objektiv" (Zeile 10 und 9) in Verbindung mit der „Feststellung von Aufgabenanforderungen" und der „Umsetzung von Aufgaben" (Zeilen 5 und 3). „Einschränken" (Zeile 1) bezeichnet hier das didaktische Handlungskonzept im Sinne des Durchsetzens von Lösungsvorstellungen (Zeile 2). Laufen auf der linken Seite die Seme „frei", „schön", „subjektiv", so laufen auf der rechten Seite die Seme „beschränkt", „gemessen", „objektiv".

Deutlich sieht man nun auch wie die Markierung und damit die handlungsrelevante Wertungsrichtung kippen. Während in den ersten Gesprächssequenzen das Bewerten positiv markiert war, so ist es nun in der Praxiserzählung negativ markiert und das Betrachten wird positiv. Mit dem Kippen der Markierung wechselt auch die Subjektposition von der Seite des Bewertens auf die Seite des Betrachtens.

Die zweite Lesart. Auf der Basis der analysierten differenziellen semantischen Struktur kann nun eine zweite Lesart beschrieben werden. Das Lehr-Lernverhältnis wird als ein Machtverhältnis perspektiviert, wodurch den didaktischen Entscheidungen die Dimension von Freiheit und Beschränkung zugeschrieben wird. Aufgabenstellungen sind in dieser Lesart Instrumente, mit denen Ziele/Produkte hergestellt und deren Bewertung vorstrukturiert werden. Sie sind Medium der Objektivierung von Zielvorstellungen und der Legitimation der Beurteilung. Diese Lesart didaktischen Handelns wird zugleich zum Anlass ihrer Problematisierung. Das Problematisch-Werden ereignet sich im Äußerungsakt, in dem den Schülerbildern in einem Schönheitsurteil ein Wert zugeschrieben wird, dessen Begründung nicht mehr im Rahmen der Kriterien der Aufgabenstellung gefunden werden kann, sondern diesen Rahmen sprengt. In der Praktik des Aufgabenstellens wird die Bewertung durch Zwecke des Unterrichts legitimiert; in der Schönheitsempfindung löst sich eben dieser legitimatorische Bezug auf. Weil Bildumgangsweisen in diesen Widerspruch gesetzt werden, artikuliert sich ein Handlungskonflikt. Rückblickend auf die Analyse des mathematikdidaktischen Lernberatungsgesprächs lässt sich feststellen: In beiden Gesprächen treten ein Bruch und eine Problematisierung auf, wenn individuell-einzigartige Lernereignisse mit der normativen Orientierung institutionalisierten Lernens und mit Unterrichtspraktiken der Leistungsmessung in Bezug gesetzt werden. Im mathematikdidaktischen Gespräch wird in Pauls vierter Lesart die Vermittlung dieses Widerspruchs dem Kollektiv der „Lehrerschaft" übergeben. Im kunstpädagogischen Gespräch gibt es keine solche Lösung. Jedoch ist in Pauls Frage nach der Erlaubnis, Schüler/innen auch „einzuschränken" (135–138), eine Möglichkeit der Aufhebung des Konflikts angelegt, insofern die Erlaubnis nämlich von einer Autorität erfragt und erwartet wird. Impliziert ist darin eine Lesart pädagogischer Professionalisierung – Professionalisierung als Berechtigt-Werden zu instrumentellem, machtförmigem Handeln durch professionelle Zugehörigkeit. Die angefragte „Erlaubnis" könnte von der Dozentin gegeben werden, indem sie diese Handlungsform autorisiert, aber in dieser Gesprächssequenz tut sie dies nicht. Der Widerspruch wird so offen gehalten.

In der Analyse zeigt sich, dass Bruchstellen und Widersprüche häufig vom Wechsel der Subjektposition und einem Unsicher-Werden oder Kippen der wertenden Gerichtetheit begleitet sind. Solche Bruchstellen oder solch ein Schwanken der Subjektpositionierung und Markierungsrichtung interpretieren wir als Einsätze von Reflexivität und als Anzeichen für die Produktion neuartiger Bedeutungen. Sie können daher als Aspekte des Lernens betrachtet werden.[33] Nun wird allerdings in der analysierten Gesprächssequenz die Lesart Pauls mit den in der Selbstlernarchitektur angelegten Lesarten, der disziplinär normativen Wissensstruktur, nicht explizit relationiert. In der Analyse von Lernberatungsgesprächen finden wir Reflexivität häufig in diesem anfänglichen Sinn, – als Bruch, als Sprung, als Widerstand – nicht so also, dass die Bedeutungsproduktion selbst bewusst gemacht und explizit relationiert würde und sich dann erweitere oder verändere, aber doch so, dass sie im Lernbera-

---

33 Kossack fasst das Bilden von Lesarten als Teil der Lernentwicklungskommunikation in Selbstlernarchitekturen unter einem poststrukturalistischen Lernbegriff. Lernen wird als Produktion neuartiger Bedeutung durch differenzbildende Bewegung in Zeichenstrukturen aufgefasst. (Kossack in diesem Band)

tungsgespräch als problematisch markiert wird.[34] Wenn die Analyse dieses Lernberatungsgesprächs nun weiter aufgespannt wird, dann unter der Frage, wie die beiden Lesarten im Fortgang des Gesprächs prozediert werden und welche Qualität darin das Reflexiv-Werden der Lesarten erhält.

3.3 Praktiken in unterschiedlichen Praxisfeldern – Bilder von „Künstlern" wirken und Bilder von „Schülern" werden an Vorstellungen gemessen

Mit „aber wenn ich [...]" eröffnet Paul in der folgenden Sequenz ein Argument, das sich als Gegenargument auf mehrere Interventionen der Dozierenden bezieht. In diesen Interventionen brachte die Dozierende disziplinäre Lesarten der Bildrezeption unter Bezugnahme auf die Studienmaterialien ein und versuchte, sie mit Pauls Lesarten zu relationieren. Paul widerspricht nun mit einer zweiteiligen Entgegnung, in der das Handeln im Feld der Kunst dem Handeln im Feld der Schule gegenübergestellt wird. Im ersten Teil des Arguments wird eine Bildumgangsweise beschrieben, deren Qualitäten mit „ich lass mich (ein)" (286) und „das Bild wirkt (zu)erst auf mich" (286) der Bindung an die Wirkungsempfindung und der subjektiven Grundierung des ästhetischen Zugangs entspricht.

Paul:
276 Aber wenn ich (---)
Dozentin:
278 Ja.
Paul:
280 Das dünkt mich eben schwierig. Wenn ich ein
281 Bild gera-, wenn ich ein Bild von einem Künstler anschaue,
Dozentin:
283 Mhm.
Paul:
285 Dann gehe ich vielleicht mit einer un- wie soll ich sagen, (---)
286 ich lass mich, das Bild wirkt auf mich.

Diese Art der Bildbetrachtung wird explizit dem Bereich der Kunst zugesprochen (280/281), dem nun die Schule als Bereich der Gültigkeit einer anderen Praxis gegenübergestellt wird, eine Bildumgangsweise, die in der Schule („als Lehrer") gilt.

Paul:
290 Wenn ich als Lehrer aber eine Aufgabe gegeben habe, habe

---

34 In welcher Weise in Lernberatungsgesprächen bei der Aneignung kunstpädagogischer Studieninhalte Brüche, Widerstände und Konflikte artikuliert und reflexiv werden, dazu siehe auch Maier Reinhard 2008: 249ff.

293 ich das automatisch schon mit einer Vorstellung verbunden, oder
294 nicht? Bin ich da falsch?

Wenn Paul als Lehrer handelt, dann verwandeln sich Bilder von Gegenständen des Betrachtens in solche von Aufgabenstellungen. In der Äußerung Pauls taucht das Wort „Bild" gar nicht mehr auf, es ist durch Aufgabe ersetzt. Paul antizipiert sich als Lehrer, der eine Aufgabe gibt und in der Aufgabe bereits Bilder entwirft (293), die dann von Schüler/innen hergestellt werden. Durch die bildnerische Aufgabenstellung aber hat die Lehrer/in selbst einen bildproduzierenden Anteil, denn in den Aufgaben sind die zu realisierenden Bilder als Vorstellungen der Lehrer/in bereits vorhanden (290–294). Darin liegt nun die Begründung für die Schwierigkeit, von der Paul am Anfang der Sequenz spricht (280). Sie entsteht dann, wenn kunstpädagogisch gefordert wird, auch in der Schule eine ästhetische Betrachtungsweise zu realisieren, die von der Wirkung der Bilder ausgeht. Wenn Bilder aber als Lösungen einer von Paul erdachten Lernaufgabe angesehen werden, sind die Lösungen der Schüler/innen „automatisch" mit der Erfüllung einer vorbestimmten Vorstellung verbunden – so Paul. Das schließt das Zur-Wirkung-Kommen nicht vorbedachter Bildmöglichkeiten, fremder, bildeigener Wirkungen aus. In Pauls Äußerung wird „eine Vorstellung haben" (293) gegen „auf mich wirken" (286) gestellt.

Differenzielle Figur „betrachten versus bewerten", Fortsetzung 1

	betrachten vs. bewerten	
1	Bilder von Künstler/innen (281)	{Bilder von Schüler/innen}, Bilder, die Paul als Aufgabe gegeben hat (290)
2	{im Bereich der Kunst}	{in der Schule}
3	{als Privatperson}	als Lehrer/in (290)
4	anschauen (281)	Aufgaben geben (290)
5	Wirkung der Bilder empfangen, sich einlassen (286)	Vorstellungen haben, Bilder auf Vorstellungen beziehen (293)
6	[reflexiv]	automatisch mit einer Vorstellung verbunden (293)
7	{Aktivität der Bilder} {Passivität des Betrachters} wirken auf mich	{Passivität der Bilder} {Aktivität des/der Lehrer/in} auf Vorstellungen der Aufgabe bezogen
	–/+	+
		Subjektpositionierung

Markierung: erfolgt links, eine Bildumgangsweise wie in der Kunstbegegnung ist in der Schule nicht möglich
Subjektpositionierung: rechts als Lehrer/in in der Schule

Ku1 Fig275D

Mit „automatisch" (293) wird der Bedingungszusammenhang des Stellens einer Aufgabe und der Vorstellung bestimmter Lösungen zudem als selbstverständliche und unverfügbare Rahmung des Handelns gesetzt. In dieser Rahmung werden Bilder als Ergebnisse von Aufgaben zwingend zu Gegenständen des bewertenden Vergleichs hinsichtlich der in Aufgaben impliziten Lösungsvorstellungen. In der Schule, so scheint es, ist die Lehrer/in daher nicht frei für eine ästhetische Erfahrung im Umgang mit Schülerbildern, weil sie automatisch im Zweckbezug der Aufgabenstellung befangen ist. Im Sinn von Pauls Lesart schlägt die Selbstlernarchitektur daher eine unmögliche Praktik vor, die von Paul bereits am Anfang des Lernberatungsgesprächs zurückgewiesen wurde (Ku1 Fig76D, S. 127). Diese Zurückweisung wiederholt sich hier. Pauls Entgegnung in diesem Moment des Gesprächs erscheint wie eine resümierende Verallgemeinerung der didaktischen Konstellation, die Paul schon zuvor in seiner Praxiserzählung an der Aufgabenstellung zu Mondrian exponiert hat (Ku1 Fig123D, S. 127) und wie eine Antwort auf die dort aufgeworfene Frage.

Folgt man der differenziellen Ordnung, dann findet man eine Reihe oppositioneller Terme, die die Differenz-Konnotationskette aus der differenziellen Figur „betrachten versus bewerten" fortsetzen. Die schon bekannte Opposition von subjektiver Wirkungsempfindung und objektiver Bewertung im Rahmen von Aufgabenanforderungen wird wiederholt (Zeilen 4 und 5). Ein neuer Bedeutungsaspekt taucht auf, der im Modus des Betrachtens den Bildern ein aktives Potenzial zuschreibt. Dem steht im Modus des Bewertens die Passivität der Bilder gegenüber (Zeile 7). Ein aktives oder passives Moment läuft als impliziter Bedeutungsaspekt auch in weiteren Oppositionen mit. Wobei auf der linken Seite der Differenz dem Subjekt des Betrachtens ein Aspekt der Passivität zukommt (Zeilen 4 und 5), dem – wie schon gezeigt – eine gewisse Aktivität des Bildobjektes korrespondiert (Zeile 7, linke Seite). Auf der rechten Seite korrespondiert der Passivität der Bilder (Zeile 7) wiederum die Aktivität des Lehrers (Zeile 4 und 5). In der Formulierung „ist das automatisch schon mit einer Vorstellung verbunden" (Zeile 6) wird in eigenartiger Weise in die Aktivität, die das Hervorbringen einer Vorstellung im Akt des Aufgabenstellens ist, selbst eine Passivität eingeschoben. Was sich automatisch ergibt, ist der Bestimmung durch handelnde Subjekte entzogen, wird ihnen zugefügt, indem es mit ihnen passiert. In den Äußerungen bleibt die Opposition zu „automatisch" unbesetzt. Sie kann interpretierend im Bezug auf den Diskurshorizont der Ästhetik und der ästhetischen Bildung mit dem Term „reflexiv" gefüllt werden. Durch diesen Bezug wird für die Interpretation ein Bedeutungsaspekt gewonnen, der die beiden Praktiken, das Betrachten und das Bewerten, als Lehr-Lernverhältnisse in ihrer Widersprüchlichkeit und kunstpädagogischen Problemstruktur weiter aufschließt. Als anthropologische Kategorie in der Ästhetik ist Reflexivität die bestimmende Qualität des Menschlichen. Sie wird als grundlegender Modus ästhetischer Erfahrung und zugleich als Bedingung der Selbstbestimmung des Menschen bestimmt.[35] Der Term „automatisch" mit der

---

35 Im Begründungsdiskurs ästhetischer Bildung hat der Bezug auf Schillers Briefe „Über die

konnotativen Verbindung zur Metaphorik des Automaten- und Maschinenhaften steht für das Andere des Menschlichen und entspricht dem Fehlen reflexiver Bewusstheit. Wird Reflexivität im ästhetischen Zugang zur Welt als die Möglichkeit der (Selbst-)Bestimmung gesetzt, verbindet sich mit dem Automatenhaften dann der Bedeutungsaspekt der Fremdbestimmtheit. In dieser Interpretation lässt sich über die konstruierte Opposition von „reflexiv versus automatisch" ein Anschluss an die Differenz von „nicht-einschränken (frei lassen) versus einschränken" herstellen (Fig123D, S. 127). Gerade weil der ästhetischen Reflexivität in ästhetischen Bildungsprozessen das Moment der Selbstbestimmung zukommt, verweist die analysierte Gesprächssequenz auf eine zentrale Problemstruktur kunstpädagogischer Professionalisierung. Pauls Lesarten können als Artikulationen dieser Problemstruktur aufgefasst werden. Die differenziellen Figuren „betrachten versus bewerten" und „nicht-einschränken versus einschränken" sind dazu die textnahe Rekonstruktionsebene.

Betrachtet man die differenzielle Struktur unter der Frage der Positionierungen, dann stellt man fest, dass zwei Positionierungsmöglichkeiten aufgemacht werden. Einmal in der Betrachtung von Kunst außerhalb der Schule, im Bereich der Kunstbegegnung und einmal als Lehrer/in in der Schule (Zeilen 2 und 3). Es werden so zwei Bereiche gesellschaftlicher Praxis mit ihren je eigenen Praktiken gegenübergestellt. Auf der Seite des Betrachtens sind es Praktiken des privaten Umgangs mit der Kunst, auf der Seite des Bewertens sind es Praktiken mit Schülerbildern in der Schule als Institution. In der Opposition

---

Ästhetische Erziehung des Menschen" besondere Relevanz. Rittelmeyer hebt in einer erziehungswissenschaftlichen Analyse von Schillers Briefen die Tragweite dieser Texte für das Konzept Ästhetischer Bildung hervor. An Schillers Entwurf des ästhetischen Zustands als einem freien Spiel von Einbildungskraft und Verstand, hebt er die Bedeutung eines für das Welt- und Selbstverstehen entscheidenden Modus der Wirklichkeitszuwendung hervor. Im kindlichen Symbolspiel sieht er ein empirisches Beispiel eines solchen ästhetischen Reflexionsverhältnisses. „Der in einem solchen Spiel von Einbildungskraft und Verstand erreichte Zustand ästhetischer Betrachtung ist […] das entscheidende Stadium, aus dem heraus das begreifende Denken erst selbsttätig hervorgehen kann." (Rittelmeyer 2005: 115) Auf Schillers Briefe zurückkommend: Dort wird diesem Modus ästhetischer Reflexivität im Verhältnis zur Schönheit zugesprochen die Freiheit zu konstituieren, die dem Menschen ermöglicht sich selbst zu bestimmen und zwar als der, der er sein soll (Schiller 1975: 21. Brief). Nach Rittelmeyer wäre dies ein Kernpunkt von Schillers pädagogischer Anthropologie mit aktueller Bedeutung für die pädagogische Aufgabe der Gegenwart (Rittelmeyer 2005: 103–121). Holz bestimmt in einer kunsttheoretischen Perspektive die Seinsweise des Kunstwerks als anschauliche Reflexion und Kunst als ein Mittel, „durch das der Mensch sich seiner Stellung in der Welt vergewissert. Oder: die Kunst ist das Medium, in dem der Mensch sich über sich selbst verständigt" (Holz 2009: 39). Diese Funktion erfüllt sich, weil sich das ästhetische Objekt als Reflexionsgestalt konstituiert, d.h. wie eine Formerfindung, die ein Sinndeutungspotenzial enthält, das im subjektiven Eindruck – der Wirkung – aktiviert wird. Bei Holz nun wird der hermeneutisch-reflexive Prozess herausgestellt, in dem sich Bewusstheit der Wirkung herausbildet und intersubjektiv wird (Holz 1990, 2009). Seel konzipiert die ästhetische Wahrnehmung als permanente Verbindung von Empfindung und Reflexion als eine Erkenntnisweise. Er spricht von zwei Polen, einem rezeptiv-spontanen und einer reflexiv-experimentierenden Einlassung, im ästhetischen Verhalten (Seel 1985).

der beiden Seiten sind nun Bilder von Schüler/innen das Andere der Bilder von Künstler/innen.[36] In beiden Praktiken nimmt Paul eine Subjektposition ein. In der einen Praktik die Subjektposition eines Betrachters von Bildern von Künstler/innen (281), in der anderen die Subjektposition eines Lehrers, der eine Aufgabe gibt (290). Mit der Positionierung dreht sich die Markierung: Liegt die Subjektposition auf der rechten Seite als Lehrer/in in der Schule, dann ist die ästhetische Rezeptionsweise auf der linken Seite der differenziellen Figur das Andere und umgekehrt. Doch haben die beiden Seiten hier nicht den Status gleichwertiger Positionierungsmöglichkeiten. Paul positioniert sich mit seinem Argument, das ein Gegenargument gegen den ästhetischen Zugang bildet. Er positioniert sich auf der rechten Seite der differenziellen Figur – als Lehrer in der Schule.

Die dritte Lesart ist als eine Vereindeutigung und Erweiterung der ersten beiden Lesarten aufzufassen. Die Ambivalenz und Widersprüchlichkeit, die die Lesart 2 noch auszeichnete, wird in einer neuen Ordnung aufgelöst, indem „das Schöne" dem außerschulischen Bereich zugeschrieben wird. Deutlicher noch als in Lesart 1 wird Professionalisierung als das Eintreten in ein Feld institutioneller Praktiken gesehen, die nun grundsätzlich von Pauls Praktiken im privaten Umgang mit Kunst unterschieden werden. Professionelles Handeln wird in einem Bruch mit außerinstitutionellen Handlungserfahrungen konzipiert. Das ist in dieser Deutlichkeit neu. Pauls Lesart des kunstpädagogischen Lehr-Lernverhältnisses spricht den ästhetischen Zugang einem Bereich außerschulischer Praktiken zu, weil er den Praktiken in der Schule – wie Paul sie sieht – widerspricht. Wir können nun also den in der differenziellen Figur „betrachten versus bewerten" bisher leeren oppositionellen Wert von „für mich als Lehrer in der Schule" bestimmen. Er entspricht der Subjektpositionierung „für mich privat, im Kunstgenuss" (Ku1 Fig76D, Differenz Zeile 5 und 6, S. 122).

Wie schon in Lesart 2 ist die Aufgabenstellung das fokussierte Beispiel einer schulischen Praktik. An den Aufgabenstellungen wird hier nun der Aspekt zielführender Handlungsregulierung bedeutsam. Pauls Lesart schreibt den Aufgabenstellungen nämlich vor allem eine Eigenschaft zu: Sie sind das Instrument, durch das definierte Vorstellungen in vorbestimmte Lernergebnisse umgesetzt werden. In Aufgabenform gegebene Vorstellungen von Bildern

---

36 Während in Lesart 3 der Bezug auf Kunst und kunstnahe Praktiken für das schulische Lehr-Lernverhältnis nun ausgeschlossen wird, ist im kunstpädagogischen Diskurs gerade auch die Auffassung des Kindes als Künstler und des Kinderbilds als künstlerischer Äußerung (Finneberg 1995, Legler 2006, Richter 2003: 223ff. u. 261ff.) von Bedeutung. Ebenso werden in Ansätzen aktueller Kunstpädagogik der ästhetische Bildungsprozess vom künstlerischen Subjekt her und das Lehr-Lernverhältnis im Modell künstlerischer Praxis her konzipiert (Selle 2003). Dem freien, künstlerisch-ästhetischen Ausdruck – als dessen Beispiel auch die freie Kinderzeichnung gesehen wird – wird eine hohe Wertschätzung entgegen gebracht und schulische Aufgabenkultur im Bereich des Bildnerischen unter die Kritik kunstferner Beschränkung auf Lernziele gestellt. Die in Lesart 2 „nicht-einschränken versus einschränken" auftretende Problematisierung lässt sich in diesen Diskurshorizont stellen (Maier Reinhard 2008: 301–303).

werden so zu realisierten Bildern, deren Relation zur Aufgabenstellung bewertbar ist. In dieser Funktion wurde an der Aufgabenstellung gerade im Kontext des Kunstunterrichts die Einschränkung der schöpferischen Freiheit von Schüler/innen problematisch (Lesart 2). Der Zweifel an der Praxis des Einschränkens und die Auffassung dieser Praxis als Machtverhältnis tauchen hier jedoch kaum mehr auf – vielleicht sind sie im fragenden Abschluss „Bin ich da falsch?" noch aufgehoben (296).

In der dritten Lesart wird die Aufgabenstellung nun auch als didaktische Praktik verstanden, die die Lehrenden bindet. Nicht nur die Schüler/innen werden also „beschränkt", auch Lehrer/innen werden in die zirkuläre Logik der Aufgabenstellung eingeschlossen und in ihrer Bedeutungsproduktion (Sichtweise) bestimmt. Die Lehrenden erscheinen so geradezu einer Mechanik (Automatik) didaktischer Handlungsvollzüge unterstellt. In Pauls Lesart bilden die Praktiken ästhetischen Handelns dazu den Gegenpol. Weil sie aber gänzlich in einen außerschulischen Bereich verwiesen sind, tendiert Pauls Lesart dazu, die Aufgabenstellung im Zweck-Mittel-Bezug der didaktischen Handlungslogik zu legitimieren. Die scharfe Trennung von außerschulischer und schulischer Praxis produziert eine Ordnung, mit der sich das spannungsvolle Verhältnis der beiden Praktiken, für die „betrachten" und „bewerten" stehen, auflösen lässt, indem man sich als professionelle Lehrer/in eindeutig auf der Seite der Schule positioniert. Diese Auflösung aber wird nicht gänzlich vollzogen, sondern bleibt in einer fragenden Form noch offen, wenn Paul anfügt: „Bin ich da falsch?" (296).

3.4 Die Schwierigkeit, Wirkungsempfindungen auszublenden

Der im Folgenden analysierten Sequenz des Gesprächs geht eine provozierende Intervention der Dozierenden voraus. Sie spitzt darin die durch Paul beschriebene Praktik des Aufgabenstellens in der Zuschreibung zu, dass sich in ihr eine „totale Fremdbestimmung der Schüler" zeige (333/334). Der Spielzug der Dozierenden nimmt dabei die zweite Lesart wieder auf, in der Unterricht als Machtverhältnis gesehen wurde. Es scheint nun ganz so, als würde Paul dieser Zuschreibung zustimmen, denn er kommentiert: „Genau, behavioristisch, total." (383) Ausgehend von diesem Einverständnis fokussiert die Dozierende in der folgenden Gesprächssequenz einen spezifischen Aspekt in Pauls Lesart, nämlich dessen Ausklammerung der Wirkungsempfindung. Die Thematisierung erfolgt an einem schriftlichen Arbeitsergebnis, das er in einer Lernaktivität der Selbstlernarchitektur angefertigt hat. Dieses Arbeitsergebnis bringt die Dozierende als Beleg dafür, dass Pauls Umgangsweise mit Schülerbildern der in den Studienmaterialien vorgeschlagenen widerspricht. Sie unterstellt Paul, dass sich darin der Versuch zeige, nicht von der eigenen Wirkungsempfindung zu sprechen, sondern sich in Distanz zu halten, „dieses Wirkungsding wegzunehmen" (422). Mit diesem provokanten Spielzug stellt die Dozierende Pauls Lesart zur Diskussion.

> Dozentin:
> 416 Und ist mir jetzt einfach aufgefallen, dass du zum Beispiel einen
> 417 Text geschrieben hast,
> Paul:
> 419 [unverständlich]
> Dozentin:
> 421 der sehr distant ist. Also, wo du schon versuchst,
> 422 dieses Wirkungsding wegzunehmen.
> Paul:
> 424 Mhm.
> Dozentin:
> 426 Oder?
> Paul:
> 428 Aber absichtlich.

Paul nimmt Stellung. Seine Äußerung beginnt mit „Aber absichtlich." (428), ganz als sollte die Möglichkeit ausgeschlossen werden, sein Handeln als ungewollt, versehentlich oder irrtümlich zu deuten. Mit diesem reflexiven Kommentar unterstreicht Paul seine eigensinnige Aneignungsweise des Studieninhalts und behauptet sich als lernendes Subjekt. Er setzt nun die Stellungnahme mit einer Beschreibung seiner Umgangsweise mit Arbeiten von Schüler/innen fort und bringt darin sein Bemühen um das objektivierende sprachliche Erfassen von Qualitäten des Schülerbildes zum Ausdruck (428–463).

> Paul:
> 432 Weil (---) ich hier auch bei der LA3 geschrieben habe, dass es
> 433 mich, wenn es um eine Beschreibung und um eine Beurteilung
> 434 geht, gibt es ein erster, gibt es für mich einen ersten wichtigen
> 435 Punkt, der Beschreibung. Das heißt, ich schaue ein Bild an und
> 436 beschreibe. Ich beschreibe, was ich sehe. Ohne den Punkt
> 437 der Wirkung.
> Dozentin:
> 439 Ja.
> Paul:
> 441 Ich blend' s mal aus. Ich lass das Bild mal nicht auf mich wirken,
> 442 sondern ich, ich schau mir' s an, wie ist es gearbeitet
> 445 (---) und dann der zweite Punkt habe ich
> 446 den Punkt der Wertung wieder (kurzes Lachen) und erst dann
> 447 als dritter Punkt die Wirkung. [...]

Um die folgende Analyse nachzuvollziehen, muss man wissen, dass Paul in den oben erwähnten Lernaktivitäten der Selbstlernarchitektur (LA3, 432) aufgefordert war, Schülerzeichnungen zu betrachten und eine Perzeptbildung in drei Schritten auszuführen.[37] Auf diese Lernaktivitäten blickt Paul zurück,

---

37 In der Selbstlernarchitektur sind drei Aspekte der Bildrezeption in Lernaktivitäten konfigu-

wenn er hier seine Vorgehensweise darstellt. Zunächst artikuliert er die Perspektive, unter der er sich mit den Schülerarbeiten beschäftigt hat, ihm sei es „um eine Beschreibung und um eine Beurteilung" gegangen (433). Wieder aufgenommen wird hier die rechte Seite der Differenz der Lesart 1 aus dem Anfang des Lernberatungsgesprächs (Fig76D, „betrachten versus bewerten"). Paul beschreibt nun (435–442) den Weg, auf dem er eine objektive Bewertung (siehe 101, S. 122) herzustellen sucht. Demnach gilt das Beschreiben von Bildern als zentrale Praktik zur objektiven Erfassung von Bildqualitäten im Unterschied zum Empfinden von Wirkungen. Die Wirkung des Bildes wird zur Störung, sodass sich das Bemühen Pauls darauf richtet, sie „auszublenden" (441/442).

Als Mittel einer objektivierenden Erfassung des Bildes gilt das unmittelbar Sichtbare („Ich beschreibe, was ich sehe.", 436) und die Machart des Bildes („ich schau mir' s an, wie ist es gearbeitet", 442). Dem Schritt der registrierenden Erfassung folgt die Bewertung des Bildes (445/446). Dass Paul als dritten Punkt die Wirkung folgen lässt (446/447), greift zwar diesen zentralen Aspekt der in der Selbstlernarchitektur vorgeschlagenen Bildumgangsweise nochmals auf, allerdings wird die Relevanz der Wirkungsempfindung vom zentralen Moment der Bildrezeption umdefiniert zu etwas, was „als dritter Punkt" (447) dann auch noch vorkommen kann.

In der Folge artikuliert Paul allerdings ein Problem und spricht von einer Schwierigkeit, die in seiner Praxis einer beschreibenden Bilderfassung entsteht und sich seiner objektivierenden Betrachtung entgegenstellt.

447 [...] Nur jetzt scheint's, ist die Frage eben,
448 wenn ich jetzt so ein Bild anschaue, ich bin
Dozentin:
450 Mhm.
Paul:
452 Es fällt mir schwer, das einfach nur zu beschreiben,
453 weil ich nehm das Bild als Gesamtes wahr, es wirkt auf mich.
Dozentin:
455 Mhm.
Paul:
457 Ich habe einen, ich hab' einen Eindruck vom dem und löst
458 gewisse Gefühle aus.
Dozentin:

---

riert: (1) Wirkungsempfindung, (2) Reflexion der Wirkungsempfindung und impliziter Wertungen, (3) bildanalytisches Erfassen der Bildsprache. Die Bildwahrnehmung wird dabei als Prozess der reflexiven Ausdifferenzierung einer anfänglich spontanen Wirkungsempfindung angelegt, durch welche die Verknüpfung der drei Aspekte auf je unterschiedlichem Niveau stattfindet. Entsprechend ist der Auftrag zum Selbststudium formuliert, auf den sich die Gesprächssequenz bezieht: „Wenn Sie bei der Analyse des Bildes von der Wirkung auf den/die Betrachter/in ausgehen – wie wir es vorschlagen –, dann stellen Sie eine Verbindung zwischen den Reaktionen der Betrachter/in und den Gegebenheiten am Bild her. Wählen Sie geeignete bildanalytische Kategorien aus, um wirkungsrelevante Bildelemente zu erfassen." (WebLearnDemo: http://www.selbstlernarchitekturen.info, Strang BTG, LA5/LP)

460 Mhm.
Paul:
461 Schon bevor ich, bevor ich überhaupt den ersten Satz über
462 eine Beschreibung gesagt habe. Und ich hab' halt mal versucht,
463 den Text, einfach mal das Bild zu beschreiben ohne.

Es ist eine in der bildtheoretischen Debatte als bildspezifisch herausgestellte Eigenschaft[38], die Paul zu einer Erfahrung wird. Das Bild präsentiert sich ihm in der Betrachtung als eine sinnbezogene Wahrnehmungsganzheit (453). Die spontane Reaktion auf diese Wahrnehmung ist die Wirkungsempfindung: „das Bild [...], es wirkt auf mich." (453), es „löst gewisse Gefühle aus" (457/458) – ein Schönheitsurteil wie in der Praxiserzählung zu den Schülerarbeiten im Anschluss an Mondrian. Pauls Vorsatz, die Wirkung auszuklammern, erweist sich als eine Anforderung, der nicht so leicht zu folgen ist. Diese Gesprächssequenz gibt somit dem am Anfang des Gesprächs geäußerten Lerninteresse eine Begründung (s.o., S. 121), denn die objektivierende Erfassung von Bildgegebenheiten will nicht reibungslos gelingen, während die Wirkungsempfindung sich wie selbstverständlich einzustellen scheint.

Es zeigt sich, wie die differenzielle Figur „betrachten versus bewerten" (Ku1 Fig76D / Fig275) zunehmend erweitert wird. Auch hier positioniert sich Paul zunächst auf der rechten Seite als zukünftiger Lehrer, der sich für den Beruf zu qualifizieren sucht. Markiert ist die linke Seite, da die Wirkung als das Auszublendende, Auszuschließende gilt. Nun scheint sich die auszuschließende Wirkungsempfindung allerdings aufzudrängen, sich in die Praktik der objektiven Beschreibung unaufhaltsam einzuschreiben, sodass sich Paul – so könnte man sagen – ungewollt umpositioniert findet (452–457). Der Versuch der objektiven „Beschreibung" (463) wird zu einem Versuch mit ungewissem Ausgang und bekommt den Beiklang des Unmöglichen. Die Subjektpositionierung gerät in eine destabilisierende Dynamik.

---

38 Bildtheoretische Ansätze bestimmen Bildlichkeit als eine durch „Rahmung" festgelegte, binnenstrukturierte, visuelle Konfiguration. Der durch das Bild in bestimmter Weise festgestellte Blick gibt dem/der Betrachter/in ein Gegenüber – ein Ganzes –, das in seinem Innenverhältnis komponierte Bezüge enthält und auf das der Betrachter mit seinen Seherfahrungen im Ersteindruck gesamthaft reagiert. Bewusst wird die Konfiguriertheit des Bildes erst in einer reflexiven, bildanalytischen Bewegung (Majetschak 2005: 97ff.). Böhm verweist unter dem Begriff „ikonische Differenz" auf den Zeichencharakter der Bildkonfiguration. Das Bild zeigt etwas, das über das wahrnehmbare Ding und die abbildhaften Verweise hinausgeht; es schafft Sinn (Böhm 2007: 34ff.). Im fortschreitenden Bildrezeptionsvorgang entspricht der ikonischen Differenz auf der Seite der Betrachter/in eine mannigfaltige Bedeutungsproduktion, die auf Eigenschaften der sichtbaren Konfiguration Bezug nimmt und den ersten Wahrnehmungseindruck in eine fortschreitende Ausdifferenzierung von Bildsinn und Bildkonstruktion überführt. Imdahl spricht an dieser Stelle von einer invariablen Ganzheitsstruktur des Bildes, der ein „sehendes Sehen" entspricht (Imdahl 1996: 26/27).

Differenzielle Figur „betrachten versus bewerten", Fortsetzung 2

	betrachten	bewerten
1	[betrachten]	beurteilen (433)
2	Wirkung empfinden (453)	beschreiben, ohne den Punkt der Wirkung (436)
3	{Wirkung zulassen}	Wirkung ausblenden (441)
4	{Bild als Zeichen und Ausdruck}	Bild als Arbeitsstück und Ding (442)
5	Gefühl und Eindruck (457)	{Tatsachen}
6	{ist unvermeidlich da [selbstverständlich]}	{ist zu erringen}, ist schwierig
7	{subjektiv} (103)	{objektiv} (100)
	−/+	+
	Destabilisierende Dynamik ◄	Subjektpositionierung

Markierung: erfolgt links, die Wirkung ist eine Hinderung der objektiven Erfassung von Bildqualitäten
Subjektpositionierung: aufseiten des Bewertens und Beurteilens mit einer destabilisierenden Dynamik auf die Seite des Betrachtens und Empfindens

Ku1 Fig415D

Die vierte Lesart. Grundsätzlich findet auch hier durch die Wiederholung von Bedeutungsaspekten eine Vereindeutigung der Lesarten statt. Der Umgang mit Schülerbildern wird als „Beschreiben und Bewerten", und damit als Teil von Praktiken der Leistungsmessung in der Schule verstanden. Dieser beschreibend-bewertende Bildumgang kommt nun als eine Kompetenz in den Blick, die es zu lernen gilt. Paul versteht sein Studium im kunstpädagogischen Teil der Selbstlernarchitektur als Arbeit an dieser Fähigkeit, die zweiteilig entworfen wird: Das Registrieren von Bildtatsachen unter Ausblenden von Wirkungsempfindungen und das anschließende Bewerten anhand objektiver Kriterien. In dieser Aussage wird das Bild nicht als Zeichensystem und Bedeutungsträger, als symbolisch verfasste ästhetische Objektivation, sondern als Ding/Produkt mit Eigenschaften seiner Materialität ähnlich der Handwerklichkeit eines Stuhls aufgefasst. Diese Lesart hat Konsequenzen für Pauls eigenes Lernen. Die in den Studienmaterialien vorgeschlagene Perzeptbildung kann nicht als relevanter Lerngegenstand verstanden werden, weil deren zentraler Ansatzpunkt, die Wirkung, als ein selbstverständlicher Teil des alltagsweltlichen, privaten Bildumgangs verstanden wird, den es als Professionalisierungsschritt nicht zu lernen, sondern zu überwinden gilt. Diese Lesart lässt nicht zu, die Wirkungsempfindung als Ansatzpunkt einer methodisch elaborierten Perzeptbildung aufzufassen, für die die Einbindung der Wirkung in reflexive Analyse und hermeneutische Interpretation die relevante Kompetenz ist und die in der Selbstlernarchitektur als Professionalisierungsschritt konzipiert wurde. Wohl aber entspricht diese Lesart dem Begehren für den institutionellen Alltag, für die Praktiken des Bewertens, etwas so zu lernen, dass diese als objektiv und in diesem Sinn als professionell ausgewiesen werden.

3.5 Das Reflexiv-Werden der Lesarten

Die vorausgehend analysierte Gesprächssequenz (ab Z. 416) weist ein reflexives Moment auf, dem im Folgenden nachgegangen wird, weil es für die didaktische Funktion von Lernberatung in Selbstlernarchitekturen von Bedeutung ist (Kossack 2006: 79ff.). Der eröffnende, provozierende Spielzug der Dozierenden (416–525, S. 136) zielt darauf, die Lesart Pauls reflexiv zu machen. Sie relationiert Pauls Umgangsweise mit den Bildern mit der Perzeptbildung als dem Zugang zu Schülerbildern ausgehend von der Disziplin der Ästhetischen Bildung. In dieser Relationierung von Lesarten liegt konzeptionell die Möglichkeit, diese in ihrer Konstruiertheit thematisch und bewusst werden zu lassen. In den bisher analysierten Gesprächssequenzen geschieht dies aber nicht, denn es wird nicht *über* die Lesarten des Lehr-Lernverhältnisses und die antizipierbaren Unterrichtspraktiken reflektiert.[39] Wenn Paul von einer Schwierigkeit spricht, dann verbindet sich damit keine Problematisierung seiner Lesart, vielmehr wird seine Lesart des kunstpädagogischen Lehr-Lernverhältnisses in der Differenz von „betrachten versus bewerten" weiter geführt. Weil die Wirkungsempfindung einerseits nicht wegzubekommen ist, aber andererseits nach Pauls Verständnis in der schulischen Praxis des Bewertens nicht sein darf, wird die Lesart – als eine Konstruktion und ein Verständnis von Praxis – nicht problematisch, sondern begründet das Lerninteresse, die Fähigkeit des objektiven Beschreibens und Bewertens zu erwerben. Dass die private Praxis der Kunstbegegnung und die institutionelle Praxis des Bildumgangs im Unterricht als selbstverständliche Gegensätze gesehen werden, erschwert es, sie in Verbindung zu setzen und die Deutungsfolgen der Zuschreibung bewusst zu machen, dass es im Unterricht um das Bewerten und nicht um das private, ästhetische Betrachten gehe.

Erst in der Weiterführung des Gesprächs bahnt sich eine Entwicklung an, in der Pauls Praktiken reflexiv werden. Das wird an der folgenden Gesprächssequenz deutlich. Die Dozierende konfrontiert Paul. Sie spricht an, dass sein Vorgehen der Anlage des Studieninhalts zuwiderlaufe.

Dozierende:
496 Jetzt machen wir noch einen Schritt. Hast du gemerkt, also,
497 irgendwie musst du dann ja gedacht haben, diese Lernabteilung
498 ist aber komisch gestrickt. Hast gemerkt, dass die gegenläufig
499 funktioniert? (---) Du hast gesagt, wenn ich die Bildbetrachtung
500 mache, so fängst du auch an, dann beschreibe ich.
Paul:
502 Mhm, mhm.

---

39 Selbstsorgendes Lernen zielt auf eine reflexive Subjektivierung, in der die Differenz der eigensinnigen individuellen Lesarten zu den sozial geteilten – z.B. auch zu jenen, die in den Texten der Studienmaterialien angelegt sind – thematisch wird und Lernende so die Möglichkeit gewinnen sich zu positionieren und zu Positionierungsanforderung des professionellen Feldes bewusst zu verhalten (Wrana 2008a: 71ff.).

Dozierende:
504 Und ich gehe in Distanz zu der Wirkung.

Infolge dieses provozierenden Spielzugs der Dozierenden[40] bestätigt Paul zunächst mit „Nein, es ist hier andersherum gelaufen." (506) den Gegensatz seines eigenen Vorgehens zur Anregung der Studienmaterialien, von der Wirkung auszugehen (506–510) und bekennt sich zu seinem Vorgehen, die Wirkung auszublenden (523–527). Diese Äußerung wird allerdings mit einem zweifachen „vielleicht" (523) eingeleitet, wodurch sich ein Rückzug aus der bisher sicher vorgetragenen Position andeuten könnte. Zugleich schreibt sich Paul sein Vorgehen aber als bewusste Handlung zu (526), ganz wie auch schon in der vorausgehenden Sequenz mit „aber absichtlich" (427).

Paul:
506 Mhm. Nein, es ist hier andersherum gelaufen.
Dozentin:
508 Gut.
Paul:
510 Wir sind von der Wirkung auf mich ausgegangen.
Dozentin:
516 [unverständlich] Du musst gedacht haben.
Paul:
518 Ja.
Dozentin:
520 Das ist völlig komisch, was hier [in den Studienmaterialien, Anm. d. Autor/innen] passiert.
Paul:
523 Ja, vielleicht hab' ich, vielleicht
526 hab' ich auch bewusst, bewusst einfach mal den Bereich
527 der Wirkung ausgeblendet.
Dozentin:
529 Mhm.
Paul:
531 Ich muss ehrlich sagen, ich war – Beispiel – ich war am Freitag im
532 Beyeler Museum.
Dozentin:
534 Mhm.
Paul:
536 Und das ist halt nach wie vor, wenn ich vor einem Bild stehe,
537 das wirkt auf mich.
Dozentin:
539 Ja.
Paul:
541 Ich fang' nicht an zu beschreiben.

---

40 Widerstand setzende und provozierende Spielzüge im kunstpädagogischen Gespräch der Lernberatung werden einer Taktik der Re-Positionierung zugerechnet. Sie werden im Beitrag „Spielzüge des Lernberatungshandelns" (Maier Reinhard/Ryter Krebs/Wrana in diesem Band) analysiert.

Dozentin:
543 Ja.
Paul:
545 Es von dem her, hab' ich, ist es vielleicht auch ein bisschen
546 ein Widerspruch, wie ich selber an Bilder herangehe.

„Ich muss ehrlich sagen" (531) ist der Anfang einer kurzen Erzählung und kann einerseits die Authentizität der subjektiven Erfahrung hervorheben. Dieser Anfang hat andererseits auch die Konnotation von „zugeben, nicht verbergen, wahrhaftig sein" und bereitet damit den Abschluss der Gesprächssequenz vor (536–546). Diese abschließenden Aussagen liegen nun auf einer reflexiven Ebene. Paul setzt seine beiden Betrachtungsweisen – jene von Bildern im „Beyeler Museum" und jene von Bildern in der Schule – in Relation und sieht einen Widerspruch (545/546).

Die differenzanalytische Rekonstruktion wird in der Figur Ku1 Fig505D dargestellt.

Differenzielle Figur „betrachten versus bewerten", Fortsetzung 3

	betrachten	bewerten
1	wir in der SLA	in meiner Aneignung der SLA
2	von der Wirkung ausgehen (510)	[vom objektiven Beschreiben ausgehen]
3	im Museum Beyeler (532)	[in der Schule und im Studium]
4	Wirkung empfinden (wirkt auf mich) (537)	Wirkung ausblenden (527)
5	[passiv zulassen] (537, 521)	bewusst, [beabsichtigt] (526)
6	ich selber (546) {als Privatperson}	[ich als Lehrer/in]
	–/+ Subjektposition	–/+ Subjektposition

Subjektposition: wechselnd in der Schule/im Studium/im Lehrberuf oder im Museum.
Markierung: gleichwertige Seiten.

Ku1 Fig505D

Paul positioniert sich zunächst (bis Z. 527) bei der Bildumgangsweise des Beschreibens und objektiven Bewertens. Er positioniert sich auf dem Weg in den Beruf als Student, der selbst eine Vorstellung der zu erlernenden Kompetenz hat, sich darin erprobt und sich bewusst in Differenz zum Studieninhalt setzt. Dann (ab Z. 531) positioniert er sich im Privaten seiner Kunstbegegnung im Museum auf der Seite des Betrachtens. Eine definitive und abschließende Subjektpositionierung auf einer der beiden Seiten der differenziellen Figur gibt es nicht, sondern zwei Subjektpositionierungen bei fehlender Markierung: Die beiden Seiten der differenziellen Figur sind gleichwertig.

Dieser Unentschiedenheit der Markierung korrespondiert die explizite Äußerung eines Widerspruchs im eigenen Handeln (545). Die Formulierungsweise, in der der Widerspruch artikuliert wird, soll zusammen mit der Opposition „ich selber" versus „ich als Lehrer/in" (Zeile 5, Fig505D) genauer betrachtet werden. In den Äußerungen ist nur der Term „ich selber" (546) explizit. Er steht unter „betrachten" auf der linken Seite der differenziellen Figur. Nun steht die oppositionelle rechte Seite aber implizit unter der Zuschreibung an das professionelle Handeln in der Schule. Man kann daher Pauls Äußerung in folgender Weise ergänzen: „ist es vielleicht ein bisschen ein Widerspruch, wie ich selber [und wie ich als Lehrer, Anm. d. Autor/innen] an Bilder herangehe?" (545/546). Mit „wie ich selber" verweist Paul auf sich als Akteur und markiert zugleich eine Unterscheidung, eine Unterscheidung von einem anderen Akteur, der auch Paul ist – ein Paul, der sich als Lehrer entwirft. Indem Paul die beiden Pauls in seiner Äußerung wieder zusammenschließt, erscheinen die zuvor als getrennt konstruierten Praxen in eine Relation gestellt, deren selbstverständliches gegenseitiges Ausschließen bricht auf.

Die fünfte Lesart. Paul setzt seine beiden Bildumgangsweisen in Beziehung und sieht sie in einem Widerspruch. Die Zuweisung der beiden Bildumgangsweisen in zwei klar unterschiedene Praxen und die Deplatzierung der einen – des ästhetischen Zugangs – aus der Schule werden irritiert. Die Relationierung der beiden Handlungsweisen ist ein entscheidender Schritt. Weil sie nun nicht mehr unverbunden stehen, könnten sie im Bezug aufeinander je eine Perspektive bilden, von der her sie sich gegenseitig problematisierend in den Blick bringen. So wird es möglich, dass Paul die beiden Bildumgangsweisen als Praktiken entdeckt, die in einem Widerspruch stehen. Das ist mehr als das Brüchig-Werden von Lesarten, das sich im Akt der Äußerung implizit anmeldet, wie es zwischen Lesart 1 und Lesart 2 beobachtet wurde. In der Äußerungsfolge der analysierten Gesprächssequenz werden die Lesarten durch Relationierung reflexiv. Die eine Praktik erscheint als eine individuelle, private Praktik der Bildbetrachtung („wie ich selbst", 446), die andere als eine nicht in gleicher Weise zu ihm gehörige, professionelle Praktik, die Paul der Schule zuschreibt. In der fünften Lesart wird den Praktiken außerhalb und innerhalb der Institution Schule zugeschrieben, in einem Widerspruch zu stehen. Wir interpretieren diesen Äußerungsakt als ein Ereignis, in dem eine (De)Subjektivierung des professionellen Ichs sichtbar wird und eine Entwicklungsmöglichkeit entsteht.[41]

---

41 Aus der Perspektive des Konzepts des selbstsorgenden Lernens wäre der artikulierte Widerspruch ein Ansatz, die eigenen Sichtweisen reflexiv wieder anzueignen und mit dem Gewordensein und dem Konstitutionsprozess professioneller Subjektivität kritisch umzugehen (Klingovsky/Kossack 2007: 71ff.). Die Dozierende hätte dies an dieser Stelle weiter führen können, sie hätte die Möglichkeit gehabt, den theoretischen Horizont einzubringen, in dem eine reflexive Relationierung zur Wissensordnung der Kunst und den Praktiken ästhetischer Rezeption, möglich würde.

3.6 Der Verlauf der Lesarten, Differenzen und Positionierungen

Im Verlauf des kunstpädagogischen Lernberatungsgesprächs zeigt sich das Differenzial „betrachten versus bewerten" in iterierenden semantischen Konstellierungen, die als differenzielle Figuren rekonstruiert wurden. Legt man diese Figuren sowie die damit verbundenen Markierungen und Subjektpositionierungen hintereinander, dann lassen sich – wie schon in der Analyse der mathematikdidaktischen Lernberatung – sowohl Kontinuitäten als auch Brüche und Kippbewegungen ausmachen.

Über das Gespräch hinweg iterierte differenzielle Figurationen

	betrachten vs. bewerten	
Lesart 1		**Fig76D**
1	Wirkung	Kriterien
2	subjektiv	objektiv
3		für mich {als Lehrer/in}
4	–	+
		Subjektpositionierung
Lesart 2		**Fig 123D**
6	nicht-einschränken	einschränken
7	viele unterschiedliche Sachen	bestimmte Vorstellungen der Lehrer/in
	Bilder von Kindern	Umsetzungen von Aufgaben
	wunderschön	{Zweck erfüllend}
	Kinder	Schüler/innen
	+	–
	Subjektpositionierung	
Lesart 3		**Fig275D**
9		Oder gibt es die Erlaubnis Kinder einzuschränken?
10	Bilder von Künstler/innen	Bilder, die als Aufgabe gegeben werden
	in privater Kunstrezeption	in der Schule
	anschauen	Aufgaben geben
	Wirkung empfangen	Bilder automatisch auf Vorstellungen beziehen
	–/+	+
		Subjektpositionierung
Lesart 4		**Fig415D**
11	Wirkung zulassen	Wirkung ausblenden
12	[Bild als Zeichen und Ausdruck]	Bild als Arbeitsstück und Ding
13	Gefühl und Eindruck	Tatsachen feststellen, beschreiben
14	ist unvermeidlich da	ist schwierig, ist zu erringen

	–/+ Destabilisierende Dynamik ◄	+ Subjektpositionierung
Lesart 5		Fig505D
13	andersherum wie wir (in der SLA) es gemacht haben	meine Aneignung des Studieninhalts
14	nicht mit dem Beschreiben anfangen	[vom Beschreiben ausgehen]
15	im Museum vor einem Bild	
16	wirkt auf mich	bewusst versuchen die Wirkung auszublenden
17	wie ich selber an Bilder herangehe	[wie ich als Student und künftiger Lehrer herangehe]
	–/+ ◄ ►+/– Subjektpositionierung beidseitig	
	+ oder +/–	– oder +/–

Ku1 differenzielle Figuren

Pauls Aneignung des Studieninhalts geht von einer eindeutigen Positionierung in einem didaktisch-instrumentellen Professionsverständnis aus (Lesart 1, Ku1 Fig76D, „betrachten versus bewerten"). Diese Positionierung wird in der zweiten Lesart durch ein spontanes Schönheitsurteil irritiert. Hat Paul sich zunächst eindeutig als Lehrer in der Schule und zu deren technologischen Praktiken positioniert, so steht er in der zweiten Lesart quasi in einer Gegenposition – auf der Seite der künstlerisch-ästhetischen Selbstbestimmung des schöpferischen Kindes, dessen Schöpfungen als „wunderschön" empfunden werden. In dieser Lesart wird das instrumentelle Lehr-Lernverhältnis als ein zu legitimierendes Machtverhältnis problematisch (Lesart 2, Ku1 Fig123D „nicht-einschränken versus einschränken"). Die Wertung der antizipierten, gegensätzlichen Praktiken wird unsicher und die Wertungsrichtung und Markierung in der differenziellen Figur „betrachten versus bewerten" kippt. Die zwei darauf folgenden Lesarten (Lesart 3 u. 4, Ku1 Fig275D, Fig415D) schließen nun wieder an die erste Lesart an. Das kunstpädagogische Lehr-Lernverhältnis wird erneut in der Opposition des ästhetischen Zugangs zu Praktiken der Leistungsbewertung („betrachten versus bewerten") begriffen und differenziert. In dieser Iteration wird die Lesart 1 um Bedeutungsaspekte erweitert, der ästhetische Zugang wird explizit in den Bereich außerschulischer Praxen und spezifisch in den Bereich privater Kunstbetrachtung verwiesen. Die Subjektpositionierung liegt wie in Lesart 1 auf der Seite der Schule und bei den technologischen Praktiken der Leistungsmessung. Negativ markiert ist die Seite des ästhetischen Zugangs zum Bild (Ku1 Fig275D, „in der Kunst versus in der Schule"). Jedoch deutet sich in der vierten Lesart an, dass die Ausklammerung des ästhetischen Zugangs und damit der Ausschluss der Wirkungsempfindung eine Bildumgangsweise ist, deren Gelingen grundsätzlich infrage steht (Ku1 Fig415D).

In der fünften Lesart (Ku1 Fig505D, „im Widerspruch") werden die beiden Praktiken, das „Betrachten" und das „Bewerten", miteinander relationiert und in einem inneren Widerspruch gesehen. In der differenziellen Figur „betrachten versus bewerten" erscheint keine eindeutige Subjektpositionierung oder Markierung. Dieses Phänomen der semantischen Verschiebung und Neukonstellierung lässt sich mit Blick auf den Professionalisierungsprozess als Distanzierung des Studierenden zu seiner Lesart des kunstpädagogischen Lehr-Lernverhältnisses interpretieren. Es zeigt dann eine Öffnung für die reflexive Relationierung mit disziplinären Lesarten der Kunstpädagogik durch das Problematisch-Werden der eigenen Lesart an ihrem inneren Widerspruch. Es ist dem folgenden Kapitel vorbehalten, die Entwicklung der Lesarten im mathematikdidaktischen und kunstpädagogischen Lernberatungsgespräch in ihrem Zusammenhang zu betrachten.

4 Die Transformation von Lesarten und der Prozess der Professionalisierung

Die beiden Lernberatungsgespräche zeichnen sich durch eine ähnliche Dynamik in der Lesartenbildung aus. Ausgehend von der Interpretation dieser gemeinsamen Dynamik sollen wesentliche Ergebnisse der vorliegenden Analyse gebündelt werden.

4.1 Der Ort einer instrumentellen professionellen Praxis

Paul steigt in beide Gespräche mit einer Lesart ein, die ein instrumentelles Professionsverständnis impliziert. Allerdings äußert sich dies in den Gesprächen auf unterschiedliche Weise. In der Mathematikdidaktik betrachtet er im Rahmen eines humanistischen Diskurses zu neuen Lernkulturen die Individualisierung des Lernens und das Erreichen normativer Ziele (wie etwa die Gleichbehandlung der Lernenden) als durch professionelles Handeln herstellbar. In der Kunstpädagogik weist er die disziplinäre Lesart zurück, gemäß der die Perzeptbildung für professionelles Handeln Relevanz habe. Er vertritt die Vorstellung, dass der ästhetische Prozess sich im Rahmen von Schule dem objektiven Geltungsanspruch des Benotens beugen müsse. In beiden Fällen bildet der institutionelle Alltag des Lehrerhandelns mit seinen Notwendigkeiten und Zwängen den Horizont der Lesarten Pauls. Dieser „professionelle Alltag", den Paul in seinem Praktikum im Zwischensemester vor der Selbstlernarchitektur erfahren hat, bildet einen Ort, von dem her sich sprechen lässt und von dem her sich Argumentationen, Begründungen und Evidenzen entfalten.

Wenn man diesen Ort bezieht und von ihm aus Lesarten des Lehr-Lern-Verhältnisses artikuliert, dann erscheinen bestimmte Zwänge und Notwendigkeiten. Insbesondere erscheinen „Probleme des Unterrichtens" als solche, die gelöst werden müssen. Anders formuliert: Unterricht wird problematisiert als etwas, in dem normative Anforderungen Handlungsprobleme stellen, die gelöst werden müssen. Ein solcher Entwurf von Unterricht erfordert dann ein technologisches Wissen, das diese Handlungsprobleme meistert. Als solch ein technologisches Wissen erscheint in Pauls Lesarten einerseits die Lernumgebung, die in den Studienmaterialien der Mathematikdidaktik angeboten wird, und andererseits die objektiven Kriterien der Bildbewertung im Kontext von Aufgabenstellungen zur Bildproduktion, die in den Studienmaterialien der Kunstpädagogik gerade nicht enthalten sind. Insofern nimmt die Dynamik der Lesarten in den beiden Gesprächen zwar einen diametral verschiedenen Ausgangspunkt, einmal vom als sicher geltenden technologischen Wissen her, einmal von der Kritik an einem Mangel an technologischem Wissen, doch durchlaufen beide Dynamiken dasselbe Feld in umgekehrter Richtung. Am Ort des „professionellen Alltags" entfaltet sich also ein Begehren nach Lesarten eines bestimmten Typus: der Wunsch nach Lösungen für den institutionellen Alltag, dem eine bestimmte diskursive Figuration des institutionellen Alltags zugrunde liegt.

Das „Begehren nach Lesarten", das wir an dieser Stelle als allgemeines Theorem einführen, entspringt nicht den Wünschen des Subjekts. Das Begehren ist vielmehr in den Praktiken implizit und artikuliert sich in den Wünschen der Subjekte. Es ist Teil einer sozialen und bisweilen auch institutionellen Ordnung und wird in der Positionierung angeeignet. Das hier artikulierte Begehren nach Lösungen für den institutionellen Alltag basiert auf einer diskursiven Wissenskonstruktion dieses Alltags und seiner Notwendigkeiten. Damit ist es aber ebenso wie diese Wissenskonstruktion kontingent, denn die Professionalität des institutionellen Alltags lässt sich auch anders konstruieren. Der Alltag des Lehrhandelns ist nicht notwendig so, wie er in diesen Lesarten entworfen wird, die Notwendigkeit und Unumgänglichkeit, Alltagsprobleme zu lösen, ist vielmehr ein legitimatorisches Element dieses Begehrens nach Lesarten. Im selben Sinn resultiert die Erfahrung des Praktikums nicht einfach aus einem „rohen und stummen Geschehen", aus einem „Ereignis" im Zwischensemester, das Paul sein Gesetz aufzwingen würde, die Erfahrung ist vielmehr aus einem komplexen Prozess von Zuschreibungen und Problematisierungen hervorgegangen, die von diskursiven Kontexten durchtränkt sind. Der Ort des Alltags, den Paul bezieht, ist somit – so wie er in der Lesart erscheint – ein Konstrukt der Lesart.

An dieser Stelle zeigt sich ein rekursives Verhältnis von Lesarten und dem Ort, von dem aus sie gebildet werden. In demselben Maß, in dem die Lesart von einem Ort her gebildet wird, wird dieser Ort erst in der Bildung von Lesarten konstruiert. Das Theorem der Subjektpositionierung als dynamischer Begriff fasst genau dieses rekursive Verhältnis. In der Lesartenbildung als diskursiver Praxis werden die Positionen konstruiert. Jedes Bilden einer Lesart iteriert diese diskursive Praxis, indem es ihre Figuren und Relationierungen wiederaufgreift, und zugleich die diskursive Praxis weiterführt und erweitert. Die Subjektpositionierung ist eine diskursive Bewegung, die sich in der Lesartenbildung vollzieht, sie ist eine Geste, ein Akt, der die Subjektposition als Fakt hervorbringt. In diesem Sinne beginnen beide Gespräche mit dem Entwurf eines Ortes „professioneller Praxis", der mit einer Subjektpositionierung auf diesem Ort einhergeht und ein Begehren nach Lesarten impliziert, die einfache und machbare Lösungen bereitstellen, die dieser Ort der „professionellen Praxis", wenn man ihn denn konstruiert und von ihm aus artikuliert, erfordert. Das Professionsverständnis, das in dem Entwurf dieses Ortes artikuliert wird, haben wir als instrumentelles Professionsverständnis bezeichnet.

4.2 Der Bruch und der Eigensinn der Wissensfelder

In beiden Gesprächen wird dieses instrumentelle Professionsverständnis aber irritiert. An einer bestimmten Stelle in jedem Gespräch problematisiert Paul seine jeweils erste Lesart. Zwar geben die Dozierenden hierzu Impulse, beeinflussen Thematisierungen, provozieren bisweilen auch, aber dieses Lernberatungshandeln ist nicht die eigentliche Quelle der Irritation. Diese erfolgt letztlich durch eine gewisse denkende Hartnäckigkeit, mit der Paul sich in die Wissensfelder der Mathematikdidaktik und der Kunstpädagogik begibt und in der der Eigensinn dieser Wissensfelder ihm zu einem Widerstand wird, an dem seine eigene Lesart Herausforderung erfährt und transformabel wird. Wenn dem Lernberatungshandeln eine irritierende Funktion zukommt, dann die, diesen widerständigen Eigensinn sichtbar zu machen, zu verstärken und die denkende Hartnäckigkeit anzufachen.

In der Relationierung von individuell eigensinnigen und disziplinären Lesarten wird nun deutlich, dass das Disziplinäre selbst eigensinnig ist. Es gilt nämlich, den „Eigensinn"[42] nicht einfach als den individuellen Rest zu betrachten, der sich der Diskursivität der Disziplinen entzieht, sondern als diskursive Beharrlichkeit, die die in Wissensfeldern sedimentierten Lesarten ebenso auszeichnet, wie die in Biografien sedimentierten. Der Eigensinn der Wissensfelder wird so zu einem Kräftefeld, an dem sich die Eigensinnigkeit anderer Felder oder Individuen ausrichten oder in Widerstreit geraten kann. In diesem Sinn wird der Eigensinn des mathematikdidaktischen Feldes, repräsentiert über die imaginierten Umgangsweisen mit Zahlen, die die beiden Akteure im

---

[42] Der Eigensinn wurde in der Pädagogik seit dem deutschen Idealismus üblicherweise als „Rest-A-Sozialität" des Individuums betrachtet, das im Bildungsprozess zu sozialisieren ist. Bisweilen erscheint der Eigensinn auch als zu pflegendes Potenzial von Bildung wie in der Analyse des Topos des „eigensinnigen Kindes" bei Negt/Kluge (1981, vgl. die Interpretationen des Antigone Mythos bei Wrana 2008a und 2009b).

Lernberatungsgespräch ausführen und hin- und herwenden, ebenso wie der Eigensinn des kunstpädagogischen Feldes, repräsentiert über die Schönheitsempfindung in der Betrachtung von Kunstwerken zu einem Widerstand. Beide Male irritiert der Eigensinn der Wissensfelder die Lesarten Pauls. Im Rahmen der Analyse des kunstpädagogischen Lernberatungsgesprächs ist dieses Moment der Irritation in seinem Verhältnis zum Eigensinn der Kunst explizit herausgearbeitet worden.

Die Irritation der Lesarten im Gespräch und die Bearbeitung dieser Irritationen haben stark reflexive Momente. Deutungen und ihre Diskursivität werden darin expliziert, abgewogen und verhandelt. Mehrere Spielzüge der beiden Akteure forcieren diese Reflexivität. Andere Spielzüge wiederum führen zur erneuten Stabilisierung von Deutungen, etwa die Praktik des Dozierenden, Paul nicht weiter auf seine eigene Lesarten und ihre Widersprüche zurückzuwerfen, sondern Deutungsangebote zu machen. Wir können weder vom Standpunkt der Lernberatung noch vom Standpunkt der Empirie wissen, ob diese Irritationen nachhaltig waren und ob sich Pauls Weise, Lesarten zu bilden, dauerhaft verändert hat. Aber zunächst einmal gilt es, einen weit unscheinbareren Umstand ins Zentrum der Aufmerksamkeit zu rücken. In diesen beiden Gesprächen zeigen sich zwei Qualitäten von Lernprozessen: Erstens, dass die Wissensfelder so in das Lerngeschehen „Lernberatung" hineinreichen, dass sie in der Lage sind, Lesarten zu irritieren. Die Lesarten Pauls geraten mit den disziplinären Lesarten in einen Widerstreit. Zweitens, dass Paul diesem Widerstreit Raum gibt und ihm Geltung verschafft.

Es lässt sich somit ein zweiter Typus des Begehrens nach Lesarten identifizieren, eine negative Bewegung, die sich mit Lesarten nicht zufriedengibt, wenn sie nicht hinreichend schlüssig sind, ein Movens im Verstehensprozess, das einer randständigen Position oder einem minoritären Wert die Chance gibt, das bereits Erkannte und Gefestigte ins Wanken zu bringen. Pauls Lernhaltung kennt offenbar auch diesen Typus des Begehrens. In der Mathematikdidaktik ist es die implizit entgegenlaufende Logik der Lernprozesse in der Lernumgebung, die Paul an der diskursiven Ordnung der neuen Lernkulturen zweifeln lässt. In der Kunstpädagogik ist es die Schönheitsempfindung, die sich dem bewertenden Handeln entgegenstellt. Der Bruch und die reflexive Qualität werden also ebenso vom Widerstreit der Lesarten und damit dem Widerstand des Wissensfeldes bedingt wie von einem Begehren danach, den Widerstreit auszutragen und abzuarbeiten. Dieses Begehren hält die Lesarten dynamisch, weil sie deren Qualität im Verhältnis zum Widerstreit als nicht hinreichend erscheinen lässt.[43]

---

43 Will man Selbstlernarrangements konstruieren, die die Dynamisierung und Reflexivität von Lesarten unterstützen sollen, dann lässt sich hier eine Funktion als wesentliche didaktische Funktion des Handlungsduos „Konstruktion von Lernarchitekturen" und „Lernberatungshandeln" bestimmen. Das Ziel bei der Konstruktion von Lernmaterialien und Aktivitäten wäre, diese so zu arrangieren, dass ein Widerstreit der Lesarten möglich wird, da sonst die Last der Relationierung und auch Dynamisierung von Lesarten ganz beim Lernberatungshandeln lie-

4.3 Den Widerstreit bearbeiten

Bisher haben sich zwei Typen des Begehrens nach Lesarten gezeigt, das Begehren nach einfachen, technologisch validen Antworten auf die Handlungsprobleme des Unterrichts sowie das Begehren, dem Widerstreit Raum zu geben und ihn angemessen auszutragen. Es wurde aber auch sichtbar, dass das zweite Begehren, das eine Lesarten negierende Kraft darstellt, meist von einem dritten, dieser Negation gegenläufigen Begehren begleitet wird, nämlich dem, den Widerstreit zu tilgen und eine neue stabile Lesart an seine Stelle zu setzen. Dieser dritte Typus ist ein Begehren nach Lesarten, das Erklärungen für das Unerklärliche sucht. Die Stabilisierung von Lesarten geht mit dem Aufheben und Ausräumen von Widersprüchen einher.[44]

In der Mathematikdidaktik bringen der Dozent und Paul jeweils differente Strategien hervor, Lesarten zu bilden, die die Widersprüche ausräumen. Der Dozent bietet im Rahmen der von ihm propagierten Lesart (der dritten Lesart, s.o.) an, einen anderen Leistungsbegriff zu etablieren, der sich deutlich gegen eine gesellschaftliche Praxis der Leistungsmessung absetzt. Der Widerstreit wird mit einer Strategie ausgeräumt, die das Bedeutungsfeld verändert. Paul lässt sich bis zu einem gewissen Punkt darauf ein, insistiert dann aber auf der Unumgänglichkeit der Selektionsfunktion von Schule, begründet sie von der allgemeinen Allokationsfunktion der Gesellschaft her und legt mit der vierten Lesart eine andere Strategie vor, den Widerstreit auszuräumen: Er wird einfach „verbunden" und als nicht näher bestimmte Aufgabe begriffen. Damit ist der Widerstreit aufgehoben und einem Kollektiv übergeben, aber was dies konkret bedeutet und wie der Widerstreit bearbeitet wird, bleibt im Dunkeln.

In der Kunstpädagogik wird das Ausräumen von Widersprüchen besonders stark mit der Strategie Pauls vollzogen, die Schönheitsempfindung im Kontext der Schule aus seiner Wahrnehmung „auszublenden" und in den privaten Kunstgenuss abzuschieben. Die Schwierigkeiten, in die sich Paul in der Kunstpädagogik mit diesem Versuch verstrickt, etwas auszublenden, was sich nicht ausblenden lässt, können selbst als Szene gelesen werden, in der sich nicht nur die Lesarten widerstreiten, sondern auch die gegensätzlichen Dynamiken des Begehrens, einerseits dem Widerstreit der Lesarten Raum zu geben und andererseits die Lesarten in neuen, überzeugenden und handhabbaren Lesarten zu stabilisieren.

---

gen würde.
44 Diese doppelte Bewegung der Lesarten findet sich in einem anderen Theoriezusammenhang in der Psychologie wieder. Diese Theorien nehmen an, dass die Transformation kognitiver Strukturen von Dissonanzen ausgeht und dass Lernende danach streben, ein Gleichgewicht und eine Passung innerhalb kognitiver Konstruktionen herzustellen und so kognitive Dissonanzen auszuräumen (z.B. Piaget 1981). Die hier vorgelegte theoretische Beschreibung greift diesen Topos zwar auf, reformuliert ihn aber als Praktiken des Bildens von Lesarten und der Relationierung von Wissensfeldern.

4.4 Positionierungen

Es gibt Wahrheitsprozeduren, die Lesarten durchlaufen müssen, um als hilfreich, gültig oder interessant zu erscheinen. Die Lernberatung und die Selbstlernarchitektur insgesamt können als solche Wahrheitsprozeduren verstanden werden, und zwar als solche, die pädagogisch installierte werden. Die Subjektivation, die sich in solchen Prozessen vollzieht, geht von Adressierungen aus (s.o.). In Pauls Lesarten können wir die Adressierungen des Studienmaterials beobachten, die einem Diskurs zu neuen Lernkulturen folgen oder dem ästhetischen Diskurs in Kunst und Kunstpädagogik. Wir können auch die Adressierungen der „Gesellschaft" beobachten, die von Paul verlangt, Leistung zu messen und zu bewerten und den „ästhetischen" Genuss in Freizeitkulturen anzusiedeln. Subjektivation vollzieht sich angesichts solcher Anrufungen, eine Ordnung anzuerkennen, die mit Adressierungen einhergeht. Zugleich beobachten wir aber, wie sich die Subjektivation in einer Situation der Überdeterminierung vollzieht. Die Narration, die Paul am Ende der Lernberatung in der Mathematikdidaktik entwirft, entzieht sich den Adressierungen und positioniert in Bezug auf eine „Lehrerschaft". Paul schreibt sich damit in keine der genannten, sondern in eine neue Ordnung ein, die Ordnung einer Lehrerschaft, die zwischen den widersprüchlichen Adressierungen vermittelt. In der kunstpädagogischen Lernberatung ist es noch etwas anders. Hier bewegt sich Paul zunächst ganz in der Ordnung der Schule und der mit ihr verknüpften Leistungsmessung. Im Gespräch wird er von der Dozentin immer wieder adressiert, der Ordnung des ästhetischen Diskurses, die mit der Ordnung der Schule in Widerstreit tritt, Raum zu geben.

Die Analyse von Lesarten zeigt also, dass Lesarten nicht als überdauernde und stabile Eigenschaften von Personen oder als habituelle Muster zu verstehen sind. Es lassen sich stabile Aspekte beobachten wie etwa die Orientierung an den Differenzen „individuell versus normal/normiert" oder „betrachten versus bewerten", die sich jeweils durch die Gespräche ziehen, aber auf dieser Basis lassen sich unterschiedliche Figuren bilden, die mit dem Subjekt und Individuum nicht unlösbar verbunden, sondern rationalisierungsfähig und -pflichtig sind. Die Lesarten können daher eher als diskursive Stimmen verstanden werden, deren die Sprechenden fähig sind und Orte, die sie artikulierend einnehmen können.

Die Basis dieser Positionierungen sind die in der Analyse rekonstruierten Differenziale, die es Paul erlauben, in seinen Äußerungen immer wieder zwei Seiten zu unterscheiden und diesen Seiten jeweils Eigenschaften und Objekte zuzuschreiben. In beiden Gesprächen liest Paul den Studieninhalt im Kontext einer Praxis des Unterrichtens. Die diskursiven Figuren des ersten Gesprächs iterieren das Differenzial „individuell versus normal/normiert", dem sich je die unverfügbare Individualität des Kindes bzw. die normierende Praxis der Schule zuweisen lässt. Die Figuren des zweiten Gesprächs iterieren das Differenzial „betrachten versus bewerten", das aber im Gebrauch Analogien zum ersten

Differenzial zeigt. Auch hier wird der einen Seite ein Unverfügbares zugewiesen, hier die ästhetische Erfahrung in der Kunst, und der anderen Seite die normierende Praxis der Schule. Beide Seiten können tendenziell zum Ort der Positionierung werden, aber keine der Positionierungen bildet einen Abschluss. Für Paul ist dieser Zusammenhang seiner Argumentationen vermutlich nicht klar. Auch ist ihm der Zusammenhang seiner Positionierungen vermutlich nicht reflexiv.

4.5 Professionalisierungsprozesse

Im diskursiven Kontext stehen offenbar verschiedene Modelle bereit, professionelles Handeln zu fassen. So finden sich die in den verhandelten Lesarten impliziten Professionsverständnisse auch in der jüngeren Debatte zur Professionalisierung von Lehrkräften wieder. Jürgen Baumert und Mareike Kunter haben 2006 die These vertreten, dass die Erziehungswissenschaft zu sehr auf Reflexion und kritische Debatte setze und zu wenig darauf, dass sie Probleme bearbeite und technische Lösungen für diese Probleme bereitstelle (Baumert/ Kunter 2006). Ihre Position entspricht der ersten Lesart Pauls, einer didaktisch-instrumentellen Professionalität. Und zugleich präsentiert Paul die Grenzen dieser Position, indem er den Irritationen folgt und das instrumentelle Professionsverständnis dekonstruiert. Damit wird die Hoffnung auf die reine Ableitung und technische Machbarkeit als Idealismus zurückgewiesen, der sich am Eigensinn der Felder bricht. Die pädagogische Technologie wird somit zum „Phantasma" eines Begehrens nach Lesarten, die eine Lösung für Alltagsprobleme des Lehrhandelns suchen.

Auf der anderen Seite insistiert Paul darauf, dass weder die pädagogische Technologie der Individualisierung noch die gesellschaftliche Forderung nach Leistung ihre letztliche Gültigkeit haben. Immer wieder spielt er den Widerstreit der beiden Wissensordnungen aus, er hält ihn offen und gibt ihm Raum. Werner Helsper hat im Rahmen der strukturtheoretischen Professionstheorie ein Verständnis von Professionalität vertreten, in dem Professionalität im immer neuen Abarbeiten und Konstellieren von Antinomien professionellen Handelns besteht, unter denen die Antinomie zwischen Individualität und Normativität grundlegend ist (vgl. Helsper 1996; Helsper 2002).

Die Frage ist allerdings, in welcher Qualität dieses Offen-Halten des Widerstreits sich ereignet. Im Gespräch in der Mathematikdidaktik wird der Widerspruch vom Dozierenden durch begriffliche Umstellungen befriedet, unter legitimatorischem Rückgriff auf seine Erfahrung als Lehrer. Pauls Gegenentwurf weist diese Befriedung zwar zurück, der Widerstreit wird zwar offen gehalten, aber bleibt unvermittelt stehen, um von „uns Lehrern" ausgehalten zu werden. Ähnlich in der Kunstpädagogik: Der Widerstreit wird zwar zwischen der Dozentin und Paul argumentativ ausgetragen, aber der disziplinäre Horizont, vor dem er sich vollzieht und vor dem die Dozentin argumentiert, bleibt unartikuliert implizit. Damit deutet sich auch eine Chance an: dass der ästhetische Zugang als Lerngegenstand im Kontext der Theorie ästhetischer Bildung reflexiv werden könnte, in dem eine spezifische Bedeutung des Individuellen thematisierbar wird. Diese theoretische Reflexivität bleibt in beiden Gesprächen uneingelöst. Professionelle Qualität könnte dann heißen, den Widerstreit nicht nur auszuhalten, sondern ihn reflexiv und theoretisch zu machen. Nach Koller würde dem Widerstreit gerecht zu werden zwei Forderungen implizieren: die Anerkennung des Widerstreits als unvermeidliche Gegebenheit und die Suche nach neuen Möglichkeiten der Sprache, ihn zu artikulieren. „Unter Bildung in diesem Sinn wären die Prozesse zu verstehen, in denen neue Sätze, Satzfamilien und Diskursarten hervorgebracht werden, die den Widerstreit offen halten, indem sie einem bislang unartikulierbaren Etwas zum Ausdruck verhelfen." (Koller 1991: 151). Tatsächlich lassen sich in den Analysen über weite Strecken Ansätze beobachten, etwas zum Ausdruck zu bringen, das noch nicht artikulierbar ist, aber genau dieser Prozess wird in den Lernberatungsgesprächen nicht reflexiv.

5 Potenzial

Die empirischen Analysen zeigen das Potenzial von Lernberatung in einer wissenschaftsorientierten Lehrerinnen- und Lehrerbildung. Es besteht gerade nicht darin, bestimmte disziplinäre Lesarten zu „vermitteln", indem die Lernenden als Effekt der Lernberatung disziplinäre Lesarten möglichst effektiv und nachhaltig aufnehmen und reproduzieren. Ihr Potenzial ist vielmehr, die Orte reflexiv zu machen, von denen aus sich über Lehren und Lernen sprechen und das Verhältnis von Lehren und Lernen konstellieren lässt. Theorien sind solche Orte des Sprechens ebenso wie das eigene praktische Handeln als Lehrende oder Lernende. Gerade der Beginn des Studiums mit seiner dichten Folge von Praktika und theoretisch-konzeptioneller Auseinandersetzung in den Seminaren bietet ein komplexes und vielschichtiges Erfahrungsfeld. Die Herausforderung für Studierende besteht darin, in Praxen des Feldes einzutreten und sie produktiv zu relationieren. Studierende müssen in diesem Prozess ihre eigenen Lesarten ebenso umordnen wie die Lerninhalte, die ihnen in Seminaren und Studienmaterialien entgegentreten, damit diese Inhalte nicht eine Sammlung abstrakter Begriffe bleiben, damit der Eigensinn ihrer Lesarten mit dem Eigensinn der Felder in Bezug treten kann, auch wenn sie in diesem Eigensinn der Felder nicht „zu Hause sind", da sie ja weder Mathematiker/innen noch Künstler/innen werden, sondern Lehrer/innen. Der theoretische Blick dieser Analysen, der vom Eintreten in Felder, von Orten der Artikulation und von diskursiven Stimmen spricht, anstelle von Aneignungsprozessen und Identitätsbildungen, kann hier auch ein Modell für diesen Prozess liefern. Er würde dann nicht auf ein einheitliches, in sich bruchloses Professionsverständnis zielen, das nach dem Modell des starken Subjekts gedacht ist, sondern auf die Fähigkeit im professionellen Handeln, unterschiedliche Orte einzunehmen und Stimmen zu sprechen, um die Gegenstände des Lehrens und Lernens zu artikulieren. Professionell sein hieße, diese Orte auch in ihrem Widerstreit zu erkennen und beziehen zu können, kurz, über sie zu verfügen, ohne sie in eine einheitliche professionelle Position integrieren zu müssen. Dass die Orte, die man einnehmen kann, reflexiv verfügbar werden, bedeutet nicht, sich in eine Reflexionsschleife zu begeben, die Handlungsfähigkeit auflöst, sondern umgekehrt, angemessene Entscheidungen darüber zu treffen, welche Orte man unter welchen Bedingungen bezieht. Der Einsatz der Lernberatung wäre in diesem Sinn, einen Raum der Artikulation von Lesarten, ihrer Irritation und ihrer Relationierungen zu schaffen. Das Potenzial wäre, dass die Orte, von denen her sich positionieren lässt, die Stimmen, die gesprochen werden können, sowie die diskursive Konstruktionsweise dieser Orte und Stimmen reflexiv und verfügbar werden.

Literatur

Angermüller, Johannes (2007): Nach dem Strukturalismus. Theoriediskurs und intellektuelles Feld in Frankreich. Bielefeld: transcript.
Artelt, Cordula (2000): Strategisches Lernen. Münster: Waxmann.
Arnold, Rolf (2003): Systemtheoretische Grundlagen einer Ermöglichungsdidaktik. In: Arnold, Rolf; Schüßler, Ingeborg (Hg.): Ermöglichungsdidaktik. Baltmannsweiler: Schneider, S. 14–36.
Arnold, Rolf; Schüßler, Ingeborg (Hg.): Ermöglichungsdidaktik. Baltmannsweiler: Schneider, S. 14–36.
Baer, Matthias u. a. (2009): Auf dem Weg zur Expertise beim Unterrichten. Erwerb von Lehrkompetenz im Lehrerinnen- und Lehrerstudium. In: Unterrichtswissenschaft, 37. 2, S. 118–144.
Baumert, Jürgen; Kunter, Mareike (2006): Professionelle Kompetenz von Lehrkräften. In: Zeitschrift für Erziehungswissenschaft, 9. 4, S. 469–520.
Bergmann, Jörg (1985): Flüchtigkeit und methodische Fixierung sozialer Wirklichkeit: Aufzeichnungen als Daten der interpretativen Soziologie. In: Bonß, Wolfgang; Hartmann, Heinz (Hg.): Entzauberte Wissenschaft: Zur Relativität und Geltung soziologischer Forschung. Sonderband 3 der Zeitschrift „Soziale Welt". Göttingen: Schwarz, S. 299–320.
Block, James H.; Hazelip, K.: Teachers' beliefs and belief systems. In: Anderson, Lorin W. (Ed.): International Encyclopedia of Teaching and Teacher Eeducation. Cambridge: Pergamon 1995, S. 25–28.

Blömeke, Sigrid; Kaiser, Gabriele; Lehmann, Rainer (Hg.) (2008): Professionelle Kompetenz angehender Lehrerinnen und Lehrer: Wissen, Überzeugungen und Lerngelegenheiten deutscher Mathematikstudierender und -referendare. Erste Ergebnisse zur Wirksamkeit der Lehrerausbildung. Münster: Waxmann.

Blömeke, Sigrid; Felbrich, Anja; Müller, Christiane (2008): Messung erziehungswissenschaftlichen Wissens angehender Lehrkräfte. In: Blömeke, Sigrid; Kaiser, Gabriele; Lehmann, Rainer (Hg.): Professionelle Kompetenz angehender Lehrerinnen und Lehrer. Münster: Waxmann, S. 171–193.

Boehm, Gottfried (2007): Wie Bilder Sinn erzeugen. Die Macht des Zeigens. Berlin: University Press.

Bourdieu, Pierre (2001): Meditationen. Zur Kritik der scholastischen Vernunft. Frankfurt a.M.: Suhrkamp.

Calderhead, James (1996): Teachers: Beliefs and Knowledge. In: Berliner, David C.; Calfee, Robert C. (Eds.): Handbook of Educational Psychology. New York: Macmillian, S. 709–725.

Chomsky, Noam; Halle, Morris (1971): The sound pattern of English. Cambridge: MIT Press.

Conein, Bernard; Courtine, Jean-Jacques; Gadet, Françoise; Marandin, Jean-Marie; Pêcheux, Michel (Eds.) (1981): Matérialités discursives. Lille: Presses Universitaires de Lille.

Culler, Jonathan (1999): Dekonstruktion. Derrida und die poststrukturalistische Literaturtheorie. Reinbek b.H.: Rowohlt.

Diaz-Bone, Rainer (2011): Die Performativität der Sozialforschung – Sozialforschung als Sozio-Epistemologie. In: Historical Social Research, 36, 1, S. 291–311.

Duncker, Ludwig (1999): Begriff und Struktur ästhetischer Erfahrung. In: Neuss, Norbert (Hg.): Ästhetik der Kinder. Interdisziplinäre Beiträge zur ästhetischen Erfahrung von Kindern. Frankfurt a.M.: Gemeinschaftswerk, S. 9–20.

Eco, Umberto (1998): Lector in fabula. Die Mitarbeit der Interpretation in erzählenden Texten. München: dtv.

Finneberg, Jonathan (1995): Kinderzeichnung und die Kunst des 20. Jahrhunderts. Ostfildern-Ruit: Hatje.

Forneck, Hermann J. (2006a): Die Sorge um das eigene Lernen – Umrisse eines integrativen Konzepts selbstgesteuerten Lernens. In: Forneck, Hermann J.; Gyger, Mathilde; Maier Reinhard, Christiane (Hg.): Selbstlernarchitekturen und Lehrerbildung. Zur inneren Modernisierung von Lehrerbildung. Bern: h.e.p., S. 37–88.

Forneck, Hermann J. (2006b): Selbstlernarchitekturen. Lernen und Selbstsorge I. Baltmannsweiler: Schneider.

Forneck, Hermann J.; Wrana, Daniel (2003): Ein verschlungenes Feld. Bielefeld: wbv.

Forneck, Hermann J.; Gyger, Mathilde; Maier Reinhard, Christiane (Hg.) (2006): Selbstlernarchitekturen und Lehrerbildung. Zur inneren Modernisierung von Lehrerbildung. Bern: h.e.p.

Foucault, Michel (2004): Sicherheit - Territorium - Bevölkerung. Geschichte der Gouvernementalität I. Frankfurt a.M.: Suhrkamp.

Foucault, Michel (2010): Der Mut zur Wahrheit. Die Regierung des Selbst und der anderen II. Vorlesung am Collège de France (1983–1984). Frankfurt a.M.: Suhrkamp.

Frege, Gottlob (1993): Der Gedanke. In: Frege, Gottlob (Hg.): Logische Untersuchungen. Göttingen: Vandenhoeck & Ruprecht, S. 30–53.

Furth, Hans (1972): Intelligenz und Erkennen. Die Grundlagen der genetischen Erkenntnistheorie Piagets. Frankfurt a.M.: Suhrkamp.

Greeno, James G.; Collins, Allan M.; Resnick, Lauren B. (1996): Cognition and Learning. In: Berliner, David C.; Calfee, Robert C. (Eds.): Handbook of Educational Psychology. New York: Macmillian, S. 15–46.

Greimas, Algirdas Julien (1971): Strukturale Semantik. Methodologische Untersuchungen. Braunschweig: Vieweg.

Guski, Alexandra (2007): Metaphern der Pädagogik. Bern: Peter Lang.

Habermas, Jürgen (1981): Theorie kommunikativen Handelns. 2 Bände. Frankfurt a.M.

Helsper, Werner (1996): Antinomien des Lehrerhandelns in modernisierten pädagogischen Kulturen: Paradoxe Verwendungsweisen von Autonomie und Selbstverantwortlichkeit. In: Combe, Arno; Helsper, Werner (Hg.): Pädagogische Professionalität. Frankfurt a.M.: Suhrkamp, S. 521–569.

Helsper, Werner (2002): Lehrerprofessionalität als antinomische Handlungsstruktur. In: Kraul, Margret (Hg.): Biographie und Profession. Bad Heilbrunn: Klinkhardt, S. 64–102.

Herzog, Walter (2002): Zeitgemäße Erziehung. Die Konstruktion pädagogischer Wirklichkeit. Göttingen: Velbrück.

Herzog, Walter; Felten, Regula von (2001): Erfahrung und Reflexion. Zur Professionalisierung der Praktikumsausbildung von Lehrerinnen und Lehrern. In: Beiträge zur Lehrerbildung, 19, 1, S. 17–28.

Holz, Hans Heinz (1990): Ästhetik. In: Sandkühler, Hans Jörg (Hg.): Europäische Enzyklopädie zu Philosophie und Wissenschaft (Bd.1). Hamburg: Meier, S. 53–70.

Holz, Hans Heinz (2009): Der ästhetische Gegenstand. Philosophische Theorie der bildenden Künste 1. Bielefeld: Aisthesis.

Höhne, Thomas (2003): Die thematische Diskursanalyse - dargestellt am Beispiel von Schulbüchern. In: Keller, Reiner; Hirseland, Andreas; Schneider, Werner; Viehöver, Willy (Hg.): Handbuch sozialwissenschaftliche Diskursanalyse (Bd. 2). Opladen: Leske & Budrich.

Imdahl, Max (1996): Giotto, Arenafresken: Ikonographie, Ikonologie, Ikonik. München: Fink.

Klafki, Wolfgang (1964): Studien zur Bildungstheorie und Didaktik. Weinheim: Beltz.
Klingovsky, Ulla (2009): Schöne Neue Lernkultur. Transformationen der Macht in der Weiterbildung. Eine gouvernementalitätstheoretische Untersuchung. Bielefeld: transcript.
Klingovsky Ulla; Kossack, Peter (2007): Selbstsorgendes Lernen gestalten. Bern: h.e.p.
Kluge, Friedrich (2002): Etymologisches Wörterbuch der deutschen Sprache. Berlin: de Gruyter.
Koller, Hans-Christoph (1999): Bildung und Widerstreit. Zur Struktur biographischer Bildungsprozesse in der (Post-)Moderne. Paderborn: Fink.
Koller, Hans-Christoph (1999): Lesarten. Über das Geltendmachen von Differenzen im Forschungsprozess. In: Zeitschrift für Erziehungswissenschaft 2. 2, S. 195–209.
Kossack, Peter (2006): Lernen Beraten. Eine dekonstruktive Analyse des Diskurses zur Weiterbildung. Bielefeld: transcript.
Langer, Antje; Wrana, Daniel (2005): Diskursverstrickung und diskursive Kämpfe – Nationalsozialismus und Erwachsenenbildung. Methodologische Fragen zur Analyse diskursiver Praktiken [http://www.blauhaus.org/texte/langerwrana_verstrickungenkaempfe.pdf, zuletzt abgerufen am 1.2.2012].
Legler, Wolfgang (2006): Das Kind als Künstler. Die Anfänge der Kunsterzieherbewegung in Hamburg. In: Sowa, Huber; Uhlig, Bettina (Hg.): Schriften zur Kunstpädagogik Band 1. Ludwigsburg: Pädagogische Hochschule.
Link, Jürgen (1999): Versuch über den Normalismus. Wie Normalität produziert wird. Opladen: Westdeutscher Verlag.
Link, Jürgen (2006): Was versteht Michel Pêcheux genau unter Interdiskurs? Eine Antwort an Rainer Diaz-Bone. In: KultuRRevolution 50, S. 78–80.
Lyotard, Jean-François (1989): Der Widerstreit. München: Fink.
Maier Reinhard, Christiane (2008): Widerton zu einem professionellen ästhetischen Lehr-Lernbegriff. Eine Rekonstruktion thematisch-semantischer Strukturen in Lernberatungsgesprächen der Primarlehrerausbildung. In: Maier Reinhard, Christiane; Wrana, Daniel (Hg.): Autonomie und Struktur in Selbstlernarchitekturen. Opladen: Budrich, S. 249–310.
Maier Reinhard, Christiane (2006): Ästhetische Bildung und individueller Eigensinn. In: Forneck, Hermann J.; Gyger, Mathilde; Maier Reinhard, Christiane (Hg.): Selbstlernarchitekturen und Lehrerbildung. Zur inneren Modernisierung von Lehrerbildung. Bern: h.e.p., S. 165–192.
Maier Reinhard, Christiane; Wrana, Daniel (2008): Empirische Forschung zur Lehrer/innenbildung in Selbstlernarchitekturen. In: Maier Reinhard, Christiane; Wrana, Daniel (Hg.): Autonomie und Struktur in Selbstlernarchitekturen. Opladen: Budrich, S. 11–30.

Majetschak, Stefan (2005): Sichtvermerke. Über Unterschiede zwischen Kunst und Gebrauchsbildern. In: Majetschak, Stefan (Hg.): Bild-Zeichen. Perspektiven einer Wissenschaft vom Bild. München: Fink, S. 97–122.

Michel, Burkhard (2006): Bild und Habitus. Sinnbildungsprozesse bei der Rezeption von Fotografien. Wiesbaden: VS.

Negt, Oskar; Kluge, Alexander (1981): Geschichte und Eigensinn. Berlin: Zweitausendeins.

Oelkers, Jürgen (1996): Reformpädagogik. Weinheim: Juventa.

Oevermann, Ulrich; Allert, Tilman; Konau, Elisabeth; Krambeck, Jürgen (1979): Die Methodologie einer ‚objektiven Hermeneutik' und ihre allgemeine forschungslogische Bedeutung in den Sozialwissenschaften. In: Soeffner, Hans-Georg (Hg.): Interpretative Verfahren in den Sozial- und Textwissenschaften. Stuttgart: Metzler, S. 352–434.

Otto, Gunter (1984): Otto Dix. Bildnis der Eltern. Frankfurt a.M.: Fischer.

Otto, Gunter (1999): Lehren und Lernen zwischen Didaktik und Ästhetik, BD 1. Ästhetische Erfahrung und Lernen. Seelze: Kallmeyer.

Otto, Gunter; Otto, Maria (1987): Auslegen. Ästhetische Erziehung als Praxis des Auslegens in Bildern und des Auslegens durch Bilder. Seelze: Friedrich in Velber.

Pajares, Frank (1992): Teachers beliefs and educational research: Cleaning up a messy construct. In: Review of Educational Research, 62, S. 307–332.

Parmentier, Michael (2004): Ästhetische Bildung. In: Benner, Dietrich; Oelkers, Jürgen (Hg.): Historisches Wörterbuch der Pädagogik. Weinheim: Beltz, S. 11–32.

Piaget, Jean (1981): Jean Piaget über Jean Piaget. Sein Werk aus seiner Sicht. München: Kindler.

Posner, George J.; Strike, Kenneth A.; Hewson, Peter W.; Gertzog, William A. (1982): Accommodation of a scientific conception. Toward a theory of conceptual change. In: Science Education, 66. 2, S. 211–227.

Richardson, Virginia: The role of attitudes and beliefs in learning to teach. In: Sikula, John P. (Ed.): Handbook of Research on Teacher Education. New York: Simon 1996, S. 102–119.

Richter, Hans-Günter (2003): Eine Geschichte der Ästhetischen Erziehung. Niebüll: videel OHG.

Rittelmeyer, Christian (2005): „Über die ästhetische Erziehung des Menschen". Eine Einführung in Friedrich Schillers pädagogische Anthropologie. München: Juventa.

Röthlisberger, Ernst (2008): Lernwege und Lernplanung beim selbstsorgenden Lernen. In: Maier Reinhard, Christiane; Wrana, Daniel (Hg.): Autonomie und Struktur in Selbstlernarchitekturen. Empirische Untersuchungen zur Dynamik von Selbstlernprozessen. Opladen: Budrich, S. 103–146.

Ryter Krebs, Barbara (2008): „Rosinen picken" oder „in einer Mine schürfen"? Metaphern des Lernens in Lernberatungsgesprächen. In: Maier

Reinhard, Christiane; Wrana, Daniel (Hg.): Autonomie und Struktur in Selbstlernarchitekturen. Opladen: Budrich, S. 203–248.

Saljö, Roger (1999): Context, Cognition and Discourse. From Mental Structures to Discoursive Tools. In: Schnotz, Wolfgang; Vosniadou, Stella; Carretero, Mario (Eds.): New perspectives on conceptual change. Amsterdam: Pergamon, S. 81–90.

Schiller, Friedrich (1975): Über das Schöne und die Kunst. Schriften zur Ästhetik. München: Carl Hanser.

Searle, John (1971): Sprechakte. Ein sprachphilosophischer Essay. Frankfurt a.M.: Suhrkamp.

Seel, Martin (1985): Die Kunst der Entzweiung. Zum Begriff ästhetischer Rationalität. Frankfurt a.M.: Suhrkamp.

Selle, Gert (2003): Kunstpädagogik und ihr Subjekt: Entwurf einer Praxistheorie. Oldenburg: Isensee.

Viehöver, Willy (2003a): Die Klimakatastrophe als ein Mythos der reflexiven Moderne. In: Clausen, Lars; Geenen, Elke; Macamo, Elísio (Hg.): Entsetzliche soziale Prozesse. Theorie und Empirie der Katastrophen. Münster: Lit, S. 247–286.

Viehöver, Willy (2003b): Die Wissenschaft und die Wiederverzauberung des sublunaren Raumes. Der Klimadiskurs im Licht der narrativen Diskursanalyse. In: Keller, Reiner; Hirseland, Andreas; Schneider, Werner; Viehöver, Willy (Hg.): Handbuch sozialwissenschaftliche Diskursanalyse (Bd. 2). Opladen: Leske & Budrich, S. 233–270.

Vosniadou, Stella (Ed.) (2008): International Handbook of Conceptual Change. New York: Routledge.

Wrana, Daniel (2002): Formen der Individualität. Eine Analyse der diskursiven Formation von Gesellschaftsbeschreibungen bei Kursleiter/innen der Erwachsenenbildung. In: Forneck, Hermann J; Lippitz, Wilfried (Hg.): Literalität und Bildung. Marburg: Tectum, S. 115–176.

Wrana, Daniel (2006): Das Subjekt schreiben. Subjektivierung und reflexive Praktiken in der Weiterbildung – Eine Diskursanalyse. Baltmannsweiler: Schneider.

Wrana, Daniel (2008a): Autonomie und Struktur in Selbstlernprozessen. Gesellschaftliche, lerntheoretische und empirische Relationierung. In: Maier Reinhard, Christiane; Wrana, Daniel (Hg.): Autonomie und Struktur in Selbstlernarchitekturen. Empirische Untersuchungen zur Dynamik von Selbstlernprozessen. Opladen: Budrich, S. 31–102.

Wrana, Daniel (2008b): Bildung und Biographie in Selbstlernprozessen. In: Report - Zeitschrift für Weiterbildungsforschung, 31, Heft 4, S. 23–32.

Wrana, Daniel (2009a): Zur Organisationsform selbstgesteuerter Lernprozesse. In: Beiträge zur Lehrerbildung, 27, Heft 2, S. 163–174.

Wrana, Daniel (2009b): Die Finalisierung der Zwecke. In: Bünger, Carsten; Mayer, Ralf; Messerschmidt, Astrid; Zitzelsberger, Olga (Hg.): Bildung der Kontrollgesellschaft. Aktualisierungen kritischer Erwachsenenbildung und Bildungstheorie. Festschrift für Ludwig Pongratz. Paderborn: Ferdinand Schöningh, S. 109–118.

Wrana, Daniel (2009c): Empirische Ergebnisse zu Selbstlernarchitekturen und Selbstsorgendem Lernen. In: Hof, Christiane; Ludwig, Joachim; Zeuner, Christine: Strukturen lebenslangen Lernens. Baltmannsweiler: Schneider, S. 174–186.

Wrana, Daniel (2010): Subjektivierung in Lesarten. In: Klingovsky, Ulla; Kossack, Peter; Wrana, Daniel (Hg.): Die Sorge um das Lernen. Festschrift für Hermann Forneck. Bern: h.e.p., S. 98–109.

Wrana, Daniel (2011a): Den Diskurs lernen – Lesarten bilden. Die Differenz von Produktion und Konsumption in diskursiven Praktiken. In: Keller, Reiner; Schneider, Werner; Viehöver, Willy (Hg.): Diskurs Macht Subjekt. Theorie und Empirie von Subjektivierung in der Diskursforschung. Wiesbaden: VS, S. 229–245.

Spielzüge des Lernberatungshandelns
Eine empirische Analyse von Lernberatungsinteraktionen

Christiane Maier Reinhard, Barbara Ryter Krebs, Daniel Wrana

1 Lernberatung als pädagogisches Setting im Horizont gesellschaftlicher Wissensfelder

Das Verständnis, das Lernende von einem Lerngegenstand bilden, nennen wir Lesarten. Lesarten treten – so haben wir im Beitrag „Die Lesarten im Professionalisierungsprozess" im vorliegenden Band ausführlich argumentiert – im Plural auf, da die gebildeten Lesarten von den Lesarten anderer Lernender oder von Lehrenden unterschieden sind. Der Begriff der Lesarten geht damit über den Begriff des Verständnisses hinaus, weil er konstitutiv die Differenz zu anderen möglichen Lesarten impliziert, Verständnis aber nur eine individuelle Singularität bezeichnet. Während Lesarten von Gegenständen in allen möglichen Situationen des Lebens gebildet werden und sich auf die eine oder andere Weise zu bewähren haben, haben Bildungsinstitutionen unter anderem die gesellschaftliche Funktion, die Lesarten ihres Klientels in Bezug auf die etablierten Standards gesellschaftlicher Wissensfelder auszubilden. Im Fall der Lehrerinnen- und Lehrerbildung ist dies einerseits das soziale Wissensfeld des pädagogischen Handelns in der Institution der Schule und andererseits die verschiedenen sozialen Wissensfelder, die als „Schulfächer" in die Bildungsinstitution hineinragen und dabei eine spezifische Form annehmen.[1] Bildungsinstitutionen haben den gesellschaftlichen Auftrag, die Differenz zwischen den individuellen Lesarten der Lernenden und den an den gesellschaftlichen Wissensfeldern orientierten Lesarten, die wir im Folgenden als „disziplinäre Lesarten" bezeichnen, zu bearbeiten. Diese strukturelle Bedingung spielt in die Situationen pädagogischen Handelns hinein. Sie sind der Ort, an dem Lesarten entwickelt werden, in Widerstreit treten, zurückgewiesen oder bestätigt wer-

---
1 In dem von uns untersuchten Fall sind dies die Mathematik und die Kunst als Wissensfelder. Wenn wir von Wissensfeldern sprechen, dann ist nicht von einem verkürzten Wissensbegriff die Rede, in dem Wissen nur als explizites und objektiv kodifiziertes Wissen gilt, sondern von Feldern sozialer Praxis, die sich durch unterschiedliche konstellierte Formen impliziten und expliziten Wissens auszeichnen, in denen Körperlichkeit und Materialitäten ebenso entscheidende Dimensionen sind wie institutionalisierte Strukturen und die Kämpfe um Deutungen und die Grenzen der Felder (vgl. zum Feldbegriff Forneck/Wrana 2005; Forneck/Wrana 2006). Wissensfelder sind also immer zugleich Handlungsfelder (zu den Wissensfeldern ausführlich der Beitrag von Wrana „Theoretische und methodologische Grundlagen" in diesem Band).

den. In ihnen materialisiert sich die institutionelle Bedingung in konkreten Lehr-Lern-Situationen.

Die Relationierung von Lesarten ermöglicht nicht nur das Eintreten in ein Wissensfeld, sondern gibt diesem Eintreten zugleich eine spezifische Qualität. Es ist die in der Relationierung angelegte Reflexivität, die über die pure Übernahme einer Wissensordnung hinausweist. Daher wäre es zu einfach, Lernprozesse ausgehend von der Differenz individueller und disziplinärer Lesarten als Vermittlung eines von Expert/innen formierten Wissens an Noviz/innen zu denken, um dann die Qualität des Outputs dieser Vermittlungsprozesse zu prüfen, wie dies gegenwärtig in Untersuchungen zur Professionalisierung von Lehrer/innen geschieht (z.B. Baumert/Kunter 2006). Zum einen, weil im Professionalisierungsprozess die Lesartenbildung auf eine Positionierung in einem widersprüchlichen Feld hinausläuft, die ausgehend von einem rein positiven, quasi „technischen" Wissens- und Vermittlungsbegriff nicht angemessen beschrieben werden kann, und zum anderen, weil das Verhältnis von Expert/in und Noviz/in nicht so unproblematisch ist, wie es zunächst scheint. Das erste Problem haben wir in dem Artikel „Die Lesarten im Professionalisierungsprozess" in diesem Band anhand empirischen Materials aus Lernberatungsgesprächen bearbeitet, dem zweiten Problem wenden wir uns in diesem Beitrag anhand desselben Materials zu.

Wenn Bildungsinstitutionen Disziplinarität zwischen individuellen und disziplinär standardisierten Lesarten zu vermitteln haben, dann müssen sie zunächst einmal die disziplinären Lesarten gegenüber den individuellen zur Geltung bringen. In klassischen Lehr-Lern-Arrangements geschieht dies über einen Prozess des Lehrens, dem das Lernen schmiegsam zu folgen hat. Die Lernergebnisse lassen sich dann an der Erreichung der Lernziele messen – diese Vorstellung entspricht dem Prozess-Produkt-Modell, das auch in der Lernforschung lange Zeit vorherrschte und inzwischen in die Kritik geraten ist (vgl. Helmke 2008: 71ff.). Alternative Arrangements stellen demgegenüber die Aktivität der Lernenden und ihre Aneignungstätigkeit in den Mittelpunkt. Damit ist tendenziell die Ausdifferenzierung und Individualisierung der Lernwege, der Lernstrategien, aber eben auch der Lernergebnisse, der Lesarten von Lerngegenständen verbunden (vgl. Wrana 2009). Wenn pädagogisches Handeln der Funktion, die Gültigkeit gesellschaftlicher Wissensfelder zur Geltung zu bringen, nachkommen soll, stellt sich die Frage, mit welchen didaktischen Praktiken das individuell sich ausdifferenzierende und pluralisierende Wissen nun zu dem standardisierten Wissen in Bezug gesetzt, an welchem Zeitpunkt des Lernprozesses ein solches In-Bezug-Setzen angesetzt und welche Gültigkeit den differenten Lesarten mit welchen Legitimationen zugewiesen wird. Pädagogisches Handeln zeigt sich von diesem Standpunkt aus als eine praktische Wahrheitspolitik, in der die Wahrheit der Lerngegenstände ebenso wie die Wahrheit der Lernenden und der Lehrenden bearbeitet wird.

Das Verhältnis des individuell erworbenen Wissens zu den Wissensfeldern ist ein in der Pädagogik vielfach diskutiertes Problem. Eine aktuell verbreitete

Antwort auf das Problem gibt der Konstruktivismus. Allerdings wischt dieser das Problem vom Tisch, indem er die Subjektivität der Lernenden radikalisiert und die Lesarten aller Beteiligten für gleich gültig erklärt (z.B. Arnold/Siebert 1995; Arnold/Schüßler 2003). Die verbleibende Möglichkeit pädagogischen Handelns ist dann die Irritation verfestigter Denkweisen der Lernenden, dazu scheinen die Lehrenden gerade noch legitimiert zu sein (vgl. Arnold 2005: 39). Diese Zielvorstellung orientiert sich an der Vorstellung von Bildung als Perfectibilité des Subjekts, das sich frei entfalten kann, so lange es nur bereit ist, sie jederzeit weiter zu entwickeln, die Passungsverhältnisse in Rechnung zu stellen und somit niemals stehen zu bleiben (vgl. Forneck/Wrana 2005: 151ff.; Wrana 2006: 42). Jedes Lehrhandeln, das gegenüber diesem rein formalen Bildungsverständnis die Inhaltlichkeit von Wissensfeldern (und mithin disziplinäre Lesarten) zur Geltung zu bringen versucht, wird dann allzu leicht als machtförmiges, besserwisserisches „Lehr"-Handeln denunzierbar (vgl. z.B. Kösel 1993; Arnold/Schüßler 2003). Der Konstruktivismus knüpft damit an eine reformpädagogische Tradition an, die die Autonomieerwartung an die Lernenden radikalisiert, indem sie sie legitimatorisch an die Unverfügbarkeit eines Individuums, „des Kindes" oder „des Menschen" knüpft. Mit der Idee der „Moderation" wird im Konstruktivismus das normative Leitbild einer pädagogischen Wahrheitspolitik entwickelt, in der die Gültigkeit von Lesarten immer wieder auf den individuellen Lernprozess als Instanz zurück verwiesen wird. Nicht nur das Lernen wird damit individualisiert, sondern auch die Gültigkeit von Lesarten. In der pädagogischen Wahrheitspolitik des Moderationshandelns dürfen Lesarten zwar irritiert werden, die Lehrenden dürfen aber keinen privilegierten Zugang zu einem disziplinären Wissen für sich in Anspruch nehmen. Die Wahrheitspolitik des Beratungshandelns steht im systemisch-konstruktivistischen Verständnis daher in diametralem Gegensatz zu der des klassischen Lehrhandelns, aber auch zu einer, die Lernen von der vorgängigen Differenz von Expert/in und Noviz/in her denkt.

Diesem konstruktivistischen Verständnis des Lehrens als Moderation kommt es zupass, dass mit dem systemischen Beratungshandeln aus dem psychosozialen Bereich ein normatives Modell zur Verfügung steht, bei dem die Subjektivität des Klientels ins Zentrum gestellt wird. Dieses Modell der Beratung wird auf alle pädagogischen Handlungsfelder übertragen. Allerdings ist einzuwenden, dass die gesellschaftliche Funktion der pädagogischen Institutionen im psychosozialen Bereich die Wiederherstellung der Autonomie der Lebenspraxis ist, während die gesellschaftliche Funktion von Bildungsinstitutionen eben die Entwicklung von Kompetenzen in Relation zu den Standards gesellschaftlicher Wissensfelder bedeutet.[2] Das Problem, dass Lesarten in ihrer Differenz nicht nur individuell sind, sondern auch sozial, insofern sie in einem Bezug zu einem Wissensfeld auftreten, ist mit der spezifischen Wahrheitspoli-

---

2 Vgl. die Debatte zur Professionalisierung pädagogischer Felder und die Professionstheorie Oevermanns (1997, 2002).

tik konstruktivistischer Theorien und der Übertragung des psychosozialen Beratungsmodells auf Beratungssituationen auf alle Lehr-Lern-Situationen also nicht aus der Welt, sondern nur aus dem Sinn.

Das Lernberatungskonzept der Selbstlernarchitekturen trägt der Differenz der Lesarten Rechnung, indem der Lernberatung die Aufgabe zukommt, individuelle und disziplinäre Lesarten in Beziehung zu setzen, zu relationieren. Das Relationieren von Lesarten heißt gerade nicht, die individuellen Lesarten den disziplinären anzugleichen oder diese gar zu ersetzen, weil die einen den anderen überlegen wären, sondern die Konstruktionsweise der jeweiligen Lesarten und ihre Begründungen und Geltungen reflexiv zu machen. Es gilt also nicht, die Differenz zu tilgen, sondern sie für die Lernenden verfügbar zu machen. Das Ziel des Lernprozesses ist es, begründet Positionen beziehen zu können und nicht eine vermeintlich „richtige" Position anzueignen. Lernprozesse würden dann eine spezifische Qualität gewinnen, in der eine reflexive Subjektivierung zu dieser Differenz entstehen kann (vgl. hierzu ausführlich Kossack in diesem Band).

Dieses reflexiv begründende Lernen und die damit verbundene Lernhaltung hat Forneck Selbstsorgendes Lernen genannt (Forneck 2002). Die Lernberatung soll – wie Kossack in diesem Band ausführt – zu einem Promotor der Habitualisierung von selbstsorgendem Lernen werden, wozu zwei Faktoren beitragen: Neben der Relationierung von eigensinnig-individuellen und disziplinär-normierten Lesarten ist es der Erwerb des Umgangs mit Lernpraktiken und Werkzeugen, also die Aneignung der wissensgenerierenden Praxen des Wissensfeldes und der Lern- und Selbstpraktiken. Auf beiden Ebenen ist das Ziel, über einen affirmativen Lernprozess, in dem das Wissensfeld als gesellschaftlich normierte Wissensstruktur naturalisiert wird, hinauszugehen und dagegen ein reflexives Verhältnis zu sich selbst und den Wissensfeldern anzuregen.[3]

Wenn man nun Lernen als das Relationieren von Lesarten fasst, dann gibt man demgegenüber der Inhaltlichkeit der Wissensfelder ihre konstitutive Bedeutung im Bildungsprozess zurück, ohne zugleich deren Normativität als gültig zu setzen (vgl. Koller 1999). Dabei wird weder das Modell des Lehrens verfolgt, in dem Lehrende per se gültige Lesarten vermitteln, noch das Modell von Expert/in und Noviz/in, in dem Lernende die Feldkompetenz von Lehrenden anerkennen und mimetisch übernehmen, noch das Modell des Konstruktivismus, in der die Lesarten sich in gleicher Gültigkeit gegenüber stehen. Vielmehr hat das Relationieren von Lesarten den Zweck, die Gültigkeit selbst

---

3 Ein Schritt hierzu ist das Verstehen der Lesarten des Anderen, die Forneck auch als Diagnose bezeichnet hat. Wenn Ludwig (in diesem Band) dies als Lernstanddiagnose begreift und kritisch mutmasst, es gehe darin um ein prüfendes Feststellen der Differenz von individuellen und disziplinären Lesarten, dann ist dies vielleicht zum Teil dem Begriff der Diagnose geschuldet, der andere Assoziationen weckt. Fornecks Konzept ist allerdings ein anderes, und wenn man es als Feststellung des Lernstandes begreift, dann ist es um seine wesentliche Dimension verkürzt.

argumentativ verfügbar und aus der Reflexion des Relationierens heraus Lesarten für die Beteiligten bearbeitbar zu machen. Lesarten reflexiv verfügbar zu machen, ist ein konzeptioneller Anspruch, dessen Einlösen sicher einem Technologiedefizit unterliegt (Luhmann 1979): Reflexivität ist technologisch nicht herstellbar.

Im Folgenden soll empirisch beobachtet werden, mit welchen Praktiken dieser konzeptionelle Anspruch in den Lernberatungen eingelöst wird, wie die Differenz von Lesarten relationiert wird und welche Formen von Reflexivität dabei möglich werden. Hierbei geht es nicht vordergründig darum, ob das Einlösen gelingt oder misslingt, eine solche evaluative Haltung würde eine technische Herstellbarkeit von Reflexivität voraussetzen. Das Erkenntnisinteresse ist vielmehr, die Handlungsprobleme herauszufiltern, an denen sich das Projekt, Relationierung und Reflexivität möglich zu machen, abzuarbeiten hat.

2 Zur Analyse der Spielzüge

Als analytische Einheit betrachten wir Spielzüge des Lernberatungshandelns und knüpfen damit an die Wittgensteinsche Tradition des Praxisbegriffs an (Wittgenstein 1984). Als Spielzüge begreifen wir die Äußerungsakte der beiden beteiligten Akteure der Lernberatung, insofern diese in Sequenzen des Gesprächs aufeinanderfolgen und je die vorangehenden Spielzüge in Rechnung stellen. Wir knüpfen dabei an die Methodologie der Gesprächsanalyse an, deren Prinzip ist, „im Alltag implizit bleibende, hochgradig allgemeine formale Prinzipien der Herstellung von Ordnung und Bedeutung im Gespräch" (Deppermann 2008: 50) zu explizieren und methodisch zu wenden, um diese Prozesse in Gesprächen sichtbar zu machen. Die Gesprächsanalyse wird so zu einem Element innerhalb der Analyse diskursiver Praktiken (vgl. hierzu den Beitrag „Theoretische und methodologischen Grundlagen" in diesem Band). Die Beobachtung eröffnet dabei mehrere Themen.

2.1 Das hybride Genre Lernberatung

Ein Spielzug gehört zu einem Spiel, bei dem Spieler/innen in einem Setting aufeinandertreffen. Folgt man der Metapher des Schachspiels, dann spielen beide Spieler/innen um einen Einsatz und folgen Regeln. Die meisten Spiele sind aber weitaus komplexer als das Schachspiel. Beim Schachspiel ist das Spielfeld in seinen Grenzen bekannt und jeder Zug ist im Gesamtablauf des Schachspiels lokalisierbar. Ähnlich wie beim Schachspiel produzieren die Spielzüge einer Lernberatung ein Möglichkeitsfeld, das sich mit jedem Zug verändert, das sich also in der Sequenz der Züge bestimmt. Während diese

Sequenzen sich beim Schach allerdings auf der Basis gemeinsamer und nicht verhandelbarer Regeln vollziehen, haben die Spieler/innen einer Lernberatung – beratende Dozierende und der beratene Studierende – weder symmetrische Rollen und Handlungsmöglichkeiten, noch verfolgen sie einen gemeinsamen und durch das Spiel fraglos gegebenen Einsatz (den König schlagen), noch kann man erwarten, dass die Erwartungen der Spieler/innen an die Regeln und Konventionen des Spiels übereinstimmen. Dies mag bei stärker traditionalisierten Spielen wie dem schulischen Unterricht oder einer Prüfung anders sein, dort sind die Praktiken in den Erfahrungen der Spieler/innen sedimentiert und die Erwartungserwartungen damit wechselseitig stabilisiert. Diese Stabilisierung schließt zahlreiche Taktiken, die Erwartungen des Anderen zu bedienen, um sie anderweitig zu unterlaufen und einen Einsatz zu gewinnen, nicht aus (vgl. de Certeau 1988: 77ff.), aber dies gelingt gerade auf der Basis von stabilen Erwartungen an die Konventionen des Spiels. Bei didaktischen Formen wie der Lernberatung (und zahlreichen anderen Formen einer „neuen Lernkultur"), die gerade mit dem Anspruch auftreten, neu und anders zu sein als das konventionalisierte bekannte Lehr- und Lernhandeln, verhält es sich anders. Es ist immer wieder ungewiss, welches Spiel gerade gespielt wird, weil die Spielenden auf sedimentierte Praktiken zurückgreifen, die ihnen routinisiert sind und aus denen sie neue Hybride professionellen Handelns bilden. Das didaktische Genre „Lernberatung" gewinnt damit einen konzeptionellen Überschuss, dessen Einlösung in einer „Praxis" aussteht. Dieser Überschuss wird in den meisten didaktischen Ansätzen der Lernberatung durch eine Übertragung der Handlungsregeln der systemisch-klientorientierten Lernberatung befriedigt (s.o.) und diese Vorstellung gelungener Beratungssituationen spielt qua Erfahrung und Erwartungserwartung auch in die beobachtbaren Beratungssituationen hinein. In den situierten Praktiken des Beratungshandelns zeigt sich daher nicht nur der konzeptionelle Anspruch der Relationierung von Lesarten, sondern die Einflüsse verschiedener Handlungsmodelle und pädagogischer Genres. Diese werden nicht nur von den Lernberater/innen „angespielt", sondern auch von den Studierenden. Die Praktiken der Lernberatung zeigen sich daher – so ist zu erwarten – dem Beobachter als Hybrid von Zitationen diverser pädagogischer Genres auf der Suche nach einer eigenen Form.

2.2 Spiele der Autorisierung, der Autonomie und der Anerkennung

Eine erste Dimension der Spielzüge, die wir im Folgenden untersuchen, sind die Praktiken der Autorisierung von Lesarten (vgl. Schäfer/Thompson 2010; Jergus/Schumann/Thompson 2012). Es lassen sich Spielzüge des Lernberatungshandelns beobachten, die den Studierenden das Recht und die Pflicht zuschreiben, Lesarten zu bilden und zu setzen. Zugleich gibt es aber auch Spielzüge, die diese Autorisierung begrenzen und Lesarten in das Steuerungshandeln von Dozierenden zurückholen, sie rahmen und leiten. Mit solchen Spielzügen sind Autonomiezuschreibungen, aber auch Autonomieerwartungen an Studierende verbunden. Jergus, Schumann und Thompson bestimmen Autorisierungen als die Hervorbringung eines Autoritätsverhältnisses (Jergus/Schumann/Thompson 2012: 207). Autorität ist demnach ein Effekt von Prozessen und Praktiken der Autorisierung. Indem sie an die poststrukturalistische Praxistheorie Judith Butlers anschließen, zeigen sie, dass Autorisierungen nicht einfach einem Ritual erwachsen, das sich der Stellung von Sprecher/innen in einer fest gefügten gesellschaftlichen Machtstruktur verdankt, sondern im Vollzug der Praxis performativ hergestellt werden. Die Praktiken der Autorisierung konstruieren immer an ihrer eigenen Begründung mit (ebd.). Der Horizont dieser Spiele um Autorisierung von Lesarten sind daher die jeweiligen Wissensfelder. Es wird beobachtet, wie die verschiedenen Lesarten in Bezug auf die Wissensfelder legitimiert und autorisiert werden. Die Lesarten der Dozierenden sind nicht per se disziplinär, also einem Wissensfeld entsprechend, weil es sich um Dozierende handelt. In den Spielzügen muss den Lesarten vielmehr Deutungsmacht erst verschafft werden, indem sie legitimiert werden. Die Disziplinarität und gründende Geltung des Wissensfeldes wird somit in der Praxis performativ produziert. In ihre Spielzüge postulieren die Dozierenden spezifische diskursive Ordnungen im Wissensfeld, an dem sich die Angemessenheit der Lesarten ausrichtet.[4]

Das Lernberatungsgespräch ist demnach von Autorisierungspraktiken durchzogen, die das Recht verteilen, im Namen eines Wissensfeldes und einer spezifischen diskursiven Ordnung zu sprechen. Dabei lassen sich auch Anrufungsszenen beobachten, in denen das lernende Subjekt in der Situation aufgefordert wird, eine Wissensordnung anzuerkennen und sich als Subjekt in dieser Wissensordnung zu positionieren. Anerkennung und Gegenanerkennung von Lesarten werden zu einem der Momente des Beratungsprozesses.

2.3 Re-Positionierung und Reflexivität

Der Anspruch auf Angemessenheit und Disziplinarität geht immer einher mit dem Anspruch, eine bestimmte Formierung des Wissensfeldes zu postulieren, einer bestimmten disziplinären Position Geltung zu verschaffen, eine bestimmte Grenze dessen, was als disziplinär oder eben nicht disziplinär zu gelten hat, zu setzen. Die Spielzüge des Lernberatungsgesprächs sind dem disziplinären Horizont folglich nicht äußerlich, sie sind vielmehr ein Moment seiner Produktion, sie sind wesentlich performativ. Auch wenn ein Lernberatungsgespräch im Fach Kunstpädagogik auf den ersten Blick wenig Einfluss auf die

---

4   Zum Begriff des Wissensfeldes und zum Verhältnis von diskursiven Praktiken, Wissensfeldern und Wissensordnungen vgl. den Beitrag „Theoretische und methodologische Grundlagen" in diesem Band.

„Disziplin Kunst" nehmen wird, so erscheinen die Dozierenden bezogen auf den Professionalisierungsprozess von Lehrenden aber als die institutionell legitimierten Vertreter/innen eines Wissensfeldes. Die Präsenz des Wissensfeldes läuft also nicht nur über objektiviertes Wissen in Studienmaterialien und weitere Literatur, sondern auch korporiert in den Personen der Dozierenden. Ihre Körper und deren Eingebundensein in ein institutionelles Geflecht verleihen dem Wissensfeld seine spezifische Präsenz in diesem Setting. Die Dozierenden sind damit durch das institutionelle Setting grundsätzlich autorisiert, Aussagen über „die Kunst" oder „die Mathematik" und ihre Didaktiken zu machen, ebenso über das Lehren und Lernen an Schulen. Diese institutionelle Autorisierung kann aber jederzeit infrage gestellt werden. Empirisch gilt es daher zu beobachten, wie Autorität in den Situationen über Autorisierungspraktiken hergestellt wird und wie diese Autorität von den Studierenden an- oder aberkannt wird. Schließlich sind mit Prozessen der An- und Aberkennung von Lesarten auch Repositionierungen verbunden. Es lassen sich Folgen von Spielzügen beobachten, in denen die Lesarten in Bewegung gebracht werden und in denen sich dann auch bis zu einem gewissen Punkt neue Positionierungen ergeben.

Dass solche Spielzüge machtvoll sind und dass sie ein Wissensfeld als Referenz nehmen, das institutionell dem Lehr-Lern-Setting vorausgesetzt ist, kann man den Lernberatungen nicht vorwerfen. Pädagogisches Handeln jenseits von Machtverhältnissen zu denken, wäre eine Illusion, sie außerhalb gesellschaftlicher und institutionell gerahmter Kontexte von Wissensfeldern zu denken, wäre blind. Die Frage ist eher, auf welche Weise die Machtförmigkeit des Handelns zum Moment von Lern- und Bildungsprozessen wird. Der konzeptionelle Einsatz der Lernberatung ist hier Reflexivität. Es kann Interventionen geben, in denen eine innerhalb eines Wissensfeldes spezifische Wissensordnung den Studierenden nahe gelegt wird, ohne dass deren Disziplinarität und die Grenzen ihrer Gültigkeit deutlich werden. Und es kann Interventionen geben, in denen eine als disziplinär postulierte Lesart zwar leitend ist, aber nicht explizit und reflexiv wird. Disziplinäre Lesarten können affirmativ zur Geltung gebracht werden, wenn sie als gültiges Wissen gesetzt werden und die Taktiken der Dozierenden dafür sorgen, dass die Studierenden deren Lesarten übernehmen. Sie können aber auch reflexiv zur Geltung gebracht werden, wenn sie für Lernende als ein argumentativer Ort verfügbar werden, der bezogen werden kann, nicht ohne dass die Begrenztheit seiner Geltung deutlich bleibt. Es steht zu vermuten, dass der reflexive Modus des Zur-Geltung-Bringens disziplinärer Lesarten nicht nur die Verfügung der Dozierenden über disziplinäre Lesarten voraussetzt, sondern auch eine Distanzierung.

2.4 Lernberatung in Machtverhältnissen

Wir untersuchen das Lernberatungsgespräch daher als ein von Machtverhältnissen bestimmtes Setting, in dem die Dyade von Student/Dozent in ein diskursives Spiel oder, wenn man so will, auch in einen diskursiven Kampf gestellt ist, in dem es um Autorisierung und Anerkennung, um Legitimation und Geltung von Lesarten und schließlich um die Verfügung über den eigenen Lernprozess geht. Wir begreifen die Dyade aber nicht vorempirisch als identisch mit einer Linie des Machtverhältnisses, gemäß der die Lernenden den unterworfenen Pol repräsentieren und die Lehrenden den Machtpol.[5] Machtverhältnisse zeigen sich in den Gesprächen vielmehr auf je doppelte Weise: Sie sind in dem konkreten Gespräch als Aufführungen von spezifischen Spielzügen sichtbar, mit denen auf das Handeln der Anderen Einfluss genommen wird, sie sind aber auch dem Zielbereich immanent, denn zukünftige Lehrende sollen für die Arbeit in einem machtvollen Arrangement, der Schule, vorbereitet werden, die wiederum die Potenz zu machtvollen Positionen in der Gesellschaft grundlegt.

Insofern das Wissensfeld schulischen Handelns wie jedes Wissensfeld von Machtverhältnissen durchzogen ist, ist der Professionalisierungsprozess von Lehrer/innen die Einführung in den Gebrauch eines Machtverhältnisses. Die Dyade Dozent/Student und die sie bestimmenden strukturellen Bedingungen eines pädagogischen Verhältnisses werden in der Dyade Lehrer/Schüler gespiegelt. Es ist also nicht damit getan, die Machtförmigkeit pädagogischen Handelns zu problematisieren oder gar ihre Wiederkehr in Lernberatungssettings zu beklagen (vgl. Ludwig in diesem Band), vielmehr müsste das Einführen in ein Machtverhältnis qua Professionalisierung als gesellschaftliche Bedingung in der Lernberatung reflexiv werden. Dann müsste aber auch reflexiv diskutierbar sein, welche Handlungsperspektiven sich im Umgang mit diesen Machtverhältnissen ergeben. Der Einsatz in der Konzeption der Lernberatung ist an dieser Stelle die Reflexivität in der Relationierung von Lesarten.

3 Räume öffnen und begrenzen

In den Anfangssequenzen der Lernberatungsgespräche werden über Autorisierungen in den Spielzügen explizit oder implizit Möglichkeitsräume des Ge-

---

5 Urs Stäheli hat davor gewarnt, im Anschluss an de Certeau diese Identifikation vorempirisch zu treffen, und sich damit wesentliche empirische Einsichten in die Komplexität der Machtverhältnisse und die taktischen Spiele zu verbauen (Stäheli 2004). Wenn wir daher Lernen als Praktik des Gebrauchs von Lehrarrangements begreifen, dann ist damit nicht impliziert, dass Lehren eine Machtpraktik und Lernen eine eigensinnige Gebrauchsweise oder Nicht-Lernen gar per se ein Widerstand gegen Macht sei.

sprächs eröffnet, gleichzeitig begrenzt und die möglichen Rollen der Teilnehmenden bestimmt. Damit werden Struktur und Verlauf des Gesprächs gebahnt, keineswegs vorherbestimmt. In den weiteren Spielzügen des Gesprächs erscheint die Notwendigkeit, diesen Anfang und die Trägheit der Bahnungen in Rechnung zu stellen.

3.1 Die „offene Form" und das „Einhaken" des Dozierenden

Der Dozent setzt den Anfangspunkt des Lernberatungsgesprächs in der Mathematikdidaktik mit einer konkreten Frage nach dem thematischen Fokus der Lernberatung.

> Dozent:
> 003 Um welche LAs [Lernaktivitäten] geht es heute?
> Paul:
> 005 Es geht um das Ende, es geht hauptsächlich um LA 7 und um
> 006 LA 9.
> Dozent:
> 007 Ich möchte es wieder in dieser offenen Form handhaben, also
> 009 wir haben die ganz offenen Fragen einfach, was hast du in
> 010 LA 7 und 9 über Individualisierung lernen können? Wie hast
> 011 du gelernt, eventuell, und vielleicht hast du Fragen. Ich lass'
> 012 dich mal anfangen und hake dann ein, du präsentierst mir,
> 013 was du präsentieren willst.

Die Studienmaterialien enthalten verschiedene Lernaktivitäten (LA) mit unterschiedlichen Themen. Die Frage des Dozenten bezieht sich auf die Einordnung der Thematik in die Struktur der bearbeiteten Lernsequenzen. Er verweist in einem zweiten Schritt mit dem „wieder" auf eine frühere Lernberatung, deren offene Form er zu wiederholen ankündigt. Er setzt gleichzeitig den Blickwinkel auf die Thematik fest: Es soll einerseits darum gehen, was der Student gelernt hat, wie er gelernt hat (dies dann nur eventuell) und welche Fragen er hat. Anschließend definiert der Dozent die Rollen in der Interaktion, indem er sich und Paul mögliche Handlungsweisen zuschreibt: Der Student soll beginnen und erhält die Möglichkeit, das zu präsentieren, was er will – Auswahlkriterium des zu Präsentierenden ist sein subjektives Wollen. Der Dozent spricht sich selbst das Recht zu, den Studenten zu unterbrechen und „einzuhaken".

Bereits in dem kleinen Abschnitt zeigt sich die Komplexität der Spielzüge des Dozenten: In der Sequenz folgen gegensätzliche Impulse wie eine allgemein formulierte, angestrebte Qualität der Gesprächsform, die er *offen*[6] nennt, genau gestellte Fragen nach dem, was Paul über Individualisierung lernen

---

[6] Das Prädikat „offen" wird nicht näher bestimmt, der Dozent geht offenbar davon aus, dass Paul das angesprochene Gespräch, das ja beide gemeinsam geführt haben, ebenfalls als „offen" charakterisieren würde.

konnte (10), sowie ein konkreter Hinweis, dass vielleicht auch das Wie des Lernprozesses und Fragen thematisiert werden können, dicht aufeinander (11ff.). Der Dozent öffnet den thematischen Raum und begrenzt ihn zugleich, indem er auf Unterschiede in der Verbindlichkeit der Gesprächsinhalte hinweist.

Der Dozent übernimmt von Anfang an die Führung, umschreibt Form, Inhalt und Fokus des Gesprächs. Im letzten Satz „Ich lass dich mal anfangen und hake dann ein, du präsentierst mir, was du präsentieren willst." (11/13) definiert er den möglichen Handlungsraum von Paul. Paul wird aufgefordert, einen eigenen Fokus in die bearbeitete Thematik zu bringen, nämlich den Fokus auf die Aspekte, die ihm subjektiv bedeutsam sind. Diese Aufforderung an Paul, zu formulieren, was er gelernt habe, kann als Spielzug zur Nachfrage nach Lesarten verstanden werden: Die Frage nach dem Gelernten forscht danach, was Paul als wesentlich und bemerkenswert bezüglich der Gesamtthematik des Moduls einstuft. Die wechselnden Aussagen des Dozenten über Freiräume und Einschränkungen können als Anlage gedeutet werden, die eigenständige Lesarten hervorholen kann, aber zugleich die Breite möglicher Lesarten einschränkt. Seine eigene Praktik, den Handlungsraum einzuschränken, umschreibt der Dozent mit der Metapher[7] des Einhakens: Paul soll formulieren, was er über Individualisierung gelernt zu haben meint, und dies so lange präsentieren, bis der Dozent einhakt. Was sagt die Metapher des „Einhakens" aus? Mit dieser Metapher wird Paul transparent gemacht, dass seine Gestaltungsmacht trotz der Entscheidungsfreiheit über die Wahl der thematischen Aspekte begrenzt bleibt und der Dozent die Führung gezielt wieder übernehmen wird, metaphorisch gedeutet: punktuell und mit einer spitzen Intervention, die unter die Haut geht, also nicht an der Oberfläche bleibt. Offen bleibt dabei, wann und warum der Dozent intervenieren wird. Der Student wird also autorisiert, die thematische Wahl zu vollziehen, aber zugleich wird angekündigt, dass diese Autorisierung jederzeit durch den Dozenten wieder aufgehoben werden kann. Die Autorität, das Recht auf Sprechen zu verteilen, bleibt beim Dozenten.

Bezogen auf die Funktion der Lernberatung, individuelle Lesarten mit disziplinären Lesarten zu relationieren und auf ein Wissensfeld zu beziehen, macht dieses Einhaken konzeptionell durchaus Sinn: Der Lernende führt sein Verständnis, seine Lesart aus und an Stellen, in denen sich ihm interessante Lesarten zu zeigen scheinen, stoppt der Dozent, hält den Lernenden fest und leitet eine vertiefende Auseinandersetzung an. Die Metapher des Einhakens zeichnet eine distanzierte und bewertende Praktik, in dem Sinne, dass sie einerseits ein Festhalten suggeriert, das implizit ein Wegbewegen verhindert,

---

7 Durch Metaphern werden zwei unterschiedliche Bereiche verbunden, indem Konzepte aus dem oft sinnlich erfahrbaren Herkunftsbereich auf einen abstrakteren Zielbereich übertragen und damit kommunizierbar werden (Lakoff/Johnson 2004; Moser 2003; vgl. Ryter Krebs 2008).

und andererseits den Einhakenden als eine Person erscheinen lässt, die etwas entdeckt hat, was sie herausziehen möchte, etwas das erst aufscheint und punktuell festgemacht werden kann. Hier wird metaphorisch die Funktion dieser Praktik gezeichnet: nicht die Suche nach einer bestimmten Lösung oder Antwort, sondern das Fishing[8] nach Lesarten, das Erhaschen einer Struktur, die durch das Einhaken und Festhalten ausgebreitet und bearbeitet werden kann. Die Metapher bringt die Lernberatungspraktik in eine Analogie zur Praktik des Fischens. Das Bild des Fischers, der seine Angel ins Wasser wirft und sie herauszieht, wenn er eine Substanz am Haken hat, verdeutlicht, was es bedeuten kann, in einem Lernberatungsgespräch als Dozent zu agieren: Wie der Fischer weiß er nicht, was genau er an Land ziehen kann. Genauso wie der Fischer dort angelt, wo er Fische vermutet, wird der/die Lernberater/in nach Anzeichen von Lesarten Ausschau halten und dann durch das Einhaken diese festhalten. Nicht geangelte Fische schwimmen weg, geäußerte Lesarten sind ebenfalls flüchtig, müssen demnach festgehalten werden, wenn sie prozessiert werden sollen.

Die Eröffnungssequenz kann mit all ihren Zweideutigkeiten als Aufforderung an Paul, eine Lesart zu artikulieren, gelesen werden. Mit der thematischen Öffnung, dass Paul bestimmen könne, was er präsentieren wolle, geht zugleich die Erwartung einher, dass er etwas zu präsentieren habe. Die Öffnung enthält eben zugleich eine Autonomieerwartung an Paul, dass dieser sich in die Lerngegenstände vertieft. Die Autonomieerwartung macht die Freiheit, die die offene Form ermöglicht, aber zugleich zu einer Leistung, die erbracht werden soll. Paul hat sich mit den Inhalten auseinanderzusetzen, um Lesarten zu bilden, die er präsentieren kann. Es genügt nicht, wenn ihm das Wissen äußerlich bleibt, er muss es mit seiner Subjektivität in Beziehung setzen. Interessant ist nun die Frage, wie Paul an die implizite Aufforderung, eine Lesart zu formulieren, anschließt:

Paul:
015 Also, ähm, ich fange zuerst mal an mit der LA 7, jetzt muss
016 ich ganz kurz schauen, genau. Es ging darum, aus dem, also
017 es geht ja auch um LA 6, weil dort musste man ja...
Dozent:
021 Da hast du ja 'n Überblick verschafft einfach, hm.
Paul:
023 Genau, das Mathematikprojekt. Was ich sehr spannend fand.
024 Wo ich auch, ähm, mir die Termine angeschaut habe und da
025 ist jetzt, glaub ich, irgendwann mal wieder 'ne
026 Präsenzveranstaltung hier in der Nähe, wo ich mir am
027 Überlegen bin zu gehen. Ähm, es ging dann in LA 7 darum,

---

8 Fishing: In Anlehnung an Pomerantz (1980) können Spielzüge, die versuchen, Lesarten von Studierenden herauszulocken, als „fishing" bezeichnet werden. Sie bezeichnen eine Technik des Thematisierens eines Sachverhaltes, in dem Sprechende Aussagen über diesen Sachverhalt machen mit dem Zweck, dass der/die Adressat/in sich herausgefordert fühlt, diese zu ergänzen oder richtigzustellen. Dieses Vorgehen kann in psychiatrischen Aufnahmegesprächen als „Fragen, ohne zu fragen" (Bergmann 1999: 173) beobachtet werden.

028 sich eine Lernumgebung auszuwählen und ähm, (---) sich
029 einen Überblick zu beschaffen, wie ist die Aufgabe gestellt,
030 wie sind die Aufgaben gestellt, wie lässt sich das, ähm, in
031 eine heterogene Lerngruppe (--) integrieren, ähm. Ich fand es
032 hier einfach spannend, mir mal Gedanken zu machen, auch,
033 den Bericht zu lesen, das ist ja relativ genau dokumentiert,
034 ähm, und dann auch einfach ein kurzer Text zu, zu verfassen
035 über, über das, was ich. Ansonsten hab ich hier,
039 ähm, (--) wenig Fragen dazu. Es ging dann eher bei LA 9
040 dann darum, sich gewisse Rechenschritte, also gewisse
041 Aufgaben selber zu machen.

Paul artikuliert zunächst keine inhaltliche Lesart der Lerngegenstände. Er beschreibt vielmehr seine Umgangsweisen mit dem Material, die Organisation seines Lernens und versucht, sich sprechend zu orientieren: „jetzt muss ich ganz kurz schauen, genau. Es ging darum..." (15/17). Der Dozent unterstützt ihn mit dem Hinweis, dass Paul sich einen Überblick verschafft habe, was dem Auftrag entspricht. Paul findet einen Ansatzpunkt, „Genau, das Mathematikprojekt." (23) und bekundet sein Interesse daran, erläutert, wie er damit umging, kommt dann zurück zur „Lernaktivität 7" und benennt Lernhandlungen in Bezug auf das Projekt, die er „spannend" (23 und 32) fand: Sich Gedanken machen, Berichte lesen und daraus einen kurzen Text verfassen. Die Reaktion von Paul legt nahe, dass er in diesem Moment gar keine Lesart zur Verfügung hat, die er hätte artikulieren können, dass er sich inhaltlich eindenken muss und sich erst über das Sprechen und Durchsehen seiner Unterlagen in die Lage versetzt, sich die Lernaktivität zu vergegenwärtigen. Er erwischt einen Zipfel durch die Erinnerung an sein Interesse und beschreibt damit seine Position zur Lernaktivität: Die schien ihm positiv, „spannend", das heißt, er schreibt ihr einen Gehalt an Energie zu. Er kommentiert sein Lernverhalten aus Distanz, „Ich fand es hier einfach spannend" (31/32), ohne die Sache selbst genauer zu benennen. Er artikuliert also sein Verhältnis zur Sache. Da er „ansonsten [...] wenig Fragen" (35) hat – er nimmt damit Bezug zu einem Teil der Aufforderung des Dozenten (11) – geht er weiter zur nächsten Lernaktivität. Das als spannend beschriebene Verhältnis zur Sache scheint sich wieder verloren zu haben.

Dass etwas „spannend" sei, markiert zwar die Attraktivität der Sache für das lernende Subjekt, das sich in dieses Sachverhältnis stellt, aber es birgt zugleich eine Distanz zur Sache, mit der das Subjekt in „Spannung" steht. Paul ist eben nicht „in" der Sache des Lernens, sondern in einer Spannung dazu. Damit deutet sich eine Positionierung an, die als Lesart individualisierten Lernens thematisiert werden könnte: als Lernender die Erlaubnis zu haben, Dingen nachzugehen, die man spannend findet, aber der Dozent übergeht diese Positionierung. Als Paul zur nächsten Lernaktivität übergehen will, macht der Dozent seine Ankündigung wahr und „hakt ein". Er verlangt, dass Paul bei der angesprochenen Thematik bleibt und ausformuliert, was die mathematische Lernumgebung leistet.

Dozent:
043 Lassen wir vielleicht LA 9 noch einmal, wir gehen hier auch
044 nicht auf Details ein, also vielleicht frag' ich dann noch was.
045 Äh, wenn du jetzt einfach dir das Ganze so vergegenwärtigst,
046 diese Lernumgebungen, (--), was leisten die?
Paul:
048 Ähm, sie bieten die Möglichkeit, eine Lernumgebung
049 zu bearbeiten mit Schülern, welche unterschiedliche Niveaus
050 haben. Und jeder Schüler kann eigentlich aus dieser sehr
051 offenen und freien Aufgabenstellung sein Eigenes daraus
052 entwickeln, respektiv er kann, egal welches Niveau, das er
053 hat, ähm, kann er etwas draus ziehen.

Der Dozent schränkt mit diesem Spielzug die thematische Offenheit durch die Vorgabe einer bestimmten Perspektive auf den Gegenstand ein. Er fischt mit diesem Spielzug nach einer Lesart der Lernumgebung, die Gegenstand der Studienmaterialien war. Konkret fragt er nach der Leistung, dem Nutzen der mathematischen Lernumgebung in Bezug auf die Individualisierung des Lernens. Paul antwortet mit einer Zusammenfassung der Leistungen der Lernumgebung, auf die der Dozent aber nicht genauer eingeht, sondern noch zwei weitere Male „einhakt".

Dozent:
055 Und denkst du, sie leisten das wirklich?
Paul:
059 Sie leisten das, für mich.
Dozent:
061 Wie macht man denn das, hast du eine Vorstellung davon?
Paul:
063 Es geht, ich hab' mir das so überlegt, dass ich, ähm, (---) dass
064 man eine Aufgabe stellt, die ein gewisses Grundniveau hat,
065 wo auch der schwächste Schüler etwas damit anfangen kann.
066 Aber ich auch diese Aufgaben umwandeln kann und nach
067 oben eigentlich keine, keine Grenze setze. Wie es hier auch,
068 ähm, eben heißt, dass man mit größeren Zahlen arbeiten
069 kann.

Am Ende hängt eine Lesart „am Haken"! Durch das dreimalige Einhaken fordert der Dozent die Artikulation einer Lesart heraus. Beim zweiten Einhaken verschiebt Paul die Gültigkeit seiner Antwort auf eine subjektive Ebene, indem er die Frage nach dem Nutzen der Lernumgebung bestätigt und „für mich" (59) anhängt. Damit positioniert er sich als Befürworter der Lernumgebungen, ohne inhaltliche Argumente zu nennen. Die dritte Nachfrage des Dozenten zielt auf die Handlungsebene, indem sie neben der Angabe der Leistung der Lernumgebungen zur Bestimmung ihrer Funktionsweise auffordert.[9] Dem Dozenten scheint die Lesart nun „am Haken" zu hängen, denn er wechselt seine Gesprächspraktik, beendet das Fragen, steigt in die Lesart ein und diskutiert mit Paul in den im Gespräch folgenden Passagen verschiedene Aspekte.

3.2 Themen der Studierenden als Ausgangspunkt

Im Vergleich zur Eröffnung des Lernberatungsgesprächs in der Mathematikdidaktik soll im Folgenden die Eröffnung des Gesprächs in der Kunstpädagogik untersucht werden. Nach einigen Vorbemerkungen beginnt die Dozentin folgendermaßen:

Dozentin:
049 Sehr schön. [...] Ich erklär dir kurz, wie ich diese erste Lernberatung mache.
Paul:
052 Mhm.
Dozentin:
054 Ich stelle immer am Anfang die Frage danach, ob du eigene
055 Themen hast. Fragen oder Themen, von denen du denkst, die
056 würde ich hier gerne besprechen. Dann gehen wir von denen
057 aus.
Paul:
059 Mhm.
Dozentin:
061 Ich selbst hab' eigene Themen oder Fragen, von denen ich
062 weiß, die sind manchmal ganz relevant und dass man sie
063 anspricht. Ich bring die aber nach deinen Themen ein. Oder mit
064 deinen, manchmal deckt es sich.
Paul:
066 Mhm. Ja, ok.
Dozentin:
068 Nun ist das erste Wort bei dir. Gelesen habe ich übrigens, was
069 du mir geschickt hast.

Die Dozentin formuliert die Rahmenbedingungen dieses ersten Gesprächs und betont mit dem Ausdruck „immer", dass diese für alle ersten Lernberatungen in dem von ihr gestalteten Setting gelten. Paul widerfährt also die gleiche Behandlung wie den anderen Studierenden. Es gehe in den Lernberatungen, so die Dozentin, zunächst um das Besprechen der „Fragen oder Themen" (55/56) der Studierenden. Paul soll seine „Fragen oder Themen" und damit seine Lesarten einbringen – als Auswahlkriterium wird seine subjektive Einschätzung „gerne besprechen" (56) genannt. Durch die Definition der Rollen wird der Handlungsrahmen abgesteckt. Thematisch bleibt der Raum geöffnet, zugleich wird ein Eingreifen der Dozentin in Aussicht gestellt: Sie hat eine eigene Les-

---

9 Diese Lesart haben wir im Beitrag „Lesarten im Professionalisierungsprozess" als erste Lesart des Lernberatungsgesprächs analysiert.

art mit „Fragen und Themen" und wird diese ebenfalls thematisieren. Sie spricht von einem Auswahlkriterium, das sich von demjenigen Pauls unterscheidet: Sie wird Themen einbringen, von denen sie weiß, dass sie manchmal ganz relevant sind und es sich lohnt, dass sie angesprochen werden – Themen also, deren Relevanz aus der Struktur des Lernberatungssettings oder der Studienmaterialien resultiert und die folglich nicht individuell sind. Hier wird ein Relationieren der Lesarten in Aussicht gestellt: „Besprechen" kann als ein In-Beziehung-Setzen von unterschiedlichen Lesarten verstanden werden. Dies kann entweder ausgehend von Lesarten des Studenten oder denjenigen der Dozentin geschehen. Wie sich in der Analyse zeigen wird, bleibt in diesem Gespräch der Fokus auf der Lesart des Studenten, womit die relativierende Formulierung der Dozentin, dass sie wisse, dass ihre Themen manchmal relevant seien, als Hinweis auf ihre Prioritätensetzung gedeutet werden kann: Sie gibt den Themen von Paul den Vortritt und stellt ihre Inhalte zurück, obwohl sie ihnen eine allgemeine Bedeutsamkeit zuschreibt. Auswahlkriterium ist also zunächst nicht die allgemeine Relevanz eines inhaltlichen Aspektes, sondern die Tatsache, dass es sich um eine Lesart des Studenten handelt, die allgemeine Relevanz kommt dann im Nachgang ins Spiel.

Der Spielzug der Dozentin deutet hier auch ein Verständnis von Lernberatungshandeln an: Strukturieren von Lernberatungsgesprächen heißt, von Lesarten der Studierenden auszugehen und diese mit den ihr bekannten relevanten Lesarten in Beziehung zu setzen, zu „besprechen". Offen bleibt, um welche Aspekte es sich handelt – der Student erfährt es hier nicht. Auch bleibt ungesagt, wie sie dazu kommt, einem Thema Relevanz zuzuschreiben: Ist es das allgemeine Professionswissen, die fachdidaktische Disziplin, die Konstruktion der Selbstlernarchitektur? Gegenübergestellt werden damit auch bezüglich der Thematik zwei unterschiedliche Positionen: die studentische Position, der die Freiheit der Themensetzung zugestanden wird, deren Freiheit aber implizit zugleich auf die Thematisierung subjektiv bedeutsamer Fragen begrenzt wird, und die Position der Dozierenden als Inhaberin eines allgemeineren strukturellen Wissens.

Dann übergibt die Dozentin dem Studenten, der die Ausführungen mehrmals mit einem bejahenden „Mmh" kommentierte, explizit das Wort und übermittelt so die Aufforderung, seine Themen und Fragen zu formulieren („Nun ist das erste Wort bei dir."). Dies erfolgt dann kurz und prägnant:

Paul:
077 Für mich stellt sich eine große, nicht, nicht unbedingt die […]
078 Frage der Betrachtung der Bilder, sondern die Bewertung der
079 Bilder.

Paul formuliert hier die erste Andeutung einer individuellen Lesart: Die Differenz der „Betrachtung" der Bilder und der „Bewertung" der Bilder wird darin zum bestimmenden Thema (vgl. der Beitrag „Lesarten im Professionalisierungsprozess"). Er nennt seine Frage „eine große", was daraufhin deutet, dass es sich um eine für ihn subjektiv bedeutsame Frage handelt. Damit beginnt eine neue Szene im Gespräch, in der die Lesart weiter bearbeitet wird.

3.3 Lernberatung auf der Suche nach einem Genre

Mit den Eröffnungsspielzügen wird das Genre Lernberatung von anderen Genres abgegrenzt und zugleich werden damit entsprechende Handlungserwartungen gelenkt. Die Hinweise darauf, dass der Student selbst entscheiden dürfe, was er zur Sprache bringe, grenzen das Lernberatungsgespräch von anderen Gesprächen im institutionellen Rahmen wie Prüfungsgesprächen oder mündlichen Lernkontrollen ab, die als pädagogische Praktiken bekannt sind. Trotz dieser anderen Rahmung antwortet der Student in der Mathematikdidaktik zunächst, indem er das „Gelernte" zusammenfasst und damit Rechenschaft ablegt über einen Lernzuwachs, er übernimmt also durchaus zunächst die Rolle des Prüflings. Indem Paul in seinen Spielzügen das Genre der Prüfung zitiert, bringt er die Konventionen des Prüfungsgesprächs in die Situation ein. In den Spielzügen der Dozierenden werden diese Zitationen des Genres Prüfung aber wieder auf den Horizont des Autonomieversprechens bzw. der Autonomieerwartung, eine eigene Lesart zu formulieren, verschoben.

Die Eröffnungsanlagen in beiden Lernberatungsgesprächen können mit Kossack (2006) als Zitationen einer konstruktivistisch inspirierten Lernberatung gedeutet werden, insofern die Lesart der Studierenden der Ausgangspunkt einer gemeinsamen Arbeit bildet. Beratung wäre dann eine Alternative zur Vermittlung, die auf der Selbststeuerung der Lernprozesse durch die Lernenden selbst aufbaut, und Beratungshandeln insofern ein Coaching mit dem Ziel, an den Wissensstrukturen der Studierenden anzudocken und diese im Gespräch zu entwickeln: Anders als in Prüfungs-/Kontrollgesprächen oder in traditionellen Unterrichtssettings fragen die Dozierenden nach thematischen Akzentsetzungen der Studierenden und blenden die eigenen Prioritäten aus. Die deautorisierende Ankündigung, „einzuhaken" bzw. irgendwann die eigenen Themen einzubringen, entstammt aber einer anderen Logik, insofern es einen Horizont zu geben scheint, der sich der unmittelbaren Autorität des Studierenden entzieht.

3.4 Resumée

In beiden Eröffnungen des Lernberatungsgesprächs werden explizit die Rollen im Gespräch definiert. Der Student wird autorisiert, die Entscheidung zu fällen über das, was er formulieren oder präsentieren „will". Ihm wird damit eine Autonomie der Entscheidung zugesprochen, die sich nach keinen äußeren Bedingungen richten muss, sondern ganz auf seiner subjektiven Einschätzung beruhen soll. Paul wird angerufen, an den Lerngegenständen eigene Interessen, Ideen und Wünsche auszubilden. Von ihm wird erwartet, seine Subjektivität mit den Lernaufgaben in Beziehung zu setzen und sich als jemand zu begreifen, der Themen gemäß dieser subjektiven Wünsche autonom setzt und definiert. Diese Autonomieerwartung und -verheißung wird von beiden Dozierenden aber durch die Beschreibung ihrer eigenen Rolle relativiert: Mit dem „Einhaken" und mit dem „Einbringen der eigenen Themen" wird in Aussicht gestellt, dass Pauls Gebrauch der Freiheit einer Kontrolle und Steuerung unterworfen wird, insofern seine „freien" Thematisierungen korrigiert werden können. Die Norm, anhand derer diese Korrektur und indirekte Steuerung erfolgen soll, wird allerdings nicht expliziert und damit bleiben auch die differenten Lesarten, an denen die Lesarten Pauls sich bewähren müssen, zunächst im Dunkeln.

Das Lernberatungsgespräch folgt nicht einer einzigen Konvention, vielmehr zitieren die Spielzüge des Studenten und der Dozierenden differente Konventionen und Genres. Der mögliche Erwartungshorizont des Studenten, dass es sich um ein Prüfungsgespräch handle, wird von beiden Dozierenden zwar nicht bedient, aber die Macht der Steuerung der Lesartenbildung verbleibt bei den Dozierenden, da sie ein Intervenieren in Aussicht stellen, das für Paul eine Deautorisierung mit sich bringt, die er selbst nicht mehr in der Hand hat.

Dass hinter den angekündigten Interventionen der Zweck stehen könnte, Lesarten zu relationieren und reflexiv zu machen, wird in den Gesprächseröffnungen der Dozierenden nicht sichtbar. Die Macht der Autorisierung und Deautorisierung, die institutionell zunächst an die Dozierenden gebunden ist, bleibt somit am Dozierenden als Person „hängen" und erscheint als Regulationsmacht dessen, was in einer Lernberatung gesagt werden kann und soll.

4 Zugänge und Teilhabe an Wissensordnungen

In einigen Spielzügen wird der Student für seine Lesarten und für sein Praktikumshandeln gelobt. Er wird dabei als Experte adressiert, der über besondere Fähigkeiten des didaktischen Denkens und der didaktischen Gestaltung verfügt. Mit diesen Spielzügen wird aber zugleich diejenige Lesart des Studenten, die gelobt wird, als erwünschte und wertvolle Lesart markiert. Unter den Lesarten, die Paul vorbringt, wird damit eine Selektion vorgenommen, eine bestimmte symbolische Ordnung gesetzt, und Paul wird angerufen, sich als Teil dieser Ordnung wiederzuerkennen und als Professioneller vor dem Hintergrund eines spezifischen Wissens zu subjektivieren.[10] Dieser Zusammenhang soll im Folgenden an einigen Szenen gezeigt werden.

4.1 Anerkennung und Gegenanerkennung

Der Dozent leitet im ersten Drittel des Lernberatungsgesprächs in der Mathematikdidaktik mit einem Spielzug eine thematische Vertiefung ein, mit der er Paul die Position eines Novizen zuschreibt, der zu einem bestimmten Teil des Professionswissens noch keinen Zugang haben darf, dem dieser aber vom Dozenten ausnahmsweise verschafft wird, was für Paul zugleich zu einer Anerkennung und Herausforderung wird.

> Dozent:
> 210 Vielleicht zuletzt noch, das ist vielleicht etwas früh jetzt für
> 211 deinen Ausbildungszeitpunkt, aber ich denke, wir können das
> 212 Problem trotzdem mal aufgreifen.

Er stellt Paul die Transferfrage, wie er die Lernumgebung aus den Studienmaterialien anwenden würde. Paul berichtet vom Praktikum, in dem er die „schnelleren Schüler" (221) mit immer mehr Material „gefüttert" habe, wobei er nicht wisse, „ob das richtig war".

> Paul:
> 225 [...] ich hab die immer gefüttert mit Material. Ich weiß nicht,
> 226 ob das richtig war. Und eine solche, eine solche Aufgabe
> 227 verhindert eigentlich dieses Füttern, weil der Schüler von sich
> 228 aus immer weitergehen kann.

Während die etablierte Praxis des Unterrichtens in der Schulklasse des ersten Praktikums offenbar im „Füttern" bestand, weil eine Menge an Übungsmaterial bereitgehalten und nach Bedarf an diejenigen verteilt wurde, die bereits mit ihren Aufgaben „fertig" waren, wird der Mathematiklernumgebung aus den Studienmaterialien zugeschrieben, innere Differenzierung herzustellen, weil grundlegende Aufgaben auf unterschiedliche Weise und unterschiedlichem Niveau bearbeitbar und durch die Schüler/innen selbst erweiterbar sind. Die Schüler/innen können daher in diesem Arrangement „von sich aus immer weiter gehen" (228). Paul artikuliert eine Lesart, die zwei Unterrichtspraktiken voneinander abgrenzt, wobei die Differenzierung der Schwierigkeitsgrade gegenüber dem „Füttern" als angemessener erscheint. In der folgenden Äußerung schwächt er die Gültigkeit dieser Lesart aber wieder ab und äußert Bedenken, ob er überhaupt das Recht habe, von der etablierten und erlebten Praxis des Unterrichtens abzuweichen.

---

10 Das Theorem der Anrufung als Machtpraktik im Anschluss an Althusser und Butler wird im Beitrag „Theoretische und methodologische Grundlagen" in diesem Band ausgeführt.

Paul:
235 weiß ich nicht, ob ich so frei bin als Lehrperson, aber dann
236 einfach auf so etwas ausweichen.

Paul artikuliert also zwei widerstreitende Lesarten: Nach der einen Lesart ist das Individualisieren durch differenzierende Lernumgebungen dem „Füttern" mit Aufgaben überlegen und sollten daher auch eingesetzt werden. Nach der zweiten Lesart hat er sich an die etablierte Lehrpraxis zu halten und darf sich nicht erlauben, davon abzuweichen.

Hier „hakt" der Dozent ein, er geht nicht auf Pauls zweite Lesart (ich muss mich an die etablierte Praxis halten) ein, sondern lobt ihn für die Erkenntnis der ersten (ich wende das fachdidaktisch überlegene Mittel an). Er bezeichnet die gelobte Lesart dabei gar nicht als die „Richtige", vielmehr schreibt er Pauls Rede ästhetische Qualitäten zu („Ich find' das sehr schön, wie du das sagst") und reformuliert die Lesart selbst noch einmal:

Dozent:
244 [...] Ich find' das sehr schön, wie du
245 das sagst, diese Erfahrung, was mach' ich mit den Schnellen?
246 Ich geb' ihnen einfach mehr und mehr und mehr und mehr,
247 also ich muss immer mehr Arbeitsblätter produzieren oder ich
248 gebe ihnen eben ein Thema, das reichhaltig ist, an dem sie
249 dann bleiben können und immer neue Fragen stellen, das ist
250 genau die Richtung.

Der Dozent reformuliert also die Aussagen Pauls im Rahmen einer eigenen Lesart (des Dozenten), die die Hauptstoßrichtung der Studienmaterialien ins Zentrum rückt: die Individualisierung im Mathematikunterricht nicht durch die Menge der Aufträge, sondern durch ihre Komplexität der Aufgaben zu realisieren. Die erste Lesart wird hier als die wünschenswerte und richtige markiert. Das Lob des Dozenten vollzieht eine Selektion in den Artikulationen Pauls und hebt die Lesart hervor, die dem Dozenten gegenüber wahrheitsfähig ist. Das Loben wird so zu einer Praktik der Wahrheitspolitik der Lernberatung. Paul reagiert prompt. Hatte er zuvor noch Zweifel geäußert, ob er das Recht habe, vom „Füttern" im Sinne des Lehrmittels abzuweichen, beschreibt er dieses nochmals ausführlich und zugleich ironisch abwertend und markiert es schließlich als biografisch überwunden (259f.):

Paul:
252 Weil ich habe wirklich das Problem, ich habe, ähm,
253 schriftliche, Multiplikation aus-, eingeführt, da hab' ich letztes
254 Mal schon gesprochen drüber, und dann gab es Schüler, die
255 extrem schnell waren und dann hab' ich einfach ein
256 Arbeitsblatt nach dem andern gemacht, ohne aber eigentlich
257 den Schwierigkeitsgrad zu erhöhen, erhöhen, oder dass die
258 Schüler überhaupt etwas draus herleiten mussten, würd'
259 ich jetzt nicht mehr machen. Das ist mir jetzt wirklich auch in

260 diesem halben, ersten @rs-Semester irgendwie bewusst
261 geworden.

Didaktische Praktiken, die zuvor als „normal" und verbindlich galten, erscheinen nun in Anbetracht der neuen individualisierenden Handlungsformen als Gegenstand des „@rs-Semesters" (260) als unzureichend und werden negativ markiert. Dass er „das" nun nicht mehr machen würde, sagt Paul, sei ihm im Rahmen der Selbstlernarchitektur „bewusst geworden" (260). Er bezieht sein Lernen positiv auf das Lehrhandeln des Dozenten, gibt das Lob des Dozenten also zurück. Auf die Anerkennung in Form des Lobes folgt die Gegenanerkennung der vom Dozenten gewünschten Lesart. Während die Lage einige wenige Spielzüge zuvor noch gar nicht so eindeutig war, erscheint sie jetzt sonnenklar: Paul erkennt die diskursive Ordnung der „neuen Lernkultur" mit ihrem moralischen Einsatz der Individualisierung als handlungsleitend an. Der Dozent wiederum legt in einem weiteren Spielzug nach:

Dozent:
263 Ja, also nimm das sehr ernst.
266 Das darfst du wirklich, das können nicht alle Lehrkräfte, auch
267 amtierende Lehrkräfte nicht. Das sind dann jene, die sagen, es
268 habe zu wenig Übungsmaterial im Zahlenbuch.

Der Dozent beschwört eine Haltung Pauls: die Lesart „ernst nehmen", ihr also Glauben zu schenken, ihr zu folgen, sie im Lehrhandeln wahr zu machen. Mit der Aufforderung, dies „ernst zu nehmen" wird der Lesart aber auch zugeschrieben, von Verlust bedroht zu sein, die Erkenntnis muss durch permanentes „Ernstnehmen" immer wieder aufrechterhalten und wahr gemacht werden. Aber der Imperativ des „Ernstnehmens" als „Müssen" und „Sollen" wird gleich als ein „Dürfen" umgedeutet (266). Paul „darf" das „ernst nehmen", weil nicht alle „das" können (also das Lernen individualisieren). Innerhalb der Gruppe der Lehrkräfte wird eine Teilung eingeführt und eine andere aufgelöst. Die im Sinne der Expertisebildung vielleicht naheliegende Teilung von amtierenden und nicht-amtierenden Lehrkräften wird aufgehoben und der formale Status einer ausgebildeten und vom Schulsystem anerkannten Lehrkraft außer Kraft gesetzt. Dafür gibt es die Unterscheidung derjenigen Lehrkräfte, die „das" können und derjenigen, die „das" nicht können. Weil viele amtierende „das" nicht können, wird Paul in eine Gruppe der Expert/innen gehoben und als Student im zweiten Semester als kompetenter eingestuft als manche „amtierenden Lehrkräfte". Mit der Anerkennung der diskursiven Ordnung der neuen Lernkultur hat Paul zugleich Zugang zu einer ausgewählten Gruppe derer, die „das" können. Er vermag nicht nur, sondern er vermag auch im Unterschied zu jenen, die nicht vermögen.

4.2 Die Lesart des Studenten anerkennen

In der Lernberatung der Kunstpädagogik gibt es erst am Ende eine Sequenz, in der die Dozierende den Studenten für seine Lesarten positiv heraushebt und damit lobt. In ihren bisherigen Spielzügen hat sie mehr provokativ eine Wissensordnung ästhetischer Bildung vertreten und den Lesarten des Studierenden entgegengesetzt, der sich seinerseits relativ deutlich gegen die Anerkennung dieser anderen Wissensordnung zur Wehr setzte. Ganz am Ende aber erfolgt ein Lob.

Die Dozierende macht eine evaluierende Bemerkung und führt ihre Freude am guten Gespräch und den Überlegungen von Paul an:

> Dozentin:
> 1227 War total gut. Hat mir auch Spaß gemacht. Du hast sehr (--)
> 1228 präzise eigene Überlegungen gemacht.
> Paul:
> 1230 Mhm. Ja, gut ich bin einfach in eine andere Richtung gefahren.
> Dozentin:
> 1232 Ja, richtig.
> Paul:
> 1234 Das ist (---), aber für das sind diese Lernberatungen da.
> 1235 Find' ich enorm wichtig.

Sie hebt in dieser Weise die Lesarten Pauls positiv hervor, denen sie während des Gesprächs ihren Widerstand (siehe Re-Positionierung) entgegen stellte: Es seien „präzise Überlegungen". Auf dieses Lob reagiert Paul mit einem Eingeständnis, dass seine Lesarten in eine andere Richtung gegangen seien, worauf er dann sagt, dass ihm die Lernberatungen wichtig seien.

> Dozentin:
> 1237 Ja. Also, es war nicht falsch, deine deine Betrachtungsaussagen
> 1238 waren zutreffend.
> Paul:
> 1240 Mhm. Nein, aber das das sind genau solche solche Sachen, die
> 1241 du allein zuhause eben nicht nicht erfahren kannst. Für das
> 1242 brauchst du den Austausch.
> Dozentin:
> 1244 Ja.
> Paul:
> 1246 Das ist ganz wichtig.

Wieder erkennt die Dozentin seine Aussagen an, sie seien ja nicht falsch, und wieder erfolgt eine Gegenanerkennung: Um „solche Sachen" zu erfahren, brauche man den Austausch. Paul erkennt grundsätzlich die Geltung der Wissensordnung an, die die Dozierende vertritt, aber diese Anerkennung bedeutet nicht, dass er sie als eigene Sichtweise bruchlos übernehmen würde, denn nicht der Wissensordnung schreibt er zu, wichtig zu sein, sondern dem „Austausch".

Die Dozentin projiziert dann metaphorisch das Gegenbild zum „Austausch": Man würde „auseinanderdriften". Der Begriff wird von ihr allerdings nicht zu Ende geführt, sondern von Paul vervollständigt.

Dozentin:
1260 [...] Da kann man, wenn man da dann nicht
1262 miteinander spricht, kann's vielleicht zu weit in auseinander
Paul:
1264 Auseinanderdriften.
Dozentin:
1266 Ja.
Paul:
1268 Dann sitzt man im Schilf.

Damit kommt am Ende noch die Gemeinschaft derer ins Spiel, die Lesarten teilen. Das Miteinander, das Gemeinsame wird zu einem Wert, die Teilhabe am Deutungshorizont positiv gewertet. Hat man nicht teil, driftet man auseinander und sitzt wohl am Ende im Schilf – allein.

4.3 Resumée

In den zunächst untersuchten Spielzügen wird der Student angerufen, Teil einer Ordnung und Teil einer Gemeinschaft zu werden. Die Macht des Zugangs zu dieser Gemeinschaft, zu dieser Ordnung und zu diesem Wissen hat der Dozent in der Hand. Mit den beschriebenen Spielzügen wird er zum Meister, der den Zugang zu einer Wissensordnung verwaltet und Paul Zugang verschafft, indem er ihm das Recht und die Pflicht zuschreibt, die Ordnung anzuerkennen. Der Weg zu dieser Anerkennung Pauls ist allerdings eine Anerkennung der Lesart Pauls. Die Anrufung tritt daher als vorgängige Anerkennung Pauls auf, und dessen Antwort auf die Anrufung wird so zu Gegenanerkennung.

Im Prinzip zeigt die zweite Szene eine ähnliche Struktur. Auch hier erfolgt zunächst eine Anerkennung von Pauls Lesarten, auf die er gleich mit einer dreifachen Gegenanerkennung reagiert: Erstens erkennt er an, dass seine eigenen Lesarten vom Studienmaterial different waren, zweitens erkennt er das Lernberatungsgespräch als didaktische Form an, weil es korrigierend auf die eigene Sichtweise wirkt, und einen davor bewahrt, sich von der Deutungsgemeinschaft zu entfernen. Und schließlich erkennt er die Wissensordnung an, die sich im Gespräch zeigt – zumindest in ihrer potenziellen Geltungsmöglichkeit.

5 Widerstand setzen – Taktiken der Re-Positionierung

Im Folgenden werden Spielzüge der Dozierenden beschrieben, die auf Lesarten des Studenten reagieren, indem ein Widerstand gesetzt wird, in dem sich eine differente Lesart artikuliert. Gerade weil das Relationieren und das Reflexiv-Werden von Lesarten zentrale Aufgaben von Lernberatung in Selbstlernarchitekturen sind, sind diese Spielzüge aufschlussreich.

Es handelt sich um Spielzüge, welche auf Lesarten der Studierenden Bezug nehmen und disziplinäre Lesarten ins Spiel zu bringen suchen. Von einem Modus des Widerstandes wird gesprochen, weil es sich nicht um die explizite Konfrontation von gegensätzlichen und argumentativ ausformulierten Positionen handelt. Die Spielzüge der Dozierenden rekurrieren zwar auf disziplinäre Wissensfelder, aber die disziplinäre Position wird nicht explizit als Gegenposition in einer fachlichen Argumentation geäußert. Es lässt sich vielmehr beobachten, dass mit den Äußerungen der Studierenden gearbeitet wird, dessen Argumentationen und Begrifflichkeiten werden aufgegriffen und so eingesetzt, dass Inkonsistenzen sichtbar werden und sich das Widersprüchliche zeigt. Es sind Spielzüge, mit denen Studierende in die Widersprüchlichkeit ihrer eigenen Lesarten gelockt werden. Es werden beispielhaft einige Sequenzen aus den beiden Lernberatungsgesprächen vorgestellt.

5.1 Re-Positionierung: der Rekurs auf Werthaltungen

In der folgenden Sequenz aus der kunstpädagogischen Lernberatung nimmt die Dozierende Bezug auf eine Äußerung des Studierenden Paul. In dieser schreibt Paul den Aufgabenstellungen zur Bildproduktion prinzipiell eine Implikation zu.

Paul:
290 Wenn ich als Lehrer aber eine Aufgabe gegeben habe,
293 ist das automatisch schon mit einer Vorstellung verbunden, oder nicht? Bin ich da falsch?

Diese Äußerung ist Teil einer Argumentation Pauls, in der es um die Gültigkeit seiner Lesart des kunstpädagogischen Lehr-Lernverhältnisses geht. Der Umgang mit Schülerbildern in der Schule müsse nämlich Gesichtspunkten folgen, die sich aus der Erfüllung von Aufgabenstellungen ergeben. Daher dürfe die Wirkungsempfindung beim Betrachten von Bildern – die Paul der zweckfreien, privaten Kunstbetrachtung zurechnet – im Unterricht keine Rolle spielen. Die ästhetische Wirkungsempfindung und Rezeption der Lehrperson müsse – so Paul – als bloß subjektive Reaktion ausgeschlossen werden (vgl. Lesart 1 im Beitrag „Lesarten im Professionalisierungsprozess" in diesem Band). Bestimmend für den Umgang mit den Bildern in der Schule sei daher die Lösung, die mit der Aufgabenstellung gegeben ist, also die „Vorstellung" des zukünftigen Lehrers Paul von der richtigen Lösung. Auf diese Konzeption des kunstpädagogischen Lehr-Lernverhältnisses interveniert die Dozierende provokativ:

Dozentin:
318 Das ist was ganz Gemeines. Du produzierst deine Vorstellung
319 in die Aufgabe, auf dass der Schüler dann deine Aufgabe wiederholt.
Paul :
322 Gut.
Dozentin:
324 So. Das heißt, du bist da [in der Aufgabenstellung, Anm. d. Aut.] und du bist am Ende [beim Ergebnis und der Bewertung, Anm. d. Aut.]) und der Schüler
325 ist nirgends. Das war radikal.
Paul:
327 Ja, mhm.
Dozentin:
329 Das wird.
Paul:
331 Ich mach' eine subjektive Bewertung des Bildes.
Dozentin:
333 Du machst noch viel mehr, du machst eine totale
334 Fremdbestimmung der Schüler auf diese Art und Weise.
Paul:
336 [leichtes Lachen]
Dozentin:
342 Also, ich provoziere.

Mit der Bemerkung „Also, ich provoziere." macht die Dozierende den Handlungsaspekt ihrer Intervention reflexiv. Diese Explikation kann als Relativierung und Abmilderung der Provokation verstanden werden, aber auch als Aufruf, das Spiel der Auseinandersetzung aufzunehmen. Die Provokation der Dozierenden hat nun eine besondere Eigenschaft. Sie besteht darin, dass die Dozentin das von Paul antizipierte Verhalten auf eine Wissensordnung bezieht, gemäß der der Schüler zur Geltung kommen soll (324) und Fremdbestimmung durch Lehrende abzulehnen ist (333). Wenn sie den Verstoß gegen diese Wissensordnung als Vorwurf an Pauls Handeln formuliert, nimmt sie offenbar an, dass die Wissensordnung für Paul zumindest potenziell positiv besetzt ist. Aus früheren Passagen des Gesprächs könnte sie dies schließen, weil Paul dort der instrumentelle Zusammenhang von Aufgabenstellungen mit Lösungserwartungen und Leistungsbewertung als Beschränkung der bildnerischen Kreativität von Kindern problematisch wurde (vgl. Lesart 2 im Beitrag „Lesarten im Professionalisierungsprozess" in diesem Band). Schüler/innen „total fremdbestimmen", da kann sie sich sicher sein, das will Paul nicht.

Die Provokation kann als Versuch interpretiert werden, Pauls eigene Zuschreibung an die didaktische Maßnahme durch die Zuspitzung von Implikationen zu irritieren. Antizipiert man mögliche Reaktionsweisen, kann man die Struktur des Spielzugs noch besser erkennen. Zwar ist denkbar, dass Paul auf die Provokation, seine Aufgabenstellungen würden sich durch „totale Fremdbestimmung" auszeichnen, mit der Zurückweisung dieser Zuschreibung reagiert oder diese Zuschreibung als schulische Notwendigkeit postuliert. Wenn Paul aber die propagierte Werthaltung teilt, müsste er die Fremdbestimmung von Kindern durch Aufgabenstellungen und Bewertung der Bilder ablehnen und sich damit von seiner vorgebrachten ersten Lesart lösen.

Wie reagiert Paul auf die Provokation der Dozierenden? Offenbar wurde er durch die Provokation mit der Hervorhebung negativ besetzter Folgen für die Beachtung individueller und eigensinniger, d.h. nicht didaktisch herstellbarer Lernverhältnisse gewonnen. Seine Zustimmungen in der folgenden Gesprächspassage und sein negativ konnotierter Kommentar „Genau, behavioristisch total" (383) lässt diesen Schluss zu.

Im Blick auf das Prozessieren der Lesarten kann man hier von einer Taktik der Dozierenden sprechen. Paul hat an verschiedenen Passagen zuvor gezeigt, dass er den Wert, die „Individualität und Unverfügbarkeit der Schüler zu wahren" teilt, auch wenn er zugleich davon überzeugt ist, dass Schule bedeutet, Normen durchzusetzen. Die Dozentin kann diese widerstreitenden Werte nun taktisch nutzen, indem sie deren Konflikt verstärkt.[11] Sie kann Paul provozieren, weil sie für die Provokation seine eigene Werthaltung gebraucht und daher gelingt ihre Provokation. Sie wird vom Studenten angenommen, seine Ausführungen lassen den Schluss zu, dass er die Einschätzung des technologischen Prinzips in den didaktischen Aufgabenstellungen und auch die Werthaltung teilt.[12] Die Dozentin operiert mit den widerstreitenden Werten, die Paul bedient, sie manipuliert ihren Widerstreit, indem sie den einen Wert verstärkt und damit den anderen schwächt. Diese Taktik scheint zunächst aufzugehen, da Paul sich innerhalb des ambivalenten Widerstreits auf der Seite der „Individualität und Unverfügbarkeit der Schüler" positioniert.

Vor dem Hintergrund der Funktion der Lernberatung, individuelle und disziplinäre Lesarten zu relationieren, zeigen sich allerdings alternative, in dieser Lernberatung jedoch nicht eingeschlagene Wege. Dass nämlich der ästhetische Zugang überhaupt im Sinne subjektbezogenen und selbstbestimmten Bildhandelns gelesen werden könnte und Paul gerade dadurch zu einer Neubewertung dieses Zugangs kommen könnte. Allerdings macht die Dozierende diesen genuin kunstpädagogischen Bezug nicht deutlich und stellt einen Bezug zum Fachdiskurs oder zu den Inhalten der Selbstlernarchitektur nicht explizit her. Damit bleibt der kunstpädagogische Deutungshorizont der unausgesprochene

---

11 Dieser Widerstreit wird in der Analyse der Lesarten als oppositionelle Struktur gefasst und professionalisierungstheoretisch auf die Antinomien des pädagogischen Handlungsfeldes bezogen (vgl. den Beitrag „Lesarten im Professionalisierungsprozess" in diesem Band).

12 Als „taktisch" bezeichnet de Certeau solche Spielzüge, weil sie mit den Mitteln des Gegenübers operieren, weil sie in einem Feld des Gegenübers eine Modifikation vornehmen und dieses manipulieren. Die Taktik profitiert von den Gelegenheiten, die sich bieten. De Certeau stellt sie in den Gegensatz zu jenen Spielzügen, die von einem sicheren Terrain aus operieren und eine eigene Machtbasis haben (de Certeau 1988: 87ff.).

und verborgene Horizont, vor dem ihre Provokation erfolgt. Eine zu dieser Relationierung zum fachdidaktischen Wissensfeld ähnliche Möglichkeit der Relationierung zeigt sich im Bezug zum Wissensfeld pädagogischen Handelns. Am kunstpädagogischen Lehr-Lernverhältnis könnte der Widerstreit von ästhetischer Individualität und Normativität als Antinomie reflexiv gemacht und in seiner Grundstruktur diskutiert werden. Die Unentschiedenheit Pauls könnte dann offen gehalten und nicht nach der Seite der Wahrung von Individualität aufgelöst werden.

Im tatsächlichen Verlauf des Beratungsgesprächs wird aber weder der kunstpädagogische Theoriebezug zur Bildrezeption noch der erziehungswissenschaftliche zu den pädagogischen Antinomien explizit hergestellt und reflexiv gemacht. Die Dozierende verpflichtet vielmehr mit starken moralischen Anrufungen auf die Ausübung des ästhetischen Zugangs und die Anerkennung der Wissensordnung individueller Unverfügbarkeit. Sie antizipiert dabei nicht nur Pauls künftige Praxis in der Schule, sie arrangiert eine der folgenden Lernberatungssituationen sogar als eine Übung des Bildumgangs an Beispielen. So wird in der Lernberatung die Möglichkeit genutzt, den ästhetischen Zugang auszuführen und Paul in seine Ausübung hineinzuführen. Allerdings veranlasst die Dozierende dadurch gerade nicht zu reflexiver Relationierung, sondern zur Vereindeutigung der Positionierung im Handeln.

5.2 Re-Positionierung als Konfrontation des Studierenden mit der eigenen Lesart

Ein wesentliches Moment der genannten Taktik der Dozentin ist, durch Konfrontation die Widersprüchlichkeit der Lesarten Pauls aufzuzeigen. Dies soll an einer weiteren Sequenz gezeigt werden. In dieser Sequenz findet eine direkte Konfrontation des Studierenden mit seiner Lesart statt. Sie wird Paul am Beispiel eines schriftlichen Arbeitsergebnisses aus dem Selbststudienprozess vor Augen geführt. Paul hat nämlich selbst bereits einen Text zur Betrachtung eines Schülerbildes geschrieben. An diesem Text macht die Dozierende Pauls Bildrezeptionspraxis zum Gesprächsgegenstand. Sie behauptet, Pauls Bildumgang unterlaufe den ästhetischen Zugang, den die Selbstlernarchitektur vertritt, weil seine Aussagen die Wirkung („dieses Wirkungsding", 422) außer Acht ließen.

Dozentin:
416   Und ist mir jetzt einfach aufgefallen, dass du zum Beispiel einen
417   Text geschrieben hast.
Paul:
419   [unverständlich]
Dozentin:
421   der sehr distant ist. Also, wo du schon versuchst,
422   dieses Wirkungsding wegzunehmen.

Paul reagiert darauf mit dem Ausruf „aber absichtlich" (428) und damit mit einem Bekenntnis zu seiner Handlungsweise, die er dann expliziert. Er wiederholt, befestigt und differenziert seine erste Lesart des kunstpädagogischen Lehr-Lernverhältnisses, aufgrund derer er seine Praktik des Bildumgangs gewählt hat: In der Schule gehe es um objektive Bilderfassung und die Wirkungsempfindung sei daher auszublenden (s.o.). Doch mitten in dieser Erklärung wird für ihn diese für die Schule antizipierte Praktik unsicher.

447 [...] Nur jetzt scheint's, ist die Frage eben,
448 wenn ich jetzt so ein Bild anschaue, ich bin
Dozentin:
450 Mhm.
Paul:
452 Es fällt mir schwer, das einfach nur zu beschreiben,
453 weil ich nehm das Bild als Gesamtes wahr, es wirkt auf mich.
Dozentin:
455 Mhm.
Paul:
457 Ich habe einen, ich hab' einen Eindruck vom dem und löst
458 gewisse Gefühle aus.

Es wird hier nun sichtbar, wie die für den Unterricht gewählte Bildumgangsweise der objektiven einfachen Beschreibung des Bildes (452) durch die ästhetische Erfahrung der Bildbetrachtung problematisch wird und ihre Selbstverständlichkeit verliert. Es zeigt sich, wie die behauptete Praktik des Bildumgangs (objektive Beschreibung) brüchig wird, indem innere Widersprüche sichtbar werden. Allerdings wird nicht explizit, dass die Praktik der ästhetischen Erfahrung in der Bildbetrachtung einem zum objektiven Beschreiben der Bilder differenten Verständnis des Lehr-Lernverhältnisses entspricht und daher eine alternative Lesart des Unterrichtsverhältnisses bildet. Die analysierte Sequenz kann aber als ein Beispiel für die Chance zur reflexiven Relationierung von Lesarten in Lernberatungen angesehen werden. Es wäre möglich, die beiden Praktiken des Bildumgangs als Lesarten des Lehr-Lernverhältnisses thematisch zu machen, sie in den Kontext kunstpädagogischer Ansätze zu stellen und dabei diskursive Horizonte als Konstruktionen eines Blicks und einer Praxis begreifbar zu machen.

5.3 Re-Positionierung als übendes Ausführen einer fachlichen Praktik in der Lernberatungssituation

Paul nimmt mit der Äußerung „eben, wenn ich jetzt so ein Bild anschaue" (s.o. 448–452) nicht nur auf irgendeine vorgängige Erfahrung Bezug, sondern bezieht sich offensichtlich auf eine ganz aktuelle Wirkungsempfindung, die am Beispiel eines Schülerbildes in der Lernberatungssituation selbst evoziert wurde. Denn kurz vor der Konfrontation Pauls mit seiner Lesart hat die Dozierende Schülerbilder aus den Studienmaterialien ausgelegt und zu deren „nicht behaviouristischer" Betrachtung aufgefordert. Sie schließt direkt an Pauls Kommentar „Genau, behaviouristisch, total." (383) in folgender Weise an:

Dozentin:
390 Jetzt, jetzt deswegen drehen wir das jetzt mal um.
Paul:
391 Mhm.
Dozentin:
393 Jetzt haben wir hier offensichtlich Kinderprodukte und jetzt
394 können wir mal gucken zusammen.
Paul:
396 Mhm.

Die Aufforderung zur Realisierung des ästhetischen Zugangs wird als Umdrehen der Praktik (389) angesprochen und mit einem Sehen konkretisiert, das sich für die Wahrnehmung des Besonderen öffnet.

Dozentin:
397 sind die jetzt einfach, sind die der Transport einer
398 Lehrervorstellung.
Paul:
401 Mhm.
Dozentin:
403 Oder zeigt sich
406 in ihnen noch so irgendwas von Nichtidentischem mit der
407 Lehrervorstellung.

Die Aufforderung den ästhetischen Zugang auszuführen, erweist sich als ein relevanter Spielzug. In der analysierten Gesprächssequenz zeigt sich, wie die geforderte Aktualisierung der ästhetischen Rezeptionsweise und die Konfrontation Pauls mit seiner eigenen Lesart in der Irritation zusammenwirken. Darauf folgt die Artikulation des Widerspruchs, den Paul zwischen seiner Lesart des kunstpädagogischen Lehr-Lernverhältnisses als einer objektivierenden Praktik und seinem ästhetischen Erleben erfährt.

5.4 Re-Positionierung durch die Zuspitzung widerstreitender Werte

Einen vergleichbaren Spielzug setzt der Dozent in der Lernberatung der Mathematikdidaktik ein. Auch hier besteht die Gesprächspraktik im taktischen Rückgriff auf Wertungen innerhalb der von Paul artikulierten Lesarten, indem der Widerstreit, der sich in ihnen zeigt, als Wertekonflikt reformuliert und zugespitzt wird. Paul hat in diesem Gespräch seine Ablehnung von selektierender Leistungsmessung deutlich artikuliert. Als er am Begriff des „leistungsfähigen Kindes" (110) zweifelt, verstärkt der Dozent diesen Zweifel in folgender Weise:

Dozent:
153　Ja, oder, ich mein, wenn wir's rein mal sprachlich anschauen,
157　dann wäre vielleicht das Gegenteil ein leistungsunfähiges Kind.
Paul:
159　Ja, schrecklich. (lacht auf)

Hier bildet der starke Topos des „leistungsunfähigen Kindes" eine rhetorische Zuspitzung, denn durch die Rede vom leistungsfähigen Kind wird die oppositionelle Differenz von leistungsfähigen und leistungsunfähigen Kindern aufgerufen. Der Studierende wird dadurch zur deutlichen Reartikulation seiner Werthaltung veranlasst, die der Dozent aus den vorausgehenden Gesprächspassagen kennt. Es ist die moralische Verpflichtung, das Individuelle wertzuschätzen, die mit diesem Spielzug angesprochen wird, eine Forderung, die Paul selbst bereits vertreten hat und zu der sich auch der Dozent bekennt. Der Dozent reagiert mit diesem Spielzug, nachdem der mathematikdidaktische Ansatz der Selbstlernarchitektur unter dem Aspekt der Leistungsmessung für Paul problematisch wurde, sodass er sich von diesem Konzept zu distanzieren begann. Der Spielzug des Dozierenden erweist sich nun als geeignet, Paul in eine gemeinsame diskursive Ordnung zurückzurufen. Mit „Ja, schrecklich." (159) positioniert sich Paul auch tatsächlich in der Ablehnung einer didaktischen Praktik, die die Zuschreibung von Leistungsunfähigkeit hervorbringt. Er stellt sich auf die Seite von Praktiken, die das individuell Einzigartige jenseits vergleichender Leistungsmessung anerkennen, und dort positioniert sich auch der Dozent selbst und das mathematikdidaktische Konzept. In den folgenden Zeilen beschwört der Dozent die diskursive Gemeinschaft, der er, Paul und mögliche Dritte nun zugehören.

Dozent:
161　[...] dass wir, bei
162　unserer Sicht der Dinge ja eigentlich jede Tätigkeit des
163　Kindes, jetzt eben hier auf jedem Niveau schon als Leistung
164　bezeichnen. Und das ist vielleicht das Neue oder unter
165　Individualisierung.

5.5 Resumée

In den gezeigten Sequenzen wird durch die Intervention des Dozierenden die Werthaltung des Studierenden taktisch genutzt, um ihn zu einer Positionierung zu veranlassen. An der kunstpädagogischen Lernberatung wurde zudem gezeigt, wie diese Taktik mit spezifischen Spielzügen verbunden ist, die den Blick auf die eigene Lesart herausfordern und diese zum expliziten Thema machen. In beiden Lernberatungen trägt diese Taktik dazu bei, dass Pauls Lesarten ihm selbst problematisch werden. In der mathematikdidaktischen Lernberatung wird Pauls begonnene kritische Distanzierung zum Studieninhalt auf die Wissensordnung der neuen Lernkulturen zurückgeholt. In der kunstpädagogischen Lernberatung wird Pauls grundlegende Ablehnung des Studieninhalts irritiert.

Vom konstruktivistischen Theoriehorizont her interpretiert, würde es sich um eine Irritation der Deutungsweisen des Studenten handeln, die mit der Erwartung verbunden sind, dass diese sich selbstreferentiell zu neuer Stabilität reintegrieren. Vom Theoriehorizont der Relationierung von Lesarten bleibt diese Taktik der Irritation aber unbefriedigend. Zwar scheint es in beiden Gesprächen darum zu gehen, Paul für die disziplinäre Lesart zu gewinnen. In beiden Gesprächen werden die differenten Lesarten aber nicht im disziplinären Deutungshorizont reflexiv, was dann nämlich hieße, sie aus der Distanz betrachtbar, theoretisierbar und somit für Paul verfügbar zu machen. Obwohl in der kunstpädagogischen Lernberatung Pauls Lesart als eigensinnig explizit wird, wird auch dort kein Standpunkt kunstpädagogischer Theorie eröffnet, den Paul relationierend beziehen könnte. Machtanalytisch zeigt sich vielmehr, dass ein Einverständnis in der Werthaltung von Dozierenden und Studierenden gesucht und erreicht wird. Die Spielzüge erscheinen damit als Anrufungen, die Wissensordnung der Dozierenden zu teilen. An diesen Spielzügen zeigt sich nun, dass sie, gerade weil sie zur Anerkennung von Handlungskonzepten durch Positionierung veranlassen, keine theoretische Einstellung enthalten oder befördern, in der erst die reflexive Relationierung von Lesarten möglich würde. Ginge es doch darum, die Positionsgebundenheit von einzelnen Aussagen und ganzen Konzepten sichtbar zu machen und zu verstehen – aber nicht einfach darum, das Eintreten in eine bestehende Positionierung zu bewerkstelligen.

6 Spielzüge des Lernberatungshandelns

Wir haben drei verschiedene Praktiken des Beratungshandelns herausgearbeitet. Im Rahmen der Eröffnungspassagen zeigen sich Spielzüge, in denen dem Studenten eine gewisse Macht eingeräumt wird, seine eigenen Lesarten einzubringen, ein Autonomieversprechen, das aber zugleich mit einer Autonomieerwartung verbunden ist. Zugleich wurde jene versprochene und erwartete Autonomie aber wieder eingeschränkt, ein „Einhaken" angekündigt, in dem die Autorisierung keine unbedingte, sondern eine bedingte und weiterhin in der Beziehung von Beratenden und Beratenen aufgehobene ist. Im nächsten Abschnitt zeigten sich Spielzüge, die über ein „Lob" und die positive Hervorhebung der Qualität der Lesarten Pauls zu einer Anerkennung der Wissensordnung durch Paul führten. Lernen vollzieht sich dann als Anerkennung der Wissensordnung einer Gruppe oder Deutungsgemeinschaft, als Teilhabe an gemeinsamen Lesarten. Als dritter Typus von Spielzügen wurden solche herausgearbeitet, die die Lesarten Pauls taktisch verwendeten, um in ihnen Brüche und Widersprüche aufzuzeigen, und die die von Paul lancierten Werthorizonte zu Repositionierungen nutzten. Mit allen drei Typen von Spielzügen zeigt sich Lernberatungshandeln als machtvolles Handeln, das in die Lesarten des Studierenden interveniert und diese auf ein Wissensfeld bezieht, das in der Lernberatung als Horizont von disziplinären Lesarten eingebracht wird. Die Frage ist, ob damit die oben genannte Qualität einer reflexiven Verfügbarkeit disziplinärer Wissenshorizonte in der Relationierung von Lesarten möglich wird oder ob das Handeln dieser Qualität zuwider läuft. Zunächst ist festzuhalten, dass die Spielzüge der Dozierenden die Lernenden keineswegs kontrollieren.[13] Wie im Beitrag „Lesarten im Professionalisierungsprozess" (in diesem Band) sichtbar wird, entwickelt sich bis zu einem gewissen Punkt bei Paul eine reflexive Lernhaltung und der Umgang mit der Differenz von Lesarten wird dynamisiert. Allerdings muss auch konstatiert werden, dass das Lernberatungshandeln hinter den Möglichkeiten einer reflexiven Relationierung zurückbleibt. In beiden Lernberatungsgesprächen werden die dem Wissensfeld zugeschriebenen disziplinären Wissensordnungen nicht relationierend reflexiv gemacht. Dies wäre aber der für die konzeptionelle Ausrichtung der Lernberatung in Selbstlernarchitekturen zentrale Schritt. Die Dozierenden handeln mit den Äußerungen des Studierenden und versuchen auf die darin implizierten Kernprobleme des didaktischen Handelns anzuspielen, ohne sie in den disziplinären Diskurs zu stellen und damit als spezifische Sichtweise verständig zu machen. Sie vermeiden, den Widerstreit explizit zu machen, der zwischen Aussagen besteht, die unterschiedlichen diskursiven Ordnungen zugehörig sind, indem sie sich nicht in den Formen des disziplinären Diskurses äußern.

Den Widerstreit zu führen, hätte für das Lernberatungshandeln Konsequenzen. Es müssten Aussagen im Hinblick auf Positionierungen reflektiert werden und Wissensordnungen als Ordnungen angesprochen werden, die nicht im Sinne einer Wahrheit einfach gelten, sondern eine bestimmte disziplinäre Perspektive ermöglichen. Es wäre, um mit dem Konzept des selbstsorgenden Lernens zu sprechen, durch die Relationierung von Lesarten in Lernberatungen der Akt der Bedeutungszuschreibung bewusst zu machen und die darin vollzogene Sichtweise (Positionierung) im Blick auf praktische Folgen zu bedenken – Praxis also in theoretischer Perspektive zu denken und dabei Denkmögliches auszuloten. Gerade die Praxis aber, der Handlungsdruck pädagogischen Handelns, den beide Akteure immer wieder anführen, präferiert, den Widerstreit auszusetzen und Eindeutigkeiten herzustellen. Der Lernprozess in einer auf reflexive Relationierung fokussierenden Lernberatung würde im Rahmen von Professionalisierungsprozessen aber nicht darauf zielen, den Widerstreit zwischen Sichtweisen auszusetzen, indem eine Sichtweise als die gültigere und für Praxis brauchbarere präsentiert wird, sondern vielmehr darauf,

---

13 Die Beobachtung, dass das Lernhandeln vom Lehrhandeln nicht kausal abhängt, dürfte für sich angesichts der Forschungen und Theoriedebatten der letzten Jahre nicht erstaunen.

diesen Widerstreit offen zu halten, indem die Wissensordnungen für die Lernenden so verfügbar werden, dass sie gebraucht werden können, aber auch in ihrer begrenzenden Formiertheit erkennbar sind. Dies wäre dann der eigentliche Nutzen der Theorie für den Professionalisierungsprozess.

Literatur

Arnold, Rolf (2005): Autonomie und Erwachsenenbildung. In: Hessische Blätter für Volksbildung. 1, S. 37–46.
Arnold, Rolf; Schüßler, Ingeborg (Hg.) (2003): Ermöglichungsdidaktik. Baltmannsweiler: Schneider.
Arnold, Rolf; Siebert, Horst (1995): Konstruktivistische Erwachsenenbildung. Von der Deutung zur Konstruktion der Wirklichkeit. Baltmannsweiler: Schneider.
Austin, John (1972): Zur Theorie der Sprechakte (How to do things with words). Stuttgart: Reclam.
Baumert, Jürgen; Kunter, Mareike (2006): Stichwort: Professionelle Kompetenz von Lehrkräften. In: Zeitschrift für Erziehungswissenschaft 9. 4, S. 469–520.
Bergmann, Jörg (1999): Diskrete Exploration: Über die moralische Sinnstruktur eines psychiatrischen Frageformats. In: Bergmann, Jörg; Luckmann, Thomas (Hg.): Kommunikative Konstruktion von Moral. Opladen: Westdeutscher Verlag.
de Certeau, Michel (1988): Kunst des Handelns. Berlin: Merve.
Deppermann, Arnulf (2008): Gespräche analysieren. Eine Einführung. Wiesbaden: VS.
Forneck, Hermann J. (2002): Selbstgesteuertes Lernen und Modernisierungsimperative in der Erwachsenen- und Weiterbildung. In: Zeitschrift für Pädagogik 48. 2, S. 242–261.
Forneck, Hermann J.; Wrana, Daniel (2005): Ein parzelliertes Feld. Eine Einführung in die Weiterbildung. Bielefeld: wbv.
Forneck, Hermann J.; Wrana, Daniel (2006): Professionelles Handeln und die Autonomie des Feldes der Weiterbildung. In: Friebertshäuser, Barbara; Rieger-Ladich, Markus; Wigger, Lothar (Hg.): Reflexive Erziehungswissenschaft. Forschungsperspektiven im Anschluss an Pierre Bourdieu. Wiesbaden: VS.
Helmke, Andreas (2008): Unterrichtsqualität und Lehrerprofessionalität. Seelze: Klett-Kallmeyer.
Jergus, Kerstin; Schumann, Ira; Thompson, Christiane (2012): Autorität und Autorisierung. Analysen zur Performativität des Pädagogischen. In: Bal-

zer, Nicole; Ricken, Norbert (Hg.): Judith Butler: Pädagogische Lektüren. Wiesbaden: VS, S. 207–224.

Koller, Hans-Christoph (1999): Lesarten. Über das Geltendmachen von Differenzen im Forschungsprozess. In: Zeitschrift für Erziehungswissenschaft 2. 2, S. 195–209.

Kossack, Peter (2006): Lernen Beraten. Eine dekonstruktive Analyse des Diskurses zur Weiterbildung. Bielefeld: transcript.

Kösel, Edmund (1993): Die Modellierung von Lernwelten. Ein Handbuch zur subjektiven Didaktik. Dallau: Laub.

Lakoff, George; Johnson, Mark (2004): Leben in Metaphern. Heidelberg: Carl Auer.

Luhmann, Niklas (1979): Das Technologiedefizit der Erziehung und die Pädagogik. In: Zeitschrift für Pädagogik 25. 4, S. 345–365.

Moser, Karin S. (2003): Metaphern des Selbst. Wie Sprache, Umwelt und Selbstkognition zusammenhängen. Lengerich: Pabst Science Publisher [2. Auflage als e-book. bei www.ciando.com].

Oevermann, Ulrich (1997): Theoretische Skizze einer revidierten Theorie professionalisierten Handelns. In: Combe, Arno; Helsper, Werner (Hg.): Pädagogische Professionalität. Frankfurt a.M.: Suhrkamp, S. 70–182.

Oevermann, Ulrich (2002): Professionalisierungsbedürftigkeit und Professionalisiertheit pädagogischen Handelns. In: Kraul, Margret (Hg.): Biographie und Profession. Bad Heilbrunn: Klinkhardt, S. 19–63.

Pomerantz, Anita (1980): Telling My Side: „Limited Access as a Fishing Device". In: Sociological Inquiry 50, S. 186–198.

Ryter Krebs, Barbara (2008): „Rosinen picken" oder „in einer Mine schürfen"? Metaphern des Lernens in Lernberatungsgesprächen. In: Maier Reinhard, Christiane; Wrana, Daniel (Hg.): Autonomie und Struktur in Selbstlernarchitekturen. Empirische Untersuchungen zur Dynamik von Selbstlernprozessen. Opladen: Budrich, S. 203–248.

Schäfer, Alfred; Thompson, Christiane (2010): Autorität – Eine Einleitung. In: Schäfer, Alfred; Thompson, Christiane (Hg.): Autorität. Paderborn: Schönigh, S. 7–30.

Stäheli, Urs (2004): Subversive Praktiken? Cultural Studies und die Macht der Globalisierung. In: Hörning, Karl H.; Reuter, Julia (Hg.): Doing Culture. Neue Positionen zum Verhältnis von Kultur und sozialer Praxis. Bielefeld: transcript, S. 154–166.

Wittgenstein, Ludwig (1984): Philosophische Untersuchungen. Frankfurt a.M.: Suhrkamp.

Wrana, Daniel (2006): Das Subjekt schreiben. Reflexive Praktiken und Subjektivierung in der Weiterbildung – eine Diskursanalyse. Baltmannsweiler: Schneider.

Wrana, Daniel (2009): Zur Organisationsform selbstgesteuerter Lernprozesse. In: Beiträge zur Lehrerbildung 27. 2, S. 163–174.

Theoretische und methodologische Grundlagen der Analyse diskursiver Praktiken

Daniel Wrana

Die beiden empirischen Untersuchungen in diesem Band „Lesarten im Professionalisierungsprozess" und „Spielzüge in Lernberatungsgesprächen" basieren auf einer diskursanalytischen Methodologie, deren grundlagentheoretische Probleme im folgenden Beitrag diskutiert werden sollen. Dörner und Schäffer (2009) unterscheiden zwischen der Gegenstandstheorie, die sich auf das Gebiet bezieht, „in dem man sich einen Erkenntniszuwachs verspricht" (ebd.: 250), und der Grundlagentheorie, die dieses Beziehen begrifflich und „metatheoretisch absichert" (ebd.; vgl. Wrana 2011b). Die Gegenstandstheorie beschreibt und erklärt den Forschungsgegenstand, und als solche gilt es, sie zu belegen, zu widerlegen, zu differenzieren oder zu modifizieren. Die Grundlagentheorie jedoch bringt mit ihren Begriffen den Gegenstand erst hervor, sie ist die Bedingung der Möglichkeit empirischer Erkenntnis. Während die empirischen Gegenstände „Lesarten" und „Spielzüge" im Rahmen der empirischen Untersuchungen theoretisch modelliert und Operationalisierung und Analyse dort vollzogen werden, bildet dieser Beitrag die theoretische Reflexion der methodologischen Grundlagentheorie der beiden Untersuchungen.

Während der Beitrag auf diese Weise die begrifflichen und theoretischen Grundlagen der Analysen ausweist, verfolgt er zugleich ein genuin methodologisches Interesse. Aus der Perspektive poststrukturalistischer und diskursanalytischer Theorien sind zahlreiche Debatten über pädagogische Gegenstände geführt worden. Erst in den letzten Jahren werden jedoch die dabei diskutierten Probleme empirisch gewendet und eine pädagogische Subjektivationsforschung sowie eine empirische Analyse von Regierungspraktiken und institutionellen Machtverhältnissen ausgehend von einer poststrukturalistisch-diskursanalytischen Methodologie begründet. Dieser Beitrag stellt somit neben der Begründung der empirischen Analysen deren Koppelung an ein theoretisches Problembewusstsein sicher.

1 Diskursive Praktiken

Der Diskurs bezeichnet bei Foucault einerseits die *diskursiven Formationen* als gesellschaftliche Wissensfelder und -ordnungen, von denen her sich Äußerungen bilden können, zugleich aber die *diskursiven Praktiken*, verstanden als die Handlungsweisen, in denen sich das Sagbare und Sichtbare formt und in denen die Bedeutungen und Gegenstände des Wissens ebenso konstituiert werden wie die Subjektpositionen der diskursiv Handelnden (Foucault 1981: 74; Wrana 2006: 122). In dem hier vertretenen Ansatz wird das Diskursive als Gegenstand nicht von den diskursiven Formationen her gedacht, um diese dann empirisch als homogene und relativ stabile Objekte, als „die Diskurse", zu rekonstruieren, sondern von der heterogenen, heteronomen und situierten diskursiven Praxis, die auf das in ihr geäußerte Wissen hin untersucht wird (vgl. Wrana 2011c).[1] Die diskursive Wissensanalyse richtet sich dabei nicht auf die produzierte Erkenntnis, auf das „positive Wissen", sondern auf die produktiven Konstruktionsweisen und Wissenspraktiken, die die Bedingungen von Sagbarkeit und Sichtbarkeit bilden. Der analytische Gegenstand ist dann das implizite Wissen, das der Produktion expliziten Wissens zugrunde liegt. Damit schließt die Analyse diskursiver Praktiken an praxeologische Theorien (vgl. Reckwitz 2000) an, in denen Praktiken „als wissensbasierte Tätigkeiten verstanden [werden], die auf kollektive Wissensordnungen bezogen sind" (Fritzsche/Rabenstein/Idel 2011: 21). Wissen wird als etwas untersucht, das als „implizites den Praktiken inne wohnt" und sich „von den Akteuren nicht ohne Weiteres explizieren" (ebd.) lässt. Der diskursanalytische Zugang fragt also im Unterschied zur Inhaltsanalyse nicht nach dem explizit geäußerten propositionalen Wissen, aber auch nicht wie hermeneutische Ansätze nach dem mit diesem Wissen transportierten subjektiven Sinn, sondern nach dem impliziten Wissen, das den Äußerungspraktiken zugrunde liegt und sie ermöglicht.

Diskursive Praktiken lassen sich weiter als Handlungsweisen bestimmen, in denen Wahrheit als Relationierung von Bedeutungsfeldern, Wissensobjekten und Subjektivitäten performativ hergestellt wird. Während die Dinge der Welt, ihre Bedeutungen sowie die Subjekte, die diese artikulieren, aus der Alltagseinstellung als natürliche und gegebene Phänomene erscheinen, fokussiert die Analyse diskursiver Praktiken auf die Tätigkeiten, in denen diese Welt erst als natürliche, gegebene und insofern „wahre" hergestellt wird. Eine so verstandene Diskursanalyse schließt wesentlich an das ethnomethodologische Erbe an (vgl. Langenohl 2009; Hirschauer 2004), in dem diese Herstellungs-

---

[1] Diese Verschiebung von den Formationen zu den Praktiken als Gegenstand der Analyse hat auch zur Konsequenz, dass nicht nur Texte in Zeitschriften oder Archiven als diskursive Praxis untersucht werden, was die üblicheren Materialien von Diskursanalysen sind, sondern auch Situationen und Interaktionen oder eben das Bilden von Lesarten in Lernberatungsgesprächen.

funktion als „doing" beobachtet wurde: Neben „doing being ordinary" (Sacks 1984) oder „doing gender" (West/Zimmerman 1987) lässt sich von einem „doing discourse" (Füssl/Neu 2010) sprechen. Die Analyseeinheit ist dabei der Äußerungsakt, in dem nach Foucault eine „fonction énonciative" vollzogen wird (vgl. Foucault 1981: 116ff.; Wrana 2006: 122ff.), also eine Funktion, die eine Beziehung herstellt. Verknüpft wird im Vollzug eines Äußerungsaktes (a) eine Materialität, die den Äußerungsakt auszeichnet, insofern sein Vollzug an Institutionen, Situationen und Körper gebunden ist, (b) ein Feld von Gegenständen, auf das der Äußerungsakt referenziert und im Vollzug zugleich konstruiert und abgrenzt, (c) eine Reihe von semantischen Elementen, mit denen im Vollzug ein rhizomatisch organisiertes Geflecht an Bedeutungen konnotiert wird, (d) eine Subjektivität, die im Vollzug konstituiert wird, indem im Äußern ein Platz eingenommen wird, der bereits existiert und zugleich besetzt und produziert wird (vgl. Foucaults 1981: 128ff.; Wrana 2006: 123ff.). Diese vier Dimensionen werden in Äußerungsakten relationiert, wobei das Relationierte in jeder der Dimensionen dem Äußerungsakt zugleich vorausgeht und in ihm reifizierend produziert wird. Die Gleichzeitigkeit, dass dieser Akt seine Relata voraussetzt und produziert ist nur denkbar, weil er als Akt nicht darin aufgeht, singulär zu sein, sondern vielmehr Moment einer sozialen Praxis ist. Laclau und Mouffe (1988) fassen diese doppelte Form der voraussetzenden Produktivität als Artikulation und verstehen darunter „jede Praxis, die eine Beziehung zwischen Elementen so etabliert, dass ihre Identität als Resultat einer artikulatorischen Praxis modifiziert wird" (ebd.: 155). Die Artikulation ist demnach eine Produktion, die ihre Elemente nicht einfach in Beziehung setzt, sondern in diesem In-Beziehung-Setzen transformiert und modifiziert. „Die diskursive Praxis reproduziert also weder semiotische Horizonte noch außerdiskursive Gegenstände noch vorgängige Subjekte, sie ist vielmehr die performative Praxis, die diese hervorbringt." (Ott/Wrana 2010: 167; vgl. Foucault 1981: 126)

Die Äußerungspraxis ist weder als routinisierte Wiederholung zu denken, bei der jeder Akt des Deutens den vorigen dupliziert, noch als Realisierung von Mustern, bei der jeder Akt des Deutens auf ein Schema zurückzuführen ist, das die eigentliche Wirklichkeit darstellt. Bezüglich des Reproduktionsmodus von Praktiken hat die poststrukturalistische Praxistheorie als Alternative zu diesen verbreiteten Theoremen das der „Iterabilität" entwickelt. Demnach greift jeder Akt des Äußerns auf vorausgegangene Äußerungen und die darin etablierten diskursiven Relationen zurück und „zitiert" diese,[2] er ist damit nach Derrida neu und wiederholt zugleich (Derrida 2001: 24). In jeder Zitation, in jeder

---

2 Das Theorem der Zitathaftigkeit bzw. der Iterabilität als Produktionsmodus von Praktiken hat im Poststrukturalismus das Theorem der Reproduktion und Aktualisierung von Strukturen abgelöst und wird insbesondere in der von Judith Butler entwickelten Form als poststrukturalistische Praxistheorie gegenwärtig in den Erziehungswissenschaften rezipiert (z.B. Reh 2003; Fritzsche/Rabenstein/Idel 2011).

„Iteration" – das hat Judith Butler im Rahmen ihrer „Theorie der gesellschaftlichen Iterabilität des Sprechaktes" (Butler 1998: 215; vgl. Reh 2003: 42; Wrana 2006: 128) weiter geführt, ist im zitierenden Anschließen zugleich ein potenzieller Bruch mit dem Feld der vorausgehenden Äußerungen verbunden. „Niemals lässt sich eine Praxis absolut gleich oder identisch wiederholen, immer existiert eine Art von Andersheit in der Wiederholung, eine Art ‚verschiebende Verzeitlichung' (differance), so dass sich von hier aus die Möglichkeit ergibt, dass die repetitiven Praktiken mit den ihnen vorangegangenen Kontexten, kulturellen Codes oder symbolischen Strukturen brechen oder diese verschieben." (Moebius 2008: 62) Das Geborgte ist ein heteronomes Gut und das Borgen ein Akt, der das Geborgte wiederaneignet und transformiert. Der Akt kann seinem Widerspruch, wiederholt und anders zugleich zu sein, ebenso wenig entgehen, wie das Subjekt seinem Widerspruch, selbst zu handeln und doch permanent dem Schon-da-Seienden ausgesetzt zu sein. Dieser mit der Iterabilität verbundene notwendige und konstitutive Bruch in der routinisierten Wiederholung der Praxis führt zum einen dazu, dass Praktiken bei aller Selbstläufigkeit und Stabilität weder vollständig vorhersehbar noch kontrollierbar sind, und zum anderen zu der Möglichkeit, die Macht der Wiederholung zugleich als Veränderungsmacht zu denken, als ein Potenzial, machtförmig strukturierte Praxen zu transformieren, das nicht auf das theoretische Postulat eines autonomen, sich selbst konstituierenden Subjekts angewiesen ist (Butler 1998; Graefe 2010).

2 Die Wissensfelder und Wissensordnungen als Kontexte und Relata

Wenn man die Diskurse in diesem Sinn als diskursive Praktiken begreift und als Reproduktionsmodus dieser Praxis die Iteration von Äußerungsakten, dann sind diskursive Formationen bzw. „die Diskurse" nicht eine von der diskursiven Praxis verschiedene Wirklichkeit, sie bilden keine von der Praxis differente Struktur, die von der Praxis reproduziert wird, vielmehr sind die diskursiven Formationen Ensembles diskursiver Praktiken, die weder homogen noch stabil sind, sondern heterogen und dynamisch (vgl. Wrana 2011c).
  Mit Bezug auf die Iterabilität der Praxis bestimmt Sabine Reh das Verhältnis von Äußerungsakt und Diskursen als das eines Kontexts. Äußerungsakte vollziehen sich im Kontext von Diskursen, die sie zitierend aufgreifen und die sie am Laufen halten. „Kontexte stellen für Butler die eine soziale Praxis bedeutenden Umstände dar. Kontexte werden als ‚Erbschaften des Gebrauchs' zu ‚Sedimenten von Bedeutungen'" (Reh 2003: 45). Die Kontexte sind aber weder gesättigt noch abschließbar, und daher ist der Äußerungsakt in der Lage, zu de- und rekontextualisieren und sie zu verschieben (ebd.). Diskurse begreift

Reh als Kontexte, die aufgegriffen, zitiert und transformiert werden. Bezogen auf ihren Untersuchungsgegenstand postuliert sie, dass es so möglich würde, „verschiedene Diskurse über ostdeutsche Lehrer und Lehrerinnen darzustellen, in ihren Effekten für die diskursive Konstruktion ihres Gegenstandes zu analysieren und die von mir [=Sabine Reh, Anm. DW] hervorgerufenen (auto-) biographischen Texte als Bestandteil der Diskurse über ostdeutsche Lehrer und Lehrerinnen" zu betrachten, „mithin diese als textuellen Kontext jener zu lesen" (ebd.: 61).

Dieses dynamische Modell, das diskursive Formationen als Kontext diskursiver Praktiken und zugleich die Praktiken als Teil der diskursiven Formation versteht, ist in dreierlei Hinsicht zu präzisieren und zu erweitern: (1) Insofern Diskurse als Ensembles diskursiver Praxen verstanden werden, müsste man präzise formulieren, dass man es mit mehreren Schichten diskursiver Praxis zu tun hat. Der Äußerungsakt ist selbst Moment einer diskursiven Praxis (z.B. das Führen von Lernberatungsgesprächen), dem eine andere diskursive Praxis zum Kontext wird (der didaktische Diskurs der „Neuen Lernkulturen"). Der Akt steht also nicht als isolierter Akt in einem Kontext, sondern als Moment einer Praxis. Zu welcher Praxis aber ein Akt gehören wird, ist nicht selbstverständlich gegeben. Zu keinem Zeitpunkt des Lernberatungsgesprächs kann sich einer der beiden Protagonisten sicher sein, dass das Gegenüber wenig später noch ein Lernberatungsgespräch führen wird. Jeder folgende Akt schreibt sich in die diskursive Praxis ein und transformiert sie. Die Selbstläufigkeit der Praxis – das ist der Unterschied zwischen Iterabilität und Routinisierung – führt nicht zu einer stabilen Wiederholung, sondern zu dem/der permanenten Risiko und Chance, als eine andere Praxis aus dem Akt hervorzugehen. (2) Daraus ergibt sich zugleich, dass der Kontext eines Äußerungsaktes nicht aus einer einzigen diskursiven Praxis besteht, die ihn mehr oder weniger determinieren könnte, vielmehr ist der Äußerungsakt durch multiple Kontexte überdeterminiert, die in einen Widerstreit treten. Jedes Ereignis ist ein Resultat „unzähliger, einander durchkreuzender Kräfte, eine unendliche Gruppe von Kräfteparallelogrammen" (Engels 1967: 463). Aufgrund dieser Überdetermination (Althusser 1996) ist ein Akt niemals auf eine einzelne Ursache und damit eine Äußerung nicht auf eine einzelne diskursive Praxis rückführbar. Diese Komplexität und Überdetermination von Kontexten, die sich in jedem empirischen Material findet, verstärkt den Effekt der Iterabilität. Die Handlungsmacht des Äußerungsaktes besteht demnach nicht nur in der Möglichkeit eines anderen Anschlusses, sondern auch in der Notwendigkeit, zwischen verschiedenen optionalen Anschlüssen zu selektieren (vgl. Wrana 2008a). Die Relationierung von Bedeutungen, Gegenständen und Subjektpositionen, die nach Foucault die Funktion des Äußerungsaktes (fonction énonciative) ausmacht, lässt sich mit diesem Hintergrund zugleich als Zitation, als Transformation und als Selektion bestimmen. (3) In jedem Akt werden die Kontexte nicht nur zitiert, sondern auch postuliert. Die grundlegende Annahme, dass die diskursive Praxis performativ sei, verbunden mit der Annahme, dass die Zitation von Kontexten immer unsicher und unabschließbar ist, hat für den Äußerungsakt in einer konkreten Situation zur Folge, dass der diskursive Kontext im Akt „behauptet" wird. Die basale Differenz des Kontextes, wie er im konkreten Akt zum zitierten Kontext aufscheint, führt dazu, dass der Äußerungsakt die Geltung der von ihm zitierten Kontexte in der Weise ihrer Zitierung beansprucht. Ein solcher Geltungsanspruch ist meist implizit, er kann aber auch expliziert und vor allem vom Gegenüber in der diskursiven Praxis zurückgewiesen werden. Diese Postuliertheit der Kontexte spielt vor allem dann eine zentrale Rolle, wenn die diskursive Praxis die Form eines Gesprächs hat, in der Äußerungsakte auf andere Äußerungsakte antworten, was in unserem Forschungsgegenstand mit der Face-to-Face-Situation der Lernberatung der Fall ist, und zudem für Debatten in Zeitschriften oder etwa für die Praxis des Korrigierens von Seminararbeiten gilt.

Die Reproduktion sozialer Praxis durch die Routinisiertheit ist also durch drei Momente gebrochen und heterogenisiert: die Iterabilität, die Überdetermination und die Postuliertheit. Mit der Kontextualisierung, die sich im Akt vollzieht, schreibt sich dieser in eine soziale Praxis ein. Es ist also nicht vollständig vorhersehbar, zu welchen Praxen ein Akt gehören wird und wie weit diese Praxen im Äußerungsakt transformiert werden. Aber die Praxen sind in zahlreichen Schichten der Institutionen, der Körper, der Konnotationen und der Gedächtnisse sedimentiert und schaffen so einen Möglichkeitsraum der Kontextualisierungen, der sich durch Nähe und Ferne auszeichnet. Die Praxen begrenzen den Möglichkeitsraum der Akte nicht durch Determination, sondern durch Optionalität und Trägheit.

Wenn das Bilden von Lesarten als diskursive Praxis konzipiert wird, spielen diese Brüche der Reproduktion von Praktiken eine zentrale Rolle. Wenn Lernende nämlich „eine Lesart realisieren" (Forneck 2006b: 34) und Wissenselemente miteinander verknüpfen, dann greifen sie dabei diskursive Kontexte auf. Diese Relationierung verknüpft aber verschiedene Kontexte auf eine nicht vorhersehbare Weise miteinander, wodurch die Lesart eine Konstellation differenter und bisweilen widerstreitender Quellen ist. Lernen wird demnach als diskursiver Akt gefasst, der eine Praxis des Relationierens darstellt. Insofern das Bilden von Lesarten in Lehr-Lern-Arrangements in der Regel eine Reihe von Studienmaterialien, Lehrhandlungen und Strukturentscheidungen von Lehrenden zum Ausgangspunkt hat, bilden diese zwar einen der Kontexte in der Bildung von Lesarten, aber nicht den einzigen. Die Analytik der Lesarten beobachtet daher das Lernen als Konsumptionsweise, in die nicht nur das Lehren eingeht, und damit als „zweite Fabrikation" von Wissen (de Certeau 1984: 13), mit der die in Lehr-Lern-Arrangements präsentierten Wissenskontexte gebraucht, transformiert und selektiert werden. Praktiken des Lernens werden dann als Konsumption von Praktiken des Lehrens analysierbar (Wrana 2011a).

Nun wird aber in den Praktiken des Lernens mit den in ihnen produzierten Lesarten ein Geltungsanspruch postuliert, während die in den Lehr-Lern-Arrangements implizierten Lesarten ebenfalls einen Geltungsanspruch postulieren. In den Praktiken des „Unterrichts", aber auch der Lernberatungsgespräche treffen daher verschiedene Lesarten und ihre Geltungsansprüche aufeinander.

Bisher sind „die Diskurse" als Kontexte der Äußerungsakte und damit auch des Bildens von Lesarten gefasst worden. Insofern in der diskursiven Praxis diese Kontexte aber zugleich postuliert werden und dieses Postulieren über aufeinander bezogene Äußerungsakte eine soziale Dimension von Geltungsansprüchen erlangt, zeigt sich, dass „die Diskurse" noch in einer anderen Rolle erscheinen. Sie sind nicht nur ein gebrauchter Kontext, sondern auch ein in gesellschaftlicher Praxis sedimentiertes Wissensfeld,[3] auf das der Äußerungsakt sich bezieht. Bezogen auf die Lernberatungsgespräche lassen sich dabei zwei Wissensfelder unterscheiden: der jeweilige Fachdiskurs (die „Mathematikdidaktik" oder die „Kunstpädagogik") sowie das „professionelle Handeln" in der Schule. Da diese Wissensfelder von uns nicht vor der Analyse der Gespräche gesetzt werden, sondern ihr Aufscheinen und der diskursive Kampf um ihre Geltung in den Gesprächen beobachtet werden, sind ihre Grenzen und ihre Eigenschaften nicht scharf bestimmbar. Die Bestimmung der Wissensfelder ist auch nicht das Ziel der Analyse, es geht vielmehr darum, wie die beiden Akteure in dem Gespräch ihre Lesarten vor dem Horizont von Wissensfeldern bilden und damit zugleich die Wissensfelder und ihre Geltung postulieren.

Die Wissensfelder als Postulat einer gesellschaftlichen Praxis zu begreifen, erlaubt zu verstehen, was es mit den „disziplinären Lesarten" auf sich hat. Im didaktischen Konzept der Selbstlernarchitekturen werden individuell/eigensinnige von disziplinär/normierten Lesarten unterschieden und die Relationierung von Lesarten wird als Zweck der Lernberatung begriffen (Forneck 2006a, 2006b; Maier Reinhard 2008: 261–264). Allerdings würde eine unterkomplexe Gegenüberstellung zweier Typen von Lesarten die Problematik verfehlen (vgl. auch Wrana 2008a: 72ff.; Wrana 2011a; Kossack in diesem Band), weil jede disziplinäre Lesart, wenn sie von einem/einer Lernberater/in artikuliert wird, notwendigerweise wiederum eine individuell eigensinnige Projektion einer disziplinären Lesart ist. Mit Maingueneau (2004) können disziplinäre Diskurse, die wir hier als Wissensfelder bezeichnen, als paratopisch begriffen werden. Jeder Versuch, diese zu artikulieren, sei es im Diskurs (der „Schriftsteller" in der Literatur, die „Lehrerin" im pädagogischen Diskurs) oder den Diskurs theoretisierend (als „Lehrbuchautor", als „Wissenschaftlerin"), schöpft aus dem diskursiven Repertoire dieses Diskurses und produziert ihn zugleich. Ein/e Sprecher/in kann daher niemals bruchlos „in" einem Diskurs sein und den Ort, den Topos dieses Diskurses einnehmen, noch kann er/sie die

---

[3] Bildungstheoretisch wäre der Anspruch an die Praxis der Lernberatung demnach nicht, aus dieser Paratopik heraus zu treten und disziplinäre Lesarten anzufertigen, sondern vielmehr das paratopische Spiel der Felder in der Lernberatung reflexiv zu machen. Diese Form der Reflexivität ist der materiale Aspekt selbstsorgenden Lernens, das nicht im formalen Verfügen über die eigenen Praktiken aufgeht, sondern ein Verfügen über die Praxen der Wissensfelder impliziert (vgl. Forneck 2002).

Struktur „repräsentieren", weil jede dieser Aktivitäten die Struktur iteriert, transformiert und erweitert.[4] Ein Wissensfeld kann daher auch nie präsent sein bzw. in einer Äußerung repräsentiert werden, es ist vielmehr Effekt einer sozialen Praxis die beispielsweise „die Kunst" produziert und dabei Geltung dafür beansprucht, was Kunst ist und was als ihre Grenzen zu gelten hat. Aus diesem Zusammenhang erwächst unter anderem die Eigenschaft pädagogischer Autorität, ihren Grund und ihre Begründung selbst schaffen zu müssen (Wimmer 2009). Die Autorität des Wissensfeldes ist in der institutionellen Praxis aufgehoben, aber zugleich muss sie in institutionellen Situationen und Interaktionen immer wieder hergestellt und verteidigt werden.

Wenn ein Wissensfeld in einer Äußerung postuliert wird, dann wird dabei zumeist eine spezifische Ordnung dieses Feldes postuliert: eine bestimmte Weise, in der das Feld sortiert ist, eine bestimmte Weise, in der die Gegenstände des Feldes sich formieren etc. Diese Wissensordnungen sind nicht mit den Wissensfeldern identisch. So lassen sich etwa für das Wissensfeld professionellen Handelns in der Schule verschiedene Ordnungen postulieren: Beispielsweise eine Ordnung, in der das Handeln in der Schule sich aus Alltagsproblemen konstituiert, die es zu lösen gilt, oder als eine Ordnung, in der Kinder als Individuen im Zentrum stehen, die unverfügbar sind. Alle diese Ordnungen gehören zum Wissensfeld des pädagogischen Handelns in der Schule, insofern sie zum Repertoire dessen gehören, was in diesem Wissensfeld postuliert worden ist und postuliert werden kann. Bezogen auf ein Wissensfeld können daher verschiedene Ordnungen in einen Widerstreit treten, sie können ausgefochten werden, und sie können gesetzt werden. Oft sind in einem Wissensfeld bestimmte Ordnungen hegemonial und andere minoritär, zumindest wiederum bezogen auf bestimmte lokale Fraktionen.

Wenn wir also in unserem Material in Lesarten und Spielzügen Bezüge auf Wissensfelder analysieren, dann sind diese Bezüge von jener Komplexität gekennzeichnet: (1) Das Wissensfeld ist in Äußerungen und Interaktionen niemals direkt präsent oder zugänglich, sondern wird postuliert. Jede Äußerung, die ein Wissensfeld relationiert, beansprucht die Autorität, legitim über das Wissensfeld zu sprechen – ein Anspruch, der in den Interaktionen zugleich immer angreifbar ist. (2) In einer Äußerung, die sich auf ein Wissensfeld bezieht, wird dem Feld eine Wissensordnung zugewiesen, es wird das Feld als ein bestimmtes aufgerufen.

Diskursive Praxen, Wissenskontexte, Wissensfelder, Wissensordnungen sind spezifische Begriffe, die je Bedeutungsaspekte und Teilfunktionen dessen ausmachen, was gemeinhin als „Diskurs" bezeichnet wird. Die empirische

---

4 Bildungstheoretisch wäre der Anspruch an die Praxis der Lernberatung demnach nicht, aus dieser Paratopik heraus zu treten und disziplinäre Lesarten anzufertigen, sondern vielmehr das paratopische Spiel der Felder in der Lernberatung reflexiv zu machen. Diese Form der Reflexivität ist der materiale Aspekt selbstsorgenden Lernens, das nicht im formalen Verfügen über die eigenen Praktiken aufgeht, sondern ein Verfügen über die Praxen der Wissensfelder impliziert (vgl. Forneck 2002).

Analyse des Materials macht solche spezifischen Begriffe erforderlich, denn um die Beziehungen der beobachteten Äußerungen zum Diskursiven analytisch zu fassen, würde der überbestimmte und damit zugleich unterbestimmte Begriff des Diskurses mehr verdecken, als er zu Tage fördert. Die hier vorgeschlagene Differenzierung ist dabei ein erster Entwurf. Es mag gut sein, dass sich die Grenzen dieser Begriffe als unhandlich erweisen und in weiteren Untersuchungen weiter verschoben werden.

3 Subjektivation und Positionierung

Da das Sprechen als soziale Praxis gilt, wird es nicht von der Intentionalität einer Handlung her gedacht, sondern von den Praktiken, die immer schon „laufen", wenn ein Subjekt in sie eintritt: „Eine Praxis [...] läuft immer schon, die Frage ist nur, was sie am Laufen hält und wie ‚man' oder ‚die Leute' sie praktizieren. Wie wird es gemacht und wie ist es zu tun?" (Hirschauer 2004: 74). Akteure werden von Hirschauer dann als „Partizipanden sozialer Prozesse" (ebd.) begriffen, und Aktivität als Teilhabe an der Vorgängigkeit einer Praxis konzipiert. Demgemäß wären in der Analyse diskursiver Praktiken die Relationierungen von Bedeutungen, Gegenständen und Subjektpositionen, die im Äußerungsakt hergestellt werden, bereits vorgängig etabliert und sedimentiert und Akteure werden im Vollzug zu Partizipanden dieser Praxis und damit auch der relationierten semiotischen Strukturen. Bisher wurde jedoch argumentiert, dass der Reproduktionsmodus der Praxis von der Iterabilität, der Überdetermination und der Postuliertheit gebrochen ist. Diese Brüche produzieren die Unvorhersehbarkeit des jeweiligen Anschlusses, aber auch die Potenzialität, anders zu handeln. Die Partizipation an der Praxis, die Teilhabe an ihrem „Weiterlaufen" wäre demnach zwar die Basis der Aktivität, aber sie würde nicht darin aufgehen. Die Frage nach der Agency der Akteure in der sozialen Praxis ist mit dem Hinweis auf ihr Partizipieren an einer Praxis nicht vom Tisch.

Zunächst entsteht die Frage – insbesondere für Lern- und Bildungsverhältnisse –, auf welche Weise Akteure an einer Praxis partizipieren und mit welchen Ein- und Ausschlüssen sie zu Partizipanden einer Praxis werden. Diese Zusammenhänge werden im Ansatz der situated cognition auf der Basis ethnografischer Studien zu Berufsbildungsprozessen mit dem Begriff der „legitimate peripheral participation" beschrieben, in der Akteure an der Praxis einer „community of practice" gerade noch nicht vollständig partizipieren und somit zum legitimen Vollzug der Praxis berechtigt sind, sondern eine Randposition einnehmen, von der her sie mit dem Ziel einer vollständigen Partizipation in berufliche Praktiken eingeführt werden (Lave 1991; Lave/Wenger 1991). Diese Randposition und die Praktiken, die mit dem Involviert-Werden verbunden sind, sind ihrerseits Teile der Praxis, denn zu dieser gehören eben auch die Bedingungen möglicher Partizipation. Wenn man nun Professionen als etablierte soziale Praxen begreift, die ein Wissensfeld ausbilden, auf das sich in den Auseinandersetzungen um Professionalität und professionelles Handeln bezogen wird, lassen sich Professionalisierungsprozesse als Prozesse des Involviert-Werdens begreifen. Sie sind dann von jenem Statuswechsel zur Partizipation gekennzeichnet, der mit Formen „halblegitimen" Sprechens einhergeht. Nach dem bisher Gesagten lassen sich für den Prozess der Professionalisierung als „legitimate peripheral participation" aber zwei wichtige Eigenschaften benennen. Er ist keineswegs als „sanftes Hineingleiten" in eine Praxis zu denken, wie es in der Forschungstradition der situated cognition oft scheint, sondern als gebrochener und widersprüchlicher Prozess.

Dieser Prozess wird in der erziehungswissenschaftlichen Diskussion als Subjektwerdung bzw. Subjektivation begriffen. Bezugspunkt ist dabei meist Judith Butler, die die poststrukturalistischen Theorien Foucaults und Althussers zum Subjektivationsprozess zusammengeführt hat (vgl. z.B. Ricken 2007; Schäfer/Thompson 2010: 22ff.; Reh 2010). Auf Foucault gehen Analysen zurück, die Subjektivationsprozesse ausgehend von Praktiken beschreiben, in denen die Subjekte zu einem Bearbeitungsgegenstand werden. Mit den Disziplinarpraktiken, die in den Institutionen des Militärs, der Krankenhäuser, Schulen und Manufakturen der frühen Moderne entwickelt worden sind, werden die Körper und die Denkweisen über Einteilungen und Parzellierungen von Zeit und Raum geformt und nützlich gemacht. Beobachtungsregime werden installiert, mit denen Subjekte angehalten werden, sich selbst zu kontrollieren, ihre Leistungsfähigkeit zu steigern und gefügig zu werden (Foucault 1994). In Analysen der weiteren Entwicklung dieser Machtpraktiken in der Moderne werden komplexere Konstellationen beschrieben, in denen jene objektivierenden und produzierenden Techniken der „Disziplinen" in Ensembles von Praktiken eingebunden sind, in denen den Subjekten Gestaltungsspielräume zugewiesen werden (Wrana 2006). Sie beugen sich in Selbstpraktiken auf sich selbst zurück, unterziehen sich selbst Prozeduren, um ihre Kräfte zu steigern und ihrem „Selbst" eine Form zu geben. Das damit verbundene Subjektivationsmodell eines „Unternehmers seiner Selbst" ist gemäß den Studien zur Gouvernementalität tief in ein neoliberales Subjektivierungsregime eingelassen (Bröckling 2007). In aktuellen Entwürfen und Programmen des selbstgesteuerten Lernens in der Erwachsenenbildung und der Schulpädagogik werden Praktiken installiert, mit denen Lernende angehalten werden, sich selbst zu gestalten und zu optimieren (vgl. Forneck/Wrana 2005; Klingovsky 2009). Diese Rolle von Selbstpraktiken in didaktischen Arrangements wurde u.a. für Lernjournale (Wrana 2006), Wochenplanunterricht (Reh/Labede 2009) oder Portfolioarbeit (Rabenstein 2007; Münte-Goussar 2011) gezeigt. Auch die Lernberatung lässt sich als ein Set von Praktiken begreifen, mit denen Lernende angehalten werden, ihre eigenen Lesarten zu entwickeln, ihre Lernweisen und Lernhaltungen zu verändern und zu gestalten. Der Fokus dieses ersten

Aspekts von Subjektivationsprozessen liegt auf den Praktiken und Techniken, in denen sie vollzogen werden, die entweder ein Subjekt zum Objekt machen, um es zu formen wie die alten Disziplinen, oder die ein Subjekt dazu anhalten, zu einem Subjekt zu werden, das sich selbst formt wie die neuen Technologien des Selbst (vgl. zur Differenz von objektivierender und subjektivierender Subjektivierung Dreyfus/Rabinov 1987).

Ein zweiter Aspekt von Subjektivation geht auf Louis Althusser zurück, der mit dem Theorem der Anrufung den Prozess beschrieben hat, in dem sich Subjektkonstitution als Anerkennung einer diskursiven Ordnung vollzieht. Althusser bringt als Modell-Szene die Anrufung durch den Staatsapparat, wenn ein Polizist „He, Sie da!" ruft und ein „Bürger" sich umdreht, weil er sich angesprochen fühlt (Althusser 1977: 143; vgl. Butler 2001: 101ff.; Bröckling 2007: 27). Mit der Reaktion des Umdrehens erkennt das Subjekt die Wissensordnung an und damit auch sich selbst als ein Teil dieser Ordnung. Während das Subjekt bei Althusser in diesem Geschehen weitgehend passiv konstituiert wird bzw. in der Wissensordnung immer schon konstituiert ist, bestimmt Butler die Anrufung mit Austin als einen Akt, dessen Performativität sich nicht im Akt selbst erschöpft, sondern in dem Kräftefeld, das er hervorruft (Butler 1998: 62). Die Anrufung wird dann als Adressierung begreifbar, die vom Subjekt die Anerkennung einer Wissensordnung erfordert, diese aber nicht determiniert. Althussers „Szene" wird zur Vorlage für die Analyse von Adressierungspraktiken in empirisch beobachteten Situationen. Zum Gegenstand empirischer Untersuchungen von institutionellen Machtverhältnissen wird dann aber nicht nur der Akt der Adressierung, sondern auch die darauf folgenden Akte der An- oder Aberkennung, die von den Adressierten vollzogen werden. Erst in dieser Folge von Akten, die aus der Perspektive der Adressierung immer „misslingen" kann, vollzieht sich Subjektivation (Ott 2011; Ott/Wrana 2010). Mit diesem zweiten Akt wird die Ordnung nicht einfach aktualisiert, sondern im Akt zitierend transformiert, sie wird zum Gegenstand eines „Gebrauchs" (de Certeau 1988).

Hinzu kommt, dass Subjektivation sich nicht einfach in Bezug auf „eine" Wissensordnung verwirklicht, vielmehr stehen Situationen, in denen sich Subjektivationsprozesse vollziehen, meist im Horizont mehrerer widerstreitender diskursiver Ordnungen (s.o.). Damit erscheint ein dritter Aspekt. Die englische diskursive Psychologie hat mit der „positioning theory"[5] ein Theorem beige-

---

5   Der Begriff „positioning" wurde von Hollway im Anschluss an Foucault (Hollway 1998) eingeführt, die die Konstruktion von Subjektivität in heterosexuellen Beziehungen untersucht. Der Begriff wurde in der diskursiven Psychologie ausgearbeitet (Davies/Harré 1990; Harré/Langenhove 1991). Im Ansatz von Harré, der dem Interaktionismus und Ethnomethodologie nahe steht, werden Positionierungen als eine diskursive Dynamik verstanden, die sich innerhalb der Storylines von Gesprächen vollzieht. Jeder Sprechakt positioniert die Instanzen von Sprecher und Hörer und weist ihnen Eigenschaften zu, die dem Diskursiven entnommen sind. Tirado und Galvéz beziehen diesen Ansatz auf die machtanalytischen Implikationen von Foucault zurück (Tirado/Galvéz 2007).

tragen, mit dem sich (Subjekt-)Positionierungen als Praktiken begreifen lassen, mit denen diskursive Orte bezogen werden. Diese Orte werden von Wissensfeldern und Wissensordnungen bereitgestellt, in der Positionierung vollzieht sich zugleich eine Selektion und Entscheidung unter diesen Orten. Wissensordnungen legen dabei oft eine bestimmte Positionierung nahe, weil sie in sich gewertet und normativ sind. So erfordert beispielsweise die Wissensordnung der „neuen Lernkultur" (vgl. Maier Reinhard/Ryter/Wrana in diesem Band), sich auf der Seite der Unverfügbarkeit des Individuums zu positionieren. In den Analysen zeigt sich, dass in Situationen, in denen verschiedene Ordnungen im Widerstreit stehen, eine Positionierung unter den Ordnungen selektiert. Gemäß den oben beschriebenen Grundtheoremen der Analytik diskursiver Praktiken ist die Positionierung daher nicht vorhersehbar und erfolgt immer wieder unerwartet. Ihr Vollzug ist einerseits performativ in Bezug auf die Subjektivation der Sprechenden, die mit der Einnahme einer Position zu einem „bestimmten Subjekt" werden, zugleich aber in Bezug auf die in der Positionierung gebrauchte diskursive Ordnung, die aktualisiert und stabilisiert oder verschoben und transformiert wird.

Der Prozess der Subjektwerdung wird damit weder als bloße Formung gemäß präexistenter Strukturen, noch als selbstbestimmte Gestaltung eines vorgängigen Subjekts konzipiert. Vielmehr sind die Strukturen die Bedingung jeder Subjektivation, die sich in der Anerkennung dieser Strukturen vollzieht. „Das Subjekt ist genötigt, nach Anerkennung seiner eigenen Existenz in Kategorien, Begriffen und Namen zu trachten, die es nicht selbst hervorgebracht hat, und damit sucht es das Zeichen seiner eigenen Existenz außerhalb seiner selbst – in einem Diskurs, der zugleich dominant und indifferent ist." (Butler 2001: 25). Normen und Objekte werden nicht einfach im Subjekt repräsentierend verinnerlicht, vielmehr ist Subjektivation „ein paradoxales, immer ambivalentes und performatives Anerkennungs-Geschehen, [...] in dem wiederholt das Subjekt durch soziale Normen gebildet wird" (Reh 2010: 34).

Die in diesem Band beschriebenen Professionalisierungsprozesse (vgl. Maier Reinhard/Ryter/Wrana in diesem Band) lassen sich daher als Prozesse des Eintretens in das Wissensfeld (vgl. Wrana 2010) professionellen Handelns in der Schule beschreiben, in denen Lesarten gebildet werden, die verschiedene, sich bisweilen widerstreitende Wissensordnungen zum Kontext haben. Das Eintreten in das Wissensfeld wird dann als zunehmende Partizipation an den sozialen Praktiken dieses Feldes begreifbar, was nicht einfach eine Teilhabe an den Wissensordnungen impliziert, sondern eine Positionierung innerhalb der Wissensordnungen des Feldes, die zugleich eine Subjektivation als Lehrer, als Lehrerin produziert. Die empirische Analyse der Lernberatungsgespräche zeigt Momente dieses Prozesses, die darauf schließen lassen, dass das Eintreten in ein Feld kein linearer Prozess der Übernahme einer diskursiven Ordnung ist, sondern ein Prozess wechselnden Positionierens und wechselnder Anerkennung von Wissensordnungen, dessen Abschluss am Ende der Lernberatungen nicht abzusehen ist.

4 Analyse diskursiver Figuren

Mit der Analyse von diskursiven Figuren werden diskursive Praktiken empirisch operationalisiert. Die Methodologie diskursiver Figurationen erlaubt es, in einer formalisierten Weise nachzuzeichnen, wie in Artikulationen Bedeutungen gebraucht, die Gegenstände des Sprechens entworfen und nicht zuletzt auch das sprechende/schreibende und hörende/lesende Subjekt positioniert werden. Diskursive Figuren werden im Interpretationsprozess des Gesprächs ausgehend von semiotischen und pragmatischen Strukturschemata isoliert und kartografiert, somit arbeitet die Figurenanalyse die Konstruktionsweise von Äußerungsakten als Beschreibungen von Merkmalen der Bedeutungskonstitution heraus. Dabei sind in einer bestimmten Gesprächssequenz oft verschiedene Figuren miteinander verknüpft und oft bilden erst solche komplexeren Verknüpfungen eine Lesart.

Diskursive Figuren sind nicht einfach die Formen, in denen Inhalte transportiert werden, sie haben vielmehr formale und inhaltliche Aspekte, die in der Figur untrennbar strukturiert sind (vgl. Lévi-Strauss 1975). Busse hat den Begriff der Grundfiguren eines Diskurses geprägt, um größere Korpora von Texten auf gemeinsame konstitutive Figuren zurückzuführen (Busse 1997; Scharloth 2005) – daher das Präfix „Grund" in Busses Figurenbegriff. Wie Busse gehen wir davon aus, dass diskursive Figuren semantische Elemente ordnen (Busse 1997), im Gegensatz zu Busse betrachten wir Figuren aber nicht auf der Ebene eines „Gesamtdiskurses", nicht als „Grundfigur" eines Korpus und auch nicht als semantisches Wissenselement, sondern als pragmatischer Moment eines Äußerungsaktes, als Geste, die eine Äußerung hervorbringt. Figuren sind dabei, ähnlich wie Bourdieu für die habituellen Schemata betont (Bourdieu 1979), zugleich strukturiert und strukturierend. Ihre strukturierende Funktion besteht darin, dass sie im Vollzug der diskursiven Praktik eine Ordnung herstellen, indem sie Sinnbezüge konstellieren, Subjektpositionen setzen und Gegenstandsfelder konstruieren. Ihr strukturierter Charakter besteht darin, dass sie nicht im Moment des Äußerungsaktes kreativ neu geschaffen werden, sie sind immer eine Rekonstellierung von Elementen und Relationierungen einer Praxis, die dem Äußerungsakt vorausgeht. Eine Figur ist folglich singulär, immer aber zugleich geborgt und aus der Transformation ihr vorausgehender Figuren hergeleitet. Die Figurationsanalyse erlaubt daher, die Eigenschaft von Äußerungen, wiederholt und zugleich einzigartig zu sein, also ihre Iterabilität, empirisch zu konkretisieren.[6]

---

6 Die Figurenanalyse hat gegenüber anderen qualitativen Verfahren eine Reihe von Vorteilen. Zum einen lassen sich mit der Figurenanalyse Wissenskonstruktionen stärker formalisieren, als dies mit hermeneutischen Verfahren wie etwa der Deutungsmusteranalyse geschieht. Im Gegensatz zur Codierung, die Textstellen eine Kategorie zuweist und somit ganze Textpassagen einander zuordnet, legt die Figurenanalyse zunächst die Konstruktionsweise sprachlicher Äußerungen frei. Die weitere Aggregation von Textstellen erfolgt dann über die Strukturen

Mit den diskursiven Figuren werden die Projektionen der Wissensfelder und Wissensordnungen empirisch rekonstruierbar. Zugleich werden in ihnen die Positionierungen sichtbar, mit denen die Akteure sich zu den Wissensordnungen „in Stellung" bringen.

In den analysierten Gesprächen (vgl. Maier Reinhard/Wrana/Ryter in diesem Band) werden differenzielle und narrative Figuren analysiert. Es lassen sich eine ganze Reihe verschiedener Figuren unterscheiden, die sich je durch bestimmte Schemata auszeichnen. Genannt sind Bezüge auf Studien, die solche Figuren herausarbeiten, auch wenn sie nicht immer explizit als Figuren bezeichnet werden und teils in differenten Theoriebezügen konstelliert sind: narrative Figuren (Greimas 1971; Koller 1999; Viehöver 2003; Reh 2003; Langer/Wrana 2005; Wrana 2008b), differenzielle Figuren (Greimas 1971; Derrida 1988; Link 1988; Wrana 2002; Höhne 2003; Langer/Wrana 2005; Höhne/Kunz/Radtke 2005; Langer 2008; Wrana/Langer 2007; Maier Reinhard 2006, 2008; Wrana 2008b), argumentative Figuren (Wengeler 2003; Höhne/Kunz/Radtke 2005), metaphorische Figuren (Link 1999; Ryter 2008), konzeptionelle Figuren (Vosniadou 2008). In unseren Analysen der Lernberatungsgespräche in diesem Band liegt der Fokus vor allem auf differenziellen und narrativen Figuren, in geringerem Umfang werden auch konzeptionelle und metaphorische Figuren analysiert. Weitere Erläuterungen zu den jeweiligen Figuren und zu der Weise ihrer Interpretation werden im Rahmen der ersten Analyse expliziert.

5 Schluss

Die Analyse diskursiver Praktiken ist streng genommen keine „Diskursanalyse", weil sie zwar Diskursivität, nicht aber einen „Diskurs" zum Gegenstand hat. Wissensfelder und die sie strukturierenden Wissensordnungen erscheinen als Kontexte diskursiver Praktiken, in denen diese Wissensfelder nicht nur reproduziert und transformiert werden, sie müssen vor allem auch zunächst einmal postuliert werden, damit die in ihnen impliziten Geltungsansprüche in der diskursiven Praxis geltend gemacht werden können. Der Gegenstand unserer Analysen sind die Prozesse des Eintretens in ein Wissensfeld, in dem die Geltung des Wissensfeldes zugleich auf dem Spiel steht. Ein Eintreten, das sich nicht in einem glatten Hineingleiten vollzieht, sondern in Praxen des Widerstehens, Fragens und Umarbeitens von Wissen. Unser Einsatz zielt dabei auch auf

---

dieser Konstruktionsebene. Figuren lassen sich daher über ihren Formaspekt klassifizieren und typisieren, aber der reine Aufweis solcher formaler Schemata ist ein heuristisches Werkzeug, kein empirisches Ergebnis. Eine Figurenanalyse benutzt die Schemata, um zu zeigen, wie mit ihnen diskursive Wahrheit konstruiert wird.

pädagogische Theoriebildung: Das Bilden von Lesarten und die Positionierung in und gegen Wissensordnungen sind u.E. wesentliche Momente einer Theorie dessen, was als Prozesse des „Lernens" oder der „Professionalisierung" bezeichnet wird.

Literatur

Althusser, Louis (1977): Ideologie und ideologische Staatsapparate. Hamburg: VSA.
Althusser, Louis (1996): Contradiction et Surdetermination. In: Althusser, Louis: Pour Marx. Paris: La Découverte.
Bourdieu, Pierre (1979): Entwurf einer Theorie der Praxis auf der ethnologischen Grundlage der kabylischen Gesellschaft. Frankfurt a.M.: Suhrkamp.
Bourdieu, Pierre (2001): Meditationen. Zur Kritik der scholastischen Vernunft. Frankfurt a.M.: Suhrkamp.
Bröckling, Ulrich (2007): Das unternehmerische Selbst. Soziologie einer Subjektivierungsform. Frankfurt a.M.: Suhrkamp.
Butler, Judith (1998): Hass spricht. Zur Politik des Performativen. Berlin: Berlin-Verlag.
Butler, Judith (2001): Psyche der Macht. Das Subjekt der Unterwerfung. Frankfurt a.M.: Suhrkamp.
Busse, Dietrich (1997): Das Eigene und das Fremde. Annotationen zu Funktion und Wirkung einer diskurssemantischen Grundfigur. In: Jung, Matthias; Wengeler, Martin; Böke, Karin (Hg.): Die Sprache des Migrationsdiskurses. Opladen: Leske & Budrich, S. 17–35.
Davies, Bronwyn; Harré, Rom (1990): The Discoursive Production of Selves. In: Journal for the Theory of Social Behaviour 20. 1, S. 43–63.
Derrida, Jacques (1988): Die différance. In: Derrida, Jacques (Hg.): Randgänge der Philosophie. Wien: Passagen, S. 29–52.
Derrida, Jacques (2001): Signatur, Ereignis, Kontext. In: Derrida, Jacques (Hg.): Limited Inc. Wien: Passagen, S. 15–46.
Dreyfus, Hubert L.; Rabinow, Paul (Hg.) (1987): Michel Foucault – Jenseits von Strukturalismus und Hermeneutik. Weinheim: Athenäum.
de Certeau, Michel (1988): Kunst des Handelns. Berlin: Merve.
Dörner, Olaf; Schäffer, Burkhardt (2009): Neuere Entwicklungen in der qualitativen Erwachsenenbildungsforschung. In: Tippelt, Rudolf (Hg.): Handbuch Erwachsenenbildung/Weiterbildung. Wiesbaden: VS, 3. Aufl., S. 243–261.
Engels, Friedrich (1967): Brief an Joseph Bloch, 21. Sept. 1890. In: Marx, Karl; Engels, Friedrich (Hg.): Werke (Band 37). Berlin: Dietz, S. 463–465.

Forneck, Hermann J. (2002): Selbstgesteuertes Lernen und Modernisierungsimperative in der Erwachsenen- und Weiterbildung. In: Zeitschrift für Pädagogik 48. 2, S. 242–261.
Forneck, Hermann J. (2006a): Die Sorge um das eigene Lernen – Umrisse eines integrativen Konzepts selbstgesteuerten Lernens. In: Forneck, Hermann J.; Gyger, Mathilde; Maier Reinhard, Christiane (Hg.): Selbstlernarchitekturen und Lehrerbildung. Zur inneren Modernisierung von Lehrerbildung. Bern: h.e.p., S. 37–88.
Forneck, Hermann J. (2006b): Selbstlernarchitekturen. Lernen und Selbstsorge I. Baltmannsweiler: Schneider.
Forneck, Hermann J.; Wrana, Daniel (2005): Ein parzelliertes Feld. Eine Einführung in die Weiterbildung. Bielefeld: wbv.
Foucault, Michel (1994): Überwachen und Strafen. Die Geburt des Gefängnisses. Frankfurt a.M.: Suhrkamp.
Foucault, Michel (1981): Archäologie des Wissens. Frankfurt a.M.: Suhrkamp.
Fritzsche, Bettina; Idel, Till-Sebastian; Rabenstein, Kerstin (2011): Ordnungsbildung in pädagogischen Praktiken. Praxistheoretische Überlegungen zur Konstitution und Beobachtung von Lernkulturen. In: Zeitschrift für Erziehungswissenschaft 31. 1, S. 28–44.
Füssl, Marian; Neu, Tim (2010): Doing Discourse. Diskursiver Wandel aus praxeologischer Perspektive. In: Landwehr, Achim (Hg.): Diskursiver Wandel. Wiesbaden: VS, S. 214–235.
Graefe, Stefanie (2010): Effekt, Stützpunkt, Überzähliges? Subjektivität zwischen hegemonialer Rationalität und Eigensinn. In: Angermüller, Johannes; Dyk, Silke van (Hg.): Diskursanalyse meets Gouvernementalitätsforschung. Perspektiven auf das Verhältnis von Subjekt, Sprache, Macht und Wissen. Frankfurt a.M.: Campus, S. 289–313.
Greimas, Algirdas Julien (1971): Strukturale Semantik. Methodologische Untersuchungen. Braunschweig: Vieweg.
Harré, Rom; Langenhove, Luk van (1991): Varieties of positioning. In: Journal for the theory of social behavior 21. 4, S. 393–407.
Hirschauer, Stefan (2004): Praktiken und ihre Körper. In: Hörning, Karl H.; Reuter, Julia (Hg.): Doing Culture. Neue Positionen zum Verhältnis von Kultur und sozialer Praxis. Bielefeld: transcript, S. 73–91.
Höhne, Thomas (2003): Die thematische Diskursanalyse – dargestellt am Beispiel von Schulbüchern. In: Keller, Reiner; Hirseland, Andreas; Schneider, Werner; Viehöver, Willy (Hg.): Handbuch sozialwissenschaftliche Diskursanalyse (Bd. 2). Opladen: Leske & Budrich.
Höhne, Thomas; Kunz, Thomas; Radtke, Frank-Olaf (2005): Bilder von Fremden. Was unsere Kinder aus Schulbüchern über Migranten lernen sollen. Frankfurt a.M.: Universität.
Hollway, Wendy (1998): Gender Difference and the Production of Subjectivity. In: Henriques, Julian; Hollway, Wendy; Urwin, Cathy; Couze, Venn;

Walkerdine, Valerie (Eds.): Changing the Subject. Psychology, Social Regulation and Subjectivity. London: Routledge, S. 227–263.
Klingovsky, Ulla (2009): Schöne Neue Lernkultur. Transformationen der Macht in der Weiterbildung. Eine gouvernementalitätstheoretische Untersuchung. Bielefeld: transcript.
Koller, Hans-Christoph (1999): Bildung und Widerstreit. Zur Struktur biographischer Bildungsprozesse in der (Post-)Moderne. Paderborn: Fink.
Laclau, Ernesto; Mouffe, Chantal (1988): Hegemonie und radikale Demokratie. Wien: Passagen.
Langer, Antje (2008): Disziplinieren und Entspannen. Körper in der Schule – eine diskursanalytische Ethnographie. Bielefeld: transcript.
Langer, Antje; Wrana, Daniel (2005): Diskursverstrickung und diskursive Kämpfe – Nationalsozialismus und Erwachsenenbildung. Methodologische Fragen zur Analyse diskursiver Praktiken [http://www.blauhaus.org/texte/langerwrana_verstrickungenkaempfe.pdf, zuletzt abgerufen am 1.2.2012].
Langenohl, Andreas (2009): Zweimal Reflexivität in der gegenwärtigen Sozialwissenschaft: Anmerkungen zu einer nicht geführten Debatte. In: Forum Qualitative Sozialforschung/Forum: Qualitative Social Research 10. 2, Art. 9 [http://nbn-resolving.de/urn=urn:nbn:de:0114-fqs090297].
Lave, Jean (1991): Situated Learning in Communities of Practice. In: Resnick, Lauren B.; Levine, John M.; Teasley, Stephanie D. (Eds.): Perspectives on Socially Shared Cognition. Washington: APA, S. 63–84.
Lave, Jean; Wenger, Etienne (1991): Situated Learning. Legitimate Peripheral Participation. Cambridge: University Press.
Lévi-Strauss, Claude (1975): Die Struktur und die Form. Reflexionen über ein Werk von Vladimir Propp. In: Propp, Vladimir (Hg.): Morphologie des Märchens. Frankfurt: Suhrkamp, S. 181–215.
Link, Jürgen (1999): Versuch über den Normalismus. Wie Normalität produziert wird. Opladen: Westdeutscher Verlag.
Link, Jürgen (1988): Literaturanalyse als Interdiskursanalyse. In: Fohrmann, Jürgen; Müller, Harro (Hg.): Diskurstheorien und Literaturwissenschaft. Frankfurt: Suhrkamp, S. 284–307.
Lyotard, Jean-François (1989): Der Widerstreit. München: Fink.
Maier Reinhard, Christiane (2006): Ästhetische Bildung und individueller Eigensinn. In: Forneck, Hermann J.; Gyger, Mathilde; Maier Reinhard, Christiane (Hg.): Selbstlernarchitekturen und Lehrerbildung. Zur inneren Modernisierung von Lehrerbildung. Bern: h.e.p., S. 165–192.
Maier Reinhard, Christiane (2008): Widerton zu einem professionellen ästhetischen Lehr-Lernbegriff. Eine Rekonstruktion thematisch-semantischer Strukturen in Lernberatungsgesprächen der Primarlehrerausbildung. In: Maier Reinhard, Christiane; Wrana, Daniel (Hg.): Autonomie und Struktur in Selbstlernarchitekturen. Opladen: Budrich, S. 249–310.

Maier Reinhard, Christiane; Wrana, Daniel (2008): Empirische Forschung zur Lehrer/innenbildung in Selbstlernarchitekturen. In: Maier Reinhard, Christiane; Wrana, Daniel (Hg.): Autonomie und Struktur in Selbstlernarchitekturen. Opladen: Budrich, S. 11–30.

Maingueneau, Dominique (2004): Le discours littéraire. Paratopie et scène d'énonciation. Paris: Armand Colin.

Moebius, Stephan (2008): Handlung und Praxis. Konturen einer poststrukturalistischen Praxistheorie. In: Reckwitz, Andreas; Moebius, Stefan (Hg.): Poststrukturalistische Sozialwissenschaften. Frankfurt: Suhrkamp, S. 58–75.

Münte-Goussar, Stephan (2011): Ambivalente Selbst-Techniken. Portfolio, Ökonomisierung, Selbstbestimmung. In: Meyer, Torsten; Münte-Goussar, Stephan; Mayrberger, Kerstin u.a. (2011): Kontrolle und Selbstkontrolle. Zur Ambivalenz von ePortfolios in Bildungsprozessen. Wiesbaden: VS., S. 225–250.

Ott, Marion (2011): Aktivierung von (In-)Kompetenz. Praktiken im Profiling – eine machtanalytische Ethnographie. Konstanz: UVK.

Ott, Marion; Wrana, Daniel (2010): Gouvernementalität diskursiver Praktiken. Zur Methodologie der Analyse von Machtverhältnissen am Beispiel einer Maßnahme zur Aktivierung von Erwerbslosen. In: Angermüller, Johannes; van Dyk, Silke (Hg.): Diskursanalyse meets Gouvernementalitätsforschung. Perspektiven auf das Verhältnis von Subjekt, Sprache, Macht und Wissen. Frankfurt a.M.: Campus, S. 155–182.

Rabenstein, Kerstin (2007): Das Leitbild des selbstständigen Schülers. Machtpraktiken und Subjektivierungsweisen in der pädagogischen Reformsemantik. In: Rabenstein, Kerstin; Reh, Sabine (Hg.): Kooperatives und selbstständiges Arbeiten von Schülern. Zur Qualitätsentwicklung von Unterricht. Wiesbaden: VS, S. 39–60.

Reckwitz, Andreas (2000): Die Transformationen der Kulturtheorien. Weilerswirst: Velbrück.

Reh, Sabine (2003): Berufsbiographische Texte ostdeutscher Lehrer und Lehrerinnen als „Bekenntnisse". Interpretationen und methodologische Überlegungen zur erziehungswissenschaftlichen Biographieforschung. Bad Heilbrunn/Obb.: Klinkhardt.

Reh, Sabine (2010): Individualisierung und Öffentlichkeit. Lern-Räume und Subjektivationsprozesse im geöffneten Grundschulunterricht. In: Amos, Karin; Meseth, Wolfgang; Proske, Matthias (Hg.): Öffentliche Erziehung revisited. Wiesbaden: VS, S. 33–52.

Reh, Sabine; Labede, Julia (2009): Soziale Ordnung im Wochenplanunterricht. In: Boer, Heike de; Deckert-Peaceman, Heike (Hg.): Kinder in der Schule. Zwischen Gleichaltrigenkultur und schulischer Ordnung. Wiesbaden: VS.

Ricken, Norbert (2007): Von der Kritik der Disziplinarmacht zum Problem der Subjektivation. Zur erziehungswissenschaftlichen Rezeption Michel Foucaults. In: Kammler, Clemens (Hg.): Foucault in den Kulturwissenschaften. Eine Bestandsaufnahme. Heidelberg: Synchron, S. 157–176.

Ryter Krebs, Barbara (2008): „Rosinen picken" oder „in einer Mine schürfen"? Metaphern des Lernens in Lernberatungsgesprächen. In: Maier Reinhard, Christiane; Wrana, Daniel (Hg.): Autonomie und Struktur in Selbstlernarchitekturen. Opladen: Budrich, S. 203–248.

Sacks, Harvey (1984): On Doing being Ordinary. In: Atkinson, Maxwell; Heritage, John (Eds.): Structures of social action. studies in conversation analysis. Cambridge: University Press, S. 413–429.

Scharloth, Joachim (2005): Die Semantik der Kulturen. Diskurssemantische Grundfiguren als Kategorien einer linguistischen Kulturanalyse. In: Busse, Dietrich (Hg.): Brisante Semantik. Neuere Konzepte und Forschungsergebnisse einer kulturwissenschaftlichen Linguistik. Tübingen: Niemeyer, S. 133–147.

Schäfer, Alfred; Thompson, Christiane (2010): Anerkennung – Eine Einleitung. In: Schäfer, Alfred; Thompson, Christiane (Hg.): Anerkennung. Paderborn: Schöningh, S. 7–34.

Tirado, Francisco; Galvez, Ana (2007): Positioning Theory and Discourse Analysis. Some Tools for Social Interaction Analysis. In: Forum qualitative Sozialforschung 8. 2 [http://www.qualitative-research.net/fqs-texte/2-07/07-2-31-e.pdf].

Viehöver, Willy (2003): Die Wissenschaft und die Wiederverzauberung des sublunaren Raumes. Der Klimadiskurs im Licht der narrativen Diskursanalyse. In: Keller, Reiner; Hirseland, Andreas; Schneider, Werner; Viehöver, Willy (Hg.): Handbuch sozialwissenschaftliche Diskursanalyse (Bd. 2). Opladen: Leske und Budrich, S. 233–270.

Vosniadou, Stella (Ed.) (2008): International Handbook of Conceptual Change. New York: Routledge.

Wengeler, Martin (2003): Topos und Diskurs. Begründungen einer argumentationsanalytischen Methode und ihre Anwendung auf den Migrationsdiskurs (1960–1985). Tübingen: Niemeyer.

West, Candace; Zimmerman, Don H. (1987): Doing Gender. In: Gender and Society 1. 2, S. 125–151.

Wimmer, Michael (2009): Zwischen Zwang und Freiheit: Der leere Platz der Autorität. In: Schäfer, Alfred; Thompson, Christiane (Hg.): Autorität. Paderborn: Schöningh, S. 85–120.

Wrana, Daniel (2002): Formen der Individualität. Eine Analyse der diskursiven Formation von Gesellschaftsbeschreibungen bei Kursleiter/innen der Erwachsenenbildung. In: Forneck, Hermann J; Lippitz, Wilfried (Hg.): Literalität und Bildung. Marburg: Tectum, S. 115–176.

Wrana, Daniel (2006): Das Subjekt schreiben. Reflexive Praktiken und Subjektivierung in der Weiterbildung – eine Diskursanalyse. Baltmannsweiler: Schneider.

Wrana, Daniel (2008a): Autonomie und Struktur in Selbstlernprozessen. Gesellschaftliche, lerntheoretische und empirische Relationierung. In: Maier Reinhard, Christiane; Wrana, Daniel (Hg.): Autonomie und Struktur in Selbstlernarchitekturen. Empirische Untersuchungen zur Dynamik von Selbstlernprozessen. Opladen: Budrich, S. 31–102.

Wrana, Daniel (2008b): Bildung und Biographie in Selbstlernprozessen. In: Report – Zeitschrift für Weiterbildungsforschung 31. 4, S. 23–32.

Wrana, Daniel (2010): Subjektivierung in Lesarten. In: Klingovsky, Ulla; Kossack, Peter; Wrana, Daniel (Hg.): Die Sorge um das Lernen. Festschrift für Hermann Forneck. Bern: h.e.p., S. 98–109.

Wrana, Daniel (2011a): Den Diskurs lernen – Lesarten bilden. Die Differenz von Produktion und Konsumption in diskursiven Praktiken. In: Keller, Reiner; Schneider, Werner; Viehöver, Willy (Hg.): Diskurs Macht Subjekt. Wiesbaden: VS.

Wrana, Daniel (2011b): Zur Rekonstellation von Methoden in Forschungsstrategien. In: Ecarius, Jutta; Miethe, Ingrid (Hg.): Methodentriangulation in der qualitativen Bildungsforschung. Leverkusen: Budrich, S. 207–224.

Wrana, Daniel (2012): Diesseits von Diskursen und Praktiken. In: Bollig, Sabine; Friebertshäuser, Barbara; Hug, Christina; Kelle, Helga; Langer, Antje; Richter, Sophia; Ott, Marion; (Hg.): Ethnographische Forschung in der Erziehungswissenschaft. Theorien und Methodologien. Weinheim: Juventa [im Erscheinen].

Wrana, Daniel; Langer, Antje (2007): An den Rändern der Diskurse. Jenseits der Unterscheidung diskursiver und nicht-diskursiver Praktiken. In: Forum Qualitative Sozialforschung 8. 2, Art. 20 [http://nbn-resolving.de/urn=urn:nbn:de:0114-fqs0702206].

Lernberatung als Chance für die Thematisierung von Emotionen beim Lernen von Musik

Jürg Zurmühle

1 Einführung und Übersicht

Hören von Musik ist für die meisten Menschen mit dem Erleben von Gefühlen verbunden, die Musik drückt etwas aus und bewegt (siehe beispielsweise Figdor/Röbke 2008). Die Zusammenhänge zwischen Musik und erlebtem Gefühl, die in alltagstheoretischen Kontexten mit einer gewissen vereinfachenden Selbstverständlichkeit angenommen und im Unterricht zu Erläuterungen von musikalischen Phänomenen oft nicht hinterfragt werden (man denke da beispielsweise an die Zuordnung der Tongeschlechter zu bestimmten Gefühlen von „Fröhlichkeit" resp. „Traurigkeit"), werden erst allmählich vermehrt wissenschaftlich untersucht (vgl. Kreuz, zit. n. Bruhn u.a. 2009: 548ff.). Deutlich zeigt sich dabei eine hohe Komplexität der scheinbar selbstverständlichen, natürlichen und offenbaren Bezüge zwischen erklingender und erlebter Musik.

In diesem Artikel wird auf die Thematik von „Musik und Emotionen" auf eine spezifische Weise eingegangen. Der Schwerpunkt liegt auf einer empirischen Untersuchung von Emotionen, die beim Arbeiten mit musikalischen Aufgabenstellungen in einer Sequenz des Selbststudiums in einer Selbstlernarchitektur zum Fach Instrumentalunterricht erlebt und in Lernberatungen benannt wurden. Es wird untersucht, in welcher Weise die Thematisierung von Emotionen in Lernberatungen für den Lern- und Professionalisierungsprozess von Studierenden förderlich war. Nach der Formulierung der Fragestellung (2) wird das Begriffsfeld „Emotion" kurz umrissen (3), um danach auf die Rolle der Emotionen beim Lernen von Erwachsenen einzugehen (4). Das Lernen von Erwachsenen und im Speziellen das selbstgesteuerte Lernen im Bereich Musik wird danach thematisiert (5 und 6). Das Konzept des thematischen Strangs „Instrumentalunterricht" in der Selbstlernarchitektur @rs[1] wird im Abschnitt 7 beschrieben. Nach der Darlegung des methodischen Vorgehens (8) wird anhand von drei Lernberatungsgesprächen mit drei Studierenden ausführlicher und konkret dargestellt, wie in den Beratungen Emotionen explizit thematisiert wurden (9). Daran anschließend werden die Fragestellungen beant-

---

1 Das hochschuldidaktische Setting der Selbstlernarchitektur @rs ist ausführlich beschrieben in dem Beitrag „Kontexte" am Ende dieses Bandes. Der thematische Strang zum Instrumentalunterricht in Zurmühle (2006).

wortet und Schlüsse für die Ausbildung von Lehrpersonen an Pädagogischen Hochschulen aus der Untersuchung gezogen (10).

2 Fragestellung und Begründungen

Anlass der Untersuchung waren persönliche Erfahrungen des Autors während Lernberatungen im Fach Instrumentalunterricht. Bei Studierenden beeinflussten Emotionen und Gefühle aus unterschiedlichen Gründen und Zusammenhängen die Lern- und Arbeitsprozesse. Es schien lohnenswert, genauer nachzuforschen, welche Emotionen wie zur Sprache kämen und wie die Thematisierung und Bearbeitung dieser Emotionen in den Lernberatungen das Lernen der Studierenden erfolgreich unterstützen könnte.

Die Aufgabenstellungen der Lernaktivitäten in der Selbstlernarchitektur waren so angelegt, dass die Studierenden experimentieren und ausprobieren mussten, um auf klangliche Lösungen zu kommen. Dabei spielten körperliche Zustände, wie Lockerheit, Gespanntheit, Verkrampfungen eine wesentliche Rolle. Die Wahrnehmung der körperlichen Verfassung wurde durch bestimmte Lernpraktiken, welche die Aufmerksamkeit auf den Körper und seine Teile lenken, verstärkt. Die wahrgenommenen Zustände wurden nun von den Studierenden während des Arbeitens erlebt und bewertet sowie als Gefühle oder Emotionen in schriftlichen Dokumenten und in der Lernberatung benannt.

Die Studierenden interpretierten die Aufgabenstellungen komplexer und anspruchsvoller als sie vom Dozierenden konzeptionell angelegt wurden. Dies führte zum Teil zu Überforderung, Unzufriedenheit und Anspannung, was das beabsichtigte spielerische Ausprobieren erschwerte und die Studierenden unter emotionalen Druck setzte. Die Studierenden wollten objektiv richtige Lösungen finden und ärgerten sich darüber, dass ihnen das nicht gelang. Den eigenen improvisierenden und spielerischen Lösungswegen gaben sie einen geringen Wert. Sie vertrauten den eigenen Wahrnehmungen und Empfindungen von klanglichen Phänomenen nicht und fühlten sich daher verunsichert.

Die Studierenden konstruierten Selbstkonzepte in Bezug auf Musik, die es ihnen erschwerten, ungewohnte Wege des Lernens auszuprobieren, oder sie hatten den Eindruck, dass sie die Kontrolle über ihr Handeln verlieren würden. Aus dieser Beobachtung ergeben sich zwei prinzipielle Fragestellungen, die für die Entwicklung von emotionaler und musikalischer Kompetenz und Professionalität von Interesse sind. Die erste zielt auf die Reflexion der Lernstrategien und Einstellungen, die zweite auf eine inhaltliche Erweiterung des Fachverständnisses der Lernenden.

- Führen die Thematisierung und die Reflexion von Emotionen, die beim erwachsenen Lernen im musikalischen Handeln auftauchen, zu positiven Veränderungen im Lernen der Studierenden?
- Können in der Lernberatung durch die Reflexion über die auftauchenden Emotionen Perspektiven für das Verständnis des Fachs Musik und für musikalische Lernprozesse eröffnet werden?

Diese Fragen sollen aus zwei Perspektiven betrachtet werden:
- Der Blick auf die Studierenden und ihre Lernprozesse: Die Lernberatungen sind Teil einer reflexiven Praxis, die es ermöglicht, neue Wege aus dem gewohnten alltäglichen Umgang mit musikalischen Aufgabenstellungen zu entwickeln und zu fördern. Den damit einhergehenden emotionalen Befindlichkeiten wird ein bedeutender Einfluss auf das Lernen zugeschrieben (Siecke 2007; Holzapfel 2008; Bundschuh 2003).
- Der Blick auf den Dozierenden und sein Handeln in der Beratung: Die Lernberatung bietet durch die Einzelbegegnung die Möglichkeit, die emotionalen Aspekte des musikalischen Lernens zu thematisieren. Die Frage stellt sich, ob und wie dies von Dozierenden im Kontext einer pädagogischen Ausbildung professionell durchzuführen ist. Einerseits können die Impulse und möglichen Anknüpfungspunkte, um Emotionen beim Lernen zu reflektieren, nicht übergangen und ignoriert werden, andererseits müssen die Interventionen und Reflexionen deutlich gegen „quasitherapeutische Anmaßungen" (Arnold 2008: 93) und psychologisierende Deutungen abgegrenzt werden. In den fachlich orientierten Lernberatungen, die hier untersucht wurden, stand die Thematisierung von Emotionen in einem fachspezifischen Kontext. Dabei interessiert die Frage, wie die Thematisierung von Emotionen und Gefühlen zum Fachverständnis in Bezug gesetzt werden könnte.

3 Umkreisung des Begriffs „Emotionen"

Der Begriff „Emotion" wird für die vorliegende Untersuchung umkreist und damit eingegrenzt. Emotionen und Gefühle, verstanden als „subjektive Tatsachen" (Schmitz 1995: 50) des Innenlebens sind für Untersuchungen nicht unmittelbar zugänglich, zeigen sich aber im „Außen" beispielsweise als körperliche Veränderungen auf neurophysiologischer und neurovegetativer Ebene wie auch als „motorisch expressives Verhalten" und als „verbale Gefühlsmitteilungen" (Hamm 1995: 83). Die Untersuchung beschränkt sich auf die in den Lernberatungen geäußerten „verbalen Gefühlsmitteilungen".

Eine endgültige, allgemein akzeptierte Definition des Begriffs „Emotion" lässt sich nicht formulieren (Arnold 2008: 109ff.). Die Definition ist abhängig von der Bezugswissenschaft und dem Kontext, in dem sie verwendet wird.[2] Für die vorliegende Untersuchung wird auf die vom Philosophen Hastedt vorgeschlagenen acht Kategorien von Gefühlen Bezug genommen: Leidenschaften, Emotionen, Stimmungen, Empfindungen, sinnliche Wahrnehmungen, Wünsche, erkennende Gefühle und Gefühlstugenden (Hastedt 2005: 12). So werden sprachlich auch in den Lernberatungen Gefühle angesprochen, die nicht als Emotionen, sondern als „erkennende Gefühle" bezeichnet werden können: „ein Gefühl für den Rhythmus haben" (eine Fähigkeit, eine Kompetenz erfahren); „Ich habe das Gefühl, es ist richtig." (eine vage Ahnung von etwas haben) (Wahrig 1987: 331).

So kann in diesem Verständnis das Gefühl einzelne Wahrnehmungselemente zu einem erlebten, schwierig zu konkretisierenden Ganzen integrieren, das sich in der Innenperspektive etabliert. Die Gefühle als „Agenten der Wirklichkeitsbesetzung" (Hastedt 2005: 20) färben oder „tönen die Welterschließung und die Wahrnehmung von uns und anderen" (Hastedt 2005: 21). Zusammenfassend formuliert Hastedt dazu: „Der Begriff des Gefühls steht für vielfältige Formen des leiblich-seelischen Involviertseins, das Besonderheit qualitativ erfahrbar macht und so Wichtigkeitsbesetzung ermöglicht." (Hastedt 2005: 21) In den Lernberatungen wurde dieser Punkt mehrmals thematisiert. Die Studierenden erlebten beispielsweise individuelle innere Gefühle und Erfahrungen von qualitativer Stimmigkeit, die nicht auf einzelne Wahrnehmungselemente reduzierbar und daher auch schwer zu verbalisieren waren.

Eine weitere für die musikalische Ausbildung wirksame Bedeutung spricht Liessmann an, wenn er zum Begriff der Empfindung und im Speziellen zur ästhetischen Empfindung vorschlägt: „Das, was sich angesichts des Ästhetischen in und an einem Menschen ereignet, und zwar sowohl bei alltäglichen Begegnungen als auch in der Konfrontation mit Kunst aller Art, scheint erst einmal eine Palette von Empfindungen hervorzurufen, die als Basis für eine weitere, wenn auch nicht unbedingt notwendige emotionale Intensivierung und reflexive Überbietung fungieren muss." (Liessmann 2009: 20) Diese Bedeutung spielt in der Musikpädagogik eine wesentliche Rolle, indem als Grundlage für die Entwicklung von ästhetischem Empfinden und Urteilsvermögen eine Offenheit und Sensibilität für die „Palette von Empfindungen" herausgebildet werden muss.

---

2 So wurden in der Arbeit von Kleinginna und Kleinginna in einer Übersichtsarbeit 101 Definitionen und Abgrenzungen gefunden (Arnold 2008: 110).

4 Die Rolle von Emotionen beim Lernen von Erwachsenen

Die Diskussion über die Rolle von Emotionen in der Erwachsenenbildung wurde in den letzten Jahren verstärkt geführt (Arnold 2008; Arnold/Holzapfel u.a. 2008; Gieseke 2007; Siecke 2007; Moser 2008; Rüedi 2008). So argumentiert Siecke, „dass Emotionen in der Weiterbildung nicht nur Beachtung verdienen dadurch, weil sie Lernprozesse unterstützen und weil ihre destruktiven und fördernden Momente identifiziert werden sollen, sondern weil die Regulierung von Emotionen selbst zum Inhalt von Lernprozessen wird." (Siecke 2007: 15) Die Emotionen, welche das Lernen nichtignorierbar begleiten, sollen demnach einerseits in ihrer Auswirkung auf das Lernen und andererseits als eigener Fokus in den Ausbildungen thematisiert werden können. „Für Lehrende und Ausbildner bestehen neue Anforderungen dahin gehend, im Rahmen der modernen Lernformen eine Sensibilität in Bezug auf emotionale Fähigkeiten und ihre Förderung bei Auszubildenden zu entwickeln und diese bei der didaktischen Gestaltung von Lern- und Arbeitsaufgaben zu berücksichtigen." (Siecke 2007: 279)

Aus konstruktivistischer Perspektive plädiert Arnold für einen Einbezug des Emotionalen in die pädagogische Theoriebildung mit der Grundthese, dass „wir uns die Wirklichkeit [...] auch so [konstruieren, J.Z.], wie wir sie ‚auszuhalten' vermögen" (Arnold 2008: 2). Und führt weiter aus: „Emotionale Komponenten durchwirken beständig Wahrnehmung, Denken und Handeln, weshalb sie nicht weiterhin ausgeblendet bleiben dürfen. Die faktische Verengung des pädagogischen und erwachsenenpädagogischen Denkens auf die Kognition muss überwunden werden, indem die Muster des Zusammenwirkens von Kognition und Emotion in Lern- und Bildungssituationen systematischer in den Blick genommen werden." (Arnold 2008: 3)

Die neurobiologische Forschung veränderte nachhaltig die Einschätzung des Stellenwerts von Emotionen (Gieseke 2007: 48). Autoren wie Roth (2003), Damasio (1997), LeDoux (2006), zeigten an Themen wie Denken, Entscheiden, Willensfreiheit, Gedächtnis, Intelligenz, Persönlichkeit u.a. auf, dass die älteren Teile (Hirnstamm, limbisches System, Kleinhirn usw.) wesentlich mit den neueren Teilen (Neocortex) des Gehirns interagieren. Gieseke überträgt zusammenfassend die Erkenntnisse aus der Neurobiologie auf das Lernen: „Es gibt [...] keine rationale Entscheidung die, wenn sie umgesetzt wird, nicht eingebunden ist in die individuellen emotionalen Muster." (Gieseke 2007: 78) Weiter führt sie aus: „Besonders handlungsorientiertes Wissen, [...] kann sich nur herausbilden, wenn es neben dem Wissen die Handlungsoptionen mitbearbeitet, die Kontextbedingungen reflektiert und individuelle Umsetzungsinteressen mit einbezieht. Vor diesem Hintergrund neurobiologischen Wissens muss es nicht mehr verwundern, dass Wissen und Handeln, [...] nicht wechselseitig aufeinander verweisen. Erst der Bewertungs- und Interpretationsvorgang in einer bestimmten Situation führt zu spezifischen Handlungskonsequenzen."

(Gieseke 2007: 88). In den Lernberatungen zu den handlungsorientierten Praktiken der Selbstlernarchitektur Instrumentalunterricht wird dieser „Bewertungs- und Interpretationsvorgang" thematisiert und bearbeitet.

Die Konsequenzen für die Dozierenden müssen berücksichtigt werden: „Die gestiegenen Anforderungen zeigen sich in gleicher Weise auch bei den Auszubildenden, die in unterschiedlichen Bereichen differenzierte emotionale Kompetenzen zu entwickeln haben." (Siecke 2007: 279)

Aus psychologischer Sicht setzt Ciompi folgende grundlegende Bezüge zwischen Affekten[3] und Denken, die für unsere Diskussion von Bedeutung sind: (1) Affekte sind die entscheidenden Energielieferanten oder „Motoren" und „Motivatoren" aller kognitiven Dynamik. (2) Affekte bestimmen andauernd den Fokus der Aufmerksamkeit. (3) Affekte wirken wie Schleusen oder Pforten, die den Zugang zu unterschiedlichen Gedächtnisspeichern öffnen oder schließen. (4) Affekte schaffen Kontinuität; sie wirken auf kognitive Elemente wie ein „Leim" oder Bindegewebe. (5) Affekte bestimmen die Hierarchie unserer Denkinhalte. (6) Affekte sind eminent wichtige Komplexitätsreduktoren (Ciompi 1999: 95ff.).

Das didaktische Setting einer Selbstlernumgebung, die handlungsorientierte, experimentierende Elemente, den Austausch mit anderen Studierenden und Lernberatungen mit den Dozierenden integriert, bietet die Möglichkeit, Emotionen reflexiv zugänglich zu machen, zu thematisieren und zu bearbeiten.

5 Lernen von Musik bei Erwachsenen

Erwachsene Lernende haben durch ihre längere Geschichte andere Voraussetzungen für das Lernen von Musik als Kinder. So lässt sich, den Aussagen von Heiner Gembris folgend, feststellen „dass die Schere der Entwicklungsdifferenzen sich im Laufe der Zeit immer mehr öffnet" (Gembris 2009: 365). Aus diesen unterschiedlichen Voraussetzungen leitet er folgende weiterführende Aussage ab: „Musikalische Entwicklung und ihre Bedingungen lassen sich [...] für das Erwachsenenalter kaum allgemeingültig beschreiben, sondern sie bedürfen in hohem Maße der differenziellen Betrachtung." (Gembris 2009: 367). Das Lernen musikalischer Tätigkeiten von Erwachsenen in der Lehrerausbildung muss daher auf den individuellen Voraussetzungen aufbauen, individuelle Wege ermöglichen und individuelle Zielsetzungen verfolgen, ohne dabei die curricular festgelegten Kompetenzziele und die normativen Standards aus dem Auge zu verlieren.

---

3 „Ein Affekt ist eine von inneren oder äußeren Reizen ausgelöste, ganzheitliche psycho-physische Gestimmtheit von unterschiedlicher Qualität, Dauer und Bewusstseinsnähe." (Ciompi 1999: 67)

Die Studierenden der vorliegenden Untersuchung, Absolventinnen und Absolventen der „Flexiblen Ausbildung" (vgl. Maier Reinhard 2003), unterschieden sich gegenüber den Studierenden in den Regelstudiengängen durch ihr durchschnittlich höheres Alter und ihr unterschiedlichen Biografien. Bei Beginn des Studiums waren die meisten Studierenden über 30 und waren entweder in einem Beruf tätig oder hatten sich in der Familie engagiert (Küng 2007). Die Unterschiede zwischen den Studierenden in den musikalischen Fähigkeiten und Kompetenzen waren noch deutlicher ausgeprägt als bei jüngeren Studierenden. Teilweise hatten die Studierenden seit der eigenen Schulzeit keine musikalische Praxis mehr, andere hatten Musik studiert, die meisten waren vorwiegend hörend musikalisch aktiv.

Die Studierenden schätzten ihre eigenen musikalischen Fähigkeiten meist auf einem biografisch begründeten und gefestigten Selbstkonzept ein. So kann erschwerend sein, dass Studierende, die sich selbst als unmusikalisch bezeichnen, größere Widerstände zu überwinden hatten, sich mit musikalischen praktischen Aufgabenstellungen auseinanderzusetzen: „Studierende berichten von ihrem Vorwissen in verschiedenen Fachgebieten und dass [...] mangelnde Vorkenntnisse den Lernprozess beeinflussen." (Küng 2007: 153)

In der Selbstlernarchitektur Instrumentalunterricht wurde durch die inhaltliche Ausrichtung der Lernaktivitäten der allgemeinen inhaltlichen Verbindlichkeit des Studienplanes Rechnung getragen (eigene passende Liedbegleitungen erfinden und gestalten; das eigene Üben optimieren). Die individuellen Voraussetzungen und die Möglichkeit individueller Lösungswege wurden durch die Form der Aufgabenstellungen berücksichtigt, die sowohl mit allen Instrumenten und der Stimme wie auch für jedes Niveau des Könnens zielgerichtet erarbeitet werden konnten. Die Lernpraktiken wurden so angelegt, dass die Bearbeitung der Aufgaben nur durch eigenes experimentierendes und reflektierendes Handeln möglich wurde (vgl. Zurmühle 2006: 269ff.).

Mit dem Verfassen einer musikalischen Biografie im ersten Semester des Studiums wurden die unterschiedlichen individuellen Voraussetzungen und Kompetenzen, die erwarteten Ziele und Spuren von Selbstkonzepten formuliert und dokumentiert.

6 Selbstgesteuertes Lernen von Erwachsenen in der Musik

Das Lernen von Musik findet nicht nur in eigens dafür vorgesehenen Institutionen wie Musikschulen, Konservatorien und Musikhochschulen statt, sondern von Kindheit an auch im täglichen Kontakt mit erklingender Musik. Die Allgegenwärtigkeit von Musik macht es äußerst unwahrscheinlich, dass heute jemand keine Erfahrungen mit Musik während des eigenen Lebens gemacht hat.

Die Anknüpfung an diese individuellen Erfahrungen und an die sich daraus entwickelnden musikalischen und didaktischen Kompetenzen sind zentrale Herausforderungen für die Musikpädagogik (vgl. Levitin 2009). Darauf reagiert beispielsweise Hametner mit dem Konzept der „Musik als Anstiftung" (Hametner 2006). Die vorgeschlagenen Prinzipien für einen möglichen Entwicklungsweg von den traditionellen Unterrichtsmethoden zu einer systemisch-konstruktivistischen Pädagogik der Musik eröffnen Chancen, individuelle Lernprozesse in der Ausbildung von Lehrer/innen und Lehrern zu fördern und reflexiv zugänglich zu machen. Die Lerner werden aufgefordert, „sich Inhalte und künstlerische Produkte der Musik selbst zu erarbeiten" (Hametner 2006: 160). Das bedingt eine biografisch orientierte Selbstreflexion der Lernenden, um deutlich zu machen, von welchen individuellen Voraussetzungen die Erarbeitung ausgehen kann.

Die Entwicklung komplexer, praxisnaher, individualisierender und von den Ressourcen der Studierenden ausgehenden musikalischen Problemstellungen, die Förderung reflexiver Kompetenzen bei den Studierenden, die Begleitung und Reflexion der Lernprozesse mit den Dozierenden sowie sinnvolle und den Konzepten angemessene Leistungsnachweise (Hametner 2006: 160) sind Orientierung für die Konzipierung und Durchführung der Selbstlernarchitektur Instrumentalunterricht. Die Studierenden wurden angeregt, eigenes Handeln und individuelle Lösungsstrategien zu entwickeln und zu reflektieren.

Das Lernen von Musikinstrumenten und Gesang bedingt durch das notwendige individuelle Üben immer schon einen sehr hohen Selbststudienanteil, einen hohen Anteil von „Eigentätigkeit, Eigenverantwortlichkeit und Eigenerfahrung" (Hametner 2006: 160). Die Optimierung des Übens ist ein Anliegen aller Lernenden und Lehrenden in Sachen Musik (vgl. Mahlert 2006). Das Üben eines Instrumentes ist genau genommen immer ein Üben von sich selbst mit dem Instrument. Die Lernberatung bot Chancen, die persönlichen emotionalen Prozesse, die die Arbeit mit und an der eigenen Person begleiten, zu thematisieren und damit bearbeitbar zu machen.

In den Pädagogischen Hochschulen der Schweiz wird das selbstgesteuerte Lernen in der Musikpädagogik auch aus anderen Gründen diskutiert. Die quantitative Reduktion von Präsenzzeiten und die Bologna-konformen Deklarationen eines Selbststudienanteils für den Erwerb von Kreditpunkten erfordert effiziente, das heißt, optimal auf die individuellen Möglichkeiten von Studierenden abgestimmte Ausbildungsformen, um innerhalb einer kurzen Zeit einen Lerngewinn zu ermöglichen. Die Diskussion um den Einbezug von Konzepten wie „blended learning", „problem based learning" und Formen des selbstgesteuerten Lernens in die musikalische Ausbildung in der Lehrerinnen- und Lehrerbildung ist aktuell.[4] Der hohen Individualisierung der musikalischen Studien stehen die Anforderungen nach einem Kanon musikalischen

---

4   Vgl. dazu z.B. die Jahrestagung der Arbeitsgruppe Musikdidaktik der Schweizerischen Gesellschaft für Lehrerbildung (SGL) am 22. Januar 2011 in Goldau.

Wissens, Könnens und Verstehens gegenüber. Interessant ist, wie unten ausgeführt wird, dass die Spannung zwischen der individuellen optimalen Förderung und dem Konventionellen und Normativen, nicht nur eine Problematik bei der Festlegung von Kompetenzzielen und Leistungsnormen darstellt, sondern sich auch bei den einzelnen Studierenden zeigt.

7 Das Konzept des Fachs Musik in der Selbstlernarchitektur

Die Selbstlernarchitektur „Instrumentalensemble" ist eine Ergänzung zum fachdidaktischen Musikunterricht[5] und bildet den Rahmen der untersuchten Lernberatungen. Der Schwerpunkt liegt auf der Entwicklung praktischer Anwendungen von Instrumenten in der Praxis. Es wird nicht explizit auf ein bestimmtes Instrument und seine Spieltechnik eingegangen, es werden vielmehr allgemeine Anregungen für das Arbeiten und Üben mit dem Instrument erarbeitet. Die Förderung auf dem eigenen Instrument geschieht mitlaufend, indem das Instrument für die zu bearbeitenden Aufträge und Anwendungen benutzt werden muss.

Das didaktische Konzept des Fachs Musik in der Selbstlernarchitektur folgt dem Grundsatz, dass es für alle Studierenden möglich ist oder werden soll, ihr eigenes Instrument für den Unterricht in der Primarschule förderlich einzusetzen. Das bedingt hochschuldidaktisch die Entwicklung eines individuellen, möglichst stimmigen und authentischen Weges für jeden Studierenden, der durch die Anlage der Selbstlernarchitektur „Instrumentalunterricht" unterstützt werden soll. Die Lernaktivitäten sind so angelegt, dass sie für alle Studierenden ausführbar, in der Schule anwendbar, auf die Schüler übertragbar sind und Erfahrungen mit musikalischen Grundlagen ermöglichen. Sie bieten Möglichkeiten des selbstständigen Lernens und Arbeitens mit Instrumenten an, die für alle Instrumentenarten (Blasinstrumente, Streichinstrumente, Zupfinstrumente, Klavier, Perkussion), für alle Stufen des instrumentellen Könnens und Wissens und für alle Stufen der musikalischen individuellen Entwicklung anwendbar und hilfreich sind.

In einer ersten Phase der Selbstlernarchitektur mit dem Thema „Individualisierung" realisierten die Studierenden Begleitungen zu Musikstücken und Liedern, welche ihnen in Form von mp3-Dateien als Download zur Verfügung standen. In der zweiten Phase mit dem Thema „Neue Lernkultur" wurde die Videoaufnahme einer improvisierenden Primarschulklasse vorgestellt. Mit diesem Beispiel aus der Schulpraxis sollten durch verschiedene Stufen der Re-

---

5 Eine ausführliche Darstellung des Fachs Musikpädagogik und Instrumentalunterricht der Selbstlernarchitektur @rs findet sich bei Zurmühle (2006).

flexion eigene Möglichkeiten entwickelt werden, um Schüler zu instrumentalen Improvisationen anzuregen.

Nachfolgend wurden grundlegende Arbeits- und Übetechniken angewandt, die für musikalisch-praktisches Lernen von Instrumenten zentral sind. Eigene Experimente und Reflexionen machten das eigene Arbeiten mit dem Instrument bewusst und unterstützen erfolgreiches Üben.

Die Studierenden hatten alle einen anderen musikalischen Hintergrund, spielten verschiedene Instrumente und hatten sehr unterschiedliche instrumentale Fertigkeiten. Die Lerngruppe war sehr heterogen und bestand sowohl aus Anfängerinnen als auch aus Berufsmusikerinnen.

Die obligatorischen fachlichen Lernberatungen wurden während der ersten Phase mit allen Studierenden durchgeführt und ergänzten das selbstständige Arbeiten mit den Lernpraktiken und Materialien (dazu die Darstellungen in Forneck/Gyger/Maier Reinhard 2006 und Maier Reinhard/Wrana 2008). Diese Lernberatungen wurden aufgezeichnet, transkribiert und bilden das Basismaterial dieser Untersuchung.

8 Die Untersuchung

Dieser Bericht gibt einen ersten Einblick in die Untersuchung, der weder vollständig noch abgeschlossen ist und auch noch nicht methodisch systematisch an gesicherte Erkenntnisse heranführt. Dennoch zeigen sich für die oben erwähnten Fragestellungen einige Beobachtungen, die es lohnend erscheinen lassen, weitere Untersuchungen anzuschließen.

Die vorliegende Untersuchung orientiert sich an qualitativen Forschungsmethoden, da diese Möglichkeiten bieten „Lebenswelten ‚von innen heraus' aus der Sicht des handelnden Menschen zu beschreiben" (Flick/von Kardoff/ Steinke 2007: 14) und daher den individuellen, subjektiven Aussagen in den Lernberatungen nahe sind. Andererseits wird eine gewisse Nähe der qualitativen Forschung zur künstlerischen Arbeit postuliert: „[...] und zwar in der Hinsicht, wie Künstler bzw. Wissenschaftler mit ihrem Material [...] umgehen. Es besteht eine intensive Wechselbeziehung in der Auseinandersetzung mit dem Thema, die beide Beteiligten verändert. Es entsteht eine Ordnung und eine Form, die beide vorher nicht besaßen. Dem liegt die Auffassung des Pragmatismus [...] zugrunde, eine Spaltung zwischen Erkennendem und Erkanntem, Subjekt und Objekt, nicht anzunehmen, sondern eine Interaktion zwischen beiden." (Hildenbrand 2007: 33)

Die vorliegenden Lernberatungen wurden vom Autor selbst durchgeführt, bevor die Absicht bestand, diese aus einer musikpädagogischen Perspektive genauer zu erforschen. Die untersuchten Dokumente entstanden in alltäglichen Beratungssituationen, die nicht für Forschungszwecke vorstrukturiert oder als

Forschungsanlage gestaltet wurden, die beobachteten und dokumentierten Aktionen und Interaktionen sind daher hoch komplex und nicht standardisiert.

8.1 Die Datengrundlage

Aus den ersten beiden Semestern des Studienjahrgangs 2007 liegen für die Untersuchung folgende Daten vor:

- Lernberatungen (abgekürzt LB): Die während der Selbstlernarchitektur im zweiten Semester durchgeführten Lernberatungen wurden aufgezeichnet. Pro Studierendem fanden zwei bis vier Lernberatungen statt. Die Lernberatungen sind in den Belegen durchnummeriert (LB1, LB2 usw.) Jede Lernberatung wurde in einem Kurzprotokoll dokumentiert und enthielt den Verlauf des Gesprächs, der vom Dozierenden mit Fragen strukturiert wurde (Was haben Sie gelernt? Wie haben Sie gelernt? Haben Sie Fragen?), wichtige angesprochene Punkte und Anmerkungen zur Weiterarbeit. Die Protokolle ermöglichten es, einzelne Lernberatungen auszuwählen, in denen Emotionen thematisiert wurden. Die Aufnahmen wurden danach noch einmal gehört und prägnante Stellen ausgesucht und transkribiert.
- Forumsbeiträge (abgekürzt FO): Während des ganzen Semesters wurde ein Forum geführt, in dem die Studierenden aufgefordert wurden, sich über die Erfahrungen bei den Arbeiten auszutauschen. Impulse dazu waren: Mit welchen musikalischen Vorerfahrungen gehen Sie an die Lernaktivitäten? Wie sind Sie die Problemstellungen angegangen? Welche Probleme tauchten auf und wie haben Sie diese bearbeitet? Wie können Sie die Schilderungen von anderen Studierenden nutzen?
- Musikalische Biografien (abgekürzt MB): Im ersten Semester schrieben die Studierenden eine auf die musikalische Erfahrung bezogene Kurzbiografie. Der Impuls dazu war: Bitte beschreiben Sie Ihre musikalischen Erfahrungen, welche für die heutige Beschäftigung mit dem aktiven Musizieren (Instrumentalspiel, Singen, u.a.) von Bedeutung sind und formulieren Sie zwei bis drei für Sie relevante Punkte, die Sie während der Ausbildung bezüglich des praktischen Musizierens verfolgen wollen.
- Lernjournale von Studierenden (abgekürzt LJ): Das individuelle Lernjournal wurde von allen Studierenden als Arbeits- und Reflexionsinstrument in allen Fachbereichen genutzt.

8.2 Auswahl der Daten

Um prägnante Aussagen zu bekommen, wurden die Daten selektiert. Die vorliegenden Dokumente wurden daraufhin untersucht, ob und wie explizit über

Emotionen gesprochen wurde. Dazu wurden Worte, die dem Bedeutungsfeld von Emotionen zugehörig sind, als Anker- und Ausgangspunkte genommen und davon ausgehend der weitere Gesprächsverlauf in der Beratung auf Anknüpfungen hin betrachtet.

In den meisten Lernberatungen wurden Emotionen erwähnt, die während der Arbeit wahrgenommen wurden. Bei drei Studierenden ließen sich längere Abschnitte finden, in denen die erlebten Emotionen explizit im Gespräch thematisiert wurden.

Um ein umfassenderes Bild dieser drei Studierenden zu erhalten, wurden weitere Daten (Forumsbeiträge, Lernjournale von Studierenden, musikalische Biografien) hinzu gezogen und ausgewertet. Das vorliegende Material ermöglichte eine Untersuchung über den Zeitraum von der ersten Veranstaltung im ersten (Lernbiografie) bis zum Ende des zweiten Semesters.

9 Vignetten

Die vorliegende Untersuchung arbeitet mit den genannten Dokumenten von drei Studierenden, aus denen Vignetten konstruiert wurden, die verschiedene Formen der Thematisierung von Emotionen konkret verdeutlichen. Die Namen der Studierenden sind geändert und folgen mit ihren Anfangsbuchstaben dem Alphabet: Andrea, Bea, Claudia. Die Zitate sind den musikalischen Lernbiografien (MB), den Transkriptionen der Lernberatung (LB), den Forumsbeiträgen (FO) und den Lernjournalen (LJ) entnommen.

9.1 Vignette 1: Andrea

Die Studentin Andrea erinnerte sich in ihrer Lernbiografie (MB, 19.9.2007) an den Musikunterricht in der Primar- und Sekundarschulzeit, in der oft in der Kirche gesungen wurde: „Vor allem in der Kirche hatte ich beim Singen – für mich damals ein unerklärliches – Gefühl von Fülle und weitem Raum." – Sie mochte den gemeinschaftlichen Aspekt, „sich in einem Chor aufeinander abzustimmen". Sie hatte dann später im autodidaktischen Erlernen eines Instrumentes „hohe Ansprüche", denen sie nicht genügen konnte. Zur Zeit des Studienbeginns war der bevorzugte Zugang das Hören von Musik, auf das sie sich „voll einlassen kann". Das musikalische Erleben wurde durch auftauchende Bilder und Bildsequenzen, Farben und Farbkompositionen, Textverständnis der Lieder und Faktenwissen über die Komponisten erweitert. Andrea hat vor dem Studium im Sportunterricht und im Bildnerischen Gestalten Musik eingesetzt, was sie nicht genauer ausführte, und war erstaunt „wie gut sich die Kinder auf die Musik einlassen konnten".

In den ersten Übungen im Studium, in denen es um Improvisationen mit einem Ton zu einem Bordunton ging, die die Studierenden in einem Forum (FO) reflektierten, äußerte Andrea: „Bei mir war das wohl mehr ein schweres Stück Arbeit [...]. Ich begann letzte Woche schön ordentlich vorne und war [...] mit großer Aufmerksamkeit und Freude dabei. Je länger das Stück aber dauerte, desto unsicherer wurde ich, ob ich auch wirklich meiner Gitarre den richtigen Ton rauskitzelte. Ich brach ab und holte – in einem Wahn nach Perfektion – das Stimmgerät, bestimmte damit den Grundton des ersten Stücks auf der CD und erschrak, denn der war tiefer als meiner. Ich war frustriert und zweifelte an meinem Hörvermögen." (FO, 08.10.2007)

Weiter berichtet sie dann, bei einer fortsetzenden Übung mit drei und fünf Tönen: „Ich würde noch die Rolle der Emotionen beim Lernen ansprechen. Da ich meinem Hörvermögen immer noch nicht ganz traue, steht mein Wissen auf sehr wackeligen Beinen und meine Wahrnehmung ist nicht mehr bzw. noch nicht wieder so ‚naiv', wie ich sie gerne hätte." (FO, 8.10.2007)

Die eigene Sicherheit resp. Unsicherheit

Die Lernberatung (LB1, 11.3.2008) fand während der Arbeit an Begleitungen statt. Im Experimentieren und nach Gehör sollten unterschiedliche Begleitungen zu Aufnahmen von Kinderliedern gefunden werden. Diese sollten „passend" sein und damit ästhetisch beurteilt werden.

Andrea äußerte sich über ihre Befindlichkeit beim Beginn der Arbeit („das macht jetzt Spaß", „habe ein gutes Gefühl dabei"), die sich veränderte (Enttäuschung, Unsicherheit, Zweifel), weil Andrea wissen wollte, ob das, was sie experimentierend herausgefunden hatte, „objektiv stimmt". Sie schilderte in der Lernberatung diesen Prozess der Verunsicherung ausführlich und nahm dabei Bezug zu ihrer „knappen oder schlechten Hörkompetenz", die sie in dem oben zitierten Forumsbeitrag des ersten Semesters schon thematisierte. Andrea wollte sich durch den Einsatz eines Stimmgeräts „objektiv" versichern, ob sie die passenden Borduntöne als Begleitung zu einer gegebenen Melodie gefunden hatte. Das Stimmgerät gab eine nicht erwartete Auskunft, was Andrea sehr verunsicherte: „Dieses Vertrauen in sich selbst ist nicht da. Weil ich vertraue dann diesem Stimmgerät dann mehr als mir selbst." (LB1, 11.3.2008) In der nachfolgenden Diskussion stellte sich dann heraus, dass Andrea verschiedene Varianten ausprobiert hatte, um den für ihre Empfindung richtigen Ton zu finden [was die eigentliche Aufgabenstellung war, J.Z.], sich aber immer wieder verunsichern ließ, da sie nicht wusste, ob ihre Empfindung „richtig" war. Die Bestätigung des Dozierenden stärkte sie: „Weil, wenn ich im Subjektiven bleibe, dann kann ich das nie – also diese Bestätigung jetzt, A ist der Grundton, das bringt mir was, dass ich weiß, das ist wirklich was, da gibt es einen Weg dazu. Wenn ich nur im Subjektiven bleibe, ohne dass ich Bestätigung habe, dann ist da immer so die Unsicherheit, [...] ist das jetzt nur su[bjektiv] oder schon über das Subjektive hinaus." (LB1, 11.3.2008)

Das Gespräch führte über die empfundene individuelle Unsicherheit in Bezug auf die eigene „richtige" musikalische Wahrnehmung zu einer Diskussion darüber, was musikalische Kompetenz im Kontext der Aufgabenstellung, einen Grundton zu finden, bedeuten kann. Andrea konnte durch Ausprobieren, Zuhören und Vergleichen Differenzierungen der Wahrnehmungen bezüglich Zusammenklängen machen: „Ich hatte drei Varianten und hatte dann wirklich das Gefühl, am Anfang stimmten alle für sich [...]. Und dann im Vergleich dann, [...] auch Dank der Audioaufnahme, [habe ich sie] wirklich nacheinander gehört und so das Gefühl gehabt, na, eigentlich gibt es [ei]ne klare Differenz." (LB1, 11.3.2008) An diesem Punkt der Lernberatung eröffnete sich die Chance, darauf hinzuweisen, dass diese Wahrnehmungsfähigkeit der „klaren Differenz" die Basis für die eigene musikalische Kompetenz des Hörens bildet. Das Vertrauen in diese Fähigkeit, das Andrea noch fehlte, ließ sich nur mit Zeit und Übung vertiefen. Die Bedeutung dieses Moments wurde von Andrea noch nicht gesehen und gewürdigt. Die Erläuterung des Dozierenden, dass das Finden eines Grundtons zu einer gehörten Melodie auf Erfahrung beruht, ermutigte Andrea, weiter zu üben. Die Unsicherheit war nicht behoben, aber ein Weg zur erhöhten Sicherheit gebahnt.

Die Spannung zwischen individuellem subjektiven Empfinden und dem überindividuellen und objektiven Richtigen

Die Lernberatung thematisierte mehrmals die Spannung zwischen „individuelle[m] Empfinden und [dem] objektiv Richtig[en]" – die sich in einer Aussage von Andrea kondensierte: „Und wie komm ich dann da hin, und wie weiß ich, dass ich jetzt trotz meiner subjektiven Empfindung da irgendwo noch in einem Konsens vielleicht bin?" (LB1, 11.3.2008)

Das Gespräch umkreiste die inhaltliche Frage, wie in einem Musikstück der passende Grundton hörend erfasst werden kann, und führte zu der Feststellung, dass dies in erster Linie wahrnehmend, hörend geschieht: „Aber ich muss es wirklich hören." Es folgte dann die spannende Frage: „Und jetzt frage ich mich natürlich als kognitiver Mensch: Was gibt mir die Sicherheit, dass ich weiß, dass es [das Stück, das mit dem Grundton abschließt, J.Z.] abgeschlossen ist?" (LB1, 11.3.2008)

In der folgenden Diskussion führte der Dozierende aus, dass die Erfahrung von Musik und das Sprechen darüber zwei verschiedene Dinge sind: „Du hast vorher gesagt, Hörsensibilisierung, Wahrnehmungssensibilisierung [...], da findet eigentlich Musik statt. Und das Kognitive ist schon einen Schritt weg von der Erfahrung." Worauf Andrea sagte: „Es ist auch eine Sprache darüber eben [...], und wenn wir dann sprechen von Abgeschlossenheit, muss doch auch ein Inhalt dabei sein. Es ist aber nicht nur das Gefühl von Abgeschlossenheit, sondern das, was man nicht mehr mit Kognitionen fassen kann, weil die Sprache darüber schon ein Umformulieren, ein kognitiver Prozess [ist]." (LB1, 11.3.2008)

Die emotionalen Aspekte

Im Gespräch wurden am deutlichsten Emotionen benannt, die sich auf die Stimmung während des Arbeitens beziehen.

Die positiven Emotionen („es machte Spaß", „ich bin zufrieden", „eigentlich ein gutes Gefühl", „stolz sein", „das war das Positive daran" u.a.) wurden mehrheitlich im Zusammenhang mit der eigenen Tätigkeit des Experimentierens genannt.

Negative Emotionen standen im Zusammenhang mit:

- der Überprüfung der selbst gefundenen Lösungen durch das „objektive" Stimmgerät (Enttäuschung),
- dem Bewusstsein, dass die Nachbarschaft durch das Musizieren gestört werden könnte (Beklemmung),
- der Unklarheit, ob das Herausgefundene objektiv stimmt (Unsicherheit).

Der Begriff „Gefühl" wurde häufig im Zusammenhang mit „stimmig, passend" verwendet: „Es ist jetzt nur mein subjektives Gefühl, dass dieser [Klang]teppich so stimmt." Oder später: „Ich habe nicht wirklich das Gefühl, dass ich [die Melodie] wirklich reproduziere." Der Begriff bedeutete hier „eine schwierig zu beschreibende, aber dennoch irgendwie fassbare Erfahrungsqualität im Sinne einer Ahnung, von der man selbst betroffen ist" (Petzold 1995: 11) und zeigte einen Sachverhalt auf „ohne große Begrifflichkeiten" (Hastedt 2005: 17).

An einer Stelle des Gesprächs wurde vom Lernberater explizit nach den Emotionen gefragt: „Wie war das für dich emotional?" (LB1, 11.3.2008) Danach wurde von der Studierenden der Prozess von der anfänglichen Zufriedenheit mit ihren eigenen Lösungen, über das Bedürfnis nach objektiver Richtigkeit und der Kontrolle durch das Stimmgerät zusammenfassend geschildert. Das führte zu einem Umkippen: „Jetzt ist die Unsicherheit da, das ist jetzt einfach das Fazit." Danach wurden die Lösungen von Dozent und Studierender gemeinsam angeschaut und diskutiert. Die Aufgabenstellung war so angelegt, dass es mehrere Lösungen geben kann (zum Beispiel zu einer bestehenden Melodie eine eigene Melodie erfinden). So stellte sich heraus, dass Andrea bemerkt hatte, dass es unterschiedlich passende Melodien oder Borduntöne in ihren Lösungen gab, dass sie dieser vorhandenen Differenzierungsfähigkeit und damit ihrer musikalischen Kompetenz aber nicht vertraute.

Andrea äußerte gegen Ende: „Also ich werde mal so weiter versuchen [...], ich hab schon das Gefühl, dass ich mit dieser Unsicherheit leben muss [...] und dass ich mehr – vielleicht – dem Subjektiven mehr Gewicht gebe [...]. Ja, ich muss dem Subjektiven mehr Gewicht geben. Auch irgendwo das zulassen und nicht immer sofort [...] mit dem Stimmgerät oder mit der Kognition dahinter sein. Sondern auch mal das wirklich auch zulassen und das halt auch so in diesem Gefühl sein lassen. Und wenn ich zufrieden bin damit, ist es gut so." (LB1, 11.3.2008)

Zusammenfassung

Für Andrea war es wichtig, dass die eigenen Erfahrungen mit Experimentieren, Ausprobieren und Vergleichen einen eigenständigen Wert von subjektiver Stimmigkeit bekommen und dass die objektive Richtigkeit, repräsentiert durch Musiktheorie oder Fachpersonen, nicht alleine maßgebend ist. Das fachliche Verständnis für Musik wurde durch die Thematisierung grundlegender Differenzierungsprozesse in der subjektiven Wahrnehmung musikalischer Phänomene erweitert. Die Bedeutung der musikalischen Erfahrungen und Empfindungen, die damit verbundene Reflexion und Begriffsbildung wurde herausgearbeitet. Das stärkte einerseits die Studierende selbst in ihrem Vertrauen in die eigenen Fähigkeiten und eröffnete andererseits die Perspektive auf die musikpädagogische Arbeit mit Kindern, sodass die individuellen subjektiven Erfahrungen mit Musik ihren Wert und damit ihren angemessenen Raum erhielten.

Die Studierende war nach dem Gespräch motivierter und gelassener, sich mehr Zeit zu nehmen, um sich auf musikalisches Handeln einzulassen und Unsicherheiten anzunehmen.

Die Lernberatung ermöglichte durch die hohe Reflexionsfähigkeit und die sprachliche Genauigkeit der Studierenden grundsätzliche philosophische Diskussionen über Subjektivität, Konsensbildung, objektive oder übersubjektive Wertungen und erweiterte das Verständnis von Lehr- und Lernprozessen in der Musik.

9.2 Vignette 2: Bea

Für die Studentin Bea waren die Gutenachtlieder der Eltern die „allerersten Erinnerungen" (MB 11.9.2007). Die Mutter begleitete das Singen der Kinder auf dem Klavier, was Bea als „sehr schön in Erinnerung" hatte. Das hatte sie selbst auch motiviert, das Klavier der Mutter zu übernehmen, um mit ihrer eigenen Tochter zu singen und zu musizieren. Das gemeinsame „Musikmachen" bedeutete ihr sehr viel. In der Musik „begegnet (man) sich auf einer anderen Ebene, als wenn man miteinander spricht" (MB, 11.9.2007). Im Verlauf der Schulzeit hatte sie Blockflöte, Kornett und Altflöte gespielt.

Die Musik, die sie hörte, wählte sie „je nach Stimmung" aus. Die Musik wirkte auf die Stimmung verstärkend. Umgekehrt beeinflusste die Musik auch ihre Stimmung. Sie glaubte, dass ihre Stimmung sich ändert, weil sie an gewisse Lieder eine Erinnerung hatte, die sich in ihr Bewusstsein drängte, sobald sie das Lied wieder hörte. Musik konnte auch „konkrete Bilder heraufbeschwören" und eigene Aktivitäten unterstützen (MB, 11.9.2007).

Die Begleitungsaufgaben wurden von Bea zuerst „gar nicht bewusst angegangen" (FO). Sie hatte sich die Melodien zu anderen Tätigkeiten angehört, und angefangen „mit dem Rhythmus hin und her zu wechseln". Einen eigenen

Rhythmus zum Lied zu klatschen, war unproblematisch, „aber sobald ich anfange zu denken oder versuche den Puls dazu zu machen, falle ich aus dem Takt und verhasple mich" (FO, 25.2.2008).
Die Lernberatung startete direkt mit der Feststellung, dass das bewusste Arbeiten „eigentlich nicht gut geht". Als Gegensatz dazu wurden Erfahrungen beim Singen während des Haushaltens geschildert. In dem Gespräch wurden diese beiden Ausgangssituationen genauer beleuchtet (LB, 25.3.2008).

Die Spannung zwischen „bewusst" und „einfach so machen"

Die erste Lernberatung begann Bea mit der Feststellung, dass sie über sich gelernt hat, „dass ich, wenn ich bewusst arbeiten will, geht es eigentlich nicht gut. Weil ich dann irgendwie zu verkrampft bin" (alle Zitate aus LB, 25.3.2008). Das wurde dann im Gespräch ausgeführt und mehrere Male in kurzer Zeit verstärkend formuliert: „Also wenn ich das Gefühl habe: So, und jetzt muss ich [...] je mehr ich dann versucht habe, das richtig zu machen, desto weniger ging es [...] wenn ich es bewusst machen möchte." Ähnliche Erfahrungen kannte sie aus dem Sport und anderen Tätigkeiten: „Ja, bei verschiedensten Sachen gibt's einfach so eine Blockade, dann geht nichts mehr [...] es wird immer schlimmer, je mehr ich mich darauf konzentriere. Dann geht gar nichts mehr [...] und je mehr ich es dann will, dann geht's erst recht nicht." Dieser Zusammenhang, den sie zwischen Konzentration, Bewusstheit, Wollen und dem Misserfolg sah, führte auch dann zu einem „Durchhänger". Im späteren Gesprächsverlauf wurde eine Erfahrung im Zusammenhang mit einem Tanzkurs ähnlich beschrieben: „Für mich selber kann ich tanzen [...] aber sobald ich einen Tanzkurs mache, da geht einfach nichts mehr. Es geht wirklich einfach nicht. Sobald ich etwas nachmachen muss. Und eben, es wird auch immer schlimmer, je mehr ich es versuche."
Auf der anderen Seite beschrieb sie die für sie positive Erfahrung, dass sie die Lieder, zu denen sie Begleitungen improvisierend herausfinden sollte, sich nebenher beim Haushalten angehört hatte: „Und immer weiter dann mit dem Rhythmus und gemacht und getan. Und dann irgendwann hab ich gemerkt, dass ich ja eigentlich mitten schon da im Improvisieren drin [bin]. Und dann – ja, das hab ich eigentlich gemerkt, dass das dann mir arg Spaß gemacht hat [...] es ist eigentlich von alleine gekommen." Diese Erfahrungen wurden in der Lernberatung später noch einmal aufgenommen: „Ich habe gemerkt, dass ich das oft mache mit Liedern. Und, ähm, aber bis jetzt immer das Gefühl gehabt habe, in verhunze das Lied." Im Lernjournal formulierte Bea: „Dass das Improvisieren sein könnte, hätte ich gar nicht gedacht. Ich war immer der Meinung, ich würde ein Lied kaputt machen, wenn ich eigene Sachen daraus mache. Ein interessanter Wendepunkt." (LJ, 25.2.2008)
Polarisierend dargestellt gab es auf der einen Seite Erfahrungen des bewussten Arbeitens, die mit Begriffen wie „müssen", „verkrampft", „versuchen, es richtig zu machen", „Blockaden", „wollen" u.a. verknüpft wurden und an-

dererseits das „Loslassen", welches mit „Spaß", „einfach so", „unbewusst", „unabsichtlich", „nebenher machen", „Improvisieren" verbunden wurde. Damit verknüpft war eine Bewertung, sodass das, was Spaß macht, weniger richtig und wertvoll ist als das, was man machen muss. Diese negative Bewertung wurde dadurch noch verstärkt, dass sich Bea von ihrem Freund, den sie als musikalisch kompetent einschätzte, ihre Produkte theoretisierend korrigieren und beurteilen ließ.

Die emotionalen Aspekte

In der Biografie wurde Musik als „etwas Schönes und Positives" beschrieben, „besonders Spaß" machten Lieder mit verständlichen Texten. Das Hören von unterschiedlicher Musik unterstützte oder veränderte die eigene Stimmung. Beim „Musikmachen" stand der Spaß im Vordergrund, „nicht der perfekte Klang und die Richtigkeit des Rhythmus", beim Musikhören hingegen störte es, „wenn etwas nicht richtig tönt".

In den Lernberatungen kam hingegen ein Ärger zum Ausdruck: „Ich bin halt nicht so zufrieden. Also, es ärgert mich einfach extrem, [diese] Blockade, die sich immer mehr aufbaut." (LB 25.3.2008) Der Spaß, der auch vorhanden wäre, wurde durch negative Bewertungen der eigenen Leistungen (das Lied kaputt machen) und dem Anspruch, es richtig zu machen, abgewertet: „Ich will es richtig machen [...] Und dann, ja, geht's vielleicht schon, oder nicht – es macht wieder dann kein Spaß mehr und ich bin verkrampft und habe das Gefühl, jetzt mach ich's falsch" (LB, 25.3.2008).

Der von Bea genannte „interessante Wendepunkt" (LJ, 25.2.2008) wurde durch eine Umdeutung und Neubewertung des eigenen spielerischen, unbeabsichtigten Experimentierens mit Liedern erreicht. Das Verhunzen und Kaputtmachen des Liedes wurde zum Improvisieren: „Einfach machen, bringt mehr." (LJ, 25.2.2008) Diese positive Einschätzung und Bewertung war noch nicht gefestigt, sodass der Ärger immer noch dominierte.

Zusammenfassung

Die Beratung hat die erwähnten Spannungen und Blockaden thematisiert. Die Aufträge waren so formuliert, dass ein Experimentieren und Ausprobieren eröffnet werden konnte. Das Gespräch ermöglichte eine Unterstützung dieser offenen Haltung gegenüber dem Experimentieren und Entdecken in der Umdeutung des Begriffs „verhunzen" zu „experimentieren" durch die Studierende und damit auch eine andere, positivere Bewertung ihres eigenen Tuns (Wendepunkt).

Die genauere Betrachtung, was mit „etwas bewusst machen" eigentlich gemeint ist, führte zu der Differenzierung, dass Bea damit meinte, es „richtig machen zu wollen". Das weitere Gespräch hat dann zu der „Erleichterung" geführt, dass ihre individuellen Lösungsansätze „nicht falsch" waren.

Damit einhergehend kam die schon in der Vignette von Andrea formulierte Spannung zwischen dem subjektiven individuellen Empfinden von Stimmigkeit und dem objektiven überindividuellen Richtigen zur Sprache. In der Lernberatung wurde diese Spannung zwischen individuellen Erfahrungen auf dem Weg des Lernens und normativen Standards, die als Zielsetzung gesehen wurden, exemplarisch bearbeitet. Die Studierende erlebte die damit einhergehende Unsicherheit als Ärger und Verkrampfung.

9.3 Vignette 3: Claudia

Musik war für die Studentin Claudia „ein Dauerbegleiter" in ihrem Alltag. Sie hatte 10 Jahre Klavierunterricht und danach aber wenig geübt, sodass sie das Spielen aufgegeben hatte. Die Wahl der Musik war stimmungsabhängig: „Wenn ich glücklich und zufrieden bin, höre ich lieber ruhige, stimmungsvolle Musik. Bin ich eher geärgert oder wütend, beruhigt mich Rockmusik. Melodien, Rhythmen etc. sind Einflüsse, die entspannend wirken." (MB 24.2.2007)

In der Lernberatung war ihr erstens aufgefallen, dass sie bei der Musik viel zu viel dachte und nur selten loslassen konnte, zweitens hatte sie beim Üben der Koordination von rhythmischen Körperbewegungen immer wieder Schwierigkeiten und drittens hatte sie zu Hause keinen Zugang mehr zu einem Klavier, das sie gerne wieder nutzen würde. Der dritte Aspekt wurde mit dem Vorschlag, ein Keyboard zu mieten, gelöst. Das Üben von rhythmischer Koordination und der Aspekt des Loslassens wurden im Verlauf des Gesprächs aufeinander bezogen. Das Spüren eines Pulses und der Rhythmik eines Musikstückes bedingt ein „Einlassen" auf die Musik und die eigenen körperlichen Empfindungen. Gegen Ende des Gesprächs wurden individuellen Lösungen für die Aufgabenstellung diskutiert. Das Finden eines passenden Klanges zum Lied war für Claudia schwierig. Hatte sie einen Klang gefunden, fragte sich dann, ob dieser stimmte: „Also, für mich ist noch schwierig zu sagen, denn ich denke, jeder Mensch sieht das ein wenig anders, ob das passt oder nicht." (LB, 26.2.2008). Das führte sie dann aus: „Jeder empfindet es ja anders und einer denkt, ja bei mir löst das ein Gefühl aus, das passt nicht. Und der andere sagt, ja doch, ganz toll, das bietet Spannung. Also je nachdem, wie man das auch anschaut." (LB, 26.2.2008). An dieser Stelle wurde das Gefühl für passende Klänge angesprochen, das Claudia von Person zu Person unterschiedlich einschätzte.

Nach längeren Versuchen fand sie ein einfaches Ergebnis für die rhythmische Begleitung eines Liedes. Es war für sie wichtig, „dies einfach zu halten, aber dass ich ein positives Gefühl habe: Ja, ich habe etwas, ich kann es irgendwie" (LB, 26.2.2008).

Am Schluss des Gesprächs wurde darüber gesprochen, dass die Reflexion nicht nur während des eigentlichen Tuns geschehen kann, sondern auch erst im Nachhinein: „Im Moment habe ich die Erlaubnis, zu spielen. Und was ich da draus nehme, das mach ich nachher."(LB1 26.2.2008 Doz). Es wurde somit ein Lernprozess ermöglicht, in dem „nicht Distanz gesucht [wird, J.Z.], sondern Nähe, Betroffenheit und Intensität" (Rumpf 2009, S11).

Spannung zwischen Loslassen und Kontrolle

Claudia formulierte am Anfang der Lernberatung: „Mir [ist] auch aufgefallen, dass ich bei der Musik viel zu viel denke und wenig einfach loslassen kann. Ich will immer alles unter Kontrolle halten und das macht das Improvisieren eigentlich für mich sehr schwierig [...] das merk ich halt automatisch, wenn es heißt, improvisieren, etwas dazu spielen, dann klebt das bei mir sofort im Kopf, und dann erscheint so bei mir wirklich so eine Notenlinie, und dann die Takte, Taktstriche, und wie kann ich jetzt das aufteilen mit den Noten? Wie geht das? Und ich lasse mich nicht treiben. Und ich habe da noch kein Mittel gefunden, wie ich das ändern könnte. Für mich jetzt." (LB, 26.2.2008)

Sie schilderte die Suche nach einem Mittel, sodass sie sich bei den improvisierenden Aufgaben „mehr treiben" lassen könnte. Gehindert wurde sie dadurch, dass durch die Aufforderung, zu improvisieren ein inneres Bild von Notenlinien und Takten auftauchte, das Strukturfragen aufgab. Im Gespräch verdeutlichte sie, was sie mit dem „Loslassen" meinte: „Aber das mit dem Improvisieren, mit dem Loslassen – ich bin so ein Mensch, das ist auch meine Persönlichkeit. Ich will alles unter Kontrolle haben, und auch meine Gefühle irgendwie preiszugeben, das fällt mir auch sehr schwer." (LB, 26.2.2008)

Die emotionalen Aspekte

Die Thematik der Kontrolle und des Loslassens war ähnlich wie bei Andrea; die Aussage von Claudia brachte zusätzlich einen Aspekt hinein, den sie mit „meine Gefühle preisgeben" umschrieb. An dieser Stelle kam die Thematik des Expressiven, des sich Zeigens zur Sprache, die im Musikmachen immer mitschwingt. Ein vom Menschen erzeugter Klang ist eine Äußerung, die von anderen wahrgenommen und interpretiert werden kann. Claudia wollte diesen Ausdruck unter Kontrolle haben und bemerkte, dass beim improvisierenden Ausprobieren diese Kontrolle gerade nicht im Vordergrund steht: „Durch das Fühlen und Hören merkte ich gleich, ob mein Rhythmus noch stimmte. Auch die Melodie gibt ein Gefühl dafür, ob die Bewegung eher rund verlaufen müsste oder ob sie eher eckig, kantig und zackig sein sollte." (LJ, 20.2.2008) Sie reflektierte dies auch in ihrem Lernjournal zur rhythmischen Aufgabenstellung: „Ich will immer alles durch und mit Hilfe des Kopfes lösen. Ich bin zu wenig locker [...]. Es ist mir nicht wohl, wenn ich meine Gefühle vor anderen öffentlich ‚präsentieren' muss. Die Gefühlsebene ist nicht meine Welt [...] Ich versuche daran zu arbeiten." (LJ, 20.2.2008). Beim Finden eines passenden Bordunklanges formulierte sie dann: „[Ich] versuchte, [...] mich darauf einzulassen und wollte nicht zu viel ‚denken'. Es war mir wichtig, mich von meinen

Gefühlen und Empfindungen leiten zu lassen." Es wurde deutlich, dass Claudia sich in der von ihr empfundenen Spannung zwischen Denken, Kontrolle und Empfindungen, Gefühl bewegte. Sie fasste dies auch in einer weiteren Aussage im Lernjournal deutlich zusammen: „Für mich gibt es nichts Angenehmeres (!), als wenn ich weiß, was am Schluss herauskommen muss und ich weiß, wie das Vorgehen ist. Das ist hier anders. Ich bin so frei, dass ich mich verloren fühle, was mir wiederum ein erdrückendes Gefühl beschert. Ich habe Mühe, solche Freiheiten auszuleben [...] Ich traute mich nicht, ‚aus meiner Haut zu fahren'." (LJ, 7.3.2008)

Das korrespondierte mit der Befürchtung, dass das, was sie ausprobierte, nicht gelingen könnte: „Irgendwie habe ich auch Angst davor, dass ich das versuche, aber dass das mir nicht gelingt. Und dass ich das halt einfach von vornherein abblocke." (LB, 26.2.2008)

Daran knüpfte das weitere Gespräch an, und der Dozent thematisierte die Erwartungen von Claudia an sich selbst: „‚Ich denke zu viel', kann es auch sein, dass da dahinter steckt, ‚ich erwarte von mir zu viel'?" (LB, 26.2.2008, Doz). Claudia bestätigte: „Ich möchte eigentlich immer besser sein als die anderen, das ist so ein bisschen meine Motivation und das hindert mich dann auch sehr stark daran." (LB, 26.2.2008) Aus dem Kontext ist zu vermuten, dass sie meinte, diese Motivation, besser sein zu wollen, hindere sie daran, sich beispielsweise auf einfache Lösungen zu beschränken und sich darauf einzulassen.

Im Lernjournal (LJ, 19.2.2008) formulierte sie: „Durch die Improvisation lerne ich das Instrument auf eine andere Weise kennen. Das Verhältnis ist dadurch entspannter [...] Durch dieses Vorgehen habe ich die Freude am Instrument wieder entdeckt. Der Bezug ist viel intensiver. Ich beginne, das Instrument zu spüren."

Prinzipiell wurden auch die Aufträge mit Freude begonnen: „Ich freue mich eigentlich immer auf die Aufträge von IU [Instrumentalunterricht, JZ]. Sie bieten eine gute Abwechslung." (LJ, 20.2.2008) Sie beschrieb unmittelbar daran anschließend, dass sie „oft blockiert" [...] „zu wenig locker" sei, was dann mit der Zeit besser wurde.

Zusammenfassung

Die Lernberatung wurde von Claudia im Lernjournal als hilfreich und motivierend geschildert. Sie nahm konkrete Vorschläge mit und wollte sie umsetzen: „Es tat gut, meine Probleme mit jemandem zu bereden. Auch seine [des Lernberaters, JZ] Tipps werden mir in Zukunft helfen: [...] einen Song raussuchen, der bei mir Emotionen auslöst und versuchen, diesen aktiv zu hören." (LJ, 26.2.2008) Sie bezog sich auf die Lernberatung, in der sie äußerte, „dass ich wirklich an diesen Dingen schaffe, zum Beispiel mir eine Musik (oder einen Song) aussuche, der etwas Rhythmisches oder bei dem ich starke Gefühle jetzt habe, dass ich wirklich an diesen Dingen jetzt auch arbeite." (LB, 26.2.2008)

9.4 Gemeinsamkeiten der drei Vignetten

Alle drei Studierenden äußerten sich in den Lernberatungen ausführlicher über ihre Gefühle und Emotionen. Bezogen auf Hastedt (2005: 17ff.) können die Aussagen der drei Studierenden in den Lernberatungen grob in folgende drei Kategorien eingeordnet werden (siehe Tabelle 1)

Erkennende Gefühle*	Empfindungen (Körpergefühle)	Emotionen
Das Gefühl haben... • ich muss (B) • das Lied zu verhunzen (B) • jetzt mache ich es falsch (B) • jetzt geht nichts mehr (B) • es setzt sich etwas Falsches fest (B) • ich muss es doch irgendwann können (A) • mit der Unsicherheit leben zu müssen (A) • ich komme nicht weiter (B) • es hat sich ein bisschen gebessert (B) • die Melodie nicht richtig zu reproduzieren (A) • klare Differenzen (A) • große (musikalische) Spannungen herrschen (A) Das Gefühl bekommen... • für die Melodie (A) • für die Abgeschlossenheit (A) • subjektives Gefühl, dass es so stimmt (A) • das musikalische Gefühl nicht haben (B) • rhythmisches Gefühl (B) • passende Bewegungen fühlen (C) • stimmige Lösung fühlen (A) • Gefühle Preis geben (C) • starke Gefühle (C)	• angenehm (C) • beklemmend (A, C) • Blockade (B, C) • das Instrument spüren (C) • Desaster (B) • entspannend (A, C) • erdrückend (C) • Erleichterung (B) • es tönt absolut schrecklich (B) • es tönt schön (B) • frei (B, C) • intensiv (C) • locker (B, C) • Spannung (B, C) • steif (C) • Stress (B) • subjektive Empfindung (A) • Überforderung (B) • Verkrampfung (B)	• Angst (C) • Ärger (B) • Bedauern (A) • befriedigend (A, C) • Enttäuschung (A) • etwas gerne tun (A, B) • etwas nicht gerne tun (A, B) • Freude (B, C) • froh (C) • Frust, Frustrationen (B, C) • genervt sein (B, C) • gutes Gefühl (A) • loslassen (C) • Lust (B) • Mühe haben (B, C) • müssen (B) • mutig (B, C) • nicht angenehm sein (B) • positives Gefühl haben, etwas zu können (C) • Sicherheit (A) • Spaß (A, B) • Überraschung • Unsicherheit (A) • unzufrieden (A, B) • verloren (C) • Vertrauen (A) • Verunsicherung (A, B) • wohl sein (B) • Zufriedenheit (A, B) • Zweifel (A)

* Sie zeigen ohne große Begrifflichkeit Sachverhalte auf, führen zu Erkenntnissen, wo der Verstand noch ohne Ergebnisse bliebe. Dazu gehören die Aussagen zur empfundenen Stimmigkeit, die auch mit dem Begriff „Gefühl" benannt werden.

Tabelle 1: A: Andrea; B: Bea; C: Claudia

Claudia war sehr motiviert, an ihren musikalischen Fähigkeiten zu arbeiten und hatte sich dafür konkrete Handlungen vorgenommen, die sie umsetzen möchte. Ein Keyboard zu mieten, um das fehlende Klavier zu ersetzen, regelmäßig rhythmische Übungen zu machen, um die Koordination zu verbessern und sich auf Musik und ihre Wirkungen einzulassen. Im Lernjournal dokumentierte sie, dass sie unterschiedliche Musik in ihrer Wirkung genau unterscheiden konnte. Sie hatte „ein Gefühl dafür" (s.o.), die passende Bewegung zu einer Melodie zu finden.

Die Herausforderung sah sie darin, beim Musizieren und Experimenten, „lockerer und entspannter" zu werden und zu „versuchen, nichts mehr zu denken. Ich bin immer noch zu fest mit dem Kopf dabei" (LJ, 20.2.2008).

Sehr aufschlussreich ist die Beobachtung, dass Aussagen, die explizit den Begriff „Gefühl" oder „fühlen" beinhalten, den „erkennenden Gefühlen" zugeordnet werden können, also keine Emotionen beschreiben, sondern in Beziehung zum ästhetischen Urteilsvermögen stehen. Dessen Bildung beginnt mit individuell erfahrenen Gefühlen von „passend", „stimmig" oder mit unschärferen „musikalischen" oder ‚rhythmischen Gefühlen'. Die individuellen ästhetischen Empfindungen bekommen eine kollektive Bedeutung durch den Austausch und den Vergleich mit Erfahrungen anderer Personen. In den Lernberatungen konnten diese von den Studierenden noch nicht in ihrer Bedeutung erkannten eigenen Erfahrungen und Differenzierungen eingeordnet und als Grundlage für ästhetische Empfindungen wertgeschätzt werden.

Die Begriffe in der Kategorie „Empfindungen" weisen darauf hin, dass die körperlichen Zustände, die mit musikalischem Handeln notwendigerweise einhergehen, bei allen drei Studierenden als förderlich oder hinderlich erlebt und in den Lernberatungen thematisiert wurden.

Bei den „Emotionen" finden sich vorwiegend Aussagen, die eine bewertende Komponente über sich selbst enthalten. Die Begriffe dieser Kategorie beschreiben gefühlte Zustände der Studierenden während des Arbeitens und Lernens, die förderlich oder hinderlich wirksam waren.

Die Zuordnungen lassen sich nicht exakt voneinander abgrenzen, da die Bezeichnungen meist mehrere Aspekte von Gefühlen beinhalten. Die gesammelten Begriffe betreffen vorwiegend die subjektiven Zustände der Studierenden (kognitiv, körperlich oder emotional) selbst und nicht die Musik oder die Aufgabenstellungen als Objekte der Wahrnehmung.

Das Herangehen an die musikalischen Aufgaben durch Ausprobieren und spielerisches Versuchen war für alle drei Studierenden eine Herausforderung. Die individuellen musikalischen Lösungen für die gestellten Aufgaben warf die Frage auf, ob diese dann auch richtig seien. Die Aufgaben selbst gaben keine objektiven Kriterien an, ob ein Rhythmus zu einer Melodie passte, eine Begleitung stimmig oder ein Bordunton korrekt war, sondern verwiesen die Studierenden auf ihre eigene musikalische Empfindung. Die Differenzierungsfähigkeit der musikalischen Empfindung ist eine grundlegende Kompetenz, die bei den beschriebenen Studierenden vermutlich noch nicht gesichert war, und daher bei ihnen Unsicherheit und die Suche nach dem objektiv Richtigen auslöste. Dieses Gefühl der Unsicherheit galt es zu thematisieren, indem die Studierenden unterstützt wurden, ihre musikalischen Erfahrungen durch Wiederholungen zu vertiefen und allmählich in eine Differenzierung der unterschiedlichen Wahrnehmungen und Empfindungen zu kommen. Erst so wurde es möglich, dass beispielsweise unterschiedliche Borduntöne zu einer Melodie unterschiedlich passend erfahren werden konnten. Diese Erfahrungen benötigten Zeit und Vertrauen in den Lernprozess, der sich anfänglich langsam gestaltete. Wenn diese Differenzierungsarbeit gelingt, so kann eine Sicherheit entstehen, musikalische Problemstellungen mit den eigenen wachsenden Fähigkeiten zu lösen und nachvollziehbare Anknüpfungen an die Musiktheorie herzustellen.

Die Einschätzung der eigenen musikalischen Kompetenzen beeinflusste einerseits, mit welcher Erwartung an die Aufgaben herangegangen wurde, und andererseits, wie die Prozesse und Produkte beurteilt wurden. Die Thematisierung der Selbsteinschätzung und die Anknüpfungen an Erfahrungen, die in den Lernaktivitäten gemacht wurden, führten in den Lernberatungen dazu, dass die Studierenden zuversichtlicher und motivierter weiter arbeiten konnten und das eigene Bild bezüglich ihrer musikalischen Fähigkeiten erweitern konnten.

Die Interventionen des Dozierenden zielten auf eine Vermittlung zwischen Polen, die von den Studierenden konstruiert und als Spannung erlebt wurden. So wurde die Spannung zwischen improvisierendem, spielerischem und offenem Ausprobieren und zielgerichtetem, objektivem und richtigem Lösen von Aufgaben von allen drei als unangenehm erlebt. Im Beratungsverlauf wurde es möglich, Verbindungen zwischen den beiden unterschiedlichen Zugangsweisen zu musikalischen Problemstellungen herzustellen und ihnen ihren je eigenen Wert zu geben. Eine zweite wichtige Intervention bestand in Umdeutungen der von den Studierenden verwendeten Begriffe, um die dahinter stehenden Erfahrungen neu einordnen und bewerten zu können (Reframing).

Alle drei geschilderten Personen bezeichneten sich im musikalischen Handeln als unsicher und vertrauten ihren musikalischen Empfindungen noch nicht. Es ist zu vermuten, dass hinderlich erlebte Emotionen im Zusammenhang mit musikalischem Lernen eher zur Sprache kommen. In anderen Lernberatungen, die nicht als Vignetten dargestellt wurden, wurden die Emotionen deutlich weniger thematisiert, die positiven Erfahrungen häufig mit „es hat Spaß gemacht" verallgemeinernd beschrieben.

9.5 Unterschiedlichkeiten der drei Vignetten

Für Andrea war die Spannung zwischen der subjektiven Wahrnehmung von Stimmigkeit und dem objektiven Beweis der Korrektheit eine wichtige Thematik. Andrea suchte Sicherheit, die sie vorwiegend dadurch gewann, dass sie die von ihr gefundenen Lösungen möglichst objektiv und allgemeingültig überprüfen wollte (Stimmgerät). Da dies nicht immer gelang, löste dies bei ihr Unsicherheit aus, die sich emotional in Zweifel und Enttäuschung ausdrückte. Die hohe Reflexionsfähigkeit von Andrea führte in der Lernberatung zu grundlegenden Diskussionen über Zusammenhänge zwischen musikalischen Kompetenzen des Hörens und dessen Differenzierungen sowie den kognitiven Aspekten des Verstehens musikalischer Phänomene. Das Wesentliche und Spezifische der Musik, so eine Schlussfolgerung, ist nicht auf der kognitivsprachlichen Ebene, sondern auf der Ebene von klanglicher Erfahrung zu finden. Die Stärkung des Vertrauens in die eigene Wahrnehmung und die Herausarbeitung der Anschlussfähigkeit dieser subjektiven individuellen Erfahrungen an das „über das Subjektive" (LB1, 11.3.2008) hinausgehende Allgemeine war ein wichtiger Schritt. Bei Andrea wurde in der Lernberatung die Bedeutung von subjektiv und objektiv als erlebte Spannung im Zusammenhang mit musikalisch ästhetischen Fragen thematisiert.

Bea bezeichnete ihre Spannungserfahrungen mit den Begriffen „bewusst" und „unbewusst". Mit unterschiedlichen Bezeichnungen (s.o.) schilderte sie die Erfahrung dieser für sie sehr verschiedenen Qualitäten des Arbeitens. Emotional standen Freude und Spaß dem Ärger gegenüber. Körperliche Spannungen und Verkrampfungen wurden hinderlich erlebt und ärgerten sie. Der Wendepunkt wurde durch eine Aufwertung der spielerischen und neben her laufenden stimmlichen Improvisationen möglich. Die Umdeutung der eigenen Bewertung ihres Tuns im Gespräch ermöglichte eine Wende zu einer positiveren Grundhaltung dem experimentierenden und spielenden Versuchen gegenüber. Bei Bea ging es in der Lernberatung zentral um die Aufwertung des eigenen Handelns und die Ermutigung, weiterhin spielerisch und improvisierend zu musizieren.

Ähnliche Erfahrungen wurden bei Claudia mit den Begriffen „Loslassen" und „Kontrolle" beschrieben. Sie machte explizit deutlich, dass es ihr unangenehm war, etwas von sich preiszugeben. Eine Deutung dieser Aussage ist, dass sie befürchtete, ihre musikalischen Äußerungen nicht kontrollieren zu können und daher etwas möglicherweise Ungewolltes zum Ausdruck kommt. Den Begriff „Gefühl" verwendete sie vorwiegend in der Bedeutung von „erkennendem Gefühl" (Hastedt, ebd.). Sie selbst gab dem Begriff die Bedeutung von „Loslassen von Kontrolle" oder „Einlassen", was mit Unsicherheit verbunden war. Schwerpunkt in der Lernberatung von Claudia war die Ermutigung, in die Praxis des Versuchens und Experimentierens zu gehen und es aushalten zu können, wenn etwas Unerwartetes, Unkontrolliertes sich zeigt.

Bei allen drei Studierenden ging es um die Beziehung und die Übergänge zwischen zwei unterschiedlichen Verstehensformen, die im Lernen von Musik zusammenspielen: „Das ästhetische Verstehen ist [...] das rein sinnliche begriffslose Verstehen der in begriffsloser Sinnlichkeit sich den Sinnen mitteilenden Musik. Und das erkennende Verstehen ist [...] das reflektive Verhalten, das die Begriffslosigkeit der Musik in die Sprache, ins begrifflich erkennende Verstehen überführt." (Eggebrecht 1999: 13) Das ästhetische Verstehen ist nicht mit den Mitteln der Sprache zu fassen, erschließt sich nur durch die direkte Erfahrung in der Begegnung mit Musik, ist vieldeutig und offen. Das Lernen und Verstehen von Musik gelingt nur im Zusammenspiel von musikalischen Erfahrungen und Empfindungen (ästhetisches Verstehen) und dem reflektierenden Sprechen über Musik (erkennendes Verstehen). Die Unterschiede bei den drei Studierenden zeigten sich in der Art, wie sie diese grundlegende ästhetische Verstehensweise in ihren musikalischen Lernprozess integrieren konnten.

Andrea hatte noch wenig Erfahrungen und Vertrauen in ihr eigenes musikalisches Handeln und Hörvermögen und ließ sich irritieren, wenn die Verbindung zwischen der ästhetischen Erfahrung und dem erkennenden Verstehen noch nicht gelang. Ihre Zielsetzung lag darin, der ästhetischen Erfahrung mehr Raum und Zeit zu geben. Bea beurteilte die eigene spielerische ästhetische Erfahrung als weniger wertvoll. Die Weiterführung ihrer Arbeit wurde durch die Aufwertung der eigenen Erfahrungen im Spiel und Improvisieren ermöglicht. Claudia begegnete den sinnlich-ästhetischen Erfahrungen mit der Befürchtung, etwas von sich selbst preis zu geben. Bei ihr ging es darum, sie zu ermutigen, sich in dem begriffslosen und nicht vollständig kontrollierbaren Spielraum der musikalischen Erfahrung zu versuchen.

Die drei Beispiele zeigen auf, wie unterschiedlich für einzelne Lernende die notwendige Pendelbewegung zwischen spielerischem, häufig unbeabsichtigtem sinnlichen Erfahren und reflektierendem, bewusstem Erkennen emotional erlebt werden.

10 Schlussfolgerungen

Für den Aufbau von Kompetenzen Studierender im Gebrauch des eigenen Instruments für die didaktische Gestaltung von Lernaktivitäten im Instrumentalunterricht und für das Lernberatungshandeln von Dozierenden in der Lernberatung des Instrumentalunterrichts lassen sich folgende Konsequenzen ableiten.

10.1 Kompetenzaufbau und Reflexivität

Die Analyse der Vignetten hat gezeigt, dass wesentliche Erkenntnisprozesse gefördert werden, wenn Emotionen der Lernenden in der Lernberatung angesprochen und bearbeitet wurden. Die Auseinandersetzung mit der Bearbeitung von musikalischen Aufgabenstellungen, die ein Handeln und Involviertsein bedingten, brachten die Lernenden mit ihrem Körper, ihren Empfindungen, Gefühlen und Emotionen, mit ihren Selbstkonzepten, Wertesystemen und gedanklichen Konzepten in Kontakt. Das konnte konstruktive Spannungen ergeben, die ein Lernen anregen. Das Thematisieren von Gefühlen in ihrer dargestellten Vielfalt in fachlich orientierten Lernberatungen und möglicherweise auch im Einzelunterricht eröffnete wichtige Wege des musikalischen Lernens. Ästhetische Empfindungen, körperliche Wahrnehmungsdifferenzierung und Bewertungen des eigenen Handelns konnten reflektierend bearbeitet werden. In der Anlage der Selbstlernarchitektur war beabsichtigt, dass sich die Studierenden mit diesen Themenfeldern beschäftigen, um ihre musikalischen Fähigkeiten bewusst zu erweitern.

Die Lernberatungen ermöglichen es, sich sprachlich über die vage und undeutlich wahrgenommenen Empfindungen und Gefühle zu äußern und diese im Gespräch deutlicher zu fassen und unterscheiden zu lernen. Damit wurde einerseits die emotionale Selbstkompetenz gefördert und andererseits die Bedeutung ästhetischer Empfindungen für das musikalische Lernen betont.

10.2 Die Lernaktivitäten

In den Lernaktivitäten (Lernwegempfehlungen, Materialien und Lernpraktiken) wurde explizit beschrieben, dass es um die experimentierende Suche nach individuellen Lösungen geht, die sich an der eigenen Empfindung von Stimmigkeit orientieren. Die Bearbeitung führte einzelne Studierende durch die offenen, individuellen und handlungsorientierten Aufgabenstellungen an Grenzen ihrer bisher vorhandenen Fähigkeiten. An diesen Grenzen konnte etwas Neues entstehen, Lernen stattfinden. Diese Grenzen wurden vor allem für die Studierenden unangenehm spürbar, die noch wenige Erfahrungen und große Unsicherheiten mit musikalischen Aufgabenstellungen hatten.

Improvisierende und experimentelle Aufgabenstellungen, die den Studierenden unterschiedliche Lösungen eröffnen, waren eine Quelle von Unsicherheit. Es gab nicht *eine* richtige Lösung, sondern viele, und diese konnten nicht mit einfachen, objektiven Kriterien überprüft werden. Die Erfahrungen in den Lernberatungen weisen darauf hin, dass die Studierenden die Aufgabenstellungen in verschiedenen Arbeitsphasenunterschiedlich angegangen sind: Auf der einen Seite in einem offenen, nicht bewertenden improvisierenden Spiel und andererseits in einer zielgerichteten, bewertenden reflektierenden Strategie. Beides sind gleichwertige Wege zum musikalischen Lernen, die sich aufeinander beziehen. „Die Vertrautheit mit dem musikalischen Vokabular ist die Voraussetzung für jede reflektierte Auseinandersetzung mit Musik, wenn sie sich nicht allein auf das affektive Mitgenommensein stützt. Umgekehrt kann die affektive Begleitung des Gehörten umso intensiver sein, je mehr Elemente und Grundstrukturen der Musik dem Hörer bereits vertraut sind." (Gruhn 2004: 36) „Affektives Mitgenommensein" und „reflektierte Auseinandersetzung" sind beide notwendige und gleichwertige Grundlagen des musikalischen Verstehens.

Die Studierenden waren sich nicht sicher, ob ihre Lösungsmöglichkeiten den Konventionen entsprechend richtig waren. Sie suchten nach Bestätigung für ihre Lösungen, die sie in den Lernaktivitäten selbst nicht finden konnten. Auch der die Lernaktivitäten begleitende Austausch im Forum, konnte den unsicheren Studierenden keine umfassende Hilfe bieten. Die Möglichkeit, sich über unterschiedliche Lösungswege auszutauschen, war für die Optimierung des Arbeitsprozesses hilfreich, nicht aber für die Erhöhung der Gewissheit, auf dem richtigen Weg zu sein.

Die Lernaktivitäten ermöglichten durch ihre Anlage eine konstruktive Verunsicherung, die in den Lernberatungen differenziert reflektiert wurde, um die eigenen Lernstrategien zu optimieren. Fachliche Fragestellungen, wie das Finden einer passenden Begleitung nach Gehör, führten zu einer weiteren Unsicherheit, deren Bearbeitung ein tieferes Verständnis von musikalischen und ästhetischen Grundlagen ermöglichte.

10.3 Die Lernberatung

Die Lernberatungen sind hier das zentral untersuchte und beobachtete Element der Selbstlernumgebung. Dabei wurde deutlich, was Arnold „Lernen als die Veränderung von Deutungs- und Emotionsmustern" nennt: „Menschen [...] eignen sich [...] ihre Kompetenzen nur zu ihren eigenen Bedingungen an [...] Die Muster dieses Lernens können nicht außer Acht gelassen werden, zumal sich aus diesen eigenen Bedingungen des Lernens nicht selten genau diejenigen Widerstände ergeben, die dem Lernen und der Veränderung entgegenstehen." (Arnold 2008: 228). Die Lernberatung ermöglichte es, diese „eigenen Bedingungen des Lernens" den Studierenden bewusst und damit erst veränderbar zu machen.

Die Lernberatung als eine Interaktion von Person zu Person bot Möglichkeiten, individuelle Reflexionen anzuregen, wie sie durch die Lernpraktiken initiierten erlebten Spannungen und Differenzen zwischen den momentan verfügbaren und den noch zu entwickelnden Fertigkeiten, Fähigkeiten und Kenntnissen konstruktiv genutzt werden konnten. Die vorliegende Untersuchung lässt vermuten, dass insbesondere dort, wo sich ein höheres Potenzial (und daher auch eine höhere Spannung) an Lernmöglichkeiten zeigt, emotionale Themen vermehrt in den Lernberatungen auftauchen.

Das Durchführen der Lernberatungen (als eine sehr offene Gesprächsanlage) verlangte von den Dozierenden eine Art improvisatorische Gesprächsführung und damit eine sehr rasche Auffassungsfähigkeit und sprachliche Gewandtheit. Die vorliegende Untersuchung ermöglichte einen distanzierten Blick auf den Verlauf der Gespräche und die Impulse, die vom Dozierenden erfolgten. Durch steuernde Gesprächselemente wie Nachfragen, Anbieten von anderen Perspektiven, zusammenfassende Thesenbildung etc. war es möglich, die Reflexion der Studierenden zu öffnen, zu weiten und zu vertiefen und damit Themen in das Gespräch einzuführen, die für die Studierenden nicht von selbst angesprochen wurden. Es ist auch erhellend, in der Analyse der Protokolle zu beobachten, wie viele Möglichkeiten vom Dozierenden „verpasst" wurden, thematisch vertiefend in das Gespräch zu kommen und damit das Nachdenken und Reflektieren weiter anzuregen. Durch die hier gezeigte Beobachtung des eigenen Beratungshandelns wurden Reflexionsprozesse für die Dozierenden eröffnet, die zu einer Verbesserung der Lernberatungen führten, da bewusster wurde, welche Anknüpfungspunkte sich für die Diskussion anboten und wie Phasen, welche Lern- und Reflexionsprozesse der Studierenden gelingen konnten. Dabei ist es im Kontext einer Ausbildung notwendig, die persönlichen Grenzen der Studierenden unbedingt zu respektieren und sich im Gespräch auf die Aspekte der Emotionen zu beschränken, die sich auf die Arbeit und die dabei stattfindenden Lernprozesse beziehen.

In den Lernberatungen war die Betonung der Gleichwertigkeit unterschiedlicher Zugangsweisen zur Musik ein zentraler Hinweis aus der Fachperspektive. Die von den Studierenden konstruierte Abwertung von eigenen Erfahrungen, spielerischen Experimenten, involviertem Spiel konnte reflektiert und revidiert werden. Damit wurde es möglich, in der erlebten Polarität, die zu Verkrampfungen und Blockaden führte, erleichternde Bewegung zu initiieren.

Das Einbringen der disziplinären Perspektive durch die Dozierenden setzte die Erfahrungen der Studierenden in der Begegnung mit den musikalischen Aufgabenstellungen in den Kontext des Fachs Musik. Musikalische Phänomene wurden erlebt und empfunden, Klang wurde im Singen, im instrumentalen Spiel und in der rhythmischen Bewegung körperlich koordiniert erzeugt und gestaltet. Die Unsicherheiten, die dabei entstehen konnten, indem der eigenen Wahrnehmung und der Differenzierungsfähigkeit noch nicht vertraut wurden oder die Koordination unterschiedlicher Körperbewegungen noch nicht möglich war, sind Teil des Lernprozesses und nicht zu umgehen. Grundsätzliche ästhetische Fragen wurden von den Studierenden aufgeworfen und konnten diskutiert werden.

Die Thematisierung und Reflexion der Aussagen über die erfahrenen Emotionen während des Arbeitens ermöglichte es den Studierenden in den geschilderten Lernberatungen, erlebte emotionale Zustände zu differenzieren, Begriffen und Erfahrungen in andere Zusammenhänge zu stellen (Reframing)[6], hinderliche Selbstbilder zu erweitern und aufzulösen, zu hohe Erwartungen an sich selbst zu relativieren, sich für die Weiterarbeit zu motivieren, Hintergründe zu den hinderlichen wertenden Emotionen aufzudecken, körperliche Spannungen anzusprechen und Möglichkeiten zu deren Auflösung zu entdecken und positiv erlebte Phasen in der Arbeit wertzuschätzen.

---

6 Umdeutung: Begriffe werden in einen anderen Kontext gestellt und bekommen daher eine neue Bedeutung (hier das Beispiel von „das Lied verhunzen" zu mit „mit dem Lied improvisieren").

11 Fazit

Blicken wir auf die anfangs gestellten Fragen zurück:

Führen die Thematisierung und die Reflexion von Emotionen, die beim erwachsenen Lernen im musikalischen Handeln auftauchen, zu positiven Veränderungen im Lernen der Studierenden?

Die Lernberatung ermöglichte durch die direkte Begegnung zwischen Dozierenden und Studierenden eine persönliche individuelle Beratung. Die Studierenden sprachen in den untersuchten Lernberatungen von sich aus emotional belegte Themenbereiche an, die vom Dozierenden aufgenommen wurden. Das gemeinsame Gespräch ergab durch Nachfragen und Umdeutungsangebote eine Differenzierung, Neubewertung und Umdeutung der erlebten Emotionen. Die Studierenden konnten in der Folge motivierter, erleichtert, lockerer und dadurch auch mit weniger Druck an den weiteren Aufgaben arbeiten.

In der vorliegenden Untersuchung brachten Studierende emotionale Themen in die Lernberatung ein, wenn spannungsreiche Erfahrungen ihre Lernprozesse erschwerten. Positive und motivierende Emotionen wurden seltener genannt und wenn, dann nur kurz in einer pauschalisierenden Aussage wie „es hat Spaß gemacht."

Durch die Untersuchung wurde deutlich, dass die Aussagen zu den „Emotionen" in unterschiedliche Kategorien zu differenzieren und demnach auch unterschiedliche Interventionen angemessen sind.

Wie Musik bei den Studierenden wirkt, ob Lösungen als stimmig und zutreffend beurteilt werden, wurde häufig mit Formulierungen wie „Ich habe das Gefühl, dass..." beschrieben. Diese Erfahrungen wurden unter dem Begriff der *erkennenden Gefühle* zusammengefasst (siehe Tabelle 1). Die Interventionen thematisierten ästhetische Fragestellungen. Körperliche Spannungszustände und Spannungsveränderungen während des Arbeitens waren selten durch die direkte Arbeit am Instrument (durch falsche Haltung oder Ermüdungserscheinungen) begründet, sondern wurden durch die Spannung zwischen den vorhandenen Handlungsmöglichkeiten und der an sich selbst gestellten Erwartungen ausgelöst. Diese körperlichen Erfahrungen wurden unter *Empfindungen* aufgelistet. Emotionen als Bewertungsaspekt galt es von den Empfindungen abzugrenzen und dafür neue Deutungen anzubieten.

Können in der Lernberatung durch die Reflexion über die auftauchenden Emotionen Perspektiven für das Verständnis des Fachs Musik und für musikalische Lernprozesse eröffnet werden?

In den individuellen Lernberatungen wurden von den eigenen, subjektiven und individuellen Erfahrungen der Studierenden ausgehend konkrete Bezüge zum Fachverständnis von Musik hergestellt. Im Unterschied zu einer allgemeinen Lernberatung brachte der Lernberater fachliche Impulse und Perspektiven ein.

Die spezifischen Lernstrategien zur Musik wurden abhängig vom Inhalt des zu Lernenden erworben (Forneck 2006: 73).

Es wurde deutlich, dass das ästhetische Urteil von „Stimmigkeit" nicht einfach da ist, sondern erst durch die bewusste Differenzierung von Wahrnehmungen ausgebildet wird. Die ersten einzelnen improvisierenden Versuche mussten wiederholt werden, um Unterschiede von verschiedenen musikalischen Lösungen miteinander vergleichen zu können. Damit wurde es möglich, zwischen „passend" und „weniger passend" hörend zu differenzieren, bevor das Wissen darüber da war, zu begründen, warum es passt.

Die affektive Wahrnehmung ist eine Basis musikalischer Kompetenz. Für die Studierenden war es wichtig, musikalischen Erfahrungen in den eigenen Versuchen gebührend Raum zu geben und zu realisieren, dass Musik verstehen ohne Musik zu erfahren nicht möglich ist und dass Verstehen von Musik die Erfahrung von Musik verändert und vertieft.

Objektiv richtige Lösungen wurden individuellen stimmigen Lösungen gegenübergestellt. Das formulierte Bedürfnis der Studierenden, nicht nur stimmige, sondern auch richtige Begleitungen machen zu können, weist auf eine für die angehenden Lehrpersonen relevante Thematik hin. Ist jede individuelle Lösung eines Kindes einer musikalischen Problemstellung gleich gut oder gleich schön? Sind richtige Lösungen die besseren Lösungen? Gibt es einen Konsens darüber, was richtig oder schön ist? Und wie kommt dieser Konsens zustande? Gibt es objektiv richtige Musik? Die Fragen, die in den Lernberatungen angeregt wurden, weisen auf ästhetische, kulturhistorische und wahrnehmungspsychologische Themen hin, die für die musikpädagogische Arbeit in der Schule Bedeutung haben.

Musikalische Handlungskompetenz ist mit der Fähigkeit zur rhythmischen Bewegungskoordination in vielfacher Weise verbunden. Die damit einhergehenden normalen Unsicherheits- oder Spannungserfahrungen wurden von den Studierenden emotional abgewertet und als hinderlich aufgefasst. Es galt nun einerseits, die Komplexität von Bewegungen, die miteinander koordiniert werden mussten, zu reduzieren und so einfaches und spielerisches Ausprobieren und Experimentieren zulassen zu können und andererseits die Bewertungen zu reflektieren. Damit wurde die Motivation gestärkt, sich weiterhin in das offene Feld des improvisierenden Lernens zu begeben.

Der Einbezug und die Differenzierung unterschiedlicher emotionaler Aspekte des Lernens von Musik ermöglichten eine Reflexion des eigenen Lernverhaltens der Studierenden, die nicht nur mit ihrer eigenen Person in Verbindung steht, sondern auch mit der Eigenheit des Faches Musik. In der Lernberatung konnten diese Aspekte zur Sprache gebracht und damit auch bearbeitbar gemacht werden. Lernen und Verstehen von Musik sind ohne ein Involviertsein nicht möglich. Im Musikmachen und Musikhören, im individuellen und kommunikativen Spiel, im Gestalten und Verstehen von Musik – immer sind emotionale Aspekte beteiligt, die es zu beachten gilt.

Literatur

Anselm, Ernst (1991): Lehren und Lernen im Instrumentalunterricht. Mainz: Schott.

Arnold, Rolf; Holzapfel Günther (2008): Emotionen und Lernen. Baltmannsweiler: Schneider.

Arnold, Rolf (2008): Die emotionale Konstruktion der Wirklichkeit. Baltmannsweiler: Schneider.

Bruhn, Herbert; Oerter, Rolf; Rösing, Helmut (Hg.) (2009): Musikpsychologie. Reinbek b.H.: Rowohlt.

Bundschuh, Konrad (2003): Emotionalität, Lernen und Verhalten. Bad Heilbrunn: Klinkhardt.

Ciompi, Luc (1999): Die emotionalen Grundlagen des Denkens. Göttingen: Vandenhoeck.

Damasio, Antonio R. (1997): Descartes Irrtum. München: dtv.

Drodowski, Günther (1963) (Hg.): Etymologie. Mannheim: Duden.

Eggebrecht, Hans Heinrich (1999): Musik verstehen. Wilhemshaven: Noetzel.

Ernst, Anselm (1991): Lehren und Lernen im Instrumentalunterricht. Mainz: Schott.

Figdor, Helmuth; Röbke, Peter (2008): Das Musizieren und die Gefühle. Mainz: Schott.

Flick, Uwe; von Kardoff, Ernst; Steinke Ines (2007): Was ist qualitative Forschung? In: Flick, Uwe; von Kardoff, Ernst; Steinke Ines (Hg.): Qualitative Forschung. Reinbek b.H.: Rowohlt

Forneck, Hermann; Gyger Mathilde; Maier Reinhard, Christiane (Hg.) (2006): Selbstlernarchitekturen und Lehrerbildung. Bern: h.e.p.

Gembris; Heiner (2009): Grundlagen musikalischer Begabung und Entwicklung. Augsburg: Wiessner.

Golemann Daniel (1997): Emotionale Intelligenz. München: dtv.

Gieseke, Wiltrud (2007): Lebenslanges Lernen und Emotionen. Bielefeld: wbv.

Gruhn, Wilfried (2004): Wahrnehmen und Verstehen. Willhelmshafen: Heinrichshofen-Bücher.

Hametner, Stephan (2006): Musik als Anstiftung. Heidelberg: Carl Auer.

Hamm, Alfons (1995): Psychophysiologie des Verhaltens. In: Petzold, Hilarion (Hg.): Die Wiederentdeckung des Gefühls. Junfermann: Paderborn.

Hastedt, Heiner (2005): Gefühle. Reclam: Stuttgart.

Hildenbrand, Bruno (2007): Anselm Strauss. In: Flick, Uwe; von Kardoff, Ernst; Steinke Ines (Hg.): Qualitative Forschung. Reinbek b.H.: Rowohlt.

Küng, Marlis (2007): Lehrer- und Lehrerinnenausbildung: Selbständige, kooperative und softwareunterstützte Lernprozesse und überfachliche Kompetenzen. Münster: Waxmann.

Kreutz, Gunter (2009): Musik und Emotion. In: Bruhn, Herbert; Oerter Rolf; Rösing Helmut (Hg.): Musikpsychologie. Reinbek b. H.: Rowohlt.
LeDoux, Joseph (2001): Das Netz der Gefühle. München: dtv.
Levitin, Daniel J. (2009): Der Musikinstinkt. Heidelberg: Spektrum.
Liessmann, Konrad Paul (2009): Ästhetische Empfindungen. Wien: Facultas.
Mahlert, Ulrich (Hg.) (2006): Handbuch Üben. Wiesbaden: Breitkopf & Härtel.
Maier Reinhard, Christiane (2003): Die Flexible Ausbildung von Lehrkräften in der Primarschule – ein Projekt der Pädagogischen Hochschule Liestal. In: Beiträge zur Lehrerbildung, 21.1, S. 68–75.
Maier Reinhard, Christiane; Wrana Daniel, (Hg.) (2008): Autonomie und Struktur in Selbstlernarchitekturen. Opladen: Budrich.
Meyer, Wulf-Uwe; Reisenzein, Rainer; Schützwohl, Achim (2001): Einführung in die Emotionspsychologie. Bern: Huber.
Moser, Peter (2008): In Einsamkeit studieren? Affekte und Emotionen in einer Selbstlernarchitektur. In: Maier Reinhard, Christiane; Wrana Daniel (Hg.): Autonomie und Struktur in Selbstlernarchitekturen. Opladen: Budrich, S.147–170.
Petzold, Hilarion (1995): Das schulenübergreifende Emotionskonzept der „Integrativen Therapie" und seine Bedeutung für die Praxis „emotionaler Differenzierungsarbeit". In: Petzold, Hilarion (Hg.): Die Wiederentdeckung des Gefühls. Junfermann: Paderborn, S. 191–272.
Roth, Gerhard (2003): Fühlen, Denken Handeln. Frankfurt a.M.: Suhrkamp.
Rüedi, Jürg (2008): „Bin am Text Lesen und Fragen Beantworten, lasse mich sehr schnell ablenken..." Lernstrategien im Lichte fallrekonstruktiver Forschung. In: Maier Reinhard, Christiane; Wrana Daniel (Hg.): Autonomie und Struktur in Selbstlernarchitekturen. Opladen: Budrich, S. 271–202.
Rumpf, Horst (2010): Was hätte Einstein gedacht, wenn er nicht Geige gespielt hätte? Weinheim: Juventa.
Schmitz, Hermann (1995): Gefühle in philosophischer (neophänomenologischer) Sicht. In: Petzold, Hilarion G. (Hg.): Die Wiederentdeckung des Gefühls. Paderborn: Junfermann, S. 47–81.
Siecke, Bettina (2007): Emotionen und Lernen. Bielefeld: wbv.
Wahrig, Gerhard (1978): Wörterbuch der deutschen Sprache. München: dtv.
Zurmühle, Jürg (2006): Reflektierende Autodidaktik: Die Lernaktivitäten Instrumentalensemble. In: Forneck, Hermann; Gyger Mathilde; Maier Reinhard, Christiane (Hg.): Selbstlernarchitekturen und Lehrerbildung. Bern: h.e.p., S. 269–288.

Gesprächsinterventionen in der Lernberatung
Eine Untersuchung des kommunikativen Handelns in der Lernberatung

Thomas Huber

1 Einleitung

Die Lernberatungen sind im didaktischen Setting von Selbstlernarchitekturen ein zentrales didaktisches Element, um den Lern- und Entwicklungsprozess der Studierenden zu gestalten. Für die Dozierenden entsteht durch die Lernberatung ein neuer Bestandteil professionellen Handelns (vgl. Kossack in diesem Band), der auch für sie einen Lern- und Entwicklungsprozess notwendig macht. Dieser Beitrag beschäftigt sich mit dem Gesprächsprozess und dem Beratungshandeln in der Lernberatung im Studium von Lehrpersonen.[1] Wie gestalten die Dozierenden eine Lernberatung? Wie kann man dieses „Tun" erfassen und beschreiben? In Einzelfallanalysen wurden drei Lernberatungsgespräche zwischen Dozierenden und Studierenden untersucht. Für die Grobanalyse wurden in den Lernberatungen beobachtete Gesprächstechniken aufgrund der Zuordnung zu Beratungskonzepten und der Funktion im Gespräch kategorisiert und im Zeitverlauf des untersuchten Gespräches eingeordnet. Zudem wurde in einer Feinanalyse der Interaktionsprozess in Ausschnitten vertiefend untersucht.

Folgender Fragehorizont soll eröffnet werden:

- Welche Gesprächsinterventionen treten zu welchem Zeitpunkt auf? Was lässt sich aus Häufungen oder seltenem Auftreten von Gesprächsinterventionen in bestimmten Gesprächsphasen aussagen? Wo geschieht was und warum gerade dort?
- Ist eine Segmentierung des jeweiligen Gespräches aufgrund der Gesprächsinterventionen beschreibbar? Was sagt diese Struktur über die eingenommenen Rollen und die Eigenheit dieser Lernberatung aus? Inwiefern ist in den drei untersuchten Lernberatungen „Gleiches" aufzufinden, und worin bestehen die Differenzen in Bezug auf den untersuchten Interaktionsprozess?
- Werden durch die beschriebenen Interventionen für die Lernberatung spezifische Beratungsansätze erkennbar, welche sich von den klassischen Be-

---

[1] Die Lernberatungen wurden im Kontext des Projektes @rs: Architekturen des Selbstlernens der Pädagogischen Hochschule FHNW geführt (vgl. den Beitrag „Kontexte" in diesem Band.

ratungshaltungen unterscheiden? Wie zeigen sich diese Unterschiede? Was lässt sich für eine qualitätsvolle Lernberatung daraus schließen?

2 Zur Bedeutung der Beratungskompetenz in der Lernberatung

Die Lernberatung ist eine spezifische Interaktions- und Beziehungssituation, die durch ihre didaktische Funktion in der Lehre mitbestimmt ist (vgl. Nestmann/Engel/Sickendiek 2007). Forneck schreibt, dass im Kontext von Selbstlernarrangements eine zusätzliche Professionsanforderung entstehe: „Dozierende müssen im Lernprozess eine neue diagnostische und beraterische Kompetenz entwickeln." (Forneck 2006: 31) Zu diesen angesprochenen Kompetenzfeldern meinen Nestmann u.a. (2007), dass Beratung eine Doppelverortung aufweise und in zwei Diskurse eingebunden sei: Die Beratungsperson brauche neben dem handlungsfeldspezifischen Wissen auch handlungsfeldunspezifisches Beratungs- und Interaktionswissen. Was bedeutet dies für die Lernberatung? Das handlungsfeldspezifische Wissen kann bei Dozierenden mit ihrem wissenschaftlichen und fachdidaktischen Ausbildungshintergrund vorausgesetzt werden. Ungewissheit existiert jedoch, worin die feldunspezifische Kompetenzbasis bei Dozierenden besteht und wie sie sich in der Lernberatung äußert. Genügt die allgemeine Präsenz von Beratungsmomenten während der Lehrtätigkeit auch als Beratungskompetenz für Lernberatungen? Durch die Analyse der Gesprächsinterventionen in der Lernberatung soll der Blick auf die Verschränkung der feldunspezifischen Kompetenzen mit der feldspezifischen didaktischen Kompetenz während des Beratungsprozesses gerichtet werden.

Lernberatung ist der pädagogischen Beratung zugehörig, die sich nach Fuhr (2003: 92) an Lern- und Bildungsprozessen von Einzelnen und Gruppen orientiert und auf die Selbstorganisation des Individuums zielt. Kemper und Klein (1998: 40, zit. in Siebert 2006: 133) formulieren als Grundprinzipien für eine Lernberatung: Biografiebezug, Kompetenzorientierung, Sicherung von lern- und lebensbiografischer Kontinuität, Reflexionsorientierung und Lerninteressenorientierung. Von Siebert (2006: 131) werden zudem verschiedene Interventionstiefen bei der Lernberatung unterschieden. Während Wissen und Techniken oder Strategien im Gespräch nach Siebert einfacher anzusteuern sind, werden Stile, Motivationen oder Grundüberzeugungen als Elemente der Identität nur im Einverständnis mit den Beratenen zum Thema. Diese kurze Auslegeordnung führt vor Augen, dass eine Lernberatung ein hoch differenziertes Kommunikationsbewusstsein von den beratenden Dozierenden verlangt. Eine im Ausbildungskontext stattfindende Lernberatung muss zudem institutionell bedingte Rahmenbedingungen einhalten, die den Komplexitätsgrad weiter erhöhen. Sie ist im Gegensatz zu einer Beratungssituation in der Weiterbildung nicht freiwillig, sondern fordert bestimmte inhaltliche Ansprüche ein. Die Lernberatung in der Selbstlernarchitektur versucht den Studierenden ihre persönlichen Bedeutungszuschreibungen dem Lerninhalt gegenüber bewusst zu machen und sie in eine Auseinandersetzung mit dem Wissensfeld zu führen, zu dem der Lerngegenstand gehört. Die Relationierung der eigenen Sicht auf den Lerngegenstand zur Sicht der Lernberatungsperson, welche auch der disziplinären Perspektive Sorge trägt, involviert aber auch die Personen „hinter" dem Lerngegenstand. Das Persönliche ist zwar nicht Ziel der Lernberatung, aber gleichwohl wesentliche Mitbedingung eines gelingenden Beratungsverlaufes. So unterscheidet sich die Lernberatung in ihrer Schwerpunktlegung auch von einem Mentoratsgespräch oder einer Unterrichtsnachbesprechung, welche den Selbstexplorationsprozess höher gewichten (vgl. Schüpbach 2007). In den vorliegenden Gesprächen wird untersucht, mit welchen sprachlichen Mitteln diese hohen Ansprüche an eine Lernberatung bewältigt werden und wie die Interaktions- und damit einhergehende Beziehungsgestaltung zwischen Studierenden und Lernberatungspersonen im Spiegel der Gesprächsinterventionen aussieht. Gibt es Interventionsmuster, die für die spezifischen Bedingungen der Lernberatung kennzeichnend erscheinen?

3 Gesprächsinterventionen und ihre Funktion in der Lernberatung

3.1 Zur Bedeutung von Beratungsbewusstsein in der Lernberatung

Lernberatende Dozierende sind meist nicht vorrangig Beratungspersonen, sondern in ihrer Disziplin in Lehre und Forschung verankert. Sie verfügen ihrer Persönlichkeit und Bildungsbiografie entsprechend über Gesprächswerkzeuge, die sie in der Situation der Lernberatung zur Anwendung bringen. Die eingesetzten Gesprächstechniken werden von der Lernberatungsperson mehr oder weniger bewusst aus ihrem ursprünglich psychologischen Kontext herausgelöst und im pädagogischen Feld Lernberatung neu verortet. Nach Nestmann u.a. (2007) sollte die professionelle Beratungsperson über ein persönliches Beratungskonzept verfügen, in dem Grundhaltungen, Wertvorstellungen, Bezugstheorien und das eigene Prozessverständnis in Relation zum institutionellen Auftrag geklärt sind. Dieses Beratungskonzept wäre dann die Hintergrundfolie, auf der sich der Beratungsprozess entfaltet. In klassischen Beratungsmodellen verwurzelte Beratungspersonen gewinnen Beratungsidentität über ein Bewusstmachen ihrer Bezugstheorien. Eingesetzte Gesprächstechniken beziehen ihre Wirkkraft aus der Abstützung in einem mit der eigenen Persönlichkeit verbundenen Beratungskonzept. Achtsamkeit in der Verwendung von Gesprächsinterventionen, eine reflektierte Gesprächssteuerung wäre in diesem Verständnis Ausdruck der Professionalität des Beratungshandelns. Pätzold (2004) und Siebert (2006) messen der Gestaltung der Lernberatungsinteraktion hohe Bedeutung zu, damit sich die Lernenden als nicht defizitäres Subjekt wahrgenommen und zur Darlegung ihres Lernanliegens ermutigt fühlen. So wird die Herstellung einer beidseitig verstandenen Sprache eine Herausforderung an die Wahrnehmungsfähigkeit und Beratungskompetenz der Dozenten und Dozentinnen. Diese Selbstbewusstheit in der Verwendung der sprachlichen Mittel, würde auch den sorgfältigen Umgang mit der Machtposition des gleichzeitigen Verfügens über das disziplinäre Wissen und den Lernberatungsauftrag zusätzlich unterstützen. Die Auseinandersetzung mit den Gesprächsinterventionen in der Lernberatung soll diese Schlüsselstelle des kommunikativen Handelns näher beleuchten. Zur Grobanalyse der Lernberatungen und ihren Gesprächsinterventionen wurde ein Codierungssystem entwickelt, das Gesprächstechniken aus häufig eingesetzten Beratungstheorien kategorisiert und die Abstützung der Lernberatungspersonen auf unterschiedliche Beratungsansätze darstellt (vgl. Huber 2009). Nachfolgend finden sich kurze Ausführungen dazu und eine Bezugnahme zur Fragestellung der Feinanalyse.

3.2 Systemische und konstruktivistisch orientierte Gesprächstechniken

Kriz (2007: 211) bezeichnet als zentrales Merkmal einer systemischen Betrachtungsweise die Zirkularität, das Anerkennen, dass Ereignisse nicht isoliert vorkommen, sondern in Beziehung zu anderen Ereignissen stehen, und dass diese Beziehungen oft als wechselseitig gelten müssen. Dies führt in der Konsequenz zu einem dynamischen Systemverständnis, das sich in komplexen Bedingungsräumen entwickeln und anpassen muss. Das Prinzip der Selbstorganisation dynamischer Systeme bezüglich der Lernberatung würde bedeuten: Das Gespräch kann nicht in einem kausalen Denken gesteuert werden, dem Studierenden wird primär Information zur Verfügung gestellt, die in einem Selbstorganisationsprozess in die eigene subjektive Wirklichkeit eingebaut wird. Die Beratungsperson muss im systemischen Verständnis eine Prozesskompetenz entwickeln, die sie befähigt, einen Veränderungsprozess des Individuums anzuregen und zu begleiten. Konstruktivistisch-narrativ orientierte Gesprächsformen möchten dem Gegenüber Raum zur Verfügung stellen, um erzählend eigene Wirklichkeitskonstruktionen auszuprobieren und darzulegen (vgl. Lucius-Hoene/Depperman 2004). Für die Feinanalyse interessiert, ob und wie in der beschränkten Zeit der Lernberatung mit ihrem Lernanspruch und ihren Rollengegebenheiten die beschriebenen Gesprächshaltungen und Erzählräume sichtbar werden können.

3.3 Humanistisch orientierte Gesprächstechniken

Die klientenzentrierte Beratung (vgl. Pervin 2005: 215ff.) bedeutet unbedingte Wertschätzung des Gegenübers, Einfühlungsvermögen in dessen Wirklichkeit und Vertrauen in seine Entwicklungsmöglichkeiten. Straumann nennt „Bewusstseinsbildung und Reflexion auf der Grundlage eigener Erfahrungen sowie Entwicklung und konsensorientierte Veränderung durch dialogisch geprägtes Verstehen, Verständigung und Selbstverstehen" (Straumann 2007: 650) als zentrale Aspekte des klientenzentrierten Beratungsansatzes. Diese Haltung lässt sich über spezifische Gesprächstechniken veranschaulichen, ist aber an einen persönlichen, anspruchsvollen Entwicklungsprozess geknüpft, ansonsten kann Gesprächstechnik zu einer aufgesetzten Maske werden (vgl. Schulz von Thun 1981/2005). In der Feinanalyse interessiert, ob diese an Persönlichkeitsentwicklung und Beziehung gebundene Gesprächshaltung im Setting der Lernberatung Bedeutung erhält.

3.4 Neurolinguistisch orientierte Gesprächstechniken

Bandler und Grinder (1988) versuchten praxisorientiert aufzuzeigen, wie sich ein erfolgreicher Beratungsprozess in der Sprache repräsentiert und welche sprachlichen Mechanismen dem Scheitern einer Interaktion zugrunde liegen könnten. In der Lernberatungsanalyse wurden deshalb auch Interaktionsmuster aufgenommen, welche nach Bandler und Grinder zur „Verzerrung" der Kommunikation führen können und die sich spezifisch über Syntax und Wortwahl darstellen lassen. Im NLP wird zwischen der Oberflächenstruktur des Satzes, der konkret geäußerten Aussage und einer Tiefenstruktur, die den vollständig gedachten Satz beinhaltet, unterschieden (vgl. Bürgi/Eberhardt 2006). In der Lernberatung wären dann im Prozess der wahrgenommenen Gesprächssituation fortlaufend sachbezogene wie persönlichkeitsbezogene Filter aktiv, welche Relationen zwischen Oberflächenstruktur und Tiefenstruktur herstellen. Für die Feinanalyse interessiert, ob derartige sprachliche Mehrdeutigkeiten zwischen Oberflächenstruktur und vermuteter Tiefenstruktur im Interaktionsprozess sichtbar wurden und ob eine für die Lernberatung spezifische Funktion der dysfunktionalen Interventionen beschrieben werden kann.

3.5 Prozesssteuernde und inhaltsorientierte Interventionen

Ein Analyseinteresse ist, ob die Inhaltsorientierung der Lernberatung in einer spezifischen Prozesssteuerung sichtbar wird. Wie stellt sich dies auf der Ebene der untersuchten Gesprächsinterventionen dar? Treten in den untersuchten Lernberatungen vermehrt direktive Gesprächsinterventionen auf, wie sie in vielen Beratungsansätzen eher vermieden werden? Wird eine Asymmetrie in der Gesprächsinteraktion festgestellt und ist damit Auswirkung auf die Qualität der Lernberatung verbunden? Lernberatungspersonen tragen verschiedene Rollen und stehen als Dozierende auch in der Lehrverantwortung für ihr Fach. Die Lernberatung findet in einem definierten Zeitgefäß statt und das Zeitmanagement obliegt der Beratungsperson. Es wurde deshalb eine Kategorie von Interventionen definiert, welche spezifisch auf die Prozesssteuerung Bezug nimmt. In der Prozesssteuerung stellt die Beratungsperson sicher, dass sich die Lernberatung im vorgesehenen Inhaltsrahmen bewegt und im zur Verfügung stehenden Zeitraum zum Abschluss kommt. Die Inhaltsorientierung stellt eine innere Landkarte der Beratungsperson dar, welche die Lernberatung im Hintergrund mitsteuert. Vermutung ist, dass sich dies in der Anpeilung eines Abschlusses äußert, der den Studierenden Wege zum Weiterlernen eröffnen soll. Für die Feinanalyse interessiert, ob und wie sich die Prozesssteuerung in der Interaktionsgestaltung auswirkt.

4 Der Gesprächsprozess und seine Funktion in der Lernberatung

4.1 Zur Bedeutung der Gesprächsphasen in der Lernberatung

In der Grobanalyse der Gespräche soll untersucht werden, ob in den Lernberatungen aufgrund der festgestellten Gesprächsinterventionen eine Phasenabfolge erkennbar ist und in welchem Zusammenhang diese Strukturbildung mit der untersuchten Lernberatung steht. In der Beratungstheorie besteht gemäß Bürgi und Eberhart (2006: 33) weitgehende Übereinstimmung, wie ein Beratungsgespräch in der Regel abläuft. Sie sprechen von einer Logik des Beratungsprozesses, der sich in einer inneren Ordnung des Problemlöseprozesses und einer Dimension der Beziehungsgestaltung abbildet. Die Abfolge der Prozessschritte wird durch die Beratungsperson und entsprechende zielorientierte Interventionen gesteuert.

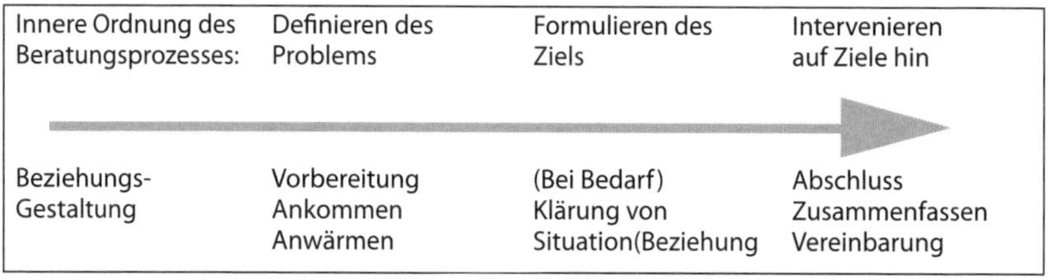

Innere Ordnung des Beratungsprozesses:	Definieren des Problems	Formulieren des Ziels	Intervenieren auf Ziele hin
Beziehungs-Gestaltung	Vorbereitung Ankommen Anwärmen	(Bei Bedarf) Klärung von Situation(Beziehung)	Abschluss Zusammenfassen Vereinbarung

Abbildung 1: Prozesslogik des Beratungsgesprächs (nach Bürgi/Eberhart, 2006, S. 33)

Dieses Grundmodell ist auch im Bildungsberatungsverständnis von Ludwig (2007) erkennbar. Er geht von der Lernberatung als reflexivem Selbstverständigungsprozess aus. Dieser Verständigungsprozess wird mit mehreren Schritten beschrieben: Eine vorgängige Spurensuche soll ein gegenseitiges Verständnis des Anliegens herstellen. Im nächsten Schritt werden Kernthemen entdeckt und bearbeitet. Dann sollen neue Wissensbestände in die Bearbeitung integriert werden und zusätzliche Perspektiven oder auch Differenzen eröffnen. Dies soll mit dem eigenen Bedeutungshorizont in Relation gesetzt werden und letztlich künftige Handlungs- und Lernwege eröffnen. Kossack (2006: 198ff.) sieht Lernberatung weniger als Ablaufschema, sondern als offenen Lernraum. Dieser Gesprächsraum soll ein gegenseitiges In-Beziehung-Setzen von Sichtweisen auf den Lerngegenstand ermöglichen. Dazu gehören zentral die Arbeit an der Differenz und das Finden von individuellen Lernwegen. Obschon unterschiedlich stellt das Beratungsverständnis von Ludwig wie das von Kossack sehr hohe Ansprüche an die Professionalität der Dozierenden im Feld Beratungskompetenz (vgl. Kossack und Ludwig in diesem Band). Es verschiebt auch die Position der Beratenen oder Ratsuchenden in der Beratungsinteraktion. Studierende werden nicht als defizitäres Subjekt betrachtet, das der richtigen Expertise bedarf, sondern das Gespräch soll am Lerngegenstand wechselseitige Bewegung ermöglichen und Sichtweisen reflexiv machen. Inwiefern sich dies in den Lernberatungen auf der Ebene des Prozessverlaufs spiegelt, wird ein Gesichtspunkt der Analyse sein. Innerhalb verschiedener Beratungsansätze bezieht sich der vorliegende Beitrag vor allem auf systemische Ansätze, um Interventionsarten und Prozessverläufe in Bezug zu setzen.

4.2 Gesprächsprozess und Intervention aus systemischer Sicht

Nach Watzlawick (Watzlawick/Beavin/Jackson 1969/2007) unterliegt ein Gespräch vielfältigen Rückkoppelungsprozessen, welche auch die jeweilige Beziehungsdefinition zum Ausdruck bringen. Im Zusammenhang mit der Untersuchung der Gesprächsinterventionen in der Lernberatung ist die „Interpunktion von Ereignisfolgen" (ebd.: 57) interessant, da hier das Augenmerk auf die Interaktion gelegt wird. Wie wird das jeweilige kommunikative Ereignis wahrgenommen, interpretiert und in der Folge beantwortet? Watzlawick führt an, dass diese Interpunktionsweise das Verhalten von Menschen organisiert, da es kulturell-situative Übereinkünfte gibt, wie ein Ereignis interpretiert werden soll. So stellt auch die Lernberatung einen Interpunktionsraum dar, der bestimmten impliziten und expliziten Regeln unterliegt. Diese Vorstellungen äußern sich im wechselseitig bedingten Gesprächsverhalten von Dozierenden und Studierenden. Gesprächspartner/innen verhalten sich so, dass sie das Verhalten des anderen voraussetzen und gleichzeitig auch wieder bedingen. Auf Watzlawick aufbauend unterscheidet Schulz von Thun (1981/2005) verschiedene Inhalte, die im Kommunikationsakt übermittelt werden: Selbstkundgabe,

Appell, Beziehung und Sache. Es ergeben sich vielfältige Möglichkeiten, verstanden und missverstanden zu werden. Die Gesprächswahrnehmung von Sender und Empfänger hängt zudem mit den Selbstkonzepten der Gesprächsteilnehmenden zusammen (ebd.: 63ff.), wie dies Satir (1988/2004) in der humanistisch-systemisch orientierten Familientherapie beschreibt. Die gegenseitige Bedingtheit von Gesprächsinterventionen steht bei Satir in Verbindung mit den miteinander verwobenen persönlichen Geschichten der Gesprächsteilnehmenden. Auch Lernberatungen sind keine singulären Ereignisse, sondern in eine Lerngeschichte eingebettet, welche die Gesprächsinteraktion beeinflussen kann. Satir (ebd.) zählt verschiedene dysfunktionale Gesprächsinterventionen auf, welche auch im Kategoriensystem berücksichtigt wurden (blame, distract, dispute, placate). Zusammenfassend soll die Gestaltung des Interpunktionsraumes in den vorliegenden drei Lernberatungen mit ihrem spezifischen Interaktions- und Prozessverlauf untersucht werden.

5 Die Analyse und Interpretation fachdidaktischer Lernberatungsgespräche

5.1 Zum Vorgehen

Aus dem Untersuchungsinteresse der Arbeit bot sich ein qualitativer Zugang an. Deppermann umschreibt die Absicht der in diesem Beitrag genutzten Gesprächsanalyse folgendermaßen: „Wofür interessiert sich Gesprächsanalyse? Sie will wissen, wie Menschen Gespräche führen. Sie untersucht, nach welchen Prinzipien und mit welchen sprachlichen und anderen kommunikativen Ressourcen Menschen ihren Austausch gestalten und dabei die Wirklichkeit, in der sie leben, herstellen." (Deppermann 2008: 9) Für die Auswertung der Lernberatungen waren folgende Perspektiven leitend (vgl. Kallmeyer 1985): Die Gesprächsorganisation, das eigentliche Gesprächshandeln, die daraus ableitbaren Rollen und Beziehungen sowie die Herstellung der gegenseitigen Verständigung zwischen den Gesprächsbeteiligten. In der Folge wurden die Interviews in einer Grobanalyse und einer Feinanalyse bearbeitet. Ziel der Grobanalyse war die Beschreibung des Gesamtgespräches in seiner Struktur und Segmentierung. In der Feinanalyse stand die Art der Herstellung der gegenseitigen Verständigung in Bezugnahme auf die codierten Gesprächsinterventionen im Zentrum. Die Feinanalyse soll die Steuerung des Gespräches an ausgewählten Gesprächsausschnitten aufzeigen und rekursiv den Gesprächsprozess und die Interaktionsmuster der untersuchten Lernberatung in den Blick nehmen. Erst die Feinanalyse zeigt, ob sich über die Untersuchung des Interaktionsverlaufes Aussagen zu den Bedingungen einer qualitätsvollen Lernberatung machen lassen.

Die Darstellung der Ergebnisse in der Grobanalyse richtete sich nach folgenden Leitgedanken: Wer spricht wie viel? Wie variieren die Sprechanteile im Prozess der Lernberatung? Wer nutzt welche Interventionsformen wie häufig? Wann treten bestimmte Interventionsformen im Gesprächsprozess auf? Die visuelle Aufschlüsselung nach Lernberaterin oder Lernberater und Studierendem im Gesprächsporträt soll die Interaktionsstruktur verdeutlichen. Eine Segmentierung des Gespräches wird aufgrund der Gesprächsanteile und der eingesetzten Interventionen vollzogen. In der Feinanalyse wird die Abfolge der Gesprächsinterventionen in einem bestimmten Gesprächsausschnitt näher betrachtet. Gibt es eine individuelle Logik im Gespräch, warum werden wo welche Interventionen verwendet? Kann vom einzelnen Abschnitt auf das Gesamtgespräch rückgeschlossen werden? Kann über die Gesprächsinterventionen die Eigenheit der untersuchten Lernberatung verdeutlicht werden?

Nach untenstehenden Codierungen wurden die Lernberatungen mittels des Datenanalyseprogramms MAXQDA 2007 bearbeitet (vgl. Kap. 3):

- **Gesprächsphasen:** Einstieg, Problemdarlegung, Anreicherung, Aha-Erlebnis, Schlussphase.
- **Prozessorientierte Interventionen:** Rollen- und Prozessklärung, Arbeitsbündnissicherung, fokussieren, unterbrechen, schließend intervenieren, beauftragen und wünschen, Perspektiven und Ziele eröffnen.
- **Personenbezogene Interventionen:** Selbst offenbaren, öffnend fragen, ermutigen und Ressourcen ansprechen, Selbsterkundigung anregen, paraverbal unterstützen, lockern und lachen, aktiv zuhören.
- **Inhaltsbezogene Interventionen:** Erzählen und darlegen, erklären und analysieren, konkretisieren, schlussfolgern, bestätigen und beipflichten, wiederholen, bewerten, berichten und korrigieren, rhetorisch fragen, prüfend fragen, entscheidend fragen, absichern und überprüfen, suchende Äußerungen.
- **Systemische und konstruktivistisch orientierte Interventionen:** Anbahnen und pfaden, modellieren, paraphrasieren, metaphorisch umschreiben, positiv konnotieren, hypothetisieren, splitten, externalisieren und Distanz nehmen, verrätseln, spiegeln, paradox intervenieren, reframen, konfrontieren und herausfordern, anreichern, dekonstruieren.
- **Dysfunktionale Interventionen:** Verallgemeinern, nominalisieren, relativieren, rechtfertigen, auslassen und tilgen, bagatellisieren (placate), behaupten (blame), rationalisieren (dispute), ablenken (distract).

5.2 Lernberatung im Fach Kunstpädagogik

5.2.1 Rekonstruktion des Interaktions- und Interventionsmusters

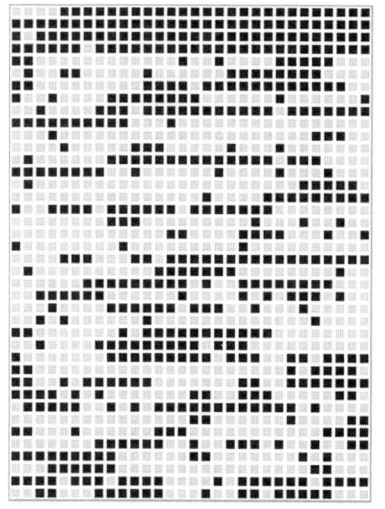

Abbildung 2: Textporträt MAX QDA Kunstpädagogik

Die Lernberatung dauerte 35 Minuten und ist in zwei ähnlich strukturierte Themenbearbeitungen unterteilt. Der Blick auf das Textporträt des ersten Themenbogens zeigt ein kleinräumiges Gespräch mit vielen Interaktionswechseln, kurzen Gesprächsbeiträgen und einer hohen Codierungszahl auf. Die Sprechanteile der Dozentin der Kunstpädagogik und des Studenten sind ähnlich (hell/Dozentin und dunkel/Student). Die Analyse bezieht sich auf die erste Hälfte der Lernberatung. Die phasenbezogene Häufung einzelner Interventionstypen ermöglichte eine Aufgliederung des Gespräches in Gesprächseinleitung, Problemerarbeitung, Anreicherungsphase, Ansteuerung eines „Aha-Erlebnisses" und eine Schlussphase. Diese Segmente zeigen eine bestimmte Interaktionsstruktur mit für die Gesprächsphase spezifischen Interventionen und Gesprächsanteilen von Dozentin und Student auf. Im Prozess findet eine Verlagerung der Gesprächsanteile vom Studierenden zur Dozentin statt. Während in der Einleitung und der Problemdarlegung der Studierende deutlich erhöhte Gesprächsanteile hat, wechselt dies in der Anreicherungs-, Aha- und Schlussphase zur Dozentin. In der Schlussphase des Gespräches finden lernwegabsichernde Interventionen der Dozentin statt. Die Dozentin führt durch das gesamte Gespräch, indem jede Gesprächsphase durch prozesssteuernde Interventionen eröffnet oder geschlossen wird. Die inhaltsbezogenen Interventionen sind sowohl quantitativ als auch in der Varianz am besten repräsentiert. Darlegenderzählende Äußerungen sind dem Studierenden in der Einleitung und der Problemphase vorbehalten. Auffällig ist die hohe Anzahl von beipflichtenden Äußerungen des Studierenden. Personenbezogene Interventionen finden, abgesehen von häufigen unterstützenden paraverbalen Äußerungen der Dozentin, wenig statt. Systemisch-konstruktivistische Interventionen werden ausschließlich von der Dozentin eingesetzt. Dysfunktionale Interventionen werden keine codiert.

Der Umfang und die Struktur der einzelnen Prozessphasen zeigt eine direkte Ansteuerung von inhaltsbezogenen Fragen. Ein Joining, Arbeitsbündnissicherung oder auch persönlichkeitsbezogene Interventionen stehen nicht im

Vordergrund. Dies wird als Ausdruck einer störungsarmen Lernatmosphäre gelesen. Trotz der tiefen Anzahl persönlichkeitsbezogener Interventionen verweist die Interaktionsgestaltung gleichwohl auf einen persönlichkeitszentrierten Gesprächsstil der Lernberaterin. Das Gespräch wirkt im dichten Hin und Her animiert, von der Dozentin aber eingebettet in einer übergreifenden, mitgedachten Struktur. Durch die Kleinräumigkeit des Gespräches besteht ein gewisses Spannungsverhältnis zwischen Führung und Fürsorglichkeit im Wissensaufbau. Dies führt zu einer Einbindung des Studierenden in den Denkprozess, da beständig Rückfragen stattfinden. So sind zwar eigene Denkschritte des Studierenden möglich, vielfach scheint der Studierende aber mitdenkend die Formulierungen der Dozentin nachzuvollziehen. Auf der Basis einer guten Lernbeziehung kann dies das Erlebnis einer gemeinsamen Wissenskonstruktion vermitteln, in einer negativen Gesprächsatmosphäre könnte auch Widerstand hervorgerufen werden. So sind unterschiedliche Lesarten der vorliegenden Interaktionsstruktur möglich. Zwei Interventionskategorien liegen primär bei der Dozentin: Systemische und prozesssteuernde Interventionen. Beide Kategorien setzen Übersicht und Zielorientierung voraus, sind Ausdruck der Wissenshierarchie und können als rollenbeschreibend eingestuft werden. Die vermutete Beziehungsqualität zwischen Dozentin und Student leistet einen wesentlichen Beitrag zum inhaltsorientierten Verlauf der Lernberatung und soll in der Feinanalyse nochmals überprüft werden.

5.2.2 Feinanalyse einzelner Gesprächsausschnitte

Nachfolgend werden zunächst ausschließlich die Äußerungen der Dozentin in der Einstiegsphase der Lernberatung aufgelistet, die Gesprächsbeiträge des Studierenden (Paul) werden ausgeblendet.

>Dozentin: Also, du weißt, was du thematisieren willst, hatte ich den Eindruck. (1–2)
>Paul: [...]
>Dozentin: Unser letztes Gespräch. (5–6)
>Paul: [...]
>Dozentin: Hmhm. (16–17)
>Paul: [...]
>Dozentin: Hmhm. (23–24)
>Paul: [...]
>Dozentin: Hmhm. (27–28)
>Paul: [...]
>Dozentin: Mhmh. (37–38)
>Paul: [...]
>Dozentin: Hmhm.(42–43)
>Paul: [...]
>Dozentin: Mhmh. (48–49)
>Paul: [...]
>Dozentin: Mhmh. (52–53)
>Paul: [...]
>Dozentin: Hmhm. (64–65)

Paul: [...]
Dozentin: Hmhm. (69–70)
Paul: [...]
Dozentin: Gut. (76–77)
Paul: [...]
Dozentin: Ich hab' mal gezeichnet, was du gesagt hast. (82–83)
Paul: [...]
Dozentin: Um zu kontrollieren, guck mal, könnte das so sein, Zeichenwerkstatt? 'n Programm, die Lehrperson hat's entwickelt. (86–88)

Die Dozentin überlässt dem Studierenden den Gesprächsraum (11% Gesprächsanteil). Wenige steuernde Interventionen zu Beginn und zum Schluss der kurzen Einstiegsphase vermitteln dem Studenten gleichwohl eine Grundsicherheit für den Beratungsprozess. Mit kurzen, paraverbalen Äußerungen wird er animiert, seine Sicht darzulegen und zu erzählen. Die wahrnehmbare Gesprächsatmosphäre ist entspannt und wirkt authentisch. Es ist beidseitiges Lehr- und Lerninteresse spürbar. Die kurzen Bemerkungen wirken fürsorglich interessiert, ermutigend und stören den Denk- und Redefluss des Studierenden nicht, sondern geben Raum zur Gedankenentfaltung, zu einer kurzen Narration. Die unterstützenden Bemerkungen zeigen ihm an, dass er weiterfahren kann und das Einverständnis der Dozentin findet. Die Dozentin spiegelt am Schluss ihre Wahrnehmung des Studenten und vermittelt, dass ihr das Verstehen wichtig ist. Die unterliegende emotionale Qualität scheint ein Schlüsselfaktor dieses Einstieges zu sein. Die Schlussbemerkung kann im Sinne eines Arbeitsbündnisses interpretiert werden und eröffnet die nächste Gesprächsphase.

Im Unterschied zur Einleitung sind in den nachfolgenden Gesprächsphasen der Anreicherung und Differenzeröffnung nur die Gesprächsanteile des Studierenden vermerkt. Es findet eine spiegelbildliche Situation statt: Jetzt führt die Dozentin das Gespräch mit 76% Anteil gegenüber von 24% des Studenten.

Paul: Ja ja ja. (schmunzelt) (261–262)
Dozentin: [...]
Paul: Hmhm. (265–266)
Dozentin: [...]
Paul: Hmhm. (271–272)
Dozentin: [...]
Paul: Ja. (279–280)
Dozentin: [...]
Paul: Hmhm, ja. (284–285)
Dozentin: [...]
Paul: Hmhm, eine (289–290)
Dozentin: [...]
Paul: Hmhm. (293–294)
Dozentin: [...]
Paul: Hmhm. Ja das darf nicht sein, man muss das gesamt, ja. (298–299)
Dozentin: [...]
Paul: Hmhm. (302–303)

Dozentin: [...]
Paul: Ja. (306–307)
Dozentin: [...]
Paul: Hmhm, und das ist von meiner Herkunft wahrscheinlich, ja. (314-315)
Dozentin: [...]
Paul: Ja. (318–319)
Dozentin: [...]
Paul: Hmhm. (327–328)
Dozentin: [...]

In dieser Gesprächsphase scheint der Studierende primär nachvollziehend zu sein. Die Gesprächsrollen können mit einem Expertinnen- und Novizenstatus umschrieben werden. Dass dies in der vorliegenden Weise funktioniert, bedingt Vertrauen und Akzeptanz. Der Studierende ist bereit, das Denken der Dozentin mit zu vollziehen. Sie bemüht sich um Abgleich mit dem Studierenden, gibt ihm Möglichkeit sich einzubringen und eine gemeinsame Sicht zu konstruieren. In einer negativ gepolten Lernatmosphäre könnte derselbe Interaktionswechsel auch als ein von Fehlerangst geleiteter Lernweg des Studierenden gelesen werden.

Auch der folgende Interaktionsverlauf aus der „Aha-Phase" gegen Ende der Lernberatung ermöglicht gegensätzliche Lesarten. Die Sprechanteile zeigen vordergründig einen völlig asymmetrischen Gesprächsverlauf. Es könnte den Schluss einer Einbahnkommunikation nahelegen, als Ausdruck hierarchischen Lehrverständnisses einer gebenden Wissenden und eines empfangenden Nichtwissenden. Der Ausschnitt kann aber auch als beidseitig lustvoll mitgedachter Gedankengang interpunktiert werden.

Dozentin: Genau, und jetzt möcht' ich gerne, weil es ist ja unsere letzte Diskussion, ja? (259–260)
Paul: Ja ja ja. (schmunzelt) (261–262)
Dozentin: Ja, wir diskutieren jetzt. (263–264)
Paul: Hmhm. (265–266)
Dozentin: Ich möcht da noch ein bisschen hineinfahren in diesen Punkt, weil du kommst so zu einer irgendwie beliebigen Zuordnung. Du hast Fragmente von Lernformen, und davon üben das, bei denen den, sonst was anderes. (267–270)
Paul: Hmhm. (271–272)
Dozentin: Aber dieses Arbeiten mit den Schülerinnen und Schülern im Unterricht betrachten wir jetzt mal als eine ganze Form. Die verschiedenen Teile ham dadrin 'ne Wirkung. (273–275)
Paul: Ja. (276–277)
Dozentin: Und dieses Ich, darauf wollt' ich dich nämlich anstupsen, das musst du ja eigentlich ersetzen durch das Konzept Ästhetische Bildung. (278–280)
Paul: Hmhm, ja. (281–282)
Dozentin: Und dann müsstest du fragen, welche Rolle spielt in diesem Konzept ästhetische Bildung das Üben. (283–284)
Paul: Hmhm, eine (285–286)
Dozentin: Und welche Rolle spielt das Erfinden, welche Rolle spie- und so weiter. (287–288)
Paul: Hmhm. (289–290)

Die Dozentin holt zuerst das Einverständnis des Studenten ein, bestätigt das Arbeitsbündnis, errichtet eine gemeinsame Lernplattform, bevor sie den Studierenden inhaltlich herausfordert. Sie denkt laut vor, vermittelt aber die Haltung einer gemeinsamen Lernkonstruktion und nimmt den Studierenden Schritt für Schritt in die Differenzeröffnung mit. Dies bedingt seitens der Dozierenden eine hohe Strukturierungs- und Aufgliederungsfähigkeit eines Lernweges.

Der qualitative Kern dieser Lernberatung zeigt sich nicht in der Erfassung von Gesprächsanteilen oder der vordergründigen Beschreibung eines asymmetrischen Gesprächsverlaufes. Der Gesprächsausschnitt legt den Schluss nahe, dass eine gemeinsame Lernmotivation und Rollenakzeptanz vorliegt, welche den Lernprozess trägt. Diese schwer erfassbare Qualität ist auf der feldunspezifischen Kompetenzebene zwar an eine personenzentrierte Haltung angelehnt, gewinnt aber erst in der Verschränkung mit dem spezifischen und persönlich geprägten Fachhorizont der Dozentin Kontur. Die Durchdringung der beiden Kompetenzebenen bestimmt die Lesart der vorliegenden Interaktionsstruktur in hohem Maße.

5.3 Lernberatung im Fach Mathematikdidaktik

5.3.1 Rekonstruktion des Interaktions- und Interventionsmusters

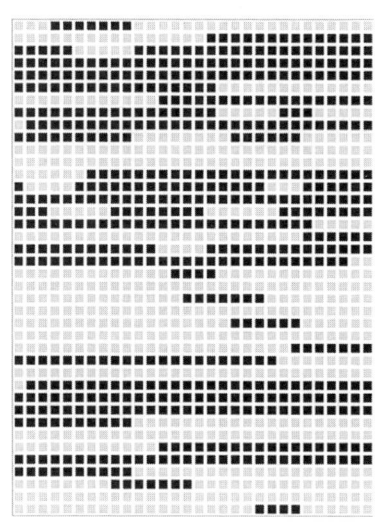

Abbildung 3: Textporträt MAXQDA Lernberatung Mathematikdidaktik

Die Lernberatung Mathematik weist zwei ähnlich strukturierte Themenbearbeitungen zu je 15 Minuten auf. Das Textporträt des ersten Themenbogens zeigt ein flächiges, großräumiges Gespräch mit längeren Beiträgen. Der Gesprächsanteil des Dozenten der Mathematikdidaktik (hell) beträgt 59%, des Studierenden Paul (dunkel) 41%. Aufgrund der Interventionen sind die Gesprächsphasen Einstieg, Problemdarlegung, Anreicherung, Aha-Erlebnis und Schluss erkennbar. Die prozesssteuernden Interventionen liegen ausschließlich beim Dozierenden. Markant im Gesprächsverlauf sind längere darlegende und erklärende Beiträge. Beinahe die Hälfte aller Interventionen findet in der Inhaltsorientierung statt. Hervorzuheben sind fragende oder konfrontierende Interventionen des Dozierenden und ein hoher Anteil an Analyse und Erklärung beim Studenten. Systemisch-konstruktivistische Interventionen finden anzahlmäßig wenig statt, sind aber häufig bei Segmentübergängen anzutreffen. Während in der ersten Gesprächsphase der Problemdarlegung vor allem der Studierende aktiv ist, gleicht sich dies in der Anreicherungsphase aus. Gegen Ende der Lernberatung in der „Aha-Phase" übernimmt der Dozent zunehmend mehr Gesprächsanteile, indem er Quintessenzen formuliert und eine Lernwegabsicherung vorbereitet.

Das Gesprächsbild weist in seiner Segmentierung und Interventionsverteilung zunächst auf ein klassisches Verständnis der Lehrer/innenrolle hin: Prozesssteuerung und inhaltliche Führung verbunden mit Lernmodellierungen, lenkenden Fragen und analysierenden Beiträgen liegen beim Dozenten. Die Lernberatung findet weitgehend im Inhaltsbezug statt. Persönlichkeitsbezogene Interventionen sind kaum vermerkt. Die Lernberatung kann sich ohne ein spezielles Bemühen um atmosphärische Gestaltung der Lernberatung störungsfrei entwickeln. Die Rollenverteilung zeigt eine klare Umsetzung des institutionellen Auftrages. Hervorzuheben sind die konstruktivistisch-systemischen Interventionen, welche über ihre Veränderungskraft eine Schlüsselfunktion im Gespräch ausüben und längere Gedankengänge des Studierenden auslösen.

5.3.2 Feinanalyse einzelner Gesprächsausschnitte

In der Feinanalyse interessiert, wie sich das vermutete klassische Lehrverhalten des Dozenten der Mathematikdidaktik in den Interaktionen abbildet und auf den Lernberatungsprozess auswirkt.

Einstiegsphase: 2
Paul: Um welche LAs geht es heute? (3–4)
Dozent: Es geht um das Ende, es geht hauptsächlich um LA 7 und um LA 9. (5–7)
Paul: Ja. (8–9)
Dozent: Ich möchte es wieder in dieser offenen Form handhaben, also wir haben die ganz offenen Fragen einfach, was hast du in LA 7 und 9 über Individualisierung lernen können? Wie hast du gelernt, eventuell, und vielleicht hast du Fragen. Ich lass' dich mal anfangen und hake dann ein, du präsentierst mir, was du präsentieren willst. (10–16)

Der Einstieg ist schnörkellos. Eine Anwärmphase im Gespräch ist nicht ersichtlich, sondern der Inhalt steht unmittelbar im Vordergrund. Obschon dem Studierenden Eigenverantwortung zugeschrieben ist, wird die Prozesssteuerung vom Dozierenden klar übernommen. Der Gesprächsstil ist direkt und zu-

---

2   In den Gesprächen ist von LAs die Rede, es handelt sich dabei um Lernaktivitäten. Auslassungen sind in eckigen Klammern mit [...] gekennzeichnet, Pausen in runden Klammern mit (---) je nach Länge.

packend. „Zeig mir, was du gelernt hast." Voraussetzung scheint ein sattelfestes Gegenüber zu sein, welches dem Anspruch auch Inhalt entgegenzusetzen vermag.

> Paul: Also, ähm, ich fange zuerst mal an mit der LA 7, jetzt muss ich ganz kurz schauen, genau. Es ging darum, aus dem, also es geht ja auch um LA 6, weil dort musste man ja. (17–19)
> Dozent: Da hast du ja'n Überblick verschafft einfach, hm. (20–21)

Der innere Suchprozess des Studierenden wird vom Dozierenden durch eine bestätigende, ressourcenorientierte Feststellung entlastet.

> Paul: Genau, das Mathematikprojekt. Was ich sehr spannend fand. Wo ich auch, ähm, mir die Termine angeschaut habe und da ist jetzt, glaub ich, irgendwann mal wieder 'ne Präsenzveranstaltung hier in der Nähe, wo ich mir am Überlegen bin zu gehen. Ähm, es ging dann in LA 7 darum, sich eine Lernumgebung auszuwählen und ähm, (---) sich einen Überblick zu beschaffen, wie ist die Aufgabe gestellt, wie sind die Aufgaben gestellt, wie lässt sich das, ähm, in eine heterogene Lerngruppe (--) integrieren, ähm. Ich fand es hier einfach spannend, mir mal Gedanken zu machen, auch, den Bericht zu lesen, das ist ja relativ genau dokumentiert, ähm, und dann auch einfach ein kurzer Text zu, zu verfassen über, über das, was ich (-) ansonsten hab' ich hier, ähm, (--) wenig Fragen dazu. Es ging dann eher bei LA 9 dann darum, sich gewisse Rechenschritte, also gewisse Aufgaben selber zu machen. (25–44)
> Dozent: Lassen wir vielleicht LA 9 noch einmal, wir gehen hier auch nicht auf Details, also vielleicht frag ich dann noch was. Äh, wenn du jetzt einfach dir das Ganze so vergegenwärtigst, diese Lernumgebungen, (--), was leisten die? (45–49)

Der Studierende legt eine erste Verstehenslandkarte aus, vermag aber noch kein Anliegen zu formulieren. Hier lässt sich der Dozierende weniger auf eine Anliegensentwicklung ein, sondern übernimmt Lern- und Themenverantwortung, schließt diese Phase ab und setzt über eine direkte Frage einen inhaltlichen Schwerpunkt. Im folgenden Gesprächsausschnitt wird eine Problemstellung entwickelt und eine Differenz eröffnet.

> Paul: Dann wird's unübersichtlich. Und inwieweit (--) man diese Schwierigkeitsstufe wählt, das liegt im Ermessen vom, vom Schüler. Und der leistungsfä-, das find' ich, ist ein schreckliches Wort, leistungsfähigere Schüler, ähm, oder, der, der, der eine höhere Schwierigkeitsstufe sucht, der, ähm, der ist nach oben eigentlich offen und nicht eingeschränkt. (107–117)
> Dozent: Wieso stört dich das Wort leistungsfähig? (118–119)

Der Student stolpert über den Begriff leistungsfähig: Er wagt eine Ich-Aussage und äußert Betroffenheit. Der Dozierende zeigt Intuition und Erfahrung im Wahrnehmen eines Schlüsselwortes beim Studierenden. Er spricht dies mit einer direkten „Wieso-Frage" an und konfrontiert den Studierenden.

> Paul: Das ist so, das klingt so? Militärisch und schrecklich, irgendwie. (120–122)
> Dozent: Ja, also Leistung ist ein Wort, das ein gewisses Umfeld hat. (123–124)

Der Studierende verbleibt im Ich-Bezug und weicht nicht auf eine Metaebene aus. Der Dozierende reagiert mit einem offenen Impuls, den er stehen und wirken lässt. Nun kann der Studierende entscheiden, ob das Persönliche vertieft werden soll, ob der Begriff leistungsfähig allenfalls etwas mit seiner persönlichen Lernbiografie zu tun hat.

> Paul: Also man spricht von Motoren, von Leistungsfähigkeit und so, das hat für mich etwas Unpersönliches. Wobei das man auch, ja, schlussendlich werden die, die Schüler nach wie vor halt irgendwie in unserer Gesellschaft nach Leistung gemessen. Oder sehr viele Menschen, wird halt nach dem gemessen. (125–131)
> Dozent: Ja. Und äh, also das ist eine normale Reaktion oder? Aber ich denke, im Zusammenhang jetzt mit Individualisierung müssen wir uns das vielleicht mal überlegen, warum uns das stört. Die, das Projekt heißt ja Lernumgebung „Von Rechenschwache bis Hochbegabte". (132–140)

Der Studierende entscheidet sich, Distanz zur eigenen Person herzustellen und geht die Problemstellung auf einer übergeordneten Ebene an. Der Dozent akzeptiert diesen Vertiefungsgrad und leistet nun die Verbindung zum Wissenshorizont der vorliegenden Lernberatung.

Diese Lernberatung scheint trotz der klaren Führungsrolle des Dozenten mit längeren inhaltlichen Beiträgen dem Studenten viel Denkraum zu geben. Knappe Interventionen im Sinne von qualitativen Schlüsselimpulsen öffnen das Gespräch und ermöglichen gedankliche Bewegungen am Lerngegenstand. Im feldspezifischen Bereich wird ein für den Lerngegenstand zentraler Konflikt schnell erfasst und sprachlich fokussiert. Gleichzeitig gelingt es dem Dozenten auf der feldunspezifischen Ebene zur Persönlichkeit des Studierenden die angemessene Distanz herzustellen und seine Gesprächsinterventionen so zu „timen", dass dem Studierenden verschiedene Sichtweisen möglich werden. Im Gespräch zeigt sich ein persönlicher Stil des Dozierenden, basierend auf klarer inhaltlicher wie persönlicher Positionierung. Eine quantitative Erfassung von z.B. direktiven Interventionen vermag die Qualität dieser Lernberatung nicht zu beschreiben, vielmehr steht für diese Lernberatung der Begriff der Authentizität im Zentrum. Authentizität bezieht sich im Setting dieser Lernberatung auf den feldspezifischen, fachlichen Teil wie auf den feldunspezifischen Beratungsteil und zeigt sich in der Kongruenz von Person, Gesprächsstil und Fachlichkeit.

5.4 Lernberatung im Fach Deutschdidaktik

5.4.1 Rekonstruktion des Interaktions- und Interventionsmusters

Das Textporträt zeigt einen hohen Wortanteil der Studentin Anna (dunkel) von 66% gegenüber 34% der Dozentin für Deutschdidaktik (hell). Das Gesprächsbild wirkt flächig, mit längeren Beiträgen der Studentin. Aufgrund der Codierungen konnte keine Strukturierung im Sinne eines Beratungsmodells vorgenommen werden. Es ließ sich eine kurze Einstiegsphase, eine lange Mittelphase und eine Schlussphase bestimmen. Der Codierungsschwerpunkt des Gespräches liegt bei inhaltsbezogenen Interventionen in der Mittelphase. Auffällig sind viele bewertende, korrigierende, überprüfende und entscheidungsorientierte Äußerungen der Dozentin und im Gegenzug viele Absicherungen der Studierenden. Verschiedentlich wurden gemäß dem Gesprächsverständnis der Neurolinguistischen Programmierung (NLP) dysfunktionale Äußerungen eingesetzt. Die wenigen Interventionen im Sinne einer personenzentrierten oder systemischen Beratungshaltung waren nicht gesprächsprägend. Die prozesssteuernden Interventionen liegen bei der Dozentin. Angesichts der Interventionsarten und -häufigkeiten kann nicht von einem gemeinsam verantworteten offenen Lernraum gesprochen werden, sondern die Dozentin versucht den Lernweg der Studierenden im Gespräch auf den Punkt zu bringen. Die vorliegende Interventionsverteilung könnte als ein Bemühen der Dozierenden um Kontrolle, Steuerung und inhaltliche Fokussierung des Gespräches gelesen werden. Ob eine Verbindung zwischen der vermuteten Inhaltsunsicherheit der Studentin, der Häufung vordergründig „dysfunktionaler" Äußerungen und dem Inhaltsanspruch einer Lernberatung besteht, soll in der Feinanalyse untersucht werden.

5.4.2 Feinanalyse einzelner Gesprächsausschnitte

Nachfolgend wird die kurze Einleitung (1–25) thematisiert und direkt in Verbindung zum Gesprächsschluss (515–601) gesetzt. Fokus der Feinanalyse ist der vermutete Unsicherheitsraum und die allfällige Auswirkung auf die Lernberatung und die Art der Interventionen.

Dozierende: Ja, ich schlage vor, wir nehmen das jetzt einfach ein bisschen zusammen und gehen so ein bisschen Schritt für Schritt. (1–3)
Anna: Ja. (4–5)

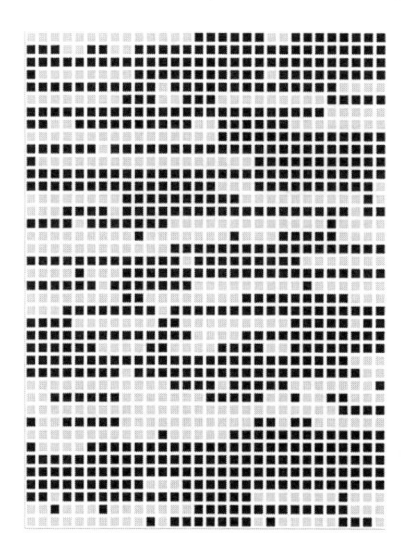

Abbildung 4: Textporträt MAXQDA Lernberatung Deutschdidaktik

Der Einstieg in den Lerngegenstand der Beratung findet unmittelbar statt. Beim Gesprächseinstieg finden seitens der Dozierenden mehrere Abschwächungen statt: „Ich schlage vor", „ein bisschen", „Schritt für Schritt". Ein kurzes „ja" der Studierenden lässt auf grundsätzliches Einverständnis schließen.

Dozierende: Einfach so als erste Frage, was hast du gelernt in dieser LA? Was nimmst du mit? (6–8)
Anna: Ich fand es noch spannend die Einteilung aus Deutsch als Zeitsprache, also aus diesem Lernbuch. (9–11)

> Dozierende: Aus diesem Sprachfenster. (12–13)
> Anna: Was sie als schwierig und was sie eher als einfach einstufen. Das hat mich teilweise noch ein bisschen erstaunt und teilweise war ich da gleicher Ansicht. (14–17)
> Dozierende: Okay, und was hat dich erstaunt? (18–19)
> Anna: Da muss ich mal nachschauen (22–23)
> Dozierende: Ja ja, schau nur nach in deinen Notizen. (24–25)

Es schließt eine direkte und umfassende Frage der Dozentin an: „Einfach so als erste Frage, was hast du gelernt in dieser LA? Was nimmst du mit?" (6–8) Die Studierende reagiert mit einer unbestimmten Antwort. Das darin geäußerte Erstaunen bezüglich einzelner Lerninhalte wird von der Dozentin in einer Nachfrage aufgegriffen. Die Studierende hat keine Antwort zur Verfügung. Die Dozentin zeigt Verständnis für das Nachschlagen in den Notizen.

Eine Arbeitsbündnissicherung oder die Herstellung eines emotionalen Bezuges ist im Gesprächseinstieg nicht erkennbar, die Dozentin verwendet aber verschiedene abschwächende Füllwörter in der Eröffnung. Der direkte, unpersönliche Beginn und die sprachliche Vorsichtshaltung lassen eine ungefestigte Lernbeziehung vermuten. Mit der anschließenden direkten Lernfrage zeigt die Dozentin unversehens eine fordernde Haltung. Die Studentin verallgemeinert, wird aber von der Dozentin auf ihr geäußertes Erstaunen hingewiesen. Diesen Impuls kann die Studierende aber nicht aufnehmen und möchte in den Notizen nachschlagen. Die Dozierende zeigt unmittelbar Verständnis für diesen Rückzug und beharrt nicht weiter. Warum akzeptiert die Dozierende das Ausweichen der Studierenden und beschwichtigt sofort? Was wäre geschehen, wenn dem Erstaunen der Studierenden nachgegangen worden wäre? Bestehen Gründe für die Zurückhaltung der Dozentin oder das Ausweichen der Studentin? Eine Vermutung ist, dass die Dozentin die Einsilbigkeit der Studentin, das Nachschlagen-Wollen in den Notizen im Lichte der gemeinsamen Lerngeschichte innerlich negativ attribuiert und deshalb nicht vertieft. Die gehörten Oberflächenstrukturen der Einleitungssätze werden gegenseitig interpretiert, und Tilgungen werden innerlich ergänzt. Die gemeinsame Lerngeschichte würde in dieser Deutung, da sie nicht präzisierend angesprochen wurde, unterschwellig wieder Eingang in den Verlauf dieser Lernberatung finden.

Im Schlussteil der Lernberatung (515–601) äußert die Studentin unvermittelt Folgendes:

> Anna: Aber Theorien sind immer so absolut und das stört mich irgendwie. Ich finde das ist immer dann so ins Extreme und so absolut kann man das gar nicht sagen. Es gibt ja auch genügend Beispiele, dass es eben nicht so ist (535–538).

Das zu Beginn der Lernberatung formulierte Erstaunen oder Unbehagen kommt wieder zum Vorschein und nimmt sich nochmals Raum. Obschon nun eine Differenzeröffnung möglich wäre, möchte die Dozentin dieses Thema nicht mehr aufnehmen und sucht mit einem: „Okay, gut" (549) direkt den Gesprächsabschluss. Im Mittelteil (26–512) behandelt das Gespräch über längere

Zeit Detailfragen zu den von der Studentin angeführten Notizen und verliert den Schwung. Die Dozentin muss im Behandeln-Wollen des Lernzieles viel Energie auf das Einhalten des Gesprächskurses verwenden. In der Reaktion auf ausweichende Äußerungen der Studentin führt dies zu einer Häufung von lenkenden und überprüfenden Interventionen. Dies könnte sowohl die für die Lernberatung zur Verfügung stehende Zeit als auch die persönlichen für die Beratung zur Verfügung stehenden Energieressourcen der Dozentin aufgezehrt haben. Es scheint, dass diese Lernberatung in ihrer Geschichte Dozierende und Studierende miteinander verstrickt hat und der Denk- und Bewegungsraum am Lerngegenstand dadurch eingeschränkt wird.

In dieser Lernberatung zeigt sich das Spannungsfeld zwischen der Orientierung am Fachlichen, dem Eingehen auf die Persönlichkeit der Studierenden mit ihren Lerngegebenheiten und den persönlichen Beratungsressourcen. Die Lernberatungssituation löst bei der Dozentin vermehrt vordergründig dysfunktionale Interventionen aus. In der Lernberatungssituation kann dies aber noch keine qualitative Aussage sein, sondern die Funktionalität einer Intervention, erschließt sich erst in einer übergreifenden Sicht, welche die Lerngeschichte einbezieht. Anhand dieses Gesprächs werden Anforderungen an das Beratungshandeln deutlich, die im analysierten Beispiel ein ungelöstes Problem bilden. Das zeitweise Verlassen der Beratungshaltung durch eine lehrende Orientierung am Fachlichen verlangt von der Lernberaterin auf der fachlichen Ebene ein hohes Bewusstsein für das Einzufordernde und das Vermögen, dies auf der Ebene der Beratungskompetenz, in Beziehung zu den Bedürfnissen der Studierendenpersönlichkeit zu setzen. Das Gelingen dieser Relationierung zwischen Fachlichem und Nichtfachlichem wird gerade in einer schwierigen Gesprächssituation zum Zeichen der qualitätsvollen Lernberatung.

6 Fazit

Dieser Beitrag wollte über die Betrachtung der Gesprächsinteraktionen zu Aussagen über die Prozessgestaltung von Lernberatungen kommen: Wie gestalten die Beratenden ein Gespräch? Die untersuchten Gespräche zeigen im wahrgenommenen Interventionsrepertoire eine Eigenlogik, die durch Variablen wie Studierendenpersönlichkeit und deren Beziehung zu Fach, Lerninhalt und Person des Lernberaters bzw der Lernberaterin beeinflusst wird. Es werden einige Folgerungen hervorgehoben.

Es zeigt sich, dass die Lernberatungssituation in ihrer Ausrichtung auf Qualitäten des Lernens verstärkt in Betracht gezogen werden muss. Studierende und Dozierende interagieren in diesem spezifischen didaktischen Sinnbezug vor dem Hintergrund eines Selbststudienprozesses miteinander. Dies kommt im gegenseitigen Umgang mit Gesprächsäußerungen zum Ausdruck.

Die Rekonstruktion von Interaktionsmustern alleine, d.h. eine Kategorisierung von Interventionen auf der Grundlage klassischer Beratungsansätze und die Analyse von Interaktionswechseln im Prozessverlauf schließt daher die spezifische Qualität der Lernberatung noch nicht auf. Dies würde vielmehr zu vorschnellen Folgerungen hinsichtlich Hierarchie, Prozesssteuerung, Beratungshaltung, Klientenzentrierung usw. führen. Es zeigt sich erst in der Feinanalyse, in welcher Weise die Lernberatung den Lernentwicklungsprozess unterstützt und den Studierenden Raum und Möglichkeit schafft, mit sich selbst und ihrem Lernen in Kontakt zu treten, und dass ein Gelingen der Beratungssituation dabei nicht einfach Erwartungen aus Beratungsansätzen entsprechen muss.

Gesprächsverhalten in einem pädagogisch-lernentwickelnden Kontext unterscheidet sich deutlich von einem psychologischen persönlichkeitsorientierten Setting. Während in einer psychologisch orientierten Beratungssituation die Entwicklungsmöglichkeiten der Persönlichkeit und Autonomie der Klient/in im Vordergrund stehen, sind in der Lernberatung die fachbezogenen Inhalte im Zentrum platziert. Dies zeigte sich in den Gesprächen unter anderem durch die hohe Anzahl inhaltsorientierter Impulse seitens der Beratungspersonen, die aber zugleich in das komplexe Bedingungsgefüge der Lernberatungssituation eingebettet waren. Auf der Sachebene suchten die Lernberatungspersonen ein Lernfeld zu eröffnen zwischen ihrer eigenen Wissenskonstruktion, der Wissenskonstruktion der Studierenden und dem Wissensfeld des Lerngegenstandes. Dies war verwoben mit dem persönlichen Beratungsverständnis und den feldunspezifischen Kompetenzen, welche den Beratungspersonen zur Verfügung stehen.

In der Gesamtbetrachtung erzeugte jedes Gespräch ein individuelles Interventionsprofil, das in Bezug auf das untersuchte Gespräch kohärent erschien. Inwiefern dieses Profil gesprächs- und einzelfallübergreifend auf einen an die Persönlichkeit gebundenen Gesprächsstil und „Werkzeugkoffer" schließen lässt, bleibt hier Vermutung. Ebenso bleibt offen, ob Lernberatungen spezifische Prozessverläufe eigen sind, welche für die Lernberatungssituation bezeichnend scheinen.

Betrachtet man die Gespräche unter dem Aspekt des Rollenverhaltens und der Definitionsmacht dann verwiesen die eingesetzten Interventionen auf eine weitgehende Führung und Deutungsmacht der Beratungsperson. Die Gesprächsprozessgestaltung war ausschließlich bei den Dozierenden verortet, sie lenkten in die persönliche oder sachliche Vertiefung und bestimmten Phasen- und Inhaltswechsel im Gesprächsprozess. In den zugewiesenen Gesprächsanteilen spiegelt sich ein implizites gegenseitiges Rollenverständnis. Annahme ist, dass die Fachlichkeit der Lernberatungsperson als Hintergrund beständig wirkt und das primäre rollengestaltende Element darstellt. Dies meint auch einen Unterschied zum persönlichkeitsorientierten Gespräch, wo die Autorität der Beratungsperson verstärkt in ihrer eigenen reflektierten persönlichen Entwicklung und weniger in einer feldspezifischen Fachlichkeit abgestützt ist. Vielfach lieferte der in der Gesprächseröffnung erzählende Studierende der

Beratungsperson die Anhaltspunkte, mit deren Hilfe diese anschließend das Gespräch strukturierte. Mittels unterschiedlicher Interventionen versuchten die Dozierenden, die Studierenden in das Lernfeld hineinzuführen.

Von speziellem Interesse waren in der Analyse Impulse systemisch-konstruktivistischer Art, welche häufig eine qualitative Schlüsselfunktion im Gespräch ausübten, indem sie Dynamik und Veränderung erzeugten. Das Vermögen im Wissensfeld der Lernberatung diejenigen Punkte aufzunehmen, welche auch mit Energie seitens der Studierenden besetzt sind und diese in die Reflexion zu führen, ist Beratungskönnen, das beide Kompetenzebenen miteinander verschränkt. Dies kann nicht durch das Auszählen von Interventionskategorien ermittelt werden. Erst in der Feinanalyse wurde sichtbar, wie für die Lernberatungsperson die Herausforderung gerade darin besteht, in begrenzten Zeit- und Gesprächsräumen einen Weg ins Lernfeld zu eröffnen und einen präzisen Entwicklungsanstoß zu vermitteln.

Hebt man die Seite der Studierenden hervor, dann muss eine grundsätzliche Offenheitshaltung sowie ein gegenstandsbezogenes Gesprächs- oder Lernanliegen vorliegen. Der Offenheitsraum, in dem sich das Lernanliegen der Studierenden artikulieren soll, wird nicht nur durch deren Offenheitshaltung erzeugt, welche als notwendige Basiskompetenz einer angehenden Lehrperson vorausgesetzt werden kann, vielmehr muss dieser Raum durch die Gesprächshaltung der Lernberatungsperson mitgetragen werden. Der für eine Lernberatung notwendige Offenheitsraum bleibt aber am Lerngegenstand orientiert und unterscheidet sich im Vertiefungsanspruch von einem psychosozialen Beratungsgespräch.

Weil diese Gesprächssituation nicht nur eine Beratungssituation, sondern auch eine fachlich orientierte Lernsituation darstellt, wird sie durch Bedingungen definiert, die besondere Anforderungen an die Lernberatungsperson zur Folge haben. Von der Lernberatungsperson werden hohe Interaktionskompetenz und ein reflektiertes Verfügen über Gesprächsinstrumente verlangt, um so viel Nähe wie möglich und so viel Distanz wie nötig zum Lerngegenstand und dem Studierenden zu erzeugen. Gesprächsinterventionen, welche die Atmosphäre unmittelbar beeinflussten, Fehlerängste minderten und die Studierenden ermutigten eigene Positionen im Lernfeld einzunehmen, waren deshalb in den untersuchten Gesprächen von hoher Bedeutung. Professionalität im Feld der Beratungskompetenz meint dann nicht die Beschreibung einer dem Beratungshandeln vorausgehenden Beratungsmethode, der die Beratung folgt, sondern sie realisiert sich in ihr eigenen Handlungsformen. Dies zeigt sich in der Fähigkeit, Verschiedenheit im fachlichen Denken wie in persönlichen Lernhaltungen bei den Studierenden wahrnehmen und auf dem Hintergrund seiner eigenen Fachlichkeit reagieren zu können. Kossack (2006) umschreibt Lernberatung als ein In-Beziehung-Setzen von zunächst eigenen Sichtweisen der Gesprächsbeteiligten. Je nach Gesprächsverlauf verlangt dies neben der Flexibilität im Inhaltsfeld ein hohes Vermögen, im Gespräch Beziehung herstellen zu können.

Die spezifische Form der Lernberatung bedingt im Sinne der Vertrauensantinomie von Helsper (1996) die Möglichkeit, Riskanzen im Gespräch offenlegen zu können. Hier tritt ein grundsätzliches Problem auf, da die Lernberatung im didaktischen Setting von Selbstlernarchitekturen verordnet ist und eine Ausbildungsfunktion im Sinne der Steuerung selbstgesteuerten Lernens erfüllt. So besteht für die Studierenden Ungewissheit über die Aufnahme ihrer Äußerungen und deren Bewertung durch die Beratungsperson. Eine Ungewissheit, welche – darauf machen Lerntheorien aufmerksam – das mutige Positionieren erschwert. Gerade deshalb stellt die Akzeptanz und Empathie, die die Beratungsperson dem Studierenden innerhalb der Lernberatungssituation entgegenbringen kann, einen wesentlichen Gelingensfaktor einer Lernberatung dar. Dieses Vermögen ist nicht einfach als persönlichkeitsgegebener Kommunikationsstil mitgegeben, sondern ist Teil einer aktiv zu erwerbenden Beratungskompetenz der Lernberater und Lernberaterinnen.

7 Folgerungen für die Professionalisierung der Lernberatung

In der Lernberatung steht der Lerngegenstand im Zentrum und die Gesprächsführung möchte einen gegenstandsbezogenen Offenheitsraum ermöglichen. Im Moment der Lernberatung wird das gegenseitige Verhältnis zum Lerngegenstand realisiert. Damit dies gelingen kann, wird von der Beratungsperson fortlaufend feldspezifisches Wissen mit feldunspezifischen Beratungskompetenzen verschränkt. Diese Lernentwicklung im Gespräch verlangt von den Lernberatenden einen hochdifferenzierten Blick auf die Eigenheit der Lernsituation. Sie treffen im zeitlich beschränkten Beratungsgefäß fortlaufend Prozessentscheidungen, wählen der Situation angepasste Interaktionsformen, versuchen zu unterstützen, zu erweitern, zu hinterfragen oder müssen den Lernauftrag einfordern. Dies bedingt eine permanente Selbstreflexivität, welche die eigene Person im Verhältnis zum Gegenüber und zum Lerninhalt situieren hilft. Die Lernberatungsperson benötigt in Anbetracht der Unwägbarkeiten, die eine als Lernentwicklung verstandene Lernberatung mit sich bringt, im Bereich der feldunspezifischen Kompetenzen mehr als eine Sammlung von Gesprächstechniken. Für eine Professionalisierung von Beratungsgesprächen im pädagogischen Kontext sollten explizit Beratungskompetenzen aufgebaut werden, welche sich individuell mit dem feldspezifischen Wissenshorizont verknüpfen lassen. Die spezifischen Ansprüche dieser Kommunikationssituation verlangen die Umwandlung von Fachkompetenzen in Kompetenzen der Beratung. Sie bedeuten auch die eigene Person selbstreflexiv in den Blick zu nehmen und ein persönliches Lernberatungskonzept bewusst aufzubauen, das eine kongruente sowohl den Studierenden, der eigenen Person als auch dem Inhalt verpflichtete Gesprächsführung unterstützt.

Die Fähigkeit, Gesprächsinterventionen im Rahmen des eigenen Beratungskonzeptes der Lernsituation und der Persönlichkeit des Gegenübers anpassen zu können, und der dadurch unterstützte Denkraum der Studierenden sind deshalb wichtiger Qualitätsaspekt einer Lernberatung.

Literatur

Bandler, Richard; Grinder, John (1988): Metasprache und Psychotherapie. Die Struktur der Magie 1 (5. Aufl.). Paderborn: Junfermann.

Bürgi, Andreas; Eberhart, Herbert (2006): Beratung als strukturierter und kreativer Prozess. Ein Lehrbuch für ressourcenorientierte Praxis. Göttingen: Vandenhoeck & Ruprecht.

Deppermann, Arnulf (2008): Gespräche analysieren. Eine Einführung (4. Aufl.). Wiesbaden: VS.

Forneck, Hermann; Gyger, Mathilde; Maier Reinhard, Christiane (Hg). (2006): Selbstlernarchitekturen und Lehrerbildung. Zur inneren Modernisierung von Lehrerbildung. Bern: h.e.p.

Helsper, Werner (1996): Antinomien des Lehrerhandelns in modernisierten pädagogischen Kulturen: Paradoxe Verwendungsweisen von Autonomie und Selbstverantwortlichkeit. In: Combe, Arno; Helsper, Werner (Hrsg.): Pädagogische Professionalität. Frankfurt a.M.: Suhrkamp, S. 521–570.

Huber, Thomas (2009). Gesprächsräume öffnen – Gesprächsräume schließen. Eine qualitative Untersuchung zur Gesprächssteuerung in Mentoratsgesprächen. Hochschule für Angewandte Psychologie. Zürich [unveröffentlichte Diplomarbeit].

Kemper, Marita; Klein, Rosemarie (1998): Lernberatung. Gestaltung von Lernprozessen in der beruflichen Weiterbildung. Baltmannsweiler: Schneider.

Kossack, Peter (2006): Lernen Beraten. Eine dekonstruktive Analyse des Diskurses zur Weiterbildung. Bielefeld: transcript.

Krause, Christina; Fittkau, Bernd; Fuhr, Reinhard; Thiel, Heinz-Ulrich (2003): Pädagogische Beratung. Paderborn: UTB.

Kriz, Jürgen (2007): Grundkonzepte der Psychotherapie (6.Aufl). Weinheim: Beltz.

Lucius-Hoene, Gabriele; Deppermann, Arnulf (2004): Rekonstruktion narrativer Identität. Ein Arbeitsbuch zur Analyse narrativer Interviews. Wiesbaden: VS.

Ludwig, Joachim (2007): Kompetenzentwicklung und Bildungsberatung als reflexiver Selbstverständigungsprozess. In: Ulrike Heuer; Ruth Siebers

(Hg.): Weiterbildung am Beginn des 21. Jahrhunderts. Festschrift für Wiltrud Gieseke. Münster: Waxmann, S. 183–196.

Nestmann, Frank; Engel, Frank; Sickendiek, Ursel (Hg.) (2007): Das Handbuch der Beratung. Band 1 (2.Aufl.). Tübingen: dgvt.

Pervin, Lawrence; Cervone, Daniel; Oliver, John (2005): Persönlichkeitstheorien (5. Aufl.). München: Reinhardt.

Satir, Virginia (1996): Kommunikation-Selbstwert-Kongruenz (5. Aufl.). Paderborn: Junfermann.

Schüpbach, Jürg (2007): Über das Unterrichten reden. Die Unterrichtsnachbesprechung in den Lehrpraktika, eine „Nahtstelle von Theorie und Praxis"? Bern: Haupt.

Schulz von Thun, Friedemann (2005): Miteinander reden. Stile, Werte und Persönlichkeitsentwicklung (25. Aufl.). Reinbek b.H.: Rowohlt.

Schütze, Fritz; Kallmeyer Werner (1977). Zur Konstitution von Kommunikationsschemata der Sachverhaltsdarstellung. In: Dirk, Wegner (Hg.): Gesprächsanalysen. Hamburg: Forschungsberichte des Instituts für Kommunikationsforschung und Phonetik der Universität Bonn, S. 159–274.

Siebert Horst (2006): Selbstgesteuertes Lernen und Lernberatung. Konstruktivistische Perspektiven. (2. Aufl.). Augsburg: Ziel.

Straumann, Ursula (2007): Klientenzentrierte Beratung. In: Nestmann, Frank; Engel, Frank; Sickendiek, Ursel (Hg.): Das Handbuch der Beratung. Band 2 (2.Aufl.). Tübingen: dgvt, S. 641–653.

Von Schlippe, Arist; Schweitzer, Joachim (2003): Lehrbuch der systemischen Therapie und Beratung. Göttingen: Vandenhoek & Ruprecht.

Watzlawick, Paul; Beavin, Janet; Jackson, Don (1969): Menschliche Kommunikation. Formen – Störungen – Paradoxien. Bern: Huber.

Vom Anfangen: Thematisierung zeitlicher Herausforderungen in Selbstlernarchitekturen

Kathrin Berdelmann

1 Perspektiven? Zeit und neue Lehr-Lernformen

Lehr-Lernarrangements mit einem hohen Grad an Selbststeuerung erfordern und erzeugen andersartige zeitliche Bedingungen des Lernens. Neuerdings ist die Forderung nach neuen Lernformen nicht zuletzt häufig mit zeitlichen Argumenten untermauert worden. So wird konstatiert, dass Lernprozesse entschleunigt werden müssen (Zeiher/Schröder 2008; Edelstein 2008; Danner 2008), und es wird für einen Umgang mit Zeit durch die Lehrenden plädiert, der vor allem verlangsamt und mehr Zeit gewährt, um subjektive Erfahrungen und eigene Entdeckungen zu machen (Geißler 1997: 115). Zudem wird bemerkt, dass die Selbstbestimmung im schulischen Lernen eine Vorbereitung auf eine veränderte Arbeitswelt mit flexibleren, mehr individuell bestimmten Arbeitszeiten ist, denn „nicht nur die Lerninhalte, auch die schulische Zeitorganisation dienen der Qualifizierung für das zukünftige Arbeitsleben" (Zeiher 2008: 39). Die Argumente bündeln sich in der Überzeugung größerer Angemessenheit neuer Lehr-Lernformen für die Zeitbedürfnisse des Lernens, insbesondere der besseren Passung von institutionellen Zeitstrukturen zur Eigenzeit der Lernenden. Doch dass individualisierte und selbstgesteuerte Formen des Lehrens und Lernens komplexe Herausforderungen an die eigene Organisation der zeitlichen Dimension des Lernens stellen und deshalb immer auch neue, andersartige Probleme zeitlicher Art erzeugen können, kommt in den Beiträgen selten zum Ausdruck. Zur Bewältigung der Lernanforderungen muss bereits eine gewisse Zeit-Kompetenz vorhanden sein, die den Umgang mit sich selbst in der Zeitdimension betrifft und zu einem „Leistungsbereich, und zu einem Kapital" macht (Wrana 2008: 94). Hier wird Zeit dann zu einem kritischen Faktor, der die Qualität und das Gelingen von selbstgesteuerten Lernprozessen beeinflusst. Vor diesem Hintergrund gilt es, die Erscheinungsformen der Probleme und Herausforderungen zeitlicher Art innerhalb von individualisierten und selbstgesteuerten Bildungsprozessen sowie die Bewältigungsstrategien der Lernenden empirisch in den Blick zu nehmen.

2 Zeit in Selbstlernprozessen: Zukunft und Synchronizität

Das Arbeiten in Selbstlernarchitekturen (Maier Reinhard/Wrana 2008)[1] in verschiedenen, frei wählbaren Themenschwerpunkten verlangt eine hohe Aufmerksamkeit zeitlichen Aspekten gegenüber. Zeiträume für das eigene Arbeiten müssen geschaffen werden, darin muss das Vorgehen strukturiert und effizient umgesetzt werden. Selbstlernarchitekturen wollen mehr Freiheitsgrade und individuelle Differenz zulassen, die auftretenden individuellen Unterschiede bei der Zeitgestaltung und bei den inhaltlichen Schwerpunktsetzungen werden als positiv gewertet „und könnten ein Hinweis darauf sein, dass ‚Selbstsorge' im Sinne eigensinniger Lernentscheidungen auch tatsächlich realisiert wurde" (Röthlisberger 2008: 141). In den stattfindenden Lernprozessen sollen nicht primär Stoffe gelernt, Aufgaben erfüllt und Prüfungen bestanden werden, sondern es soll den Studierenden ermöglicht werden, in ein Wissensfeld einzutreten. Dies erfordert, durch den Prozess des lernenden Eintretens in ein solches Wissensfeld bestimmte Praktiken des Selbstlernens zu entwickeln und zu verfeinern. Zu diesen zählt auch die Kultivierung einer Aufmerksamkeit für zeitliche Aspekte im Rahmen einer temporalen Verhältnissetzung von Lerngegenstand und Selbst. Die Zeit wird in Selbstlernarchitekturen somit zu einem Lerngegenstand, an welchem sich Studierende ebenso abarbeiten müssen, wie an den konkreten, fachbezogenen Themen. Sie ist – als kontinuierlich mitlaufender Lerngegenstand – grundlegend mit verantwortlich, wie sich ein Wissensfeld für die Lernenden formiert. Es handelt sich einerseits um die Erkenntnis, dass Studierende zeitlich strukturieren und über ein gewisses Zeitmanagement verfügen müssen – dies betrifft die quantitative Dimension der Zeit und damit beispielsweise Fragen folgender Art: „Wie viel schaffe ich in der Zeit, die ich mir nehme?", „Was kann ich schnell erledigen, was ist zeitlich gut kalkulierbar?" sowie „Was passt noch in restliche Zeit, die ich füllen soll?" Es sind zeitökonomische Überlegungen, die nicht selten die Wahl eines Inhalts der zur Verfügung stehenden Zeit unterordnen.[2]

---

[1] Die Analyse in diesem Beitrag bezieht sich nicht auf die Selbstlernarchitektur @rs wie die übrigen Beiträge des Bandes, sondern auf eine Selbstlernarchitektur im Rahmen des Moduls „Lernen und Unterrichten" im neuen Studiengang Primarstufe, der ab 2009 an der Pädagogischen Hochschule der Nordwestschweiz angeboten wird. Auch hier bewegten sich die Studierenden auf individualisierten Lernwegen durch die Studienmaterialien und trafen in Lernberatungen auf die Dozierenden. Allerdings hatten die Studierenden eine größere Anzahl thematischer Schwerpunkte zur Auswahl. Sie mussten daher selbst weitreichendere Entscheidungen über die zeitliche Sequenzierung ihrer Lernaktivitäten treffen.

[2] So stellte auch Röthlisberger in seiner quantitativen Untersuchung fest, dass: „Studierende bei ihrer Zeitinvestition [sich] weniger an inhaltlichen Aspekten des Studienfortschritts orientieren, sondern sich eher den Zwängen der Zeitökonomie beugen müssen [...] dass Lernwegentscheide häufig aufgrund eines zeitlichen Calculus getroffen werden." (Röthlisberger 2008: 142).

Andererseits ist eine Form der „temporalen Aufmerksamkeit" notwendig, welche individuelle, qualitative Fragen des Lernens betrifft wie: „In welcher Reihenfolge ergeben bestimmte Lern-Aktivitäten für mich einen Sinn?", „Was muss ich zuerst wissen, damit ich das andere, das Neue, das Wichtige, besser verstehen kann bzw. was fehlt mir dazu?", „Was kommt zuerst und was kommt danach und was verstehe ich –, kann ich jetzt schon und was noch nicht?"[3] Diese Art des zeitbezogenen Fragens ist eine fortwährende Relationierung, ein Bezug von eigenzeitlichen Strukturen auf das Neue und Andere der Lerngegenstände, auf welches ein Lernender in einem Wissensfeld trifft (Berdelmann 2010: 112ff.). Im Hinblick auf Selbstlernarchitekturen kann dies als eine spezifische Umwandlung von *Synchronem* in *Dia*chrones verstanden werden. In einem neuartigen Lernfeld sehen sich Lernende mit einer für sie noch konturlosen Menge an Neuem und Unbekanntem konfrontiert, welches für sie gleichzeitig nebeneinandersteht, das heißt, ohne Anhaltspunkte, die auf oben genannte zeitliche Fragen Antworthinweise geben können. In Lehr-Lernarrangements hingegen, die stärkere Strukturierung durch Dozierende aufweisen, sind Zeitsequenzen und Inhalte einander zugeordnet, es gibt klare Übergänge sowie Anfangs- und Endzeitpunkte. Über die zeitliche Strukturierung wird dabei ein Weg vorgezeichnet, den Lernende gehen können, der sie mit dem Lerngegenstand vermittelt. Im Rahmen des selbstgesteuerten Lernens werden diachrone Strukturen nicht vorgefunden, sondern müssen erst erzeugt werden. Dies bedeutet unter anderem: Priorisierung des Stoffes, um sinnvolle Abfolgen festlegen oder auch Zeitspannen für Vertiefungen und Tempi des Voranschreitens herstellen zu können (Berdelmann 2010: 120ff.). Es handelt sich um einen Umgang mit Zeit insofern, dass Lernende das gleichzeitig gegebene Ganze des noch neuen, strukturlosen Wissens in eine diachrone Struktur verwandeln muss, damit sie für ihn einen Sinn ergibt. In Akten des Ins-Verhältnis-Setzens von neuen Lerngegenständen innerhalb eines Wissensfeldes zu sich selbst entsteht und verschiebt sich kontinuierlich der individuelle Bezug auf Bekanntes, bereits Gewusstes und Gekonntes als (vergegenwärtigte) *Vergangenheit* und auf Unbekanntes, noch nicht Gewusstes oder Gekonntes als (vergegenwärtigte) konkret antizipierbare *Zukunft*[4]. Erst innerhalb dieser Relationierung und der damit einhergehenden, anderen Hervorbringung von eigenzeitlichen Strukturen erhält das Neue eine bestimmte Form, die sinnstiftend ist. Hierzu müssen Lernende eine Vorstellung von einer erreichbaren Zukunft ausbilden, in der sie sich fortbewegen können, und die sie auch erreichen möchten – innerhalb eines Wissensfeldes. Genau diese Konstruktion einer vergegen-

---

3 Prange (2005) verweist im Rahmen der Operativen Pädagogik darauf, dass die Zeitlichkeit des Lernens durch die Differenz „schon jetzt : noch nicht" charakterisiert ist und dass, „[…] alles, was sich uns überhaupt zeigt […] entweder im Modus des Möglichen oder aktuell Wirklichen oder des immer und unveränderbar Gegebenen erscheint" (Prange 2005: 121).
4 Vergegenwärtigte Vergangenheit, Gegenwart und Zukunft als Ekstasen der Zeitlichkeit, „zeigen die phänomenalen Charaktere des „Auf-sich-zu", des „Zurück-auf", des „Begegnenlassens-von" (Heidegger 2001: 328).

wärtigten Zukunft ist es, die schließlich den noch konturlosen unbedeutenden Lerngegenstand Stück für Stück zugänglich macht und ihm eine konkrete Ausprägung verleiht. Mit Bezugnahme auf die sozialphilosophische Theorie der „Timespaces" von Theodore Schatzki (2010) kann diese Zukunftsdimension, welche menschliche Aktivität immer mit konstituiert, genauer charakterisiert werden: „Most of the time a person acts for the sake of something and in doing so, she comes toward that thing. This coming towards is the future dimension of her activity. [...] In sum, a person when acting, comes toward a way of being departing from certain states of affairs. This acting-coming towards-departing from is the temporal structure of activity." (Schatzki 2009: 37) Es geht also um ein auf ein bestimmtes Ende oder Ziel ausgelegtes Handeln in der Zukunftsdimension, wobei dieses Handeln immer durch eine bestimmte Ausgangslage in der Vergangenheit motiviert bleibt.[5] In anderen Worten heißt dies, dass eine Vorstellung von dem, wohin sich das eigene Lernen hin bewegen soll, grundlegend für die Aneignung von Lerngegenständen ist.

Durch die zeitgende Aneignung erhalten die Lernbewegungen in die Wissensfelder hinein eine bestimmte Qualität. Diese würde nicht entstehen, wenn Lernende von Anfang an eine diachrone Struktur auffinden, in die sie sich einfach „einfügen" könnten, die ihnen einen Weg vorzeichnet, der durch Abfolgen, Übergänge, festgelegte Ausführlichkeit der Gegenstände und bestimmte Markierungen charakterisiert ist, kurz – durch Entfaltung einer angebotenen Denkstruktur. Die Umwandlung von Gleichzeitigkeit in Ungleichzeitigkeit kann anders ausgedrückt werden als doppelte Artikulation des Gegenstandes und der Aneignungsarbeit (vgl. Sünkel 1996).

Die dafür erforderliche Zeitkompetenz ist nicht einfach ein Kapital, das Lernende bereits mitbringen müssen, sondern welches eben durch die Tätigkeit auch hergestellt wird. So schreibt Wrana: „Mit der Veränderung von Steuerungspraktiken von der kursorischen Führung zur Führung der Selbstführungen gehen eine ganze Reihe von Leistungen an die Lernenden über und werden damit zu einer Herausforderung. In Selbstlernarchitekturen wird dies didaktisch so gestaltet, dass Selbstlernprozesse in Gang kommen, dass sie aber reflexiv werden und die damit verbundenen Zumutungen bearbeiten können." (Wrana 2008: 94). In zeitlicher Hinsicht stellt sich nun aber nicht nur eine Individualisierung der Lernzeiten ein, sondern auch die Herausforderung, mit der Synchronizität der vorgefundenen neuen Lerngegenstände in bestimmter Weise umzugehen und sie auf Zukunft zu beziehen, damit Lernprozesse überhaupt in Gang kommen können. Gerade dieses „In-Gang-Kommen" von Selbstlernprozessen scheint dabei aber ein kritischer Aspekt zu sein: Besonders am Punkt des Beginns der Arbeit in Selbstlernarchitekturen kann ein Konflikt entstehen, der mit der die Transformation der synchronen Struktur des Wissensfeldes in eine auf eine Zukunft hin ausgelegte diachrone Struktur zu

---

5   Die Zukunft ist konstitutiv für die Gegenwart, so Heidegger, und zwar so, „daß sie zukünftig gewesen allererst die Gegenwart weckt" (Heidegger 2001: 329).

tun hat; der gleichzeitig aber in einem Problem, welches die geforderte Autonomie und Selbstständigkeit in Selbstlernprozessen betrifft, wurzelt. Die damit zusammenhängenden Probleme kristallisieren sich in der Zeitdimension, präziser, im Setzen des Anfangszeitpunkts des selbstständigen Arbeitens. Im Folgenden soll dies an einigen empirischen Beispielen aufgezeigt werden.

3 Die Suche nach dem Anfang

In den Lernberatungsgesprächen, die im Rahmen des Arbeitens in Selbstlernarchitekturen vorgesehen sind, wird inhaltlich an den von Lernenden aktuell bearbeiteten Themen in den Wissensfeldern angesetzt. Ihre individuellen Lesarten sollen im Rahmen eines Austausches zwischen Dozierenden und Studierenden fachlich-disziplinären Lesarten gegenübergestellt werden, sodass diese für die Lernenden ebenfalls verfügbar werden können (vgl. Maier Reinhard/ Ryter/Wrana in diesem Band). Häufig werden in den Gesprächen auch der Arbeitsprozess, das gewählte Vorgehen beziehungsweise die Lernwegentscheidungen der Studierenden in der Selbstlernarchitektur thematisch. Dies ist nicht selten mit dem Gespräch über Lesarten verknüpft, geht diesem beispielsweise voraus.

Die folgenden Auszüge sind verschiedenen Lernberatungsgesprächen (LB) entnommen, die mit den Studierenden während des Semesters stattfanden, sowie einem Gruppeninterview (GI), welches am Ende des Semesters mit allen Studierenden eines Kurses geführt wurde. Sie wurden ausgewählt, weil sich in ihnen exemplarisch zeigt, was zunächst als Herausforderung der ersten Strukturierung des Arbeitsprozesses erscheint. De facto ist dies aber ein zeitliches Problem, welches im Setzen eines Anfangszeitpunktes liegt. Im folgenden Auszug bestand die Schwierigkeit offensichtlich darin, überhaupt zu beginnen, der Anfang des Arbeitens in der Selbstlernarchitektur wurde stattdessen herausgezögert und die Studierenden begannen erst nach einigen Wochen mit dem tatsächlichen Bearbeiten des vorgefundenen Materials.

Das in einem Auszug dargestellte Gespräch fand ca. fünf Wochen nach Semesterbeginn statt:

D: Was war denn für Sie da jetzt so das Wichtigste, sind da jetzt vielleicht offene Fragen entstanden, die Sie gerne noch vertiefen wollen […]?
S: Also Moment schnell, ich habe noch keine Texte gelesen. Ich habe einfach mal ein Überblick geschaffen, was da alles ist. Aber das bearbeitet habe ich noch nicht.
D: Sie haben sich die einzelnen Lernaktivitäten angeschaut?
S: Angeschaut, ja, aber ich habe den Text nicht gelesen, die Texte, die da dabei sind.
[…]
D: Ach so, Sie haben aber noch gar nicht richtig angefangen zu arbeiten.
S: Also, ich nicht, sicher nicht.
[...]

D: Sie haben sich vor allem nur das Material angeguckt.
S: Uns darüber informiert.
[...]
D: Es scheint hier irgendwie ein Missverständnis zu sein oder Unklarheit, wie man arbeitet in dieser Selbstlernarchitektur.
S: Ja, das ist schwierig das zu wissen, wenn man nicht ganz genau weiß, worauf, auf was nachher alles rauslaufen soll. (Auszug Lernberatungsgespräch)

Folgender Auszug, in dem eine Studierende den Beginn des Arbeitens in der Selbstlernarchitektur darstellt, ist dem Gruppeninterview entnommen. Im Gruppeninterview wurden die Studierenden retrospektiv zu ihrem Arbeitsprozess in der Selbstlernarchitektur während des Semesters befragt:

S. a: Am Anfang war das so ein bisschen: „Puh! Wie genau muss man das machen?" Und dann ging man erst ein bisschen, versuchte man und dann hat man gemerkt, das bringt einem gar nicht so viel. Dann hat man eigentlich mehr so für sich geschaut: „Was ist mir wichtig? Was brauche ich? Was könnten wir nutzen?" (Auszug Gruppeninterview)

In den zwei Auszügen des Gesprächs und Interviews stellen Studierende den Arbeitsanfang als eine Herausforderung dar. Im ersten Auszug wird das Gewinnen eines Überblickes über das Material als etwas, das vor dem eigentlichen Arbeiten stattfand, thematisiert. Doch die informierende Sichtung des Materials wird von Dozierender (D.) als auch von Studierender (S.) nicht als Arbeitsbeginn eingestuft, sondern als Voraussetzung, anfangen zu können. Auf das Deutungsangebot der Dozierenden, dass anscheinend Unklarheiten bezüglich des Arbeitens in der Selbstlernarchitektur existierten, wird angegeben, dass die Schwierigkeit darin bestünde, nicht zu wissen, worauf das Ganze hinausläuft. Die Unsicherheit, die das Nicht-Wissen darüber, worauf alles hinauslaufen soll, erzeugt, betrifft die Aufgabe, das Synchrone, das Neue, das in den verschiedenen Wissensfeldern der Selbstlernarchitektur vorgefunden wird (z.B. in Form von Texten) und die eigene Bezugnahme darauf, zu strukturieren. Es handelt sich, präziser formuliert, um die Herausforderung der Umwandlung jenes Synchronen in Diachrones. Sich einen Überblick zu verschaffen bedeutet, erst einmal alles nebeneinanderstehen zu lassen. Dies bewältigen zu können, verlangt einen Maßstab, nämlich das vorgegebene Ziel, den Punkt, der hinterher erreicht werden soll. Das Resultat eines Lernprozesses wird also als dessen Voraussetzung eingefordert. Was an dieser Stelle Schwierigkeiten bereitet, um eine für die Studierenden sinnvoll erlebte Bezugnahme auf das Material vorzunehmen, ist die Antizipation einer konkreten Zukunft des eigenen Lernprozesses. Dies jedoch scheint offenbar an der Unterstellung zu scheitern, dass es eine ganz bestimmte, vorab von außen definierte Form gibt, in der am Ende die Arbeit und das Lernen resultieren sollen. Diese Unterstellung führt dann zu einer Suchbewegung nach dem richtigen Weg, die als Voraussetzung hat, sich zunächst einen Überblick zu verschaffen.[6] So wird die eigentliche inhaltliche Beschäftigung mit dem Material für gut ein Drittel der Gesamtbearbeitungszeit im Semester aufgeschoben.

Diese Suchtendenz verdeutlicht sich im zweiten Auszug noch mehr.. Die Überwältigung, die zu Beginn mit dem Material empfunden wird, beschreibt der Studierende in direkter Rede als *„Am Anfang war das so ein bisschen ‚Puh! Wie muss man das machen?"* Auch hier stellt sich die Frage, wie die Auseinandersetzung mit dem Lerngegenstand bewerkstelligt werden soll, indem dem Lernarrangement zugeschrieben wird, dass es eine Art Regel gibt, eine richtige Art und Weise der Bearbeitung, die gefunden werden muss. Diese Unsicherheit, wie mit dem Arbeiten zu beginnen ist, dass es den richtigen Weg zu finden gilt, führt dazu, dass zuerst nur *„versucht"* wird, *„ein bisschen gegangen"* wird – eher probeweise und vorsichtig durch unbekanntes Terrain. Auch das wird noch nicht als Beginn des Arbeitsprozesses betrachtet. Obwohl die Studierenden über die Freiheitsgrade ihrer Entscheidungen in Selbstlernarchitekturen prinzipiell informiert wurden, zeigen sich bei ihnen ein Misstrauen und die Befürchtung, dass es am Ende doch wieder eine Regel gibt, eine Vorgabe und ein bestimmtes, gefordertes Endprodukt, welches dem ganzen Lernprozess eine konkrete Form auferlegt, die eingehalten werden soll. Des Weiteren gewinnt damit der eigene Lernprozess eine Art Prüfungscharakter, indem es etwas richtig zu machen gilt. Das Suchen nach einer bestimmten Zielvorstellung, einer antizipierbaren Zukunft von der Gegenwart aus, führt zum Dilemma dieses Studierenden. In diesem zweiten Auszug wird jedoch die Loslösung von der Suche nach externen Vorgaben durch das letztliche Entwerfen eigener Zielvorstellungen in Form auf eine Zukunft ausgerichteter, teleologischer Bezugnahmen (im Sinne Schatzkis) auf das Material und sich selbst dargestellt: *„[…] und dann hat man gemerkt, das bringt einem gar nicht so viel. Dann hat man eigentlich mehr so für sich geschaut: „Was ist mir wichtig? Was brauche ich? Was könnten wir nutzen?"* In dem Moment, in dem sich realisiert, dass das nur erkundende, versuchsweise „Gehen" einem selbst keinen Nutzen bringt, wird eine zielorientierte Bezugnahme auf das Tun in Richtung Zukunft vorgenommen. Die folgenden Fragen betreffen schließlich die eigenen Ziele, die eigenen Wünsche und stellen in der Logik selbstgesteuerten Lernens den Kontrapunkt zu der Unterstellung pädagogischer, einziger Ziele dar.

Das Problem wird von einer anderen Studierenden im Zusammenhang mit Freiheit noch expliziter thematisiert.

> S. b: Also, ich fand es allgemein schon schwierig, am Anfang die ganz große Freiheit zu haben. Also, wir wussten auch nicht, ja sind wir jetzt auf dem richtigen Weg?

---

6 Angemerkt sei, dass die Dozierende die Befürchtungen der Studierenden insofern nicht aufhebt, da mit der Aussage: „Es scheint hier irgendwie ein Missverständnis zu sein oder Unklarheit, wie man arbeitet in dieser Selbstlernarchitektur." eine bestimmte, wenn auch unspezifische Vorstellung über die Art des Arbeitens in der Selbstlernarchitektur ausgedrückt wird.

Machen wir das richtig? Es war schwierig, abzuwägen, ob man trotzdem etwas falsch machen konnte oder nicht." (Auszug Gruppeninterview)

Diese Studierende stellt den Wunsch dar, sich der Richtigkeit des eigenen Vorgehens zu vergewissern. Darin ist auch eine Schwierigkeit der Verortung der eigenen Leistung impliziert. Dies wird bei gleichzeitiger Vermutung pädagogischer Intentionen und dem Wissen um die Autonomieerwartung, die das Arbeiten in Selbstlernarchitekturen rahmt, als Ambivalenz und große Belastung wahrgenommen. Die Aussagen der Studierenden transportieren die Unterstellung, dass es sich bei den Selbstlernarchitekturen immer noch um eine Form des Lehrens und Lernens handelt, die einen bestimmten Weg in der Aneignung des Lerngegenstandes beinhaltet, eine bestimmte Form des Reüssierens an den Lernaktivitäten und -aufgaben einschließt und somit auch von einer richtigen Lesart und nicht von vielen Lesarten der Gegenstände ausgeht. Damit stellt das Arbeiten in der Architektur eine Prüfungssituation dar, in der die Lernenden zeigen müssen, dass sie es richtig machen, und dies bereits von Anfang an. Der Unterschied zur ihnen bekannten Prüfungsaufgabenstruktur liegt darin, dass sie hierbei den Stoff, der geprüft wird, noch nicht kennen und bereits in der Aneignung selbst die Prüfung sehen. Das dabei entstehende zeitliche Problem liegt darin, den Anfang des Arbeitsprozesses zu setzen und zu strukturieren, weil, zeitlich betrachtet, die Antizipation einer durch Lernen zu erreichenden Zukunftsvorstellung als Endpunkt durch die Suchbewegung nach dem richtigen, geforderten Lernprozess blockiert wird. Damit kann das Ziel vorerst nur sein, den richtigen Weg zu finden, um ihn dann zu gehen. Da dies aber in der Struktur von Selbstlernarchitekturen nicht angelegt ist, zögert sich die inhaltliche Beschäftigung mit den Themen hinaus.

4 Thematisierung von Zeit in Lernberatungen

Eine abschließende Frage ist nun, inwieweit die Infragestellung der Legitimität der eigenen Entscheidungen und Lesarten mit der Konsequenz der Unsicherheiten bezüglich der Organisation des Arbeitsprozesses, in Lernberatungsgesprächen thematisiert und bearbeitet werden kann. Lernberatungsgespräche sollen Orte des fachlichen Austausches über Lesarten und der Entstehung von Reflexivität sein. Damit werden Lernende als bereits kompetente autonome Lernende adressiert und als solche, die lernen wollen, die selbstbestimmt sind.[7] Die Logik von Selbststeuerung im Lernen impliziert, dass der Lernende „eige-

---

7 Die „Spielzüge" des Lernberatungshandelns bringen „Autonomiezuschreibungen, aber auch Autonomieerwartungen an Studierende" mit sich (Maier Reinhard/Ryter/Wrana in diesem Band).

ne Wünsche exploriert, seine Ressourcen und individuellen Besonderheiten kennt, nutzt und ausbaut, eigene Schwächen offenlegt und sie überwindet und in jeder Hinsicht sein Leben in seine eigene Hand nimmt." (Lehmann-Rommel 2004: 271f.) Gerade in Settings, in denen der Lernende dazu aufgefordert ist, sein Lernen reflexiv darzustellen, sei es in Portfolios, Abschluss- oder Zwischenpräsentationen oder Wissensplattformen, kann dies zu retrospektiven Sinnzuschreibungsprozessen des eigenen Handelns führen, welche die auf einer anderen Ebene liegenden faktischen Handlungsgründe und Motivationen der Lernenden verdecken. Rabenstein verweist im Zusammenhang mit Portfolios auf diesen Sachverhalt der nachträglichen Reflexion, der retrospektiven Erläuterungen und eigenen Bewertungen: „Konstruiert wird hier die Vorstellung eines in der Retrospektive als sinnvoll erlebten Lernweges, der als eine Abfolge von rational begründbaren und subjektiv sinnvollen Entscheidungen in der Retrospektive darstellbar ist [...]. Von Schülern in der Regel bloß pragmatisch getroffene Entscheidungen, z.B. aus zeitökonomischen Gründen (weil es schneller geht), aus sozialen Gründen (weil die Freundin es macht), aus strategischen Gründen (weil der Lehrer es fordert), versehen die Schüler nun mit aufwendigen Begründungen, warum es für sie persönlich subjektiv sinnvoll war, sich für dies und jenes zu entscheiden." (Rabenstein 2007: 48) Letztlich handele es sich dabei um eine Einübung von Sinngebungsprozessen: „Selbstständig zu arbeiten bedeutet in der Logik des Portfolios immer genau zu wissen, was man tut, warum man es tut und für sinnvoll hält oder doch dieses im Nachhinein darzustellen bzw. konstruieren zu können." (Rabenstein 2007: 47)

In Lernberatungsgesprächen sollen individuelle Lesarten dargestellt werden, dabei kann auch die Herangehensweise an das Material und das eigene lernende Vorgehen, das mit der Herausbildung der Lesart verknüpft ist, thematisch werden. Ebenso kann darin etwa jeder Schritt in der Selbstlernarchitektur gemäß der geforderten selbstständigen Entscheidungsfällung aufgrund von Interesse und Lernmotivation zwecks Wissenszuwachses begründet werden. Doch ob es darum geht, die von den Lernenden unterstellte, versteckte Prüfungsstruktur des Arbeitsauftrages, die es aus Sicht der Studierenden gemäß aller bisherigen Lernerfahrung in Schule und Hochschule geben müsste, als möglichst kompetenter Lernende zu bestehen, kann weniger leicht angesprochen werden.

In folgendem Auszug wird im Zusammenhang mit Erzählungen über die anfänglichen Entscheidungen zum Arbeiten in Selbstlernarchitekturen die eigentliche Herausforderung, das Problem der Zeitigung des Synchronen, von einer ausführlichen Darlegung des effektiven Zeitmanagements der zwei Studierenden überdeckt. Die beiden haben erst in der Mitte des Semesters das erste Material mit den Lernaktivitäten geöffnet. Im Nachhinein begründen sie ihr Vorgehen:

S. 1: Wir haben uns erst einmal einen Überblick geschaffen und dann entschieden, was uns interessiert. Schließlich haben wir es auf zwei Brennpunkte reduziert und dann dort verschiedene Dinge, ja Unterkapitel, bearbeitet.
S. 2: Also, Kooperatives Lernen und Handelndes Lernen. Weil, wir haben angefangen mit dem Kooperativen Lernen und dann einmal pro Woche zwei, drei Stunden daran gearbeitet. Beim Kooperativen Lernen haben wir mehr am Anfang die Texte gelesen und Filme geguckt. Und beim Handelnden Lernen haben wir dann auch die Aufgaben dazu gelöst.
[...]
S. 1: Wir haben jetzt versucht, von Anfang etwas besser zu planen, und wir haben geguckt, also eigentlich immer am Donnerstag und Freitagmorgen haben wir beide Zeit, etwas für das Studium zu machen, und das haben wir eigentlich auch wirklich gemacht. Aber es ist schon so am Anfang, es ist eigentlich sauviel und, das ist ja klar, weil es könnte zwei Jahre füllen. Und einfach am Anfang, das haben wir jetzt nicht so erwähnt, erst mal überhaupt zu gucken, was interessiert mich und was nicht? Weil ich mache das nicht so gerne: einfach etwas zu machen, damit es gemacht ist. Wir haben also am Anfang geguckt, was interessiert uns überhaupt und das dann herauskopiert und nicht einfach alles kopiert, sondern geguckt, was interessiert uns und das auch bearbeitet. (Auszug Lernberatungsgespräch)

Hier wird in der nachträglichen Beschreibung der Arbeitsbeginn in der Selbstlernarchitektur als ein bewusst durchdachter und rational geplanter Akt konstruiert. Zunächst wird die Sicherung der zeitlichen Kontinuität des Arbeitens mit den dafür geschaffenen wöchentlichen Zeitfenstern erläutert, - damit wird effizientes Zeitmanagement betont. Anschließend wird die weitere Organisation des Vorgehens dargelegt: Bevor begonnen werden kann, wird ein Überblick geschaffen, danach eine gezielte Auswahl der Themen möglich, schließlich das selektierte Material vorbereitet und dann bearbeitet. In der Darstellung der Studierenden verschwindet die mindestens siebenwöchige zeitliche Lücke, die von Semesterbeginn bis zum Moment des Anfangens entstanden ist, stattdessen erscheint die Arbeit als logisch begründete Abfolge von nahtlos aufeinander aufbauenden Handlungen. Der einzige mögliche Hinweis auf die Schwierigkeit des Anfangs liegt in dem Satz: *„Aber es ist schon so am Anfang, es ist eigentlich sau viel und, das ist ja klar, weil es könnte zwei Jahre füllen."* Im Empfinden des *Vielen* zu Beginn als Belastung zeigt sich das Problem des synchronen Neuen als große Materialmenge, die vorgefunden wird und noch keine festgelegte, lernbare Struktur aufweist. Diese Belastung wird aber nicht weiter thematisch,, stattdessen wird der Anfang als Zeitpunkt der Materialsichtung und -auswahl konstruiert, auf den direkt die Vorbereitung des Materials folgt: *„Wir haben also am Anfang geguckt, was interessiert uns überhaupt und das dann herauskopiert und nicht einfach alles kopiert."* Die Auswahl basiert auf der Frage nach eigenen Interessenslagen und gerade nicht auf der einfachen Bearbeitung dessen, was vorgefunden wird: *„Weil ich mache das nicht so gerne: einfach etwas zu machen, damit es gemacht ist."* Damit bringt die Studierende eine intrinsische Motiviertheit zum Ausdruck und stellt diese externen Vorgaben gegenüber. Das Lernberatungsgespräch wird so zu einem Ort, an dem die beiden Studierenden selbstständiges und autonomes Arbeiten beweisen wollen. Dass zu Beginn gar nicht gearbeitet wurde, bleibt über die nachträgliche, sinnvolle Konstruktion von begründeten Einzelschritten verdeckt und somit nicht thematisiert. Stattdessen wird der von den Studierenden vermutete, vom pädagogischen Setting der Selbstlernarchitektur geforderte Weg der selbstständigen und wohlbegründeten Entscheidungsfällung nachgezeichnet, die Organisation des eigenen Lernens und Wissenszuwachses als erfolgreich konstruiert und sich damit als kompetente Lernende dargestellt.

Das Problem des Anfangens in den hier dargestellten Beispielen ist einerseits eine Konsequenz des Entzugs einer Vorleistung von Zeitigung, die nun in umfangreicherem Ausmaß von den Studierenden selbst vollzogen werden muss. Andererseits ist es ein Resultat ihres Misstrauens der Aufforderung und Erwartung gegenüber, eigene Lernwegentscheidungen zu treffen und dabei individuelle Lesarten zu bilden, die als legitim gelten dürfen. Stattdessen wird vermutet, dass es doch einzig gültige und letzte Lesarten gibt, die über einen bestimmten Arbeitsweg durch die Selbstlernarchitektur rekonstruiert und angeeignet werden müssen. So geraten die Lernenden in eine Krise, die sich zwischen der Notwendigkeit im Voraus wissen zu müssen, was das Resultat des Lernprozesses sein soll, – im Sinne einer antizipierbaren Zukunft sowie eines Wegs, der sicherlich dort hinführt – und dem Vorführen von Selbstständigkeit aufspannt.

In Lernberatungen ist die Zeit ein zentrales Thema hinsichtlich der Organisation von Arbeitsprozessen und der Schaffung von Lernzeiten. Der Umgang mit Zeit im Sinne der hier angesprochenen Herausforderung Zeitigung ist möglicherweise nur innerhalb der Thematisierung vom Problem des Anfangs des Arbeitens in Selbstlernarchitekturen transportiert. Lernberatungsgespräche sind damit auch gleichzeitig der Ort, an dem die Unsicherheiten und damit verbundenen impliziten Unterstellungen über den „richtigen" Lerngegenstand und -weg aufgegriffen werden könnten, wenn diese nicht durch nachträgliche Sinngebungskonstruktionen dethematisiert werden. Die herangezogenen Auszüge zeigen zumindest, dass über das Aufgreifen von zeitlichen Facetten des Arbeitens ein Zugang gewonnen werden kann.

Literatur

Berdelmann, Kathrin (2010): Operieren mit Zeit. Empirie und Theorie von Zeitstrukturen in Lehr-Lernprozessen. Paderbon: Schöningh.
Danner, Daniela. (2008): Lineare Zeit oder Eigenzeit. Ein Vergleich zweier Grundschulen. In: Zeiher, Helga; Schröder, Susanne (Hg.): Schulzeiten, Lernzeiten. Lebenszeiten. Pädagogische Konsequenzen und zeitpolitische Perspektiven schulischer Zeitordnungen. Weinheim: Juventa, S. 111–122.
Edelstein, Wolfgang (2008): Entwicklungszeit, soziale Voraussetzungen der

Schüler und das schulische Zeitregime. In: Zeiher, Helga; Schröder, Susanne (Hg.): Schulzeiten, Lernzeiten. Lebenszeiten. Pädagogische Konsequenzen und zeitpolitische Perspektiven schulischer Zeitordnungen. Weinheim: Juventa, S. 41–44.

Geißler, Karl-Heinz (1997): Zeit leben. Vom Hasten und Rasten, Arbeiten und Lernen, Leben und Sterben. Weinheim: Beltz.

Heidegger, Martin (2001): Sein und Zeit. Tübingen: Niemeyer.

Lehmann-Rommel, Roswitha (2004): Partizipation, Selbstreflexion und Rückmeldung: gouvernementale Regierungspraktiken im Feld Schulentwicklung. In: Ricken, Norbert; Rieger-Ladich, Markus (Hg.): Michel Foucault: Pädagogische Lektüren. Wiesbaden: VS, S. 261–284.

Maier Reinhard, Christiane; Wrana, Daniel (Hg.) (2008): Autonomie und Struktur in Selbstlernarchitekturen. Empirische Untersuchungen zur Dynamik von Selbstlernprozessen. Opladen: Budrich.

Prange, Klaus (2005): Die Zeigestruktur der Erziehung. Grundriss der Operativen Pädagogik. Paderborn: Schöningh.

Rabenstein, Kerstin (2007): Das Leitbild des selbstständigen Schülers. Machtpraktiken und Subjektivierungsweisen in der pädagogischen Reformsemantik. In: Reh, S.; Rabenstein, K. (Hg.): Kooperatives und selbstständiges Arbeiten von Schülern. Wiesbaden: VS, S. 39–59.

Röthlisberger, Ernst (2008): Lernwege und Lernplanung beim selbstsorgenden Lernen. In: Maier Reinhard, Christiane; Wrana, Daniel (Hg.): Autonomie und Struktur in Selbstlernarchitekturen. Empirische Untersuchungen zur Dynamik von Selbstlernprozessen. Opladen: Budrich, S. 103–146.

Schatzki, Theodore (2009): Timespace and the Organization of Social Life. In: Shove, Elizabeth; Trentmann, Frank et al. (Hg.): Time, Consumption and Everyday Life. Practice, Materiality and Culture. Oxford: Berg, S. 35–48.

Schatzki, Theodore (2010): The Timespace of Human Activity. On Performance, Society, and History as Indeterminate Teleological Events. Lanham: Lexington Books.

Sünkel, Wolfgang (1996): Phänomenologie des Unterrichts. Grundriss der theoretischen Didaktik. Juventa: Weinheim.

Wrana, Daniel (2008): Autonomie und Struktur in Selbstlernarchitekturen. Gesellschaftliche, lerntheoretische und empirische Relationierungen. In: Maier Reinhard, Christiane; Wrana, Daniel (Hg.): Autonomie und Struktur in Selbstlernarchitekturen. Empirische Untersuchungen zur Dynamik von Selbstlernprozessen. Opladen: Budrich, S. 31–102.

Zeiher, Helga (2008): Für eine ungewisse Zukunft lernen. In: Zeiher, Helga; Schröder, Susanne (Hg.): Schulzeiten, Lernzeiten. Lebenszeiten. Pädagogische Konsequenzen und zeitpolitische Perspektiven schulischer Zeitordnungen. Weinheim: Juventa, S. 31–40.

Zeiher, Helga; Schröder, Susanne (Hg.) (2008): Schulzeiten, Lernzeiten. Lebenszeiten. Pädagogische Konsequenzen und zeitpolitische Perspektiven schulischer Zeitordnungen. Weinheim: Juventa.

Pädagogische Professionalität als Entwicklungsaufgabe
Eine empirische Analyse von Transformationsprozessen in einer Selbstlernarchitektur

Alexandra Schmidt-Wenzel

Mit der Konzeption von Selbstlernarchitekturen in der Lehrerinnen- und Lehrerbildung wird der didaktischen Idee Rechnung getragen, Studierende in Auseinandersetzung mit „hochstrukturierten Lernmaterialien" zu einem selbstsorgenden Lernen (Forneck 2005: 23) herauszufordern. Dabei intendiert das Konzept grundsätzlich einen Prozess, bei dem es sowohl um die „Aneignung von Wissen, Können, Fertigkeiten, als auch um die Herausbildung eines Bewusstseins von dieser Aneignung" geht (ebd.). Vor allem Letzteres soll durch die systematische Verknüpfung von Lerninhalten mit verschiedenen Planungsinstrumenten sowie die Begleitung des individuellen Lernprozesses durch Lernberatung unterstützt werden. Mittels reflexiver Praktiken sollen sich Lernende schließlich mit differenten, gesellschaftlich etablierten Perspektiven auf ein Thema auseinandersetzen und diese entlang jeweils eigensinniger Lesarten relationieren. Lernen ist im so verstandenen Sinne ein Differenzbildungsprozess, der im vorliegenden Kontext zum zentralen Austragungsort pädagogischer Kompetenzentwicklung wird.

In enger Kooperation mit der Pädagogischen Hochschule in der Nordwestschweiz (PH FHNW), die in einem Pilotprojekt das didaktische Setting im Studiengang zur Primarlehrer/in erprobte, ging eine empirische Studie der Universität Potsdam[1] über die Laufzeit von zwei Jahren der Frage nach, welche Effekte die Selbstlernarchitektur dort evoziert. Das zentrale Erkenntnisinteresse richtete sich auf mögliche Differenzen hinsichtlich der pädagogischen Kompetenzentwicklung bei Studierenden, die im Rahmen des sogenannten @rs-Projekts in Selbstlernarchitekturen studierten, im Vergleich zu jenen, die traditionelle Präsenzseminare besuchten. Dabei orientierte sich die Studie an den untersuchungsleitenden Konzepten[2] des Berufswahlmotivs sowie des pädagogischen Selbstverständnisses und des Lernhabitus' der Studierenden, die

---
1 Vgl. Publikation zum Forschungsprojekt: Ludwig/Schmidt-Wenzel 2011.
2 In der Evaluation kam eine Triangulation aus quantitativen und qualitativen Forschungsmethoden zum Einsatz. Beide Zugänge orientierten sich jeweils an den gleichen untersuchungsleitenden Konzepten.

es – vor allem im Hinblick auf die architektonisch angestrebte Verschränkung formaler und materialer Lerninhalte – miteinander in Beziehung zu setzen galt. Dass die Didaktik des selbstsorgenden Lernens offenbar tatsächlich zu einer differenzierteren Auseinandersetzung mit den Ausbildungsinhalten herausfordert als das traditionelle Setting, bildet zugleich die grundlegende Antwort auf die zentrale Forschungsfrage. So konnte die empirische Untersuchung zeigen, dass – unter ähnlichen Studieneingangsvoraussetzungen – bei Studierenden im @rs-Projekt ein Kompetenzzuwachs im Bereich pädagogischer Professionalität zu verzeichnen war, der mit einer Transformation des Lernhandelns einherging. Demgegenüber ließ sich entlang der generierten Typologie pädagogischer Selbstverständnisse bei Studierenden der entsprechenden Kontrollgruppe keine grundlegende Entwicklung im Sinne der Transformation des zu Studienbeginn von ihnen konzeptualisierten Professionstypus' erkennen.[3]

Im Folgenden soll nun an exemplarischen Ausschnitten aus dem empirischen Material der qualitativen Untersuchung[4] gezeigt werden, wie pädagogische Selbstverständnisse im Studiensetting der Selbstlernarchitektur prozessiert werden. Hierfür erfolgt zunächst ein Überblick über die dem qualitativen Forschungsprogramm zugrunde liegende Heuristik zum Gegenstandsbereich „Pädagogisches Selbstverständnis". Daran anknüpfend werden die gegenstandsbegründeten Merkmalsräume der Typologie in ihren jeweiligen Dimensionen erläutert. Die fallvergleichende Explikation zweier typischer Entwicklungsverlaufsmuster mündet schließlich in einem kurzen Fazit zu Selbstlernarchitekturen in der Lehrer- und Lehrerinnenbildung.

1 Das pädagogische Selbstverständnis als Indikator pädagogischer Professionalität

Das Konzept des pädagogischen Selbstverständnisses fußt auf Entwürfen pädagogischer Professionalität, wie sie aus strukturtheoretischer Perspektive vor allem von Oevermann (1996), Wagner (1998), Helsper (1996, 2002, 2004) sowie Combe und Kolbe (Combe/Kolbe 2008; Kolbe/Combe 2008) dargelegt wurden. Demnach ist professionelles pädagogisches Handeln entlang der jeweiligen pädagogischen Situation stets aufs Neue und in reflexiver Relationie-

---

3   In diesem Kontext ist zu berücksichtigen, dass sich die Dauer des @rs-Projekts in der Pilotphase auf das zweite Studiensemester beschränkte, sodass potenzielle Entwicklungen nur im begrenzten Zeitraum vom Beginn des ersten bis zum Ende des zweiten Semesters untersucht werden konnten.
4   Es wurden zu jeweils zwei Erhebungszeitpunkten (zum Studienbeginn und nach Abschluss des @rs- bzw. zweiten Semesters) leitfadengestützte Interviews mit Studierenden des @rs- wie des traditionellen Studiums geführt. Die Datenauswertung folgte den Prinzipien der Forschungsstrategie der Grounded Theory (Strauss/Corbin 1996).

rung von Theorie und Praxis zu konstituieren. Den dabei zutage tretenden unhintergehbaren, antinomischen Spannungen in kritisch-reflexiver weise Rechnung zu tragen, ist die große Herausforderung professionellen Handelns in der zweiten Moderne. Beispielhaft sei hier die grundlegende Aufgabe benannt, ein pädagogisches Arbeitsbündnis zwischen Lehrenden und Lernenden zu initialisieren,

1. das sowohl von funktional spezifischen als auch funktional diffusen Beziehungsanteilen getragen ist (vgl. Oevermann 1996),
2. das Hilfe zur Selbsthilfe ermöglicht und in der Folge auf dauerhafte Abhängigkeit verzichten kann (vgl. ebd.),
3. das den Lehrenden erlaubt, sich in einer pädagogischen Situation sowohl der immanenten Sachproblematik als auch der „interaktiven Strukturproblematik" (Wagner 1998: 79) zu vergewissern und entlang eines professionellen Selbstverständigungsprozesses adäquat zu bearbeiten.

Entsprechend kommt pädagogische Professionalität in der pädagogischen Praxis als professionelle Selbstverständigungskompetenz zum Ausdruck, die das professionelle Handeln strukturiert und steuert. Dabei ist das professionelle Handeln das Ergebnis einer „reflexiven Relationierung" (vgl. Dewe 2004) von einer praktischen Vermittlungssituation mit wissenschaftlichem Wissen. Der Begriff der pädagogischen Kompetenz fasst in diesem Zusammenhang die professionelle Fähigkeit, in der betreffenden Situation „verstehen", „reflektieren", „rekonstruieren" und sich entsprechend „orientieren" zu können.

Auf der Grundlage dieses Verständnisses ließen sich im Zuge der Konfrontation der im Rekonstruktionsprozess gewonnenen gegenstandsbasierten Konzepte mit theoretischen Gegenhorizonten, hier insbesondere dem der „revidierten" Oevermannschen Theorie pädagogischer Professionalität (Oevermann 1996), empirisch relevante Merkmalsräume für die Kategorie des „pädagogischen Selbstverständnisses" generieren. So erlauben die Konzepte des Antinomiebewusstseins und der reflexiv-hermeneutischen Kompetenz in ihren jeweils empirisch vorfindbaren Dimensionen Aussagen darüber, ob und inwieweit sich bei Studierenden pädagogische Professionalität konstituiert.

Über pädagogische Professionalität verfügt demnach, wer zum einen auf ein hohes Maß an Antinomiebewusstsein und zum anderen auf ausgeprägte reflexiv-hermeneutische Kompetenz zurückgreifen kann. Denn beide Fähigkeiten zusammengenommen, verkörpern gleichsam den Schlüssel, mit dem der Professionelle das immer wieder neu herzustellende Verhältnis von Theorie und Praxis begründet. Dabei zielt die Kernfrage zur Rekonstruktion pädagogischer Selbstverständnisse und ihrer Entwicklung immer auf die Bedeutungs- und Begründungsmuster der jeweiligen Akteure. Wenngleich sich in der (antizipierten) Bearbeitung einer pädagogischen Situation Antinomiebewusstsein und reflexiv-hermeneutische Kompetenz nicht strikt trennen lassen, wird dennoch im Sinne einer Idealtypenbildung (vgl. Weber 1985), die es ermöglicht, über empirische Phänomene entlang abstrahiert gesteigerter Pole nachzudenken, zwischen beiden Konzepten als Merkmalsräume unterschieden.

So rekurriert in Anlehnung an Oevermann (1996) das Konzept des Antinomiebewusstseins auf das Bewusstsein um die antinomischen Anforderungen und Bedingungen, die das auf pädagogische Professionalität zielende Lehrerhandeln intervenieren und zu einer relationierenden Bearbeitung herausfordern. Für das Konzept der reflexiv-hermeneutischen Kompetenz liegt der Fokus vornehmlich auf dem antizipierten Lehrerhandeln, das in gelingender Perspektive sowohl eine gesteigerte Reflexivität als auch ausgeprägte hermeneutische Fähigkeiten in sich vereint. Vor allem im Sinne des Verstehens, Einordnens und professionellen Bearbeitens einer pädagogischen Situation sind diese Fähigkeiten unerlässlich. Denn nur auf ihrer Basis wird es möglich, einen Fall in seiner je eigenen Sprache zu deuten und demgemäß so zu handeln, dass Wissens- und Normenvermittlung mit der Entfaltung des Eigensinns der Lernenden einhergehen können.

2 Typologische Merkmalsräume und ihre Dimensionen

Die folgende Tabelle und die anschließenden Erläuterungen ermöglichen eine Übersicht über die empirisch begründeten Merkmalsausprägungen pädagogischer Selbstverständnisse und deren Konzeptualisierung:

Induktiver Typus	Deduktiver Typus	Einsteigertypus	Objektivierend-rezeptiver Typus
Hohes Antinomiebewusstsein	Hohes Antinomiebewusstsein	geringes Antinomiebewusstsein	geringes Antinomiebewusstsein
Hohe reflexiv-hermeneutische Kompetenz	Geringe reflexiv-hermeneutische Kompetenz	Hohe reflexiv-hermeneutische Kompetenz	Geringe reflexiv-hermeneutische Kompetenz

Abbildung.: Merkmalsräume und deren Ausprägungen zum Konzept des pädagogischen Selbstverständnisses

Der induktive Typus[5] verkörpert mit seiner Kombination aus hohem Antinomiebewusstsein einerseits und hoher reflexiv-hermeneutischer Kompetenz andererseits gleichsam den Typus gelingender pädagogischer Professionalität. Antinomische Strukturen und Anforderungen werden unter dieser Voraussetzung reflexiv-hermeneutisch innerhalb des jeweiligen Falls, also induktiv erschlossen. Das heißt, dieser Typus ist in der Lage, die je spezifische pädagogi-

---

5 Dieser Typus ist der einzige, der die Perspektive des Lehrer bzw. der Lehrerin als beständigen Lerner bereits als Professionalität sichernde Anforderung internalisiert hat.

sche Situation auf der Basis seiner gesteigerten Reflexivität und seiner entwickelten Fähigkeiten des Verstehens und Deutens, in ihrer Sach- und Strukturlogik aufzuschließen und sein (antizipiertes) pädagogisches Handeln als Ergebnis des vorangegangenen professionellen Selbstverständigungsprozesses zu verorten.

Der deduktive Typus konstituiert ein anderes Konzept pädagogischer Selbstverständigung. Ihm ist zwar ein hohes Antinomiebewusstsein eigen, jedoch verfügt er nur über gering ausgeprägte reflexiv-hermeneutische Kompetenzen. Wenngleich antinomische Strukturen und Anforderungen als empirische resp. wissenschaftliche Folien pädagogischen Handelns erkannt werden, so sind sie aufgrund der ungenügenden Fähigkeiten des Verstehens und Deutens nicht in der Weise reflexiv zugänglich, dass sich daraus professionelle Handlungsoptionen erschließen ließen. Die Suche nach didaktischen Lösungen stagniert damit auf der Ebene des bereits Verfügbaren.

Genau entgegengesetzt verhält es sich beim Einsteigertypus. Er verfügt sehr wohl über ein hohes Maß an reflexiv-hermeneutischer Kompetenz, hat bisher aber nur ein gering ausgeprägtes Bewusstsein über antinomische Strukturen und Anforderungen an die Lehrerrolle entwickelt. Er ist also fähig, unterschiedlich gelagerte Sinn- und Bedeutungshorizonte in konkreten pädagogischen Situationen zu erfassen, hat aber Schwierigkeiten diese in ihrer antinomischen Struktur entlang eines pädagogischen Selbstverständigungsprozesses professionell einzuordnen.

Für den objektivierend-rezeptiven Typus bleibt festzuhalten, dass dieser im Prozess der Selbstverständigung auf ein nur minimal ausgeprägtes Antinomiebewusstsein als auch auf ebenso geringe reflexiv-hermeneutische Kompetenzen zurückgreifen kann. Weder innerhalb eines erlebten, noch entlang eines präsentierten Falls werden antinomische Strukturen auf reflexiv-hermeneutische Weise erschlossen. Vielmehr werden angebotene Theorieperspektiven, die pädagogisches Handeln anleiten könnten, objektivierend-rezeptiv verarbeitet, statt reflexiv am jeweiligen Fall geprüft.

Als ein zentrales Ergebnis der empirischen Untersuchung lässt sich herausstellen, dass eine Professionstypus transformierende Entwicklung lediglich bei Fällen letzteren Typus' und hier ausschließlich im Studiensetting der Selbstlernarchitektur zu verzeichnen war. Konkret heißt das: Das Studieren in der Selbstlernarchitektur fordert potenziell vor allem jene Studierenden zur Transformation ihres pädagogischen Selbstverständnisses heraus, die mit ihren Bedeutungs-, Begründungsmustern dem Konzept des objektivierend-rezeptiven Typus' folgen. Im zugrunde liegenden Untersuchungszeitraum war schließlich in einigen dieser Fälle eine Entwicklung vom „objektivierend-rezeptiven" Verständnis (als Studieneingangsbedingung) hin zum pädagogischen Selbstverständnis des „Einsteigertypus" zum Ende des @rs-Projekts zu beobachten. Alle übrigen Fälle verblieben, entlang der Rekonstruktion ihrer subjektiven Sinnhorizonte, jeweils im Eingangstypus. In diesem Zusammenhang muss jedoch darauf hingewiesen werden, dass der induktive Typus, der in idealtypischer Weise bereits die Merkmale pädagogischer Professionalität auf sich vereint, kaum mehr auszuschreiten ist. Dennoch vollziehen natürlich auch Studierende, die schon zu Studienbeginn mit ihrem Verständnis in jenem Merkmalshorizont liegen, eine fortlaufende Entwicklung, und zwar im Sinne des Selbstvergewisserns und Ausdifferenzierens ihrer handlungsleitenden Vorstellungen. Diese geht – ganz im Sinne der Didaktik des selbstsorgenden Lernens – vornehmlich auf einen Prozess des Relationierens der je eigenen Entwürfe zur Figur professionellen Handelns mit dem im Studium erworbenen Wissen zurück.

Jene beiden Entwicklungsverlaufsmuster – der „induktive Typus" als Eingangs- und Ausgangsbedingung (I) sowie die Transformation vom „objektivierend-rezeptiven" zum „Einsteigertypus" (II) – sind im Folgenden nun Gegenstand der exemplarischen Fallsynopse. Sie soll zeigen, wie sich jeweils typische Bedeutungs-, Begründungszusammenhänge zweier differenter Entwicklungslinien bei Studierenden in der Selbstlernarchitektur konstellieren[6].

3 Empirische Analyse

Fallbeispiel I: Induktiver Typus
Pädagogisches Selbstverständnis als Studieneingangsbedingung
@rs-Studierender Karl (EZ1/Z: 99–106)

Die folgende Aussage des Studierenden Karl bezieht sich auf die erzählgenerierende Frage nach dem „guten Lehrer", welche im zugrunde liegenden Leitfadeninterview den zentralen Einstiegspunkt in das Konzept des pädagogischen Selbstverständnisses bildete:

> Ich denke als, als Primarlehrer, das ist jetzt einfach meine, meine, meine Meinung oder auch, was ich gehört habe von, von Kollegen, die schon Primarlehrer sind, ähm ich denke es ist ein Beruf, der sich dauernd wandelt. Also ich denke, stehen bleiben als Lehrer ist nicht gut. Also ich denke mal, es ist wichtig, dass man sich weiterentwickelt. Ähm, auch Kinder sind nicht einfach Kinder. Es ist nicht einfach: ‚Jedes Kind ist gleich', sondern es gibt immer wieder neue Situationen. Es ist vielleicht auch unberechenbar, weil es sind eben Menschen dabei, und das ist etwas, was, was mich sehr interessiert hat eigentlich.

---

6 Wie diese Entwicklungen in Relation zu den untersuchungsleitenden Konzepten des Berufswahlmotivs sowie des Lernhabitus' einzuordnen sind und welche studentischen Bearbeitungsmuster in Auseinandersetzung mit der Selbstlernarchitektur damit einhergehen, ist ebenso ausführlicher Bestandteil der Publikation zum Forschungsprojekt (Ludwig/Schmidt-Wenzel 2011) wie die Darstellung der Entwicklungsverlaufsmuster der traditionell Studierenden.

Das hier rekonstruierbare Selbstverständnis fußt offenbar auf einer bereits ausgeprägten Identifikation mit der Profession des Pädagogen, dabei konkret mit der antizipierten Berufsrolle des Primarschullehrers. Der Studierende sieht sich in einer Linie mit *„Kollegen", „die schon Primarlehrer sind"* und augenscheinlich sein Verständnis teilen resp. bestätigen. Er zeichnet hier ein Bild vom Lehrer, das diesen als permanent Lernenden entwirft, der nur als solcher in der Lage ist, den unvorhersehbaren Anforderungen des Lehrberufs professionell gegenüber zu treten. Diese Annahme geht einher mit einem Verständnis vom Kind, das kindlichen Eigensinn und Diversität in Rechnung stellt und damit einem objektivierend-rezeptiven Handeln entgegensteht. Pädagogische Situationen werden vielmehr als *„immer wieder neue Situationen"* erkannt, denen jenes Verschiedensein der Kinder *(„nicht einfach jedes Kind ist gleich")*, ihr nicht normierbares Wesen *(„Kinder sind nicht einfach Kinder")* zum unhintergehbaren Ausgangspunkt wird. Damit ist implizit zum Ausdruck gebracht, dass jede neue Situation ein immer wieder neues Verstehen des zugrunde liegenden Handlungszusammenhangs erfordert, welches – ganz im Sinne des oben angeführten pädagogischen Selbstverständigungsprozesses – schließlich das professionelle Handeln leitet. Von nicht wenigen Lehrenden als kaum zu bewältigende Herausforderung erlebt, scheint es im vorliegenden Begründungszusammenhang gerade diese Figur zu sein, die den Studierenden zur Wahl des Lehrerberufs veranlasst hat: *„Es ist vielleicht auch unberechenbar, [...], und das ist etwas, was, was mich sehr interessiert hat eigentlich".*

In dieser Aussage spiegeln sich damit nicht nur ein hohes Maß an Reflexionsvermögen wider, sondern ebenso die Überzeugung, den antizipierten, dabei durchaus als riskant und ambivalent erwogenen Anforderungen des Lehrberufs gerecht werden zu wollen.

Fallbeispiel I: Induktiver Typus
Pädagogisches Selbstverständnis nach dem @rs-Semester
@rs-Studierender Karl: (EZ2/Z: 253–289)

Im Zuge der zweiten Erhebungswelle, die nach dem zweiten Semester bzw. nach dem Absolvieren der Selbstlernarchitektur stattfand, wurden die Studierenden abermals nach ihrem Konzept vom „guten Lehrer", nach neu gewonnenen Erkenntnissen aus dem Studienkontext befragt. In der nachfolgenden Schilderung zieht der @rs-Studierende Karl entsprechend Bilanz:

> K: Also, es ist so, dass sich die Gesellschaft wandelt, die Werte wandeln sich, die Erziehung wandelt sich, man spricht halt nicht mehr von Erziehung, oder die Erziehung wird zu einer Beziehung zwischen Eltern und Kind; die Schule muss immer mehr erzieherische Aufgaben übernehmen, was eigentlich früher von der Familie getragen wurde. Der Raum der Schule wird zum, wie soll ich das sagen, zur Außenwelt für die Kinder, also ja, ermöglicht soziale Begegnungen, soziale Begegnungen allgemein, die früher eigentlich eher durch die Familie stattgefunden haben. Früher gab es größere Familien, heute gibt es oft Eltern, die haben ein Kind, oder so,

oder die Eltern sind getrennt, und sie wachsen nur mit einem Elternteil auf; was, all diese Sachen muss die Schule tragen. Das ist so die große Erkenntnis dabei. Dass man einfach auch nicht mehr nur sachorientiert unterrichten darf, so, die Menschbildung an sich ist ein großer Teil.
I: Und das war also für Sie noch mal eine wichtige Erkenntnis, zu sehen, welche Rolle eben auch ein Lehrer darin spielt?
K: Ja, also es war mir im Vorherein schon auch klar, aber es war wirklich noch mal eine Bewusstmachung: Was bedeutet das überhaupt, und wie sieht das jetzt genau in Fakten aus und in Zahlen aus.
I: Und wie geht es Ihnen jetzt mit der Erkenntnis? Weil, das ist ja schon auch ein Anspruch an den Lehrer, der da drin steckt, ne?
K: Gute Frage. (7 Sek.) Ich habe diese Ausbildung nicht begonnen in dem Gedanken, dass ich nur Sachwissen oder Fachwissen vermitteln werde. Es war für mich eigentlich immer klar, es geht um die ganze Menschentwicklung. Und darum bin ich, habe ich jetzt nicht eine wahnsinnig große Veränderung. Es stellt sich aber für mich schon die Frage: Ja, wie geht das in der Zukunft weiter? Wird das immer schwieriger sein, eine Klasse zu führen, also zu leiten? Wie entwickelt sich das mit den ganzen Medienreizen, die Zeit, ja, wir leben in einer sehr schnelllebigen Zeit, kann man das überhaupt auffangen? In der Schule alleine? Bin ich mir nicht so sicher, ich glaube nicht. Da muss eine gute Zusammenarbeit stattfinden mit den Eltern, auf jeden Fall. Sonst denke ich, ist man als Lehrer, also, total überfordert, denke ich jetzt mal, ich weiß nicht. Und was auch wichtig ist, denke ich, ist, dass man einen gesunden Abstand hat, auch vielleicht als Selbstschutz.

Karls bereits zu Studienbeginn differenziertes pädagogisches Selbstverständnis erfährt im Verlauf des zweiten Semesters keine grundlegende Veränderung. Vielmehr kann er in Auseinandersetzung mit den Gegenständen der Selbstlernarchitektur seine subjektiven Sinnhorizonte untermauern und mit empirisch fundierten Kenntnissen in Beziehung setzen. In diesem Zusammenhang stellt er hier rollenspezifische Anforderungsaspekte des Lehrberufs in einen modernitätstheoretischen Kontext. Er skizziert Schule als ein Spannungsfeld, das einerseits mit den Herausforderungen stetig wachsender, dabei unvorhersehbarer gesellschaftlicher Veränderungen konfrontiert ist, das andererseits aber dem pädagogischen Anspruch verpflichtet ist, über die Wissens- und Normenvermittlung hinaus die *„ganze Menschentwicklung"* professionell zu begleiten. Vor allem mit letzterem Aspekt hebt der Studierende gleichsam auf das, von Oevermann (1996) für das pädagogische Arbeitsbündnis als konstitutiv erkannte, Spannungsverhältnis von diffusen versus spezifischen Beziehungsanteilen ab. Dass ihm diese keine neue Erkenntnis ist, sondern in Auseinandersetzung mit *„Fakten"* und *„Zahlen"* vielmehr deutlicher an Kontur gewinnt, macht er unmissverständlich deutlich: *„Ja, also es war mir im Vorherein schon auch klar, aber es war wirklich noch mal eine Bewusstmachung."*
So verweisen Karls Überlegungen auf ein ausgeprägtes Verständnis der immanenten, reflexiv zu relationierenden Antinomien im Handlungsfeld der Profession. Der daraus folgenden Einsicht, dass Lehrer/innen nicht im Alleingang zwischen gesellschaftlichem Strukturwandel und ganzheitlichem Bildungsauftrag vermitteln können, setzt er bereits antizipierte Handlungsstrate-

gien entgegen: *„Da muss eine gute Zusammenarbeit stattfinden mit den Eltern, auf jeden Fall."* Gleichzeitig begründet er, abermals im Kontext der Paradoxien des Lehrberufs stehend, warum es nötig ist, selbstfürsorgliche Verantwortung walten zu lassen: *„Sonst denke ich, ist man als Lehrer, also, total überfordert, [...] Und was auch wichtig ist, denke ich, ist, dass man einen gesunden Abstand hat, auch vielleicht als Selbstschutz."* Damit greift er implizit die theoretische, vor allem aber empirisch begründete Gefahr chronischer Überforderungen im Lehrberuf auf und setzt mit der kritischen Reflexion dieser bereits ein wichtiges Gegengewicht.

In maximaler Kontrastierung zum vorangegangenen Entwicklungsverlaufsmuster stehend, erfolgt nun ein abermals exemplarischer Fallaufriss entlang des Entwicklungsverlaufs vom objektivierend-rezeptiven hin zum Einsteigertypus, wie er ausschließlich im didaktischen Setting der Selbstlernarchitektur zu beobachten war.

Fallbeispiel II: Objektivierend-rezeptiver Typus
Pädagogisches Selbstverständnis als Studieneingangsbedingung
@rs-Studierende Anne (EZ1/Z: 96–487)

Annes pädagogisches Selbstverständnis zu Beginn des Studiums schließt unmittelbar an das Begründungsmuster ihrer Berufswahl an:

I: Sie sagten: Da kommt was zurück, bei den Kindern. Und haben so ein bisschen abgegrenzt von den Erwachsenen. Wieso meinen Sie, dass es bei den Kindern eher zurückkommt, Sie haben als ein Beispiel Dankbarkeit genannt, aber möglicherweise kommt da auch noch was anderes zu...
A: Ja, ich denke auch, die Kinder haben nicht so viele Vorurteile, und ja, die sind nicht so eingenommen von der Umwelt, die sind noch, ja viel offener für Neues und deshalb, sie lassen sich auch auf das ein, was man machen möchte, oder ja, einfach deshalb, und so kommt auch etwas zurück, also wenn man etwas gibt, und ja, sich Mühe gibt, mit ihnen etwas unternimmt, dann kommt etwas zurück, finde ich, und mit Erwachsenen ist das manchmal so, die schau'n das wie selbstverständlich an, irgendwie.
I: Ich mein´, wenn das schon immer so der Wunsch war, was war sozusagen, oder was ist die, ja, der zentrale Ertrag, oder das Ergebnis, das mit diesem Wunsch verbunden ist?
A: Ja einfach mit Kindern arbeiten zu können, also ja, einfach um Kinder herum zu sein, also immer Kontakt mit Leuten, also...
I: Oder ich frag´ mal andersrum: Was wäre in Ihrem Wunschbild Ihre Aufgabe für Sie als Lehrerin?
A: Ja, schon Wissen vermitteln, aber so, dass sie Freude daran haben. Also, nicht einfach Wissen vermitteln, ja, ich sage etwas, sie müssen das lernen, sondern wirklich, dass auch sie mitbestimmen können, und ja, dass sie wirklich Freude am Lernen haben. Ich hatte immer Freude zur Schule zu gehen. Tolle Lehrer, ja, und ich will es einfach auch, dass die Kinder das haben. Also, ja, ich will auch, dass sie eine tolle Schulzeit haben, zurückblicken können und sagen können: Das war toll, da hab' ich was gelernt, und es hat auch noch Spaß gemacht. Dass das Lernen eigentlich wie Spaß ist, ja, das man so aus dem Wissen bekommt, einfach so, ja. [...]

I: [...] Wenn Sie sich sozusagen aus heutiger Sicht zurück erinnern. Gab's da Situationen, in denen Sie 'n Lehrer oder 'ne Lehrerin als besonders guten Lehrer in Erinnerung haben?
A: Ja, also meine erste Primarlehrerin ist mir sehr geblieben. Ja, ich habe auch heute noch Kontakt zu ihr, also jetzt halt von Familie her und so, weil sie hat mittlerweile zwei Jungen, und ich passe manchmal auf diese beiden Jungen auf, und da ist wirklich heute noch eine Verbindung da. Sie hat mir einfach wirklich die Freude am Lernen vermittelt. Also, dass ich überhaupt gerne zur Schule ging und alles, also... Ja, ich kann nicht mal genau sagen, weshalb sie eine gute Lehrerin war, aber sie hat wirklich sehr viel dafür gemacht, dass wir Freude am Lernen haben, auch gestalterisch, das Schulzimmer wirklich schön gestaltet, und auf das aktuelle Thema vielleicht angepasst, und... ja, also, sie hat sich wirklich sehr Mühe gegeben, das habe ich sehr geschätzt. [...] Dann auf dem Gymnasium, mein Deutschlehrer, war für mich ein Vorbild, ja, man kann das schon ein bisschen sagen, ein Vorbild für den Unterricht, denn er war wirklich auch begeistert von dem, was er mitteilte, also, er war wirklich in dem Fach, also, das war Deutsch, aber er hatte auch Geschichte studiert; er hat da etwas vermittelt, und man spürte richtig, dass da etwas dahinter ist, und nicht einfach, dass das einfach so, sondern er hatte immer eine Erklärung, also man konnte fragen, egal was, und er wusste immer eine Antwort, und das hat mich sehr beeindruckt, also, er wusste einfach alles (lacht).

Annes Vorstellung vom Kind als offenem, uneingeschränkt begeisterungsfähigem Wesen konkretisiert sich hier zunächst entlang der Funktion der Lehrerin als Wissensvermittlerin. Sie identifiziert offenbar einen zeitlich begrenzten, kindlichen Entwicklungsspielraum, den es planvoll zu nutzen gilt und beschreibt die in diesem Zusammenhang antizipierte Arbeitsbeziehung zwischen Lehrer und Schüler: *„die sind nicht so eingenommen von der Umwelt, die sind noch, ja viel offener für Neues und deshalb, sie lassen sich auch auf das ein, was man machen möchte."* Mit diesem Begründungsmuster aber verortet sich die Studierende jenseits der Tatsache, dass auch Kinder vergesellschaftete Wesen sind, die aus eben jenem Umstand heraus, im Streben nämlich nach gesellschaftlicher Teilhabe (vgl. Holzkamp 1993), durchaus subjektive Lerninteressen entwickeln, deren Umsetzung in Lernhandlungen es, unter pädagogisch professioneller Perspektive, entlang des Prinzips der Hilfe zur Selbsthilfe (Oevermann 1996) zu fördern gilt. Jener Argumentationsfolie folgt dann auch die studentische Erwartungshaltung, von Kindern komme etwas „*zurück*", wenn man sich als Lehrende nur genügend „*Mühe gibt*". Damit ist eine Lesart freigesetzt, die, steht sie im Horizont eines zu befriedigenden Bedürfnisses nach Anerkennung aufseiten der Lehrenden, quer zum professionstheoretischen Anspruch liegt.

Gleichwohl im Weiteren die Möglichkeit zur kindlichen „Mitbestimmung" in Betracht gezogen wird, steht nicht explizit das Verstehen kindlicher Lerninteressen und des immanenten Eigensinns im Fokus dessen, was als professionelle Herausforderung verstanden wird. Vielmehr scheint die Studierende an die eigene, als positiv erinnerte Schulzeit anknüpfen zu wollen, ist bestrebt den dort als „*Vorbild*" erfahrenen Lehrern und Lehrerinnen nachzueifern.

Das Idealbild, das hier von jenen Lehrenden entworfen wird, folgt jedoch weniger einer Analyse professioneller Anteile des erlebten Lehrhandelns als vielmehr kaum reflexiv eingeholten Begründungen: *„Ja, ich kann nicht mal genau sagen, weshalb sie eine gute Lehrerin war, aber sie hat wirklich sehr viel dafür gemacht, dass wir Freude am Lernen haben".* Es scheint fast, als solle mit dem Eintritt in den Lehrberuf das als harmonisch und ungetrübt erlebte Moratorium der Schulzeit künstlich verlängert werden: *„Ich hatte immer Freude zur Schule zu gehen. Tolle Lehrer, ja und ich will es einfach auch, dass die Kinder das haben."* Anne überführt diese Erfahrung in den, gleichsam perfektionistisch anmutenden Anspruch, ebenfalls eine *„tolle"* Lehrerin sein zu wollen. Welche paradoxen Anforderungen jedoch mit dem Lehrberuf entlang seiner strukturellen Bedingungen einhergehen und die Idee des Perfektionismus zwangsläufig ad absurdum führen müssen, ist aktuell noch jenseits ihres Begründungsmodells der „guten Lehrerin". Perfektionismus nämlich droht hier mit Professionalität in eins gesetzt zu werden, was in der genuin krisenhaften, pädagogischen Praxis langfristig nur zum Scheitern führen kann. Der vorliegende Entwurf zur antizipierten Lehrerrolle macht, vor allem in Kontrastierung zur vorab explizierten induktiven Begründungsfigur, deutlich, dass ein reflexiv-hermeneutischer Aufschluss des pädagogischen Rollenprofils, insbesondere unter Berücksichtigung seiner antinomischen Strukturen und Anforderungen bislang nur unzureichend verfügbar ist.

Fallbeispiel II: Einsteigertypus
Pädagogisches Selbstverständnis nach dem @rs-Semester
@rs-Studierende Anne (EZ2/Z: 327–363)

Zum zweiten Erhebungszeitpunkt wird nun deutlich, dass sich Studentin Anne im Verlauf des @rs-Semesters weniger objektivierend-rezeptiv, sondern vielmehr in zunehmend reflexiver Selbstverständigung mit den zu bearbeitenden Lerngegenständen auseinandersetzt. Dabei reformuliert sie gleichsam ihr antizipiertes Rollenhandeln als Lehrende:

> I: Ah ja, und gab's da in dem Zusammenhang irgendwie neue Erkenntnisse, wo Sie sagen: Mensch, ja, da konnte ich an bestehendes Wissen anknüpfen, da konnte ich was aufbauen, da merke ich, hier kommt jetzt was Substanzielles irgendwie zusammen für mich. Fällt Ihnen da was ein? [...]
> J: Ja. Man öffnet einfach seine Sichtweise, also man ist viel offener für, ja mehrere Dinge, also man hatte vielleicht einfach seine Vorstellungen vorher, und jetzt habe ich viel mehr Möglichkeiten, um zum Beispiel, so ein Bild zu betrachten von Kindern, also vorher da war's für mich einfach ein Bild und ich hab' das betrachtet und das war gut so, also, und jetzt kann ich einfach verschiedene Aspekte betrachten und kann dann vielleicht auch etwas daraus lesen und so was. Dass man eigentlich die Kinder nicht einfach abstempeln sollte: Also, so ist es, sondern dass man vielleicht einfach mal nachforschen sollte und auch den Hintergrund herausfinden. [...] Und das kann man natürlich auf alle Fächer übertragen, also auch Mathematik: Wieso hat das Kind Schwierigkeiten? Es ist nicht einfach: Das Kind hat Schwierigkeiten, fertig. [...]. Zum

Beispiel in Mathematik würde ich jetzt, ja, wenn ein Kind das Resultat falsch hat, heißt es einfach nicht, dass es falsch ist, sondern man, ja, man müsste überlegen: Wie kommt das Kind darauf? Wie ist es vorgegangen? Vielleicht das Kind das erklären lassen und nicht einfach selbst versuchen, die Erklärung zu finden und ja, auch, dass die Kinder sich gegenseitig das erklären und einfach diese verschiedenen Denkweisen sich bewusst machen und danach zu überlegen [...] und eben vielleicht auch die Ursache für den Fehler finden, also.

Die vorangegangene Textsequenz markiert recht eindrücklich eine Transformation Annes' pädagogischen Selbstverständnisses innerhalb des @rs-Semesters. Geht sie beim Einstieg ins Studium noch von einer relativ vereinseitigenden Beziehungskonstellation zwischen Schüler und Lehrer aus, relativiert sie nun dieses Bild aufgrund der mittlerweile verfügbaren Bedeutungshorizonte. So setzt sie in reflexiver Weise ihre vormals geltenden Handlungsorientierungen mit den neu gewonnenen Einsichten in Beziehung und wird sich über die Begrenzungen ihres zunächst antizipierten pädagogischen Handelns bewusst: *„also vorher da war's für mich einfach ein Bild und ich hab' das betrachtet und das war gut so, also und jetzt kann ich einfach verschiedene Aspekte betrachten und kann dann vielleicht auch etwas daraus lesen."* Dem gestalterischen Werk eines Kindes kommt unter der Perspektive des nun verfügbaren wissenschaftlichen Wissens eine völlig neue Bedeutung zu, die scheinbar erstmals den darin verborgenen Ausdruck des Kindes ins Zentrum der pädagogischen Betrachtung rückt. Die zugrunde liegende Lernbewegung ist gleichsam eine Relationierung theoretischen Wissens mit der antizipierten pädagogischen Situation. Ähnliche Tendenzen zeigen Annes Überlegungen zum Fach Mathematik. In Rechnung stellend, dass hinter jeder subjektiven Lernproblematik ein ebensolcher Bedeutungs-Begründungs-Zusammenhang zu suchen ist, erhebt Anne nun das explizite Verstehen der jeweiligen Strukturlogik eines Falles (vgl. ebd.) zum zentralen Gegenstand pädagogisch professionellen Handelns: *„Wieso hat das Kind Schwierigkeiten? Es ist nicht einfach: Das Kind hat Schwierigkeiten, fertig. [...]. Zum Beispiel in Mathematik würde ich jetzt, ja, wenn ein Kind das Resultat falsch hat, heißt es einfach nicht, dass es falsch ist, sondern man, ja, man müsste überlegen: Wie kommt das Kind darauf? Wie ist es vorgegangen? Vielleicht das Kind das erklären lassen und nicht einfach selbst versuchen, die Erklärung zu finden."* Wenngleich Anne noch kaum die in einer solchen Handlungsidee induzierten Antinomien mitreflektiert – so stehen beispielsweise dem situativen Verstehen eines jeden Schülers in seiner Handlungslogik oftmals mikrostrukturelle Bedingungen entgegen – bleibt doch festzuhalten, dass ihr pädagogisches Selbstverständnis im Gegensatz zur eingangs überwiegend objektivierend-rezeptiven nunmehr auf einer deutlich reflexiv-hermeneutischen Begründung fußt.

4 Fazit

Ziel der vorangegangenen Fallsynopse war es zu zeigen, dass und wie Studierende im didaktischen Kontext von Selbstlernarchitekturen ihre pädagogischen Selbstverständnisse ausdifferenzieren, im Sinne des Ausschreitens erster subjektiver Begründungsfiguren gleichsam transformieren. Dabei ist es jenes Entwicklungsverlaufsmuster II, welches hier mit dem Fall Anne illustriert wurde, dem aus der Perspektive einer zu professionalisierenden Lehrerinnen- und Lehrerbildung erhöhte Aufmerksamkeit zuteilwerden muss. Denn tatsächlich ist in der zugrunde liegenden Untersuchung kein vergleichbarer Entwicklungsprozess bei Studierenden im traditionellen Setting beobachtbar.

Wenn es nun Anspruch einer reflexiven Lehrerinnen- und Lehrerbildung ist, sowohl die Entwicklung hermeneutischer Kompetenzen zu evozieren als auch wissenschaftliches Wissen in Funktion eines „Orientierungswissens" zu vermitteln, weil professionelles Handeln erfordert „auch unter erhöhter Widersprüchlichkeit noch wissen zu können was man tut" (Kolbe/Combe 2008: 895), so ist die Didaktik der Selbstsorge sicher eine Möglichkeit, diesem Anspruch ein Stück näher zu kommen. Denn resümiert man, entlang welcher Handlungslogik im Setting von Selbstlernarchitekturen gelernt werden soll, wird offenbar, dass die dort induzierten Praktiken im weitgehend gleichen Sinnhorizont stehen, wie jene des zuvor beschriebenen professionellen Selbstverständigungsprozesses in pädagogischen Situationen.

Die gelingende Implementierung von Selbstlernarchitekturen setzt jedoch voraus, dass Lehrende wie Lernende ihre Rollen im Lehr, -Lernprozess neu konstellieren. Für Studierende bedeutet das vor allem, aus Erwartungshaltungen an traditionelle Studiensettings herauszutreten und sich im Zuge dessen vielmehr des eigenen Erkenntnisinteresses, des eigenen Lernhandelns und daraus hervorgehender Handlungsproblematiken zu vergewissern. Von Lehrenden verlangt es gänzlich neue Strukturierungsleistungen entlang der von ihnen zum Thema erhobenen (Lern)Gegenstände. Insbesondere bedarf es der professionellen Kompetenz, studentische Lernprozesse – angesiedelt im architektonischen Entwurf des Lerngegenstandes – situativ beraten zu können. Eine grundlegende Einsicht aber ist auf beiden Seiten unumgänglich, jene nämlich, dass Lernprozesse als prinzipiell ergebnisoffen begriffen werden müssen.

Literatur

Combe, Arno; Kolbe, Fritz-Ulrich (2008): Lehrerprofessionalität: Wissen, Können, Handeln. In: Helsper, Werner; Böhme, Jeanette (Hg.): Handbuch der Schulforschung. Wiesbaden: VS, S. 857–876.

Dewe, Bernd (2004): Wissen, Können und die Frage der Reflexivität. Überlegungen am Fall des beruflichen Handelns in der Erwachsenenbildung. In: Bender, Walter u.a. (Hg.): Lernen und Handeln. Eine Grundfrage der Erwachsenenbildung. Schwalbach/Ts.: Wochenschau-Verlag, S. 321–331.

Forneck, Hermann J. (2005): Selbstsorge und Lernen – Umrisse eines integrativen Konzepts selbstgesteuerten Lernens. In: Forneck, Hermann J.; Klingovsky, Ulla; Kossack, Peter (2005): Selbstlernumgebungen. Zur Didaktik des selbstsorgenden Lernens und ihrer Praxis. Baltmannsweiler: Schneider, S. 6–48.

Helsper, Werner (1996): Antinomien des Lehrerhandelns in modernisierten pädagogischen Kulturen. Paradoxe Verwendungsweisen von Autonomie und Selbstverantwortlichkeit. In: Combe, Arno; Helsper, Werner (Hg.): Pädagogische Professionalität. Untersuchungen zum Typus pädagogischen Handelns. Frankfurt a. M.: Suhrkamp, S. 521–569.

Helsper, Werner (2004): Antinomien, Widersprüche, Paradoxien: Lehrerarbeit – ein unmögliches Geschäft? Eine strukturtheoretisch-rekonstruktive Perspektive auf das Lehrerhandeln. In: Koch-Priewe, Barbara u.a. (Hg.): Grundlagenforschung und mikrodidaktische Reformansätze zur Lehrerbildung. Bad Heilbrunn: Juventa, S. 49–98.

Holzkamp, Klaus (1993): Lernen. Subjektwissenschaftliche Grundlegung. Frankfurt: Campus.

Kolbe, Fritz-Ulrich; Combe, Arno (2008): Lehrerbildung. In: Helsper, Werner; Böhme, Jeanette (Hg.): Handbuch der Schulforschung. Wiesbaden: VS, S. 877–901.

Ludwig, Joachim; Schmidt-Wenzel, Alexandra (2012): Wie Lehrer lernen. Pädagogische Kompetenzentwicklung in Selbstlernarchitekturen. Opladen: Budrich [im Druck].

Oevermann, Ulrich (1996): Theoretische Skizze einer revidierten Theorie professionalisierten Handelns. In: Combe, Arno; Helsper, Werner (Hg.): Pädagogische Professionalität. Untersuchungen zum Typus pädagogischen Handelns. Frankfurt a.M.: Suhrkamp, S. 70–182.

Strauss, Anselm; Corbin, Juliette (1996): Grounded Theory: Grundlagen qualitativer Sozialforschung. Weinheim: Beltz.

Wagner, Hans-Josef (1998): Eine Theorie pädagogischer Professionalität. Weinheim: DSV.

Weber, Max (1985/1922): Die „Objektivität" sozialwissenschaftlicher und sozialpolitischer Erkenntnis. In: Weber, Max: Gesammelte Aufsätze zur Wissenschaftslehre (herausgegeben von Johannes Winckelmann). Tübingen: Mohr, S. 146–214.

Lernberatung in der Selbstlernarchitektur
Eine Analyse aus subjektwissenschaftlicher Sicht

Joachim Ludwig

> „Also [...] bei einem Fach merke ich auch: Wow, das hat mir richtig was gebracht. [...] Und da hat es mich wirklich hingeführt in etwas Neues und mich ernst genommen, aber bei vielen war es eben auch so, oder es war ein Monolog von vielen Dozenten. Wo er gar nicht hören wollte, ob ich das gemacht habe oder nicht, das würde er so und so machen." (Rückblick eines Studierenden auf Lernberatungsprozesse im Studium)

1 Kontext und Ausgangspunkt der Untersuchung

Der folgende Beitrag interpretiert Erfahrungen mit Lernberatung im Rahmen der Selbstlernarchitektur, wie sie an der Pädagogischen Hochschule Liestal realisiert wurde. Der Autor hat im Auftrag der Pädagogischen Hochschule der Nordwestschweiz das Studium von Primarlehrer/innen im Rahmen von Selbstlernarchitekturen evaluiert (Studium im Rahmen des @rs-Projekts). Evaluiert werden sollte, ob die Entwicklung pädagogisch professionellen Denkens in der Selbstlernarchitektur anders verläuft als im regulären Studium. Insgesamt wurden zwei Studienjahrgänge (2007 und 2008) evaluiert, wobei die Studierenden in der Selbstlernarchitektur (die sogenannten @rs-Kurse) mit denjenigen Studierenden verglichen wurden, die nach einer regulären Hochschuldidaktik studierten (dazu Schmidt-Wenzel in diesem Band).

Der Evaluationsauftrag bestand darin, die Entwicklung pädagogischer Professionalität bei den Studierenden zu evaluieren, nicht darin, die Lernberatungsprozesse in der Selbstlernarchitektur zu untersuchen. Weil aber Lernberatungsprozesse einen wesentlichen Bestandteil der Selbstlernarchitektur ausmachen, kamen sie immer wieder im Rahmen der Evaluation zur Sprache, sowohl vonseiten der Studierenden als auch vonseiten der Lehrenden.

Parallel zur Evaluation der Entwicklung pädagogischer Professionalität haben wir im Auftrag der Pädagogischen Hochschule der Nordwestschweiz mit den Hochschullehrenden in Workshops zur Weiterentwicklung der Lernberatungsaktivitäten gearbeitet. In zwei Workshops verfolgten wir das Ziel, die verschiedenen Lernberatungskonzepte im Kreis der Lehrenden zu reflektieren und die einzelnen Lehrenden dabei zu unterstützen, ihr eigenes Lernberatungskonzept zu reflektieren und weiter zu entwickeln. Insofern hatten wir auch durch diese Prozesse Einblicke in die Lernberatung gewonnen. Diese Einblicke im Rahmen der Evaluation und den Weiterbildungsveranstaltungen zur Lernberatung nimmt der vorliegende Beitrag zum Anlass, um eine kritische Reflexion der Lernberatung in Selbstlernarchitekturen aus subjektwissenschaftlicher Sicht zu führen.

Die Selbstlernarchitektur besteht aus drei Elementen: den Selbstlernmaterialien, der Lernberatung und der Prozesssteuerung (vgl. Forneck/Springer 2005: 110). Lernberatung ist zwar als eines von drei Elementen der Selbstlernarchitektur konzeptionell gerahmt, d.h. es finden sich im didaktischen Konzept der Selbstlernarchitektur Beschreibungen zur Lernberatung. Die Lernberatungspraxis der Dozierenden in Liestal folgte aber nicht ausschließlich diesem Konzept. Die Lernberatungspraxis stellte vielmehr eine Gemengelage aus didaktischem Konzept und individuellen professionellen Konzepten sowie Routinen der Hochschullehrenden dar. Individuelle Handlungen sind nie mit programmatischen Handlungskonzepten identisch. Insofern wären die Differenzen nicht außergewöhnlich. Dass die Liestaler Dozierenden eine so große Spannbreite an praktizierten Lernberatungskonzepten aufwiesen, erklärt sich auch aus dem Projektkontext. Mit den Planungen für das @rs-Projekt wurde ca. 2004 begonnen. Die konzeptionellen Arbeiten zur Selbstlernarchitektur – insbesondere von Hermann Forneck – konzentrierten sich zu diesem Zeitpunkt auf Konzeptbegründungen und die Beschreibung der Selbstlernmaterialien. Das für die Selbstlernarchitektur ebenfalls wichtige Element der Lernberatung wurde erst in späteren Veröffentlichungen differenzierter ausgeführt (Forneck 2005 und 2006). Diese Konzeptentwicklung spiegelte sich in der Projektentwicklung des @rs-Projekts wieder. Auch dort lag der Schwerpunkt zunächst bei der Erstellung von Selbstlernmaterialien. Für die Lernberatungsprozesse im Rahmen der Selbstlernarchitektur gab es nur wenige Anhaltspunkte, und die Durchführung der Lernberatung wurde weitgehend den Hochschullehrenden selbst überlassen.

Im Rahmen der Workshops hatten wir Gelegenheit, die große Vielfalt und Spannbreite an Lernberatungspraktiken wahrzunehmen, um so in den Interviews mit den Studierenden deren Ausführungen zu ihren Lernberatungserfahrungen besser interpretieren zu können.

Im vorliegenden Fall der Selbstlernarchitektur handelt es sich um ein poststrukturalistisches Studienkonzept mit zentralen gesellschafts-, macht- und didaktiktheoretischen Annahmen. Der Autor sieht sich dem gegenüber einer handlungs- und subjekttheoretischen Perspektive auf Lehren und Lernen verbunden, die einerseits die Kritik an idealistischen Ansätzen der Selbstorganisation teilt, andererseits aber deutliche Unterschiede hinsichtlich subjekttheoretischer und didaktiktheoretischer Aspekte beschreibt: eine Didaktik der Selbstsorge in der Selbstlernarchitektur und eine Didaktik der Selbstverständigung im Kontext einer subjekttheoretischen Didaktik.[1] Vor dem Hintergrund dieses Verhältnisses liegt das eigene didaktische Verständnis nahe genug an der Selbstlernarchitektur, um zentrale Anliegen des @rs-Projekts wahrnehmen zu können, aber auch weit genug weg, um Lernberatung im @rs-Projekt kritisch reflektieren zu können.

---

1 Vgl. zur subjekttheoretischen Didaktik Ludwig (2004, 2005, 2009, 2010) und Faulstich/Ludwig (2004).

Die Differenz zwischen einer poststrukturalistischen und einer subjekttheoretischen Position wird in diesem Beitrag aufgenommen. Diese Differenz zeigt sich hier in der Weise, dass eine Lernberatung stattfindet und beschrieben wird, die im Rahmen einer poststrukturalistischen Didaktik der Selbstsorge konzeptioniert und in unterschiedlichster Weise realisiert wurde sowie aus einer subjekttheoretischen Position heraus interpretiert wird.

Dies ist der Ausgangspunkt für die Erfahrungen mit Lernberatungsprozessen, die im @rs-Projekt gesammelt wurden und in diesem Beitrag diskutiert werden. Zur Sprache kommen also Hochschullehrende und Studierende mit ihren Lernberatungserfahrungen. Zuvor jedoch wird die Lernberatungskonzeption der Selbstlernarchitektur, so wie sie ab 2005 detaillierter entwickelt wurde, kurz skizziert.

2 Selbstlernarchitektur und Lernberatung

Das @rs-Projekt realisiert eine Selbstlernarchitektur im zweiten Semester des Studiums zur Primarlehrer/in. Die Selbstlernarchitektur besteht erstens aus einer Online-Lernumgebung, in der die Selbstlernmaterialien den Studierenden zur Verfügung gestellt werden, zweitens aus Prozesssteuerungselementen in Form reflexiver Praktiken für das Lernen und Studieren sowie drittens aus Lernberatungsprozessen. Im Folgenden soll kurz die Bedeutung der Lernberatung innerhalb der @rs-Selbstlernarchitektur skizziert werden. Die Projektakteure beschreiben die @rs-Selbstlernarchitektur wie folgt: „Zugleich findet eine neue, zeitliche Strukturierung des Semesters statt, durch die die kursorische Form der Präsenzveranstaltungen aufgehoben wird. An ihrer Stelle treten Präsenztage mit neuen didaktischen Funktionen, Lerngruppen und individualisierte Lernberatungsprozesse." (Forneck/Gyger/Mayer Reinhard 2006: 5)

Die von Hermann Forneck entwickelte Selbstlernarchitektur ist in kritischer Auseinandersetzung mit neoliberalen Individualisierungsphänomenen und konstruktivistischen Selbstorganisationskonzepten unter Bezugnahme auf poststrukturalistische Diskurse entstanden. Forneck macht in seiner Didaktik der Selbstsorge den bekannten und traditionellen Gedanken eines Spannungsverhältnisses von Selbst- und Fremdsteuerung stark. Mit dem Verweis auf das Spannungsverhältnis als gesellschaftlich spezifische Relationierung von Selbst- und Fremdsteuerung grenzt er sich gegenüber idealistischen Selbststeuerungsmodellen in der Didaktik ab, die Selbststeuerung als einen autonomen und machtfreien Bereich der Fremdsteuerung gegenüberstellen wollen. Mit der Selbstlernarchitektur zielt Forneck auf ein verändertes didaktisches Steuerungsregime. Mit seiner dreiteiligen didaktischen Architektur will er eine „Didaktik und Methodik selbstgesteuerten Lernens" (Forneck 2005: 19) anbieten, weil Lernen ohne professionelle Hilfe suboptimal verläuft. Zugleich grenzt er sich von traditionellen Didaktiken ab, die einen vom Lehrenden geplanten, goldenen Vermittlungsweg für die gesamte Seminargruppe beschreiten wollen. Gegenüber dieser kursorischen Didaktik, von der sich Forneck abgrenzt, soll es in der Didaktik selbstgesteuerten Lernens zu einer reflektierten Relationierung selbstgesteuerter und fremdgesteuerter Aktivitäten im Lehr-Lernverhältnis kommen. Die drei Elemente Selbstlernmaterialien, Prozesssteuerung/reflexive Praktiken und Lernberatung sollen:

1. Individualisierungsprozesse anregen,
2. Selbstlernkompetenzen fördern,
3. zum Erwerb inhaltlichen Fachwissens führen (vgl. Forneck 2005: 25).

Die funktionale professionelle Strukturierung der Studieneinheiten in der Selbstlernarchitektur besteht aus einer Verknüpfung materialer Lerninhalte mit inhalts- wie auch lernwegsbezogenen metakognitiven Praktiken. Die Studieneinheiten bilden ein System aus Inhalten und Selbstlernpraktiken (das sind Empfehlungen, wie das eigene Lernen kontrolliert und reflektiert werden kann), das sich einer vollständigen Determination entzieht. „Letzteres ist von entscheidender Bedeutung für die dauerhafte Etablierung von Selbstlerneinstellungen, die nur entsteht, wenn die Reflexivität im Selbstlernprozess erhöht wird." (Forneck 2005: 30) Ziel der Selbstlernarchitektur ist die Selbstbeobachtung des eigenen Lernens und die Erhöhung der Reflexivität des Lernens. Lernberatungsangebote sollen für die Realisierung dieses Ziels eine wichtige Funktion haben.

Neben den a-personalen Beratungsinstrumenten in der Selbstlernarchitektur erhält die personale Lernberatung einen wichtigen Platz innerhalb der Lernarchitektur. Sie verläuft relativ losgelöst von den konkreten Lernprozessen und wird vom Lehrenden an bestimmten Punkten der Lernarchitektur mit einem kalkulierten Zeitbudget verortet. Im Projekt @rs wurden pro Studierenden bis zu fünf Lernberatungen im Semester vorgesehen.

Im Kern hat die Lernberatung die Diagnose und Unterstützung der „Strukturtiefe" (Forneck 2005: 37) der Lernaktivitäten zum Ziel. Strukturtiefe entsteht als ein „Prozess der doppelten materiellen, wie formalen Aneignung" (Forneck 2006: 57). Die Fornecksche Beschreibung des Lernprozesses als einem Phänomen von Flachheit und Tiefe sowie die Verbindung von materiellen und formalen Lernaspekten im Lernprozess ähnelt in gewisser Weise der Beschreibung des Lernprozesses, wie sie Klaus Holzkamp (1993: 218–252) vorgelegt hat.[2] Der Lernprozess hat also eine inhaltlich-materielle und eine pro-

---

2 Allerdings beschreibt Holzkamp den Lernprozess im Unterschied zu Forneck als einen widersprüchlichen Prozess in kritischer Abgrenzung zur Kognitionspsychologie. Die Widersprüche im Lernen resultieren aus dem Widerspruch zwischen eigenen und fremden Lerninteressen, wie sie z.B. in den Lernanforderungen der Lehrenden zum Ausdruck kommen. Im Forneckschen Modell scheint es demgegenüber eine Optimierungsmöglichkeit bei der Passung materialer und formaler Lernaspekte zu geben, eine bestimmte Lernqualität, die in der Lernberatung geprüft werden soll.

zessual-formale Seite. Das Lehrangebot in der Selbstlernarchitektur spiegelt diese beiden Seiten wider, indem es Selbstlernmaterialien und sogenannte Lernpraktiken vorschlägt.

Die Lernaktivität des Studierenden soll nach dem Forneckschen didaktischen Modell der Selbstlernarchitektur in einem inszenierten Einstiegspunkt ihren Ausgangspunkt nehmen, der eine vom Lehrenden gegebene Aufgaben- und Problemstellung umfasst. Für die Lernaktivität werden über den Einstiegspunkt hinaus Materialien mit fachlichen Inhalten und Lernpraktiken für die Aneignung der Inhalte zur Verfügung gestellt (vgl. Forneck 2006: 60f.). Forneck führt den Begriff Lernpraktik mit dem Hinweis ein, dass Lernmethoden und inhaltliches Wissen enger miteinander zusammenhängen (vgl. Forneck 2006: 56) als doppelte materielle und formale Aneignung. Lernpraktiken sind demnach „personennahe Formen der Aneignung von Inhalten, die weder von Personen noch von Inhalten, noch von dem Lernkontext unabhängig sind" (Forneck 2006: 64).

Die inhaltliche Struktur des Lerngegenstandes wird als gestufte Struktur entworfen, und in der Lernberatung wird diagnostiziert, bis zu welchem Niveau diese Struktur verstanden wurde, ob die Lernenden die zentralen Themen, Zusammenhänge und Lernpraktiken im Selbstlernmaterial „verstanden haben" (Forneck 2005: 29). Nachfolgende Selbstlernmaterialien erfordern ggf. das Erreichen einer bestimmten Strukturtiefe. So beschreibt Forneck beispielsweise, dass die „Hypotheken des Kaiserreiches" von Lernenden verstanden sein müssen, um die folgende Beschäftigung mit der Weimarer Republik auf dem intendierten Niveau vornehmen zu können (vgl. Forneck 2005: 34). Der Lernberater hat eine für Beratungsprozesse m.E. untypische Aufgabe: Seine „Aufgabe ist es die Lernprozesse seiner Klientel zu analysieren und zu diagnostizieren" (Forneck 2005: 42). Die Messlatte dafür liefert das in den Selbstlernmaterialien vorgelegte Strukturniveau. Der Autor versteht dieses Lernberatungskonzept so, dass entlang dieser Messlatte analysiert, geprüft und bewertet[3] werden soll, ob die Lernenden die geforderte Strukturtiefe erreicht haben. In der Lernberatung soll geprüft und bewertet werden, „ob es lediglich zu einer seriellen oder vereinzelten Aneignung kommt oder ob sich eine Wissensstruktur bildet, in der die Lernaktivitäten miteinander verbunden werden und eine Qualität entsteht, die wir Strukturtiefe nennen" (Forneck 2006: 74). Je nachdem, wie das erreichte Strukturniveau vom Lernberater eingestuft wird, sollen daran entsprechende Lernunterstützungsmaßnahmen anknüpfen.

Es bleibt nicht bei der Prüfung. Die Lernberatung zielt vielmehr auf die Optimierung der Lernaktivitäten und individuellen Lernfähigkeiten der Studierenden und wird im @rs-Projekt als „Lernentwicklungsberatung" (Forneck 2006: 70) bezeichnet. Die Lehrenden können in der Beratung auf verschiedene Materialien zurückgreifen, die ihnen den Beratungsprozess erleichtern sollen.

---

3 Bewertung wird hier nicht im Sinne von Benotung verstanden, sondern im Sinne einer Einstufung in ein erreichtes Strukturniveau.

Das sind zum einen Materialien der Studierenden: ihre Lernjournale und ihre Dokumentation der Lernwege. Das sind zum anderen speziell für die Lernberatung entwickelte methodische Hintergrundtexte, die die in der Selbstlernarchitektur geplanten Lernwege der Studierenden beschreiben, zusammenfassen und für das Beratungsgespräch nutzbar machen sollen (vgl. Forneck 2006: 70).

Der Lernprozess der Studierenden wird von den Lehrenden über die Figur der Lernpraktiken modelliert und zugleich als Bestandteil der Selbstlernarchitektur den Studierenden vorgeschlagen. Über diese Steuerungsleistung passiert im @rs-Projekt eine Gleichsetzung der Lehrintention mit dem Lernprozess der Studierenden. Es wird angenommen, dass die den Studierenden vorgeschlagenen Lernpraktiken von ihnen tatsächlich realisiert werden. Zwar wird eingeräumt, dass die individuellen Lernpraktiken der Studierenden im Rahmen ihrer Selbstlernkompetenz von den vorgeschlagenen Lernpraktiken abweichen können. Prinzipiell wird aber eine Identität zwischen vorgeschlagener Lernpraktik in der Selbstlernarchitektur und vom Studierenden realisierter Lernpraktik unterstellt. In diesem Sinne formuliert Forneck: „Weiterhin erhält das Lernen in Selbstlernarchitekturen durch die Verwendung vielfältiger metakognitiver Instrumente (Lernjournal, Dokumentationen der Lernwege, Lernreflexion) eine hohe selbstreflexive Qualität." (Forneck 2006: 57). Angenommen wird also, dass die Intentionen der Selbstlernarchitektur hinsichtlich der Reflexivität der Lernprozesse – nicht nur bezüglich der Lernergebnisse – im Lernen der Studierenden realisiert werden. Die so hergestellte Identität von Lehren und Lernprozess bildet die Grundlage dafür, dass die Lernqualität diagnostiziert und beurteilt werden kann, ein Urteil, das seine Messlatte in formaler Hinsicht in der vorgeschlagenen Lernpraktik und material in der Struktur des angebotenen Selbstlernmaterials findet.

Durch die Identifikation der geplanten Lehrintention mit der empirisch stattfindenden Lernpraktik droht die gesellschaftliche Konstitution des Lehrgegenstandes sowie des Lernprozesses aus dem Blick zu geraten. Wenn Forneck stufenförmig konzeptualisiert, dass die „Hypotheken des Kaiserreiches" von Lernenden verstanden sein müssen, um die Beschäftigung mit der Weimarer Republik auf dem intendierten Niveau vornehmen zu können (vgl. Forneck 2005: 34), und die Lernberatung das erreichte Niveau zu prüfen hat, vernachlässigt er gleichzeitig, dass die selbstlernarchitektonische Ausgestaltung der „Hypotheken des Kaiserreiches" durch den Lehrenden selbst gesellschaftlich formiert ist. Statt zu beurteilen, gilt es in der Lernberatung die gesellschaftlichen Formierungen der individuellen Zugangsweisen von Lernenden zum Kaiserreich als Topoi kritisch aufeinander zu beziehen und auch eine Kritik der Selbstlernmaterialien zur Sprache zu bringen. Erst auf diese Weise werden individuelle sowie fachliche Wahrheiten in ihrer gesellschaftlichen Gewordenheit erkennbar.

Die im Folgenden empirisch beobachteten Lernberatungsprozesse sind nicht allein das Ergebnis des hier kritisch skizzierten, poststrukturalistischen

Lernberatungskonzeptes (Konzeptentwicklungsstand bis ca. 2006). Sie sind vielmehr Ausdruck einer pädagogischen Praxis, die sich ergibt, wenn Konzeptsplitter mit biographisch entwickelten pädagogischen Selbstverständnissen von Hochschullehrenden zusammentreffen. Die im Folgenden dargelegten Einblicke in die Lernberatung verfolgen den Zweck, Lernberatungsprozesse kritisch zu reflektieren und weiter zu entwickeln.

3 Lernberatung im @rs-Projekt

Die hier zugrunde gelegten Äußerungen von Studierenden und Lehrenden auf die Lernberatungspraxis im @rs-Projekt beanspruchen keine Repräsentativität. Die in den Zitaten enthaltenen Problematisierungen hatten eine besondere Relevanz bei der Diskussion in den Workshops mit den Hochschullehrenden zur Lernberatung, die Themen wurden z.B. wiederholt diskutiert, intensiv reflektiert usw. Die hier vorgestellte Themenauswahl ist nicht das Ergebnis eines qualitativen Forschungsprozesses. Im Zuge eines Forschungsprozesses würden sich vermutlich weitere wichtige Themen herauskristallisieren, die den Verlauf der Lernberatung im @rs-Projekt beeinflusst haben. Die hier reflektierten Lernberatungsthemen folgen eher einem praktischen Interesse der Hochschullehrenden nach Verbesserung der Lernberatungssituation. Deshalb werden die Reflexionen auch in diesem Kontext wiedergegeben und interpretiert: Die Interpretationen sollen helfen, zukünftige Anforderungen an Lernberatung zu formulieren, um so Lernberatung verbessern zu können. Die folgende Interpretation der Aussagen von Studierenden und Lehrenden geschieht vor dem Hintergrund einer subjekttheoretischen Perspektive auf Lernberatung.

3.1 Lernende und Lernen verstehen

„Die größte Handlungsproblematik ist, wenn sie ihre Denkwege nicht explizit machen. – Was tu ich dann? Beginne ich dann zu lehren, fülle *ich* dann die leere Zeit, die dann entsteht, oder was geschieht da? Mit anderen Worten: Soll ich wieder in die bekannten Umgangsweisen und Regeln zurückfallen, damit wechselseitige Erwartungssicherheit entsteht?" (Lernberater)

Der Lernberater fragt hier nach, was zu tun ist, wenn Studierende ihre Denkwege nicht explizit machen. Der Berater äußert Beratungsbedarf. Das Problem ‚nicht expliziten Lernens' lässt sich zunächst in zwei Richtungen denken: Entweder machen die Studierenden ihr Denken nicht explizit, oder sie machen es in einer Weise explizit, die vom Lernberater nicht verstanden wird. Für den Lernberater stellt diese Situation in jedem der beiden Fälle eine Handlungsproblematik dar, weil er nicht, wie beabsichtigt, beraten kann. Ironisch führt er die Frage an: „Beginne ich dann zu lehren […]?" Er möchte nur ungern wieder in die bekannten Umgangsweisen des Lehrens und „Zeit-Füllens" zurückfallen und damit Interaktionsmuster im Lehr-Lernverhältnis stärken, die mit der Lernberatung überwunden werden sollten. Der Lernberater lässt sich hier so verstehen, dass er seine Handlungsproblematik überwinden und die Beratungssituation, in der das Denken und Lernen der Studierenden nicht explizit wird, besser verstehen und erklären können möchte, um darauf aufbauend Beratungsoptionen entwickeln zu können. Er sucht nach Selbstverständigung in dieser Situation, in der er nicht beraten kann.

Die erste Frage, ob die Studierenden ihr Lernen nicht explizit machen, damit also „hinter dem Berg halten", kann an dieser Stelle aufgrund fehlendem empirischem Material nicht beantwortet werden. Es kann lediglich vermutet werden, dass Widerstand der Studierenden Schweigen begründen könnte. Die Aufforderung zur Explikation von Lernbegründungen ruft meist dann Widerstand hervor, wenn Schutzinteressen gegenüber einem machtvollen Gesprächspartner bestehen. Der Lernberater ist in diesem Fall zugleich Hochschullehrer, der Studienleistungen bewertet und insofern ist er mit Macht ausgestattet. Widerstand erscheint dann aus Sicht der Studierenden zumindest funktional.

Die Explikation von Lernbegründungen im Studienalltag stellt aber auch ohne Widerstandshandlungen eine besondere Schwierigkeit dar, weil diese Gründe für die Lernenden nicht „einfach auf der Hand liegen". Sie machen also eine spezifische Reflexions- und Verstehensleistung erforderlich, die solche Begründungen erst zur Sprache bringt. Es gilt für die Berater in Lernberatungsprozessen, die dort oft nur latent vorgetragenen Lernbegründungen professionell zu verstehen (vgl. Ludwig 2003). Diese Verstehensanforderung bringt der oben zitierte Lernberater nicht ins Gespräch. Beratung ist für ihn davon abhängig, ob vonseiten der Studierenden die „Denkwege" explizit gemacht werden oder nicht. Aus seiner Sicht liegt es an den Studierenden und nicht am Lernberater, ob beraten werden kann oder gelehrt werden muss. Aus einer professionstheoretischen Perspektive wäre an den Berater jedoch die Forderung nach einem verstehenden Zugang zu den Lernprozessen der Studierenden zu stellen, damit er auf Basis dieses Verstehens seine Beratungsangebote entfalten kann. Von den Lernenden kann in den seltensten Fällen erwartet werden, dass sie ihre Lernbegründungen wie „auf einem Tablett" vor sich her tragen.

Die professionelle Aufgabe, die sich Lernberatern/innen stellt, besteht darin, die tatsächlichen, empirisch vorfindbaren Lernprozesse mit ihren Widerständen, Widersprüchlichkeiten, Fortschritten und Abbrüchen zu verstehen und daran anknüpfend zu beraten. In der Lernberatungssituation geht es vor allem darum, dass der/die Lernberater/in eine verstehende, d.h. immer auch empirische Haltung zum Lernprozess der Studierenden einnimmt, mit der er zu verstehen versucht, welche Lernbegründungen und Lernwiderstände vorgetragen werden, um daran anknüpfend beraten und unterstützen zu können.

Wer also wie etwa der oben zitierte Lernberater Schweigen in Lernberatungssituationen verstehen will, benötigt eine lerntheoretische Heuristik als Verstehensfolie, vor deren Hintergrund sich empirisch gegebene Lernprozesse interpretieren lassen. Lernen stellt sich als soziales Handeln in gesellschaftlich gerahmten Situationen sowohl historisch-gesellschaftlich als auch individuell unterschiedlich dar. Diese individuell-gesellschaftliche Ausprägung gilt es empirisch zu verstehen.

Eine für diesen Verstehensprozess als heuristischer Rahmen geeignete Lerntheorie ist die Holzkampsche Lerntheorie (Holzkamp 1993). Lernen wird hier als soziales Handeln verstanden, mit dem Lernende ihre gesellschaftliche Teilhabe erweitern wollen. Wenn sich Studierende z.b. historisches, mathematisches oder pädagogisches Wissen aneignen, tun sie dies erstens mit bestimmten Erwartungen und Vorstellungen von ihrem zukünftigen Beruf, durch den sie gesellschaftlich Teilhabe erreichen wollen. Sie tun dies zweitens vor dem Hintergrund einer biographischen Lerngeschichte und drittens im Kontext einer konkreten Lehr-Lern-Situation, die von Interessen und Machtstrukturen durchsetzt ist. Lernen ist also ein Prozess der gesellschaftlichen Teilhabe und zielt auf erweiterte Teilhabe.

Lernen nimmt seinen Ausgangspunkt in individuellen Handlungs- und Lernproblematiken[4], über die Lernende auf dem Weg zur gesellschaftlichen Teilhabe Selbstverständigung und damit neue Handlungsfähigkeit erlangen möchten. Erweiterte gesellschaftliche Teilhabe ist an Selbst- und Weltverständigungsprozesse gebunden. In bildungstheoretischen Zusammenhängen wird die Handlungsproblematik auch oft als Krise (Heydorn), Zweifel (Dewey) oder Zielspannungslage (Tietgens) beschrieben.

Holzkamp beschreibt die Beziehung zwischen Subjekt und Welt mit dem Bedeutungsmodell. Bedeutungen sind das Bindeglied zwischen Subjekt und Welt. Bedeutungen stellen im Rahmen gesellschaftlich vorhandener Sinnstrukturen für das Subjekt gesellschaftlich gegebene Handlungsmöglichkeiten dar, zu denen es sich verhalten „kann". Bedeutungen realisieren also vorgängige gesellschaftliche Strukturen, auf die sich Subjekte mit ihren Handlungsbegründungen und -prämissen unterschiedlich, aber nicht zufällig beziehen. Die Art und Weise ihrer Bezugnahmen ist durch ihre Lebenslage und gesellschaftliche Position beeinflusst. Holzkamp unterscheidet als Vermittlungsebenen die individuelle Lebenslage, die gesellschaftliche Position und die arbeitsteilige Gesamtstruktur des gesellschaftlichen Lebens (Holzkamp 1983: 197). Positionen (z.B. Berufe) sind aufeinander bezogene Teilarbeiten in ihrer historischen Bestimmtheit, gegeben im jeweiligen Entwicklungsstand der arbeitsteiligen Or-

---

4 Handlungsproblematiken im Studium sind meist mit antizipierten Situationen verbunden (z.B. „Wie handle ich in der Unterrichtssituation X professionell?"). Im Studium dominieren Lernproblematiken, die als Folge von (antizipierten) Handlungsproblematiken oder bei der Auseinandersetzung mit bestimmten Problem- und Fragestellungen für die Studierenden entstehen und zum Zwecke des Lernfortschritts überwunden werden müssen.

ganisation gesellschaftlichen Lebens. Durch die Position ist die Art des Beitrags zur gesellschaftlichen Lebensgewinnung/Existenzsicherung sowie der Einfluss auf den gesellschaftlichen Prozess vermittelt. Das lernende Subjekt bezieht sich als gesellschaftliches Subjekt auf gesellschaftliche Bedeutungszusammenhänge und ist zugleich an deren Konstitution beteiligt.

Wenn sich Lernende mit neuen gesellschaftlichen Bedeutungsräumen, die ihnen zunächst noch fremd und nicht verfügbar sind, auseinandersetzen, entsteht eine Differenz zwischen den eigenen verfügbaren und den noch nicht verfügbaren fremden Bedeutungsräumen, die im Lernprozess bearbeitet wird (vgl. Ludwig 2003). Diese Differenz ist als individuelle Lernhandlung gesellschaftlich formiert und muss als solche auch im Lernberatungsprozess verstanden werden.

Die gesellschaftliche Formiertheit zeigt sich in den Interessen, die mit den Handlungsproblematiken und Zielspannungslagen verbunden sind. Die Realisierung eigener Interessen im Rahmen der Selbst- und Weltverständigung bezeichnet Holzkamp als expansiv begründetes Lernen. Wenn nicht eigene Interessen, sondern fremde Lernanforderungen und fremde Interessen den Ausgangspunkt für Lernen bilden, so wird dieses Lernen als defensiv begründet bezeichnet. Mit diesem Lernen gilt es, für die Lernenden eher Nachteile abzuwehren (z.b. schlechte Noten) als Teilhabe zu erweitern. Die empirische Komplexität gesellschaftlich gegebener Lernprozesse besteht darin, dass defensive und expansive Lernbegründungen in Lernprozessen immer miteinander verwoben sind. Eine zusätzliche Schwierigkeit zeigt sich im widersprüchlichen Charakter der defensiven Lerngründe. Im Versuch die Bedrohung der eigenen Teilhabe durch fremde Interessen und Lernanforderungen abzuwehren, kommt es oft zu restriktiven/defensiven Lernbegründungen, die eigene Lerninteressen verletzen (vgl. Holzkamp 1990: 38). Das Arrangement mit den herrschenden Interessen ist bei defensiven Lernbegründungen mit Selbstschädigung verbunden.

Lernen ist so gesehen in der Regel ein widersprüchlicher Prozess, in dem eigene und fremde Interessen mit Blick auf gesellschaftliche Teilhabe verwoben sind. Lernproblematiken bis hin zum Stillstand im Lernprozess können diesen Widersprüchen geschuldet sein, aber auch unpassenden Lernprinzipien und Lernwegen. Wo die Schwierigkeiten im Einzelfall liegen, gilt es als Lernberater/in zu verstehen. Diese Komplexität und Verwobenheit lässt sich erst in einen verstehenden Zugang zu den Lernbegründungen der Lernenden empirisch rekonstruieren. Das ist die professionelle Aufgabe von Lernberater/innen.

Holzkamp nimmt in seinem forschenden Zugang zu Lernprozessen den Subjektstandpunkt ein, der die Bezugnahme auf Welt aus der Begründungsperspektive des Subjekts beschreiben soll. Die Einnahme des Subjektstandpunktes verlangt zu begreifen, mit welchen Gründen sich ein Lernender innerhalb gesellschaftlicher Umstände einrichtet, sich also defensiv verhält, oder warum er seine gesellschaftliche Teilhabe expansiv erweitern will. Gefragt wird, auf welche gesellschaftlichen Bedeutungshorizonte bzw. Wissensdomänen Lernende sich mit welchem Interesse beziehen, um sie als Prämissen und als Begründungen für ihr eigenes (Lern)Handeln in seinem sozialen Kontext auszuwählen.

Lernberatende sind in Lernberatungssituationen gefordert, das konkrete gesellschaftlich gerahmte Lernhandeln vom Subjektstandpunkt des Lernenden aus in seinem gesellschaftlichen Kontext zu verstehen. Dieses Verstehen hat nichts mit therapeutischen Settings zu tun, sondern ist Sinnrekonstruktion als professionelles pädagogisches Handeln, wie es Tietgens als Transformationskompetenz beschreibt. Tietgens definiert Professionalität als Fähigkeit, theoretische Kenntnisse auf konkrete Situationen beziehen und darin angemessen anwenden zu können (vgl. Tietgens 1988: 37). Professionelles pädagogisches Handeln zielt mittels abstrahiertem und allgemeinem Hintergrundwissen darauf im individuellen Handeln, z. B. in individuellen Lernbegründungen, allgemeine Zusammenhänge zu entdecken, das Individuelle als individuelle Realisierung einer allgemeinen Struktur zu verstehen: „So sind immer wieder neue Relationierungen von wissenschaftlich erarbeiteten Einsichten und nicht von vornherein durchschaubaren Bedingungsstrukturen herzustellen. Für dieses Durchschauen aber ist der Rückgriff auf Hintergrundwissen verallgemeinerter Art unumgänglich. So sind Abstraktionsphantasie und Transformationskompetenz verlangt, also ein Vorstellungsvermögen dafür, was sich im Beobachtbaren widerspiegelt, wie eine Annahme aufscheinen kann, was aus einem Vergleich zu entnehmen ist, welche Unbekannten in einer Wenn-Dann-Relation enthalten sind usw. Man könnte zugespitzt formuliert sagen: Professionalität erweist sich am Ausmaß des Wiedererkennungspotenzials." (Tietgens 1988: 40)[5]

Die erwachsenenpädagogischen Diskurse der folgenden Jahre beziehen sich im Vergleich zu Tietgens viel ausdrücklicher auf Sinnstrukturen im Kontext einer sozialwissenschaftlichen Hermeneutik – beispielsweise bei Ortfried Schäffter und Sylvia Kade (vgl. Ludwig 2011). Kade (1990: 53 u. 118) bezieht sich auf das Oevermannsche Konzept der Sinnstrukturen, nach dem Handlungshermeneutik auf ein Verstehen der inneren Strukturlogik des zu bearbeitenden Falles zielt – im Kontext von Lernberatung wäre der „Fall" das zu beratende Lernen. Mit dem Begriff der „signifikanten Differenz" verweist Schäffter auf den Stellenwert der Interpretationsangebote im Bildungsprozess: Sie werden für die Reflexion berücksichtigt, ohne über „richtig" oder „falsch" entscheiden zu müssen, d.h. ohne die Wirklichkeit auf eine richtige Deutung reduzieren zu müssen. Pädagogische Interpretationen verfolgen den Zweck, „dass mit ihnen die für die Lebenssituation/Gruppensituation der Teilnehmer relevanten Differenzen erschlossen werden können" (Schäffter 1987: 70). In Anlehnung an Jürgen Straub (1999) erfordern der Verstehensprozess und die

---

5   Detailliertere Reflexionen zum professionellen Handeln als Transformations- und Verstehenskompetenz in Anlehnung an Tietgens finden sich bei Ludwig 2011.

Sinnrekonstruktion von Professionellen die Einnahme des Drittstandpunktes, von dem aus sie eigene Interpretationsschemata kritisch hinterfragen können. Es existiert ein unauflösbares Spannungsverhältnis, das Andere als Anderes und doch mit den Mitteln, die speziell „je mir" verfügbar sind, zu verstehen. Diese Distanzierungsleistung ist an die Anerkennungsleistung gegenüber dem Anderen gebunden. Mit anderen Worten: Lernberater/innen haben die Lernbegründungen der ratsuchenden Studierenden anzuerkennen, was zugleich ihre kritische Reflexion einschließt. Reflexion vom Drittstandpunkt und die Anerkennung des fremden Eigensinns wären damit wichtige Qualitätsmerkmale für Verstehensprozesse in der Lernberatung (vgl. Ludwig 2007: 188).

Zurück zur Lernberatung im @rs-Projekt: Das Lernberatungskonzept im Forneckschen Entwurf macht im Unterschied zu der hier skizzierten subjekttheoretischen Perspektive Verstehensprozesse im Kontext von Lernberatung nicht stark. Lernberatung soll vielmehr, wie oben beschrieben, analysieren und diagnostizieren. Lernberatung kommt bei Forneck die Aufgabe zu, einen bestimmten Lernstand oder ein bestimmtes Lernniveau zu bewerten. „Bewerten und Verstehen sind jedoch gegensätzliche Handlungslogiken." (Ludwig 2010: 214). Es macht einen Unterschied, ob ein Lernberater dem ratsuchenden Studierenden signalisiert, dass er selbst zu verstehen versucht und an den Lerninteressen und der Überwindung der Lernproblematiken des Studierenden interessiert ist, um den Ratsuchenden bei seinen eigensinnigen Wegen unterstützen zu können, oder ob er ihm eine disziplinäre Wissensordnung gegenüberstellt und bewertet, ob eine bestimmte Qualität des Lernens erreicht ist, um daran anknüpfend Lernprozesse zu unterstützen. In der Lernberatungspraxis des @rs-Projekts bleibt das Verhältnis von geforderter Lernqualität einerseits und den Lerninteressen der ratsuchenden Studierenden andererseits ungeklärt.

Beratung verlangt, die Problematisierungsperspektive des Ratsuchenden zu verstehen, um die Hürden, Widersprüche und Abbrüche im Lernprozess einerseits identifizieren zu können und andererseits – dies ist besonders zentral – für den Ratsuchenden anschlussfähige Gegenhorizonte und Handlungsoptionen aufzeigen zu können. Beurteilen behindert Berater und Ratsuchenden im Beratungsprozess. Wer als Berater vor allem prüft, ob die vorgeschlagenen Lernpraktiken realisiert wurden, bleibt zu wenig sensibel für die zunächst unbekannten individuellen Lernhandlungen und Lernproblematiken, die tatsächlich stattgefunden haben. Auch für den Ratsuchenden wird es schwierig: Wer sich als Ratsuchender mehr beurteilt als verstanden fühlt, bleibt gegenüber den Beratungsangeboten skeptisch.

Der vorhin zitierte Lernberater weist darauf hin, dass für ihn das Schweigen der Studierenden zwar die größte Handlungsproblematik darstellt, reflektiert jedoch nicht die eigene Verstehensleistung in dieser Situation. Es wäre möglich, dass er seine eigene Beratungstätigkeit damit im Kontext des Forneckschen Lernberatungskonzepts versteht und begründet: Er wartet auf Äußerungen des Studierenden, die analysiert und diagnostiziert werden können. Mit dieser Perspektive kann Lernberatung prekär werden, weil ihr die erforderliche Anerkennungs- und Vertrauenskultur abhandenkommt. Zumindest bleibt sie ambivalent: zwischen Bewerten und Aufzeigen richtiger Perspektiven einerseits sowie Verstehen und Unterstützen eigensinniger Lernwege andererseits.

Im Konzept der Selbstlernarchitektur existiert eine Vorstellung vom Lernprozess als komplexer Struktur. Lernen wird als rhizomatisch strukturiert angesehen, Bedeutungskontexte und gesellschaftliches Wissen werden als kartographisch strukturiert verstanden, wobei spezifische Karten gesellschaftlich durchgesetzt sind (vgl. Forneck 2005 und Wrana 2008). Diese Vorstellung vom Lernen als Lernen von Struktur hat Konsequenzen für das eigene didaktische Handeln: Die Struktur der Selbstlernmaterialien soll nach dem Anspruch der Selbstlernarchitektur die gesellschaftlich durchgesetzte kartographische Fachstruktur wiedergeben, und von den Lernenden wird erwartet, dass sie in kritischer Abgrenzung dazu – trotz weiterer angebotener Strukturierungshilfen in Form von Lernwegempfehlungen und Lernpraktiken – eine eigene Lesart entwickeln – eine Lesart, die von der mit Macht angebotenen Struktur „provoziert" (Wrana 2008: 80) werden soll. Zur Reflexion soll diese eigensinnige Lesart und der kritische Blick auf das Selbstlernmaterial in der Lernberatung kommen.

Diese „Provokation" stellt nicht nur die Studierenden vor Herausforderungen, sondern auch den Lehrenden und Lernberater. Er steht zum einen in der Rolle des Entwicklers von Selbstlernmaterialien, die eine gesellschaftlich durchgesetzte Position wiedergeben sollen. Diese Position ist in der Regel mit seiner eigenen Position eng verbunden. Die Materialien bietet er sorgfältig didaktisch aufbereitet an – was eine gewisse Identifikation zur Folge hat. In der Lernberatung wird von ihm zudem erwartet, dass er analysiert, inwieweit von den Studierenden eine bestimmte Lernqualität mit Blick auf die Lernmaterialien erreicht wurde. Zum anderen soll er als Lernberater von dieser Position Abstand nehmen und in der Lernberatung offen gegenüber den abweichenden Lesarten bzw. Interpretationsperspektiven der Studierenden sein. Eine Ambivalenz, die m.E. kaum auflösbar ist, wenn die in dieser Situation herrschenden (Lern-)Interessen nicht systematisch verstanden und zur Sprache gebracht werden.

Wenn es in der Lernberatung nicht gelingt, Lernen und Lernschwierigkeiten nicht nur als individuelles Leistungsproblem anzusehen, sondern als ein spezifisches Subjekt-Gesellschaft-Verhältnis *verstehend* zu rekonstruieren, drohen verschiedene Ausweichmanöver, die auftauchende Schwierigkeiten individualisieren und personalisieren. Ein solches Manöver könnte seitens der Lehrenden der Rückgriff auf eingeübte Umgangsweisen und Regeln des Lehrens sein, auf die der zitierte Lernberater hinweist, um die Ambivalenz aufzulösen und wechselseitige Erwartungssicherheiten wiederherzustellen, mithin sogenannten Lernfortschritt bei den Studierenden wieder in gewohnter Weise zu erzielen. Mit dieser gewohnten instruierenden Weise des Lehrens korrespondieren Typisierungsstrategien:

„Und eine andere Sache ist zum Beispiel, es gibt Studierende, die machen eine Menge Angebote, weil die sich positionieren, weil sie aktiv sind. Und es gibt Studierende, die sind sehr inaktiv. Und die nehmen diese Situation auch eher als eine Kontrollsituation zunächst und sagen eigentlich: Sag du mir, ob ich es richtig gemacht habe. Und die bringen von daher gar kein Thema ein oder ihr Thema ist einfach ‚richtig machen'". (Lernberaterin)

Die zitierte Lernberaterin scheint die unübersichtliche Beratungssituation zu personalisieren. Es gibt aktive Studierende, und es gibt eben inaktive Studierende. Gründe für dieses Verhalten werden nicht gesucht. Der Ertrag von Personalisierungsstrategien ist, dass man immer schon verstanden hat und sich in seinem eigenen verstehenden Zugang zur Welt nicht weiter mit den Begründungen der handelnden Personen und den gesellschaftlichen Zusammenhängen auseinandersetzen muss. Es liegt dann eben in der Person der Studierenden, ob sie aktiv oder inaktiv sind. Lernen wird hier nicht als soziales Handeln im Kontext eines spezifischen gesellschaftlichen Verhältnisses, sondern als psychische Disposition verstanden, die Menschen besitzen oder eben nicht.

Das Spektrum der Lernberatungskonzepte im @rs-Projekt war breit. Es reichte von Diagnosekonzepten über ambivalente Konzepte bis hin zu reflexiven Konzepten im Umgang mit der professionellen Verstehensherausforderung: Die Herausforderung des Verstehens komplexer Subjekt-Welt-Verhältnisse ist als professionelle Herausforderung immer ambivalent, offen und nie abschließend. Professionelles Verstehen birgt immer die Gefahr des Nichtverstehens der konkreten Situation. Der professionelle Beratungsprozess kann aber zugleich gegenüber den Ratsuchenden immer ausweisen, vor welcher Heuristik und Interpretationsfolie der verstehende Zugang zur Beratungssituation vorgenommen wird:

„Diese Not, die man hat, als professionell Lehrender, der auch noch ganz stark in der Beratungsrolle ist, das ist ja eine sozusagen systematische Not und Herausforderung für professionelles Handeln. Wer professionell lehrt, muss situativ ständig, immer, immer entscheiden! Und das muss denen auch klar werden, dass da nicht irgendwie so eine Überfigur sitzt – jetzt der kann's, und ich kann's nie – so nach dem Motto, sondern das es eigentlich ganz normal ist, das selbst professionelle Lehrende mit dieser Schwierigkeit zu kämpfen haben und gar nicht da 'raus kommen. Also, dass man das noch transparenter macht in der Beratungssituation." (Lernberaterin)

Hier zeigt eine Lernberaterin, dass sie aus der Not eine Tugend macht. Weil schließlich zukünftige Lehrpersonen ausgebildet werden, die in ihrer zukünftigen Schulpraxis mit den Herausforderungen des Verstehens im professionellen Handeln umgehen können sollen, bietet es sich an, die Beratungssituation selbst und die dort existenten Verstehensprobleme zum Gegenstand der gemeinsamen Reflexion zu machen. Die Herausforderungen und Schwierigkeiten der Lernberatungssituation werden auf diese reflexive Weise zum Praktikum für Lehramtsstudierende. Sie können in der Lernberatungssituation Erfahrungen mit den Schwierigkeiten und Herausforderungen professionellen Handelns machen. Diese Erfahrungen beschreiben nicht nur realistisch professionelle Herausforderungen, sondern sind zugleich eine wichtige Hilfe bei der Überwindung eigener Lernproblematiken und der Realisierung eigener Lerninteressen. Beratungsprozesse werden erst dann besonders effektiv, wenn sie ihren eigenen Begründungszusammenhang schutzlos machen, die Fragwürdigkeiten des Beratungsprozesses aufdecken und auf diese Weise den Ratsuchenden Chancen eröffnen, Chancen, sich mit dem Beratungsangebot kritisch auseinanderzusetzen und daran anknüpfend einen Selbstverständigungsprozess zu beginnen.

3.2 Studienverhältnisse verstehen

> „Wir hatten ja zu Beginn stark diese Verknüpfung zwischen Lernberatungen und Qualifikation, das hat sich ja in einzelnen Fächern sehr stark geäußert. Und wir haben das ja dann entflochten und die Sache dann auch anders benannt, oder? Offiziell, aber vielleicht hat es inoffiziell immer noch den Touch von Qualifikation und von: Ich muss alles präsentieren, und was denkt der über mich? Und so weiter. Und insofern ist ja die Sicherheit verständlich, die sie haben wollen, oder? Dass sie sagen: Hab' ich's recht gemacht" (Lernberater)

Der Lernberater beschreibt in diesem Zitat das Verhältnis zwischen Lernberatung und Qualifikationsanforderung. Dieses Verhältnis stellt sich spannungsgeladen und widersprüchlich dar. Der Pol Qualifikationsanforderungen repräsentiert die Anforderungen und Erwartungen der Gesellschaft an die zukünftigen Primarschullehrer. Wird dieser Pol als objektiv gesetzt und feststehend betrachtet, bleibt für Lernberatung wenig Spielraum. Es gelten dann die Anforderungen des Faches, an denen sich die einzelnen Studierenden auszurichten und anzupassen haben. Lernberatung kann in diesem Verständnis bestenfalls Lern- und Zugangsdefizite beraten und so die von außen gesetzte Zielerreichung unterstützen. In diesem Szenario hat die Lernberatung eine Funktion für die Aneignung des objektiv gesetzten Qualifikationsziels.

Das Spannungsverhältnis stellt sich anders dar, wenn das Qualifikationsziel nicht als eindeutig gesetzt verstanden wird, sondern als Möglichkeitsraum mit einem Spektrum möglicher professioneller Handlungsweisen. Lernberatung kommt in diesem Szenario die Aufgabe zu, den Lernenden bei der Suche nach den zu ihnen passenden Handlungsweisen zu unterstützen. Mit anderen Worten: dabei zu unterstützen, eine individuell geprägte Professionalität zu entwickeln.

Die Hochschullehrenden im @rs-Projekt haben beide Szenarien vertreten und realisiert. Die Differenz dieser beiden Konzepte wurde im Kolleg/innenkreis frühzeitig reflektiert. Die von den einzelnen Hochschullehrenden tatsächlich realisierten, individuellen Beratungskonzepte lagen irgendwo innerhalb dieses Spektrums. Darauf nimmt der Lernberater in seinem Zitat Bezug, wenn er sagt: „Und wir haben das ja dann entflochten und die Sache dann auch anders benannt, oder? Offiziell, aber vielleicht hat es inoffiziell immer noch den

Touch von Qualifikation." Inoffiziell, so die Vermutung, schwingt die Überprüfung der Qualifikation in der Lernberatung mit. Wenn dem so ist, und vieles deutet darauf hin, so ist das Verlangen der Studierenden oder Lernberater/innen nach mehr Sicherheit verständlich. Schließlich absolvieren die zukünftigen Primarschullehrer/innen einen Studiengang, der mit Prüfungen und damit einem Selektionssystem gerahmt ist. Wer aus diesem Studiensystem nicht herausfallen möchte, ist gut beraten, die Prüfungsanforderungen zu erfüllen.

Lernberatung mit der spezifischen Anforderung, das eigene Lernen zu reflektieren und verschiedene Sichtweisen auf Wissensdomänen zu entwickeln, zeigt sich gegenüber einem Prüfungssystem sperrig. Reflexionsleistungen und die Fähigkeit zum Perspektivenwechsel lassen sich zwar grundsätzlich bewerten, aber kaum in Form eines differenzierten Notensystems. Aus diesem Grund wurde die Lernberatung im @rs-Projekt nicht benotet.

Für die Studierenden blieb aber unklar, in welcher Weise die Lernberatung Teil des Prüfungssystems ist. Insofern herrschten im @rs-Projekt „verdeckte Verhältnisse" (Wagner 1999). Diese verdeckten Verhältnisse stellen sich so dar, dass Lehrende auf der Vorderbühne des Lehrens und Lernens Theoriebezüge und Reflexionen seitens der Studierenden erwarten und auf der Hinterbühne ein Prüfungssystem mitlaufen lassen, das mit der Vorderbühne nicht immer unmittelbar gekoppelt ist, weil es nicht reflexives Wissen, sondern deklaratives Wissen prüft. Viele Studierende befürchteten Ähnliches im Fall der Lernberatung und fragten, ob der reflexive Aufwand im Kontext der Lernberatung auch im Prüfungssystem honoriert wird.

Weil Lehrende dieses Verhältnis ihrer Vorder- und Hinterbühne meist nicht reflektieren, sind sie oft über das Interesse der Studierenden an prüfungsrelevanten Themen irritiert. Und doch zeigt der hier zitierte Lernberater, dass er dieses Verhältnis im Blick hat und für ihn die Sicherheit verständlich ist, die Studierende haben wollen. Trotzdem ist es im @rs-Projekt nur ansatzweise gelungen, den Studierenden das Relevanzsystem der Lernberatung für die Prüfungen so zu verdeutlichen, dass Handlungssicherheit gegeben wäre. Deshalb entwickelten die Studierenden ihnen bekannte Strategien, mit denen sie diese Unsicherheit kompensieren wollten: Sie präsentierten möglichst viel, stellten sich selbst in einem möglichst guten Licht dar oder wehrten Anforderungen der Lernberatung einfach ab:

> „Abwehrreaktion, das ist ein Thema, das ich jetzt stark bei den Studierenden nebst ihrem Sicherheitsbedürfnis wahrnehme, also dass sie, wenn ich stark nach Differenzen frag', das sie delegieren: Die Praxislehrer haben gesagt, die anderen Fächer haben gesagt, die Literatur hat gesagt; also diesem Thema hänge ich eigentlich noch speziell nach, inwiefern und wie delegieren sie und übernehmen nicht selbst. Deshalb sage ich, grundlegend ist dieses Lernarrangement eigentlich eine Vertrauensdidaktik, und vor allem bei Selbstvertrauen angefangen. Ich darf selbst sein, und das ist die Grundvoraussetzung, die ihnen abhandengekommen ist und die sie nicht mehr haben." (Lernberater)

Es ist auf mehrere Gründe zurückzuführen, warum das Relevanzsystem für die Prüfungen im Rahmen des @rs-Projektes nicht klar verdeutlicht wurde. Erstens gab es innerhalb der Gruppe des Hochschullehrenden keine Übereinstimmung bezüglich der Qualifikationsziele und damit verbunden der Rolle der Lernberatung. Zweitens haben die „verdeckten Verhältnisse" eine Funktion. Sie stabilisieren das Machtverhältnis zwischen Lehrenden und Studierenden zugunsten der Lehrenden. Hochschullehrende haben im Kontext dieser verdeckten Verhältnisse die Möglichkeit, Theoriebezüge und Vertrauensverhältnisse einzufordern und damit den eigenen professionellen Kriterien sowie den wissenschaftlich gesetzten Kriterien nach Reflexivität und Offenheit zu genügen. Gleichzeitig können sie damit ein Prüfungs- und Selektionssystem realisieren, das den gesellschaftlichen Anforderungen nach Vereindeutigung des Qualifikationsprozesses für Selektionszwecke genügt. Die verdeckten Verhältnisse verbergen auf diese Weise zugleich die eigenen Widersprüche.

4 Lernberatung als professionelles Verstehen

Was folgt aus der kritischen Reflexion der Lernberatungsprozesse? Meines Erachtens wären zukünftig zwei Aspekte zu berücksichtigen. Erstens sollte der Kontext, in dem Lernberatung stattfindet, transparenter gemacht werden. Zweitens gilt, es Lernberatung als Verstehensprozess zu etablieren.

Die Reflexion der verdeckten Verhältnisse hat gezeigt, dass die mit der Lernberatung verbundenen Relevanzsysteme weder für die Studierenden noch für die Lehrenden transparent genug waren. Das Ziel war unklar (Reflexivität oder Qualifikation) und ebenso der Weg zum Ziel (Beratung oder Diagnose). Die Herstellung von mehr Transparenz könnte beispielsweise durch die Formulierung von Kompetenzzielen realisiert werden, die beschreiben, welche Handlungsfähigkeit Studierende am Ende bestimmter Lernaktivitäten/Lehrangebote besitzen sollten (Handlungsfähigkeit in einem weiten Sinne: verstanden als Begründungs- und Reflexionsfähigkeit einschließlich notwendiger Fertigkeiten). Dabei könnten beispielsweise Anforderungen an Studierende bezüglich Multiperspektivität auf fachliche Problemstellungen und hinsichtlich der Entwicklung eigener professioneller Selbstverständnisse explizit formuliert und als prüfungsrelevante Ziele ausgewiesen werden. Lernberatung würde auf diese Weise Relevanz für das Prüfungssystem erhalten, ohne selbst ein Prüfungsformat annehmen zu müssen.

Lernen lässt sich weder steuern noch lässt sich die Steuerungsidee von Lernen in der Lernberatung „diagnostizieren". Was immer möglich erscheint, ist die Kontrolle, ob Studierende das ihnen aufgetragene Pensum abgearbeitet haben. Eine derartige Kontrolle ist aber dem Anspruch der Selbstlernarchitektur nach nicht das Ziel, sondern selbstsorgendes Lernen. Die Lernberatung könnte sich stärker den empirisch stattfindenden Lernprozessen der Studierenden nähern und diese unterstützen, wenn das Konzept der Selbstlernarchitektur seinem emphatischen Steuerungsbegriff einen Verstehensbegriff an die Seite stellen würde. Die Lernberatenden sollten den empirischen Verlauf von Lernprozessen sinnrekonstruktiv verstehen können, um daran anknüpfend, weiterführende Angebote machen zu können. Dies wäre die zentrale professionelle Herausforderung für Lernberatende (vgl. Ludwig 2007).

Dieser Verstehensprozess hätte seinen Ausgang in der Reflexion sowohl der Lehrinteressen als auch der Lern-/Studieninteressen zu nehmen. Zu reflektieren wären die Interessensdifferenzen und ihre Bearbeitungsmöglichkeiten als notwendige Voraussetzungen für die Realisierung expansiver Lernprozesse, d.h. für die Realisierung von mehr Teilhabe an professionellen Handlungsmöglichkeiten für Primarlehrende. Diese Interessen sind eingebettet in die Lernanforderungen der Lehrenden und in die Handlungs- und Lernproblematiken, die Studierende erfahren haben. Durch die Reflexion der Diskrepanz zwischen den für die Studierenden verfügbaren Bedeutungshorizonten und den noch nicht verfügbaren, aber antizipierbaren Bedeutungshorizonten lassen sich die Lernproblematik und die mit ihr verbundenen Lerninteressen differenzierter verstehen. Folgende Bedeutungsdimensionen wären auf ihre Relevanz für die Lernproblematik zu prüfen:

a) das Lernhandeln und seine Begründungen im Hinblick auf den Lerngegenstand,
b) die sozialen Beziehungen im Lernhandeln,
c) der theoretische Fokus auf den Lerngegenstand (die Lesart),
d) die institutionellen Rahmungen des Lernhandelns,
e) die gesellschaftlichen Rahmungen des Lernens.

Dabei wären die Lernbegründungen zu a) immer Gegenstand der Lernberatung. Hier wäre der Sinn zu reflektieren, den die Lernaufgabe für die Studierenden hat, welche thematischen Aspekte sie für sich in den Vordergrund stellen, wo ggf. Lernproblematiken auftauchen und in welcher Weise sie in spezifischen Interessenslagen und/oder nicht passenden Lernwegen begründet sind. Je nach Situation wären die Dimensionen b) bis e) für eine weitere Differenzierung der Lernsituation zu reflektieren.

Unter b) wäre die Lernsituation in ihren sozialen Beziehungen zu den Lehrenden und zu den Kommiliton/innen zur reflektieren. Hier haben Konkurrenz-, Solidaritäts- und Machtbeziehungen Einfluss auf das Lernen. Der theoretische Fokus auf den Lerngegenstand unter c) kann die Realisierung von Lerninteressen befördern oder behindern. Wenn Lernberatende neue theoretische Fokusse anbieten, kann das durch Irritationseffekte und Distanzierung oft helfen, Lernproblematiken zu lösen. Unter d) gilt es, die institutionellen Rahmungen des Studierens zu reflektieren – wie oben am Beispiel der „verdeckten Verhältnisse" gezeigt – und entsprechende Gestaltungsoptionen zu entwickeln. Unter e) werden schließlich der gesellschaftliche Kontext und die dominanten Topoi reflektiert, die das jeweilige Thema, aber auch das eigene Lehr- und Lernhandeln rahmen. Lernberatende versuchen, auf diese Weise zu verstehen und wissen zugleich um ihre Not, wie es die Lernberaterin oben beschrieben hat: „Und das muss denen auch klar werden, dass da nicht irgendwie so eine

Überfigur sitzt – jetzt der kann's, und ich kann's nie – so nach dem Motto, sondern das es eigentlich ganz normal ist, das selbst professionelle Lehrende mit dieser Schwierigkeit zu kämpfen haben und gar nicht da 'raus kommen. Also, dass man das noch transparenter macht in der Beratungssituation."

Literatur

Faulstich, Peter; Ludwig, Joachim (Hg.) (2004): Expansives Lernen. Baltmannsweiler: Schneider.
Forneck, Hermann J. (2005): Selbststeuerung und Lernen – Umrisse eines integrativen Konzepts selbstgesteuerten Lernens. In: Forneck, Hermann J.; Klingovsky, Ulla; Kossack, Peter (Hg.): Selbstlernumgebungen. Zur Didaktik des selbstsorgenden Lernens und ihrer Praxis. Baltmannsweiler: Schneider, S. 6–48.
Forneck, Hermann J.; Springer, Angela (2005): Gestaltet ist nicht geleitet – Lernentwicklungen in professionell strukturierten Lernarchitekturen. In: Faulstich, Peter; Forneck, Hermann J.; Knoll, Jörg u.a. (Hg.): Lernwiderstand – Lernumgebung – Lernberatung. Empirische Fundierungen zum selbstgesteuerten Lernen. Bielefeld: wbv, S. 94–163.
Forneck, Hermann J.; Gyger, Mathilde; Maier Reinhard, Christiane (Hg.) (2006): Selbstlernarchitekturen und Lehrerbildung. Zur inneren Modernisierung der Lehrerbildung. Bern: h.e.p.
Holzkamp, Klaus (1983): Grundlegung der Psychologie. Frankfurt: Campus.
Holzkamp, Klaus (1990): Worauf bezieht sich das Begriffspaar „restriktive/ verallgemeinerte Handlungsfähigkeit"? In: Forum Kritische Psychologie, 26, S. 35–45.
Holzkamp, Klaus (1993): Lernen. Subjektwissenschaftliche Grundlegung, Frankfurt: Campus.
Kade, Sylvia (1990): Handlungshermeneutik. Qualifizierung durch Fallarbeit. Bad Heilbrunn: Klinkhardt.
Ludwig, Joachim (2003): Lehr-, Lernprozesse in virtuellen Bildungsräumen: vermitteln – ermöglichen – verstehen. In: Arnold, Rolf; Schüßler, Ingeborg (Hg.): Ermöglichungsdidaktik. Baltmannsweiler: Schneider, S. 262–275.
Ludwig, Joachim (2004): Vermitteln – verstehen – beraten. In: Faulstich, Peter; Ludwig, Joachim (Hg.): Expansives Lernen. Baltmannsweiler: Schneider, S. 112–126.
Ludwig, Joachim (2005): Modelle subjektorientierter Didaktik. In: Literatur- und Forschungsreport Weiterbildung 1, S. 75–80.
Ludwig, Joachim (2007): Kompetenzentwicklung und Bildungsberatung als reflexiver Selbstverständigungsprozess. In: Ulrike Heuer; Ruth Siebers

(Hg.): Weiterbildung am Beginn des 21. Jahrhunderts. Festschrift für Wiltrud Gieseke. Münster: Waxmann, S. 183–196.

Ludwig, Joachim (2009): Subjekttheoretische Ansätze. In: Fuhr, Thomas; Gonon, Philipp; Hof, Christiane (Hg.): Handbuch der Erziehungswissenschaft 4. Erwachsenenbildung – Weiterbildung. Paderborn: Schöningh, S. 147–152.

Ludwig, Joachim (2010): Selbstsorge und Selbstverständigung. Didaktik der „Selbstsorge" und subjektwissenschaftliche Didaktik im Vergleich. In: Klingovsky, Ulla; Kossack, Peter; Wrana, Daniel (Hg.): Die Sorge um das Lernen. Bern: h.e.p., S. 205–218.

Ludwig, Joachim (2011): Transformationskompetenz für Professionalität in der Erwachsenenbildung. In: Gieseke, Wiltrud; Ludwig, Joachim (Hg.): Hans Tietgens. Ein Leben für die Erwachsenenbildung. Theoretiker und Gestalter in der zweiten Hälfte des 20. Jahrhunderts. Dokumentation des Kolloquiums am 23.10.2009 an der Humboldt-Universität zu Berlin (Erwachsenenpädagogischer Report, 16). Berlin: Universität.

Schäffter, Ortfried (1987): Lernen als Ausdruck von Widerstand. In: Ebert, Gerhard u.a. (Hg.): Subjektorientiertes Lernen und Arbeiten (Band 2): Von der Interpretation zur Rekonstruktion. Frankfurt a.M.: DVV, S. 67–97.

Straub, Jürgen (1999): Verstehen, Kritik, Anerkennung. Das Eigene und das Fremde in der Erkenntnisbildung interpretativer Wissenschaften. Göttingen: Wallstein.

Tietgens, Hans (1988): Professionalität für die Erwachsenenbildung. In: Gieseke, Wiltrud u.a. (Hg.): Professionalität und Professionalisierung. Bad Heilbrunn, S. 28–75.

Wagner, Petra (1999): „Verdeckte Verhältnisse" – Überlegungen zur Seminarpraxis in der Universität. In: Forum Kritische Psychologie. 41, S. 133–147.

Wrana, Daniel (2008): Autonomie und Struktur in Selbstlernprozessen. Gesellschaftliche, lerntheoretische und empirische Relationierungen. In: Maier Reinhard, Christiane; Wrana, Daniel (Hg.): Autonomie und Struktur in Selbstlernarchitekturen. Empirische Untersuchungen zur Dynamik von Selbstlernprozessen. Opladen: Budrich, S. 11–102.

Rhizomatische Lernentwicklungskommunikation in Selbstlernarchitekturen

Peter Kossack

Mit der Einleitung wird die Lernberatung in Selbstlernarchitekturen als zentrales theoretisches Moment eingeführt, ohne das die in diesem Beitrag vorgeschlagene konzeptionelle Rahmung von Lernberatung nicht angemessen begriffen werden kann (1). Daraufhin wird die in diesem Zusammenhang entwickelte poststrukturalistische Lerntheorie vorgestellt (2), um daran didaktische Implikationen anzuschließen (3.1), die in der Selbstlernarchitektur eine spezifische Artikulation finden (3.2). In diese Ableitung hinein wird dann die Lernberatung als rhizomatische Lernentwicklungskommunikation konzeptionell entwickelt (4), d.h. sie wird bezüglich ihres Status', ihres Ortes (Integration), ihrer Aufgabe, der Werkzeuge, des Prozesses und der Professionalisierung hin elaboriert. Abschließend werden die Ergebnisse des Beitrags in den didaktischen Einsatz der Lernberatung in Selbstlernarchitekturen übersetzt (5).

1 Die Lernberatung im Kontext

Im Folgenden wird der Versuch unternommen, auf der Grundlage der vorliegenden Arbeiten die Lernentwicklungskommunikation in Selbstlernarchitekturen systematisch zu verorten und zu beschreiben. Lernberatung in Selbstlernarchitekturen wird in der Regel in einem bestimmten Kontext diskutiert. Dies gilt im Besonderen für die grundlegenden Texte von Forneck (vgl. z.B. Forneck 2005c; Forneck/Springer 2005). Dieser Kontext ist kein zufälliger, sondern vielmehr bedeutsam, um Status und Funktion der Lernberatung angemessen einordnen zu können, und wurde an verschiedenen Stellen erläutert (vgl. Forneck 2001; Forneck 2002; Wrana 2003; Forneck/Wrana 2005).

Wie sieht nun also dieser Kontext aus? Es handelt sich dabei nicht allein um die Einbettung der Lernberatung in Selbstlernarchitekturen, also um die Struktur eines didaktischen Arrangements, sondern darüber hinaus um eine Struktur, die den wissenschaftlichen und gesellschaftlichen Kontext des didaktischen Arrangements theoretisch, konzeptionell und praktisch mit im Kalkül behält. Es macht durchaus einen Unterschied, ob man versucht die Funktion von Lernberatung im Allgemeinen zu behandeln oder ob Status und Funktion von Lernberatung auf eine didaktische Konzeption und deren Kontext bezogen werden.

Die Lernberatung, von der hier die Rede sein wird, ist als ein Element der didaktischen Strukturierung und Gestaltung von Selbstlernarrangements entwickelt und soll in diesen auf eine bestimmte Weise funktionieren. Diese Selbstlernarrangements sind wiederum in den Kontext der Diskussion um die „Neue Lernkultur" eingeschrieben, und dieser ist selbst wieder sowohl erziehungswissenschaftlich als auch (bildungs-)politisch und sozio-kulturell kontextualisiert.

Einhergehend mit einer spezifisch gesellschaftlichen Situation, in der im Zusammenhang mit dem Programm des lebenslangen Lernens das Selbstlernen eine privilegierte Bedeutung erhält, wird erziehungswissenschaftlich und

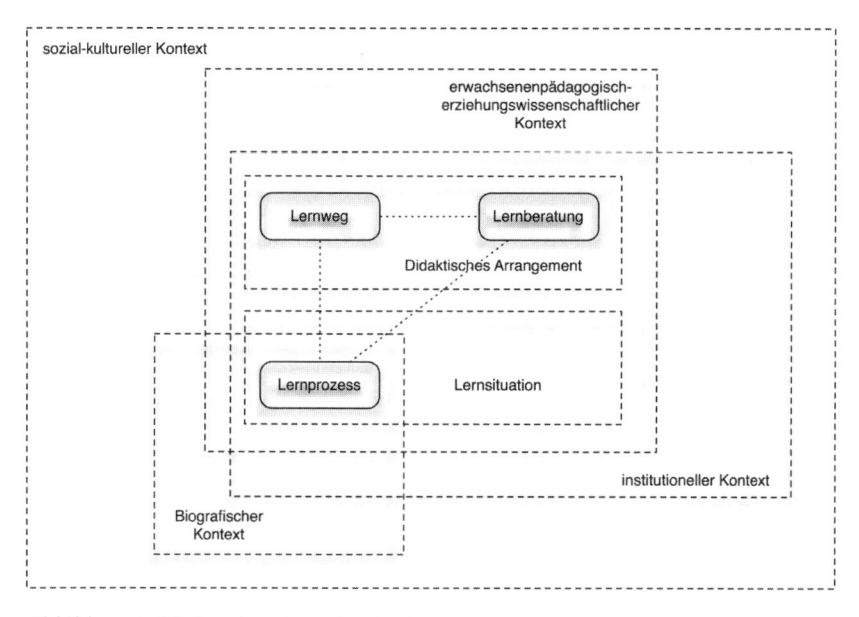

Abbildung 1: Die Lernberatungskontexte

didaktisch die Umkehr zu einer „Neuen Lernkultur" diskutiert und gefordert.[1] Die Didaktik des selbstsorgenden Lernens lässt sich nun als Vorhaben lesen, ein theoretisch fundiertes und mikrodidaktisch elaboriertes didaktisches Kon-

---

1 Vgl. die machttheoretische Analyse von Klingovsky zur „Neuen Lernkultur", ihrem Kontext und die didaktischen Anstrengungen, die Subjekte in diesem angemessen regieren zu lassen (Klingovsky 2009).

zept in diesen Kontext einzuschreiben und damit zugleich die Diskussion zum selbstgesteuerten Lernen zu verändern. Sie wird auf der Basis einer Theoriefolie entwickelt, die einerseits geeignet erscheint, den gesellschaftlichen und erziehungswissenschaftlichen Kontext zu analysieren und in diesem angemessen zu agieren, andererseits wird die Theoriefolie zur Grundlage einer Lerntheorie. Auf der Grundlage dieser Lerntheorie und der Analyse der sozio-kulturellen Bedingungen erwachsenenpädagogischen Handelns wird dann die Didaktik des selbstsorgenden Lernens entfaltet. Bei der Theoriefolie, von der die Rede ist, handelt es sich um poststrukturalistische Analysen und Positionen, die von Lyotard ausgehend vor allem von Bourdieu und Foucault inspiriert sind.[2]

Es findet ein doppelter Gebrauch dieser Theorien statt. Einmal werden sie gebraucht, um die soziale Wirklichkeit zu beschreiben und zu erklären, und zum anderen werden sie benötigt, um über diese Klärung hinaus die Gestaltung dieser sozialen Wirklichkeit anzuleiten.[3] Die Didaktik des selbstsorgenden Lernens ist eine solche Anleitung zur Gestaltung sozialer Wirklichkeit, und die Selbstlernarchitekturen sind wiederum der konkrete Ausdruck dieser Didaktik. Lernberatung erhält in Selbstlernarchitekturen eine herausgehobene Bedeutung. Die Bedeutung der Lernberatung in dem Sinne, wie sie hier vorgestellt wird, lässt sich nur erschließen, indem ihre Beschreibung auf ihren Kontext und die theoretische Folie bezogen wird.

Lernberatung in Selbstlernarchitekturen lässt sich als der Ort beschreiben, an dem Lernprozesse thematisiert werden können, und zwar hinsichtlich

- ihrer materialen wie formalen Ebene,
- des nicht-zufälligen Zusammenhangs zwischen diesen Ebenen,
- der Differenz zwischen den in der Selbstlernarchitektur angelegten und den im Prozess individuell entwickelten Lesarten,
- des Kontextes des Lernprozesses.

Als Lernberatung wird im Zusammenhang der Didaktik des selbstsorgenden Lernens und der Selbstlernarchitekturen eine synchrone asymmetrische professionell strukturierte pädagogische Interaktionsform bezeichnet, die systematisch in das didaktische Arrangement integriert wird und deren thematischer Fokus lernwegeorientiert ist. Lernberatung bezieht sich auf konkrete Lernprozesse.

---

2   Neben den schon genannten sind weitere Arbeiten relevant, auch wenn deren Eindruck nicht immer sichtbar wird. Zu diesen zählen z.B. Arbeiten von Derrida, Baudrillard sowie Deleuze und Guattari.
3   Dies geht nicht ohne Brüche und Widersprüchlichkeiten, da aus der Analyse eines Ist-Zustandes sich kein Soll-Zustand ableiten lässt. Mit anderen Worten: Aus denotativen Aussagen lassen sich keine präskriptiven Aussagen ableiten. Es lassen sich aber präskriptive Aussagen auf denotative beziehen, d.h. die (sozial-)wissenschaftliche Analyse und Beschreibung alleine reicht nicht aus, um aus dieser ein didaktisches Konzept abzuleiten. Dazu ist ein spezifisch pädagogischer Einsatz notwendig.

Um den Blick auf die so gerahmte Lernberatung zu raffinieren, um also angemessen beschreiben zu können, was die Lernberatung wie woraufhin leisten soll, müssen wir zunächst – zumindest skizzierend – einige der Didaktik des selbstsorgenden Lernens zugrunde liegenden lerntheoretischen Annahmen einführen. Dieser Zwischenschritt ist notwendig, weil erst mit dieser Vorstellung sichtbar wird, was eigentlich in der Lernberatung beraten wird.

2 Grundzüge einer poststrukturalistischen Lerntheorie

Um diese Grundlage zu schaffen, werden wir im folgenden Abschnitt beschreiben, wie Lernen aus einer poststrukturalistischen Perspektive verstanden wird[4], wie sich die spezifische Qualität des „selbstsorgenden Lernens" kennzeichnen lässt, wie dieser Prozess im Gebrauch von Praktiken realisiert wird und dass dieser Prozess als Dezentralisierung des Selbst verstanden werden kann.

Greifen wir zum Einstieg auf ein Zitat von Forneck zurück, in dem das selbstsorgende Lernen beschrieben wird. „Es handelt sich bei diesem Prozess [Lernen, Anm. P.K.] sowohl um die Aneignung von Wissen, Können und Fertigkeiten als auch um die Herausbildung eines Bewusstseins von dieser Aneignung, in der Lernende eine Determination in Lernprozessen verhindern können sollen." (Forneck 2005a: 23)

Forneck beschreibt die spezifische Qualität des selbstsorgenden Lernens. Als selbstsorgendes Lernen wird ein Lernprozess bezeichnet, in dem etwas auf eine bestimmte Weise angeeignet wird und zugleich eine Differenz zu dieser Aneignung entsteht. Um die poststrukturalistische Perspektive auf den Lernprozess zur Geltung zu bringen, müssen wir einen Aspekt aus der vorhergehenden Aussage besonders in den Blick nehmen: ein bestimmtes Verständnis von Aneignung. Was heißt hier Aneignung? Der Prozess der Aneignung ist im Kontext einer poststrukturalistischen Lerntheorie ein Akt der Produktion von Bedeutungen. Lernen kann, im Anschluss an Wrana, als semiotischer Akt verstanden werden (vgl. Wrana 2008: 79). Aus einer poststrukturalistischen Perspektive meint sich etwas anzueignen dann, Bedeutungen zu produzieren. Es handelt sich dabei aber nicht um Bedeutungen als Identitäten in dem Sinne, dass etwas wesensmäßig erkannt wird, sondern vielmehr um Bedeutung, die

---

4 Es handelt sich somit um eine Lerntheorie, die sich in einem weiten Sinne postmodernen Lerntheorien zuordnen lässt, sich aber hinsichtlich ihrer spezifischen Theoriefolie von anderen Lerntheorien unterscheiden lässt. Es lassen sich trotzdem durchaus „verwandtschaftliche" Relationen herstellen zu lerntheoretischen Ansätzen, wie sie Lave/Wenger 1991, Tennant 2009, Ulmer 1985 oder Usher et al. 1997 beschreiben. Darüber hinaus gibt es viele Relationen zu anderen lerntheoretischen Horizonten, die an dieser Stelle nicht immer explizit werden können.

über die Realisierung von Differenzen produziert wird.[5] Bedeutung in semiotischen Akten herzustellen heißt, Unterschiede zu machen. Der gemachte Unterschied lässt sich nicht einfach auf die Struktur oder Bedeutung des Gegenstandes, an dem ein Unterschied gemacht wurde, ableiten. Die Bedeutung des Gegenstandes als Zeichen ist prinzipiell abhängig von seinem Ort in der Struktur. Insofern etwas Bedeutung hat, ist es in Zeichen aufgehoben. Was Zeichen bedeuten, hängt wiederum von ihrer Position in der Struktur – man könnte auch sagen, vom Kontext – ab.

„Versteht man nun Lernen in diesem Sinn als eine Tätigkeit des Strukturierens, als ein Tun, in dem ein Element an ein anderes angeschlossen wird und damit eine Bedeutung bekommt, dann lässt sich mit Forneck (2006: 34) festhalten, dass die elementare Operation in der poststrukturalistischen Lerntheorie das Realisieren einer Lesart ist." (Wrana 2008: 71) Die Positionierung der Zeichen, also der Akt der Strukturierung, der Prozess der Bedeutungsrealisierung lässt sich als die Realisierung von Lesarten beschreiben (vgl. auch Klingovsky/Kossack 2007: 85).

Um dies mit einem Beispiel zu verdeutlichen: Ein Hochschulseminar an einer deutschsprachigen Hochschule wurde von einem Dozenten eröffnet, in dem er an die Tafel schrieb: „Bitte finden Sie sich zum Seminarbeginn am roten Platz ein." Diese Aufforderung wurde ergänzt um den Seminartitel und die Unterschrift des Dozenten. Die Studierenden, die sich also an einem bestimmten Ort, zu einer bestimmten Zeit, zu einem bestimmten Zweck eingefunden hatten, konnten so wissen, dass diese Aufforderung ihnen galt (oder eben nicht) und dass dem Sender der Nachricht, die Autorität zukam, eine solche Aufforderung zu lancieren.[6] Die Studierenden fanden sich am „roten Platz" ein. Niemand kam auf die Idee, dazu nach Moskau zu fahren, allen war klar, dass es sich um den roten Platz in der Hochschulhalle handeln muss.

Die Bedeutung des Zeichens „roter Platz" hängt von der Position des Zeichens in der Struktur ab und kann nur über den Kontext des Gebrauchs „richtig" verstanden werden. Es wird nun vielleicht sichtbar, dass diese Position durchaus nicht einfach vorliegt, sondern zugleich in einem semiotischen Akt erst hervorgebracht wird. Die Studierenden haben in einem semiotischen Akt eine Lesart in Bezug auf das Zeichen „roter Platz" realisiert. Eine Lesart, die abhängig war vom konkreten Kontext und allein über diesen „richtig", d.h. angemessen verstanden werden konnte. Umgekehrt heißt das aber auch, dass die Studierenden die Bedeutung des „roten Platzes" immer auch anders hätten herstellen können. Sie hätten dann eine Lesart realisiert, die von der im Kontext passenden sozial normierten Lesart abgewichen wäre. In dem konkreten

---

5   Der differenztheoretische Hintergrund zu dieser Überlegung kann an dieser Stelle nicht ausgeführt werden (vgl. dazu u.a. Kossack 2006: 89–140).
6   Das heißt nun keineswegs, dass damit automatisch der Aufforderung nachgekommen werden muss, sondern nur, dass sie durch die soziale Position des Senders legitimiert ist.

Fall hätte das dazu geführt, dass es zwischen den Studierenden und dem Dozenten zu einem „Missverständnis" gekommen wäre.

Mit diesem Beispiel wurde ein semiotischer Akt beschrieben, in dem von den Beteiligten eine gemeinsame Lesart realisiert wurde. In diesem Beispiel wurde aber noch nicht gelernt. Es handelt sich hier um semiotische Akte, wie wir sie andauernd in unserem Alltag verwirklichen. Damit von Lernen gesprochen werden kann, muss es sich um spezifische semiotische Akte handeln. Um von Lernen sprechen zu können, muss es sich um semiotische Akte handeln, die keine Aktualisierung eines vorhergehenden Aktes darstellen, sondern die Produktion einer neuartigen Bedeutung implizieren.

Versuchen wir uns auch dies an einem Beispiel zu verdeutlichen. In einem Seminar zur Einführung in die Erwachsenenbildung für Erstsemester an einer Hochschule erhielten die Studierenden den Auftrag, in der Universitätsbibliothek zu recherchieren, was „Erwachsenenbildung" bedeutet. Es wurde offen gelassen, wie sie das tun, also sowohl, wie sie in der Bibliothek recherchieren als auch welche Literatur geeignet sein könnte, um Definitionen oder Beschreibungen zur Erwachsenenbildung zu finden. Die Studierenden realisierten in Kleingruppen den Auftrag, recherchierten und präsentierten jeweils unterschiedliche Definitionen und Beschreibungen zur Erwachsenenbildung. Im Anschluss an die Präsentationen der Ergebnisse wurden diese dann auf zwei Ebenen diskutiert. Zum einen auf der formalen Ebene der Recherchepraktiken: Wie sind die Studierenden vorgegangen? Welcher Texttyp erschien angemessen und vielversprechend, um die Aufgabe zu bearbeiten. Es konnten so verschiedene Texttypen rekonstruiert werden, die sich besonders eignen, um einen ersten Einblick und ggf. eine Definition zu einem Gegenstand – im Fall des Seminars die „Erwachsenenbildung" – zu erhalten: Dazu gehören z.B. Lexika, Handbücher, Einführungen. Auf dieser Ebene war es so möglich, den Zusammenhang von Texttyp und Möglichkeiten oder Grenzen, die ein Texttyp impliziert, zu thematisieren. Darüber hinaus wurden die Ergebnisse auf der materialen Ebene (den Bedeutungen der Definitionen) diskutiert. Es zeigte sich, dass die Definitionen nicht identisch waren und dass über die Zeit (es handelte sich um Definitionen aus den 1960er, 1970er, 1980er Jahren und der Gegenwart) der Gegenstand dessen, was unter Erwachsenenbildung verstanden wird, partiell variiert. Über die Diskussion der Differenzen und Analogien in den verschiedenen Definitionen zur Erwachsenenbildung konnte damit einerseits der Gegenstand der Erwachsenenbildung geschärft werden, und andererseits wurde die diskursive Herstellung und Variabilität eines solchen Gegenstandes sicht- und analysierbar. In diesem Beispiel konnten semiotische Akte gegenüber dem Lerngegenstand realisiert werden, mit denen neuartige Lesarten gegenüber dem Gegenstand einhergehen.

Insofern Lernen sich in einer spezifischen Praxis materialisiert, bedeutet Lernen nicht einfach in dieser Praxis Bedeutungen oder Differenzen zu realisieren, sondern neue Bedeutungen über neue Differenzen zu realisieren.[7] Lernen kann also als ein Prozess beschrieben werden, in dem Bedeutungen neu hergestellt und miteinander konstelliert werden.

> Lernen wird in der poststrukturalistischen Lerntheorie daher als semiotischer Akt verstanden, den die Lernenden vollziehen, indem sie bestehende semiotische Zusammenhänge verknüpfen und neu strukturieren. (Wrana 2008: 71)

Damit ist ein zentrales Merkmal einer poststrukturalistischen Lerntheorie eingeführt. Ein zweites Merkmal bezieht sich auf das Verständnis der Weisen, mit denen im Lernprozess an einem Gegenstand Bedeutungen realisiert werden: die Lernpraktiken. Mit dem Praktikenbegriff greift die poststrukturalistische Lerntheorie auf eine bestimmte Konzeption von Handlungsweisen zurück. Menschliche Handlungen sind nie einfach nur individuelle Handlungen, Handlungen, die von einem autonomen Subjekt hervorgebracht werden, sondern mit dem Praktikenkonzept wird die individuelle Handlung an ein Arsenal von Handlungsweisen angeschlossen, die im sozialen Raum verteilt zur Verfügung stehen. Auf der Ebene der Distribution und des Zugangs von Praktiken folgt für eine Lerntheorie daraus, dass Lernpraktiken zwar immer individuell und spezifisch entwickelt mit einem Selbst vorliegen, zugleich sind die entwickelten Lernpraktiken aber weniger ein Ausdruck einer bestimmten natürlichen Persönlichkeitsdisposition als vielmehr Ausdruck und Effekt der sozialen Position des lernenden Selbst. Hiermit lässt sich die ungleiche Verteilung von Lernfähigkeiten anders kontextualisieren und thematisieren als über Konzepte der Intelligenz oder Persönlichkeitsmerkmale. Wenn wir davon ausgehen, dass Lernfähigkeiten ungleich ausgeprägt sind, dann lässt sich über den Rückgriff auf den Begriff der Praktiken diese ungleiche Verteilung als sozial hergestellte und individuell erworbene Fähigkeit beschreiben und zugleich damit als veränderliche kennzeichnen: Lernen ist lernbar. Neben dieser strukturellen Produktivität des Rückgriffs auf das Praktikenkonzept in einer poststrukturalistischen Lerntheorie ist auf ein zweites relevantes Moment hinzuweisen. Praktiken gehen den Individuen immer schon voraus. Sie liegen vor. Es handelt sich also um Handlungsweisen, die sich entwickelt haben, um mit diesen bestimmte Handlungen auf ein bestimmtes Ziel hin durchzuführen. Lernpraktiken sind dann wiederhol- und routinisierbare Handlungsweisen, die geeignet sind, einen Lerngegenstand so zu bearbeiten, dass an diesem neue Lesarten realisiert werden können. In seiner Wiederholbarkeit ist eine Praktik aber zugleich nie identisch. Praktiken sind Produkte kultureller Strukturierungen, die in der Praxis notwendig variiert werden: Sie sind iterabel. Wrana übersetzt im Anschluss an Derrida das Konzept der Iterabilität diskursiver Akte in den Lernprozess.

> Der diskursive Akt ist von vorausgehenden Akten geborgt und schreibt sich in ein Feld kultureller Bedeutungen ein, die vor ihm existieren. Die Iterabilität impliziert aber die

---

7 Vgl. dazu auch Wrana 2010, im Besonderen S. 105ff.

nicht identische Wiederholung, jeder Äußerungsakt ist neu und wiederholt zugleich. Auch wenn das Geborgte ein heteronomes Gut ist, ist das Borgen ein Akt, der das Geborgte wieder aneignet und notwendig transformiert. Der Akt kann seinem Widerspruch, wiederholt und anders zugleich zu sein ebenso wenig entgehen, wie das Subjekt seinem Widerspruch, selbst zu handeln und doch permanent dem Schon-da-Seienden ausgesetzt zu sein. (Wrana 2008: 70)

Praktiken sind den Individuen einerseits vorgängig und andererseits werden Praktiken in ihrem Gebrauch selbst wieder variiert, verändert, gesampelt, etc. Der „Eigensinn" der Lernenden wird in diesem Zusammenhang verstanden als ein Effekt der Iterabilität diskursiver Akte. Wie nämlich ein diskursiver Akt konkret realisiert wird, ist weder voraussehbar noch kontrollierbar.

Praktiken sind dann verstetigende Handlungsweisen, die als das wiederholte ‚Anfertigen einer Karte zu kulturellen Strukturierungen werden. (Wrana 2008: 70)

Fassen wir an dieser Stelle die eingeführten Hinweise zu einer poststrukturalistischen Lerntheorie zusammen: Lernen wird verstanden als Strukturbildungsprozess, in dem in semiotischen Akten Lesarten gegenüber Lerninhalten realisiert werden. In semiotischen Akten wird Bedeutung über Differenzen produziert. Lesarten sind Produkte dieses Differenzbildungsprozesses. Die semiotischen Akte in einem Lernprozess werden über den Gebrauch von Lernpraktiken material. Der konkrete individuelle Zugriff auf und Umgang mit Lernpraktiken entwickelt sich in Bezug auf die soziale Position des Individuums. Zugleich werden die Lernpraktiken im Gebrauch different, man könnte auch sagen: individualisiert. Über die Bestimmung eines poststrukturalistischen Lernbegriffs hinaus lässt sich nun die Spezifik des selbstsorgenden Lernens besonders aufschlüsseln.

Während eine poststrukturalistische Lerntheorie Lernen im allgemeinen als semiotischen Akt des Bildens von Lesarten begreift, ist selbstsorgendes Lernen eine bestimmte Qualität von Lernprozessen, wenn nämlich gesellschaftlich normierte Lesarten und eigensinnig individuelle Lesarten relationiert werden, und zwar so, dass eine reflexive Subjektivierung zu dieser Differenz entstehen kann. (Wrana 2008: 79)

Von selbstsorgendem Lernen lässt sich sprechen, wenn die lernende Bedeutungsproduktion selbst noch einmal relationiert wird. Es handelt sich um die Differenz zwischen den eigensinnigen[8] individuellen und den in der Selbstlernarchitektur angelegten Lesarten, die Ausdruck einer gesellschaftlich normierten oder anders ausgedrückt sozial geteilten Wissensstruktur sind. Die Realisierung dieser Differenz gilt als das entscheidende Unterscheidungskriterium für „selbstsorgendes Lernen", insofern über ihre Realisierung eine „reflexive Subjektivierung zu dieser Differenz entstehen kann" (ebd.). Forneck spricht in

---

8   Eigensinn ist hier nicht zu verstehen als ein wesenmäßiger Ausdruck eines Subjektes, sondern kann hier vielmehr verstanden werden als Effekt der Iterabilität diskursiver Akte.

diesem Zusammenhang von der Dezentrierung im Lernprozess.[9] Selbstsorgendes Lernen bedeutet, im Lernprozess Abstand zu diesem zu nehmen, zu dem, was in ihm hergestellt wird, und zu den Kontexten, in denen er stattfindet. Die Dezentrierung des Selbst ist in anderen Worten eine bestimmte Subjektivierungsform, die als selbstsorgend gekennzeichnet wird.

Selbstsorgendes Lernen bezeichnet in der Folge eine Weise des Lernens, mit der über ein bestimmtes reflexives Verhältnis des Selbst zu sich, „Determination in Lernprozessen" verhindert werden kann (Forneck 2005c: 23). Determination wiederum wird hier als naturalisierte Affirmation der gesellschaftlich normierten Wissensstrukturen verstanden. Diese Determination zu verhindern, bedeutet nun nicht, sich von dieser freizumachen, sondern sich auf diese zu beziehen und nicht in einem einfachen determinierten Sinn darauf bezogen zu sein.

Mit diesen grundlegenden Hinweisen wurde die spezifische Qualität des selbstsorgenden Lernens gekennzeichnet. Lernberatung bezieht sich prinzipiell auf diesen Komplex, d.h. sie ist das professionelle personale pädagogische Instrument, das darauf zielt, selbstsorgende Lernprozesse anzuregen und zu begleiten. Bevor im Folgenden die Lernberatung in einer Selbstlernarchitektur konzeptionell dargestellt werden kann, werden zunächst drei Implikationen der poststrukturalistischen Lerntheorie für didaktische Arrangements vorgestellt sowie die Grundstruktur von Selbstlernarchitekturen angezeigt.

3 Die Didaktik des selbstsorgenden Lernens in einer Nussschale

Auf der Grundlage der im vorangegangenen Abschnitt dargestellten poststrukturalistischen Lerntheorie werden im folgenden Abschnitt zwei Implikationen für eine Didaktik abgeleitet, die für die Lernberatung in Selbstlernarchitekturen bedeutsam sind.

3.1 Implikationen der poststrukturalistischen Lerntheorie

Zwei Implikationen leiten sich von der poststrukturalistischen Lerntheorie her. Die eine Implikation zielt auf die didaktische Artikulation, nämlich der Reduktion von Komplexität, und die zweite Implikation verweist auf die Konstellation von Lernprozesssteuerungselementen zur Unterstützung des Lernprozesses. Die Bestimmung der Qualität des „selbstsorgenden Lernens" impliziert

---

9   In der Regel wird der Begriff „Dezentrierung" in poststrukturalistischen Kontexten in Bezug auf die Dezentrierung des Subjektes als Souverän eingesetzt (vgl. z.B. Bublitz 2003: 28).

die Notwendigkeit, die Relation zwischen materialer und formaler Ebene auf der einen Seite und die Differenz zwischen gesellschaftlich normierter Lesart und individueller Lesart auf der anderen Seite reflexiv werden zu lassen.[10]

Wenn Lernen der Prozess ist, in dem über eine Kette semiotischer Akte Lesarten entwickelt und miteinander verbunden werden, wenn also dem Lerngegenstand Struktur gegeben und zugleich Komplexität reduziert wird, dann lassen sich daraus einige Regeln für die didaktische Strukturierung von Lerngelegenheiten ableiten.folgt man der Annahme, dass Lernen der Prozess ist, in dem individuell oder kooperativ, synchron oder asynchron ein Lerngegenstand, also ein Gegenstand, der noch nicht in gewünschtem oder notwendigem Maße gekannt, gekonnt und beherrscht wird, auf die Weise mithilfe von Lern-

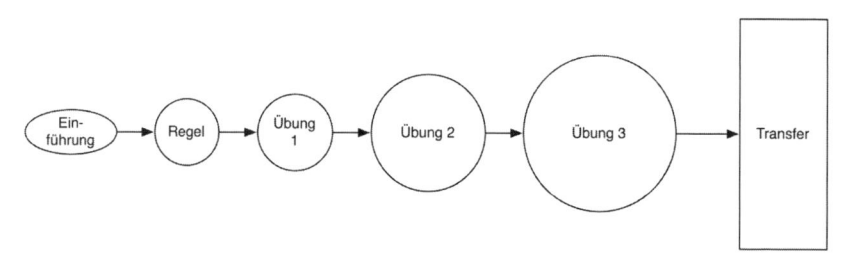

Einführung → Regel → Übung 1 → Übung 2 → Übung 3 → Transfer

Abbildung 2: Traditionelle Artikulation der Lehre; nach Forneck unv. M.

praktiken bearbeitet wird, dass dieser in diesem Prozess Struktur bekommt, dann impliziert dies eine nicht notwendige, aber doch sinnvolle Folgerung für die Strukturierung von Lernwegen. Das traditionelle Lernsetting wird in der Regel entlang eines der klassischen didaktischen Prinzipien „vom Einfachen zum Komplizierten" strukturiert. Der Lerngegenstand wird traditionell so reduziert und sequenziert, dass dieser von einem niedrigen Niveau ausgehend auf ein hohes Niveau hin gelernt werden soll. Im Anschluss an Forneck lässt sich diese didaktische Artikulation wie eine Kette, deren Glieder immer größer werden, vorstellen, an deren Ende der Transfer steht.[11]

Die lerntheoretische Implikation für die Didaktisierung von Lernwegen verweist auf eine davon verschiedene Entwicklungslogik – eine Entwicklungs-

---

10 Reflexivität meint hier nichts anderes als die Dezentrierung und Relativierung des Selbst hinsichtlich seiner eigenen Position im Kontext. Vgl. kritisch Klingovsky 2010, die Reflexivität als Effekt von spezifischen performativen Akten beschreibt, S. 117ff.

11 Diese didaktische Struktur, die entwickelt wurde, um möglichst vielen möglichst viel beibringen zu können, arbeitet auf eine bestimmte Weise mit der Selektionsfunktion des pädagogischen Systems zusammen und geht mit einer anthropologisierten Differenzierung von Lernenden einher. Entsprechend der Möglichkeiten der Lernenden (seien es Talente, Begabungen, Intelligenzen oder Kompetenzen) folgen sie dieser didaktischen Artikulation bis zu „ihrem" Endpunkt, sodass am Ende der Perlenkette nur noch die Fähigsten übrig bleiben. Zugleich lässt sich die Reichweite der Lernenden entlang der Perlenkette in Noten übersetzen und so die Segregation legitimiert qualifizieren.

logik, die in der Didaktisierung auf die Bearbeitung von Komplexität durch die Lernenden zielt. Eine Entwicklungslogik, in der durch die Lernenden im Durchgang durch die Lernwege und der je individuellen Realisierung von Lernprozessen Komplexität reduziert wird. Die klassische Entwicklungslogik wird in gewisser Weise umgekehrt. Damit verschiebt sich aber auch die Zielperspektive des organisierten Lernens. Das Ziel ist nun nicht mehr, dass eine vorgegebene Gegenstandsstruktur nach und nach von den Lernenden verinnerlicht wird, sondern dass diese im Lernprozess dem Gegenstand eine Struktur abringen.

Mit der klassischen Strukturierung der Lehr-Lernsituation wird die für Lernprozesse konstitutive Strukturierungsleistung der Lernenden gerade nicht unterstützt, sondern eng geführt. Diese Aussage gilt auch dann, wenn sie entgegen der scheinbar unmittelbaren Erfahrung von Lernenden steht. Im Prozess der Gewöhnung und Einübung in eine spezifische didaktische Artikulation – und der Prozess dieser Gewöhnung verläuft im schulischen Kontext über Jahre und nicht immer schmerzfrei – werden spezifische Handlungsweisen entwickelt, routinisiert und gebraucht: Lernpraktiken. Eine Umstellung der didaktischen Artikulation wird dann leicht zur Zumutung. Das liegt nicht nur daran, dass wir bestimmte Erfahrungen und Gewohnheiten haben und daraus Erwartungen an organisierte Lernsituationen ableiten. Eine veränderte didaktische Struktur wird für Lernende zur Zumutung, wenn mit der veränderten didaktischen Struktur veränderte Handlungsweisen einhergehen; Handlungsweisen, über die Lernende (und Lehrende) nicht oder nicht routinisiert verfügen. In der Folge entstehen besondere Anforderungen an die Lernenden und Lehrenden, weil diese eingeübten und gebrauchten Handlungsweisen, die Lernpraktiken problematisch werden und ggf. in dem neuen didaktischen Handlungsraum nicht mehr zuverlässig funktionieren. Es soll an dieser Stelle auf zweierlei verwiesen werden: einmal, dass Handlungsweisen des Lernens soziale Praktiken sind, die erworben, angeeignet, eingeübt und gebraucht werden, und dann, dass in der Folge diese Praktiken veränder- und entwickelbar sind. Dahinter steckt die Annahme, dass die Lernpraktiken weniger mit bestimmten biologischen oder psychologischen Dispositionen der einzelnen Individuen zu tun haben als mit der sozialen Praxis dieser Individuen, d.h. umgekehrt nicht, dass es eine Kleinigkeit ist, diese Praktiken zu entwickeln und zu verändern. Da diese Praktiken sich einer sozialen Praxis verdanken und nicht zuletzt der Position, die ein Individuum in dieser sozialen Praxis einnimmt, also mit dieser Praxis und Position unmittelbar zusammenhängt, von dieser bestimmt wird, insofern ist der Prozess der Veränderung solcher Praktiken keine Frage der Veränderung einer isolierten Handlungsweise, die einer Handlungstechnik gleich eingesetzt werden könnte. Trotzdem gilt: Da die Praktiken in einer sozialen Praxis eingeübt worden sind, können sie auch in sozialen Praxen verändert werden – sie sind veränderlich in der Zeit. Die Bedeutung der Zeit, des Probierens, Einübens, Verwerfens, Weiterentwickelns neuer Handlungsweisen, also der Habitualisierung veränderter Lernpraktiken stellt m.E. eine Forschungslücke dar, die in ihrer Tragweite für Lernprozesse unterschätzt wird. Um die Praktiken des Lernens didaktisch absichtsvoll weiterentwickeln zu können, impliziert die poststrukturalistische Lerntheorie eine spezifische Konstellation von Lernprozesssteuerungselementen.[12] Wenn man davon ausgeht, dass Lernen über semiotische Akte realisiert wird, in denen ein Gegenstand auf eine bestimmte Weise Struktur bekommt, dann folgt daraus, dass Lernaktivitäten entwickelt werden, die diesen Prozess nahe legen und zugleich reflexiv machen können. Didaktisch gestaltete „Lernaktivitäten"[13] sind das Produkt einer Strukturierungsleistung, die auf der Oberfläche aus dem Lernmaterial, der Lernpraktik, mit der das Material bearbeitet werden soll, und einer Empfehlung, wie und aus welchen Gründen die Lernaktivität bearbeitet werden kann, besteht. In der Oberflächenstruktur (Lernmaterial, Lernpraktik, Lernwegeempfehlung) und in Kombination mit verschiedenen Instrumenten, die die Reflexivität im Lernprozess verstärken helfen sollen, kann sich so den Lernenden die Binnenstruktur von Lernprozessen zeigen,[14] d.h. Lernaktivitäten sind u.a. so konzipiert, dass man sehen lernen kann, dass es einen sinnhaften Zusammenhang zwischen Lernpraktik, Lerngegenstand und Kontext der Lernaktivität gibt.[15] Diesen Zusammenhang als Binnenstruktur des Lernprozesses zu realisieren, stellt vielleicht das zentrale Moment dar, um den je eigenen Lernprozess selbstsorgend zu gestalten und über diesen Prozess zu verfügen.

3.2 Die Selbstlernarchitektur

Selbstlernarchitekturen sind eine konkrete Artikulation der Didaktik des selbstsorgenden Lernens. Sie sind „eine Antwort auf die Forderung nach selbstorganisiertem Lernen" (Maier Reinhard/Wrana 2008: 12). Während diese Forderung in der Erwachsenen- und Weiterbildung vor allem programmatisch aufgenommen und begrüßt wurde, wurden wenige didaktisch elaborierte Modelle zur Gestaltung des Selbstlernens entwickelt. Dies ist auf der einen Seite nicht verwunderlich, geht die bildungspolitische Programmatik des selbstgesteuerten Lernens in der Wissenschaft von der Erwachsenen- und Weiterbildung doch einher mit einer konstruktivistisch fundierten Konzeption des Lernens als selbstreferentiellem Prozess, der nur ermöglicht, aber eben nicht gestaltet werden kann. Eine didaktische Implikation dieser Vorstellung vom Lernen ist der Lernquellenpool. Der lernende Umgang mit dem Lernquellen-

---

12 Um keine Missverständnisse aufkommen zu lassen: Steuern wird hier nicht synonym mit Kontrollieren verstanden, sondern viel eher als gerichteter Einsatz begriffen.
13 Mit Lernaktivität wird hier nicht auf die Lernaktivitäten der Lernenden referiert, sondern auf einen didaktisch konstellierten Komplex von Elementen, die Lernprozesse nahe legen sollen.
14 Die Lernberatung hat dann auch das Ziel, diese Binnenstruktur zu thematisieren.
15 Sie sind natürlich auch gerade auf die Entwicklung von Lesarten bezüglich des Gegenstandes hin konzipiert.

pool ist voraussetzungsreich und stellt hohe Anforderungen hinsichtlich der Lernfähigkeiten. Wird der Umgang mit dem Lernquellenpool folglich nicht didaktisch strukturiert und beratend begleitet, dann verlängert und verstärkt dieses Selbstlernsetting die je schon vorhandenen heterogenen Lernfähigkeiten.

„Versteht man es als Aufgabe von Weiterbildungsinstitutionen, Selbstlernaktivitäten zu ermöglichen und zu fördern, so wird dafür das professionelle Handeln der in der Weiterbildung Tätigen gerade nicht überflüssig, sondern anspruchsvoller. Die Konzeption von Selbstlernarchitekturen, von komplexen Lernarrangements, die individuelle Lernberatung, die Förderung metakognitiver und reflexiver Prozesse [...] erfordert umfassende, sowohl inhaltliche als auch didaktische Kompetenzen. Dozierende müssen in viel stärkerem Maße als bisher individuelle Lernwege erkennen und entsprechend fördern." (Forneck u.a. 2001: 10)

Die professionellen Ansprüche an die in der Erwachsenen- und Weiterbildung Tätigen fallen mit dem Selbstlernen nicht einfach weg. Sie verschieben sich und steigern sich sogar. Im Zentrum stehen nicht mehr die Lehrpraktiken in synchronen Lehr-Lernsituationen, sondern vielmehr die Konzeption und Umsetzung einer Lernumgebung sowie dann die Beratung der Lernenden im Umgang mit den Lernumgebungen.

Als Selbstlernarchitekturen bezeichnen wir Selbstlernarrangements, die auf der Grundlage der Didaktik des selbstsorgenden Lernens Lernwege bahnen, in denen etwas auf eine bestimmte Weise gelernt werden kann (materialer und formaler Aspekt), die Binnenstruktur des Lernprozesses selbst reflexiv werden kann und die Produkte der jeweiligen Lernprozesse, die individuellen Lesarten mit den gesellschaftlich-normierten Lesarten relationiert werden können.[16] Der Aufbau der Lernwege folgt dabei einer bestimmten Entwicklungslogik und wird durch eine Reihe a-personaler Instrumente gesteuert. An spezifischen Wegmarken ist die Lernberatung als personales Lernprozessreflexionsinstrument integriert.

4 Lernberatung als Lernentwicklungskommunikation

Im folgenden Abschnitt wird die Lernberatung in Selbstlernarchitekturen konzeptionell auch in Abgrenzung zu weiteren in der Erwachsenen- und Weiterbildung entwickelten Lernberatungsansätzen beschrieben[17]; es wird dargestellt,

---

16 An dieser Stelle kann die konzeptionelle Seite der Selbstlernarchitekturen nicht genauer ausgeführt werden. Vgl. dazu ausführlich Forneck 2006 und Forneck u.a. 2005.
17 Für einen Überblick zur Entwicklung und Differenzierung des Beratungsdiskurses vgl. Kossack 2010.

wie die Lernberatung in Selbstlernarchitekturen implementiert wird; ihr Ort wird vorgestellt, an welchen Stellen sie in der Selbstlernarchitektur welche Funktion haben kann und welcher Ökonomie sie unterliegt. Darüber hinaus werden die Werkzeuge vorgestellt, die in der Selbstlernarchitektur eingesetzt werden, um die Lernberatung zu unterstützen, und abschließend wird Lernberatung als rhizomatische Lernentwicklungskommunikation entwickelt.

Die Lernberatung in Selbstlernarchitekturen ist sehr spezifisch konzipiert und lässt sich auf mehreren Ebenen von in der Erwachsenen- und Weiterbildung entstandenen Lernberatungsansätzen abgrenzen. Zum einen lassen sich die Lernberatungsansätze im Hinblick auf deren theoretisch-konzeptionelle Verortung, also in Bezug auf deren Referenzsysteme unterscheiden, und zum anderen können die Lernberatungsansätze bezüglich ihres Lernberatungsverständnisses, also hinsichtlich der Frage, was jeweils genau unter Lernberatung verstanden wird, unterschieden werden. Der theoretisch-konzeptionelle Horizont reicht von einer konstruktivistischen Orientierung über eine ressourcenorientierte hin zur subjektwissenschaftlichen. Darüber hinaus lässt sich eine große Bandbreite hinsichtlich der Reichweite des Lernberatungsbegriffs feststellen. In dem ersten Fall meint Lernberatung ein didaktisches Gesamtkonzept (Kemper/Klein 1998), im zweiten Fall verweist Lernberatung auf das konkrete Lernberatungsgespräch (vgl. z.B. Fuchs-Brüninghoff/Pfirrmann 1991) und in einem dritten Fall steht Lernberatung für ein bestimmtes Verfahren, das auf ein spezifisches didaktisches Konzept bezogen ist (vgl. Ludwig 2002, 2006).

4.1 Lernberatung in Selbstlernarchitekturen

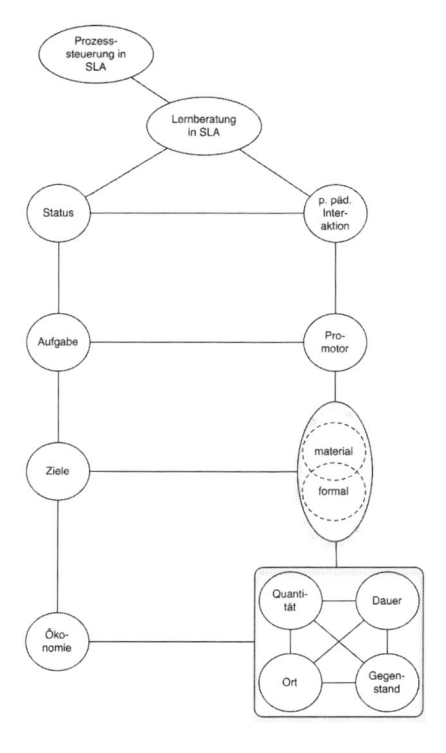

Im Kontext der Didaktik des selbstsorgenden Lernens erhält die Lernberatung in Selbstlernarchitekturen einen bestimmten Status: Während Selbstlernarchitekturen auf individuelle oder kooperative Lernprozesse hin angelegt sind, die a-personal gesteuert werden, ist die Lernberatung in Selbstlernarchitekturen die zentrale personale professionelle Praktik.[18] Sie ist mit der Aufgabe ausgestattet, als „Promotor der Habitualisierung von Selbstsorge im Lernprozess" (Forneck 2005c: 37) zu funktionieren.

In den Lernberatungen wird nun eine Reflexion angeregt, die die Individualisierung von Lernpraktiken, deren biografische Konsumption und damit ihre Integration in das eigene alltägliche Lernen anregt. Diesen Prozess der Selbstsorge zu initiieren, in Gang zu halten und zu einer dauerhaften reflexiven Einstellung werden zu lassen, macht eine wesentliche Aufgabe der von uns entwickelten Form der Lernberatung aus. (ebd.: 36)

Abbildung 3: Lernberatungsfunktion

Die Unterstützung der Habitualisierung von Selbstsorge in Lernprozessen zielt auf die Realisierung und Individualisierung zweier Interdependenzen.[19] Die eine Interdependenz bezieht sich auf die Relation der materialen (Lerninhalt) und der formalen Seite (Lernpraktik) des Lernprozesses, also darauf, einen bestimmten Umgang mit Lernpraktiken zu entwickeln, diese zu individualisieren, sich zu eigen zu machen und diese in Relation zu dem zu bearbeitenden Lerngegenstand zu gebrauchen. Die zweite Interdependenz zielt auf die Relation zwischen individuell im Lernprozess entwickelter Lesart gegenüber dem

---

18 Es gibt noch zwei weitere personale professionelle Praktiken in Selbstlernarchitekturen: den Kooperativen Erfahrungsaustausch (KEA) und das Wissensplattformtreffen (WPT) (vgl. Forneck 2005c: 40).

19 Auf das große Potenzial der Lernberatung in Selbstlernarchitekturen verweisen auch Ludwig und Schmidt-Wenzel, die die Umsetzung der Selbstlernarchitekturen in der Lehrerinnen- und Lehrerbildung an der Pädagogischen Hochschule FHNW evaluiert haben (Ludwig/Schmidt-Wenzel 2010).

Lerngegenstand und gesellschaftlich normierter Lesart, die in der Selbstlernarchitektur realisiert worden ist.[20] Um diese doppelte Interdependenz zu verdeutlichen, wird sie von der Seite des Lernens her ausgeführt. Im Anschluss an die oben vorgestellte poststrukturalistische Lerntheorie und deren didaktische Implikationen lässt sich das Lernen in einer Selbstlernarchitektur abstrahiert folgendermaßen beschreiben: Gehen wir davon aus, dass im Durchgang durch die Selbstlernarchitektur, d. h. in der Bearbeitung der Lernaktivitäten, also der mikrodidaktischen Konstellation von Lernwegeempfehlung, Lernpraktik und Lernmaterial gelernt wird, dann wird der realisierte Prozess aus der Perspektive der poststrukturalistischen Lerntheorie so vorgestellt, dass in diesem ein Inhalt auf eine bestimmte Weise bearbeitet wird. Entstehen im Prozess bezogen auf den Inhalt neue Bedeutungen, werden also neue Lesarten in Bezug auf den Lerngegenstand realisiert, können wir von einem Lernprozess sprechen. Dieser Prozess ist so, wie wir ihn bis hierhin beschrieben haben, noch nicht als selbstsorgender qualifiziert. Selbstsorgend wird er dann, wenn zwei Kriterien erfüllt sind. Das erste Kriterium liegt in der Realisierung des Zusammenhangs zwischen Lernpraktik und Lerninhalt, das zweite Kriterium liegt in der Realisierung und im Umgang mit der Differenz individueller Lesart mit der in der Selbstlernarchitektur angelegten gesellschaftlich etablierten Lesart.

Anders ausgedrückt kann man Lernberatung als die professionelle pädagogische Praktik in Selbstlernarchitekturen beschreiben, mit deren Hilfe erstens eruiert wird, ob diese doppelte Dezentrierung der Lernenden im Lernprozess umgesetzt und zweitens diese Dezentrierungsleistung angeregt, unterstützt und begleitet wird.[21]

Damit sind Status, Aufgabe und Ziele der Lernberatung in Selbstlernarchitekturen beschrieben.[22] Neben diesen für die Praxis der Lernberatung grundlegenden Momenten unterliegt auch die Lernberatung wie jede diskursive Praxis einer bestimmten Ökonomie. Die Ökonomie der Lernberatung in Selbstlernarchitekturen wiederum lässt sich von vier Aspekten her bestimmen: a) von der Anzahl der Teilnehmenden und b) der Menge der in der Selbstlernarchitektur vorgesehenen Lernberatungen, c) dem Gegenstand der konkreten Lernberatung und d) ihrem Ort in der Selbstlernarchitektur. Die Konstellation dieser verschiedenen Aspekte impliziert, dass Lernberatungsgespräche eine begrenz-

---

20 Diese Relationierung ist übrigens auch im Konstruktionsprozess der Selbstlernarchitektur entscheidend. In diesem Prozess reicht es keineswegs, dass die „Selbstlernarchitekten" einfach ihre Lesarten realisieren, sondern, dass sie ihre Lesarten zu einem Inhaltsbereich relationieren, mit ihrer Lesart der gesellschaftlich etablierten Lesart (vgl. Forneck 2006: 75).
21 Vgl. dazu Forneck 2005c: 36 und in einer differenzierten empirischen Analyse von Lernberatungsdialogen zum Reflexivwerden von Lesarten in der Lernberatung Maier Reinhard 2010, hier besonders S. 141ff.
22 Und es ist leicht zu sehen, dass wir das Feld präskriptiver Aussagen erreicht haben, das sich nicht von den in den ersten Abschnitten entwickelten denotativen Aussagen ableiten lässt.

te Dauer haben (vgl. dazu auch ebd.: 40).[23] Das bedeutet, dass das einzelne Lernberatungsgespräch nicht seinen gesamten Ziel- und Aufgabenhorizont bearbeiten kann. Im Durchgang durch eine Selbstlernarchitektur findet eine Reihe von Lernberatungsgesprächen statt, sodass die zeitliche und thematische Begrenzung der einzelnen Gespräche keine Beschränkung darstellen muss. Umgekehrt lässt sich sagen, dass die Integration von Lernberatung in einer Kette von Lernberatungsgesprächen, das einzelne Gespräch entlastet. Nicht jeder Aspekt muss zu jeder Zeit in der Lernberatung besprochen werden. Vielmehr kann die Lernberatung gerade auf der Grundlage ihrer lernwegorientierten Implementation in der Selbstlernarchitektur thematisch fokussiert vorgehen.

Mit der konzeptionellen Implementation der Lernberatungsgespräche einerseits und der vorab antizipierten, entlang der Lernwege geplanten Inhalte der Lernberatungsgespräche, werden gleich zwei der für moderne Beratungsmodelle kennzeichnenden Kriterien verletzt: das der Freiwilligkeit (in gewisser Weise, der Nachfrageorientierung) und das der Orientierung an den Fragen und Problemen der Rat suchenden Lernenden.

„Damit sind wir bei dem wesentlichen Unterschied zu anderen erwachsenenpädagogischen Konzeptionen von Lernberatung. Während durchgängig in der Literatur zur Lernberatung von der Freiheit der Lernenden ausgegangen wird und damit die Inhalte und die Dauer der Lernberatung wesentlich von Lernenden definiert werden, planen wir bereits bei der Entwicklung von Selbstlernarchitekturen eine Ökonomie der Lernentwicklungsgespräche ein." (Forneck 2005c: 34)

Die ungewöhnliche Bestimmung der Abhängigkeit der Inhalte im Lernberatungsgespräch hat ihren Grund darin, dass sie diese Unterstützung in diesem Kontext nur leisten kann, wenn sie am konkreten Lernweg orientiert vorgeht und nicht „ganz allgemein" das Lernen thematisiert. Die Lernberatung ist sozusagen in einem strengen Sinne lernwegorientiert, mit dem Auftrag, den konkreten Lernprozess und den angelegten Lernweg zu relationieren. Da die Lernwege in der Selbstlernarchitektur geplant sind, können Themen der Lernberatung in Bezug auf die Entwicklungslogik in den Selbstlernarchitekturen antizipiert werden.[24]

Wie weiter oben beschrieben, zielt die Lernberatung prinzipiell auf die Thematisierung einer doppelten Interdependenz. Prinzipiell heißt hier, dass sie diese doppelte Interdependenz nicht in jedem Beratungsgespräch als solche thematisieren muss.[25] Vielmehr handelt es sich um ein Prinzip, auf das die

---

23 Um eine erfahrungsbasierte Größenordnung zu nennen, kann es sich bei einer so begrenzten Zeit um 5–15 Minuten handeln.
24 Das heißt nun wiederum nicht, dass die antizipierten thematischen Fokusse in der konkreten Interaktionssituation durchgesetzt werden sollen.
25 Forneck hat, um die unterschiedlichen Fokusse sichtbar zu trennen vorgeschlagen, von einer Lernentwicklungsberatung (Lernberatung der formalen Lernprozessebene) und einer inhaltlichen Lernbegleitung (materiale Lernprozessebene) zu sprechen. (Vgl. Forneck 2005c: 34).

Lernberatung hin ausgerichtet ist. Das einzelne konkrete Lernberatungsgespräch ist selbst thematisch fokussiert. Sein Fokus hängt von seinem jeweiligen Ort in der Selbstlernarchitektur ab. Forneck konkretisiert die Positionierung der Lernberatung exemplarisch.

> In unserer Selbstlernarchitektur ‚Bürokompetenzen' haben wir in der Abteilung Terminplanung bspw. zunächst Lernaktivitäten entwickelt, in denen alltägliche Terminplanungsprobleme gemeistert werden müssen. Die grundlegende Fähigkeit für die Lösung dieser problemorientierten Lernaktivitäten besteht in der Fähigkeit, sachliche und zeitliche Erfordernisse zu strukturieren und in einen funktionalen Zusammenhang zu bringen. Ist diese Fähigkeit nun bei den Lernenden nicht vorhanden, macht es wenig Sinn, dass diese sich komplexe Zeitplanungsinstrumente aneignen, da die basale Fähigkeit zum funktionalen Einsatz derselben fehlt, bzw. nur unzureichend vorhanden ist. Um also zu verhindern, dass im weiteren Verlauf des Lernens Misserfolgserlebnisse akkumuliert werden, enthält unsere Selbstlernarchitektur nun mindestens eine Lernberatung, die darauf fokussiert, anamnestisch zu überprüfen, ob diese Voraussetzung vorhanden ist. (ebd.: 35)

An diesem Ausschnitt zeigt sich, dass die Lernberatung in Selbstlernarchitekturen als didaktisches Instrument funktioniert. Es wird lernwegbezogen platziert. Bezogen auf den Aufgaben- und Zielhorizont zeigt dieses Beispiel sehr gut, wie eine einzelne Lernberatung einen Ausschnitt dieses Horizontes fokussieren kann. Von diesem Beispiel abstrahierend lässt sich sagen, dass die thematische Fokussierung der Lernberatung in Abhängigkeit von ihrer konkreten Position im Lernweg abgeleitet ist.[26] Die Lernberatung kann auf den Gesamtkomplex (doppelte Interdependenz), auf die Relation zwischen Lernpraktik und Lerninhalt (einfache Interdependenz) oder auf eine der beiden Lernprozessebenen (material, formal) hin ausgerichtet sein. Ihr thematischer Fokus ist sozusagen zugleich ihr Grund. Stellt ein Lernweg z.B. bestimmte antizipierte Anforderungen an die Lernenden, die, sollten die Lernenden diesen nicht entsprechen, dazu führen können, dass Lernende im Lernweg überfordert würden und/oder den Lernprozess abbrechen, weil sie Misserfolge akkumulieren, dann kann eine Lernberatung im Anschluss an die erste oder zweite Lernaktivität induziert sein, um genau diesen Sachverhalt zu eruieren und alternative Lernaktivitäten zu überlegen.

Um eine solche lernwegorientierte Lernberatung durchführen zu können, ist es notwendig, dass diejenigen, die Lernberatung durchführen, die Selbstlernarchitektur im Detail kennen, dass sie die in ihr angelegten Lesarten kennen und die Entwicklungslogik der Lernwege und die Gesamtarchitektur im Blick haben. In der Lernberatung geht es dann um die Relationierung dieser angelegten Lesarten, der implementierten Entwicklungslogik mit den im konkreten Lernprozess realisierten Lesarten und dem je spezifischen Umgang mit den

---

26 Auch wenn es vermutlich eine Wiederholung ist: Das, was die konkrete Position in der Selbstlernarchitektur inhaltlich und formal ausmacht, sind seine Relationen in der Gesamtstruktur.

Lernpraktiken. Um eine Lernberatung als Interaktionsprozess praktisch werden zu lassen, sind eine ganze Reihe von Werkzeugen entwickelt worden, die zum Ziel haben, je bestimmte Aspekte des Lernprozesses sichtbar und damit bearbeitbar zu machen. Es handelt sich dabei um spezifische Werkzeuge, die von den Lernberater/innen oder den Lernenden eingesetzt werden können, um den Lernprozess zu dokumentieren und zu reflektieren (vgl. dazu Forneck 2005c: 38f.). Die Werkzeuge sind dabei nur als Hilfsmittel zu verstehen, die unterstützenden Charakter für den Lernberatungsprozess haben.

4.2 Struktur (der) Lernberatung

Damit sind wir bei der nicht unbedeutenden Frage nach der Struktur von Lernberatungsgesprächen. An anderer Stelle habe ich die in Beratungsmodellen übliche Strukturierung des Beratungsprozesses in Phasenschemata ausführlich problematisiert (vgl. z.B. Kossack 2006: 189 ff. oder Kossack 2009). Das zentrale Problem der Phasenschemata ist zugleich ihre Stärke und ihr Grund. Sie reduzieren die Komplexität der Lernberatungsinteraktion und strukturieren sie. Die Reduktion der Komplexität in ein chronologisches Schema macht so die Abarbeitung verschiedener für Beratungsprozesse konstitutive Aspekte auf eine Weise möglich, dass die Bearbeitung einem sinnvollen Aufbau folgt.

Die Reduktion von Komplexität führt aber gleichfalls zu einer unterkomplexen Konzeption der Beratungskommunikation. Sie linearisiert und idealisiert einen mehrdimensionalen Prozess, der – zwar in der Zeit, also chronologisch, stattfindet – sich aber kennzeichnen lässt als Prozess, der über Brüche, Sprünge, Konnexionen und Heterogenitäten beschrieben werden kann. Der in der Beratungsliteratur übliche Verweis auf den nichtschematischen Gebrauch des Schemas (vgl. Kossack 2006) ist zwar pragmatisch sinnvoll, weist aber darauf hin, dass das zugrunde liegende Modell der Beschreibung des Lernberatungsprozesses über Phasen nicht angemessen ist.

Aus diesem Grund greifen wir an dieser Stelle auf das Modell der rhizomatischen Struktur zurück (vgl. Deleuze/Guattari 1992). Dies lässt sich als Versuch lesen, den Prozess der Lernberatung als Netz begreifen zu können und nicht als chronologisch hierarchisierte Kommunikation.[27] Was bedeutet das praktisch? Mit der etwas sperrigen Überschrift „Rhizomatisch organisierte Lernentwicklungskommunikation" wird auf eine Lernberatung abgezielt, die sich nicht einfach an einem chronologischen Verfahren orientiert, sondern von der Struktur der Lernberatung her gedacht und konzipiert wird. Von der Struk-

---

[27] Der Begriff Rhizom ist in dem hier verhandelten Zusammenhang nicht nur in der Lernberatung bedeutsam, sondern spielt sowohl in der Didaktik des selbstsorgenden Lernens als auch auf der Ebene der Strukturlogik selbstsorgender Lernprozesse eine zentrale Rolle (vgl. Forneck 2006: 17 f., 81 ff. als auch grundsätzlich für die poststrukturalistische Lerntheorie als Subjektivierung im Rhizom vgl. Wrana 2008: 64 ff.).

tur der Lernberatung her zu denken, meint ins Kalkül zu ziehen, dass die Lernberatung in Selbstlernarchitekturen durch die didaktisch motivierte systematische Integration in ein Lernarrangement nicht nur einen spezifischen Ort hat, sondern einen spezifischen Gegenstand, der sich von dem Lernweg ableitet, in dem die Lernenden ihre spezifischen konkreten Lernprozesse realisieren. Die Bearbeitung dieses Gegenstandes orientiert sich an Aufgabe und Ziel der Lernberatung. Das Lernberatungsgespräch hat die Aufgabe, die Habitualisierung von Selbstsorge in Lernprozessen zu unterstützen. Diese wird angestrebt, indem in Lernberatungsgesprächen die doppelte Interdependenz von materialer und formaler Lernprozessebene einerseits und individueller und gesellschaftlicher Lesart andererseits in Beziehung gesetzt wird. Die Lernberatungskommunikation ist also auf eine „Entwicklung" hin ausgerichtet und hat jeweils einen spezifischen Inhalt.

Rhizomatisch kann die Entwicklungskommunikation genannt werden, wenn mit ihr der konkrete Lernprozess kartografiert wird. Mithilfe der Kartografie wird der Lernprozess beschrieben. Mithilfe der Kartografie wird der Lernprozess zugleich ent- und verwickelt. Er wird in dem Sinne entwickelt, indem das im Prozess realisierte Geflecht rekonstruiert wird, und verwickelt in dem Sinne, dass Mehrdimensionalität und Verkettung dieser Dimensionen im Lernen sichtbar werden. Die Kartografie ist einerseits kein Repräsentant des Lernprozesses und andererseits prinzipiell abschließbar. Sie kann gleichwohl pragmatisch unterbrochen werden. Im Sprechen über den konkreten Lernprozess, eine konkrete Lernaktivität werden mögliche Themen aufgemacht, mit denen der Lernprozess positiv oder negativ verbunden wird: Emotionen, Kognitionen, Erfahrungen, Routinen, Störungen, Vorlieben, Werte, (Un-)Fähigkeiten etc. Eine Karte in der Lernberatung zu „machen", bedeutet diese semantischen Ketten in Beziehung zum Verhältnis zwischen Lernprozess und Lernweg zu stellen und zu vermessen. Rhizomatisch kann die Entwicklungskommunikation also genannt werden, wenn sie das Viele nicht auf das Eine reduziert, wenn sie keine einfachen Hierarchien produziert und Zentren und Ränder behauptet, sondern den konkreten Lernprozess als Komplexität begreift und differenziert, also strukturiert. In der Lernberatung wird Struktur hergestellt, die an die Struktur des Lernprozesses angeschlossen wird, und damit das Lernen transformiert.

5 Der Einsatz der Lernberatung

Die Logik des Sprachspiels in der Lernberatung in Selbstlernarchitekturen orientiert sich dabei nicht an der Frage, ob die Lernenden etwas richtig oder falsch verstanden haben – auch wenn Lehrende und Lernende immer wieder versuchen diese Praxis zu realisieren.

Die eigenen Lesarten werden nie zu ‚Übersetzungen' gesellschaftlichen Wissens werden, denn die Relationierung in der Lernberatung regt die Lernenden nicht dazu an, eine andere, eine in der Architektur vorgesehene Lesart einfach zu übernehmen, indem die eigene als ‚falsch' erkannt wird, sondern auf die Bedingungen und Perspektiven der Lesarten zu reflektieren. (Wrana 2008: 81)

Die Regeln des Sprachspiels in der Lernberatung sind nicht um die Differenz richtig|falsch herum organisiert. Die organisierenden Differenzen in der Lernberatung in Selbstlernarchitekturen sind vielmehr strukturierend|akkumulierend, differenziert|generalisierend und dezentriert|zentriert.[28]

Ohne diese Differenzen an dieser Stelle ausführen zu können, sei angemerkt, dass mit diesen eine Verschiebung der Perspektive auf Lernen einhergeht, die in der Lernberatung praktisch werden soll. Dieser Prozess der Verschiebung der das Lernen organisierenden Differenzen von richtig|falsch hin zu strukturierend|akkumulierend, differenziert|generalisierend sowie dezentriert|zentriert ist lerntheoretisch nicht so originell, wie es auf den ersten Blick scheint. Aber bildungspraktisch stellt die Differenz richtig|falsch das klassische Ordnungsprinzip formaler Lernprozesse dar. Die Differenz richtig|falsch bleibt aber unterkomplex gegenüber dem Lernprozess und dem Lerngegenstand, insofern sie auf ein Verständnis von Lernen referiert, das davon ausgeht, dass es ein eindeutiges Richtig und Falsch gibt, das sich dann auch noch in der Folge (über-)prüfen und bewerten lässt. Die Differenz richtig|falsch weist darauf hin, dass es ein durch die Lehrperson verkörpertes vergesellschaftetes richtig|falsch gibt. Diese Differenz taugt allerdings nur in ganz wenigen Spezialfällen, wo es ein Richtig oder ein Falsch geben kann. Der Normalfall weist sich in der Regel einerseits durch verschiedene Niveaus aus, auf denen etwas gekonnt oder gewusst wird, und andererseits – und das kompliziert unser Thema erheblich – durch die Diskursivität des Könnens und Wissens – dadurch, dass es zu praktisch keinem Gegenstand nur eine mögliche und nur eine gesellschaftlich akzeptierte Weise des Könnens und Wissens gibt. Etwas gelernt zu haben, bedeutet vor diesem Hintergrund dann eben nicht mehr etwas so wiedergeben zu können, wie die Lehrperson oder ein Lehrmaterial etwas darstellt, sondern bedeutet das Erlernte auf eine bestimmte Weise strukturiert, differenziert und dezentriert zu haben: anders ausgedrückt, Struktur herzustellen und nicht wieder-zu-geben. Der didaktische Einsatz in der Lernberatung in Selbstlernarchitekturen zielt auf ein verändertes Selbstverhältnis in Lernprozessen, indem auf diese Verschiebung des Koordinatensystems des Lernens hingearbeitet wird, und zugleich die Möglichkeiten zur Entwicklung

---

28 Es lässt sich hier natürlich einwenden, dass diese Differenzen ja ebenfalls nicht neutral sind, d.h. jeweils eine Seite der Differenz privilegieren und so zu einem Besser und Schlechter führen. Aber genau das ist hier vielleicht auch der entscheidende Punkt. Die Verschiebung der leitenden Differenzen impliziert nicht, dass es gleichgültig wird, was und wie gelernt wird. Sie implizieren aber ein verändertes Verhältnis zum Lernen, zum Gelernten, also auf eine andere Relation zwischen den Lernenden und dem was, wie, woraufhin und unter welchen Umständen von den Lernenden gelernt wird.

einer Position in diesem Koordinatensystem durch die Lernenden über reflexive Praktiken nahe gelegt werden. Lernende können sich diesem Einsatz vielleicht nicht einfach entziehen, aber in Lernberatungsinteraktionen realisieren sie notwendig eigene Einsätze, die mit den didaktischen konkurrieren können. Insofern finden in den Lernberatungen von Selbstlernarchitekturen auf unterschiedlichen Ebenen Spiele statt. Zur Professionalität von Lernberater/innen gehört es, diese Spiele zu reflektieren und entsprechende Spielzüge zu entwikkeln. Die Zumutung in Lernprozessen, Eigensinn zu realisieren und reflexiv werden zu lassen, kann eben durchaus eigensinnig zurückgewiesen werden.[29] Dies ist aber kein Unfall, sondern als Möglichkeit notwendigerweise der Fall: Es ist das Glück professionellen pädagogischen Handelns.

Literatur

Bublitz, Hannelore (2003): Diskurs. Bielefeld: transcript.
de Cuvry, Andrea; Kossack, Peter; Zeuner, Christine (2009): Strukturmodell für personenbezogene Bildungsberatung. In: Arnold, Rolf; Gieseke, Wiltrud; Zeuner, Christine (Hg.): Bildungsberatung im Dialog III. Baltmannsweiler: Schneider, S. 135–159.
Deleuze, Gilles; Guattari, Felix (1992): Tausend Plateaus. Berlin: Merve.
Forneck, Hermann J. (2001): Die große Aspiration. Lebenslanges, selbstgesteuertes Lernen. In: EB – Vierteljahresschrift für Theorie und Praxis, 4, S. 158–163.
Forneck, Hermann J. (2002): Selbstgesteuertes Lernen und Modernisierungsimperative in der Erwachsenen- und Weiterbildung. In: Zeitschrift für Pädagogik, 2, S. 242–261.
Forneck, Hermann J. (2005a): Das „unregierte" Subjekt. Lernen in der Weiterbildung. In: Report: Zeitschrift für Weiterbildungsforschung, 1, S. 122–127.
Forneck, Hermann J. (2005b): Lernentwicklungsberatung. Studienbrief 5 [unv. Manuskript].
Forneck, Hermann J. (2005c): Selbstsorge und Lernen – Umrisse eines integrativen Konzepts selbstgesteuerten Lernens. In: Forneck, Hermann J.; Klingovsky, Ulla; Kossack, Peter (Hg): Selbstlernumgebungen. Baltmannsweiler: Schneider, S. 6–48.
Forneck, Hermann J (2006): Selbstlernarchitekturen. Lernen und Selbstsorge 1. Baltmannsweiler: Schneider.
Forneck, Hermann J.; Klingovsky, Ulla; Kossack, Peter (Hg.) (2005): Selbstlernumgebungen. Baltmannsweiler: Schneider.

---

29 Ryter Krebs führt diese Ambivalenz eindrücklich vor (Ryter Krebs 2010: 169).

Forneck, Hermann J.; Robak, Steffi; Wrana, Daniel (2001): „Neues" Lernen und Professionalisierung. In: QUEM-Bulletin, 1, S. 9–13.
Forneck, Hermann J.; Springer, Angela (2005): Gestaltet ist nicht geleitet - Lernentwicklungen in professionell strukturierten Lernarchitekturen. In: Faulstich, Peter; Forneck, Hermann J.; Knoll, Jörg (Hg): Lernwiderstand - Lernumgebung - Lernberatung. Bielefeld: wbv, S. 94–161.
Forneck, Hermann J.; Wrana, Daniel (2005): Ein parzelliertes Feld. Bielefeld: wbv.
Klingovsky, Ulla (2009): Schöne neue Lernkultur. Bielefeld: transcript.
Klingovsky, Ulla (2010): „Selbstsorgendes Lernen" und Performativität. In: Klingovsky, Ulla; Kossack, Peter; Wrana, Daniel (Hg): Die Sorge um das Lernen. Bern: h.e.p., S. 110–120.
Klingovsky, Ulla; Kossack, Peter (2007): Selbstsorgendes Lernen gestalten. Bern: h.e.p.
Kossack, Peter (2006): Lernen Beraten: Eine dekonstruktive Analyse des Diskurses zur Weiterbildung. Bielefeld: transcript.
Kossack, Peter (2009): Bildungsberatung revisited. In: Arnold, Rolf; Gieseke, Wiltrud; Zeuner, Christine (Hg.): Bildungsberatung im Dialog III. Baltmannsweiler: Schneider, S. 45–68.
Kossack, Peter (2010): Beratung in der Erwachsenenbildung. Enzyklopädie Erziehungswissenschaften Online [http://erzwissonline.de/fachgebiete/erwachsenenbildung/beitraege/16100075.htm, zuletzt aufgerufen am 5.8.2010].
Lave, Jean; Wenger, Etienne (1991): Situated Learning: Legitimate peripheral participation. Cambridge: University Press.
Ludwig, Joachim; Schmidt-Wenzel, Alexandra (2010): Evaluation der Implementierung von @rs 1 und @rs 2 in den Studiengang Primarstufe an der Pädagogischen Hochschule FHNW [unveröffentlichtes Manuskript].
Maier Reinhard, Christiane (2008): Widerton zu einem professionellen ästhetischen Lehr-Lernbegriff. Eine Rekonstruktion thematisch-semantischer Strukturen in Lernberatungsgesprächen der Primarlehrerausbildung. In: Maier Reinhard, Christiane; Wrana, Daniel (Hg): Autonomie und Struktur in Selbstlernarchitekturen. Opladen: Budrich, S. 249–311.
Maier Reinhard, Christiane (2010): Vom Sichtbar-Werden der Lerngegenstände. In: Klingovsky, Ulla; Kossack, Peter; Wrana, Daniel (Hg): Die Sorge um das Lernen. Bern: h.e.p., S. 134–145.
Maier Reinhard, Christiane/Wrana, Daniel (Hg.) (2008): Autonomie und Struktur in Selbstlernarchitekturen. Opladen: Budrich.
Ryter Krebs, Barbara (2010): Eigensinn. In: Klingovsky, Ulla; Kossack, Peter; Wrana, Daniel (Hg): Die Sorge um das Lernen. Bern: h.e.p., S. 169.
Tennant, Mark (2009): Lifelong learning as a technology of the self. In: Illeris, Knut (Ed.): Contemporary Theories of Learning. Oxon: Routledge, S. 147–158.

Ulmer, Gregory L. (1985): Applied Grammatology. London: John Hopkins University Press.

Usher, Robin; Bryant, Ian; Johnston, Rennie (1997): Adult education and the postmodern challenge. London: Rothledge.

Wrana, Daniel (2003): Lernen lebenslänglich. Die Karriere lebenslangen Lernens. Eine gouvernementalitätstheoretische Studie zum Weiterbildungssystem. In: „führe mich sanft..." Gouvernementalität – Anschlüsse an Michel Foucault. Frankfurt a. M.: [http://www.copyriot/gouvernementalitaet, zuletzt aufgerufen am 1.2.2012], S. 103–143.

Wrana, Daniel (2006): Das Subjekt schreiben. Reflexive Praktiken und Subjektivierung in der Weiterbildung – eine Diskursanalyse. Baltmannsweiler: Schneider.

Wrana, Daniel (2008): Autonomie und Struktur in Selbstlernprozessen. Gesellschaftliche, lerntheoretische und empirische Relationierungen. In: Maier Reinhard, Christiane; Wrana, Daniel (Hg): Autonomie und Struktur in Selbstlernarchitekturen. Opladen: Budrich, S. 31–101.

Wrana, Daniel (2010): Subjektivierung in Lesarten. In: Klingovsky, Ulla; Kossack, Peter; Wrana, Daniel (Hg): Die Sorge um das Lernen. Bern: h.e.p., S. 98–108.

Kontexte – die Selbstlernarchitektur @rs

Christiane Maier Reinhard, Daniel Wrana

1 Die Selbstlernarchitektur @rs in der Lehrerinnen- und Lehrerbildung

Die in diesem Band versammelten Beiträge beziehen sich auf das hochschuldidaktische Setting der Selbstlernarchitektur „@rs Architekturen des Selbstlernens" (vgl. Forneck/Gyger/Maier Reinhard 2006), die im Rahmen des Studiums von Primarlehrer/innen am Institut Primarstufe der Pädagogischen Hochschule in der Nordwestschweiz (PH FHNW) mit Studierenden im zweiten Semester eingesetzt wurde.

Die didaktische Konzeption der Selbstlernarchitekturen geht auf Entwicklungen an der Professur für Weiterbildung der Justus-Liebig-Universität Gießen zurück (vgl. Forneck 2001, 2006a,b; Forneck/Klingovsky/Kossack 2005; Forneck/Klingovsky/Robak/Wrana 2005). Konzeptionell sind in einer Selbstlernarchitektur webbasierte Lernaktivitäten mit individuellen fachbezogenen Lernberatungsgesprächen verschränkt, sodass Lernprozesse individualisiert werden. Selbstlernarchitekturen zielen auf die Entwicklung individueller Lesarten der Lerngegenstände, die in der Lernberatung vor dem Hintergrund disziplinärer Horizonte diskutiert und relationiert werden. Der Begriff „Lernarchitektur" ist eine Metapher, die darauf verweist, dass es sich um ein Ensemble von Elementen handelt, deren Konstellation räumlich vorstellbar ist. Die Elemente sind so in Beziehung gesetzt, dass gehaltvolle Selbstlernprozesse möglich werden. Die Lernwege lassen sich dann als Bewegungen der Lernenden durch die Architektur verstehen.

Die Selbstlernarchitektur @rs[1] war eine der umfangreichsten Implementierungen des Konzepts der Selbstlernarchitekturen. Zum Curriculum dieses zweiten Semesters gehörten die Didaktiken mehrerer Schulfächer: Kunstpädagogik, Mathematikdidaktik, Sachunterricht, Deutschdidaktik, Musik/Instrumentalunterricht sowie Allgemeine Didaktik und Erziehungswissenschaften. In der Selbstlernarchitektur wurden die Inhalte dieser Studienfächer unter den verbindenden Themen „Individualisierung" und „Neue Lernkulturen" in pro-

---

1 Die Selbstlernarchitektur @rs ist ausführlich beschrieben in: Forneck/Gyger/Maier Reinhard 2006. Beispiele einzelner Studienfächer aus der E-Learning-Umgebung sind unter http://www.selbstlernarchitektur.ch in einer Demo-Variante zugänglich.

blem- und handlungsorientierten Lernaktivitäten didaktisch strukturiert und miteinander vernetzt als E-Learning-Arrangement zur Verfügung gestellt. Diese a-personalen Studienmaterialien wurden mit personalen Formen der Kommunikation verbunden, die die traditionelle kursorische Lehrveranstaltung ersetzten. Dazu gehörten insbesondere Lernberatungen und Ateliers. Die empirischen Dokumente der Beiträge in diesem Band stammen aus den Studienjahren 2008 und 2009. Insgesamt haben in den beiden Studienjahrgängen ca. 75 Studierende in der Selbstlernarchitektur studiert, die 2010 und 2011 mit dem Bachelor of Arts und der Lehrberechtigung für die Klassen 1–6 der Primarstufe das Studium abgeschlossen haben.

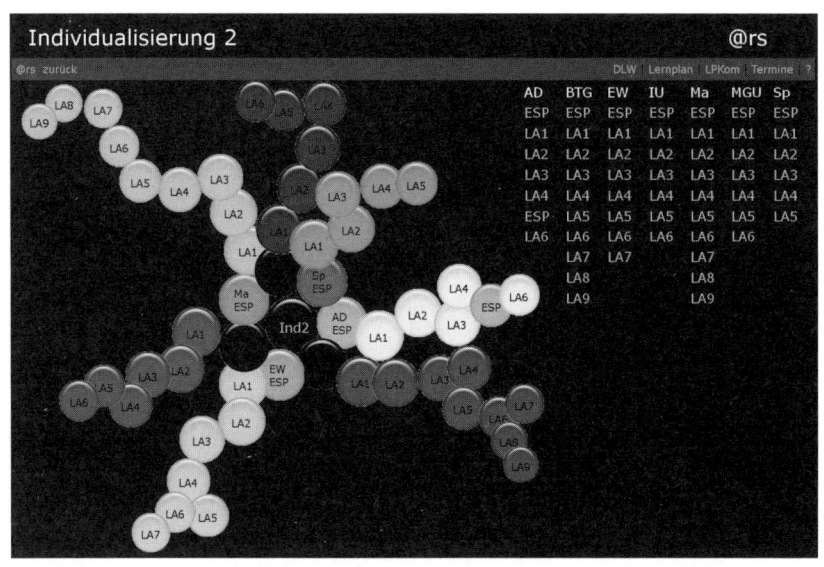

Abbildung 1: Screenshot der Startseite der Selbstlernarchitektur @rs im Web. Zu sehen sind die thematischen Stränge der Fächer (z.B. BTG ist Kunstpädagogik, MA ist Mathematik) und die Abfolge der Lernaktivitäten (LA1 und weitere)

Die meisten Beiträge dieses Bandes beziehen sich auf @rs, während sich der Beitrag „Vom Anfangen" von Berdelmann (in diesem Band) auf eine andere Implementierung des Konzepts im Rahmen des Moduls „Lernen und Unterrichten" im reformierten Studiengang bezieht, der ab 2009 am Institut Primarstufe angeboten wird. Auch hier bewegen sich die Studierenden auf individualisierten Lernwegen durch die Studienmaterialien und treffen in Lernberatungen auf die Dozierenden. Allerdings haben die Studierenden eine größere Anzahl thematischer Schwerpunkte innerhalb eines Faches zur Auswahl und müssen die zeitliche Sequenzierung ihres Lernprozesses im Unterschied zu der Selbstlernarchitektur @rs selbst leisten. Berdelmann rekonstruiert die Umgangsweisen der Studierenden mit dieser Entscheidungsherausforderung.

2 Elemente der Selbstlernarchitektur

Die wöchentlichen, kursorischen Lehrveranstaltungen waren mit der Selbstlernarchitektur aufgelöst (vgl. zu den Elementen Forneck 2006a; Maier Reinhard 2006a, b). Die Studierenden lernten individualisiert in den Studienmaterialien und die Lehrenden haben ihre Lehrzeit zur Lernberatungstätigkeit umgeformt. Ein Präsenztag als Kompaktveranstaltung der ganzen Studiengruppe und aller Dozierenden der Studienfächer führte zu beginn in die Thematik und das didaktische Setting ein. An weiteren Präsenztagen wurden Studienerfahrungen aus den individualisierten Selbstlernprozessen reflektiert und Lernergebnisse gebündelt. Den Einstieg bildeten als Videosequenzen realisierte Szenen, die komplexe Situationen des beruflichen Handlungsfelds darstellen. Diese Inszenierungen waren so angelegt, dass die leitenden Problemstellungen der beteiligten Studienfächer thematisch werden. Handlungsprobleme wurden in der situativen Komplexität alltagsweltlichen Handelns angesprochen und nicht didaktisch reduziert. Die Inszenierung eröffnete dabei einen Horizont für mögliche Bedeutungszuschreibungen, und zwar so, dass in den nachfolgenden Lernaktivitäten alltagsdifferente Sichtweisen nahe gelegt werden. Jedes Studienfach hat mit einem spezifischen Einstiegspunkt diese Inszenierung aufgegriffen.

2.1 Die Lernaktivitäten

Der didaktisch strukturierte Inhalt der Studienfächer war ausgehend von einem Einstiegspunkt in einer Folge von Lernaktivitäten (LA) angelegt. Eine Lernaktivität bildete eine in sich abgeschlossene Tätigkeit, zu der eine Lernwegempfehlung, eine Lernpraktik (LP) und Studienmaterialien gehörten. Jede Lernaktivität ist demzufolge in einer verlinkten Struktur mit drei Dokumententypen unterschiedlicher, didaktischer Funktion aufgebaut.

Eine Lernwegempfehlung hat die Funktion, den Lernweg zu steuern. Sie enthält alle für den Lernschritt relevanten Informationen:

- eine Problemstellung,
- die zu erarbeitenden Produkte,
- den Zugang zu den Informationsmaterialien,
- den Hinweis auf die empfohlene Lernpraktik,
- die Weiterführung zu der oder den nächsten Lernaktivität(en),
- den Hinweis auf eine Lernberatung.

In einer Lernaktivität ist jede Lernwegempfehlung mit einer Lernpraktik verbunden. Die Lernpraktiken bezogen sich auf Studienfähigkeiten, die inhaltsbezogen konkretisiert werden. Die Selbstlernarchitektur war so gestaltet, dass materiale Studieninhalte systematisch mit Studienpraktiken (z.B. ein bestimmter Text mit Praktiken des Lesens und Umstrukturierens wie etwa „ein Schaubild anfertigen") verknüpft waren, deren Auswahl durch den Bezug zum zu bearbeitenden Material und zur Fragestellung/Problemstellung begründet war. In der E-Learning Umgebung von @rs führte ein Link von der Lernwegempfehlung zur Lernpraktik.

Jede Lernaktivität enthielt neben der Lernwegempfehlung und der Lernpraktik Studienmaterial, auf das sich die Lernaktivität bezieht. Dazu gehören Texte, Bilder, Audiodokumente, Videos.

2.2 Studienergebnisse: Lernjournal, Portfolio, Dokumentation der Lernwege

Die Studierenden dokumentierten ihre Studienergebnisse in einem Portfolio, zusätzlich begleiteten sie den eigenen Studienprozess reflexiv in einem Lernjournal. Die Lernwegempfehlungen gaben systematisch Hinweise auf oder Impulse für das Lernjournal, durch die die Studieninhalte und der Professionalisierungsprozess reflexiv gemacht werden.

Die Selbstlernarchitektur gab den Studierenden die Verfügung über alle Lerninhalte und Lernschritte einer sechswöchigen Selbststudienphase. Sie legte zwar durch die Lernwegempfehlung ein spezifisches Lernverhalten nahe, macht es aber nicht zwingend. Wie, in welcher Abfolge, mit welchen Verweilzeiten die Studierenden sich durch die Selbstlernarchitektur bewegen, welchen Empfehlungen sie folgen, welche Sprünge und Auslassungen sie unternehmen, lag in ihrer Hand.

Die Studierenden begleiteten deswegen in allen Lernaktivitäten den eigenen Lernprozess mit zwei Planungsinstrumenten, den Formularen „Lernwegplanung" und „Dokumentation der Lernwege". Diese waren geeignet, die individuellen Lernwege und Entscheidungsgründe zu dokumentieren. Damit wurden Strategien der Organisation der Selbstlernprozesse zugänglich und in der überfachlichen Lernberatung thematisierbar. Dokumentiert wurden: das Zeitmanagement, das Verhältnis von Arbeitsvorhaben und -realisierung, die Intentionen bei der Auswahl von Lernaktivitäten und Lernwegen, die Abfolge der in der Lernarchitektur vollzogenen Schritte.

2.3 Lernberatung

Die Lernaktivitäten waren an markanten Punkten des Lernprozesses mit Lernberatungen verknüpft. Das Dokument „Lernwegempfehlung" hat auf die verbindliche oder optionale Lernberatung hingewiesen. Lernberatungen in einer Selbstlernarchitektur sind somit ein zentrales Element des Lernprozesses. In der Selbstlernarchitektur @rs wurden zwei Lernberatungstypen unterschieden: Lernberatungen mit den Fachdozierenden waren *inhaltsbezogene Lernberatungen* zu den jeweiligen Fachkonzepten. Im Format der *allgemeinen und überfachlichen Lernberatung* wurden die Selbststudienkompetenz betreffende Aspekte der Lernerfahrung und des Lernverhaltens thematisiert. Hier wurde insbesondere die Reflexion der angebotenen Studienpraktiken und des Studienprozesses fokussiert. Die empirischen Analysen von Beratungsgesprächen in diesem Band untersuchen die inhaltsbezogenen fachlichen Lernberatungen.

Ein Instrument der Dozierenden in der Lernberatung ist der methodische Hintergrundtext, der die Konstruktionsprinzipien der Selbstlernarchitektur expliziert und die jeweils konzeptionell relevanten Themen und Variationen sichtbar macht. Der methodische Hintergrund expliziert auf diese Weise mögliche Themen der Lernberatung und mögliche fachliche Horizonte für die Interpretation der Studieninhalte.

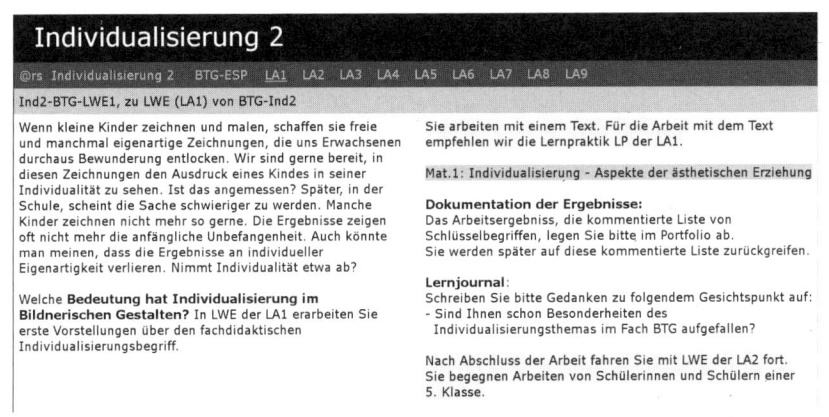

Individualisierung 2	
@rs Individualisierung 2 BTG-ESP **LA1** LA2 LA3 LA4 LA5 LA6 LA7 LA8 LA9	
Ind2-BTG-LWE1, zu LWE (LA1) von BTG-Ind2	
Wenn kleine Kinder zeichnen und malen, schaffen sie freie und manchmal eigenartige Zeichnungen, die uns Erwachsenen durchaus Bewunderung entlocken. Wir sind gerne bereit, in diesen Zeichnungen den Ausdruck eines Kindes in seiner Individualität zu sehen. Ist das angemessen? Später, in der Schule, scheint die Sache schwieriger zu werden. Manche Kinder zeichnen nicht mehr so gerne. Die Ergebnisse zeigen oft nicht mehr die anfängliche Unbefangenheit. Auch könnte man meinen, dass die Ergebnisse an individueller Eigenartigkeit verlieren. Nimmt Individualität etwa ab?	Sie arbeiten mit einem Text. Für die Arbeit mit dem Text empfehlen wir die Lernpraktik LP der LA1. Mat.1: Individualisierung - Aspekte der ästhetischen Erziehung **Dokumentation der Ergebnisse:** Das Arbeitsergebnis, die kommentierte Liste von Schlüsselbegriffen, legen Sie bitte im Portfolio ab. Sie werden später auf diese kommentierte Liste zurückgreifen. **Lernjournal**: Schreiben Sie bitte Gedanken zu folgendem Gesichtspunkt auf: - Sind Ihnen schon Besonderheiten des Individualisierungsthemas im Fach BTG aufgefallen?
Welche **Bedeutung** hat **Individualisierung im Bildnerischen Gestalten?** In LWE der LA1 erarbeiten Sie erste Vorstellungen über den fachdidaktischen Individualisierungsbegriff.	Nach Abschluss der Arbeit fahren Sie mit LWE der LA2 fort. Sie begegnen Arbeiten von Schülerinnen und Schülern einer 5. Klasse.

Abbildung 2: Screenshot einer Lernaktivität der Selbstlernarchitektur @rs im Web. Zu sehen ist die erste Lernaktivität des Strangs Kunstpädagogik mit einem Text der Lernwegsempfehlung und Hinweisen zur Bearbeitung der Aufgabe mit begleitenden Instrumenten wie dem Lernjournal.

3   Begleitforschung zur Selbstlernarchitektur

Die Begleitforschung hatte zum Ziel, in qualitativen und quantitativen Studien die veränderten Lernverhältnisse und Lernprozesse in Selbstlernarrangements zu rekonstruieren.[2] Die Lernprozesse wurden von 2004–2008 durch Audioaufzeichnung der Lernberatungsgespräche, durch die Dokumentation der Lern-

---

2   Zur empirischen Forschung zu Selbstlernarchitekturen insgesamt vgl. Wrana 2009.

wege und der Reflexionen in Lernjournalen sowie ergänzende Interviews dokumentiert und in qualitativen Studien ausgewertet. In den Jahren 2008−2010 wurde die Forschung als Kooperation der Professuren für Ästhetische Bildung und für Selbstgesteuertes Lernen weitergeführt und durch einen Auftrag zur Evaluation der Professionalisierungsprozesse in der Selbstlernarchitektur durch die Universität Potsdam ergänzt. Die Beiträge von Joachim Ludwig und Alexandra Schmidt-Wenzel in diesem Band gehen auf diese Evaluation zurück. Eine ausführliche Dokumentation des Evaluationsprojekts erscheint in dem Band „Wie Lehrer lernen" (Ludwig/Schmidt-Wenzel 2012).

Im Fokus des qualitativen Forschungszugangs standen die Entwicklung von Lesarten (individuelle Verständnisse der in den Studienmaterialien thematisierten Lerngegenstände), die Interaktion und das Beratungshandeln in den Lernberatungsgesprächen, die Transformation des Professionshabitus sowie die Entwicklung von Lernstrategien und emotionale Aspekte des Lernprozesses. Quantitativ wurde die Entwicklung von Professionskompetenzen und Lernstrategien in der Projektlaufzeit mit in der Forschung gebräuchlichen Instrumenten erhoben. In den Studien hat sich gezeigt, dass die professionelle Kompetenzentwicklung beim Studium im Arrangement der Selbstlernarchitektur insgesamt stärker ausgebildet war als in der Vergleichsgruppe. Dabei zeigte sich in der qualitativen Analyse der Lernberatungsgespräche, dass das individualisierte Arrangement in der Lage ist, intensivierte Lernprozesse in Gang zu setzen, in denen die Entwicklung von Lesarten eng mit der Reflexion und Transformation der eigenen professionellen Haltung verbunden ist. Zugleich zeigte sich in den Studien, dass die veränderte Lernwirklichkeit mit neuen Herausforderungen an das Lernhandeln verbunden ist, die aufseiten der Studierenden spezifische Bearbeitungsweisen und Kompetenzen erfordern.

Eine erste Dokumentation mit Einblicken in den Prozess und die Ergebnisse der Untersuchungen von 2004−2008 geben der Band „Autonomie und Struktur" (Maier Reinhard/Wrana 2008). Der vorliegende Band führt diese Studien weiter und enthält verschiedene Beiträge, die seit 2008 entstanden sind (vgl. auch Wrana 2008; Maier Reinhard 2010). Die diskursanalytischen Studien zur Lesartenbildung und zur Lernberatungsinteraktion von Christiane Maier Reinhard, Barbara Ryter Krebs und Daniel Wrana werden seit Herbst 2011 im vom Schweizer Nationalfonds (SNF) geförderten Projekt „Mikrostrukturen von Lern- und Professionalisierungsprozessen" zusammen mit Katharina Scharl an einem Korpus von 90 Lernberatungsgesprächen weitergeführt.[3]

---

3 Vgl. http://www.fhnw.ch/ph/ip/professuren/selbstgesteuertes-lernen/forschung (zuletzt aufgerufen am 1.2.2012).

Literatur

Forneck, Hermann J. (2001): Professionelle Strukturierung und Steuerung selbstgesteuerten Lernens. Umrisse einer Didaktik. In: Dietrich, Stephan (Hg.): Selbstgesteuertes Lernen in der Weiterbildungspraxis. Bielefeld: wbv, S. 239–247.

Forneck, Hermann J. (2006a): Die Sorge um das eigene Lernen. Umrisse eines integrativen Konzepts selbstgesteuerten Lernens. In: Forneck Hermann J.; Gyger, Mathilde; Maier Reinhard, Christiane (Hg.): Selbstlernarchitekturen und Lehrerbildung. Bern: h.e.p., S. 37–88.

Forneck, Hermann J. (2006b): Selbstlernarchitekturen. Lernen und Selbstsorge. Baltmannsweiler: Schneider.

Forneck Hermann J.; Gyger, Mathilde; Maier Reinhard, Christiane (Hg.) (2006): Selbstlernarchitekturen und Lehrerbildung. Zur inneren Modernisierung von Lehrerbildung. Bern: h.e.p.

Forneck, Hermann J.; Klingovsky, Ulla; Kossack, Peter (Hg.) (2005): Selbstlernumgebungen. Ein Band zur Didaktik des selbstsorgenden Lernens und ihrer Praxis. Baltmannsweiler: Schneider.

Forneck, Hermann J.; Klingovsky, Ulla; Robak, Steffi; Wrana, Daniel (2005): Netzwerk zur Implementation einer selbstgesteuerten Lernkultur in der Erwachsenenbildung. Abschlussbericht. In: Justus-Liebig-Universität Gießen. Professur für Weiterbildung, [http://geb.uni-giessen.de/geb/volltexte/2005/2161/, zuletzt aufgerufen am 2.5.2010].

Ludwig, Joachim; Schmidt-Wenzel Alexandra (Hg) (2012): Wie Lehrer lernen. Pädagogische Kompetenzentwicklung in Selbstlernarchitekturen. Opladen: Budrich.

Maier Reinhard, Christiane (2006a): Die flexible Ausbildung zur Primarlehrkraft und das Forschungs- und Entwicklungsprojekt @rs. In: Forneck, Hermann J.; Gyger, Mathilde; Maier Reinhard, Christiane (Hg.): Selbstlernarchitekturen und Lehrerbildung. Zur inneren Modernisierung der Lehrerbildung. Bern: h.e.p.

Maier Reinhard, Christiane (2006b): Ästhetische Bildung und individueller Eigensinn. In: Forneck, Hermann J.; Gyger, Mathilde; Maier Reinhard, Christiane (Hg.): Selbstlernarchitekturen und Lehrerbildung. Zur inneren Modernisierung der Lehrerbildung. Bern: h.e.p., S. 165–192.

Maier Reinhard, Christiane (2010): Vom Sichtbar-Werden der Lerngegenstände. In: Klingovsky, Ulla; Kossack, Peter; Wrana, Daniel (Hg.): Die Sorge um das Lernen. Festschrift für Hermann Forneck. Bern: h.e.p., S. 134–145.

Wrana, Daniel (2008): Bildung und Biographie in Selbstlernprozessen. In: Report – Zeitschrift für Weiterbildungsforschung, 31. 4, S. 23–32.

Wrana, Daniel (2009): Empirische Ergebnisse zu Selbstlernarchitekturen und Selbstsorgendem Lernen. In: Hof, Christiane; Ludwig, Joachim; Zeuner, Christine (Hg.): Strukturen lebenslangen Lernens. Baltmannsweiler: Schneider, S. 174–186.

Autorinnen und Autoren

Dr. Kathrin Berdelmann, geb. 1977, Wiss. Mitarbeiterin und Lehrkraft für besondere Aufgaben an der PH-Freiburg (2005–2010), Wiss. Mitarbeiterin im Team der Professur für Selbstgesteuertes Lernen an der Pädagogischen Hochschule der Nordwestschweiz (seit 2010).
Arbeitsschwerpunkte: Zeit- und Raumdimension in Lehr-Lernprozessen, Zeittheoretische Fragen der Didaktik, Operative Pädagogik, Selbstgesteuertes Lernen.
Publikationen: Operieren mit Zeit. Empirie und Theorie von Zeitstrukturen in Lehr-Lernprozessen. Paderborn 2010; Operative Pädagogik. Grundlegung. Anschlüsse, Diskussion. Paderborn 2009 (mit T. Fuhr).
E-Mail: kathrin.berdelmann@fhnw.ch

Thomas Huber, geb. 1959, Primarlehrer, Musiker MH, dipl. Psychologe FH, dipl. Berufs- und Laufbahnberater. Studienberater und Dozent an der Pädagogischen Hochschule der Nordwestschweiz.
Arbeitsschwerpunkte: Beratungskommunikation in der Lehrpersonenbildung, Persönlichkeitsentwicklung mittels prozessorientierter Rhythmik.
Publikationen: Rhythmus, ein Zugang zum Kind. Ein musikpädagogischer Ansatz zur Förderung der Sozialkompetenz in der Grundschule. In: Spychiger, M; Badertscher, H. (Hrsg). Rhythmisches und Musikalisches Lernen. Didaktische Analysen und Synthesen. Bern 2008, S.135–151.
E-Mail: thomas.huber@fhnw.ch

Barbara Ryter Krebs, geb. 1954, Primarlehrerin, Studium der Erziehungswissenschaften, Lehr- und Beratungstätigkeit in der Grundausbildung von Primarlehrpersonen,1994–2008 Tätigkeit als Organisationsberaterin im Schulbereich und als Ausbildnerin in der beruflichen Weiterbildung. Seit 2009 Dozentin für Erziehungswissenschaft an der Pädagogischen Hochschule der Nordwestschweiz.
Arbeitsschwerpunkte: Professionalisierung in der Lehrerbildung, Reflexivität in Lehr-Lernarrangements, Forschung zu Lernberatungsgesprächen; International konzipierte Entwicklungsprojekte zum selbstgesteuerten Lernen.
Publikationen: Metaphern des Lernens in Lernberatungsgesprächen. In: Maier

Reinhard, C.; Wrana, D. (Hrsg.): Autonomie und Struktur in Selbstlernarchitekturen. Opladen 2008.
E-Mail: barbara.ryter@fhnw.ch

Dr. Peter Kossack, geb. 1969, Wiss. Mitarbeiter an der FU-Berlin (2000–2003), der JLU-Gießen (2003–2006), der HSU-Hamburg (2007–2008), der Universität Potsdam (2008–2010). Mehrjährige freiberufliche Tätigkeit in der Erwachsenen- und Weiterbildung.
Arbeitsschwerpunkte: Poststruktural orientierte Untersuchungen zum Lernen, Lehren und zur Beratung in der Hochschule sowie in der Erwachsenen- und Weiterbildung.
Publikationen: Lernen Beraten. Bielefeld 2006; Selbstsorgendes Lernen gestalten (mit Ulla Klingovsky). Bern 2007; Beratung in der Erwachsenenbildung. In: Zeuner, C. (Hrsg.): Enzyklopädie Erziehungswissenschaft Online, Erwachsenenbildung. http://erzwissonline.de/fachgebiete/erwachsenenbildung/beitraege/16100075.htm, 2010.
E-Mail: p.kossack@lernen-beraten.de

Prof. Dr. Joachim Ludwig, geb. 1954, Erziehungswissenschaftler, Professor für Erwachsenenbildung/Weiterbildung und Medienpädagogik an der Universität Potsdam. Wissenschaftlicher Leiter des Netzwerkes Studienqualität Brandenburg. Homepage: www.uni-potsdam.de/erwachsenenbildungmedien.
Arbeitsschwerpunkte: Forschung zum Lernen Erwachsener und zum professionellen pädagogischen Handeln/Didaktik.
Publikationen: Lehre im Format der Forschung. In: BBHD (Brandenburgische Beiträge zur Hochschuldidaktik) Heft 1.2011, http://www.sq-brandenburg.de/files/bbhd03.pdf; Transformationskompetenz für Professionalität in der Erwachsenenbildung. In: Gieseke, W.; Ludwig, J. (Hrsg.): Hans Tiegens. Berlin 2011; Die Studieneingangsphase – Analyse, Gestaltung und Entwicklung. Bielefeld 2011 (mit Kossack, P.; Lehmann, U.); Subjekttheoretische Ansätze. In: Fuhr, T. u.a. (Hrsg.): Handbuch der Erziehungswissenschaft. Erwachsenenbildung/Weiterbildung. Paderborn 2009.
E-Mail: ludwig@uni-potsdam.de

Prof. Christiane Maier Reinhard, geb. 1950, Dipl. Päd., Professorin für Bildnerische Gestaltung und Kunstpädagogik, Leitung der Professur für Ästhetische Bildung am Institut Primarstufe der Pädagogischen Hochschule der Nordwestschweiz.
Arbeitsschwerpunkte: Professionalisierung in der Lehrerbildung und Selbstlernarchitekturen, Ästhetische Bildung in der Primarschule, Reflexivität als Dimension des ästhetischen Lehr-Lernprozesses.
Publikationen: Autonomie und Struktur in Selbstlernarchitekturen. Empirische Untersuchungen zur Dynamik von Selbstlernprozessen (mit D. Wrana). Opladen 2008; Selbstlernarchitekturen und Lehrerbildung (mit H. Forneck u. M.

Gyger). Bern 2006.
E-Mail: christiane.maier@fhnw.ch

Prof. Dr. Alexandra Schmidt-Wenzel, geb. 1970, Erziehungswissenschaftlerin, 2003–2006 Wiss. Mitarbeiterin an der INA gGmbH der FU Berlin, 2007–2010 Wiss. Mitarbeiterin an der Professur Erwachsenenbildung, Weiterbildung und Medienpädagogik an der Universität Potsdam, seit 2011 Professorin für soziale Arbeit mit dem Schwerpunkt ‚Pädagogik der Lebensalter' an der Fachhochschule Potsdam.
Arbeitsschwerpunkte: Professionelles pädagogisches Handeln, Hochschuldidaktik, Familienbildung und familiales Lernen.
Publikationen: Wie Eltern lernen. Eine empirisch qualitative Studie zur innerfamilialen Lernkultur. Opladen 2008; Gelingende Elternschaft. Von der Spezifik innerfamilialer Lernkultur zur subjektwissenschaftlich fundierten Elternbildungsarbeit. In: forum Erwachsenenbildung. 2/2010.
E-Mail: schmidt-wenzel@fh-potsdam.de

Prof. Dr. Daniel Wrana, geb. 1971, 1999–2008 Wiss. Mitarbeiter an der Professur für Weiterbildung der Universität Gießen, seit 2008 Leitung der Professur für Selbstgesteuertes Lernen an der Pädagogischen Hochschule der Nordwestschweiz.
Arbeitsschwerpunkte: Theorie und Empirie von Selbstlernprozessen und Selbstlernarrangements, Gouvernementalität des Bildungssystems, Professionalisierung in der Lehrerbildung, Methodologie der Diskursanalyse.
Publikationen: Das Subjekt schreiben. Baltmannsweiler 2006; Autonomie und Struktur (mit Maier Reinhard C.). Opladen 2008; Den Diskurs lernen – Lesarten bilden. Die Differenz von Produktion und Konsumption in diskursiven Praktiken. In: Keller, R. u.a. (Hrsg.): Diskurs Macht Subjekt. Wiesbaden 2011; Zur Rekonstellation von Methoden in Forschungsstrategien. In: Ecarius, J.; Ingrid, M. (Hrsg.): Methodentriangulation in der qualitativen Bildungsforschung. Leverkusen 2011; Die Sorge um das Lernen. Festschrift für Hermann Forneck. Bern 2010 (Hrsg. mit U. Klingovsky; P. Kossack).
E-Mail: daniel.wrana@fhnw.ch

Prof. Jürg Zurmühle, geb. 1957, Musiker und Musikpädagoge, Leitung der Professur Musikpädagogik an der Pädagogischen Hochschule Nordwestschweiz. Weiterbildungen in Coaching, Supervision und Organisationsentwicklung (BSO).
Arbeitsschwerpunkte: Selbstgesteuertes Lernen und Lehren in Musik, Untersuchungen und Unterrichtsentwicklung zur Thematik musikalische Empfindungen, Emotionen und Gefühle im Lernen von Musik.
Publikationen: mehrere CD Veröffentlichungen, Reflektierende Autodidaktik: In: Forneck, H., Gyger, M.; Maier Reinhard, C. (Hrsg): Selbstlernarchitekturen und Lehrerbildung, Bern 2006.

Bildungsforschung

Christiane Maier
Reinhard Daniel Wrana (Hrsg.)
Autonomie und Struktur in Selbstlernarchitekturen
Empirische Untersuchung zur Dynamik von Selbstlernprozessen
Beiträge der Schweizer Bildungsforschung, Band 1

2008. 330 Seiten. Kart.
33,00 € (D)

ISBN 978-3-940755-06-3

Dölf Looser
Soziale Beziehungen und Leistungsmotivation
Die Bedeutung von Bezugspersonen für die längerfristige Aufrechterhaltung der Lern- und Leistungsmotivation.
Beiträge der Schweizer Bildungsforschung, Band 2

2011. 271 Seiten. Kart.
29,90 € (D),

ISBN 978-3-940755-85-8

Verlag Barbara Budrich •
Barbara Budrich Publishers
Stauffenbergstr. 7. D-51379 Leverkusen Opladen
Tel +49 (0)2171.344.594 • Fax +49 (0)2171.344.693 •
info@budrich-verlag.de
www.budrich-verlag.de